Etienne Thourneyser Basilea Genevensis

Gisela Luginbühl-Weber

Etienne Thourneyser
Basilea Genevensis

Archäologie eines Autors

PETER LANG

Bern · Berlin · Bruxelles · New York · Oxford

Bibliografische Information der Deutschen Nationalbibliothek
Die Deutsche Nationalbibliothek verzeichnet diese Publikation
in der Deutschen Nationalbibliografie; detaillierte bibliografische
Daten sind im Internet über http://dnb.d-nb.de abrufbar.

ISBN 978-3-0343-3264-4 (Print)
E-ISBN 978-3-0343-3265-1 (E-PDF) • E-ISBN 978-3-0343-3266-8 (EPUB)
E-ISBN 978-3-0343-3267-5 (MOBI) • DOI 978-3-0343-3267-5

Diese Publikation wurde begutachtet.

© Peter Lang AG
Internationaler Verlag der Wissenschaften
Bern 2019
Alle Rechte vorbehalten

Printed in Germany

www.peterlang.com

Inhaltsverzeichnis

Einleitung

Im Briefwechsel zwischen Johann Caspar Lavater und Charles Bonnet, den Gisela Luginbühl-Weber herausgegeben und kommentiert hat,[1] geht es auch um ein Ereignis, das die Zeitgenossen weiterum über Jahre hinweg und wieder in unserer Zeit beschäftigt hat: Lavaters Widmung seiner Übersetzung eines Teils von Bonnets „Palingénésie philosophique" an Moses Mendelssohn. Mit Lavater liess sich dieser auf eine freundliche und sachliche Korrespondenz ein; nicht so mit Bonnet. Ein Jahrzehnt später, 1783, leitete Mendelssohn seine Abhandlung über Freiheit und Notwendigkeit mit einem Hinweis auf Thourneyser ein, den er einen „Freund und, wo ich nicht irre, Lehrer Bonnets" nannte. Nach zwanzig Jahren wusste niemand mehr, was es mit diesem Thourneyser auf sich hatte.

Bei der Vorbereitung eines Seminars über Lessing fand Professor Karl Pestalozzi, Frau Luginbühls Doktorvater, Lessings Rezension eines Werkes von Thourneyser und verwies Frau Luginbühl darauf. Nun konnte die Suche nach diesem beginnen; sie hat geradezu einen philosophisch-historischen Kriminalroman gezeitigt, dessen Held als Mathematiker und Philosoph, aber auch als Schweizer, in die grosse Auseinandersetzung um Leibniz geriet und ein Opfer wissenschaftlicher Machtpolitik wurde. Die Wiederentdeckung seines Hauptwerks, der „Lettre d'un philosophe", einer kleinen Zahl nie gedruckter Briefe, und die Spuren eines weiteren, seiner Zeit offenbar bekannten Werkes lassen die Persönlichkeit des Autors erkennen, dem diese Monographie gewidmet ist: Etienne Thourneyser, 1715 in Genf geboren, 1763 in London gestorben.

Die eingehende Darstellung der Familien, aus denen Thourneyser väterlicher- und mütterlicherseits stammte, führt auch zur Erörterung des weiteren wissenschaftlichen Feldes, worin er aufgewachsen ist. Nicht weniger bedeutend sind auch seine Lehrer, später seine wissenschaftlichen Weggefährten. Die schwierigen Umstände, unter denen Thourneyser in London unter der Herrschaft des Hauses Hannover lebte, erfordern Einblicke in die Geschichte Englands zu jener Zeit und lenken den Blick auch auf Göttingen: Albrecht von Haller gehörte zu Thourneysers Korrespondenten. Ein enger Weggefährte war der Berner Samuel Kœnig, von den Gnädigen Herren seiner Stadt ins niederländische Exil getrieben. Mit ihm zusammen ist Thourneyser in die Wirren des Berliner Akademiestreits von 1751 bis

---

1   Gisela Luginbühl-Weber, *Johann Kaspar Lavater – Charles Bonnet – Jacob Bennelle Briefe 1768–1790. Ein Forschungsbeitrag zur Aufklärung in der Schweiz*. Peter Lang: Bern 1997, 2 Bde., 819 S.

1573 geraten. Dieser Streit, vom Präsidenten der Akademie mit aller Macht geführt, endete mit einer Niederlage der Leibnizianer wie Kœnig und Thourneyser, freilich auch mit einer bedeutenden Schwächung des Präsidenten Maupertuis und der Akademie überhaupt. Die unmittelbaren Folgen gingen über das Persönliche hinaus: Zeitschriften verloren ihre Abonnenten und gingen ein, Autoren kamen um ihr Ansehen – so offenbar auch Thourneyser, der Maupertuis offen angegriffen hatte.

Ein Geheimnis umwittert einen „Essai de psychologie", als dessen Verfasser Thourneyser weiterhin galt; er wurde aber von Thourneysers fünf Jahre jüngerem Genfer Nachbarn Charles Bonnet anonym veröffentlicht und daraufhin von manchen diesem zugeschrieben. Bonnet, zunächst als Entomologe und Botaniker, später auch als calvinistischer Denker berühmt geworden, hat zwar seine Autorschaft stets mit brillanten Formulierungen bestritten, ohne den wahren Verfasser zu nennen, das Werk aber in die Ausgabe seiner Gesammelten Werke aufgenommen. Das Motto der vorliegenden Monographie ist Mendelssohns deutliches Echo auf diese dunkle Geschichte.

Thourneysers philosophiegeschichtliche Bedeutung beruht vor allem auf seinem Werk „Lettre d'un philosophe, dans laquelle on prouve que l'athéisme et le dérèglement des mœurs ne sauroient s'établir dans le système de la nécessité". Darin geht Thourneyser über Leibniz hinaus, indem er zeigt, dass Gott die „beste aller Welten" hat schaffen *müssen:* In der Sprache des Infinitesimalkalküls: Gott *kann* nur das Maximum schaffen, nichts weniger. Ein weiteres kommt hinzu: Ein Jahrhundertbuch war des lutherischen Theologen J.J. Spalding „Bestimmung des Menschen". Thourneyser nun verlegt die Bestimmung in den Menschen selbst und prägt – wohl als erster – den Begriff der „Selbstbestimmung" („autodétermination"). Zwanzig Jahre nach Thourneyser Hinschied diskutierten die Berliner Aufklärer über das – immer noch aktuelle – Thema „Freiheit und Notwendigkeit"; es ist Moses Mendelssohns Verdienst, an Thourneyser erinnert zu haben.

Zürich, im Juni 2016   Simon Lauer

Zur Verfasserin: Gisela Luginbühl-Weber, 1935–2011

Gisela Luginbühl-Weber wurde 1935 in Heidenau (Sachsen) geboren. Der Vater stammte aus Freiburg i. Br., die Mutter aus Thale am Harz; geheiratet hatte das Paar in Magdeburg: Die Arbeitslosigkeit während der Weltwirtschaftskrise hat manche Teile der Bevölkerung zur Mobilität gezwungen. Für das Mädchen Gisela begann bald ein Wanderleben in mehr als einer Hinsicht: Frühe Scheidung der Eltern, Einziehung des Stiefvaters zur Wehrmacht und Ermordung des Vaters, Schutzraumleben im bombardierten Berlin, das die Mutter mit den nun zwei Töchtern immer wieder verliess, Kinder-Land-Verschickung nach Ostpreussen (die später berufsbestimmend werden sollte), schliesslich die Niederlassung in Lage (Lippe). Hier fand Gisela endlich den Raum, in dem sie sich immer am wohlsten fühlte: die Schule. In der Freiligrath-Schule wurde sie denn auch gefördert, und zwar von guten Deutschlehrern und einer hervorragenden Englisch- und Französischlehrerin. Dank der amerikanischen Brethrens' Church konnte sie ein Jahr an einer amerikanischen High School verbringen, das auch in menschlicher Hinsicht bedeutsam wurde.

Neunzehnjährig heiratete sie den Sohn eines Gutsbesitzers aus der Waadt, den sie in Amerika kennen gelernt hatte, und trug fortan in für die Fremde nicht gerade einfacher Umgebung die Verantwortung für einen Bauernhof mit.

Als dann auch ein drittes ihrer Kinder an Mucoviscidose erkrankte, entschloss sich Gisela Luginbühl dazu, zusätzlich zu ihrer grossen Arbeit die Maturität auf dem zweiten Bildungsweg zu erwerben. Daraus ergab sich gewissermassen natürlich das Studium an der Basler Universität, das sie mit dem Gymnasiallehrer-Diplom für Deutsch, Französisch und Englisch vorläufig abschloss. Es folgte noch das Doktorat, summa cum laude, aufgrund der kommentierten Edition des Briefwechsels zwischen dem reformierten Zürcher Pfarrer Johann Caspar Lavater und dem calvinistischen Genfer Naturforscher Charles Bonnet; die Dissertation ist ein Werk von achthundert Seiten.

Es versteht sich, dass eine solche Biographie einen sensiblen Menschen – nicht ohne Schmerzen – in vielerlei Weise prägt: Land und Leute Deutschlands – von Baden bis Ostpreussen, von Dresden bis Lage; von der Atlantikküste zum Genfersee; drei Sprachwelten; verschiedene Glaubensweisen – von der lutherischen Mutter über den evangelisch-freikirchlichen Vater und die amerikanisch-evangelischen Pflegeeltern zur reformierten Schweiz; ein Studium der Literatur. Mit alledem aber war ein Leben zu führen, das ein gerüttelt Mass an Forderungen der unterschiedlichsten Art stellte; nicht zuletzt die Frage der Theodizee für eine Frau, die vier von ihren sechs Kindern hat begraben müssen.

Gisela Luginbühl-Webers Lebensdaten sollten die Nachgeborenen auch fragen lassen, wie die Umstände der Zeit auf sie eingewirkt haben. Die Mutter hat sich nach ihrer Scheidung und Wiederheirat völlig dem Regime ergeben. Aber der Onkel par alliance, Mitbegründer der Heilsarmee in Freiburg i. Br., wurde schon ab 1938 ein Opfer der psychiatrischen Kriegführung. Der Vater, zu einer Propagandakompanie eingezogen, verschwieg nicht, was er an Greueln sah, wurde inhaftiert und „auf der Flucht erschossen". Der Stiefvater äusserte im Fronturlaub zunehmend seine tiefe Enttäuschung über das Regime; er ist knapp vor Kriegsende gefallen. Eine Szene jedoch, lange vergessen, ist im Moment einer persönlichen Krise über Frau Luginbühl mächtig hereingebrochen und hat manches in ihrem weiteren Leben mitbestimmt: Ihre Mutter hatte auf einer Strasse in Berlin ein kleines Mädchen mit gelbem Stern vom Bürgersteig gestossen, sodass es die Milch, die es trug, verschüttete. Was die Mutter dazu gebracht hat, wurde erst viel später klar; aber der Eindruck ist geblieben.

Die Wiederentdeckung Etienne Thourneysers, des totgeschwiegenen Philosophen und aufrechten Mannes in schwierigsten Verhältnissen, war Gisela Luginbühl-Weber nicht nur eine packende wissenschaftliche Aufgabe, sondern auch ein Herzensanliegen. Ihre letzten Jahre standen im Schatten von fortschreitenden gesundheitlichen Problemen. Sie hat ihnen getrotzt.

Gisela Luginbühl-Weber war eine selbstbewusste, dem Feminismus zugeneigte Frau, die auch anecken konnte.

Als Forscherin war sie von einem starken wissenschaftlichen Drang zur umfassenden Darstellung und Würdigung ihres Gegenstandes beseelt; höchste Genauigkeit in jeder Einzelheit galt ihr als selbstverständlich.

Bei alledem, und ihrer eigenen Schicksale völlig ungeachtet, begegnete sie jedem Menschen offen und mit warmem Herzen, edelsten Gemütes.

Dr. Gisela Luginbühl-Weber, ist am 16. November 2011 nach längerer, fortschreitender Krankheit verstorben. Bei ihrem Hinschied lag das Werk fast vollständig vor. Zuvor übernommene aufwendige Verpflichtungen, der Umzug von Freiburg i. Br. nach Zürich und schwindende Kräfte haben den Abschluss zu meinem grossen Leidwesen stark verzögert.

Es liegt in der Natur der Sache, dass bei einer wegen der schwierigen Quellenlage so aufwendigen „archäologischen" Recherche gar manche Einzelheit ungeklärt bleibt. Das war der Verfasserin sehr wohl bewusst; sie hat auch auf die Lücken hingewiesen. Allein, es war ihr physisch nicht mehr möglich, diese zu füllen. Das gilt

auch für den älteren Herausgeber. Die entsprechenden Anmerkungen im Haupttext zu belassen, hätte die Lesbarkeit beeinträchtigt.

Den vielen Archiven und Bibliotheken (sie sind im Folgenden aufgelistet)
gebührt grosser Dank für ihre unerlässliche Hilfe.

Ohne Professor Pestalozzis oben erwähnten Hinweis hätte die vorliegende
Monographie gar nicht entstehen können. Ihm gebührt also der erste und grösste
Dank.

Besondere Dankbarkeit verdient Frau Kerstin Raule in Freiburg i. Br. Sie hat
Frau Luginbühl nicht nur über die Tücken des Computers hinweggeholfen, vielmehr sie auch mit grosser Empathie in allen anderen Schwierigkeiten begleitet.

Ein persönliches Wort sei mir gestattet, der ich Gisela Luginbühl-Webers Arbeit
lange Jahre habe begleiten dürfen. Nicht nur ein hohes wissenschaftliches Ethos hat
die Verfasserin beseelt, sondern auch grosse menschliche Anteilnahme. Ihre Darstellung von Werk und Leben eines Mannes, dem es meistens schlecht gegangen ist,
und den seit gut zweihundert Jahren niemand mehr gekannt hat, zeugt auch davon.

Simon Lauer, Zürich

Etienne Thourneyser Basilea Genevensis
Archäologie eines Autors

Wer Lessings Rezensionen in der *Berlinischen Privilegirten Zeitung*[2] liest, mag im 39. Stück vom 31. März 1753 auf den Titel einer Übersetzung aus dem Französischen aufmerksam werden und auf den Namen eines Autors, den es in keiner deutschsprachigen Bibliographie gibt: *Neue Untersuchung des Satzes, ob die Gottesleugnung und die verkehrten Sitten aus dem System der Fatalität herkommen?*[3] Als

---

1 Moses Mendelssohn, *Gesammelte Schriften,* Jubiläumsausgabe (zitiert *GS-JubA*), Bd. 3.1, bearbeitet von Fritz Bamberger und Leo Strauss, Friedrich Frommann Verlag (Günther Holzboog), Stuttgart–Bad Cannstatt 1972, S. 346.

2 Eigentlich *Vossische Zeitung.* Die *Berlinische Privilegirte Zeitung* ist die Fortsetzung eines Wochenblattes, das von 1704–1721 unter dem Titel *Berlinische ordinäre Zeitung* erschienen war. Nach dem Tod des Gründers und seines Sohnes, der beiden Buchhändler Johann Michael und Johann Andreas Rüdiger (Anfang März 1751) ging die *Berlinische Privilegirte Zeitung* unter neuem Titel an die Vossische Buchhandlung über als *Vossische Zeitung.* So zitiert sie auch der Lessingbiograph Erich Schmidt (*Lessing. Geschichte seines Lebens und seiner Schriften* Bd. II, Berlin: Weidmann, 2. Aufl. 1899, S. 466–467) in seiner Darstellung von Lessings Verhältnis zu Freiheit und Notwendigkeit, anhand der Rezension von Thourneysers *Neue[r] Untersuchung* (s. Anm. 3). – Die vorher sehr bescheidene Wochenschrift erlebte ihren Aufschwung ab 1748, als Christlob Mylius die Redaktion übernahm und den mit ihm verwandten und befreundeten Lessing aus Leipzig nachzog. Mylius verließ die Redaktion im November 1750; Lessing wurde – auf eigenen Wunsch – erst am 18. 2. 1751 ständiger Mitarbeiter der *Berlinischen Privilegirten,* bald darauf *Vossischen Zeitung.* Seine Rezensionen literarischer Neuerscheinungen, die im monatlichen Beiblatt „Das Neueste aus dem Reiche des Witzes" erschienen, machten ihn zum eigentlichen Schöpfer der Berliner Buchkritik und begründeten den literarischen Ruf der Zeitung, der sich an den steigenden Auflageziffern und dem Anzeigenzuwachs ablesen läßt. Zur Verlagsgeschichte s. *Allgemeine Deutsche Biographie* (zitiert: *ADB*), Bd. 40, S. 328–334, Art. „Voss, Christian Friedrich". Vgl. Eva Engels Einleitung in *GS-JubA* 4 (1977), S. XIVf.: Die Berliner Kritiker.

3 *Neue Untersuchung des Satzes: Ob die Gottesleugnung und die verkehrten Sitten aus dem System der Fatalität herkommen?* Aus dem Französischen übersetzt und mit Anmerkungen herausgegeben von Johann Daniel Titius, A.M. (Leipzig: Christian Langenheim 1752), 132 Seiten. in-8. Der „Vorbericht des Uebersetzers" ist datiert vom 22. August 1752. Diese Übersetzung ist nicht in Fromm, *Bibliographie deutscher Übersetzungen aus dem Französischen*

Verfasser dieses Sendschreibens „über die Fatalität", wie Johann Caspar Lavater[4] das allen Zeugnissen zufolge bahnbrechende Werk über Freiheit und Notwendigkeit nannte, wird Thourneyser angegeben.

Wer ist dieser Autor, dem Lessing bestätigte, „neue Gedanken [...] vorgetragen und eine nicht geringe Stärke in der Weltweisheit und Größenlehre gezeigt"[5] zu haben, den Mendelssohn einen „Freund und Lehrer Bonnets"[6] nannte, in dem Lavater und andere den Verfasser des 1754 anonym erschienenen *Essai de Psychologie*[7] vermuteten, und den zu verschweigen sich der größere Teil der europäischen Gelehrten verschworen zu haben schien?

Denn das Schweigen um Thourneyser ist auffällig. Sein Name fehlt, soweit ersichtlich, vor allem in allen mir zugänglichen Korrespondenzen der Genfer und Basler, die mit ihm studiert hatten oder mit ihm verwandt waren; er fehlt in allen epistolaren Ermutigungen zum Druck entstehender oder entstandener Werke aus der Genfer Schule des 18. Jahrhunderts, zu der auch Thourneyser gehörte, als Schüler von Professoren, die die Genfer Akademie im Zeitalter der Aufklärung berühmt gemacht hatten. Zu nennen ist hier der Naturrechtler und Rechtsphilosoph Jean-Jacques Burlamaqui (1694–1748),[8] zu dessen Schülern sich auch der Genfer Jurist

---

1700–1948 (Tübingen: H. Laupp Jr., 1950–1953) registriert, im Unterschied zu allen anderen Übersetzungen von Titius. Lessings Rezension findet sich in: *Lessing. Schriften*, Bd. V, Lachmann/Muncker, S. 161. Es lag das Exemplar der Staatsbibliothek Preußischer Kulturbesitz (Berlin) vor; (Stempelaufdruck: „Ex Biblioth. Regia Berolinensi"). – Zu den beiden französischen Auflagen s. Anm. 17.

4   Johann Kaspar Lavater, *Reisetagebücher*, Teil I, S. 740, 784: „Ich las da in Thourneisens Brief über die Fatalité." (ZB Zürich, FA Lav. Ms. 8–13: Tgb. aus Barth, 13. Febr. 1764).

5   Lessing in der eingangs erwähnten Nummer der *Berlinische[n] Privilegirte[n] Zeitung*, 39. Stück, 31. März 1753. Siehe Anm. 2.

6   Moses Mendelssohn an Friedrich Nicolai, Berlin, 22. Nov. 1780, „Ueber Freiheit und Notwendigkeit". Der Aufsatz wurde erst 1783 gedruckt, in: *Berlinische Monatsschrift*, hg. v. F. Gedike & J. E. Biester, Berlin: Haude, 7. Stück, S. 4–11; Reprint in: *GS-JubA* 3.1, S. 346–350; Anm. S. 463–464; Einleitung S. lxi–lxiii. – Zu Bonnet s. Anm. 9.

7   *Essai de Psychologie; ou Considérations sur les Opérations de l'Ame, sur l'Habitude et sur l'Education. Auxquelles on a ajouté des Principes Philosophiques sur la Cause Première et sur son Effet* (zitiert *E. Psych.*), Londres 1755 (*recte*: Leiden, 1754); zweite, unveränderte Auflage 1783 in: *Œuvres Complètes de Charles Bonnet* (zitiert: *OC*), Bd. 17 (Neuchâtel: Samuel Fauche 1779–1783, 18 Bde.). Zur zweiten Auflage siehe Jean Starobinski, « L'‹ Essai de Psychologie › de Charles Bonnet – une version corrigée inédite », in: GESNERUS 32/1 (1975), S. 1–15.

8   Jean-Jacques Burlamaqui war Schüler Jean Barbeyracs (1674–1744), dessen Wirken in Lausanne die naturrechtliche Tradition in der Schweiz begründete. Diese Tradition setzte Burlamaqui in Genf fort. Er hatte zwischen 1718 und 1720 Barbeyracs Vorlesungen in Groningen besucht (zu gleicher Zeit wie Joh. I Bernoulli. Nach Gagnebin, S. 38 f., traf Burlamaqui am 5. 7. 1720 in London ein, wo ihn der spätere Genfer Theologieprofessor Ami

und Naturphilosoph Charles Bonnet (1720–1793)[9] und dessen Freund und Studienkollege, der Genfer Naturrechtler Etienne Beaumont (1718–1759)[10] zählen,

---

Lullin (1695–1756) erwartete. Beide zogen anschließend weiter nach Oxford. 1721 soll er bei Jean Barbeyrac in Groningen studiert haben. Ab Mitte Mai 1720 dozierte er ehrenamtlich, vom 29. März 1723 an mit Gehalt, in Naturrecht auf dem neugeschaffenen Lehrstuhl an der Genfer Akademie, deren Angebot bis dahin auf römisches und Privatrecht beschränkt war. Ganz offensichtlich, wenn auch nicht nachweisbar, wurde auch Rousseau von Burlamaquis naturrechtlichem Konzept eines „Gesellschaftsvertrags" – anstelle der Lehre vom göttlichen Ursprung staatlicher Gewalt – beeinflußt. Gesichert ist, daß die Genfer Juristen E. Thourneyser, C. Bonnet und Etienne Bouthillier, gennant Beaumont, Burlamaquischüler waren. Was Thourneyser von seinem Lehrer übernimmt, und Bonnet allem Anschein nach von Thourneyser, ist weiter unten aufgeführt. 1747, kurz vor seinem Tod, veröffentlichte Burlamaqui *Les Principes du Droit Naturel*. Eine 2. verbesserte Auflage erschien 1756, bei Claude und Antoine Philibert in Genf und Kopenhagen, den Druckern Thourneysers und Bonnets. 1751 folgten Burlamaquis *Principes du Droit Politique* (Amsterdam), die Jacob Vernet edierte. Diese Edition blieb nicht unbestritten (s. *Journal Helvétique*, Jan. 1751, S. 92: « Un libraire de Genève aiant voulu débiter sous le nom de Mr. Burlamaqui, & come [sic!] son véritable Ouvrage, un Livre intitulé *Principes du Droit Politique* [...]. Il eut été sans doute à désirer, que [...] l'Auteur eut pu y mettre la dernière main & le publier lui même, come il avoit fait à l'égard des Principes du Droit Naturel. [...] Il començoit à y travailler, quand la Mort l'enleva; ensorte qu'Il n'a fini que le prémier Chapitre. La grande difference qu'il y a entre ce Morceau retouché par l'Auteur, & l'Ouvrage que l'on vouloit doner au Public sous son Nom, a été encore un nouveau motif pour empêcher la Famille de *Mr. Burlamaqui* de doner son Manuscrit pour l'impression, outre qu'il l'avoit défendu avant sa mort »). Die Kritik stammt vermutlich von dem mit Burlamaqui weitläufig verwandten Léonard Baulacre, dessen Nachruf 1748 ebenfalls im *Journal Helvétique* erschienen war (von der *Nouvelle Bibliothèque Germanique*, April/Mai/Juni 1750, übernommen). In der *Correspondance Littéraire, Philosophique & Critique* (Tome II, S. 53 f.) von Grimm, Diderot, Raynal, Meister u. a. werden die *Principes du droit politique* jedoch lobend besprochen. Es handelt sich dabei vermutlich um eine überarbeitete Ausgabe, vielleicht die ohne Ortsangabe in Genf erschienene von 1754, oder jene von 1764, die bei Philibert in Genf und Kopenhagen herauskam. Zu weiteren posthumen Veröffentlichungen s. die Monographien von Bernard Gagnebin, *Burlamaqui et le Droit Naturel* (Diss. Genf 1944), und Sieglinde C. Othmer, *Berlin und die Verbreitung des Naturrechts in Europa* (Berlin: Walter de Gruyter & Co., 1970), denen diese Angaben entnommen sind. Nach Gagnebin sind von Burlamaqui weder ein wissenschaftlicher Nachlaß noch Korrespondenzen überliefert; Nachforschungen in Lausanne, Bern, Basel, Zürich und Exoford blieben ergebnislos. Damit ist eine wichtige Spur zu Burlamaquis Schüler Thourneyser verloren.

9   Charles Bonnet hatte, wie Thourneyser, bei Burlamaqui Naturrecht studiert und schloß am 5. April 1743 seine Studien an der Genfer Akademie als Dr. iur. ab (*La Matricule des Avocats de Genève 1712–1904*, hg. v. Albert Choisy, Genf 1904, S. 29). Über seine Dissertation ist nichts bekannt. Nach eigenen Worten verlief seine Prüfung nicht brillant, er habe aber wohlwollende Lehrer gehabt, die ihm die vierjährige „Pilgerschaft im Rechtsauditorium" anzurechnen bereit waren, vor allem aber seine frühen Erfolge als Naturforscher: bereits

von denen im Zusammenhang mit drei anonymen Publikationen zwischen 1750 und 1754 aus der Genfer Schule noch zu sprechen sein wird, nämlich über Thourneysers *Lettre*, den anonymen *Essai de Psychologie* und die anonymen, Etienne Beaumont zugeschriebenen, *Principes de Philosophie Morale*, die irrtümlicherweise, wie es heißt, in einer Sammlung von Diderots Werken Aufnahme fanden.[11] Wichtige Lehrer Thourneysers und der beiden erwähnten, etwas jüngeren Genfer ist ein Zwillingsgestirn: die beiden Mathematik- und Philosophieprofessoren Gabriel

---

als Achtzehnjähriger trat er mit Réaumur, dessen erste Bände der Naturgeschichte der Insekten (*Mémoires pour servir à l'histoire des insectes*, 1734–1742) er begeistert gelesen hatte, in Briefwechsel. Bonnet verdankt Réaumur, der den Schülern des mit ihm seit 1727 befreundeten Genfer Philosophen und Mathematikers Gabriel Cramer sehr wohlwollend gesinnt war, seine ersten Publikationen und seine Ernennung zum korrespondierenden Mitglied der Pariser Akademie der Wissenschaften (am 31. August 1740, im Alter von 20 Jahren!). Bevor Bonnet den anonymen *Essai de Psychologie* drucken ließ (s. Anm. 7), über dessen Autor er 30 Jahre lang strenges Stillschweigen bewahrte, veröffentlichte er nur tier- und pflanzenphysiologische Abhandlungen. Mit dem *E.Psych.* (1754) begann die Reihe seiner wichtigen metaphysischen Schriften, die auf den empirischen Ergebnissen der naturwissenschaftlichen Forschung seiner Zeit aufbauten.

10   Eigentlich Etienne Bouthillier, genannt Beaumont, geb. in Genf 1718. GALIFFE II, S.36–39 und SENEBIER III, S.92 geben als Todesjahr 1758 an, STELLING-MICHAUD hingegen 1759. Der in Leipzig aufgewachsene Theologe Jacob Bennelle (1717–1794), der Genfer Arzt Jean Butini (1723–[1810]) und die Juristen Bonnet und Beaumont bildeten die « societé des quatre B », eine Gruppe junger Genfer aus bester Familie, die von den Professoren der Genfer Akademie besonders wohlwollend gefördert wurden (*Mémoires autobiographiques de Charles Bonnet de Genève*, hg. von Raymond Savioz, Paris 1948, S. 109 f., – zitiert *Mém. autobiogr.*). Aus gesundheitlichen Gründen gab Beaumont sein Amt als Anwalt bald auf und ließ sich auch nie zum Lehrer der Akademie ernennen. Er soll aber eine Zeitlang private Lektionen in Naturrecht erteilt haben; aus diesen Aufzeichnungen sei die im Genfer Dissertationenkatalog geführte Publikation *Principes de Philosophie Morale* entstanden, die 1754 anonym bei Gabriel und Philibert Cramer in Genf gedruckt wurde, Vettern des am 4. Januar 1752 verstorbenen Genfer Mathematikers und Philosophen Gabriel Cramer.

11   SENEBIER III, S.92: « Il a publié le Squelette des Leçons de Droit naturel & de Morale, qu'il donnoit dans un petit ouvrage intitulé: *Principes de la Philosophie Morale*, 8'. 1754, sans le nom de l'Auteur. C'étoit l'abrégé d'un ouvrage plus étendu qu'il méditoit. [...]. On a sans-doute joint par mégarde ce livre à l'édition qu'on a faite des œuvres de Diderot, in-8', à Amsterdam ou à Paris, en six vol. 1772; & on a oublié d'avertir qu'il appartenoit à Beaumont. On le trouve dans le Tome II, après la Lettre sur les Sourds & Muets, à la page 288, avant le code de la nature; mais ce qu'il y a de singulier, c'est que le discours préliminaire est daté de Genève, du 25 Mars 1754; ce qui fait croire qu'on a réimprimè cet ouvrage sur l'édition originale publiée en 1754. On voit de même cette pièce dans l'édition faite sous Londres en 1773 [...] ». Diese fünfbändige „Londoner" Ausgabe von 1773 (*recte*: Amsterdam) erwähnt auch QUERARD (Bd. 2, 1828, S. 455), als von Diderot nicht autorisiert.

Cramer (1704–1752)[12] und Jean-Louis Calandrini (1703–1758)[13], die sich den 1724 an der Genfer Akademie für sie geschaffenen Lehrstuhl für Mathematik teilten, ebenso der durch seine Kontroversen mit Rousseau und d'Alembert, sowie als Herausgeber des *Esprit des Lois*[14] bekannt gewordene Literatur- und Theologieprofessor Jacob Vernet (1698–1789),[15] und vor allem sein Vorgänger, der Aufklärungstheologe und Kirchenhistoriker Jean-Alphonse Turrettini (1671–1737),

---

12   Zu Gabriel Cramer s. folgende Nachrufe: *Journ. Helv.*, Fevr. 1752, S. 99–126; Jacob Vernet [? auch Charles Lubières De Langes zugeschrieben, s. SENEBIER III (1786), S. 194]: « Eloge Historique de Monsieur Cramer », in: *Nouv. Bibl. Germ.* Tome X.2 (Avril/May/Juin 1752), S. 359–392; Jean Jallabert, „Oratio exponens vitam, Fata ac virtutes V. Cl. Gabrielis Cramerii [...]", in: *Museum Helveticum*, Part. XXVIII, S. 525–543 (Turici: Conr. Orelli & Soc., 1753); « Lettre contenant un Eloge historique de Monsr. Cramer, Professeur de Philosophie à Genève », in: *Bibl. Imp.*, Tome V.3 (Mai/Juin 1752), S. 427–443. – Biographien: SENEBIER III, S. 104–112; WOLF III, S. 203–226; Pierre Speziali in: Jacques Trembley (Hg.), *Les Savants Genevois dans l'Europe Intellectuelle du XVIIe au milieu du XIXe siècle*, Editions du Journal de Genève, 2. Aufl. 1988), S. 93–97 (im weiteren als *Sav. Genev. 1988* zitiert); Philip S. Jones in: *Dictionary of Scientific Biography* III (New York 1971), S. 459–462; Pierre Speziali, « Gabriel Cramer (1704–1752) et ses correspondants », in: *Conférences du Palais de la Découverte*, sér. D., No. 59 (Paris 1959); Pierre Speziali, « Une Correspondance inédite entre Clairaut et Gabriel Cramer », in: *Revue d'Histoire des Sciences* VIII (Paris 1955), S. 193–237; Kurzbiographie in: Georges Le Roy, *Condillac, Lettres inédites à Gabriel Cramer* (PUF 1953), S. 4–10.

13   Genfer Physiker und Mathematiker. Er trug wesentlich zur französischen Übersetzung der Philosophiae Naturalis Principia Mathematica von Isaac Newton bei, die von Thomas Le Seur und François Jacquier 1739 bis 1742 herausgegeben und in Genf veröffentlicht wurde. – S. auch Anm. 55.

14   Das nach zwanzigjähriger Redaktionszeit veröffentlichte Hauptwerk des französischen Aufklärungshistorikers Charles de Secondat, Baron de la Brède et de Montesquieu (1689–1755) erschien Ende Oktober 1748 bei Barillot in Genf. Zwei Jahre nach der Veröffentlichung lagen bereits zweiundzwanzig Auflagen vor. Die handschriftliche Druckvorlage gilt als verloren. Montesquieu war mit den Genfern sehr befreundet; zum Anteil des Genfer Philologen und Theologieprofessors Vernet an der Veröffentlichung siehe die von Jean Brethe de la Gressaye herausgegebene, eingeleitete und kommentierte Edition *Montesquieu, De l'Esprit des Loix* (Paris 1950), der diese Angaben entnommen sind.

15   Jacob Vernet (1698–1789), Pfarrer (1730) und Professor der Philologie (1739) an der Genfer Akademie, ab 1756 Theologieprofessor, lebte als Hauslehrer bei seinem Vorgänger J.-A. Turrettini, dessen Sohn er 1730 durch Italien, Frankreich und England begleitete. Er verfaßte u. a. Nachrufe auf Turrettini (*Bibl. Rais.*, Tom. XXI, Part. 1 + 2), Gabriel Cramer (*Bibl. Germ.* Tom. X, Part. 2) und Burlamaqui (*Epicedium sur la mort de M. Jaques Burlamaqui, conseiller d'Etat*, April 1748), zeichnete u. a. als Herausgeber der *Théorie des Sentiments agréables* von Louis-Jean Levesque de Pouilly (1692–1750), sowie einer lateinischen Übersetzung von Burlamaquis Naturrecht: *Juris naturalis elementa* (Genf 1754), verfaßte die *Lettres critiques d'un voyageur Anglois sur l'article Genève de l'Encyclopédie* (mehrere Aufl.; letzte erw. Aufl. Genf 1766) und die *Dialogues socratiques, ou Entretiens sur divers*

der dem jungen Thourneyser besonders gewogen war.[16] Sie alle starben – mit einer
Ausnahme – zu früh für ihren begabten Schüler, nämlich vor oder kurz nach
dem Erscheinen seines bahnbrechenden Sendschreibens über Freiheit und Notwendigkeit.[17] Davon wird noch zu sprechen sein. Nach ihrem Tod scheint es, als
habe es Thourneyser, diesen in Genf geborenen und aufgewachsenen Sohn einer
Genferin aus bester Familie und eines Baslers, Pfarrer an der deutsch-reformierten
Gemeinde in Genf, nie gegeben, ebensowenig wie seine bereits als deutsche Übersetzung erwähnte erste beachtliche Publikation über Freiheit und Notwendigkeit, die zwischen 1750 und 1752 zwei französische Auflagen und eine deutsche

---

sujets de morale (Genève 1746), geschrieben für seinen Schüler, den Erbprinzen Friedrich
von Sachsen-Gotha. – Ausführliche Bibliographie in: SENEBIER III, S. 25–28 (mit Kurzbiographie) und [Michel-Jean-Louis Saladin]: *Mémoire Historique sur la vie et les ouvrages
de Mr. J. Vernet, Professeur en Théologie et Ministre de l'Eglise de Genève* (Paris et Genève
1790). Zitiert: *Leben Vernets.*

16 Siehe Brief Nr. 15, Thourneyser an Sir Charles Yorke, 14. Januar 1761.

17 Zwei Auflagen in französischer Sprache (Druck A und B): *Que l'Athéisme et le Déréglement
des Mœurs ne sauroient s'établir dans le Système de la Necessité. Lettre de Mr. N. E. écrite de
la Campagne à Mr. C. P. à Londres* (= Druck A). Erschien fortsetzungsweise in: *Nouveau
Magasin François, ou Bibliothèque Instructive et Amusante* (London, März–August 1750).
Herausgeberin des *Nouveau Magasin François* (zitiert *NMF*), ist Marie Leprince de Beau-
mont (*Rouen, 26. April 1711, †Chavanod, bei Annecy, 1780. Angaben nach Patricia
Clancy, in: SGARD 1976, S. 29–30). Sie ist nicht verwandt mit dem Genfer Juristen Etienne
Beaumont, dessen *Principes de Philosophie Morale* (1754) ihr jedoch im Sachregister der
Bibliothèque des Sciences, Bd. 25, 2. Teil (Den Haag: Pierre Gosse Jr. & Daniel Pinet, 1766)
zugeschrieben wurden: «*Principes de Philosophie Morale*, Ouvrage de Mad. de Beaumont,
IV. 515». – Der Jahrgang 1750 des *NMF* ist vorhanden in der BPU Genf und der Nieder-
sächsischen Staats- und Universitätsbibliothek Göttingen (dort auch die weiteren, vollständigen Jahrgänge in 2 Bänden: 1751 und 1752); die Monate Nov./Dez. 1750 enthalten
im Anhang je ein bisher nicht bekanntes, von Thourneyser auf Bitte der Herausgeberin
redigiertes *Journal Littéraire de Londres* (s. *NMF* Okt. 1750, S. 365–366: «Réponse de
Mons. T[hourneyser] D[octeur] E[s] D[roit] à l'Auteur du MAGASIN FRANÇOIS sur
l'invitation qui lui avoit été faite de se charger d'une partie de ce MAGASIN, sous le titre de
JOURNAL LITERAIRE, Londres, ce 15 oct. 1750»). Ob das *Journal Littéraire* sich nach
diesen beiden Nummern verselbständigte oder in einer anderen literarischen Zeitschrift –
vielleicht unter anderer Überschrift – fortlebte, konnte nicht herausgefunden werden. In
den Jahrgängen 1751 und 1752 des *MNF* erscheint es nicht mehr. – Die 2. Auflage (Druck
B) erschien als Separatdruck mit unverändertem Text, aber leicht verändertem Titel, bei
Antoine Philibert (Genève: Libraire au Perron, 1751): *Lettre d'un Philosophe, dans laquelle
on prouve que l'Athéisme et le déréglement des Mœurs ne sauroient s'établir dans le système
de la Necessité.* Exemplar vorhanden in der Universitätsbibliothek von Neuchâtel, Schweiz.
Neuenburg gehörte im 18. Jh. zu preußischem Hoheitsgebiet. – Zu Antoine Philibert s.
Anm. 201. – Thourneyser erwähnt die erste Auflage in Brief Nr. 19. – Zur deutschen Übersetzung von 1752 s. Anm. 3.

Übersetzung erlebte. Der Titel des französischen Originals lautet: *Lettre d'un philosophe. Dans laquelle on prouve que l'athéisme et le déréglement des mœurs ne sauroient s'établir dans le système de la nécessité.* Dieses Werk ist besonders von einem nie erwähnt worden, der daraus die Grundgedanken für seine späteren metaphysischen und philosophischen Schriften entnahm: Charles Bonnet (1720–1793).[18] Daß er Thourneyser verschwieg, ist Tatsache. Warum er ihn verschwieg, ist nicht mit Bestimmtheit zu sagen. Es können nur Hypothesen angeboten werden, die weiterer Nachforschungen bedürfen. Zweck dieser Untersuchung ist eine erste Spurensicherung zu einem Werk, das bahnbrechend war und zu Unrecht in Vergessenheit geraten ist, und zu einem Autor, der, wenn nicht in deutschsprachigen Bibliographien, so doch in deutschsprachigen Texten des 18. Jahrhunderts immer wieder auftauchte (französischerseits ist das Verhältnis umgekehrt) und über den man heute nichts mehr weiß.

---

18   Siehe Anm. 9. – Meines Wissens erwähnte Bonnet Thourneyser nur ein einziges Mal, und zwar gegenüber Johann Kaspar Lavater (s. *Lavater-Bonnet-Bennelle-Briefe*, hg. v. G. Luginbühl-Weber, Peter Lang, Bern u. a. 1997, 1. Halbbd., S. 30). Der Brief wurde nicht dem langjährigen Sekretär Bonnets, David Monnachon, diktiert, sondern liegt in der Handschrift seines Studienfreundes Jacob Bennelle vor, dem er nach eigenen Angaben seine geheimsten Gedanken anvertraute (Bonnet an Bennelle, 3. Januar 1769, unveröffentlicht, Ms. Suppl. 927; BPU Genf). Es war auch Bennelle, der den merkwürdigen Brief an den Herausgeber des *Essai de Psychologie* kopierte, worin die Autorfiktion zum erstenmal formuliert wird, und zwar solcherart, daß der Name „Bonnet" nie fällt und die Interpretation den Lesenden überlassen bleibt. Herausgeber war der in Leyden lehrende Lausanner Philosophieprofessor, 's Gravesandeschüler und -nachfolger Jean Nicolas Sébastien Allamand (1713–1787), dessen Bruder, Francois Louis Allamand, mit Voltaire korrespondierte (s. alphabetisches Briefverzeichnis, Bd. 132, der Gesammelten Werke Voltaires, Hg. Besterman, Oxford 1976).

Zur Biographie des Autors: archivalische Funde

ETIENNE THOURNEYSER wurde am 26. Oktober 1715 in Genf geboren;[19] er starb zwei Monate nach seinem siebenundvierzigsten Geburtstag in Paddington (London), und wurde dort am 15. Januar 1763 begraben.[20] Er war das erste Kind und einziger Sohn des Baslers Johann Rudolf Thurneisen (1671–1745),[21] Pfarrer der deutsch-reformierten[22] Gemeinde in Genf von 1704 bis 1745, und der

---

19   Angaben nach STELLING-MICHAUD und BASLER MATRIKEL.

20   Der handschriftliche Eintrag im Kirchenbuch von St. James', Paddington, lautet: "January 15. 1763 Buried Stephen Thourneyser of this Parish" (Microfilm. London Metropolitan Archives, 40 Northampton Road, London EC1R OHB, Ref. P87/JS/004 P 101).

21   In der BASLER MATRIKEL Bd. IV, Nr. 1174 steht THURNISEN. Folgende Varianten des Namens Thourneyser sind dokumentiert: THURNEYSEN (THURNISIUS) Etienne (STELLING-MICHAUD Nr. 5549; SCHNEELI 1934); THURNEYSEN, Stephanus (*Codex* der Genfer Studenten und Bibliotheksbenützer, Ms. Arch. Ba. 3, fol. 122 [1729], BPU Genf); THOURNEYSER, Stephanus (Basler Matrikel Bd. V, Nr. 42; A. F. W. Sack an den Freiherrn v. Creutz, 1754, in: *August Friedrich Wilhelm Sack's Lebensbeschreibung* I (Berlin 1789), 243; THURNEISER (Selle, „Ueber Freiheit und Notwendigkeit", in: *Berlin. Monatsschr.*, hg. v. Gedike und Biester, Okt. 1783, S. 300; Moses Mendelssohn an Friedrich Nicolai zum gleichen Thema, in: *Berlin. Monatsschr.*, Juli 1783, S. 4, Reprint in: *GS-JubA* 3.1, S. 346); THURNEISEN, Stephanus (*LEU*, XVIII. Theil, 1763, S. 160; STAMMBAUM THURNEISEN, Ms. Staatsarchiv Basel); THOURNEISEN (Niklaus I Bernoulli an Gabriel Cramer, 15. Aug. 1736; unveröffentl., Entwurf, Mscr. L I a 21, 36, UB Basel); TOURNEISEN (Samuel Kœnig an Niklaus I Bernoulli, Bern, 3. Dez. 1740, unveröffentl., Mscr. L I a 22, f.106; UB Basel); TORNEISIN (*Plan Billon 1726*, Genf 1987, S. 78. Siehe Anm. 45); TOURNYSE, Etienne (*Matricule des Avocats de Genève 1712–1904*, hg. v. Albert Choisy, Genf 1904, S. 28); THOURNEISER (Rezension der *Neuen Untersuchung* in: *Jenaische Gelehrte Zeitungen*, 77. Stück, Okt. 1752); TOURNEISER (J. K. Lavater, Tagebuch aus Barth: 23. Sept.; 11., 22., 29. Okt.; 3., 4., 7., 8., 11. Nov. 1763; 30. Jan., 10. Febr. 1764, ZBZ, Lav. Ms. 8–10; J. K. Lavater, *Aussichten in die Ewigkeit* IV (Zürich 1778), S. 202; TOURNEISER, Jean Rodolfe, in: A. L. Covelle, *Le livre des Bourgeois*, Genève: J. Jullien, 1897, S. 401); TOURNEYSER, Etienne (*Codex*, Ms. Arch. Ba 3, BPU Genf, fol. 23 [1731]); J. K. Lavater, *Herrn Karl Bonnets Philosophische Palingenesie* I (1770), S. xvii; II (1769), S. 67–68; THOURNEYSER, Stephanus, *Theses Logicae de Inductione*, Diss. Genf 1733; *Lettre d'un philosophe* (Druck A und B, 1750/51); Lessings Rezension der *Neuen Untersuchung* in: *Berlinische Privilegirte Zeitung*, 39. Stück, 31. März 1753; Gabriel Cramer an Niklaus I Bernoulli, Genf, 25. Aug. 1736; WOLF I, S. 327 Anm. 10; Briefe an C. Yorke ("Stephen"); *Lessings Werke* (Hg. J. Petersen/Woldemar v. Olshausen) Berlin-Leipzig: Bong (1925), S. 401; QUÉRARD; *NUC*. – Die von Etienne/Stephanus/Stephen Thourneyser seit 1733 ausnahmslos benützte Orthographie ist hier übernommen worden.

22   Die deutsche Gemeinde in Genf begann 1580 mit der Erlaubnis der Genfer Behörden, Hieronymus Schlick aus Passau als Prediger für die deutschsprachigen Flüchtlinge in Genf zuzulassen, die nach der Krönung des protestantenfeindlichen deutschen Kaisers, Rudolf II., dort Zuflucht gefunden hatten. 1630 gründete Pfarrer Friedrich Spanheim,

Jeanne-Marie Colladon (*Genf 10. Mai 1677, † Genf 12. März 1764),[23] Tochter des Etienne Colladon (1643–1722) und der Elisabeth, geb. Goudet. Er wurde am 3. November 1715 in der Genfer Magdalenenkirche[24] getauft,[25] am Fuß der Festungsmauer, im Schatten der Kathedrale von St. Peter, und erhielt den Vornamen seines Großvaters mütterlicherseits, Etienne, französisches Äquivalent für Stephan. Von den beiden nachfolgenden Töchtern des Ehepaares Thurneysen-Colladon starb die jüngere früh: Anne-Madeleine (1718–1720). Die ältere der beiden, Jeanne-Susanne, kam am 7. Februar 1717 zur Welt. Sie heiratete am 28. September 1755 den Genfer Bürger Isaac Félix (1707–1767), Mitglied des CC, und starb am 6. Oktober 1798. Eine Tochter des Ehepaares Félix-Thourneyser, Marie-Madeleine Félix (25. 5. 1757 – 1831), heiratete am 20. April 1777 François-Louis Bontemps (31. 7. 1751 – 25. 11. 1820). Das Paar hatte zwei Söhne. Einer davon starb jung; der andere, Auguste-Henri-Robert, geboren am 14. Juli 1781 in Crassier, ging 1818 studienhalber nach Bayern und lebte nachweisbar 1823 in München.[26]

Etienne Thourneyser heiratete als Sechsundvierzigjähriger die sechzehn Jahre jüngere Engländerin Jane Robinson aus Westminster (Middlesex), die sich während seiner jahrelangen, mit völliger Arbeitsunfähigkeit verbundenen depressiven Zustände um ihn gekümmert hatte. Seit ungefähr 1757 war er mit ihr verlobt.[27] Die Heiratslizenz wurde am 9. August 1761 von der bischöflichen Registratur in London ausgestellt; die Trauung fand am Wohnort der Braut statt, und zwar in St. James's, Westminster (Middlesex). Thourneyser wohnte zur Zeit seiner Vermählung in Paddington (Middlesex),[28] das noch 1896 als „einer der schönsten Stadtteile

---

Philosophie- und Theologieprofessor an der Genfer Akademie, die « Bourse allemande » zur Deckung der Niederlassungsgebühren für „mehrere Tausend heimkehrende Soldaten, Handwerksburschen, arme Studenten, bedürftige Deutsche etc."; de facto ging es also um Wohnrecht in Genf (« droit d'habitation »). 1903 wurde die Stadt Genf in Kirchgemeinden eingeteilt und damit die „Deutschsprachige Kirchgemeinde" gegründet. Nach dem Ende des II. Weltkriegs, seit 1946, heißt es Deutschschweizer Reformierte Kirchgemeinde/ Paroisse Protestante Suisse Allemande (*Histoire de notre paroisse/Geschichte unserer Kirchgemeinde*, Faltblatt, hg. v. der Deutschschweizer Reformierten Kirchgemeinde, Mitglied der Eglise nationale protestante, Genf).

23 GALIFFE II, S. 571.
24 Die Gottesdienste der bis zum II. Weltkrieg Deutsch–Reformierten, heute: Deutschschweizer-Reformierten Kirchgemeinde Genfs werden in deutscher Sprache gehalten (Lied- und Textangaben auch auf Französisch).
25 Taufregister St. Madeleine, 1714–1725, Arch. d'Etat, Genève.
26 GALIFFE, Tome VII, S. 21–22.
27 Siehe Brief Nr. 16.
28 Auch die Nachforschungen zum Ehepaar Thourneyser-Robinson verdanke ich Herrn Reginald Burrows, Canterbury, der mir freundlicherweise über die Londoner Society of Genealogists und durch Frau Margaret J. Swarbrick, Archivarin der Stadtbibliothek von

Londons, im Norden des Hydeparks", galt.[29] Mitte September 1761 setzte er den englischen Clerk of the crown in chancery,[30] Sir John Yorke (gest. 1769), von seiner Eheschließung in Kenntnis.[31] Daß dessen Glückwünsche, aus welchen Gründen auch immer, ausblieben, war vermutlich nicht dazu angetan, Thourneysers Start in die neue Verantwortung zu erleichtern, wie aus seinem Brief vom 28. November an den ihm wohlgesinnten Lordkanzler und Juristen Sir Charles Yorke (1722–1770), einen Bruder John Yorkes, klar hervorgeht: Der Frischvermählte quälte sich mit Vorwürfen, Sir John Yorke nicht zuvor von seinen Heiratsplänen in Kenntnis gesetzt zu haben. Dieses läßt vermuten, daß Thourneyser möglicherweise gewisse Arbeiten für den Clerk of the crown in chancery tätigte und wirtschaftliche Sanktionen fürchtete zu einer Zeit, wo er mehr denn je auf ein gesichertes Einkommen angewiesen war. Die Geburt seiner Tochter Sarah[32] erlebte Etienne Thourneyser nicht mehr, ebensowenig deren Taufe am 11. Juli 1763 in St. James's, Paddington, seiner Kirchgemeinde, wo er selbst am 15. Januar des gleichen Jahres begraben worden war. Im Kirchenbuch steht der Vermerk: "July 11. 1763 Baptized Sarah the Daughter of Stephen & Jane Thourneyser born June. the father Dead."[33] Die so früh verwitwete Jane Thourneyser-Robinson heiratete fast zehn Jahre später, am 26. Juli 1772, in zweiter Ehe Spencer Benham,[34] zu dem bisher zusätzliche Angaben fehlen. Die weiteren Lebensumstände Sarah Thourneysers sind nicht bekannt.

Westminster City, die ungekürzte Transkription aus den Trauregistern von St. James' Piccadilly vermittelte: "Stephen Thourneyser of the Parish of Paddington and Jane Robinson of this Parish were married in this church by Licence from Christopher Wilson Doctor in Divinity Canon Official of the Diocese of London during the vacancy of the Episcopal see Lawfully constituted this fifteenth day of August in the year 1761 By me J Davies Curate This Marriage was Solemnized between us Stephen Thourneyser Jane Robinson In the presence of Peter Gorjon Judith Robinson" (Archives and Local Studies, Victoria Library, 160 Buckingham Palace Road, London SW1W 9UD).

29 Meyers Konversationslexikon, Leipzig, 5. Aufl., 1896.
30 Der Clerk of the Crown in Chancery war Vorsteher des Crown Office und u. a. Staatszeremonienmeister.
31 Siehe Brief Nr. 16.
32 Im Genfer Staatsarchiv fand sich der erste und lange Zeit einzige Hinweis auf ein Kind des Ehepaares Thourneyser-Colladon, angefertigt 1934 von Schneeli, allerdings mit dem falschen Vermerk « un fils postume » (Mss. Hist. 271/10, Arch. d'Etat, Genève). Jahre später, als sämtliche Kirchenbücher aller Londoner Kirchen auf Microfilm kopiert und für Nachforschungen zugänglich waren, konnte der Irrtum korrigiert werden. Sarah Thourneysers Taufe ist im Kirchenbuch von St. James', Paddington, dokumentiert (siehe folgende Anmerkung).
33 London Metropolitan Archives, 40 Northampton Road, London EC1R OHB, Ref. P87/JS/004 P 105. Microfilm.
34 Angaben nach dem *International Genealogical Index* (*IGI*), freundliche Auskunft der Londoner Society of Genealogists, vermittelt durch Herrn R. A. Burrows.

Thourneysers Vorfahren und Verwandte:

1. Die Familie Thurneisen von Basel

Die Thurneysen gehören zu einer weitverzweigten, seit dem 15. Jahrhundert in Basel ansässigen Familie, aus der verschiedene Gelehrte und Buchdrucker hervorgingen. Zahlreicher vertreten in der direkten Linie waren jedoch zunftträchtige Handwerker: Bäcker, Rotgerber, Strumpfweber und -wirker, Posamentierer. Als Stammvater der Familie gilt Ulrich Thurneysen oder Tornyser (gest. 1487), verheiratet mit Anna Ströwli (gest. 1519), Hufschmied im Haus „zur Gans", der 1461 das Basler Bürgerrecht erwarb und in die Schmiedenzunft aufgenommen wurde.

Etienne Thourneysers Vater, Pfarrer Johann Rudolf Thurneisen, hatte sieben Geschwister: vier Brüder und drei Schwestern; er war das 4. Kind des Bäckermeisters Johann Rudolf Thurneisen (1634–1683) und der Esther Koch (1641–1719). Als einziger seiner Linie scheint er studiert zu haben. Die anderen setzten die Handwerkertradition fort, waren in politischen Belangen mitspracheberechtigte Zunftleute; einige entschieden als Ratsherren über die politischen und ökonomischen Geschicke der Stadt Basel, so Etienne Thourneysers Onkel Hans Jakob Thurneisen (1678–1713) und sein Großvater, Johann Rudolf Thurneisen (1634–1683), der nach einer heftigen politischen Debatte in der Weberzunft bei einem Treppensturz tödlich verunglückte.[35]

Etienne Thourneysers Vater schloß am 2. August 1694 das Studium mit einer theologischen Disputation über 2 Kor. 3, 15 unter Peter Werenfels ab: *De velamine Judaeorum cordibus impendente, cum legitur Moses.* Er galt ab dieser Zeit als sacri ministerii candidatus, mußte sich aber zehn Jahre gedulden, bis er zu Amt und Würden kam, insgesamt fast zwanzig Jahre, bis er damit eine Familie ernähren konnte.[36] Nach Studienabschluß ging er zuerst als Feldprediger nach Frankreich (1696), geriet bei Lüttich in Gefangenschaft; in der Folge war er als Feldprediger in Holland tätig. 1704 wurde er zum Pfarrer der deutsch-reformierten[37] Gemeinde in Genf gewählt, ein Amt, das er bis zu seinem Tod 1745 ausübte. Im Jahr 1713

---

35   Stammbaum Thurneisen, Staatsarchiv Basel; *LEU* Suppl. Bd. 6, 1795, S. 51.

36   Angaben nach *Basler Matrikel*, Bd. IV, Nr. 1174: „Joh. Rod. THURNISEN, Basiliensis".

37   Seit 1946 Deutschschweizer reformierte Kirchgemeinde Genf. Zur Geschichte der Gemeinde, die 1580 mit der behördlich bewilligten Anstellung von Hieronymus Schlik aus Passau als Prediger begann und durch die Gründung der « Bourse allemande » durch Pfarrer Friedrich Spanheim, Philosophie- und Theologieprofessor an der Genfer Akademie, konsolidiert wurde, siehe das in der Kirche erhältliche Faltblatt *Eglise de la Madeleine – Genève: Histoire de notre paroisse/Geschichte unserer Kirchgemeinde* und das Din-A4 Blatt mit der Geschichte der Madeleine-Kirche von H. Kunkel.

bewarb er sich um ein Pfarramt in Läufelfingen bei Basel;[38] wahrscheinlich trug er sich bereits mit Heiratsabsichten, die er am 21. Mai 1713 verwirklichen konnte.[39] Er blieb in Genf, als man ihm die Besoldung auf 1000 Pfund erhöhte. Unmittelbar vor seiner Einheirat in eine angesehene, seit dem 16. Jahrhundert in Genf eingebürgerte, ursprünglich aus dem Berry (Frankreich) stammende ratsfähige Familie der Stadt Genf wurde ihm das Genfer Bürgerrecht geschenkt.[40] Dieses Verfahren war eher ungewöhnlich: damals wie heute mußten dafür zum Teil beträchtliche Summen entrichtet werden. Vermutlich hatte Pfarrer Thurneisen diese Auszeichnung wie auch die Verbesserung seiner finanziellen Lage nicht nur eigenem Verdienst, sondern ebenso der angesehenen Herkunft seiner Frau zu verdanken. In einem Genfer Stadtplan aus dem Jahr 1726 wird er als « proprietaire » des Hauses Nr. 40, Parzelle Nr. 41–42 aufgeführt: « Maison à Monsieur Rodolphe Torneisin Ministre de l'Eglise Allemande ».[41] Der Plan zeigt ein stattliches Doppelgebäude, ein – wie der Augenschein ergab – noch heute imposantes Eckhaus, das inzwischen mehrere bauliche Veränderungen erfahren haben dürfte; gegen Osten begrenzt durch die Rue de la Pelisserie, die in steilem Anstieg zur Genfer Altstadt führt, gegen Norden, die See- und Bisenseite, durch die Rue de la Rôtisserie, heute eine belebte Geschäftsstraße. In diesem Haus wurde Etienne Thourneyser geboren. Von da aus, die Rue de la Rôtisserie und am Fuß der hohen Festungsmauern entlang, sind es nur wenige Meter bis zur Magdalenenkirche (Eglise de la Madeleine), wo sein Vater, Johann Rudolf Thurneisen, einundvierzig Jahre lang als Pfarrer der deutschen Gemeinde Genfs amtierte. Am 3. November 1715 wurde Etienne Thourneyser dort getauft.

Wenige Schritte vom Kirchenportal entfernt zweigt eine kurze Gasse ab, die Rue de la Madeleine. In sanfter Neigung führt sie zu einem anderen imposanten Eckhaus, das im Winkel zur tiefergelegenen Rue Neuve de la Poissonnerie 78, heute Rue du Marché Nr. 40 liegt. Dieses Eckhaus ist das Geburtshaus des fünf Jahre jüngeren Charles Bonnet.[42] Ein geschichtsträchtiger – familiengeschichtsträchtiger – äußerst

38   Joh. Rudolf Thurneysen an Samuel Werenfels (1657–1740), Genf, 24. Jan. 1713 (Autogr. franç.; Fr.Gr.Ms.V, 13, Nr. 4, UB Basel) – *LEU*, XVIII. Theil, 1763, S. 160.

39   Angaben nach *SCHNEELI 1934*.

40   COVELLE (1897), S. 401: « 1713, 3 mai, Spect. Jean Rodolfe TOURNEISER de Basle, pasteur de l'église Allemande réformée de cette Ville, gratis ».

41   *Plan Billon 1726, Notices et Liste des Proprietaires*, II, (Text), Hg. Bernard Lescaze, Daniel Aquillon, Jean-Daniel Candaux, Georges Curtet, Eugène-Louis Dumont, Christiane Genequand, Liliane Mottu, Barbara Roth-Lochner, Marc Neuenschwander, Corinne Walker (Genève 1987, Société Auxiliaire des Archives d'Etat), S. 78. – Bd. I enthält die Grundrisse der einzelnen Stadtquartiere. – Zitiert *Plan Billon* I + II.

42   Siehe Plan Billon 1726, Genf 1987. Bonnets Geburtshaus liegt im Winkel zwischen der Rue de la Madeleine und der jetzigen Rue du Marche Nr. 40; die Rückseite geht auf die höhergelegene Rue de la Rôtisserie. Das heutige Geschäftshaus war zwischen 1690 und 1698

eng gezogener Radius, innerhalb dessen sich zwei Kindheiten und gemeinsame Studienjahre und -ziele entfalteten, wo in der etwas höher gelegenen Place du Perron[43] erste vielversprechende Veröffentlichungen der beiden Protagonisten gedruckt wurden, bis zum unbegreiflichen Abbruch aller Beziehungen, selbst der namentlichen Erwähnung des fünf Jahre Älteren durch den Jüngeren.

Wie groß war der Besitzanteil Pfarrer Thurneysens am stattlichen Eckhaus Rue de la Pelisserie/ Rue de la Rôtisserie? Die Bezeichnung ‚Eigentümer‘ sagt nichts aus über die Größe des Besitzes. Stockwerkeigentum war in Genf bereits im 18. Jahrhundert legalisiert; auch Familienvorstände (Frauen galten nie als solche, selbst wenn sie es waren) aus bescheideneren Verhältnissen konnten ein bis zwei Zimmer, mit oder ohne Keller, erwerben. Einzige Einschränkung: sie mußten Genfer sein und in der Stadt wohnen. Ausgenommen von diesen Vorschriften waren Militärs in fremden Diensten, sowie Bank- und Kaufleute, deren geringe Anzahl aber nicht ins Gewicht fiel. Der Basler Johann Rudolf Thurneisen war durch den Erwerb des Genfer Bürgerrechts und als in Genf amtierender und ansässiger Pfarrer berechtigt, Eigentum zu erwerben. Ob es sich dabei um Frauengut handelte, oder ob er es kaufte, ist nicht bekannt. Immerhin durfte er sich, selbst wenn er nur Stockwerkeigentümer gewesen wäre, zu jenen 29,55 % privilegierter Einwohner der Stadt Genf zählen, denen 1726 die bewohnten Räume gehörten. Die Mehrzahl der 4 608 Haushaltungen – bei ca. 20 000 Einwohnern – lebte schon damals in Mietwohnungen.[44]

2. Die Genfer Familie Colladon.

Durch seine Mutter, Jeanne-Marie Colladon (1677–1764), war Etienne Thourneyser verwandt mit namhaften Genfer Persönlichkeiten. Dazu gehören der durch seine Publikationen über Süßwasserpolypen bekannte, auch mit dem Genfer Naturphilosophen Charles Bonnet (1720–1793) befreundete und verwandte Naturforscher Abraham Trembley (1710–1784)[45] wie auch dessen Bruder, der Theologe Jacques

---

   von Bonnets Großvater, dem Banquier und Großrat Jacques André Bonnet erbaut worden, dem Nachfahren einer seit 1409 in Thonex ansässigen Familie (La Suisse, No. 164, 13 juin 1961). Eine 1993 angebrachte Marmortafel erinnert an den Genfer Naturforscher Charles Bonnet.

43 An der gleichen Adresse befindet sich heute eine Akzidenzdruckerei.

44 Alfred PERRENOUD, « La Population de Genève du XVI au début du XIX siècle. Etude démographique, I, Structures et mouvement, Genève, Mémoire et documentation de la Société d'Histoire et XLVII » , 1979 (= Plan Billon II, S.35–37).

45 Charles Bonnet nannte Abraham Trembley seinen „Cousin" in einem Brief vom 29. Juni 1741 an ihren gemeinsamen Lehrer, den Mathematiker und Philosophen Gabriel Cramer. Der Brief ist teilweise abgedruckt in: Correspondance inédite entre REAUMUR et ABRAHAM TREMBLEY, hg.v. Maurice Trembley, eingeleitet von Emile Guyénot (Genève:

André Trembley (1714–1763), Nachfolger Gabriel Cramers auf dem Lehrstuhl der Philosophie und Mathematik an der Genfer Akademie[46], sowie Abraham Trembleys Sohn, der Mathematiker, Naturforscher und Bonnetbiograph Jean Trembley (1749–1811); ebenso die Theologin und Chiliastin Marie Huber (Genf 1695 – Lyon 1753), Verfasserin vielbeachteter Schriften gegen die Ewigkeit der Höllenstrafen[47], deren Einfluß auf Thourneysers und Rousseaus Gottesvorstellungen unverkennbar

Georg & Cie, 1943), S. 60 (zitiert: Réaumur-Trembley-Briefwechsel). Abraham Trembley und sein Bruder Jacques-André Trembley, Nachfolger Gabriel Cramers an der Genfer Akademie, waren Vettern 1. Grades von Bonnets Mutter, Anne-Marie Lullin de Chateauvieux, geb. am 6. Sept. 1699, gest. am 1. Dez. 1732 (CHOISY 1947, S. 238–239, 242; GALIFFE I, S. 109. In einem späteren Taufregisterauszug für Charles Bonnet auch Marianne Lullin genannt, s. Ms. Bonnet 87, « Papiers, Notes & Lettres », BPU Genf). – Trembleys Mutter, Anne Lullin, geb. 1676 (GALIFFE II, S. 293), war eine Schwester von Bonnets Großvater mütterlicherseits, Charles Lullin de Chateauvieux, gest. 1761 (GALIFFE I, S. 108). In der Einleitung zum Réaumur-Trembley-Briefwechsel wird sie irrtümlicherweise „Charlotte" Lullin genannt. – Trembley adressierte 1740 seine ersten beiden Briefe an Charles Bonnet sehr förmlich mit « Monsieur » und der Grußformel « votre très humble et très obéissant serviteur. » Erst im dritten Brief aus Den Haag, vom 27. Jan. 1741, heißt es: « Adieu mon cher Cousin. Je suis tout à vous » (Ms. Bonnet 24, Nr. 1, 2, 3; unveröffentlicht, BPU Genf). Weiteren Briefen aus dieser Sammlung ist zu entnehmen, daß Abraham Trembley zwischen 1752 und 1754 ernsthaft an eine Heirat mit Bonnets einziger Schwester Susanne dachte (Briefe Nr. 25, 26, 28, 29, 33). Am 4. Juli 1757 setzte er – überraschend, wie es scheint – Bonnet von seiner Heirat mit Marie von der Strassen in Kenntnis, einer Kusine 2. Grades von Trembleys Studienfreund (s. Ms. Arch. BPU, Ba 3, 1730/31) Etienne Thourneyser. Dadurch verdoppelten sich bereits bestehende Verwandtschaftsverhältnisse zwischen den Familien Trembley und Thourneyser-Colladon: auch Abraham Trembleys Schwägerin, Anne Trembley-Colladon, war eine Kusine 2. Grades von Etienne Thourneyser und Mutter des Bonnetschülers Jean Trembley. Der Naturforscher Jean Trembley verfaßte Monographien über seinen Onkel (*Mémoire Historique sur la Vie et les Ecrits de Monsieur Abraham Trembley*. Neuchâtel & Genève: Samuel Fauche et François Dufart, 1787) und Lehrer (*Mémoire pour servir à l'histoire de la vie et des ouvrages de Charles Bonnet*, Berne: Presses de la Société typographique, 1794; deutsch 1795). Etienne Thourneyser und seine Publikationen sind in keiner von beiden erwähnt. Eine Enkeltochter des Ehepaares Trembley-Von der Strassen, Eugénie, heiratete einen Robert Bouthillier, genannt Beaumont (GALIFFE II, S. 294).

46 Nach Aussage des Genfer Mathematikers Simon-Antoine L'Huillier ein nicht sehr kompetenter Nachfolger, zitiert von Wolf I, S. 417, Anm. 30.

47 [Huber, Marie], *Le Système des Théologiens Anciens et Modernes, concilié par l'exposition des differens sentimens sur l'Etat des Ames séparées des Corps. En Quatorze Lettres* (1731; nouv. éd. Amsterdam 1733 (recte: Genève); nouv. éd. « Londres » 1739). Bereits die erste Auflage zeitigte eine kritische Widerlegung durch den protestantischen Lausanner Theologen Abraham Ruchat (ca. 1680–1750): *Examen de l'Origénisme ou Réponse à un Livre nouveau, intitulé, « Sentimens differens de quelques Théologiens sur l'état des Ames séparées des corps, en Quatorze Lettres »* (Lausanne: Jean Zimmerli, 1731, 1733, 1739). Marie Hubers Antwort

ist. Marie Huber war ihrerseits verwandt mit dem in Basel geborenen und in Worcester gestorbenen Mathematiker, Naturforscher, Mystiker und Alchimisten Nicolas Fatio de Duillier (1664–1753),[48] den Thourneyser nicht nur gekannt haben

---

trägt den Titel: *Suite du Sistème sur l'état des Ames séparées des corps. Servant de Réponse au Livre intitulé Examen de l'Origénisme; par Mr. le Prof. R...* Mir ist nur die 2., erw. Aufl. bekannt, mit dem Druckort und -jahr « Londres 1739 ». Der Katalog des British Museum (Vol. 233, S. 915) gibt eine zusätzliche, erweiterte Auflage an: « Londres 1757 », mit dem Zusatz « Sur le point d'honneur mal entendu des écrivains en deux lettres ». Diese Auflage von 1757 ist eindeutig eine Stellungnahme zu einer Beurteilung und Widerlegung der 2. Aufl. des *Sistème* durch den Ständigen Sekretär der Berliner Akademie, Samuel Heinrich Formey unter dem Titel *Deux Lettres sur l'Eternité des Peines* (in: Formey, *Mélanges Philosophiques*, Bd. II, S. 215–264, Leiden: Elie Luzac 1754). In allen Gegenschriften wird Marie Huber, ohne Nennung des Namens, respektvoll im Maskulinum Singular apostrophiert, obwohl bekannt gewesen sein dürfte, daß hier eine Frau schrieb. In einer ausführlichen Rezension zu einem weiteren Werk Marie Hubers im *Journ. Hélv.* (Jan. 1740, S. 29–43: « Réflexions d'une DAME sur le Livre qui a pour titre, Lettres sur la Religion essentielle à l'Homme) » darf sich allerdings eine (fiktive?) Leserin als (anonyme) Schreiberin artikulieren. – Der Genfer Aufklärungstheologe und Rousseaukenner Jacob Vernet (1698–1789) hatte als erster Marie Hubers *Sistème des Théologiens Anciens et Modernes* als Quelle für Jean-Jacques Rousseaus Naturreligion erkannt. Pierre Maurice MASSON (*La pensée religieuse de J.-J. Rousseau*, Bd. I, 1916, S. 209) würdigt diese Zusammenhänge folgendermaßen: « *La Profession de Foi* doit beaucoup à la *Religion essentielle* (de Marie Huber), mais les *Lettres de la montagne* lui doivent d'avantage. C'est Marie Huber, qui, avant Jean-Jacques, a montré au protestantisme son originalité et, en quelque sorte, sa mission; c'est elle qui a commencé à lui faire comprendre que s'il ne représentait pas la pleine liberté de conscience, il se reniait lui-même ». – Thourneyser übernahm Marie Hubers Konzept der Identität von Gott und Christus, von Schöpfer, Mittler und Erlöser, das im 3. Jahrhundert von Origines propagiert wurde. Während sich Thourneyser in seinem *Lettre* streng an die origenistische Subordination der drei göttlichen Hypostasen hält, tendiert Marie Huber in ihrem zeitlich früher entstandenen *Sistème* zu der moderneren Vorstellung der Koordination. Damit trifft sie sich in ihrer Gottesvorstellung mit dem jüngeren Lavater. Es ist nicht ausgeschlossen, daß Lavater Marie Hubers Schriften kannte. Bezeugt ist jedenfalls sein Interesse für Thourneysers „Brief über die Fatalität", wie aus seinen Tagebucheinträgen in Barth hervorgeht. Deshalb muß die Frage offenbleiben, ob Lavater Thourneysers dogmatische Subordinationstheorie eigenständig überschritt, oder ob auch hier – wie bei Rousseau – ein Marie-Huber-Einfluß erkannt werden kann. – Neuste Forschungsliteratur zu Marie Huber: Christina PITASSI, « Marie Huber », in: *De l'humanisme aux Lumières – Mélanges offerts à Elisabeth Labrousse*, Voltaire Foundation, Oxford 1995. – Ältere Forschungsliteratur: Eugène RITTER, « La Jeunesse et la famille de Marie Huber », in: *Etrennes chrétiennes*, 1882; Gustave METZGER, *Marie Huber, sa vie, ses œuvres, sa théologie*, Genève 1887; Paul WERNLE, *Der schweizerische Protestantismus im 18. Jahrhundert*, Tübingen: Mohr, I. Bd., 1922, S. 150–151.

48 Der in Basel geborene, aber in Genf aufgewachsene Nicolas Fatio gilt als Auslöser des „Prioritätenstreits" zwischen Leibniz und Newton um die Erfindung des Differentialkalküls, dessen Kenntnis er Newton bereits 1691 zuschrieb (Fatio an Huygens, 18./28. Dez. 1691,

wird, sondern mit dem er möglicherweise während der gemeinsam in England verbrachten Jahre mindestens zeitweise zusammen arbeitete und experimentierte. In dem Fall bestünde eventuell ein Zusammenhang zwischen Fatios chemischen Experimenten, Fatios Tod, Thourneysers jahrelanger Depression und der zwölfjährigen Bewußtlosigkeit eines anderen in London lebenden Genfers, des Theologen, Schriftstellers und Journalisten Pierre Clément (1707–1767)[49]. Clement war möglicherweise jener schwer zu eruierende Adressat von Thourneysers „Brief über die Fatalität", sofern „N. E." als Inversion für „Etienne Nommé" gelesen werden kann. In dem Fall gälte die Inversion auch für den Adressaten: mit „C. P." wäre also der aus dem Register der Genfer Vénérable Compagnie des Pasteurs wegen Insubordination gestrichene Genfer Schriftsteller und Journalist Pierre Clément gemeint.

in: Christian Huygens, *Œuvres Completes*, Bd. X, S. 214, Brief Nr. 2723. Zitiert nach: *De la Cause de la Pesenteur. Memoire de Nicolas Fatio de Duillier presenté à la Royal Society le 26 fevrier 1690*, reconstitué et publié avec une introduction par Bernard GAGNEBIN, in: *Notes & Records of the Royal Society*, vol. 6, no. 2, May 1949, S. 111; Biographie Fatios S. 106–114; s. auch SENEBIER III, 155–165; WOLF IV, 67–86; *Dictionary of National Biography*, Vol. XVIII, S. 114–115, Art. Faccio. (mit ausführlicher Bibliographie, Werke berücksichtigt bis 1889); Pierre Speziali, Art. Nicolas Fatio, de Duillier (1664–1753), in: *Les savants genevois dans l'Europe intellectuelle du XVIIe au milieu du XIXe siècle*, Ed. J. Trembley, Editions du Journal de Genève, 1987, S. 115–117 (zitiert: *Savants Genevois*); J. O. Fleckenstein, „Die Mathematikerfamilie Bernoulli", Sonderdruck aus Bd. VI der Enzyklopädie *Die Großen der Weltgeschichte*, Zürich: Kindler Verlag 1975, S. 321–322; J. O. Fleckenstein, „Der Prioritätsstreit zwischen Leibniz und Newton", in: *Beihefte zur Zeitschrift „Elemente der Mathematik"*, Beiheft Nr. 12, Juni 1956.

49   Siehe den Artikel zu Pierre Clément in: Jean Sgard (Hg.), *Dictionnaire des journalistes 1600–1789*, 1999.

Studienzeit in Genf und Basel.
Verknüpfungen mit der europäischen Gelehrtenwelt
Eine Spurensuche

Seine Studien absolvierte der zweisprachig aufgewachsene Thourneyser in Basel und Genf. Mit zwölf Jahren ist er in Basel immatrikuliert als *humaniorum litterarum studiosus*;[50] seinem späteren Lehrer und Förderer zufolge, dem Genfer Mathematik- und Philosophieprofessor Gabriel Cramer (1704–1752), Mitbegründer der Leibnizschen *Determinanten-Theorie*,[51] war Thourneyser Schüler des Basler Naturrechtlers und Mathematikers Niklaus I Bernoulli (1687–1759).[52] Dieser gilt in der

---

50   Die Katalogeinträge in der Handschriftenabteilung der UB Basel lauten: Thourneyser, Stephanus, Genevensis, inscriptus in matric. philos. peregrinorum d. 27. Junij 1727 (AN. II 11 pag. 166), dito: Basilea Genevensis immatr. in Basel 28. Juni 1727 (Basler Rekt. Matr. Bd. III 168, Nr. 1), dito: Basil. Genevensis, Cornua deposuit privatim et in Matric. Philos. inscriptus est 21. Juli 1727 (AN II 9 pag. 121).

51   *Basler Matrikel*, Bd. V, Nr. 37 und Pierre Speziali, « Gabriel Cramer (1704–1752) et ses Correspondants », in: *Les Conférences du Palais de la Découverte*, Série D, No. 59 (1959), S. 3–28. – zitiert: SPEZIALI (1959).

52   Siehe den hier (S. 166) erstmal veröffentlichten Brief Cramers an N. Bernoulli, Genf, 28. Aug. 1736, UB Basel, Mscr. L I a 22, Nr. 58. – Niklaus I Bernoulli war der Sohn des gleichnamigen Malers, Neffe der beiden hervorragenden Mathematiker Johann I (1667–1748) und Jakob I Bernoulli (1654–1705); er lehrte von 1716–1719 Mathematik in Padua als Nachfolger des Basler Mathematikers Jakob Hermann (1678–1733). Vom 8. IV. 1722 – 27. V. 1731 lehrte Niklaus I Bernoulli Logik (*Basler Matrikel*). In diese Zeit – 1727 – fällt Thourneysers verbürgter Studienaufenthalt in Basel. Demnach hätte er sich als Zwölfjähriger mit Logik befassen müssen, es sei denn, er sei auch später noch bei Niklaus I Bernoulli in Basel gewesen, ohne immatrikuliert zu sein. Der Genfer Mathematiker Gabriel Cramer (1704–1752) bezeichnet Thourneyser eindeutig als Schüler Bernoullis: « Monsieur Thourneyser vôtre disciple n'a pu que faire de grands progrés aiant jetté de si bons fondemens sous un Maitre si habile » (der erwähnte Brief Cramers an Niklaus I Bernoulli, Genf 28. Aug. 1736). – Die Handschriftenabteilung der Basler Universitätsbibliothek besitzt insgesamt 22 noch unveröffentlichte Briefe Gabriel Cramers an Niklaus I Bernoulli (Mscr. L I a 22, Nr. 50–68; 70–72; von Juni 1727 bis Sept. 1750), deren Druck in der Bernoulli-Edition der Basler Naturforschenden Gesellschaft vorgesehen ist. Ich bin Herrn Dr. Nagel zu großem Dank verpflichtet für die Druckerlaubnis der beiden hier erstmals veröffentlichten Briefen aus dieser Sammlung, die sich auf Etienne Thourneyser beziehen: Niklaus I Bernoulli an Cramer, Basel, 15. Aug. 1736, und der weiter oben angegebene Antwortbrief Cramers an Niklaus I Bernoulli vom 28. Aug. 1736. – In der BPU Genf liegen die autographen Briefe Niklaus I Bernoullis an Gabriel Cramer, geschrieben zwischen 1728 und 1750 (Ms. Suppl. 384, fol. 44–78). Ist es Zufall, daß in Genf just die – hier veröffentlichten – Briefe fehlen, in denen Thourneyser lobend erwähnt wird?

Basler Universitätsgeschichte[53] als „eine der bedeutendsten Gestalten der juristischen Fakultät Basels". Vom 8. April 1722 bis zum 27. Mai 1731, also während der Zeit, in die erwiesenermaßen der Basler Studienaufenthalt des jungen Thourneyser fiel, hielt Niklaus I Bernoulli Vorlesungen über Logik.[54] Der damals zwölfjährige Etienne Thourneyser war vermutlich unter seinen Hörern. Jedenfalls darf hier Gabriel Cramer, der Thourneyser als Schüler Niklaus I Bernoullis bezeichnete, als Gewährsmann gelten.

Denkbar ist, daß sogar er es war, in dessen Begleitung der junge Thourneyser 1727 von seiner Geburtsstadt Genf aus in seine Vaterstadt Basel zog. Denn Gabriel Cramer hatte im gleichen Jahr seine zweijährige Bildungsreise durch Europa begonnen, zu der ihn die Doppelbesetzung des Genfer Lehrstuhls für Mathematik berechtigte, in den er sich seit der Gründung im Jahr 1724 mit seinem fast gleichaltrigen, und wie es heißt, gleichbegabten Kollegen Jean-Louis Calandrini (1703–1758)[55] teilte. Bezeugt ist, daß Cramer Genf im Mai 1727 verließ;[56] sein erster, fünfmonatiger Aufenthalt galt Basel und dem berühmten Mathematiker Johann I Bernoulli (1667–1748), dessen Werke er 1742 herausgeben wird, in Zusammenarbeit mit dessen Neffen, dem bereits erwähnten Lehrer Thourneysers: Niklaus I Bernoulli. Demnach blieb Cramer von Mai bis Oktober 1727 in der Stadt am Rheinknie. Er soll zum kleinen Kreis jener Privilegierten gehört haben, die Johann I Bernoulli – zu jener Zeit Dekan der philosophischen Fakultät[57] – zuvorkommend bei sich zu Hause aufnahm.[58] Am 27. Juni des gleichen Jahres wurde Etienne Thourneyser in Basel immatrikuliert. Für wie lange, ist aus den Rektoratsmatrikeln nicht ersichtlich. Ob auch er im Haus des illustren Basler Mathematikers lebte, konnte nicht nachgewiesen werden. Wahrscheinlicher ist, daß er Unterkunft bei einem seiner zahlreichen Basler Verwandten fand. Es ist jedoch nicht ausgeschlossen, daß

---

53   Andreas Stähelin, *Geschichte der Universität Basel, 1632–1818* (Basel: Helbing & Lichtenhahn, 1957), S. 315. – Zitiert: Stähelin (1957).

54   *Basler Matrikel* Bd. IV, Nr. 1846.

55   Zu Calandrini s. SENEBIER III, S. 112–126; Pierre Speziali in: *Savants Genevois* (1988), S. 90–93.

56   Siehe Jacob Vernet, « Eloge historique de Monsieur Cramer, Professeur de Philosophie et de Mathématique à Genève », in: *Nouvelle Bibliothèque Germanique*, (Hg. J. H. S. Formey), April 1752, S. 365–366; *Basler Matrikel* Bd. V, Nr. 37.

57   Stähelin (1957), S. 617. Joh. I Bernoullis Dekanatsjahr wird mit 1727/28 angegeben.

58   Speziali 1959, S. 8. Daß Cramer bei jenem ersten Basler Aufenthalt in Bernoullis Haus auch mit Leonhard Euler und Bernoullis Sohn Daniel I (1700–1782) diskutiert habe, stimmt zeitlich nicht mit den Angaben in den Basler Matrikeln überein, wo es heißt, Daniel I Bernoulli sei bereits 1725 nach Petersburg berufen worden, wo auch Euler im Mai 1727 eintraf. Die beiden können demnach kaum zwischen Mai und Okt. 1727 in Basel gewesen sein, d. h. zur gleichen Zeit wie Cramer.

er bis zu Cramers Abreise in dessen Obhut blieb und mit ihm zusammen wohnte. Cramer würde sich wahrscheinlich nicht gescheut haben, für seinen jungen Schützling um Gastrecht bei den Bernoullis zu bitten, wie er es zehn Jahre später, am 16. April 1737, für den zweiten seiner hervorragenden Schüler tat, für Jean Jallabert (1712–1768).[59] Da aber wohnte Niklaus I Bernoulli nicht mehr im gleichen Haus, in dem er – nach eigenen Worten – die Ehre gehabt hatte, Cramer zu umarmen,[60] sondern im Nachbarhaus, Ecke Imbergasse.[61] Sollte das nicht als Hinweis dienen dürfen, bei aller gebotenen Vorsicht, daß im Sommer 1727 sowohl Gabriel Cramer, als auch Etienne Thourneyser bei dem Mathematiker und Naturrechtler Niklaus I Bernoulli, dem Neffen des großen Bernoulli,[62] Aufnahme fanden, um den jungen Genfer so ausgiebig wie möglich mit den aktuellsten Problemen der Mathematik vertraut werden zu lassen, statt mit denen des Handwerkerstandes, zu dem seine nächsten Angehörigen von der Thurneisenseite zu rechnen sind? Das hieße: Gabriel Cramer und Etienne Thourneyser wohnten 1727 zusammen mit Johann I und

---

59   Gabriel Cramer an Niklaus I Bernoulli, Genf, 16. April 1737; (unveröffentlicht; Mscr. L I a 22, Nr. 60; UB Basel). – Im Antwortbrief entschuldigte sich Niklaus I Bernoulli mit beengten Wohnverhältnissen. Cramer schlug den Genfern im gleichen Jahr die Eröffnung eines Lehrstuhls für Experimentalphysik vor und seinen begabten Schüler Jallabert als Stelleninhaber, was akzeptiert wurde (Vernet, *Eloge* ..., S. 375; auch: Cramer an Niklaus I Bernoulli, Genf, 31. Mai 1737; unveröffentlicht, Mscr. L I a 22, Nr. 61; UB Basel).

60   « ... qu'il m'est absolument impossible de loger un seul pensionnaire chés mois, la moitié de ma maison (c'est à présent une autre que celle où j'ai eu l'honeur de vous embrasser, je demeure maintenant à coté de mon oncle dans la maison de feu mon frère) étant occupée par ma Mère et mon frère, qui ont un ménage à part, et le reste étant à peine suffisant pour mon propre ménage » (Niklaus I Bernoulli an Gabriel Cramer, 24. Apr. 1737, unveröffentlicht; Mscr. L I a 21, 1, fol. 40v; UB Basel). – Es gibt noch einen weiteren Hinweis in der Cramer–Niklaus Bernoulli-Korrespondenz, wonach Cramer bei Niklaus I Bernoulli gewohnt haben wird: « pendant que j'avois le bonheur d'être auprés de vous [...] » (Cramer an Niklaus I Bernoulli, Paris, 25. Febr. 1729; unveröffentlicht; Mscr. L I a 22, 1, Nr. 54; UB Basel).

61   Siehe René Bernoulli – Sutter, *Die Familie Bernoulli* (Helbing & Lichtenhahn: Basel 1972), S. 62. Niklaus I Bernoulli war von 1734–1738 Besitzer des Hauses „zum Imber" (= Imker). Danach erwarb es sein Onkel Johann I durch Kaufvertrag (S. 53).

62   Fleckenstein, „Die Mathematikerfamilie Bernoulli" in: *Enzyklopädie „Die Großen der Weltgeschichte"*, Kindler Verlag, Zürich 1975, S. 314. – Pierre SPEZIALI schrieb 1959 in seiner Darstellung der Korrespondenten Gabriel Cramers, daß die Bernoullis große Mathematiker gewesen seien, eine Charakterstudie dieser berühmten Männer aber noch ausstehe. Die hier veröffentlichten Briefe zwischen Niklaus I Bernoulli und Gabriel Cramer zeigen in aufschlußreicher Weise zweierlei grundverschiedene pädagogische Einstellungen. Müßig zu sagen, welcher Lehrer der wahrhafte Förderer Thourneysers war, und warum dessen früher Tod – im achtundvierzigsten Lebensjahr – in einer für Thourneyser überaus heiklen Epoche seiner Karriere zu einer wahren Katastrophe ausartete.

Niklaus I Bernoulli in der „Alten Treu", [63] jenem hohen Basler Altstadthaus – heute
Nadelberg 15/17 – mit Aussicht über die Dächer der Stadt bis hin zu Münster, Tül-
linger Hügel und der den Blicken von hier aus verborgenen Alten Universität (der
ältesten der Schweiz) hoch über dem Rhein – gegenüber dem „Engelhof" (Nadelberg 6), einem weiteren ehemaligen Bernoullisitz, heute Sitz des Deutschen und
Slawischen Seminars der Universität Basel. In diesem Haus wird der Zwölfjährige
den Gesprächen zwischen Cramer und den Bernoullis zugehört haben, über Wahrscheinlichkeitsrechnung, Integral und Differential, über den Kalkül nach Newton
und Leibniz und Probleme der Induktion, die er 1733, als knapp Achtzehnjähriger,
in seiner Genfer Dissertation *Theses Logicae De Inductione* elegant darstellen und
lösen wird.

Beinahe hätten die beiden Genfer – der zwölfjährige Etienne Thourneyser und der
dreiundzwanzigjährige Gabriel Cramer, bei den Bernoullis zwei weitere, zu der
Zeit noch nicht sehr bekannte Gelehrte getroffen, die in der Folge großen Einfluß
auf Thourneysers Karriere haben sollten: den Berner Dichter, Arzt und Naturforscher Albrecht Haller (1708–1777), [64] wie auch den aus St. Malo gebürtigen
französischen Mathematiker, Forschungsreisenden und späteren Präsidenten der
Preußischen Akademie der Wissenschaften, Pierre Louis Moreau de Maupertuis
(1698–1759). [65] Zu dieser Zeit, während sich Cramer und Thourneyser in Basel mit

---

63   „Zur Alten Treu. 1394 erstmals urkundlich erwähnt, um 1700 aufgestockt. 1522–1529
       wohnte hier Erasmus von Rotterdam als Gast des Druckers Johannes Froben. 1686 von
       Niklaus Bernoulli erworben, dem Stammvater der berühmten Mathematikerfamilie, die
       bis ins 18. Jh. hier ansässig war". (Erinnerungstafel am Haus Nadelberg 17).

64   *Basler Matrikel*, Bd. V, Nr. 78, unter dem Rektorat von Joh. Rud. Waldkirch (24. Juni
       1727 – 24. Juni 1728): *Albertus Hallerus, Medicinae Doctor Bernensis – 2 lb.* – Thourney-
       sers Immatrikulation fand in der gleichen Amtsperiode statt, (siehe Nr. 42).

65   Maupertuis war seit 1731 Mitglied der Pariser Akademie, seit dem 23. Juni 1735 Aus-
       wärtiges Mitglied der Brandenburgischen Königlich-Preußischen Societät der Wissen-
       schaften. 1736, nach seiner Rückkehr als Leiter der Lapplandexpedition, an der auch Claude
       Clairaut und Andreas Celsius (1701–1744) teilgenommen hatten, erging an ihn der Vor-
       schlag Friedrichs II., Direktor der Berliner Akademie zu werden. Diese ehrenvolle Berufung
       konnte Maupertuis, der im folgenden Jahr 1742 zum Direktor der Académie des Sciences in
       Paris ernannt worden und auf Montesquieus Vorschlag unter die „40 Unsterblichen" auf-
       genommen war, erst 1745 annehmen, nachdem ihm der französische König die Erlaubnis
       erteilt hatte, Frankreich zu verlassen. Am 1. Februar 1746 wurde Pierre-Louis Moreau de
       Maupertuis von Friedrich II. zum Präsidenten der Académie Royale des Sciences et Bel-
       les-Lettres in Berlin eingesetzt. – Siehe *Basler Matrikel* Bd. V, Nr. 135, Rektorat von Joh.
       Rud. Zwinger (24. Juni 1729 – 24. Juni 1730): „Maupertuis, Eques Armoricus – 5 lb" und
       HARNACK I.1, S. 294 f.

Mathematik und Astronomie[66] beschäftigten, befanden sich Haller und Maupertuis auf Studienreise durch England.[67] Ob sie einander dort begegneten, ist nicht
ersichtlich. Immerhin war Haller erst knapp zwanzig Jahre alt, wenn auch bereits
Dr. med. der Universität Leiden; seine dichterischen und naturwissenschaftlichen
Schriften waren noch im Entstehen; noch nichts war gedruckt, mit Ausnahme der
soeben erschienenen Dissertation *Experimenta & dubia de ductu salivali Coschwiziano* (Leiden 1727).[68] Auch Maupertuis stand zu dieser Zeit noch am Anfang
seiner Karriere. Zwar war er seit 1723 « adjoint géometre », also korrespondierendes Mitglied der Pariser Akademie der Wissenschaften, zwei Jahre später auch
« associé astronome » (ordentliches Mitglied), aber der eigentliche Durchbruch
sollte ihm erst in den Dreißigerjahren gelingen, dank seiner Allianz mit Voltaire,
dessen Interesse an Newtons Mathematik und Lockes Sensualismus er teilte, und
dank Friedrich II, der ihn 1746 als Präsident an die Académie Royale des Sciences
et Belles-Lettres nach Berlin holen wird.

Auch Voltaire, durch vielfältige briefliche und persönliche Beziehungen mit den
Bernoullis in Basel verbunden, war zu gleicher Zeit wie Haller und Maupertuis in
London. Er war dort bereits im Mai 1726 eingetroffen und hatte eine Zeitlang bei
Shaftesbury gewohnt, auf dessen Anraten er Englisch lernte, um die Werke John
Lockes im Original lesen zu können.[69] Voltaire sollte – wie Maupertuis und Haller –
in den frühen Fünfzigerjahren des 18. Jahrhunderts eine nicht unerhebliche Rolle
spielen, die Thourneysers Karriere wo nicht direkt, so doch indirekt zum Scheitern
gebracht haben mag – auf jeden Fall von Haller und Voltaire unbeabsichtigt.[70]

---

66 Stähelin (1957), S. 203.

67 Haller sei im Juli 1727 nach London gereist und dort bis Ende August geblieben, ehe er
    nach Paris weiterzog (s. *Das Leben des Herrn von Haller, von Joh. Georg Zimmermann,
    Stadt-Physikus in Brugg* (Zürich: Heidegger & Comp., 1755, S. 41, 43. – Zitiert: Zimmermann, *Leben Hallers*, 1755). – Für Maupertuis gibt die *Basler Matrikel* an: „1727 Englandreise"; nach La Beaumelle „1728" (s. L[aurent] Angliviel de la Beaumelle, *Vie de Maupertuis. Ouvrage posthume, suivi de Lettres inédites de Frédéric le Grand et de Maupertuis* (Hg.
    Maurice Angliviel), Paris 1856, S. 16. – Zitiert: *Vie de Maupertuis*.

68 Haller promovierte in Leiden am 23. Mai 1727, s. Zimmermann, *Leben Hallers*, 1755,
    S. 40–41.

69 Gemäß *Encyclopaedia Britannica*, Bd. 19 (1976), S. 512–515, hielt sich Voltaire von Mai
    1726 bis Ende 1728 oder Anfang 1729 in London auf.

70 Voltaire ergriff im Berliner Akademiestreit die Partei des mit ihm befreundeten Exilberners
    Samuel Kœnig und fand sich damit auf Seiten Thourneysers, der ebenfalls mit Kœnig
    befreundet war. Da auch Lessing, der Thourneyserrezensent, während Voltaires Berliner
    Aufenthalt eine Zeitlang Schreibarbeiten für den berühmten Aufklärer und Literaten verrichtete, mußte sich der junge Lessing durch Friedrichs II. Bruch mit Voltaire und dessen
    Verbannung aus Berlin verunsichert gefühlt und für seine eigene Karriere gefürchtet haben.
    Dies umso mehr, als sein Verwandter, Freund und Mitarbeiter an der Vossischen Zeitung,

Haller und Maupertuis trafen nacheinander in Basel ein: Haller 1728 und Maupertuis 1729. Kurz zuvor, nämlich Ende 1728,[71] waren sich Maupertuis und Cramer, der inzwischen auch England und Holland bereist hatte, in Paris begegnet. Es ist zu vermuten, daß Cramer zehn Jahre später Thourneyser dem französischen Polforscher, Mathematiker und Philosophen Maupertius weiterempfohlen hat, als der junge Genfer nach Studienabschluß seinerseits die Bildungstour über Paris nach London unternahm. Davon wird im Zusammenhang mit dem Berliner Akademiestreit noch zu sprechen sein.

Haller und Maupertuis immatrikulierten sich in Basel ordnungsgemäß – wie vor ihnen schon Gabriel Cramer –, um Vorlesungen bei Johann I Bernoulli zu hören. Das bedeutet, daß auch sie die üblichen Semestergebühren entrichten mußten: 2 lb [=libra, Pfund] für die Schweizer[72], 5 lb für den Franzosen. Maupertuis scheint sich bei seinem Biographen La Beaumelle, (den Voltaire gar nicht mochte), wegen dieser Geldforderung beklagt zu haben[73]. Die Basler Mathematiker, einschließlich Leonhard Euler (1707–1783) und dem in Liestal bei Basel geborenen Philosophen Johann Bernhard Merian (1723–1807)[74] blieben Maupertuis zeitlebens

---

Christlob Mylius, anfangs 1754, kurz nach dem dramatischen Verlauf des Berliner Akademiestreits, unter nicht geklärten Umständen in London starb, auf einer Reise, die als wissenschaftliche Expedition nach Surinam geplant war und mit Geldsammlungen durch den Präsidenten der Göttinger Akademie, Albrecht Haller, unterstützt wurde. Daß Thourneyser in London durch diese Affairen mitbetroffen wurde, und sei es auch nur finanziell, z. Bsp. dadurch, daß das Londoner *Nouveau Magasin François*, an dem er mitarbeitete, nach 1753 vermutlich im Zusammenhang mit dem Berliner Akademiestreit sein Erscheinen einstellte, ist nicht von der Hand zu weisen.

71 SPEZIALI 1959, S. 8.

72 Etienne Thourneyser erhielt als halber Basler einen Spezialrabatt: er zahlte ein Pfund statt zwei.

73 Siehe *Laurent Angliviel de la Beaumelle, Ouvrage posthume: Vie de Maupertuis, suivie de Lettres Inédites*, hg. v. Maurice Angliviel avec des Notes et un Appendice, Paris 1856, S. 17–18.

74 Joh. Bernhard Merian war durch die Basler Gepflogenheit, Universitätsprofessuren und andere öffentliche Ämter zu verlosen, viermal um einen Lehrstuhl gekommen. Nach einem längeren Aufenthalt in Lausanne, wo er Privatlehrerstellen versah, holte ihn 1750 Maupertuis nach Berlin. Friedrich II. öffnete bereitwillig seine Privatschatulle für den begabten Basler Pfarrerssohn, der selbst auch Theologie studiert hatte. Merian erhielt an der Berliner Akademie den Vorsitz der Klasse für spekulative Philosophie, d. h. Metaphysik (HARNACK II, S. 276–277). In Berlin machte der fähige Basler Karriere: 1767 wurde er Inspektor des Collège français in Berlin, 1770 Direktor der Abteilung für schöne Wissenschaften an der Akademie, 1772–1807 Visitator des Joachimsthaler Gymnasiums und nach Formeys Tod Ständiger Sekretär der Berliner Akademie, deren Memoiren er mit zahlreichen Abhandlungen belieferte (*Basler Matrikel*, Bd. V, Nr. 412). HARNACK stellte Merian in seiner Geschichte der Berliner Akademie (II, S. 212) ein schönes Zeugnis aus: durch Freiheit, Umsicht und Elastizität des Geistes sei Merian den deutschen Aufklärern der Akademie

in unverbrüchlicher Freundschaft verbunden, vor allem aber Johann II Bernoulli, auf dessen Sommersitz in Arlesheim bei Basel Maupertuis am 27. Juli 1759 starb.[75] Diese Loyalität dürfte den weniger einflußreichen, aber hochbegabten Etienne Thourneyser zu Beginn der Fünfzigerjahre des 18. Jahrhunderts die Karriere gekostet haben. Davon wird noch zu sprechen sein. Vorläufig schreiben wir das Jahr 1727.

Gabriel Cramer reiste im Oktober 1727 von Basel aus über Paris nach London und Cambridge weiter; den zwölfjährigen Etienne Thourneyser wird er in Basel zur Fortsetzung seiner Studien zurückgelassen haben. Bei wem, konnte nur vermutet werden. Cramer traf auf dieser zweijährigen Bildungsreise mit den wichtigsten Forschern und Gelehrten seiner Zeit zusammen; hier legte er den Grundstein nicht nur für seine eigenen wissenschaftlichen Beziehungen, sondern auch für die seiner Schüler, die er später nach Paris und London weiterempfahl. Sie waren seine Informanden und vermittelten ihrerseits zwischen eminenten Gelehrten verschiedener philosophischer Richtungen in ganz Europa. Es ist faszinierend, zu erkennen, wie vielfältig das Beziehungsnetz der Genfer geknüpft war, durch

---

überlegen. Bis zuletzt habe dieser kluge und kenntnisreiche Schweizer die Akademie nach außen würdig vertreten und im Innern unter den schwierigsten Umständen auseinanderstrebende Richtungen zusammengehalten. – 1779, nach dem Tod eines anderen Schweizer Akademiemitglieds, des Winterthurers Johann Georg Sulzer (1720–1779), bat Merian den Genfer Entomologen Charles Bonnet (1720–1793), der Berliner Akademie einen Nachfolger der bonnetschen Richtung (d.h. Präformationist und Ovulist, Apologet des Christentums) vorzuschlagen: « Que nous serions heureux de tenir le successeur de notre ami Sulzer de vos mains et s'il se pouvoit de votre école! Donnez-nous la dixième partie de vous-même; et nous serons abondamment pourvus. J'ose penser encore que vous ne serez point fâché de rendre service au roi philosophe qui protège les sciences aussi glorieusement que les libertés de l'Empire Germanique, de rendre service à une Académie qui vous honore » (Merian an Charles Bonnet, Berlin, 12. Juni 1779; unveröffentlicht; Ms. Bonnet 35, fol. 56; BPU Genf). – Dieser ehrenvolle Brief war gewiß ein später Trost für den Genfer, der zu Lebzeiten Friedrichs II. nie zum Mitglied der Berliner Akademie gewählt wurde, trotz seiner guten Beziehungen zu diversen Notablen dieser Akademie, u. a. zum Ständigen Sekretär, J. H. S. Formey, mit dem er seit 1745 korrespondierte und für den er manche redaktionelle Gratisarbeit verrichtete (so z. B. zu einem « Dictionnaire de l'Académie », das sozusagen Bonnets Werk sei, nicht seines, dessen Name es trage. Formey an Bonnet, Berlin, 14. Mai 1768. Ms. Bonnet 29, fol. 19–20vo: BPU Genf).

75 1751–1753, im Prioritätenstreit an der Berliner Akademie, verteidigten Euler und Merian als einzige – mit Ausnahme Friedrichs II. – Maupertuis, der seine Kompetenzen als Akademiepräsident über das zulässige Maß überschritten hatte. Maupertuis starb in Arlesheim bei Basel, „in den Armen seines Freundes Johannes II. Bernoulli" (R. Wolf, „Notizen zur Geschichte der Mathematik und Physik in der Schweiz", in: *Mittheilungen der naturforschenden Gesellschaft in Bern aus dem Jahre 1850*, Nr. 167–194, S. 137, Anm. 2); er wurde in der katholischen Domkirche von Dornach bei Basel begraben.

persönliche Empfehlung und Begegnung supranational. Cramer konferierte 1727 in Cambridge mit dem blinden, europaweit bekannten Mathematikprofessor und Newtonianer Nicholas Saunderson (1682–1739);[76] in London mit dem Astronomen Edmund Halley (1656–1742) und dem soeben zum Ersten Leibarzt Georgs II. gewählten Sir Hans Sloane (1660–1753),[77] der noch im gleichen Jahr Newtons Nachfolger als Präsident der Royal Society wurde. Auch Haller lernte Sloane zu dieser Zeit kennen, während eines Besuchs bei seinem jungen Kollegen Dr. med. Scheuchzer, der bei Sloane das Amt eines Bibliothekars versah.[78]

Besonders wichtig auf den Spuren Thourneysers ist aber die Tatsache, daß Cramer 1727 in London den beiden Mathematikern Abraham Moivre (1667–1754) und James Stirling (1692–1770) begegnete, weil Thourneyser erwiesenermaßen mit ihnen in Verbindung stand, als er selbst, nach Abschluß seiner Studien, ca. 1740 nach London ging.[79] Sie sind diejenigen, auf die er sich in seinen beiden 1752 im Londoner *Nouveau Magasin François* veröffentlichten Briefen berufen wird, als es darum ging, seinen Freund und Kollegen, den Berner Mathematiker und Naturrechtler Samuel Kœnig[80], gegen Maupertuis, den Präsidenten der

---

76   Die Biographie dieses Gelehrten, der mit 12 Monaten an den Folgen von Windpocken erblindete und immer wieder beispielhaft in der Jahrhundertdebatte um erkenntnistheoretische Probleme erwähnt wird, findet sich u. a. in der Genfer Vierteljahresschrift *Choix Littéraire* (Hg. Vernes, Genève: Claude Philibert), Bd. III, 1755, S. 93–115 und im *Dict.Nat.Biogr.,* Bd. L, S. 332–333.

77   Die folgenden Angaben zu Hans Sloane, der im kritischen Jahr des Berliner Akademiestreits starb, sind den *GGS* entnommen (Michaelis' Nachruf im 55. Stück, Mai 1754, S. 475)

78   Zimmermann, *Leben Hallers,* 1755, S. 42.

79   Siehe die hier zum ersten Mal mit freundlicher Genehmung von Herrn Dr. Nagel, Bernoulli-Edition der Basler Naturforschenden Gesellschaft, veröffentlichten Briefe Cramers an Niklaus I Bernoulli vom 28. Aug. 1736 und Bernoullis Antwort an Cramer vom 26. Sept. 1736.

80   „Samuel Kœnig, Bernensis – 1 lb 2 ß 6 d. [...] * 1712 in Büdingen (Oberhessen), Sohn des Gleichnamigen (Bd. 4 Nr. 1461). – Lernt bei seinem Vater Latein und Griechisch und kann in die oberste Klasse der Schule zu Büdingen eintreten. – Besucht das Gymnasium in Bern und die Akademie Lausanne (nicht immatrikuliert). – In Basel: 1733 11. V. stud. phil. (studierte hauptsächlich Mathematik); 1733 17. XI. Respondent bei der Bewerbung des Anton Birr um den Lehrstuhl der Rhetorik. – 1735 22. IV. Marburg. – 1737 als Jurist in Bern. – 1739 III.–IX. Philosophie- und Mathematiklehrer der Marquise du Châtelet; schon 1740 Korrespondent der Pariser Akademie; 1741 erfolglose Bewerbung um eine feste Stelle in Bern; fällt 1744 als Gegner der neu eingeführten Regimentsbesatzung bei der Berner Obrigkeit in Ungnade, wandert nach Holland aus. Lehnt von Utrecht aus einen Ruf nach Petersburg ab; wird auf Betreiben des Prinzen von Oranien Professor der Philosophie in Franeker (1744 4. IX. berufen, 1745 Antritt), 1747 auch Professor der Mathematik; 1748 24. XI. Hofrat und Bibliothekar des Erbstatthalters. – 1749 12. V. Professor für Philosophie und Naturrecht an der Kriegsakademie im Haag. – 1749 Mitglied der Berliner Akademie, 1751 der Gesellschaft der Wissenschaften in Göttingen und der Royal Society in London.

Berliner Akademie, in Schutz zu nehmen. Gehörten auch Moivre und Stirling zu jenen, die ihn desavouierten und zu seinem gesundheitlichen und beruflichen Ruin beitrugen? Als überzeugte Newtonianer werden sie sich von dem als „Leibniz-Wolffianer aus England"[81] begrüßten Genfer, dem sie keine Loyalität schuldeten, eher distanziert haben wollen, umso mehr – dieses gilt besonders für James Stirling – als sie sich den Bernoullis, die zu Maupertuis hielten und an deren wissenschaftlichem Ruf nicht zu rütteln war, verpflichtet fühlten. Stirlings Beziehung zu Niklaus I Bernoulli bestand bereits seit einer ersten Begegnung in Padua, irgendwann zwischen Ende 1716 und 1719, als der Basler in Padua Mathematik lehrte und Stirling, der wegen vermuteter Jakobitersympathien vom Oxforder Balliol College verwiesen worden und zur Fortsetzung seiner Mathematikstudien nach Venedig gegangen war, sich mit dem benachbarten Basler Mathematiker befreundete.[82] Seit ungefähr 1725 war Stirling wieder in England; er hatte fluchtartig Venedig verlassen, aus Angst, ermordet zu werden, nachdem es ihm gelungen war, das Berufsgeheimnis der dortigen Glasbläser zu entdecken. Newton half ihm, sich in London zu etablieren. Von 1726 an und bis zu seinem Tod 1754 war Stirling Fellow der Royal Society, gehörte zu einer gelehrten Gesellschaft, die in Little Tower Street tagte, und korrespondierte mit verschiedenen Mathematikern,[83] darunter auch mit Thourneysers Lehrer Niklaus I Bernoulli. Möglicherweise war Gabriel Cramer mit dessen Empfehlungsschreiben zu Stirling nach London weitergereist.

Auch Abraham de Moivre dürfte Cramer, als er ihn in London aufsuchte, nicht völlig unbekannt gewesen sein. Diesmal wird die Verbindung nicht über Basel, sondern über Genf gelaufen sein: über den bereits erwähnten, mit Thourneyser weitläufig verwandten Genfer Mathematiker und Newtonverteidiger Nicolas Fatio de Duillier, der seit Herbst 1691 in England wohnte.[84] De Moivre, Sohn eines Chirurgen aus Vitry (Champagne), hatte seine Studien in Sedan, Saumur und im Pariser Collège de Harcourt absolviert, ehe ihn die politischen Ereignisse nach der Aufhebung des Ediktes von Nantes (1685) nach England trieben. Im Jahr 1692 lernte

---

Berühmt ist sein Streit mit Maupertuis (Nr. 135) über den Lehrsatz der kleinsten Wirkung, in welchen Streit Friedrich der Große, Leonhard Euler, Voltaire und andere Geistesgrößen der Zeit eingriffen. Königs Hauptwerk ‚de motibus gyratoriis' blieb unvollendet. – † 1757 21. VIII. (nach Meusel 22.) in Zuilenstein (Holland). [...]." (*Basler Matrikel*, S. 49, Nr. 284).

81 Siehe *Neue Untersuchung*, Vorwort des Uebersetzers, S. 8–9.

82 Niklaus I Bernoulli lehrte vom 22. Dez. 1716 bis 1719 in Padua, als Nachfolger des Basler Mathematikers Jakob Hermann (*Basler Matrikel* Bd. IV, Nr. 1846).

83 Die Angaben zu Stirling, Halley und Sloane sind den entsprechenden Artikeln des *Dict. Nat. Biogr.* entnommen; Gewährsmann für Cramers Bekanntschaft mit diesen Personen ist der Genfer Theologe und Philologe Jacob Vernet (*Eloge ...*, S. 8).

84 *Dict. Nat. Biogr.*, Vol. XVIII, S. 115.

er in London Halley kennen, bald darauf auch Isaac Newton und Fatio, der ihn
in die Newtonsche Infinitesimalrechnung einführte,[85] zu einer Zeit, wo Newtons *Principia*[86] erst als Manuskript existierten. Im Jahr 1697 wurde de Moivre
Fellow der Londoner Royal Society. Johann I Bernoulli wurde durch die Publikation der *Animadversiones in D. Georgii Cheynaei Tractatum de Fluxionum Methodo inversa* (1707) auf de Moivre aufmerksam. 1710 schrieb er an Leibniz, der
de Moivre in London kennengelernt hatte, daß dieser sich mit Unterrichten und
der Beantwortung von Fragen zur Wahrscheinlichkeitsrechnung (Spielchancen
und Lebenserwartung) über Wasser zu halten versuche und völlig mittellos sei.[87]
Offenbar hatte er zu jener Zeit als Ausländer weder in England noch in Deutschland Aussichten auf einen Lehrstuhl; nicht einmal Leibniz war es gelungen, ihn
zu vermitteln. Wahrscheinlich hatte er es Nicolas Fatio de Duillier zu verdanken,
daß er 1712 in die von der Royal Society eingesetzte Kommission gewählt wurde,
die im Prioritätenstreit um das Urheberrecht des Infinitesimalkalküls zwischen
Leibniz und Newton entscheiden sollte. Auch diese Polemik hatte Fatio ausgelöst.[88]

Gabriel Cramer kehrte Ende Februar 1728 noch einmal nach London zurück,
um einen Auftrag der Basler Universität zu erfüllen: den Kauf einer Sammlung
„Hauksbeescher Maschinen".[89] Etwa um die Zeit, da Cramer in London eintraf,
kam Haller in Basel an, frisch aus Paris; vorher war er ebenfalls in London gewesen,
auch in Leiden, wo er ein knappes Jahr zuvor promoviert hatte.[90] London, Oxford,
Leiden, Paris und Basel gehörten offenkundig zu den klassischen Stationen eid-
genössischer Bildungsreisen im 18. Jahrhundert. Auch Thourneyser ging vermutlich diesen Weg, wobei allerdings nur Paris, Bern, Göttingen und London nachweisbar sind.

Von Haller heißt es, er habe im Frühling und Sommer des Jahres 1728 in Basel
Johann I Bernoullis öffentliche Vorlesungen besucht und – wie kurz vorher Gabriel

---

85 Senebier III, S. 155; s. auch *Mémoire sur la Vie et sur les Ecrits de Mr. de Moivre*, in: *Jour-
    nal Britannique*, Sept./Oct. 1755, S. 1–50.

86 Isaac Newton, *Philosophiae Naturalis Principia Mathematica*, (London, 1713 [Reprint
    Amsterdam, 1712, 1723], London, 1726). – Zu den verschiedenen Editionen, Varianten,
    Korrekturen, Verbesserungen, Zusätzen und Fatios Anteil daran s. Alexandre Koyré und I.
    Bernard Cohen (Hrsg.), *Isaac Newton's Principia*, I, Introduction (Cambridge: University
    Press, 1971).

87 "struggling with want and misery" (*Dict.Nat.Biogr.*, Vol. XXXVIII, S. 116–117).

88 Siehe Anm. 48.

89 *Basler Matrikel*, Bd. V, Nr. 37.

90 am 23. Mai 1727. Diss. *De ductu Salivali Coschwiziano*. s. Zimmermann, *Leben Hallers*,
    1755, S. 41–47. Siehe auch Erich Hintzsche über Haller in: *Dict.Scient.Biogr.*, (1972), Bd. VI,
    S. 61–67 (mit umfangreicher Bibliographie zur Sekundärliteratur!). Zitiert: Hintzsche 1972.

Cramer – zum auserlesenen Kreis jener mathematisch Begabten gehört, mit denen Bernoulli auch privatim über den Integral- und Differentialkalkül weiterdiskutierte. Hallers Schüler und Biograph, Dr. med Johann Georg Zimmermann (1728–1795), gewährt Einblick in die Gepflogenheiten des berühmten Basler Mathematikers, „Sonne" – wie er ihn nennt – einer begrenzten Welt, deren ganzen Umfang er aber mit Licht und Klarheit erfüllet habe:

> Der Herr Bernoulli gab nicht einem jeden, der seiner Unterweisung begehrte, besondere Lehrstunden; sein Geist war nicht fähig, von dem Empireo herunter zu steigen, wohin ihn seine Meßkunst führte. [...] Bernoullis Lehrjünger mußten sich oft die Brücken bauen, die einen Satz mit dem andern verbanden, wann er, der alles übersah, ohne sich aufzuhalten, über diese Tiefen mit einem Sprunge setzte.[91]

Es fällt nicht schwer, Zimmermann die Bewunderung abzunehmen, die er für seinen Lehrer Haller empfand, der Bernoulli „mit immer gleichem Muth" folgte. Ebenso leicht fällt es, sich des jungen Thourneyser Staunen vorzustellen, das ihn in solcher Gesellschaft ergriffen haben wird, wenn er neben dem vierundzwanzigjährigen Gabriel Cramer saß, der immerhin schon Mathematik an der Genfer Akademie dozierte und einigermaßen mitreden konnte.

War der junge Thourneyser immer noch in Basel, als sich der Kreis der Privatschüler Bernoullis um Haller erweiterte? Haben sich die beiden schon damals getroffen, oder erst 1739 in Bern, wie er 1746 aus London an Haller schreiben wird?[92] Es ist anzunehmen, daß der zwanzigjährige Reisende aus Bern, frisch promovierter Schüler Boerhaaves, Winslows und anderer eminenter Wissenschaftler internationaler Geltung, den zwölfjährigen Thourneyser, sollte er noch in Basel gewesen sein, kaum beachtet haben wird. Später änderte sich das. Vermutlich durch die Vermittlung Gabriel Cramers, der Haller 1740 auf einen weiteren Bernoullischüler aufmerksam machen wird: den begabten, mit Maupertuis, Voltaire und Thourneyser befreundeten Mathematiker und Naturrechtler Samuel Kœnig aus Bern.[93] Von ihm wird noch zu sprechen sein. Denn von ihm aus gehen nicht nur

---

91 Zimmermann, *Leben Hallers*, 1755, S. 49–50.

92 Brief Nr. 2, Thourneyser an Haller, 10. Juni 1746.

93 Cramers Vermittlung zwischen den beiden Bernern Samuel Kœnig und Albrecht Haller lief möglicherweise über den Präsidenten des Berner Schulrats und der Lausanner Akademie, Isaak Steiger (1669–1749), wie ein unveröffentlichter Brief Kœnigs vom 14. Okt. 1740 an Gabriel Cramer vermuten läßt (Ms. Suppl. 384, Ms. Cramer, fol. 215; BPU Genf). Cramer hatte den jungen Berner ermutigt, mit Steigers (einzigem) Sohn und Hallers vertrautestem Freund Franz Ludwig Steiger, genannt von Allmendingen, Kontakt aufzunehmen für eine eventuelle Mathematikprofessur (s. Blöschs Biographie Steigers in: *ADB*, Bd. 35, S. 582–584). Die Berner Akademie hatte zu dieser Zeit noch keinen ordentlichen Lehrstuhl für Mathematik, im Gegensatz zu Genf, wo seit 1724 Cramer und Calandrini dozierten. 1738 war als erster in Bern der damals 68-jährige Vater des jungen Kœnig, der Theologe,

die Fäden über den 1748 wegen „Aufruhr gegen die Staatsgewalt" zum Tode verurteilten und enthaupteten Berner Dichter und Mathematiker Samuel Henzi via
Preußisch-Neuenburg (Neuchâtel) nach Berlin zum Lessingkreis, dem Thourneyser
zuzuzählen ist, sondern auch zu Maupertuis an die Berliner Akademie, wo sich die
seit langem befreundeten Bernoullischüler Maupertuis, Samuel Kœnig und Etienne
Thourneyser in den Jahren 1751–1753 um eines Urheberrechts willen vor einer konsternierten Öffentlichkeit in nicht wieder gutzumachender Weise zerstreiten sollten.

Spurensuche

Wir sind bei Etienne Thourneyser, über den es bisher weder eine Biographie
noch eine Monographie gibt, immer wieder auf Vermutungen angewiesen. Deshalb dieses vorsichtige Vortasten anhand der wenigen Fakten, die als gesichert
gelten können, die aber voraussetzen, daß sein Umkreis, wie er sich langsam aus
den spärlichen Zufallsfunden aus ungedruckten Briefen, gedruckten Rezensionen, Nachrufen, philosophischen und anderen Abhandlungen entschlüsselt, auf-
gefächert wird. Thourneysers Förderer Gabriel Cramer kehrte im Mai 1729 von
der zweijährigen Bildungsreise nach Genf zurück und nahm seine Mathematik-
vorlesungen wieder auf. Im gleichen Monat des gleichen Jahres, nämlich am 3. Mai
1729, wird der inzwischen vierzehnjährige Etienne Thourneyser in der Matrikel der Genfer Akademie aufgeführt.[94] Es darf also angenommen werden, daß er
seine Genfer Mathematik- und Philosophiestudien bei Gabriel Cramer begann,
bei dem er vier Jahre später, am 29. November 1733, mit einer dreiundzwanzig-
seitigen Abhandlung über erkenntnistheoretische Aspekte der Induktion und deren

---

Mathematiker und Mystiker Samuel Heinrich Kœnig (1670–1750) mit Mathematik-
lektionen beauftragt worden; es war naheliegend, den begabten Sohn als Nachfolger vor-
zusehen und die Professur in ein Ordinariat umzuwandeln. Isaak Steiger scheint das aber
verhindert zu haben, mit der Begründung, da Haller nur Bibliothekar habe sein dürfen, solle
auch kein anderer privilegiert werden (Kœnig an Cramer, 14. Okt. 1740). Haller erhielt
1736 eine Berufung nach Göttingen und verhalf Samuel Kœnig im September 1744 durch
seine Fürsprache bei Wilhelm Karl Heinrich Friso, Prinz von Oranien und erstem Erb-
statthalter der Niederlande (1711–1751) zu einer Berufung an die Akademie in Franeker
(Friesland) (S. Kœnig an A. Haller, Utrecht, 7. Sept. 1744: Burgerbibliothek Bern, Mss. h.h.
XVIII.5). In Bern wurde erst 1749 ein ordentlicher Lehrstuhl für Mathematik errichtet.
Trotz bestausgewiesenen Bewerbern – unter anderen Joh. II Bernoulli aus Basel – wurde
der Schwächste gewählt, Niklaus Blauner (1713–1791), von dessen Lehrtätigkeit es heißt,
sie sei eine Kalamität für die bernische Akademie gewesen (J. H. Graf in: *Bernische Biographien* III, 1889, S. 67–89).
94 Ge: L 3 mai 1729" (STELLING-MICHAUD, Nr. 5549).

Anwendungsmöglichkeiten in den Naturwissenschaften dissertierte: *Theses Logicae De Inductione* (Genevae 1733, gedruckt bei Marc-Michel Bousquet & Comp.). Thourneyser gab darin eine frühe Darstellung der vollständigen Induktion, als deren Erfinder heute Jakob I Bernoulli (1654–1705) gilt, der Onkel von Thourneysers Lehrer Niklaus I Bernoulli. Offenbar hatte jedoch der achtzehnjährige Thourneyser diese Gesetzmäßigkeit ganz eigenständig aus dem in Basel Gehörten erarbeitet (Jakob Bernoullis Werke erschienen erst elf Jahre später).[95] Auf diese selbständige Leistung weist Gabriel Cramer hin, der den gemeinsamen Schüler behutsam gegenüber Niklaus I Bernoulli in Schutz nahm und die Plagiatsvorwürfe des Baslers zu entkräften suchte.[96] Die „schöne Dissertation", wie selbst Niklaus I Bernoulli sie zu nennen nicht umhin kam, ist einem Juristen und drei Theologen gewidmet, die Thourneyser nahestanden: dem Genfer Anwalt Louis Le Fort (1668–1743), zur Zeit der Widmung Erster Syndic der Stadtrepublik Genf,[97] Pfarrer André Joly (gest. 1758), einem Onkel mütterlicherseits,[98] und den Baslern

---

95 *Jacobi Bernoulli Opera*, 2 Bde. (Genevae: Cramer, 1744) 1141 Seiten, in-4, 48 Tab. Herausgeber war Gabriel Cramer. Siehe auch R. Wolf, Auszüge aus Samuel Kœnigs Briefen an Albrecht Haller, in: *Mittheilungen der Naturforschenden Gesellschaft in Bern*, Nr. 43/44, 1. Mai 1845, S. 40.

96 Cramer an Niklaus I Bernoulli, Genf, 28. Aug. 1736 (UB Basel, Mscr. L I a 22, fol. 58): « Monsieur Thourneyser votre disciple n'a pu que faire de grands progrès aiant jetté de si bons fondemens sous un Maître si habile. D'ailleurs, il s'est extrèmement appliqué aux Mathématiques depuis 3 ou 4 années. [...] Véritablement j'ai cru que la maniére d'elever le Binome & l'Infinitinome á une puissance indéterminée étoit nouvelle. [...] Pour ce qui est des Oeuvres Posthumes de feu Mr. votre Oncle, je me souviens fort bien que vous eutes la bonté de me les communiquer, mais je ne me rapelle pas ce qu'elles contiennent » (s. den Erstdruck dieses Briefes in dieser Abhandlung). Die Gelehrteneifersucht der Bernoullis ist sprichwörtlich. Besonders die beiden Brüder Joh. I und Jak. I übertrafen einander in dieser Hinsicht.

97 Siehe *Basler Matrikel* Bd. 4, Nr. 1233: Louis Le Fort, geb. in Genf am 5. Mai 1668 als Sohn des Jean-Ami Le Fort (1642–1719), wurde am 7. Sept. 1692 in Valence iuris utriusque doctor, im gleichen Jahr Anwalt in Genf, 1693 in den Rat der Zweihundert gewählt, 1698 « secrétaire de justice »; 1702 Auditor, 1709 Kastellan von Peney, 1711–1717 Generalprokurator (Staatsanwalt), 1730–1738 « Conseiller », 1722–1726 mehrmals Syndic (1730–1734 Erster Syndic), 1723–1735 viermal « lieutenant de justice ». 1707 war er Advokat des Grafen von Matignon, der Ansprüche auf Neuenburg geltend machte; 1726 Gesandter am Hof Ludwigs XIV. – In der Folge der Genfer Bürgerunruhen legte Louis Le Fort am 30. Mai 1738 alle Ämter nieder, behielt aber Ehren und Einkommen eines « Conseiller ». 1739 wurde er ehrenvoll in den Rat der Sechzig gewählt. Er starb nach mehreren Blutstürzen am 10. Februar 1743.

98 Pfarrer André Joly traute am 26. April 1717 in der Kirche von Satigny bei Genf Jean-Jacques Burlamaqui, Thourneysers späteren Professor für Naturrecht, und René[e] de Chapeaurouge (zitiert nach GAGNEBIN, 1944, S. 34). Zu Burlamaqui: s. Anm. 8.

Theodor Falkeysen (1686–1762),[99] Pfarrer zu St. Martin, sowie dem betagten Pfarrer zu St. Peter, Johann Heinrich Gernler (1664–1747).[100]

Seine juristischen Studien tätigte Thourneyser unter dem Genfer Naturrechtler und Rechtsphilosophen Jean-Jacques Burlamaqui (1694–1748); auch hier schloß er mit einer Dissertation[101] ab, die er am 2. Juni 1736 an der Genfer Akademie verteidigte. Damit war er berechtigt, den Titel eines Dr. iur. und Anwalts zu führen.[102] Bald nach bestandenen Examina brach er nach Paris auf, wo er sich während mehreren Monaten aufhielt. Er plante, anschließend nach England zu gehen.[103]

Aus dem spärlich überlieferten Briefmaterial wird nicht ersichtlich, welche Leute Thourneyser in Paris kennenlernte, noch mit wem er in engerer Verbindung stand. Es darf aber angenommen werden, daß ihn Gabriel Cramer an Gelehrte weiterempfahl, denen er selbst während seiner Bildungsreise 1727/28 begegnet war. In Frage kommen vor allem Réaumur, mit dem seit 1738 und 1740 zwei weitere Cramerschüler korrespondierten – Abraham Trembley und Charles Bonnet[104] – und

---

99 Zu Theodor Falkeysen s. *Basler Matrikel* Bd. 4, Nr. 1795. Falkeysen war nach beendetem Theologiestudium 1708 nach Genf gegangen, um die französische Sprache zu lernen. Von 1709 bis zum 1. November 1712 war er unter Etienne Thourneysers Vater, Pfarrer Johann Rudolf Thourneysen, an der deutsch-reformierten Gemeinde in Genf als Diakon tätig. Von 1717 bis zu seinem Tod amtierte er als Pfarrer an der Basler Stadtkirche St. Martin; 1725 hatte er eine Berufung an die Kleinbasler Pfarrgemeinde St. Theodor abgelehnt.

100 Zu Johann Heinrich Gernler s. *Basler Matrikel* Bd. 4, Nr. 684. Gernler ist der Sohn des Antistes Lukas Gernler (*Basler Matrikel* Bd. 3, Nr. 389). Joh. Heinr. Gernler hatte sich 1689 in Detmold als Hauslehrer der jungen Grafen von Lippe und von Solms aufgehalten.

101 Diese Dissertation konnte leider bis heute nicht gefunden werden; in Genf und Basel ist sie ebenso unbekannt wie Thourneysers *Lettre/Neue Untersuchung*. Thourneyser hatte mindestens ein Exemplar seiner Dissertation nach England mitgenommen, das er zusammen mit den *Theses Logicae de Inductione* und der 2. Aufl. des *Lettre* in einem Bewerbungsschreiben an "Mylord Chief Justice Ryder" sandte (s. Brief Nr. 19). Leider erwähnte er den Titel seiner juristischen Dissertation nicht; Nachforschungen werden dadurch außerordentlich schwierig. Merkwürdigerweise ist auch keine Dissertation seines 1743 promovierten Kollegen Charles Bonnet bekannt; hingegen gelten die anonymen *Principes de Philosophie Morale* (Genève: Frères Cramer, 1754) als Dissertation des Genfer Anwalts Etienne Bouthillier, genannt Beaumont (1718–1759), der 1744 promovierte.

102 In der *Matricule des Avocats de Genève 1712–1904*, hg. v. Albert Choisy (Genève 1904), S. 28, steht: « Etienne Tournyse ».

103 Gabriel Cramer an Niklaus I Bernoulli, 28. August 1736: « Je ne sçaurois lui faire vos Complimens, car il y a quelques mois qu'il est parti pour Paris, se proposant de passer delà en Angleterre » (Mscr. L I a 22, Nr. 58, UB Basel).

104 Der erste Brief Abraham Trembleys an Réaumur trägt das Datum vom 4. Juni 1740 (s. Réaumur-Trembley-Briefwechsel, Genf 1943, S. xii). Bonnet korrespondierte mit Réaumur seit seinem 18. Lebensjahr, also seit 1738. Er hatte die Korrespondenz eröffnet, um dem Autor der *Mémoires pour servir à l'histoire des Insectes* (6 Bde., 1734–1742) Zusatzinformationen

der Bernoullischüler und -freund Pierre Moreau de Maupertuis, der zwischen 1738 und 1740 im Kreis der Gelehrten um die Marquise du Châtelet[105] anzutreffen war. Möglicherweise gehörte auch Thourneyser dazu, denn er war mit dem Berner Mathematiker und Naturrechtler Samuel Kœnig (1712–1757)[106] befreundet, der die Marquise in Leibniz-Wolffscher Mathematik unterrichtete. Seit wann die beiden Bernoullischüler und Cramerschützlinge, der Berner und der aus Genf gebürtige Basler, einander kannten, ist nicht bekannt. Vielleicht begegneten sie einander erstmals zu dieser Zeit in Paris, gegen Ende 1738, als Maupertuis Samuel Kœnig der Marquise du Châtelet vorstellte, die einen in der Leibniz-Wolffianischen Mathematik bewanderten Lehrer suchte. Weniger wahrscheinlich, wenn auch zeitlich nicht ausgeschlossen, ist, daß Thourneyser und Kœnig sich zwischen März und September 1739[107] im Schloß von Cirey-sur-Blaise (Champagne) kennenlernten, dem Familiensitz der Marquise du Châtelet, wo Kœnig während dieser Zeit unterrichtete[108] und Voltaire, Anwalt der Familie du Châtelet, als Dauergast lebte und arbeitete.[109] Die Schwierigkeiten, Thourneyser 1739 in Paris oder

über eine darin erwähnte Raupenart zugehen zu lassen. Das war der Auslöser für eine jahrelange naturwissenschaftliche Korrespondenz und die Ernennung des knapp zwanzigjährigen Bonnet zum Korrespondierenden Mitglied der Pariser Akademie der Wissenschaften (s. *Mém.autobiogr.*, S. 51, 52, 60, 376, Anm. 38).

105 Maupertuis und Clairaut, die beiden Newtonianer, Lapplandforscher und Polvermesser, unterrichteten Mme du Châtelet in Mathematik.

106 Nach J. H. Graf sei Kœnig Ende 1738 wieder in Paris gewesen, nach vergeblicher Bewerbung um einen durch den Tod des bisherigen Lehrstuhlinhabers, F. de Treytorrens, vakante Professur für Philosophie in Lausanne. Unter anderen konkurrierten auch der Genfer Abraham Trembley und der Basler Joh. II Bernoulli. Gewählt wurde der Lausanner Jean-Pierre de Crousaz, der seine Professur in Gröningen aufgab, um nach Lausanne zurückkehren zu können (J. H. Graf, *Samuel Kœnig*, 1889, S. 9–10). Jean Pierre de Crousaz (1663–1750) war Mitglied (Membre associé) der Académie Royale des Sciences de Paris (Pierre Rétat 1971, S. 154).

107 Nach *Basler Matrikel* Bd. V, Nr. 248, hielt sich Samuel Kœnig von März bis September 1739 in Paris auf; nach René Taton in: *Dict. Nat. Biogr.* III, 216, lebte Kœnig von April bis November 1739 in Cirey; J. H. Graf, *Samuel Kœnig* 1889, S. 11, gibt an: „drei Jahre lang". Laut *Dictionaire de Biographie Française*, XI (1965), S. 1195, seien Voltaire und Mme du Châtelet im Mai 1739 nach Brüssel gereist, begleitet von Samuel Kœnig.

108 J. H. Graf, *Samuel Kœnig* 1889, S. 12.

109 Gabrielle-Emilie Le Tonnelier de Breteuil, Marquise du Châtelet-Lomont (17. 12. 1706 – 10. 08. 1749), hatte Voltaire in Cirey Asyl geboten, als er nach seiner Rückkehr aus England 1734 die *Lettres philosophiques* publizierte und wegen dem darin vertretenen Lockeschen Sensualismus in Frankreich erneut mit Inhaftierung und Bücherverbrennung bedroht wurde. Während er (an was??) schrieb, verfaßte sie ihren *Lettre sur les élémens de la philosophie de Newton* (s. *Journal des Sçavants*, Sept. 1738, S. 534–541) und übersetzte Newtons *Principia* ins Französische und schuf damit die bis heute immer noch beste Übersetzung

Cirey zu lokalisieren, ergeben sich aus seinem Hinweis, Haller im gleichen Jahr einige Male in Bern gesprochen zu haben.[110] Allerdings hat ein Jahr zwölf Monate; nur ein halbes Jahr lang dauerte Kœnigs Aufenthalt in Cirey. Überliefert ist der gemeinsame Besuch von Voltaire, Kœnig und Mme du Châtelet im Jahr 1739 bei Réaumur in Charenton.[111] War auch Thourneyser dabei? Anhaltspunkte dafür ließen sich bisher nicht finden. Mit diesen wenigen gesicherten Angaben ist der Pariser Umkreis skizziert, in dem sich Thourneyser vermutlich bewegte. Jegliche Belege fehlen – mit Ausnahme einer kurzen Notiz Cramers an Niklaus I Bernoulli vom 28. August 1736, daß Thourneyser sich bereits „seit einigen Monaten" – es können höchstens drei gewesen sein, da Thourneyser am 2. Juni Examina ablegte – in Paris aufhalte und von dort aus nach England reisen wolle.

in dieser Sprache. Das Werk erschien postum 1759, nach einer früheren Teilpublikation aus dem Jahr 1756 (TATON 1971, S. 216). – Nach ihrem überraschenden Tod – sie starb an Strepto- und Staphilokokkeninfektion (Jauch 1992) nach der Geburt einer Tochter (Badinter 1997, S. 24) – verließ Voltaire Frankreich und folgte dem Ruf Friedrichs II. nach Berlin. Maupertuis' Streit mit Samuel Kœnig wurde 1753 zur Ursache für Friedrichs Bruch mit Voltaire. Dieses Ende hatte sicher niemand geahnt während der Monate friedlicher Zusammenarbeit in Cirey.

110 Siehe Brief Nr. 2, Thourneyser an Haller, 10. Juni 1746.
111 Samuel Kœnig an einen Freund in Bern, Paris, 29. Nov. 1739, in: *Journ. Helv.*, April 1740, S. 353–363, zitiert nach J. H. Graf, *Samuel Kœnig* 1889, S. 12. – Réaumur habe Kœnig die Aufgabe gestellt, nachzuweisen, ob Bienenzellen auf geometrisch vollkommenste Weise konstruiert seien und ob von allen möglichen Formen Bienen diejenige wählten, die den größten Raum bei geringstem Materialaufwand biete. Kœnig habe herausgefunden, daß der durch drei Rhomben von bestimmtem Winkel gebildete pyramidale Boden der sechsseitigen Zellen genau nach den Gesetzen des Maximums und Minimums gebaut sei. Dieses Grundprinzip, das er mit Beispielen von Leibniz, Joh. I und Daniel Bernoulli belegte, lautet: die Natur habe sich zum Bau der Bienenzellen der besten, kürzesten, d. h. der vorteilhaftesten Methode bedient (« ... la nature a pris la voie qu'on peut démontrer être la meilleure, la plus courte ou la plus avantageuse »). Diese Berechnung wurde wieder aufgenommen vom Genfer Simon-Antoine L'Huillier (1750–1840), einem Bertrandschüler: *Sur le minimum de cire des alvéoles des abeilles, et en particulier un minimum minimorum relatif à cette matière.* In: *Mémoires de l'Académie de Berlin*, 1781 (zitiert nach Pierre Speziali, in: *Savants Genevois*, Art. « L'Huillier », S. 104).

Thourneyser auf dem Weg nach England
Gespräche mit Samuel Kœnig und Albrecht Haller in Bern

Die Reise scheint nicht vor 1740 zustande gekommen zu sein; sie führte über Bern, wo Thourneyser nicht nur Samuel Kœnig traf,[112] sondern im Vorjahr (1739) auch Albrecht Haller, mit dem er mehrere Gespräche führte.[113] Dieses wenigstens ist nachweisbar, wenn auch genaue Daten fehlen. Aus finanziellen Gründen war Thourneyser vermutlich darauf angewiesen, die geplante Englandreise als Begleiter junger Leute aus vermögender Familie anzutreten, ein in Genf durchaus übliches Verfahren.[114] Ob er seine beiden Schüler, die im *Allgemeine[n] Helvetische[n], Eydgenössische[n] oder Schweitzerische[n] Lexikon,* erwähnten „Engelländischen Lords",[115] bereits in Paris kennengelernt hatte, wie sein Landsmann, der Literat und Journalist Pierre Clément, oder erst durch Vermittlung Hallers in Bern, ist vorläufig ebenso unbekannt wie Name und Herkunft dieser beiden jungen Leute. Da das Kurfürstentum Hannover der englischen Krone unterstand, könnte es sich bei den erwähnten Engländern durchaus um junge Hannoveraner gehandelt haben. Die Frage muß offenbleiben, so lange nicht zusätzliches Material gefunden wird.

Thourneysers Begegnung mit Albrecht Haller 1739 ist besonderen Umständen zu verdanken. Haller, seit etwa zwei Jahren Professor für Anatomie, Physiologie, Zoologie und Botanik in Göttingen,[116] war verwitwet. Der seit seiner Berufung erste Besuch in Bern diente dem Zweck, sich wieder zu verheiraten und „bey dieser Gelegenheit einige Reisen auf verschiedene Gebürge, die [er] vorher nicht durchgegangen war", zu unternehmen.[117] Thourneyser wird ihn kaum auf den

---

112 Siehe Brief Nr. 8 und vorhergehende Anmerkung 111. Die beiden Mathematiker und Rechtsgelehrten Thourneyser und Samuel Kœnig trafen sich in Bern zwischen Oktober 1739 und Februar 1740.

113 « quelques fois ». Siehe Brief Nr. 2.

114 So war z. B. der Genfer Pierre Clément (1707–1767) als Hauslehrer bei dem englischen Gesandten in Paris angestellt, mit dessen Sohn James, dem späteren 2. Grafen von Waldegrave (1715–1763), er durch Frankreich und Italien reiste (Angaben nach J. P. Candaux, Art. *Clément,* in: SGARD 1976); auch der mit Thourneyser verwandte Abraham Trembley reiste jahrelang mit Charles Lennox, dem späteren 3. Herzog von Richmond (1735–1806) quer durch die europäischen Akademien, und selbst Gabriel Cramer begleitete den Erbprinzen von Sachsen-Gotha auf eine Reise nach Paris, die von März 1747 bis März 1748 dauerte.

115 LEU, Hans Jakob: *Allgemeines Helvetisches, Eydgenössisches oder Schweitzerisches Lexikon,* Bd. 18 (1763), S. 161.

116 Die erste Vorlesung in Göttingen hielt Haller am 12. Okt. 1736 (Zimmermann, *Leben Hallers,* 1755, S. 162).

117 Zimmermann, *Leben Hallers,* 1755, S. 171. – Hallers erste Frau, die Bernerin Marianne Wyß, Tochter des Bernervogts in Mathod (jetzt Kanton Waadt, damals Canton de Berne), starb 1736 kurz nach ihrer gemeinsamen Ankunft in Göttingen. Die zweite Frau, Elisabeth

Gebirgstouren begleitet haben, es sei denn, er hätte dieses Ereignis zu erwähnen vergessen. Ganz eindeutig aber kam es zu dieser Zeit zwischen Haller und Thourneyser zu einer persönlichen Kontaktnahme, die sehr positiv verlaufen sein muß, da Haller sich in der Folge für eine Berufung Thourneysers nach Göttingen und Heilbronn einsetzte.[118] Unterdessen hatte sich in Cirey die Marquise du Châtelet mit ihrem Hauslehrer Samuel Kœnig überworfen, der Ende September oder Anfang Oktober 1739 nach Bern zurückkehrte, wo sich vermutlich Thourneyser noch aufhielt. Ob Haller inzwischen wieder nach Göttingen abgereist war, ist nicht bekannt. Ein unveröffentlichter Brief Kœnigs an Niklaus I Bernoulli vom 3. Dezember 1740[119] läßt vermuten, daß Thourneyser auch anfangs dieses Jahres noch in Bern blieb, in regem Gedankenaustausch mit Samuel Kœnig, mit dem ihn viele gemeinsame Interessen und Beziehungen verbanden, so auch zu Thourneysers Lehrer Gabriel Cramer, für den Kœnig seit Jahren in Hannover Leibnizbriefe zu einer späteren Edition sammelte. Wahrscheinlich sahen sich die beiden jungen Leute nicht zum erstenmal.

Der erwähnte Brief Kœnigs an Niklaus I Bernoulli gibt Aufschluß über die Themen, die Thourneyser und Kœnig zu dieser Zeit beschäftigten. Es sind die gleichen, mit denen sich Gabriel Cramer seit seiner Rückkehr aus Basel, Oxford, London und Paris Ende der Zwanzigerjahre auseinandersetzte. Das sind zum einen die Methoden der Leibniz-Bernoullianischen Wahrscheinlichkeitsrechnung, von Niklaus I Bernoulli 1709 in seiner Inaugural-Dissertation *De usu artis conjectandi in jure* veröffentlicht, die Kœnig kurz zuvor in Cirey als Unterrichtswerk benützt und in den Händen der Marquise du Châtelet zurückgelassen hatte, zusammengeheftet mit seiner eigenen, kommentierenden und fortführenden Schrift *De arte conjectandi*.[120] Daß es in diesen Gesprächen aber auch um Vergleiche und

---

Bucher aus Bern, Tochter des Venners und Ratsherrn Rudolf Bucher, starb bei der Geburt ihres ersten Kindes. Haller heiratete in dritter Ehe nach mancherlei Bedenken die Tochter eines Jenaer Hofrats, Sophie Amalia Christina Teichmeyer. Er fürchtete, daß die Heirat mit einer Nichtbernerin seiner politischen und beruflichen Karriere in seiner Heimatstadt nicht förderlich sei (*ADB* Bd. 10, S. 426).

118 Siehe Briefe Nr. 2 und 3.
119 Samuel Kœnig an Niklaus I Bernoulli, Bern, 3. Dez. 1740 (unveröffentlicht; Mscr. L I a 22, Nr. 106; UB Basel). Kœnig bittet in diesem Brief um ein zusätzliches Exemplar von Niklaus Bernoullis Inaugural-Dissertation *De usu artis conjectandi in jure* (Basel 1709), da Mme du Châtelet das mit seiner eigenen *De arte conjectandi* zusammengebundene Exemplar in Cirey zurückbehalten habe. Auf Thourneysers Rat hin wende er sich direkt an ihn: « Mr. Tourneisen que j'ay consulté ici, m'aiant assuré qu'on ne pourroit trouver des Exemplaires de cette pièce que chez vous Monsieur [...] ».
120 Siehe vorhergehende Anmerkung. – Ob Kœnig eine Abschrift seiner eigenen Fassung besaß oder das Original aus Cirey zurückerhielt, ist nicht überliefert.

Syntheseversuche der Philosophie von Newton und Leibniz ging, darf angenommen werden bei Schülern des Genfers Gabriel Cramer, dessen Verdienst gerade darin liegt, daß er die verschiedenen geistigen Strömungen Englands, Frankreichs und Deutschlands aufnahm, mit eigenen Problemstellungen bereicherte und weiter vermittelte, in lebendiger Auseinandersetzung mit den Gelehrten seiner Zeit.[121] Nachzulesen sind die Ergebnisse solcher Syntheseversuche und fruchtbarer Zusammenarbeit in zahlreichen Veröffentlichungen. Als Beispiel sei auf einen Beitrag im *Journal des Sçavans* aus dem Jahr 1736 hingewiesen,[122] aber auch auf Kœnigs *De optimis Wolfianae et Newtonianae philosophiae methodis earumque consensu* (1749)[123] und Thourneysers mathematische Theodizee von 1750, deren erkenntniskritische Beweisführung bereits zu Kant überleitet.

Thourneysers freundschaftliche Gespräche mit Samuel Kœnig in Bern zwischen Oktober 1739 und Februar 1740 lassen die Frage aufkommen, ob er auch in

---

121 Samuel Kœnig figuriert nicht in der Genfer Matrikel; ganz zweifellos gehörte er aber zum Kreis der Mathematikbegeisterten um Gabriel Cramer, dem er u. a. Leibniz- und Bernoullibriefe für die geplante Edition sendet: « Je suis pleinement de Votre avis, par raport aux Lettres de Mons: Leibniz, cela est si vray, qu'on ne comprend même pas un grand nombre de ces Lettres, Sans celles de Mons: Bernoulli; Si Bousquet ne veut pas donner quelque chose de fort imparfait, il insiste sur les réponses. Je Vous envoye les remarques de Mons: Leibniz par la messagerie. C'est mal écrit, Si Vous y trouvez quelque chose de bon, Vous etes le maitre d'en garder une copie. J'ai les reponses de Mons: Bernoulli à Mons: Leibniz. Si vous les voulés voir, Elle [sic!] sont à Votre Service » (Samuel Kœnig an Gabriel Cramer, Bern 14. Okt. 1740. BPU Genf; Ms. Suppl. 384, fol. 216vo.). Ursprünglich wollte Kœnig selbst die Korrespondenz zwischen Leibniz und Johann I Bernoulli veröffentlichen, wie er Haller am 5. November 1738 aus Hanau mitteilt: « Je pense de m'occuper cet hiver à mettre au net le commerce de Lettre entre Mons: Leibniz et Mons: Bernoulli, avec un petit Livre de Mr: Leibniz sur la Philosophie de Des Cartes qui n'a point encore vû le jour et que j'ai deterré à Basle dans la Bibliothèque de Mr: Bernoulli auquel Mons: Leibniz l'avoit communiqué peu de tems avant sa mort. Pourroi-je bien trouver, Monsieur, un Libraire à Gottinguen [sic!], qui entreprendroit ces ouvrages? La reputation des Auteurs lui garantiroient le profit. Ayez, s'il vous plait la bonté de m'informer de ce qu'il en est. » (Burgerbibliothek Bern; Mss. h. h. xiii. 42). Der Briefwechsel erscheint dann 1745 in Lausanne und Genf in zwei Bänden: *Virorum Celeberr. God. Gul. Leibnitii et Johann. Bernoulli Commercium philosophicum et Mathematicum* (J. O. Fleckenstein, „Die Mathematikerfamilie Bernoulli", in: *Die Großen der Weltgeschichte*, Bd. VI, Zürich: Kindler Verlag, 1975, S. 332, Anm. 47).

122 « les solutions d'un Problème Géométrique de M. Cramer, Professeur à Genève, trouvées par M. Clairaut, Nicole, de Maupertuis et Nicole. On connaît le problème qu'il avait soumis à Castillon (G.-F. Salvemini, 1704–1791) et qui est une variante d'un problème connu de Pappus (inscrire dans un cercle un triangle dont les côtés passent par trois points donnés) » (P. Spéziali 1988, S. 95).

123 Samuel Kœnig, *De optimis Wolfianae et Newtonianae philosophiae methodis earumque consensu* (Franeker 1749; Zürich 1752). Zitiert nach J. H. Graf, *Samuel Kœnig* 1889, S. 45.

Verbindung mit dem später wegen Aufstand gegen die Berner Regierung („Burger-
lärm") hingerichteten Schriftsteller und Mathematiker Samuel Henzi (1701–1749)
stand, und in wiefern diese Beziehung, sollte sie bestanden haben, ihn während
des Berliner Akademiestreits von 1751–1753 in England in Mißkredit und um
seine Schüler aus adeligen Häusern brachte. Kœnigs Freundschaft mit Henzi ist
bekannt. Henzi habe, so sein Biograph, J. J. Baebler, Samuel Kœnig in die homeri-
sche Poesie eingeführt; 1743 war Henzi Hauslehrer der geistreichen Berner Patri-
zierin Julie Bondeli (1731–1778). Der Lessingbiograph Erich Schmidt zählt Henzi
zu den besten Kennern der deutschen Literatur, deren Aufschwung er 1743 von
Bern, ab 1744 von Neuenburg aus, als Mitarbeiter am *Brachmann* und am « Mer-
cure Suisse », dem *Journal helvétique*, lebhaft förderte.[124] Für die Zeit *vor* 1741
fehlen allerdings – nach Baebler – alle Informationen über Henzi, selbst von seiten
Hallers, der von 1729 bis 1736 in Bern lebte und als Bibliotheksvorstand Henzis
und Kœnigs gemeinsame journalistische Anti-Gottsched-Kampagne bei gleichzeitiger Verteidigung Hallers und der Zürcher, vor allem Bodmers, in der Berner
Zeitschrift *Der Brachmann* zur Kenntnis genommen haben dürfte. Henzi habe
Haller noch 1744 nicht persönlich gekannt;[125] Samuel Kœnig kannte ihn – jedenfalls vor 1739 – auch nur vom Hörensagen, da er ihm noch am 18. Dezember
1738 von Straßburg aus schrieb, er würde sich glücklich schätzen, ihm vorgestellt
zu werden.[126] Die briefliche Verbindung vermittelte der unermüdliche Gabriel
Cramer, der Kœnig bereits an Haller verwiesen hatte, als es um Treytorrens' Nachfolge an der Lausanner Akademie gegangen war. Die Korrespondenz zwischen den
beiden Bernern Haller und Kœnig kam auf dem Umweg über den Berner Schul-
ratspräsidenten und Präsidenten der unter Berner Obrigkeit stehenden Akademie
von Lausanne zustande, über Isaak von Steiger (1669–1749), dessen einziger Sohn,
Franz Ludwig von Steiger, genannt von Allmendingen, zu Hallers vertrautesten
Freunden zählte. Zwei unveröffentlichten Briefen Samuel Kœnigs an Cramer vom
28. Februar und 14. Oktober 1740[127] ist zu entnehmen, daß der Genfer den jungen

---

124 Siehe J. J. Baeblers Henzi-Biographie in: *ADB*, Bd. 12, S. 12–14 und im Separatdruck *Samuel
     Henzis Leben und Schriften* (Aarau: Sauerländer, 1879); X[avier] Kohler, « Les Œuvres poé-
     tiques de Samuel Henzi, Etude suivie de quelques notes relatives à la Conspiration Bernoise
     de 1749 », in: *Actes de la Société jurassienne d'émulation*, Aug. 1871 (Porrentruy: Victor
     Michel), 71 Seiten; Erich Schmidt, *Lessing. Geschichte seines Lebens und seiner Schriften*, I,
     S. 211–217 (2. veränd. Aufl. 1899); *Biogr. Univ.*, Bd. 19, S. 233.
125 J. J. Baebler, *Samuel Henzis Leben und Schriften*, S. 5.
126 Samuel Kœnig an Albrecht Haller, Straßburg, 18. Dez. 1738; Burgerbibliothek Bern,
     Mss. h. h. XVIII. 3. – Teilveröffentlichung durch R. Wolf, in: *Mittheilungen der natur-
     forschenden Gesellschaft in Bern*, Nr. 43/44, 1. Mai 1845, S. [33]. Irrtümlich mit *18. Okt.
     1738* datiert (im Ms. griech. χ im 18. Jh. gebräuchlich für *Christmonat* = Dezember).
127 Mss. SH 243, fol. 94–95vo. und Ms. Suppl. 384, fol. 215: BPU Genf.

Berner ermutigte, bei Steiger vorzusprechen, um ihm die Einrichtung eines ordentlichen Lehrstuhls für Mathematik an der Berner Akademie nahezulegen und sich unter Berufung auf Cramer als Bewerber zu empfehlen. Im Gegensatz zu Basel, wo die Lehrtätigkeit der Mathematikerfamilie Bernoulli seit Jahrhundertbeginn europäische Gelehrte anzog, auch im Gegensatz zu Genf, das bereits 1724 ein Ordinariat für Mathematik und angewandte Physik geschaffen und mit zwei jungen Stelleninhabern – Cramer und Calandrini – besetzt hatte, von denen abwechselnd der eine oder andere reiste, um sich weiterzubilden, schienen damals die Gnädigen Herren von Bern zu viel Rechnerei für überflüssig zu halten. Provisorisch war 1738 als erster Samuel Kœnigs Vater, der mathematisch interessierte 68jährige Theologe und Mystiker Samuel Heinrich Kœnig (1670–1750), mit dem Mathematikunterricht in Bern beauftragt worden. Das Provisorium dauerte bis 1749. Zu der Zeit hatte sein Sohn wegen seiner Freundschaft mit dem politisch verdächtigen Samuel Henzi bereits fünf Jahre zuvor Bern verlassen und dank Hallers Einsatz eine Professur in Franeker (Friesland) erhalten. Erster Ordinarius für Mathematik an der Berner Akademie wurde Niklaus Blauner (1713–1791), dessen Lehrtätigkeit sein Biograph als „Kalamität" bezeichnet.[128]

Thourneyser in London

Zwischen Februar und März 1740 traf Etienne Thourneyser in London ein,[129] vermutlich in Begleitung jener beiden bereits erwähnten und vorläufig noch unbekannten jungen englischen Edelleute. Es ist nicht auszuschließen, daß er im Gefolge des Juristen und Basler Diplomaten in englischen Diensten, Lukas Schaub (1690–1758),[130] nach England reiste, den er vermutlich bereits vor seiner Abreise nach Paris in Genf kennengelernt hatte.

Über die folgenden fünf Jahre fehlen jegliche Nachrichten. Deutet das auf längere Reisen Thourneysers mit seinen Schülern hin? Die überlieferten Zeugnisse sind zu spärlich, als daß sich daraus Schlüsse ziehen lassen. Das erste erhaltene Schreiben aus den Beständen der British Library ist an [Niklaus Emanuel von] Diesbach

---

128 Siehe J.J. Graf, Art. „Niklaus Blauner", in: *Sammlung Bernischer Biographien* III. Bd. (1889), S. 67–89; zu Isaak Steiger s. Blösch, *Bern. Biogr.*, II. Bd. (1896), S. 521–524, und *ADB*, Bd. 35 (1893); Reprint Berlin: Duncker & Humblot 1971, S. 582–584.

129 Siehe Brief Nr. 8 und vorhergehende Anmerkung. Demnach sahen sich die beiden Mathematiker und Rechtsgelehrten Thourneyser und Samuel Kœnig in Bern zwischen Oktober 1739 und Februar 1740.

130 Zu Lukas Schaub: s. R. MASSINI: *Sir Luke Schaub (1690–1758). Ein Basler im diplomatischen Dienste Englands*, Basel 1953.

gerichtet, seit 1742 Verwalter der Berner Auslandskapitalien in England, und trägt im Verzeichnis das Datum „1745" – in der Handschrift fehlt die Jahreszahl, ebenso die Vornamen des Adressaten. Der Brief wurde am 19. November von Clapton aus abgesandt, damals eine ländliche Ortschaft nordöstlich von Westminster. Dank dem unerwarteten Fund zweier an Thourneyser gerichteter Briefe in der British Library kann als gesichert gelten, daß er als Lehrer in "Mrs Johnson's French Boarding School at Clapton in Hackney near London" tätig war.[131] Die Absender, Hans Heinrich Werdmüller und Johann Rudolf Wettstein, zwei junge Offiziere aus dem Basler Regiment Linder, das „im Norden" für die englische Krone und gegen den schottischen Thronprätendenten Prinz Charles Edward Stuart in Kampagne lag, baten Thourneyser, der es ihnen offenbar angeboten hatte, die beiliegenden Briefe (Nr. 1a und Nr. 1b) weiterzuleiten. Vermutlich gaben Thourneysers Gespräche mit Haller im Jahr 1739 den Anstoß zu dieser Tätigkeit, da es sich bei dem erwähnten Adressaten von Thourneysers kurzer Missive an „Diesbach" um keinen Regimentshauptmann aus der katholischen Freiburger Linie handelte, wie gemäß dem Inhalt zuerst anzunehmen war, sondern um einen Diesbach[132] aus der jetzt ausgestorbenen Berner Linie. Nachforschungen in den Staatsarchiven von Bern und Basel führten endlich eindeutig zu dem lange Gesuchten: gemeint war Niklaus Emanuel von Diesbach (1692–1772), seit 1742 Kommissär in England, der in dieser Eigenschaft die Auslandskapitalien der Berner Regierung verwaltete, möglicherweise auch den Sold von Schweizern in fremden Diensten.[133] Die Berner Regierung hatte jahrzehntelang einen Finanzkommissär in London stationiert, um Investitionen und Schwankungen der eigenen staatlichen Anlagen an der Börse unter Kontrolle zu haben. Dieses Amt hatte die Berner Regierung auch Haller angeboten. Die Gelder wurden – auch von Privaten – unter anderem in der ostindischen Kompanie angelegt. Aus einem in Privatbesitz befindlichen Dokument Rudolf Emmanuel von Hallers, Sohn Albrecht von Hallers, geht hervor, daß sein Vater wiederholt erfolgreich mit „englischen Geldern" spekuliert hatte und überhaupt in finanziellen Angelegenheiten sehr geschickt war.[134]

---

131 Siehe Briefe Nr. 1a und Nr. 1b.

132 Die Familie von Diesbach war weitverzweigt und militärfreudig: es gibt die protestantische Berner Linie und die katholische aus Freiburg im Uechtland, außerdem ein Regiment dieses Namens. Sie standen überwiegend in französischen Diensten (s. *HBLS* und *LEU*). Haller hatte 1726 in Leiden zusammen mit einem Gottlieb von Dießbach studiert, den der Hallerbiograph und -schüler Joh. Georg Zimmermann (1728–1795) in seiner Haller-biographie von 1755 als einen „nunmehr auf die höchsten Stellen der Regierung in Bern erhabenen großen Staatsmann" beschreibt.

133 Siehe Brief Nr. 1.

134 Diese Informationen verdanke ich Frau Dr. Barbara Braun, Haller-Archiv, Burgerbibliothek Bern.

Obwohl dieser Brief das einzige Zeugnis ist, dürfte Thourneyser in den ersten Jahren seines Englandaufenthaltes als Relaisstation zwischen Schweizern in England und auf dem Kontinent anzusehen sein und viele Vermittlungsschreiben dieser Art abgesandt haben. Seinem Brief an Diesbach ist außerdem zu entnehmen, daß er den Hofprediger des Prinzen von Wales,[135] den Basler Johann Kaspar Wettstein (1695–1760), persönlich kannte.[136] Das deutet auf Zugang zum Hof des Prinzen von Wales, und damit zu Kreisen der englischen Oppositionspartei, worauf auch seine beiden folgenden Briefe an Haller aus den Jahren 1749 und 1750 hinweisen.[137] Das notorisch schlechte Verhältnis zwischen dem Kronprinzen und dem englischen König[138] wird den auf Empfehlungen angewiesenen Thourneyser mehr als einmal in Schwierigkeiten gebracht haben, die sich mit der Notwendigkeit des Broterwerbs bei gleichzeitiger Wahrung seiner unabhängigen Meinung kaum vereinbaren ließen. Daß seine Sympathien den Schwächeren galten, nicht jenen, denen gesellschaftliche Position jeglichen Amtsmißbrauch erlaubten, bewies er wiederholt, zum Beispiel im Berliner Akademiestreit, von dem noch zu sprechen sein wird. Auch seine Briefe an Haller lassen erkennen, daß sein Herz für den englischen Kronprinzen schlug, für dessen Familie er ein gerechteres Budget erhoffte. Es wäre danebengegriffen, wollte man darin nichts als das persönliche Interesse eines Mannes sehen, der auf eine Hofmeisterstelle wartete. Möglicherweise geriet er durch seine Sympathien zur prinzlichen Opposition auch in ein gespanntes Verhältnis zu seinem Förderer Haller, der sich als Professor der Göttinger Universität dem König von England verpflichtet sah. Haller hatte Georg II. bereits 1726 in Herrenhausen bei Hannover kennengelernt, zu einer Zeit, als dieser noch den offiziellen Thronfolgertitel eines Prinzen von Wales und Kurfürsten von Hannover trug.[139] Mit seiner Berufung nach Göttingen 1736, wo er bald auch die Leitung der Königlichen Societät der Wissenschaften übernehmen konnte, sah sich Haller in der glücklichen Lage, Anstellungen begabter Landsleute an der jungen Göttinger Universität zu befürworten. Es gehört zu den tragischen Zufällen in Thourneysers Karriere, daß er 1741 oder 1742 dank Hallers Vermittlung in Göttingen

---

135 Frederick Louis, Prince of Wales, geb. in Hannover 1707, gest. in London 1751, Sohn König Georgs II. (1683–1760), des Gründers der Göttinger Universität (gegr. 1734). Haller war Georg II., damals noch Prinz von Wales, 1726 in Herrenhausen (Hannover) vorgestellt worden. Georg I. starb erst im darauffolgenden Jahr, 1727.

136 Brief Nr. 1. – Zu Joh. Kaspar Wettstein s. *LEU*, Bd. 19, S. 371; *HBLS* Nr. 10, S. 503; BASLER MATRIKEL, Bd. IV, Nr. 2198.

137 Siehe vor allem Brief Nr. 3 und Brief Nr. 6.

138 Siehe *Dict. Nat. Biogr.*, Vol. XXI, Art. "George II", und Vol. XX, Art. "Frederick Louis, Prince of Wales".

139 Zimmermann, *Leben Hallers*, 1755, S. 40. – Haller wurde durch König Georg II. 1736 an die zwei Jahre zuvor neu gegründete Göttinger Universität berufen (ebd. S. 156).

ein Lehrangebot für Mathematik erhielt, durch ein unglückliches Mißverständnis
von seiner Berufung aber erst Jahre später und rein zufällig erfuhr, weil der Basler
Anatom und Botaniker Emanuel König (1698–1752), den Haller mit der Über-
mittlung beauftragt hatte, Thourneyser mit einem Basler Verwandten verwechselte,
und aus unbekannten Gründen vergaß, die Berufung an Thourneysers in Genf
amtierenden Vater weiterzuleiten.[140] Ein späteres Angebot Hallers aus dem Jahr
1746 oder 1747 für einen Lehrstuhl der Mathematik in Heilbronn lehnte Thourneyser 1750 dankend ab.[141] Seit 1746 hatten sich für ihn weitere Verdienstmög-
lichkeiten ergeben: er arbeitete für einen Herrn von Schmirkfeldt, den offenbar
auch Haller kannte;[142] im Haller-Archiv in Bern ist dieser Name jedoch nicht zu
finden.[143] Vielleicht ist „von Schmirkfeldt" identisch mit jenem „Schmerfeld", den
Pierre Speziali unter den Korrespondenten Gabriel Cramers aufführt.[144] Außerdem bot Thourneyser, der inzwischen wieder in London wohnte, Haller Nachrichten politischen Inhalts wie auch über literarische Neuerscheinungen an,[145] die
vermutlich für die *Göttingische[n] Anzeigen von Gelehrten Sachen* bestimmt waren.
Lag es nur an Thourneysers neuerlichem Rückzug aufs Land,[146] daß er die ver-
sprochenen Nachrichten erst ab Februar 1749 lieferte, oder war er nicht vielmehr
zu dieser Zeit, und schon seit 1747 oder spätestens 1748, mit der Redaktion des
Lettre beschäftigt, dessen erster Teil im März 1750 im *Nouveau Magasin François*
erscheinen sollte? Diese Vermutung wird gestützt durch den Untertitel: « Lettre
de Mr. N. E. écrite de la campagne à Mr. C. P. à Londres ». Auch der beiläufige
Satz in seinem Junibrief von 1746 an Haller, er habe noch nicht viel Eigenes anzu-
kündigen,[147] ist möglicherweise ein Indiz dafür, daß Thourneyser sich seit 1746 mit
Plänen zu seiner Publikation trug, die er in der Folge ausführte. 1748 empfahl ihn
Ritter Schaub der Gräfin von Yarmouth, Amalia Sophie Marianne von Wallmoden,
geb. von Wendt (1704–1765),[148] als Hauslehrer für den zwölfjährigen Ludwig von
Wallmoden (* 27. 4. 1736). Der Knabe galt allgemein als Sohn Georgs II., obwohl
der König ihn offiziell nie anerkannte. Wiederum zerschlug sich Thourneysers
Anstellung, diesmal aus politischen Gründen: der Friedensschluß von Aachen,
der am 18. Oktober 1748 den Österreichischen Erbfolgekrieg beendete, bewirkte

---

140 Siehe Brief Nr. 2: Thourneyser an Haller, 10. Juni 1746.
141 Siehe Brief Nr. 6: Thourneyser an Haller, 18. Sept. 1750.
142 Siehe Brief Nr. 2: Thourneyser an Haller, 10. Juni 1746.
143 Freundliche Auskunft von Frau Dr. B. Braun, Haller-Archiv, Burgerbibliothek Bern.
144 SPEZIALI 1959, *Gabriel Cramer*, S. 22.
145 Siehe Brief Nr. 2: Thourneyser an Haller, 10. Juni 1746.
146 Siehe Brief Nr. 3: Thourneyser an Haller, 21. Febr. 1749.
147 Siehe Brief Nr. 2.
148 Siehe Brief Nr. 6.

den vorzeitigen Aufbruch des Königs in die hannoverschen Kurlande; der Knabe reiste in seinem Gefolge und Thourneyser verlor diese Einnahmequelle[149]. Aus dem erwähnten Brief an Haller[150] geht auch hervor, daß Thourneyser auf einen Lehrstuhl an der Genfer Akademie hoffte. 1750 stand für ihn fest, daß er London nur verlassen würde, wenn er nach Genf zurückgehen und dort unterrichten könne.[151]

Die Genfer Akademie zur Nachfolge Gabriel Cramers

Diese Gelegenheit hätte sich im Januar 1752 mit dem Tod des Genfer Mathematik- und Philosophieprofessors Gabriel Cramer geboten. Es ist tragisch und unverständlich, warum der in Leibnizscher, Newtonscher und Bernoullischer Mathematik bestens ausgebildete Thourneyser nicht Nachfolger seines Lehrers und Förderers wurde. Sollte er auch diesmal nicht rechtzeitig benachrichtigt worden sein? Oder ist er absichtlich übergangen worden? Überliefert ist durch den Nachruf[152] des Genfer Turrettinischülers, Theologie- und Literaturprofessors Jacob Vernet (1698–1789)[153] auf Gabriel Cramer, daß dessen Schüler, der Experimentalphysiker Jean Jallabert (1712–1768)[154] den durch Cramers Tod vakanten Lehrstuhl der

---

149 Siehe Brief Nr. 6: Thourneyser an Haller, 18. Sept. 1750.

150 Ebda.

151 Ebda.

152 Jacob Vernet, *Eloge Historique de Monsieur Cramer*, 1752, S. 392: « Il a eu pour successeur celui qu'il auroit choisi lui-meme, Mr. Jallabert, qui le suit de près en capacité & en réputation. »

153 Prof. Jacob Vernet war mit Marie, geb. Butini verheiratet, einer Verwandten des Arztes Jean-Antoine Butini (geb. 1723), der zum engeren Bonnetkreis gehörte, notabene jener « Société des 4 B », in der die Studienfreunde Butini, Beaumont, Bennelle und Bonnet am 26. Mai 1747 zum ersten Mal über Thourneysers Hauptthema, Freiheit und Notwendigkeit, diskutierten (*Mém. autobiogr.*, S. 93).

154 Der Genfer Jean Jallabert hatte unter J.-A. Turrettini Theologie studiert und war Mitglied der Vénérable Compagnie des Pasteurs (s. SENEBIER III, S. 129), ehe er sich auf Mathematik und Physik verlegte. Seine zahlreichen Bildungsreisen hatten ihn mit Réaumur, Maupertuis, La Condamine, Buffon und Nollet zusammengeführt. Mit Nollet verbanden ihn gemeinsame Forschungsinteressen: die Anwendung elektrischer Stromstöße zur Heilung von Muskellähmungen; s. Isaac Benguigui, *Théories électriques du XVIIIᵉ siècle. Correspondance entre l'abbé Nollet (1700–1770) et le physicien genevois Jean Jalabert (1712–1768)*, Genève: Georg, 1984. Bereits 1737 war auf Cramers und Calandrinis Fürsprache hin an der Genfer Akademie ein Lehrstuhl für Experimentalphysik eröffnet worden, den Jallabert ehrenhalber und unbezahlt zugesprochen bekam (Gabriel Cramer an Niklaus I Bernoulli, 31.05.1737. Mscr. L I a 22, Nr. 61; unveröffentlicht; UB Basel); 1748 übernahm Jallabert interimistisch für die Dauer von zwei Jahren Cramers Lehrstuhl für Mathematik und Philosophie, um ihm einen Parisaufenthalt als Begleiter des Prinzen von Sachsen-Gotha

Philosophie zugeteilt bekam. Man habe sich für jenen Nachfolger entschieden, den Cramer selbst gewählt hätte: den fähigsten und bestbeleumdeten. Der ausdrückliche Hinweis auf den guten Leumund läßt die Frage aufkommen, ob die gleichen Kriterien nicht auch auf Thourneyser, den anderen der beiden hervorragenden und von Cramer schon früh geförderten Schüler zuträfen. Tatsächlich werden Thourneyser und Jallabert von Vernet als Cramers fähigste Schüler ausgezeichnet, die einzigen, die er aus der möglichen Anzahl im Nachruf erwähnt, Thourneyser merkwürdigerweise nicht namentlich, sondern als „der andere": « La même année [1731] Mr. *Jallabert,* son Disciple, & depuis son Ami et son Collègue, soutint sous lui des Thèses sur la Pesanteur. Un autre en soutint l'an 1733 sur l'Argument qu'on nomme *Inductio* »[155]. Wer Thourneysers Dissertation *Theses Logicae de Inductione* kannte, wußte, wer gemeint war. Warum hielt Vernet den Namen des Autors nicht für erwähnenswert? Bestand gar ein ausdrückliches Verbot von seiten der Akademie, Thourneyser zu nennen? Das wäre dann nur im Zusammenhang mit dem Prioritätenstreit zwischen Maupertuis und Samuel Kœnig erklärlich, der um diese Zeit an der Berliner Akademie einen unguten Höhepunkt erreichte. Davon wird noch zu sprechen sein. Falls es ein solches Verbot gegeben hat, liest sich allerdings Vernets Text anders, nämlich als Rettungsversuch: Thourneyser neben Jallabert zu ehren, ohne ihn zu nennen. Bis zum Beweis des Gegenteils darf angenommen werden, daß dieses die wahre Intention des *Eloge*-Verfassers war. Jacob Vernet, seit 1739 Geschichts- und Literaturprofessor an der Genfer Akademie, galt als einer der besten Schüler des 1737 verstorbenen Genfer Aufklärungstheologen Jean-Alphonse Turrettini, dessen Werke er zwischen 1730 und 1788 aus

zu ermöglichen. Ebenfalls 1748 erschien Jallaberts Abhandlung *La guérison d'un paralytique par le moyen de l'électricité,* 1750 die *Expériences sur l'électricité.* Cramer hatte sich 1737 persönlich an Bernoulli gewandt, um ihm seinen Schüler für einen mehrmonatigen Studienaufenthalt in Basel, wenn möglich als Pensionär in Bernoullis Haus, zu empfehlen (Cramer an Niklaus I Bernoulli, 16.04.1737. Mscr. L I a 22, Nr. 60; unveröffentlicht; UB Basel). Bernoulli konnte Jallabert aus Platzmangel nicht zu sich nehmen; weiteres Suchen erübrigte sich durch die Genfer Professur, die Jallabert noch im gleichen Jahr annahm. 1740 reiste Cramer in Begleitung Jallaberts nach Basel, um Bernoulli einen freundschaftlichen Besuch abzustatten (Cramer an Niklaus I Bernoulli, 04.11.1740, Mscr.L I a 22, Nr. 62, unveröffentlicht; UB Basel). Thourneyser war zu dieser Zeit bereits in England. – Die ehrenamtliche Genfer Professur ermöglichte es Jallabert, sich für befreundete Mathematiker einzusetzen, so auch für den gleichaltrigen, aber noch stellenlosen Samuel Kœnig aus Bern, den er an Steiger in Lausanne und Muschembrock weiterempfahl (Samuel Kœnig an Jallabert, Bern, 20. Sept. und 14. Oktober 1740; Ms. (Nr?) fol. 90, 90vo. und ?, BPU Genf). – Siehe auch Pierre Speziali, Art. « Jean Jalabert (1712–1768) » in: *Savants Genevois,* S. 138–140 und *Dict. Scient. Biogr.*

155 Jacob Vernet, *Eloge,* S. 371.

dem Lateinischen übersetzte.[156] Während seiner Studienzeit hatte er als Hauslehrer bei Turrettini[157] gewohnt, der den jungen Thourneyser besonders schätzte.[158] Es ist kaum anzunehmen, daß diese Tatsache Vernet nicht bekannt gewesen wäre. Mit seiner vorsichtigen Formulierung im Nachruf auf Cramer rettete er also auch das Andenken der Freundschaft zwischen dem verstorbenen Genfer Aufklärungstheologen und dem Pfarrerssohn Etienne Thourneyser.

Vernets verdeckter Verweis auf „den anderen" ist vor allem ein Indiz, daß Jallabert und Thourneyser als das neue „Zwillingsgestirn" an der Genfer Akademie vorgesehen waren: Schüler ihrer Lehrer und Vorgänger Calandrini und Cramer, der ersten, die diese Bezeichnung verdient hatten. Jean Jallabert – diese Tatsache geht aus Vernets Nachruf auf Gabriel Cramer nicht hervor – war bereits seit Cramers Rückkehr aus Paris 1750 offizieller Inhaber des Lehrstuhls für Mathematik an der Genfer Akademie,[159] so daß sich die Notwendigkeit einer Neuwahl nur für das Fach Philosophie ergeben hätte. Die einzelnen Fächer standen aber offenbar in einer gewissen Hierarchie zueinander, und zwar so, daß der Philosophie der Vorrang vor der Mathematik zukam.[160] So erklärt sich, daß Jallabert nach dem Tod Cramers 1752 zum Philosophieprofessor avancierte[161] und die Stelle für Mathematik neu ausgeschrieben wurde. Vier in Genf geborene Mathematiker bewarben sich um die Professur: Louis Bertrand (1731–1802), Louis Necker (1730–1804), Georges-Louis Le Sage (1724–1803) und der mit Thourneyser verwandte

---

156 Angaben nach C. Borgeaud, *Histoire de l'université de Genève*, tome I, S. 550, zitiert von Bernard Gagnebin in: *Burlamaqui et le Droit Naturel* (Diss. Genf 1944), S. 200. – Vernet veröffentlichte folgende Werke Turrettinis: *Traité de la vérité de la religion chrétienne, tiré en partie du latin de M. Turrettini*, in-8, Genève, 10 vol. (1730–1788). Er verfaßte auch den Nachruf auf seinen Lehrer: « Eloge historique de M. Jean-Alphonse Turrettini, décédé en mai 1737 ». In: *Bibliothèque Raisonnée*, tome XXI, part. 1 et 2.

157 Siehe [Michel-Jean-Louis Saladin], *Mémoire historique sur la vie et les ouvrages de Mr. J. Vernet, Professeur en Théologie et Ministre de l'Eglise de Genève*, Paris et Genève, 1790; E. de Budé, *Vie de J. Vernet, théologien Genevois 1698–1789*, Lausanne 1893; SENE-BIER III, S. 25–28. – Vernet gab u. a. Montesquieus *Esprit des Lois* heraus, ebenso die *Théorie des sentimens agréables* von Levesque de Pouilly (Genf: Barillot & Söhne, 1747). Er korrespondierte u. a. mit Breitinger in Zürich. – 1756 wurde er Theologieprofessor an der Genfer Akademie, als Nachfolger des mit Burlamaqui befreundeten Turrettininachfolgers Amédé Lullin (1695–1756).

158 Siehe Brief Nr. 15, Thourneyser an Sir Charles Yorke, Paddington, 14. Jan. 1761.

159 Siehe *Journal Helvétique*, Novembre 1750, S. 451.

160 Es war Alphonse Turrettinis Verdienst, die Philosophie mit der Theologie verbunden zu haben (SENEBIER III, S. 9) Damit war die Theologie nicht mehr auf Glauben und Offenbarung beschränkt, sondern zu einer quasi wissenschaftlichen Disziplin geworden, mit genauen Definitionen, rationaler Kritik zugänglich (C. Borgeaud, *Histoire de l'Université de Genève*, Georg: Genève 1900, S. 540 ff. Zitiert nach Cléopatre Montandon, 1975, S. 45 f.).

161 SENEBIER III, S. 130 f.

Bruder des Naturforschers Abraham Trembley, der Theologe Jacques-André Trembley (1714–1763).[162] Trembley wurde gewählt. Ob sich auch Etienne Thourneyser beworben hatte, ist nicht bekannt.

---

162 Wolf (*Biogr.* I, S. 417, Anm. 30) erwähnt nur Bertrand, Necker und Trembley. Alle drei wurden in späteren Jahren Mathematikprofessoren an der Genfer Akademie. In der Nachfolge Cramers unterrichteten Jean Jallabert (von 1750 bis 1752), Jacques André Trembley (von 1752 bis 1757), Louis Necker (von 1757 bis 1761), Louis Bertrand (von 1761–1796), danach der Le Sage-Schüler Simon L'Huilier (geb. 1750, gest. 1840). – Louis Bertrand ging 1752, nach seiner ehrenvollen, aber erfolglosen Kandidatur, nach Berlin, um seine Ausbildung unter Leonhard Euler fortzusetzen. 1754 wurde er Mitglied der Berliner Akademie und reiste anschließend studienhalber durch England und Holland (MONTET, *Dict. Biogr.* I, S. 52–53). Bertrand war befreundet mit dem ganzen Genfer Akademikerkreis, besonders mit dem Juristen und Naturphilosophen Charles Bonnet (1720–1793) und dem Grafen Philippe Stanhope (1717–1786), der Bertrand nachweislich Beispiele zur Wahrscheinlichkeitsrechnung lieferte, die dieser in seinen *Développements nouveaux de la partie élémentaire des mathématiques prise dans toute son étendue* (Genève 1778, 2 vol.) veröffentlichte (s. G. Luginbühl-Weber, *Lavater-Bonnet-Bennelle-Briefe*, Bern u. a. 1997, 2. Halbbd., S. 375). 1753, auf der Höhe des Prioritätenstreites zwischen Maupertuis und Samuel Kœnig, las Bertrand vor der Berliner Akademie sein maupertuisfreundliches *Examen des Réflexions de Mr. le Chevalier d'Arcy sur le principe de la moindre action* (veröffentlicht in: *Mém. Berlin Hist.*, 9. Bd., 1755, S. 310–320; Rezension in: *Nouv. Bibl. Germ.* 17, 1755, S. 9–14). – Louis Necker de Germagny war ein Bruder des Finanzministers Jacques Necker (1732–1804) und damit Onkel der Germaine de Stael (1766–1817). Necker hatte die von seinem Vater Karl Friedrich Necker (gest. 1762) in Genf gegründete Pensionsanstalt für junge Engländer übernommen, die er auch weiterführte, als er 1757 als Nachfolger von Jacques-André Trembley zum Mathematikprofessor an der Genfer Akademie gewählt wurde. Nach Wolf (*Biogr.* I, S. 416, Anm. 29) quittierte er seinen Lehrstuhl 1761 wegen gerichtlichen Schwierigkeiten nach dem Tod seiner Frau, Isabelle André, die ihm ein einjähriges Aufenthaltsverbot in Genf eintrugen. Er zog sich auf sein Gut Germagny bei Rolle oberhalb des Genfersees zurück. – 1752 schien Jallabert Neckers Wahl zum Mathematikprofessor befürwortet zu haben, wohl in der Hoffnung, daß er zugleich den Lehrstuhl für Experimentalphysik übernehme, wie aus mehreren Briefen Abraham Trembleys an Charles Bonnet ersichtlich ist. Jallabert kam es sicher gelegen, sich den finanzkräftigsten Nachfolger auszusuchen, um ihm seine eigene Instrumentensammlung zum Höchstpreis zu verkaufen (Ms. Bonnet 24, Nr. 23, Marseille, 6. 10. 1752: « Tout ce que j'ai à dire sur cette démarche, c'est que Jalabert a prouvé par là que l'on eut tort lorsqu'on le fit Professeur en Physique Experimental; et à l'égard de Necker, la question par rapport au conseil se reduit à ceci: savoir, si c'est une pompe pneumatique, ou le conseil, qui doit nommer les Professeurs »; Ms. Bonnet 24, Nr. 24, Montpellier, 23. 10. 1752: « J'ai honte pour notre Académie, qu'on puisse dire qu'un Professeur nouvellement appellé à enseigner la Physique, a commencé par se défaire de son assortiment de Machines. […] Le Cabinet de Mr. 's Gravesande, infiniment plus complet que celui de Mr. Jalabert, n'a été vendu que 1400 Ecus de Genève. Sera-t-on assés dupe pour accorder aux Neckers leur demande? ») Daß trotz dieser Wahlmanöver 1752 nicht der begabtere Mathematiker, Louis Necker, sondern Jacques-André Trembley die Professur erhielt, ist unerklärlich.

Mit Jacques-André Trembley kam ein Orthodoxer zum Zuge, dem die Theologie näher lag als die Mathematik, und für den – nach dem Urteil seiner Zeitgenossen – hauptsächlich die Tatsache zu sprechen schien, Sohn und Bruder zweier Syndics zu sein, die beide Jean Trembley hießen.[163] So jedenfalls liest sich der von Wolf zitierte Ausspruch des Le Sage- und Bertrand-Schülers und späteren Mathematikprofessors Simon-Antoine L'Huillier (1750–1840),[164] der die immerhin fünfjährige Amtszeit J.-A. Trembleys als « intervalle que je dois passer sous silence » bezeichnete.[165] Warum berief man nicht den begabten Cramerschüler Thourneyser aus London, der das Genfer Bürgerrecht besaß und damit ohne weiteres wählbar gewesen wäre – im Gegensatz zu dem ihm offensichtlich von Begabung, Herkunft und Ausbildung sehr ähnlichen Georges-Louis Le Sage?[166]

---

163 Jacques-André Trembleys Vater war Jean Trembley (1674–1745), Offizier, Auditor und Syndic der Stadtwache (*HBLS* Nr. 6), sein Bruder – außer dem bereits erwähnten Polypenforscher und Réaumurfreund Abraham Trembley (*HBLS* Nr. 8) – war Jean Trembley (1704–1785), Ratsherr, Auditor und Syndic (*HBLS* Nr. 7); sein Sohn, der Naturrechtler und -forscher, Bonnetschüler und -biograph, hieß ebenfalls Jean Trembley (1749–1811; *HBLS* Nr. 16). – J.-A. Trembley wird 1752 als Pfarrer aufgeführt; vermutlich handelt es sich dabei um eine formale Nomination, die ihn – wie vor ihm Cramer und Jallabert – berechtigte, als Philosophieprofessor an der Genfer Akademie gewählt zu werden. Im gleichen Jahr wurde er Mathematikprofessor, 1756 Professor der Theologie, 1757 Rektor der Akademie. Statt bibliographischer Angaben heißt es, er sei Verfasser mehrer Publikationen über Mathematik und Naturgeschichte (Galiffe II; *HBLS* Nr. 15; SENEBIER führt ihn nicht auf). Überliefert ist nur seine unter Calandrini verfaßte Dissertation *Theses physicae de vegetatione et generatione plantarum* ..., Genevae, typis M.-M. Bousquet & sociorum, 1734.

164 L'Huillier wurde von 1795 bis 1823 Bertrands Nachfolger auf dem mathematischen Lehrstuhl an der Genfer Akademie. Einer seiner Schüler war der spätere Tübinger Mathematikprofessor Christoph Friedrich Pfleiderer (1736–1821). (Wolf, *Biogr.* I, S. 401–422; SENEBIER III, S. 216–217).

165 Wolf, *Biogr.* I, S. 417, Anm. 30.

166 Der in Genf geborene Georges-Louis Le Sage (1724–1803) war der Sohn des gleichnamigen, aus Conches (Bourgogne) gebürtigen Philosophen und Physikers (1676–1759). Lange Zeit war er ungewiß, ob er Theologe oder Arzt werden sollte. In Genf studierte er unter Cramer und Calandrini (1739–1743, BASLER MATRIKEL Bd. 5, Nr. 693); von April 1744–1745 war er in Basel immatrikuliert und hörte Vorlesungen bei dem Mathematiker, Physiker, Mediziner und Botaniker Daniel Bernoulli (1700–1782). Aus finanziellen Gründen brach er seine Studien in Basel ab und setzte sie von 1745 bis August 1747 in Paris fort, wo er seinen Lebensunterhalt durch eine Hauslehrerstelle verdienen konnte. Meinungsverschiedenheiten setzten dieser Tätigkeit bald ein Ende. Le Sages Nachfolger war Marmontel. – Bereits als Student hatte Le Sage bisherige Untersuchungen zur Quadratur des Kreises als falsch bewiesen; 1758 gewann sein *Essai de chimie mécanique* (unveröffentlicht) den 1. Preis der Akademie von Rouen. Am 3. August 1753 hatte Le Sage d'Alembert in Paris brieflich 38 Titel von im Entstehen begriffenen Untersuchungen über mathematische, geometrische und physikalische Probleme mitgeteilt; er scheint aber eher ein übergenauer und bedächtiger Wissenschafter und Autor gewesen zu sein, dem die Texte nicht schnell aus der Feder

Weitaus schwerer noch muß es Thourneyser, der in London auf einen Lehrstuhl wartete, getroffen haben, daß er auch bei der Neuwahl fünf Jahre später
nicht berücksichtigt wurde. Nachfolger J.-A. Trembleys wurde Ludwig Necker, der
Bruder des bekannten Finanzministers. Schon einmal hatte Thourneyser seinet-
wegen zurückstehen müssen, als es um eine einträgliche Hauslehrerstelle bei den
Söhnen des Prinzen von Wales ging[167]. Es ist, als habe der inzwischen Zweiundvier-
zigjährige endgültig die Hoffnung auf eine angemessene Stelle in seiner Geburtsts-
tadt Genf verloren. Seine Depression, verbunden mit jahrelanger Arbeitsunfähigkeit, begann etwa um diese Zeit[168]. Ausschlaggebend mag das Erdbeben von

---

flossen, wie den sanften und drängenden brieflichen Ermahnungen seiner Korrespondenten
zu entnehmen ist (Jovy 1916 überliefert die Benennung « génie rentré »). Eine Übersicht
über Le Sages Publikationen gibt QUÉRARD; die immer noch beste Monographie ist von
Pierre Prévost, *Notice de la vie et des écrits de G. L. Le Sage*, Genève 1805. Zu seinen Korrespondenten gehörten Mairan, d'Alembert, Bailly, Laplace, Frisi, Boscowich, Lambert, Euler
und viele andere. Er war Mitglied der Royal Society, Korrespondent der Pariser Akademie
der Wissenschaften, der Institute von Bologna und Montpellier, ebenso des Institut de
France (BASLER MATRIKEL). Seine besonderen Interessen galten dem Problem der Schwere
und der Erdanziehung. Da er als « Natif » in Genf weder den Beruf eines Arztes ausüben
durfte, noch in den Lehrkörper der Akademie wählbar war, widmete er sich als Privatmann
dem Lehrberuf und eröffnete 1750 eine mathematische Klasse (BASLER MATRIKEL). Zu
seinen Schülern gehörten u. a. La Rochefoucault, der junge Jacobi, Lord Mahon Stanhope
(Sohn Philippe Stanhopes), und die Genfer Jean Senebier (Theologe, Naturforscher und
Bibliothekar) und Simon L'Huillier, Louis Bertrands Nachfolger an der Genfer Akademie.
Mit dem Genfer Mathematiker und Physiker Jean André Deluc verband ihn eine herzliche
und wissenschaftlich fruchtbare Studienfreundschaft; ebenso war er dem Naturphilosophen
und Newtonianer Abbé Pierre Sigorgne verbunden, der Le Sages Preisschrift, den *Essai de
Chymie mécanique,* lobend im Vorwort der Zweitauflage seiner *Institutions Newtoniennes*
(Paris: Guillyn, 1769, S. 55) erwähnt. Im „Plagiatsstreit" zwischen seinem Förderer Charles
Bonnet und Sigorgne (1770) lief der Briefwechsel zwischen den beiden Kontrahenten hauptsächlich über Le Sage und Abbé Emery aus Gex, die sich vermittelnd einschalteten (cf.
Luginbühl-Weber, *Lavater-Bonnet-Bennelle-Briefe*, S. LVI, LVIII, und Ernest Jovy, *Quelques Lettres de M. Emery au physicien G.-L. Le Sage ...*, 1916). Im gleichen Jahr wurde Le
Sage das Genfer Bürgerrecht zugesprochen. – Noch in einer weiteren Angelegenheit leis-
tete Le Sage den Genfer Wissenschaftlern einen wertvollen Dienst: durch Stanhopes Vermittlung gelang es Le Sage, 1766 und 1785 Teile des Fatio-Nachlasses in London käuflich
zu erwerben (s. Prévost, op. cit., S. 165 f.). Die Papiere des in Worcester gestorbenen Genfers waren nach seinem Tod auf nicht überlieferte Weise nach London gekommen. Daß Le
Sage an diesem Nachlaß interessiert war, ist verständlich. Gabriel Cramer hatte ihn bereits
früh auf Fatios Projekte hingewiesen, Schwerkraft mechanisch zu erzeugen (s. *Biogr. Univ.*,
S. 277–281; Wolf *Biogr.* IV, S. 173–192; Poggendorff).

167 Siehe Brief Nr. 6: Thourneyser an Albrecht Haller, London, 18. Sept. 1750.
168 Thourneysers Krankheit muß einige Zeit vor 1756 ausgebrochen sein und bis ungefähr
     Februar 1761 gedauert haben (s. Brief Nr. 12, Thourneyser an Sir Charles Yorke, Islington,
     17. Mai 1756 und Brief Nr. 20: Thourneyser an den gleichen, Paddington, 1. Okt. 1762).

Lissabon (1. November 1755) gewesen sein, das die gesamte europäische Gelehrten-
welt erschütterte, weil es den Leibnizschen Optimismus in der Theodizeefrage
radikal in Frage stellte, und damit auch die von Thourneyser 1750 in seiner *Neuen
Untersuchung* elaborierte Antwort.

Rezeptionsgeschichte des « Lettre sur la Fatalité » und des *Essai de Psychologie*

Die Rezeptionsgeschichte dieser beiden anonymen Abhandlungen aus der Genfer
Schule ist in der Tat höchst merkwürdig: die ältere geriet in Vergessenheit, obwohl
sie innerhalb von zwei Jahren in zwei Auflagen und einer deutschen Übersetzung
erschien; die jüngere hingegen wurde berühmt, obwohl eine Neuauflage in französischer Sprache erst etwa dreißig Jahre später zustandekam, zehn Jahre *nach* der
deutschen Übersetzung. Zu Lebzeiten Bonnets wollten die Stimmen nicht schweigen, die beide Werke dem gleichen Verfasser zuschrieben, d. h. Thourneyser. Nicht
ohne Grund, wie zu zeigen sein wird. Damit soll nicht gesagt sein, Bonnet habe
sich das Werk seines Landsmanns und Studienkollegen stillschweigend dreißig
Jahre später angeeignet, also begangen, wogegen er sich zu Lebzeiten mehrmals aufs
heftigste wehrte: ein Plagiat.[169] Es ist durchaus denkbar, daß Bonnet der Autor des

---

169 In dem zu seinen Lebzeiten unveröffentlichten Auszug seiner Autobiographie, den Ray-
     mond Savioz 1948 edierte, erwähnt Bonnet ausführlich zwei Polemiken, die er trotz seiner
     großen Aversion vor literarischen Streitigkeiten führte: gegen Abbé Pierre Sigorgne (1719–
     1809), dem er vorwarf, in den *Institutions Leibnitiennes ou Précis de la Monadologie* (Lyon:
     Frères Périsse 1767) wörtlich Passagen aus seinen *Considérations sur les Corps Organisés*
     (Amsterdam 1762) zum Keimbegriff übernommen und Leibniz zugeschrieben zu haben (s.
     Mém.autobiogr., S.309–324, Lettre XVII), sowie gegen Moses Mendelssohn, der Bonnet
     in seinem Antwortbrief an Lavater zum sogenannten Bekehrstreit (s. Luginbühl-Weber,
     Antlitz Gottes, S. 114–148) unmißverständlich des doppelten Plagiats bezichtigte, nämlich:
     von deutschen Philosophen, wie auch vom anonymen Autor des *E.Psych.* abzuschreiben
     (*GS-JubA* 7, S.16: „Wenn ich nicht irre, so sind so gar die mehresten philosophischen
     Hypothesen dieses Schriftstellers [gemeint ist Bonnet] auf deutschem Grund und Boden
     gewachsen, und der Verfasser des *Essai de Psychologie* selbst, dem Herr B. so treulich nach-
     folgt, hat deutschen Weltweisen beinahe alles zu verdanken. Wo es auf philosophische
     Grundsätze ankömmt, darf der Deutsche selten von seinen Nachbarn borgen.“). Daß
     Mendelssohn den *E.Psych.* erwähnte, läßt vermuten, daß er noch 1769 nicht an Bonnets
     Autorschaft glaubte, die inzwischen als offenes Geheimnis kursierte. Oder aber er ver-
     suchte, wie Lavater, Bonnet bei dieser Gelegenheit eine Aussage über den totgeschwiegenen
     Thourneyser zu entlocken, was nicht gelang. Vielleicht liegt hier einer der Gründe dafür,
     daß Mendelssohn ohne jegliche Erklärung 1770 den kaum begonnenen Briefwechsel mit
     Bonnet abbrach. – Bonnet hatte auf Mendelssohns Plagiatsvorwurf mit äußerster Vorsicht

Essai de Psychologie war und Grund hatte, dieses zu verschweigen, nicht zuletzt des darin vertretenen *Determinismus* wegen, der ihn in die Nähe Spinozas rückte.[170] Diese Nachbarschaft wäre in der Mitte des 18. Jahrhunderts nicht nur der Genfer Orthodoxie, sondern jeglicher Orthodoxie christlicher Provenienz suspekt gewesen und hätte zahlreiche theologische Widerlegungen eines Werkes zur Folge gehabt, das sich in erster Linie als ein naturwissenschaftlich-philosophisches verstand.[171]

---

reagiert; seine Antwort liest sich, als wollte er seinerseits Mendelssohn herausfordern, seine Absicht preiszugeben: « vous ajoutez que vous avez lu beaucoup de défenses de notre religion, non seulement d'Anglais, mais même d'Allemands, qui vous ont paru plus solides et plus philosophiques [...] je vous demanderai quels sont ceux de ces écrivains qui vous paraissent les plus solides et les plus philosophiques, afin que je puisse les étudier, les méditer autant qu'ils le méritent. » (*GS-JubA* 7, S. 308); s. auch S. Rawidowiczs Kommentar auf S. 457: Bonnet habe mit seiner Art, den Autor des *E. Psych.* in der 3. Person zu zitieren, ganz klar zum Ausdruck gebracht, daß er nicht Verfasser dieser Abhandlung sei. J. Starobinski geht nicht so weit, weist aber ebenfalls ausdrücklich auf die Tatsache hin, daß Bonnet vom Autor des *E. Psych.* stets in der 3. Person spricht. Dieses deckt sich mit meinen eigenen Funden; die Autorfiktion wird in den verschiedensten Briefwechseln durchgehalten.

170   Die zeitgenössische Auseinandersetzung christlicher Philosophen mit Spinoza begann in Preußen offiziell 1745 durch Philipp Joseph Pandin de Jariges, « Examen du Spinozisme et des Objections de Mr. Bayle contre ce Système », in den *Mémoires de l'Académie Royale Prusse des Sciences et Belles-Lettres* (1745), S. 121–142, 2. Teil (1746), S. 295–316. Auszug des 1. Teils in: *Histoire de l'Académie ...* (1745), S. 85–88, Berlin, in Paris 1757 mit dem dreibändigen *Examen du Fatalisme* des Abbé Pluquet. – Neuere Untersuchungen über Spinozas Einfluß auf das abendländische Denken im 18. Jh.: Paul Vernière, *Spinoza et la Pensée Francaise avant la Révolution,* Bd. II (*PUF* 1954), S. 444 ff. über Lignac und den *Sens Intime,* S. 616 über *Lettre de Thrasibule à Leucippe*; Chiel Zwierzynski, *Der Einfluß Spinozas auf das abendländische Denken und die Schweizer Dichtung* (Verlag „Das ewige Licht", Genf 1960, 18 Seiten).

171   Tatsächlich erschien 1760 eine dreibändige Widerlegung durch den Oratorianer Joseph Adrien Lelarge de Lignac (1710–1762): *Le témoignage du sens intime et de l'Expérience, opposé à la Foi profane et ridicule des Fatalistes Modernes* (Auxerre 1760), die gegen drei anonyme, damals zum Teil noch ungedruckte, materialismus- und fatalismusverdächtige Schriften gerichtet ist: den *E. Psych*; den handschriftlich zirkulierenden, Fréret und dem Holbachkreis zugeschriebenen *Lettre de Trasibule à Leucippe* und den *Accord de la Foi et de la Raison.* Der *E. Psych.* wird darin am wohlwollendsten verurteilt (Bd. I, S. 53–59); offenbar spielte Lignacs Freundschaft zum Übermittler eine Rolle, in dem kein Geringerer als René-Antoine Ferchault de Réaumur (1683–1757) vermutet werden darf. Lignac und Réaumur waren einander durch jahrelanges gemeinsames Mikroskopieren zur Überprüfung von Buffons und Needhams Theorien zur tierischen Fortpflanzung verbunden; die Resultate dieser Zusammenarbeit hatte Lignac 1751 in den anonym erschienenen *Lettres à un Américain, sur l'Histoire naturelle de Buffon* veröffentlicht, die Réaumur auf Lignacs Bitte hin 1756 – ein Jahr nach Erscheinen des anonymen *E. Psych.* – an Bonnet sandte (Bonnet berichtet darüber A. Haller am 16. März 1756, s. Sonntag 1983, Nr. 24). Über die wissenschaftlichen und freundschaftlichen Beziehungen zwischen Réaumur, Lignac und den

Nun ist aber gerade die im *Essai de Psychologie* vertretene Synthese von spinozistischem Determinismus und der leibnizianischen Variante vier Jahre früher im « Lettre sur la Fatalité » zum ersten Mal in dieser Form postuliert worden und muß – bis zum Beweis des Gegenteils – als Etienne Thourneysers eigenständige philosophische Leistung angesehen werden. Umso ungeschickter mutet Bonnets Schweigen über diesen Genfer Vordenker an, selbst in Briefen an befreundete Korrespondenten, soweit sie erhalten sind, und läßt sich mit Autoreneifersucht oder -vorsicht allein nicht erklären. Es muß zusätzliche, schwerwiegende Gründe gegeben haben, um solch ein Verhalten zu bewirken: Gründe, bei denen nicht nur private, sondern öffentliche Interessen auf dem Spiel standen, so daß die vielversprechend begonnene literarische Karriere Etienne Thourneysers scheiterte und er als gebrochener Mensch zurückblieb. Vorausgenommen werden soll, daß er ohne Mendelssohns, Lessings und Lavaters Zeugnis heute gänzlich vergessen wäre.

Genfern Trembley und Bonnet s. *Correspondance inédite entre RÉAUMUR et ABRAHAM TREMBLEY*, Genf 1943), darin zu Réaumur und Lignac besonders die Briefe vom 8. Nov. 1749, 11. Nov. 1750, 31. Dez. 1751, 17. Jan. 1752; über Réaumurs Einfluß auf Bonnet s. *Mém. autobiogr.*, S. 48–90). – Lignac nennt keine Namen, erwähnt nur, daß ihm der *E. Psych.* von einem Freund gegeben wurde, der ihn von einem Naturforscher erhalten habe, dessen experimentelle Arbeiten er sehr schätze (« un ami me remit, il y a plus d'un an, avec beaucoup de précautions, un Livre de la part d'un Physicien, dont j'estime fort les travaux en genre d'observation. Depuis deux ans mon ami étoit pressé par l'Auteur même, de me communiquer cet Ouvrage; mais il avoit toujours différé de remplir sa commission, parce qu'il connoissoit trop bien ma facon de penser pour s'imaginer qu'une pareille lecture put me plaire; il craignoit même que je n'écrivisse contre l'Auteur, pour qui il avoit les plus grands ménagemens à garder ». *Sens Intime*, Bd. I, S. 53–54). Der *E. Psych.* war demnach etwa 1756 von Genf aus nach Paris übermittelt worden, wahrscheinlich an Réaumur, mit dem Bonnet seit seinem 18. Lebensjahr korrespondierte und durch dessen Empfehlung er Mitglied der Pariser Akademie der Wissenschaften geworden war (*Mém. autobiogr.*, S. 58–60). Es sieht aus, als habe sich Bonnet dabei als Autor zu erkennen gegeben, vielleicht auf ähnlich doppeldeutige Weise, wie gegenüber dem Herausgeber des *E. Psych.*, dem in Leiden lehrenden Lausanner Philosophieprofessor Jean-Nicolas Sébastien Allaman (1713–1787), obwohl er sich noch 1761 gegenüber Formey, dem Sekretär der Berliner Akademie, streng dagegen verwahrte, Autor des *E. Psych.* zu sein: « Je n'avoue et n'avouerai jamais que l'*Essai Analytique*. Vous êtes trop de mes amis pour accréditer un soupcon dénué de toute preuve et contre lequel je suis fondé à m'elever » (Bonnet an Formey, 25. April 1761; Ms. Bonnet 70, fol. 227, 227vo, BPU Genf). Formeys Antwort lautete: « J'ai été persuadé de bonne foi, Monsieur, que vous reconnoissiez l'*Essai de Psychologie* pour être de vous [...] je mettrai dans la partie prochaine de mes *Annales* votre défaveur sans y changer aucun terme » (Berlin, 13. Mai 1761; Ms. Bonnet 26, fol. 244, BPU Genf).

Der Berliner Akademiestreit 1751–1753

Tatsächlich hat es ein Ereignis gegeben, das die europäische Gelehrtenrepublik[172] erschütterte. Es fiel zeitlich zusammen mit Thourneysers literarischem Durchbruch, aber auch mit dem Tod seines Lehrers und Förderers Gabriel Cramer, der am 4. Januar 1752 auf einer Reise nach Südfrankreich, die er als Todkranker angetreten hatte, in Bagnols starb. Es handelt sich um den Berliner Akademiestreit zwischen 1751 und 1753.[173] Da hier mit großer Wahrscheinlichkeit der Schlüssel zum Geheimnis Thourneyser liegt, soll ausführlicher darauf eingegangen werden. Vordergründig ging es dabei um die Priorität einer wissenschaftlichen Entdeckung, die der französische Präsident der Akademie, Pierre Louis Moreau de Maupertuis (1698–1759), für sich beanspruchte: das « Principe de la plus petite épargne » oder

---

172   „Franzosen, Teutsche, Niederländer und Schweizer haben an diesem Streite Theil genommen, und er hat sogar, wenigstens dem Titel nach, auch in London die Pressen beschäftigt", berichten die *Jenaischen Gelehrten Zeitungen* am 10. Februar 1753 (12. Stück, S. 89).

173   Zeitgenössische Zeugnisse zu dieser Polemik sind zu finden in der Sammlung *MAUPERTUISIANA*, Hambourg 1753, (Motto: Discite Justitia moniti ... Virg.); in Sulzers Brief an Künzli vom Martinstag 1752 (s. Ludwig Hirzel, *Wieland und Martin und Regula Künzli: ungedruckte Briefe und wiederaufgefundene Actenstücke*, Leipzig 1891, S. 55 f.); in *Jenaische gelehrte Zeitungen auf das Jahr 1753*, 12. Stück, 10. Febr., S. 89–94; und in der von R. Wolf auszugsweise veröffentlichten und mit Anmerkungen versehenen Korrespondenz zwischen Samuel Kœnig und Albrecht Haller (*Mittheilungen der Naturforschenden Gesellschaft in Bern*, Nr. 46–49, 10. Juni 1845, S. 37–84). Zu den wenigen Maupertuisfreundlichen Darstellungen gehört jene des von Voltaire so sehr bekämpften Literaten Beaumelle (s. *Laurent Angliviel de la Beaumelle, Ouvrage posthume: Vie de Maupertuis, suivie de Lettres Inédites*, hg. v. Maurice Angliviel avec des Notes et un Appendice, Paris 1856, S. 139–193). – Spätere Darstellungen: *Biographie Universelle*, S. 95–96, Art. „Kœnig (Samuel)"; *Bern. Biogr.*, Bd. V (1906), S. 159–160, Art. „Samuel König"; J. H. Graf, *Der Mathematiker Johann Samuel König und das Princip der kleinsten Aktion. Ein akademischer Vortrag.* Mit Portrait. Bern 1889; A. HARNACK, *Geschichte der Königlich Preußischen Akademie der Wissenschaften zu Berlin*, Berlin 1900, I. Band, 2. Hälfte, S. 331–347. In einigen neueren Untersuchungen wird der Prioritätenstreit übergangen, so bei Harcourt Brown, "Maupertuis philosophe: Enlightenment and the Berlin academy" in: *Studies on Voltaire and the Eighteenth century*, Vol. XXIV, ed. by Theodore Besterman, Genève 1963, S. 255–269. Erwähnt ist er hingegen in neueren wissenschaftlichen Lexika: *Dictionary of Scientific Biography*; Isaac Asinov, *Biogr. Enzykl. d. Naturwissenschaften*, Herder: Freiburg, Basel, Wien 1973, jeweils unter den Artikeln MAUPERTUIS und KŒNIG. Besonders aufschlußreich im Zusammenhang mit Thourneyser und dem Kreis der Berliner Aufklärer ist A. Altmanns Darstellung des Berliner Akademiestreits in: *Moses Mendelssohns Frühschriften zur Metaphysik*, 3. Kap.: „Die Lessing-Mendelssohnsche Streitschrift ‚Pope ein Metaphysiker!'", Tübingen: J. C. B. Mohr (Paul Siebeck) 1969, S. 184–208.

„Prinzip der kleinsten Action",[174] eine Entdeckung, deren Wert und Neuheit der in Den Haag lehrende Exil-Berner, Naturrechtler und Mathematikprofessor Samuel Kœnig (1712–1757)[175] zu bestreiten wagte. Er tat das mit einer Publikation in den Leipziger *Nova Acta Eruditorum* vom März 1751: „De Universali Principio Aequilibrii et Motus in Vi Viva Reperto, Deque Nexu Inter Vim Vivam et Actionem, Utriusque Minimo, Dissertatio, Autore Sam. Kœnigio Profess. Franequer",[176] die

---

174 Über das Prinzip der kleinsten Aktion s. *Leonhardi Euleri Opera Omnia, Commentationes Mechanicae*, Series 2, vol. 5 (Zürich & Lausanne: Orell Füßli, 1957) Ed. Joachim Otto Fleckenstein (Zitiert: Fleckenstein 195); E. A. Fellmann, Art. KœNIG in: *Dictionary of Scientific Biography*, Vol. II (1973); Pierre Costabel, « L'Affaire Maupertuis-Kœnig et les ‹ Questions de Fait ›», in: *Arithmos-Arrythmos: Skizzen aus der Wissenschaftsgeschichte*. Festschrift für Joachim Otto Fleckenstein zum 65. Geburtstag, hg. v. Karin Figala, Ernst H. Berninger, München 1979, S. 29–48; István Szabó, *Geschichte der mechanischen Prinzipien und ihrer wichtigsten Anwendungen*, 2. neubearb. & erweiterte Auflage, (Basel: Birkhäuser, 1979), S. 86–107: „Der Prioritätsstreit um das Prinzip der kleinsten Aktion an der Berliner Akademie im 18. Jahrhundert"; *Leonhardi Euleri Opera Omnia, Commercium Epistolicum*, Series 4 A, Vol. 6 (Basel: Birkhäuser, 1986), hg. v. Pierre Costabel/Eduard Winter /Asot T. Grigorijan/Adolf P. Juskevic, Vorwort zur Euler-Maupertuis-Korrespondenz v. Pierre Costabel (S. 4–28). – Keine dieser ausgezeichneten wissenschaftsgeschichtlichen und kritischen Darstellungen berücksichtigt Thourneysers Kritik am Maupertuisschen Prinzip der kleinsten Aktion , die er in den beiden im *Nouveau Magasin François* in London erschienenen Briefen an S(ulzer?) ausspricht Diese Texte eröffnen das Basler UB-Exemplar der *Maupertuisiana* und sind offenbar ebenso wenig bekannt wie Thourneysers in deutschsprachigen Bibliographien unter seinem Namen unauffindbarer mathematisch-physikalischer Beweis der einzig möglichen Welt (*Lettre d'un Philosophe*, 1750, 1751, deutsch: Neue Untersuchung, 1752). Ein Vergleich dieser Thourneyserschen Schriften mit Maupertuis' Principe und Voltaires Darstellung der mechanischen Stoßgesetze im erwähnten Brief an Bernoulli dürfte aufschlußreich sein zur Beurteilung der Hintergründe des Berliner Prioritätenstreits.

175 Kœnig unterrichtete von 1744 bis Mai 1749 Philosophie und Mathematik an der Akademie von Franeker (Provinz Friesland); anschließend wurde er vom Statthalter der Niederlande, Prinz Wilhelm Karl Heinrich Friso von Oranien (1711–1751), als Professor für Naturrecht an die Ritterakademie von Den Haag berufen, bei gleichzeitiger Ernennung zum Hofrat und Bibliothekar des Prinzen von Oranien. Beide Ämter behielt er bis zu seinem Tod (Kœnig an Maupertuis, La Haye, 8. Okt. 1749, in: Le Sueur 1896: *Maupertuis et ses correspondants*, S. 120).

176 Der Text ist reproduziert in: *Leonhard Euleri Opera Omnia, Commentationes Mechanicae*, Series 2, Vol. 5, S. 303–324 (Lausanne & Zürich: Orell Füßli, 1957). – Möglicherweise lag diese Abhandlung bereits seit 1738, wenn nicht früher, druckfertig vor. Kœnig erwähnt nämlich am 18. Dez. 1738 in einem Brief an Haller einige kleinere Beiträge zur Dynamik, die er gern veröffentlichen würde, wenn Haller ihm eine geeignete Zeitschrift empfehlen könne. Bereits damals hatte er an die Leipziger *Acta* gedacht: « Dans le temps que je méditois encore un ouvrage sur la Dynamique, je composai quelques pièces sur ces matières, qui peut-être ne déplairoient point à ceux, qui conoissent ces spéculations. Si vous pouviez donc,

er aber vor der Drucklegung eigens nach Berlin gebracht hatte, um sie dem ihm seit gemeinsamen Basler Studienjahren bekannten und befreundeten Präsidenten der Berliner Akademie zur Begutachtung vorzulegen. Die Abhandlung enthielt einen Leibnizbrief,[177] worin nach Kœnigs Überzeugung besagtes Prinzip fast ein halbes Jahrhundert früher dargestellt und sogar weiter entwickelt worden war. Es handelte sich bei diesem Dokument um die Kopie eines Brieffragments in Kœnigs Besitz; das Original hatte Leibniz, nach Kœnigs Angaben, 1707 an den Basler Mathematiker Jakob Hermann (1678–1733)[178] gesandt, der es an einen seiner Schüler weitergab, den mit Kœnig befreundeten, 1749 in Bern wegen Aufstands gegen die Staatsgewalt hingerichteten Mathematiker und Lyriker Samuel Henzi (1701–1749).[179] Kœnigs Vorgehen entsprach durchaus dem gelehrten Usus;

Monsieur, m'indiquer un journal soit en Allemand, soit en Latin qui se publie dans Vos quartiers, je voudrois les y faire insérer avant que de changer entièrement de goût et d'occupation. Mr: Wolff en fit insérer il-y-a deux ans quelques unes dans Les Actes de Leipzig, mais comme cela ne voit le jour que fort tard, et tombe en peu de mains, je me dégoute de travailler pour cet océan ou ces petites pièces sont comme perdües et ensevelies, on m'a dit que Mons. le Professeur Cotta publioit un journal, propre à mon dessein, si cela est, je vous prie de m'en donner advis » (Kœnig an Haller, Straßburg, 18. Dez. 1738, Burgerbibliothek Bern, Mss. h. h. XVIII. 3.). Auszugsweise veröffentlicht von R. Wolf in: *Mittheilungen* ..., Nr. 43/44 (1. Mai 1845, S. 33–35). In einer Anm. gibt Wolf Hinweise auf folgende frühere Veröffentlichungen Kœnigs in den *Acta Erud.*: „S. K. Epistola ad Geometras" (Aug. 1735); „De nova quadam facili delineatu Trajectoria et de Methodis, huc spectantibus" (Sept. 1735); „De centro inertiae atque gravitatis" (Jan. 1738).

177 Maupertuis, der es allem Anschein nach auf eine öffentliche Konfrontation anlegte, riet Kœnig zur Veröffentlichung. Sie erschien in den *Nova Acta Eruditorum* im März 1751 und veranlaßte Maupertuis zu einer Amtshandlung, die einem Amtsmißbrauch gleichkam: er verlangte von den Mitgliedern der Berliner Akademie eine Verurteilung Kœnigs, die der Basler Mathematiker und Pysiker Leonhard Euler wissenschaftlich zu begründen hatte.

178 Jakob Hermann war es, der 1731, nach seiner Rückkehr aus St. Petersburg, Samuel Kœnig wie auch dessen Landsmann Samuel Henzi in die Leibnizsche Philosophie eingeführt hatte. Kœnig war davon so angetan, daß er von 1735 bis 1737 nach Marburg ging, um sich unter Christian Wolff weiterzubilden (s. Fellmann, Art. KŒNIG in: *DSB* VII, 1973).

179 Der Berner Mathematiker, Lyriker und Pfarrerssohn Samuel Henzi (1701–1749) war als Wortführer des sogenannten Burgerlärms, einer Verschwörung gegen die Berner Oligarchie, zusammen mit zwei anderen Unterzeichnern seiner Denkschrift *Ueber den politischen Zustand der Stadt und Republik Bern im Jahre 1749* am 16. Juli hingerichtet worden. Rund 60 Personen wurden im Zusammenhang mit der Henziverschwörung verhaftet; darunter der Genfer Physiker und Meteorologe Jacques Barthélémy Micheli du Crest (1690–1766), der fast 20 Jahre lang in Berner Festungshaft saß (in der Festung Aarburg. Siehe dazu MONTET II, S. 168–170; SENEBIER III, S. 166–169; Carl Burckhardt, *Gestalten und Mächte* (Zürich: Fretz & Wasmuth, 1941, S. 97–131; Pirmin Meier, *Die Einsamkeit des Staatsgefangenen Micheli du Crest*, pendo Verlag, 1999). Micheli du Crest informierte Haller sechs Jahre später sehr zurückhaltend über seine Beteiligung an diesem Versuch, die regierenden

unverständlich hingegen mutete Maupertuis' Verhalten an, der Kœnig zwar in Berlin empfing, in der darauffolgenden Unterredung aber für den Fall eines öffentlichen Prioritätenstreits Kœnigs Beweisnotstand und seine eigene starke Position erkannt haben wird und eine erbarmungslose Strategie entwickelte, um den Berner zu kompromittieren. Er ermutigte ihn zur Veröffentlichung und benützte ohne Vorwarnung die Gelegenheit und seine eigene, durch die Protektion Friedrichs II. unantastbare, Position als Akademiepräsident, den Kollegen durch die offenbar gänzlich überrumpelten Akademiemitglieder als Schwindler verurteilen und das

---

Politiker an die alten, unveräußerten Bürgerrechte zu erinnern: er habe den später mit Henzi enthaupteten Fueter, der sich bei ihm Rat holte, wie ihren Forderungen Nachdruck zu verleihen sei, nach kurzem Abwägen folgendes auf eine Karte geschrieben und Fueter übergeben: « Tout le pouvoir du gouvernement procède du peuple, donc le peuple a conservé de droit tout le pouvoir dont il ne s'est pas dépouillé par aucune loi » (Micheli du Crest an Haller, Aarburg, 25. Sept. 1755. Auszugsweise veröffentlicht von R. Wolf in: *Mittheilungen der Naturforschenden Gesellschaft in Bern*, Nr. 79/80, 16. Nov. 1846, S. 179–181). In Lessings 1753 entstandenen Dramenfragment *Samuel Henzi* wird Micheli du Crest zu Dücret. Lessings wichtigste Quelle für dieses Werk waren – neben mündlichen Berichten von nicht näher bezeichneten Personen – Nachrichten aus Basel, die von Juli bis September in der *Berlinischen Privilegirten Zeitung* erschienen. Haller hatte in den *Göttingischen Anzeigen von gelehrten Sachen* gegen die den Tatsachen nicht entsprechende Darstellung einer noch lebenden Person im Drama protestiert: Micheli du Crest sei keineswegs der böse Aufrührer und Verführer, wie ihn Lessing mit Dücret vorführe (s. *Gotthold Ephraim Lessing, Werke*, Bd. II, S. 371–389; Anm. S. 763–767, hg. v. Gerd Hillen, München: Hanser 1971). – Samuel Kœnig und sein jüngerer Bruder Daniel (1715–1747) mußten, als Freunde Henzis, Bern verlassen. Sie gehörten zu den Opfern einer ersten Verbannungswelle im Jahr 1744, die auch Henzi betraf (s. Besterman Nr. D 3018, Mme du Châtelet an Joh. II Bernoulli, ca. 15. Aug. 1744). Fatalerweise kehrte Henzi fünf Jahre später nach Bern zurück, in der Hoffnung, sich doch noch Gehör zu verschaffen; Samuel Kœnig Jr. verzichtete klugerweise darauf. Durch Hallers Vermittlung fand er eine Anstellung als Philosophieprofessor in Franeker. Auch Leonhard Euler hatte sich von Berlin aus für den verbannten Bernoulli- und Hermann-Schüler Samuel Kœnig eingesetzt, dem er einen, allerdings schlecht bezahlten, Lehrstuhl für Astronomie in Berlin, wie auch den höher dotierten Rang eines Mitgliedes der Petersburger Akademie zu verschaffen suchte. Auf Hallers Rat hin („Fremde seien in Rußland nicht sehr beliebt") verzichtete Kœnig auf den Petersburger Posten und ging in die Niederlande (unveröffentlichte Briefe Kœnigs an Haller, Frankfurt, 15. Juni 1744; Utrecht, 6. Aug. 1744; ohne Datum und Ort; Utrecht, 7. Sept. 1744, ohne Foliopaginierung, wegen geplanter Neunumerierung. Auszugsweise Veröffentlichung des Briefes vom 6. August 1744 durch R. Wolf in: *Mittheilungen*, Nr. 43/44, 1. Mai 1845, S. 38). Euler scheint verärgert gewesen zu sein, daß Haller ihm Samuel Kœnig sozusagen „abgeworben" hatte; jedenfalls vermutet Haller noch Jahre später, Euler habe Hallers Mitgliedschaft an der Petersburger Akademie vereitelt, indem er russischen Adressaten Hallers Brief zuspielte, worin er Kœnig zur Berufung nach Petersburg abgeraten hatte (SONNTAG 1983, Nr. 189, Haller an Bonnet in Genf, Roche, den 6. Dez. 1762). Wie Euler an den Brief kam, ist nicht bekannt.

Leibnizfragment als gefälscht hinstellen zu lassen.[180] Die Affäre war mehr als pein-
lich. Nicht nur, weil zwei allgemein geschätzte Wissenschaftler in zunehmender
Heftigkeit gegeneinander polemisierten, deren jahrelange freundschaftliche Ver-
bundenheit über die gemeinsamen Lehrer Johann I, Daniel und Niklaus I Bernoulli

180 Nach HARNACK (I.1, S. 336–338) steht die Echtheit dieses Leibnizbriefes außer Zwei-
fel; C. J. Gerhardt, Herausgeber der Mathematischen Schriften von Leibniz, vermutete in
Varignon, nicht in Jakob Hermann, den Adressaten des fraglichen Briefes (Gerhardt in:
Sitzungsberichte 1898, 23. Juni). – Nach István Szabó (op. cit., S. 97) war der Brief an Jakob
Hermann adressiert und trug das Datum vom 16. Okt. 1708. Nachforschungen nach dem
Original seien erfolglos geblieben, bis Willy Kabitz 1913 in Gotha ein Manuskript fand,
durch das die Existenz des fraglichen Originals sehr wahrscheinlich geworden sei (op. cit.,
S. 98, Anm. 76). – Samuel Kœnig sammelte erwiesenermaßen seit etwa 1738 – vielleicht
schon früher – Leibnizbriefe im Hinblick auf eine spätere Veröffentlichung (er bat Verschiedene, ihm einen guten Verleger zu empfehlen, u. a. Haller, dem er aus Hanau schrieb:
« Je pense de m'occuper cet hiver à mettre au net Le commerce de Lettre entre Mons: Leibniz et Mons: Bernoulli, avec un petit livre de Mr: Leibniz sur la philosophie de Des Cartes
qui n'a point encore vû le jour et que j'ai déterré à Basle dans la Bibliothèque de Mr: Bernoulli auquel Mons: Leibniz l'avoit communiqué peu de tems avant Sa mort. Pourrois-je
bien trouver Monsieur un Libraire à Gottinguen, qui entreprendroit ces ouvrages? ». Leider
kam dieser Plan nie zur Ausführung (s. Fellmann, *DSB*, Art. KŒNIG). Angeregt worden
war er zu seiner Sammlung durch Cramer in Genf und dessen Editionen der Bernoullibriefe
(s. Kœnig an Cramer, Franeker, 20. Mai 1745, unveröffentlicht; Ms. Suppl. 366, fol. 1; BPU
Genf). Im gleichen Brief bat Kœnig um die in Cramers Besitz befindlichen Briefe von Leibniz an Alphons Turrettini. Bereits 1740 hatte er sich anerboten, Cramer für dessen geplante
Bernoullibriefedition Leibnizkommentare aus seiner eigenen Sammlung zur Verfügung
zu stellen, einschließlich vorhandener Antworten Bernoullis (Kœnig an Cramer, Bern,
14. Oktober 1740, unveröffentlicht; Ms. Suppl. 384, fol. 216vo). Maupertuis war Kœnigs
Sammlertätigkeit bekannt; wie er dazu stand, wird ersichtlich aus einer befremdlichen
Mitteilung kurz vor Ausbruch des Prioritätenstreits, daß Kœnig in Hannover sei und im
Leibniznachlaß forsche: « Je ne doute pas qu'en même tems il n'y joigne quelques unes des
richesses de M. Wolff » (Maupertuis an Bernoulli, Berlin, 12. Sept. 1750; Mscr.L a 708,
UB Basel). – J. O. FLECKENSTEIN (1957 *Leonhardi Euleri Opera Omnia*, S. xxxiv) hält es für
„nicht ganz ausgeschlossen", daß der fragliche (Leibniz-)Brief in seinem größten Teile echt,
der kritische Passus aber: « L'Action n'est point ce que vous pensés, la consideration du tems
y entre: elle est comme le produit de la masse par le tems, ou du tems par la force vive. J'ai
remarqué que dans les modifications des mouvements elle devient ordinairement un Maximum, ou un Minimum. On en peut déduire plusieurs propositions de grande consequence;
elle pourroit servir à determiner les courbes que decrivent les corps attirés à un ou plusieurs
centres. Je voulois traiter de ces choses entr'autres dans la seconde partie de ma Dynamique,
que j'ai supprimée; le mauvais accueil, que le prejugé a fait à la première, m'ayant degouté »
von jemand anderem hinzugefügt worden sei, „der insbesondere Einsicht in die Papiere
Leibnizens gehabt" habe. FLECKENSTEIN geht so weit, eine „apokryphe Zwischenstelle" als
mögliche Erzeugerin einer „Originalfälschung" zu vermuten, die anschließend vernichtet
werden mußte, weil sie mit der von Kœnig veröffentlichten Fassung nicht übereinstimmte;

nicht unbekannt gewesen sein dürfte, sondern auch, weil persönliche Loyalitäten hier offenbar in Konflikt gerieten mit wirtschaftlichen, wissenschaftlichen und ideologischen Vorstellungen und Interessen. Der von Maupertuis sehr persönlich gefärbte Streit gegen Kœnig brachte zugleich die Anhänger zweier Schulen gegeneinander auf: Leibniz-Wolffianer gegen Anti-Monadologisten, wenngleich die Trennlinie nicht immer streng ideologisch verlief. So ergriff in diesem Fall Voltaire, obgleich überzeugter Newtonianer und sanft-spöttischer Anti-Leibnizianer,[181] Partei für den Leibnizianer und Wolffschüler Samuel Kœnig, mit einer brillianten polemischen Schrift *Diatribe du Docteur Akakia,*[182] die ihm das Gelächter der Gelehrtenrepublik und eine ernste Rüge samt Druckverbot von seiten Friedrichs II. eintrug. Das Pasquill wurde auf dem Berliner Gendarmenmarkt öffentlich verbrannt, was Voltaire aber nicht hinderte, nach Holland geschmuggelte Exemplare nachdrucken und in Paris verbreiten zu lassen, wo sie reißenden Absatz fanden. Es war nicht das erste Mal, daß Voltaire Samuel Kœnig gegen Maupertuis in Schutz nahm,[183] aber das erste Mal, daß es in dieser Tragweite und in aller Öffentlichkeit

---

Kœnig sei in seiner ersten Abhandlung „ein Lapsus" passiert: er habe als Aktionsgröße Leibnizens « produit de la masse par le tems » bezeichnet, allerdings gleichzeitig hinzugefügt: « ou du tems par la force vive », so daß er sich später auf einen bloßen Druckfehler habe zurückziehen können, indem vom Setzer das « par celui de l'espace et de la vitesse » hinter dem « produit de la masse » übersehen und statt dessen « le tems » als Faktor von der folgenden « force vive » hineingelesen worden sein soll (S. XLII).

181 Siehe den Brief Voltaires an Joh. II Bernoulli aus Cirey en Champagne, vom 11. April 1739 (Mscr. L I a 726, UB Basel), der aufschlußreich ist für die Vorgeschichte des „Prioritätenstreits" zwischen Maupertuis und Samuel Kœnig.

182 *Diatribe du Docteur Akakia, Medecin du Pape. Decret de L'Inquisition et Rapport des Professeurs de Rome, au sujet d'un prétendu Président.* Rome (recte: Leipzig) 1753. In: *Maupertuisiana.* – Voltaire, *Histoire du Docteur Akakia et du Natif de St-Malo.* Edition critique avec une introduction et un commentaire par Jacques Tuffet. Ouvrage publié avec le concours de la Recherche Scientifique. Librairie A. G. Nizet, Paris 1967.

183 Samuel Kœnig und Maupertuis kannten einander seit ihrer Studienzeit; beide waren Schüler des Basler Mathematikers Johann I Bernoulli. Maupertuis hatte Kœnig im März 1739 in Paris der Marquise du Châtelet vorgestellt, die einen Mathematiklehrer Leibniz-Wolffianischer Richtung suchte. Samuel Kœnig unterrichtete von März bis September 1739 auf Schloß Cirey, nahe der lothringischen Grenze, und wäre vermutlich länger geblieben, wenn er nicht wegen einer Kompetenzüberschreitung (eigenmächtige Menuplanänderung in Abwesenheit der Hausfrau) deren Mißfallen erregt und fortgeschickt worden wäre. Dieser unglückliche Faux-pas, den die Marquise du Châtelet als Vertrauensbruch empfinden mußte, führte zu dauernder Ablehnung von ihrer Seite. Voltaire hatte vergeblich zu vermitteln versucht. Im Berliner Akademiestreit stellte er sich ganz auf Kœnigs Seite, der eigentlich keine Hilfe von Voltaire erwartet und auch nicht darum gebeten hatte. Erst als Kœnigs *Appel au Public, du Jugement de l'Académie de Berlin* (Elie Luzac Jr.: Leiden, 1752) erschien, habe er begriffen, was sich an der Berliner Akademie abspielte

geschah. Die zunehmend erbitterte Polemik, in der Maupertuis alles versuchte, um Kœnig unter Hinweis auf seine Beziehungen zu dem aus politischen Gründen drei Jahre früher zum Tode verurteilten Henzi im Oranischen Fürstenhaus suspekt zu machen und ihn damit um seine berufliche Existenz zu bringen,[184] endete mit unversöhnlicher Feindschaft zwischen den einstigen „Brüdern in Bernoulli", S. Kœnig, Maupertuis und Voltaire,[185] mit Friedrichs II. Bruch mit Voltaire[186] und mit dem Ende zweier Karrieren: derjenigen Maupertuis' als Präsident der Preußischen Akademie der Wissenschaften, die er aus gesundheitlichen Gründen nicht mehr auszuüben imstande war, aber auch der hoffnungsvollen, kaum begonnenen Etienne Thourneysers, der es gewagt hatte, von London aus als Mathematiker, Jurist und Journalist S. Kœnigs Partei zu ergreifen mit zwei Briefen, die im August 1752 im *Nouveau Magasin François de Londres* erschienen.[187]

(Best. D5076). – Zeugnisse für Voltaires Ausfälle gegen Maupertuis in Sachen Kœnig sind, neben den von Besterman veröffentlichten Briefen aus den Jahren 1752–1753, vor allem seine Streitschrift *Diatribe du Docteur Akakia* und sein Brief « A Monsieur Roques, Conseiller Ecclésiastique du Sérénissime Landgrave de Hesse-Hombourg », in: *Supplément au Siècle de Louis XIV* (Dresden: Georg Conrad Walther 1753).

184 Samuel Kœnig beklagte sich am 5. Sept. 1752 in einem Brief an Haller, daß Maupertuis Briefe an seine unmittelbaren Vorgesetzten sandte mit dem Auftrag, ihn zum Schweigen zu veranlassen, was einem Verbot gleichkam, sich in eigener Sache zu verteidigen. Empfänger solcher Missiven waren der Prinz und die Prinzessin von Wolfenbüttel und der regierende Herzog von Wolfenbüttel, Vormund des jungen Erbprinzen von Oranien, dessen Vater, der Kœnig nach Franeker und Den Haag berufen hatte, kurz vorher verstorben war (R. Wolf in: *Mittheilungen*, Nr. 46–49 (10. Juni 1845), S. 75–78. Die *Jenaischen gelehrten Zeitungen* (12. Stück, Febr. 1753, S. 91) liefern zusätzliche Informationen zu diesem Thema.

185 Siehe den Briefwechsel zwischen Voltaire und S. Kœnig von Nov. 1752 bis Sept. 1753 (Besterman D5076, D5149, D5185, D5186, D5191, D5195, D5203, D5230, D5307, D5504 und S. Kœnig an A. Haller, Den Haag, 17.9.1753: D5518). Ausführliche Darstellung in: HARNACK I.1, S. 331–347, S. 353 Anm. 1. – R. Wolf berichtet, daß Voltaire durch Basel kam, während Maupertuis auf dem Sommersitz der Bernoullis in Dornach im Sterben lag. Johann II Bernoulli habe versucht, die beiden ehemaligen Freunde zu versöhnen, Voltaire aber habe sich geweigert, das Gasthaus zu verlassen, mit dem Hinweis auf seine eigene schwache Gesundheit (R. Wolf, „Notizen zur Geschichte der Mathematik und Physik in der Schweiz", in: *Mittheilungen d. Naturforschenden Gesellschaft in Bern* (1850), Nr. 183/184, S. 137).

186 Siehe HARNACK I, 1, S. 340–343. Immerhin wurde Voltaire als einzigem Auswärtigen Mitglied die Ehre eines persönlichen Nachrufs aus der Feder des Preußenkönigs zuteil, gehalten 1778 an der Berliner Akademie.

187 Enthalten im Basler Exemplar der Sammlung *Maupertuisiana*. Siehe dazu Carl Kaulfuss-Diesch in: *Zentralblatt für Bibliothekswesen*, XXXIX. Jg., Heft 11/12, Nov.-Dez. 1922, S. 532.

Unglücklicherweise fiel der Höhepunkt dieser Polemik in die Jahre 1751/52, in eine Zeit also, da dem siebenunddreißigjährigen Thourneyser, der seine Talente jahrelang mit journalistischen und anderen Hilfsarbeiten hatte verzetteln müssen, der Durchbruch zu wissenschaftlicher Anerkennung gelungen war. Die zweite Auflage seines *Lettre d'un philosophe. Dans laquelle on prouve que l'Athéisme et le déréglement des Mœurs ne sauroient s'établir dans le Système de la Necessité* war bereits 1751 in Genf bei Antoine Philibert, Libraire au Perron, in Buchform erschienen; im Sommer 1752 folgte die von Titius[188] mit lobenden Anmerkungen versehene, dem Wolffianer und Biographen Christian Gottlieb Jöcher[189] sowie dem Mathematiker und Epigrammatiker Abraham Gotthelf Kästner[190] gewidmete deutsche

---

188 Der Mathematiker Johann Daniel Titius (Tietz) (* 1729, † 1796), wurde im Jahr der Übersetzung Magister und Privatdozent in Leipzig, 1756 Ordinarius für Mathematik und Physik, später Senior der philosophischen Fakultät in Wittenberg. Außerdem war er Mitglied der Ökonomischen Gesellschaft in Leipzig, der Naturforschenden Freunde Berlin, der Naturforschenden Gesellschaft Danzig. Er rezensierte literarische Neuerscheinungen u. a. in den Leipziger *Acta Eruditorum*, den *Hamburgischen freyen Urtheilen und Nachrichten*, den Leipziger *Neuen Zeitungen von gelehrten Sachen* (KIRCHNER Nr. 41), einer deutschsprachigen Ausgabe der *Nova Acta Eruditorum*. Aus Titius' zahlreichen Übersetzungen sei vor allem Bonnets *Contemplation de la Nature* (Amsterdam: Marc-Michel Rey, 1764) erwähnt: *Betrachtung der Natur*, Leipzig: J.- F. Junius, 1766; Leipzig: Brockhaus, 1772, 1774, 1783, 1803; Wien 1789–1790, 3 Bde. Angaben nach Jacques Marx, *Charles Bonnet contre les Lumières (1738–1850), Studies on Voltaire and the 18th Century*, Vol. CLVI–CLVII, ed. Theodore Besterman, The Voltaire Foundation at the Taylor Institution, Oxford 1976). Zur deutschen Übersetzung der *Betrachtung der Natur* äußern sich Albrecht Haller und Charles Bonnet in ihren Briefen (SONNTAG 1983, Nrn. 801, 801, 804, 807, 809, 814, 816.
189 Christian Gottlieb Jöcher (* 1694, † 1758), med., theol. und philos. Studien in Leipzig; 1718 Mitredaktor, 1720–1739 Alleinredaktor der deutschen *Acta Eruditorum*; Herausgeber des *Allg. Gelehrten Lexikons* (1750–1751); 1730 in Leipzig Lehrauftrag für Philosophie, 1732 für Geschichte (*ADB* Bd. 14, S. 103–105).
190 Abraham Gotthelf Kästner (* Leipzig 1719, † Göttingen 1800), mathematische, philosophische, logische und juristische Vorlesungen an der Universität Leipzig; 1746 Extraordinarius (zu seinen Schülern in dieser Zeit zählte Lessing); 1756 Ordinarius für Naturlehre und Geometrie in Göttingen. Kästner war seit dem 5. Februar 1750 Auswärtiges Mitglied der Berliner Akademie (HARNACK III, S. 141); eine Berufung als Ordentliches Mitglied lehnte er – wie auch A. Haller – 1750 ab (HARNACK I, S. 324 f.). Im Prioritätenstreit trat Kästner auf Maupertuis' Seite. Dieser versuchte mit Kästners Hilfe, Eulers Verteidigung seines umstrittenen Prinzips der geringsten Aktion (*Dissertatio de principio minimae actionis una cum examine objectiorum Königii*) in den Leipziger *Acta Eruditorum* unterzubringen (HARNACK I.1, S. 338 Anm. 1). – 1751 gewann Kästner den von der Berliner Akademie ausgeschriebenen Preis zur Frage « Les Evénemens de la bonne et de la mauvaise fortune dépendant uniquement de la volonté, ou du moins de la permission de Dieu, on demande, si ces événemens obligent les hommes à la pratique de certains devoirs et quelle est la nature et l'étendue de ces devoirs? » (HARNACK II, S. 305). Das *Accessit*

Übersetzung dieser Abhandlung unter dem Titel *Neue Untersuchung des Satzes: Ob die Gottesleugnung und die verkehrten Sitten aus dem System der Fatalität herkommen?*[191]. Thourneyser arbeitete seit mehreren Monaten bereits an einer Publikation größeren Ausmaßes zu den vielfältigen, im ersten Anlauf oft nur skizzierten Themen des *Lettre d'un philosophe;*[192] seine Rückkehr aus der ländlichen Umgebung Londons in die Stadt ermöglichte ihm, ein früheres Angebot Hallers anzunehmen und die Göttingischen Gelehrtenanzeigen von England her mit politischen Nachrichten und Rezensionen literarischer Neuerscheinungen zu beliefern;[193] er war Mitarbeiter am *Nouveau Magasin François de Londres*, dieser auf dem Kontinent mit Interesse rezipierten, von Marie-Jeanne Leprince de Beaumont (1711–1780)[194] herausgegebenen literarischen Monatsschrift,[195] in der von März bis August 1750

---

erhielt der junge Frankfurter Theologe Töllner; seine Arbeit wurde zusammen mit Kästners gedruckt und verschaffte Töllner eine außerordentliche Professur in Frankfurt (HARNACK I.1, S. 403 Anm. 2). Siehe auch SONNTAG 1983, Nr. 584 (Bonnet bittet Haller am 6.7.1768 um Kästners Dissertation *Pièce sur le sujet des événemens fortuits*, Berlin 1751).

191 *Neue Untersuchung des Satzes: Ob die Gottesleugnung und die verkehrten Sitten aus dem System der Fatalität herkommen?* Aus dem Französischen übersetzt und mit Anmerkungen herausgegeben von Johann Daniel Titius, A.M., Leipzig: Christian Langenheim, 1752, 132 Seiten in-8. „Vorbericht des Uebersetzers" datiert: 22. August 1752. – Rezensionen in: *Berlinische Privilegierte Zeitung*, 39. Stück (31. März 1753), Reprint in: *Lessing, Schriften*, Bd. 5, Lachmann/Muncker S. 161. Weitere Rezensionen in: *Freymüthige Nachrichten von neuen Büchern und anderen zur Gelehrtheit gehörigen Sachen*, XLII. Stück, Heidegger & Co: Zürich, 17. Okt. 1753, S. 340; *Jenaische gelehrte Zeitungen*, 77. Stück, Okt. 1752, S. 614–616; *Frankfurtische Gelehrten Zeitungen*, 17. Jahr, Nr. 89, 7. Nov. 1752, S. 493–494. Keine Rezensionen fanden sich in Zeitschriften, wo sie mit Fug und Recht erwartet werden können.

192 Siehe Brief Nr. 6: Thourneyser an Haller, London, 18. September 1750.

193 Siehe Briefe Nr. 2 und 6: Thourneyser an Haller.

194 Angaben zu dieser offenbar außergewöhnlichen und erfolgreichen *femme de lettres*, die 40 Bücher und 6 Kinder zur Welt brachte, finden sich in der *Biographie Universelle* (= *BU*; Art. Le prince de Beaumont, Marie); bei HATIN (S. 46 f.) und in SGARD 1976. Es ist bedauerlich, daß Patricia Clancy ihrem sonst vorzüglichen Artikel über Marie Leprince de Beaumont den wissenschaftlich völlig irrelevanten, abschätzigen epistolaren Männertratsch beifügt – denn anders kann die von J. Patrick Lee weitergegebene „Information" über Mme de Beaumont nicht genannt werden. Auch „Quellentexte" dürfen gewichtet werden.

195 *BU* und QUERARD geben 3 Bände für das *Nouveau Magasin François* (= *NMF*) an, die Jahrgänge 1750–1752 und 1755; das dürfte ein Irrtum sein. Mir lagen die Jahrgänge 1750, 1751, 1752 in drei Bänden vor (Niedersächsische Staats- und Universitätsbibliothek Göttingen; Band I von 1750 auch vorhanden in der BPU Genf). Wenn es einen Jahrgang 1755 gibt, müßte das ein 4. Band sein (s. auch HATIN, S. 46 f.). Die November- und Dezembernummer von Band I (1750) enthält jeweils am Schluß ein *Journal Litéraire de Londres* (s. Anm. 17 bzw. 196). Es ist unübersehbar, daß das *NMF* im Zusammenhang mit dem Berliner Prioritätenstreit sein Erscheinen einstellte, der 1752 seinen Höhepunkt erreichte. Das

seine Abhandlung über Freiheit und Notwendigkeit erschienen war. Außerdem redigierte er seine eigene Zeitung, das *Journal Litéraire de Londres*, dessen beide ersten (und vermutlich einzigen) Nummern zuerst als Beilage zum *Nouveau Magasin François* erschienen.[196] Zu einem ungünstigeren Zeitpunkt hätte der Berliner Akademiestreit für Thourneyser kaum ausbrechen können! Samuel Kœnig, der zu Unrecht Angegriffene, war sein Freund, außerdem war er Berner, Eidgenosse; patriotische Motive mögen für Thourneysers offenes Engagement zugunsten des Schwächeren ebenso mitgespielt haben, wie seine Herkunft aus einem protestantischen Pfarrhaus. Mit zwei langen Briefen, die zwischen August und Oktober 1752 im *Nouveau Magasin François de Londres* veröffentlicht wurden, trat der nunmehr anerkannte siebenunddreißigjährige Autor wiederum vor das Forum

---

geht aus dem Schlußwort der Herausgeberin im 3., also letzten Band des *NMF*, Dez. 1752, S. 386 klar hervor: « je me reproche d'avoir inseré, dans cette dernière [année] les pieces concernant la dispute de l'Académie de Berlin, parce qu'elles me paroissent pleines de fiel, la foiblesse qui me restoit d'une grande maladie ne m'a pas permis de les lire avant l'impression, sans quoi, elles auroient eu l'exclusion ». Im gleichen Jahr hatte Titius der Zeitschrift noch eine schöne Reverenz erweisen können: „Wir glauben nicht, daß wir für den Werth gegenwärtiger Abhandlung mehr anführen dürfen, als daß sie aus dem *Nouveau Magasin François à Londres* hergenommen sey. Kennern wird dies genug seyn, die von der Größe derer Männer, die daran Theil haben, und von der Wahl derer Sachen, die man darinnen findet, überzeugt sind". ([Thourneyser], *Neue Untersuchung,* 1752, S. 3, Vorrede des Uebersetzers). – Rezensionen des *NMF* sind zu finden in: *GGS*, Mai 1750, 52. Stück, S. 413–414 und 19. Stück, Februar 1751, S. 146. Diese Nummer enthält einen Hinweis auf eine wichtige Abhandlung von der sogenannten Fatalität, d. h. Thourneysers « Lettre ».

196 Dieses meines Wissens nirgends, auch nicht bei HATIN bibliographierte *Journal Litéraire de Londres* ist nur zweimal erschienen, im November und Dezember 1750, jeweils als Anhang zum *Nouveau Magasin François*, mit fortlaufender Paginierung. Vermutlich war ein späteres selbständiges Erscheinen vorgesehen, da beide Nummern mit der Angabe enden: David HENRY, Dans Wine-Office Court, Fleet-Street. Henry war einer der vier Verleger des *NMF*. Die Novembernummer zeichnet der Herausgeber mit T.[hourneyser] D.[octeur] E.[s] D.[roit]; diejenige vom Dezember dann mit vollem Namen: Par M. THOURNEYSER, Docteur ès Droits. Als Motto ist angegeben: Rara temporum felicitate, ubi sentire quae velis, & quae sentias dicere licet. Tac. Hist. I. – Die erste Ausgabe (November 1750) enthält drei Rezensionen (S. 425–436) über: I. Jean Huxham, *An Essay on Fevers and their various kinds, etc,* (London: S. Austen 1750); II. Thomas Simpson, *The Doctrin and Application of Fluxions,* (London: J. Nourse 1750); III. [William] Stukeley, *The Healing of Diseases, a Character of the Messiah: Being the Anniversary Sermon preached before the College of Physicians, etc.,* (London: Austen). Die zweite Ausgabe (Dezember 1750) enthält vier Beiträge: I. kritische Auszüge aus den *Philosophical Transactions,* Oct./Nov. 1748, (S. 468–473); II. Verriß des Buches *The Oeconomy of Human Life* ..., London: Cooper; III. Middleton, *A Vindication of the free Inquiry into the Miraculous Powers which are supposed etc.* London: Manby & Cox (S. 474); IV. *Milton vindicated from the charge of Plagiarism brought against him by Mr. Lauder.* London: Millar (S. 474–476).

der Öffentlichkeit, gegen keinen Geringeren als den französischen Präsidenten der Berliner Akademie, der den unbedingten Schutz des frankophilen Preußenkönigs genoß. Damit setzte sich Thourneyser den größten Schwierigkeiten aus. Es waren nicht nur Gerechtigkeitssinn und freundschaftliche Gefühle, die ihn zu diesem Schritt bewogen: auch als Wissenschafter, als Leibniz-Wolffianer, trat Thourneyser gegen Maupertuis an. Seine beiden Tiraden im *Nouveau Magasin François* « Lettre de Mr. T** à Mr. S** » und « Seconde Lettre de Mr. T** à Mr. J** »[197] sind wissenschaftsgeschichtlich relevant für die laufende Debatte um Gesetze der Statik und Dynamik um die Jahrhundertmitte. Dabei ging es nicht nur um die Erkenntnis physikalischer Gesetzmäßigkeiten, sondern auch und vor allem um *Gottesbeweise*. Maupertuis, der diesen Beweis mit seinem Prinzip der kleinsten Aktion erbracht zu haben behauptete, stand damit quer zu Thourneysers in Leibnizanlehnung entstandener Theorie der Minima und Maxima.

197	Die Briefe tragen die Überschrift *LETTRE de Mr. T*** à Mr. S***. Tirée du Magasin Francois* und *Seconde LETTRE de Mr. T*** à Mr. S***.* Beim « Magasin Francois » kann es sich nur um das *Nouveau Magasin François de Londres* handeln. Da Thourneyser Mitredaktor dieser Monatsschrift war – auch sein « Lettre sur la Fatalité » war darin als Erstdruck fortsetzungsweise erschienen – ist anzunehmen, daß T für Thourneyser steht. Mit S ist möglicherweise Sulzer gemeint, oder Sack, beide Akademiemitglieder zu dieser Zeit. Wahrscheinlicher ist jedoch, in dem aus Winterthur gebürtigen Mathematiker, Ästhetiker und Anhänger der leibnizschen Monadenlehre, Johann Georg Sulzer (1720–1779), den Adressaten der Thourneyserschen Briefe zu suchen, da er im Maupertuis-Kœnig-Streit Partei gegen Maupertuis ergriffen hatte und dadurch bis zu dessen Tod der Pensionsgelder verlustig ging, auf die er als Akademiemitglied einen Anspruch gehabt hätte. (S. *Joh. Georg Sulzer's Lebensbeschreibung, von ihm selbst aufgesetzt. Aus der Handschrift abgedruckt,* mit Anmerkungen von Joh. Bernhard Merian und Friedrich Nicolai, Berlin, Stettin 1809, S. 27–30; und J. H. Graf, 1889, S. 32–33, Sulzer an Haller, Nov. 1752: « Pour moi j'ai toujours soutenu la cause de Monsieur König, mème dans l'assemblée où le fameux jugement fut porté, quoique le protocole en garde un silence absolu »). – Beide Briefe sind 1753 in den *MAUPERTUISIANA* aufgenommen worden. Im Exemplar der Basler UB stehen sie am Anfang, S. [7]–(20) und S. (20)–(30), entgegen dem Inhaltsverzeichnis, das sie an vorletzter Stelle aufführt. Die Fortsetzung bilden: *REPONSE d'un Académicien de PARIS, à Berlin le 18 Sept. 1752* (S. 35–36); *Extrait d'une LETTRE de Berlin, du 15 Août 1752,* S. (37)–(38); *LETTRE Que Mr. Euler a fait mettre dans la Gazette de Berlin, en date du 2ᵉ Septembre 1752,* S. (39)–(41); *LETTRE de Mr. de VOLTAIRE à Mr. ROQUES, conseiller Ecclésiatique du Sérénissime Landgrave de Hesse-Hombourg, mise à la tête du Supplément au Siècle de Louis XIV,* S. (42)–(48). Dann erst folgt das im Inhaltsverzeichnis erstgenannte *Jugement de l'Académie Royale des Sciences et Belles Lettres.* Alle Schreiben sind Stellungnahmen gegen Maupertuis, ausgenommen Eulers Brief, der gegen die Journalisten der Leipziger *Gazette des Savans* und der Hamburger *Libres Jugemens* gerichtet ist. Euler erklärt darin die Journalisten für inkompetent, sich selbst als unparteiisch und stellt vor allem die Frage nach Echtheit oder Fälschung des von Samuel Kœnig vorgelegten Brieffragments.

Hoffte er bei der Verteidigung seines Freundes Samuel Kœnig auf ihre gemeinsamen Lehrer und Förderer, nämlich Gabriel Cramer und die Bernoullis, auch auf Voltaire, dessen Position in Berlin als ebenso unantastbar gelten mochte, wie diejenige des Akademiepräsidenten? Nicht vorauszusehen war für Thourneyser Cramers Tod im Januar 1752, noch der Bruch Friedrichs II. mit Voltaire, der wegen seiner Parteinahme für Samuel Kœnig aus der Liste der Akademiemitglieder gestrichen wurde und Berlin verlassen mußte. Die Bernoullis, auf deren Hilfe Thourneyser erfahrungsgemäß weniger rechnen konnte – erinnert sei an Niklaus I Bernoullis empfindliche Reaktion auf Thourneysers frühe Darstellung der vollständigen Induktion –, werden vor allem besorgt gewesen sein, es mit dem Akademiepräsidenten und dem preußischen König nicht zu verderben, um die Stellung der beiden Basler Antiwolffianer, Euler und Merian, in Berlin nicht zu gefährden, ebensowenig wie die Möglichkeit weiterer Berufungen von Schweizern als Lehrer oder Forscher nach Preußen und Frankreich.[198]

Thourneysers Brief über die Fatalität. Erste Reaktionen

An den Reaktionen auf Thourneysers *Lettre sur la Fatalité* und *Neuer Untersuchung* lassen sich die Loyalitätskonflikte erkennen, in die sich namhafte Rezensenten durch den Berliner Akademiestreit gedrängt sahen. Allen voran Samuel Formey (1711–1797), ständiger Sekretär der Königlich-Preußischen Akademie der Wissenschaften in Berlin und Herausgeber führender literarischer Zeitschriften, darunter

---

198 Schweizer, besonders deutschschweizer Gelehrten, kam an der Akademie des frankophilen Preußenkönigs die wichtige Funktion sprachlicher Vermittlung zwischen dem Deutschen und dem Französischen zu, die weder Friedrich II., noch der französischsprachige Präsident, Maupertuis, hätte leisten können. Adolf HARNACK weist darauf hin, daß im Laufe von 25 Jahren nicht weniger als elf Schweizer nach Berlin berufen wurden: Euler sen. (1741), Beguelin (1747), Passavant (1748), Merian (1750), Sulzer (1750), Euler jun. (1754), Huber (1756), de Catt (1760), Johann III Bernoulli (1764), Lambert (1765), Weguelin (1766), wobei besonders Merian (1723–1807), der fast 57 Jahre lang im Dienst der Akademie stand, aber auch Sulzer (1720–1779), Beguelin (1714–1789) und Weguelin (1721–1791) die Preußische Akademie der Wissenschaften prägten. (Adolf HARNACK, „Die Berliner Akademie der Wissenschaften im Zeitalter Friedrichs des Grossen und die Schweiz". In: *FESTSCHRIFT, Freie Vereinigung Gleichgesinnter Luzern*, Zürich: Rascher & Co., 1923, S. 209–214). – Welche Erwartungen der Präsident der Berliner Akademie an die Mittlerfähigkeiten der Schweizer herantrug, wird deutlich in einem unveröffentlichten Brief Maupertuis' an Joh. II Bernoulli (UB Basel; Mscr.L I a 708; Nr. 102 und 103): « La métaphysique d'Allemagne est une étrange science, mais ce n'est pas la faute de la métaphysique, c'est la faute de l'Allemand. Les François sont trop dégoutés de la métaphysique, les Allemands enfoncés dans le margoullis, les Suisses pourroient peut-être tenir le juste milieu. »

der *Nouvelle Bibliothèque Germanique*,[199] in deren Nummer vom 2. Quartal 1751 unter der Rubrik « Genève » ein erster Hinweis auf Thourneysers Abhandlung zu finden ist. Es sollte auch – so weit ersichtlich – der letzte bleiben. Die lakonische Anzeige lautet:

> On a réimprimé ici deux petits Ouvrages; le *Système du vrai Bonheur*, qui avoit paru â Berlin l'année passée; et la *Lettre d'un Philosophe dans laquelle on prouve que l'Athéisme & le Déréglement des Mœurs ne sauroient s'établir dans le Système de la Nécessité*; tirée des Mois de Mars et suivans du *Magasin François* qui s'imprime à Londres.[200]

Auffällig ist, daß in der Anzeige jeder Hinweis auf den Autor fehlt, der doch im erwähnten *Nouveau Magasin François* genannt war. Ebenso fehlt der Name des Genfer Verlagsbuchhändlers Antoine Philibert,[201] der 1751 in zweiter Auflage den Separatdruck (Druck B) unter dem genannten Titel herausgab. Es ist nicht auszuschließen, daß Formey hier bereits vorsichtig manövrierte, um Thourneysers Erstlingswerk aus der sich zuspitzenden Polemik um die Urheberschaft des « Principe de la moindre Action » an der Berliner Akademie herauszuhalten. Einen Monat

---

199 *Nouvelle Bibliothèque Germanique, ou histoire littéraire de l'Allemagne, de la Suisse et des Pays du Nord* (Amsterdam 1746–1759). Zur Geschichte dieser Vierteljahresschrift s. HATIN, S. 39 f.; Jürgen Kämmerer, « Bibliothèque Germanique (1720–1759) », in: SGARD 1991, No. 163, S. 188 f.; SGARD 1976, Art. FORMEY.

200 *Nouv.Bibl.Germ.*, Avril/Mai/Juin 1751, S. 448.

201 Die beiden Genfer Verlagsbuchhändler Antoine Philibert (1710–1764) und sein älterer Bruder Claude (1709–1784) gaben die metaphysischen Schriften von Etienne Thourneyser und Charles Bonnet heraus. Beide Brüder waren bis ungefähr 1738 mit der Genfer Druck- und Verlagsanstalt Perachon Cramer & Cie. assoziiert, für weitere zehn Jahre mit deren Erben Gabriel und Philibert Cramer, zwei Neffen des bereits erwähnten Genfer Mathematikers Gabriel Cramer (1704–1752), zu dessen Schülern Etienne Thourneyser und Charles Bonnet (1720–1793) gehörten. Hier erschien in kostbarem Zweifarbendruck eine von Gabriel Cramers Bernoulli-Editionen: *Jacobi Bernoulli Opera* (1744), Genevae, Sumptibus Haeredum Cramer & Fratrum Philibert. – 1748 eröffnete Antoine Philibert seine eigene Verlagsdruckerei; hier erschien 1751 Thourneysers « Lettre ». 1754–1760 schlossen sich die Brüder Claude und Antoine Philibert zur gleichnamigen Druck-und Verlagsgesellschaft zusammen; 1755 ging Claude Philibert nach Kopenhagen, um dort eine Firmenniederlassung zu gründen. Hier erschien 1760 Charles Bonnets *Essai Analytique sur les Facultés de l'Ame*, (À Copenhague, chez les Frères Cl. & Ant. Philibert), Bonnets erstes offizielles metaphysisches und fibernpsychologisches Werk in der Nachfolge des bis 1783 anonymen *Essai de Psychologie* (1754). Nach Antoine Philiberts Tod übernahm Claude Philibert den Nachlaß seines Bruders und gründete die Genfer Verlagsbuchhandlung Claude Philibert & Barthélémy Chirol, in der Bonnets letzte großen metaphysischen Werke erschienen: die *Palingénésie Philosophique* (1769, 2.verbesserte Aufl. 1770) und die daraus entnommenen und veränderten *Recherches Philosophiques sur les Preuves du Christianisme* (1770, 2. veränderte Aufl. 1771). – Zur Verlagsgeschichte s. John R. Kleinschmidt, *Les Imprimeurs et Libraires de la République de Genève, 1700–1798*, (Genève: A. Jullien, 1948).

früher, im März 1751, war nämlich in den *Nova Acta Eruditorum* Samuel Kœnigs Abhandlung mit dem umstrittenen Leibnizfragment erschienen, auf das Maupertuis mit ungewöhnlicher Schärfe zu reagieren sich anschickte. Dieses dürfte Formey, dem als Akademiesekretär Informationen aus erster Hand zugänglich waren, nicht verborgen geblieben sein, ebenso wenig die Tatsache, daß Thourneyser zum engeren Kreis Samuel Kœnigs gehörte. Wollte Formey Thourneysers Text persönliches Geleit geben, indem er der Anzeige in der *Nouvelle Bibliothèque Germanique* das *Système du vrai Bonheur* vorangehen ließ? Es handelt sich dabei nämlich um Formeys eigene, ziemlich freie Übersetzung von Spaldings *Bestimmung des Menschen*,[202] was jedoch aus der Anzeige ebensowenig hervorgeht wie die Tatsache, daß der Autor des *Lettre* Thourneyser hieß und Genfer war. Die Frage stellt sich, weil bis jetzt keine Genfer Auflage des *Système du vrai Bonheur* gefunden werden konnte.[203] Möglicherweise handelte es sich dabei um die Übernahme einiger

---

202 Formey hatte darauf in einer früheren Nummer der *Nouvelle Bibliothèque Germanique* (Avril/Mai/Juin 1750, S. 459) hingewiesen: « C'est une traduction libre que j'ai faite d'une Brochure *Allemande*, qui m'a paru digne d'attention et propre à faire face au déluge d'Ecrits relâchés qui inondent le Public ». – Mit der « brochure Allemande » ist der bahnbrechende „Erstling der theologischen Aufklärung" (Bourel 1978) des lutherischen Aufklärungstheologen Johann Joachim Spalding (1714–1804) gemeint: *Betrachtung über die Bestimmung des Menschen* (später nur: *Die Bestimmung des Menschen*), Greifswald 1748. Die Schrift erreichte bereits zu Lebzeiten des Autors 13 Auflagen und vier verschiedene französische Übersetzungen (s. Joseph Schollmeier, *Johann Joachim Spalding. Ein Beitrag zur Theologie der Aufklärung*, Gütersloher Verlagshaus: Gerd Mohn, 1967; Dominique Bourel, *La vie de J. J. Spalding. Problèmes de la théologie allemande au 18ᵉ siècle*, Diplôme de l'Ecole Pratique des Hautes Etudes Sciences Religieuses, Paris, Nov. 1978; Horst Stephan (Hg.), *Spaldings Bestimmung des Menschen (1748)*, Gießen 1908, S. 1–36 (Studien zur Geschichte des neueren Protestantismus, 1. Quellenheft). – Als Kuriosum sei hier vermerkt, daß das Basler Exemplar der von Schollmeier P[f?]effel zugeschriebenen „besten französischen Übersetzung" der *Essais sur la destination de l'homme* (anonym, Dresden: Georg Conrad Walter, 1752) den handschriftlichen Vermerk trägt: Traduction de Mr. Formey, de l'Allemand de Mr. Spalding. Offenbar handelt es sich um ein Genfer Exemplar, mit der autographen Hs. des in Leipzig aufgewachsenen Genfer Pfarrers Jacob Bennelle (1717–1794), der als zuverlässigster Freund und Mitarbeiter des Genfer Naturforschers Charles Bonnet gilt (s. Luginbühl-Weber, *Lavater-Bonnet-Bennelle-Briefe*, 2. Halbbd., S. 271–274).

203 Es scheint nur Berliner und Utrechter Auflagen zu geben: *Système du vrai bonheur* (Berlin: Joh. Jak. Schütz 1750; Utrecht: Sorli 1750–1751). Formeys Übersetzung wurde wieder aufgenommen in: *Mélanges Philosophiques*, Tome II (Leide: Elie Luzac Fils, 1754), S. 43–92; statt eines Vorwortes ist dem Text ein Brief Formeys an seinen Akademievorgänger Jariges vorangestellt, in dem auf die *Considérations sur la Destination de l'Homme* hingewiesen wird, ohne Verfassername. Der Text erschien in dritter Auflage in: *Le Temple du Bonheur, ou Recueil des plus excellens Traités sur le bonheur, Extraits des Meilleurs Auteurs Anciens et Modernes*, Tome IV, Bouillon 1770, S. 209–248 (Schluß gekürzt). Band II der gleichen Reihe enthält u. a. eine Formey zugeschriebene, 93-seitige Abhandlung: *Le bonheur, ou*

Exemplare der Berliner Auflage durch den Genfer Verlagsbuchhändler Antoine
Philibert, analog dem im Pariser *Journal des Sçavans* angekündigten Verkauf der
Utrechter Auflage durch den Buchhändler Briasson.[204]

Jedenfalls gab Formey mit seiner eigenständigen Übersetzung von Spaldings
Bestimmung, diesem „Erstling der deutschen Aufklärung" (Bourel), zu verstehen,
daß er auch als Akademiesekretär eines frankophilen Königs sich als zur „from-
men Aufklärung" Leibniz-Wolffianischer Richtung zugehörig empfand, und nicht
zur Geisteshaltung der französischen *philosophes*.[205] Dieses hatte er mit Thourneyser gemeinsam. Bemerkenswert ist, daß es in beiden Werken um Bestimmung des
Menschen geht, jedoch mit einer wesentlichen Akzentverschiebung: im Werk des
lutherischen Aufklärungstheologen Spalding überwiegt das Vertrauen in die göttliche Vorsehung, die teleologische Glückserwartung; während bei dem reformierten
Naturrechtler Thourneyser das Von-Gott-zum-Glück-Bestimmtsein zur eigenver-
antwortlichen Selbstbestimmung wird. Damit konnte Thourneyser den schein-
baren Dualismus zwischen Freiheit und Notwendigkeit aufheben; Notwendigkeit wird als innerpsychische Erkenntniskategorie definiert, mit deren Kriterien
das freie, d. h. von keinen äußeren Zwängen eingeschränkte Subjekt seine eigenen,
moralisch verantwortbaren Entscheidungen trifft, gewissermaßen als seines eigenen Glückes Schmied.

---

nouveau Système de jurisprudence naturelle, Bouillon 1770, Erstdruck anonym, Berlin 1753,
in-12. Neue Aufl. Amsterdam, den Hengst & Söhne, 1820, in-8.), die QUERARD (Bd. V,
S. 399) und *NUC* (Vol. 347, S. 32) unter Elie Luzac aufführen. Im *NUC* ist außerdem eine
Berliner Auflage von 1754 angegeben; als Ergänzung zur Amsterdamer Aufl. von 1820
steht, es handle sich um die Antwort auf eine Preisfrage der Berliner Akademie aus dem
Jahr 1751. Vermutlich ist Formey also auch hier Übersetzer, nicht Autor der fraglichen
Abhandlungen. – Rezensionen der Berliner Auflage des *Système du vrai bonheur* (Berlin
1750) gibt es u. a. in den Zürcher *Freymüthigen Nachrichten,* X. Stück, 11. März 1750,
S. 119–120 und in den *Critische[n] Nachrichten aus dem Reiche der Gelehrsamkeit*, Nr. XX,
15. Mai 1750, S. 185–186 (Berlin: Haude & Spener. Hg. Sulzer, Ramler u. a.), beide sehr
lobend, mit Hinweis auf Formey als Übersetzer; einen ziemlichen Verriß hingegen bringt
die von Grimm, Diderot, Raynal, Meister u. a. hg. *Correspondence littéraire* (Paris 1877;
Kraus Reprint 1968), Bd. II, S. 110–111, im CVII. Brief vom 1. November 1751. Formey
wird zwar als Autor beider Werke bezeichnet, die Autorschaft jedoch angezweifelt: « On
n'imaginerait jamais que le *Système du vrai bonheur* et *l'Essai sur la perfection* fussent du
même auteur. Le premier de ces deux ouvrages n'est pas estimé, et le second est souverai-
nement méprisé ».

204 *Journal des Sçavants*, Febr. 1752, S. 127: « Briasson Libraire, rue S. Jacques, a fait venir nouvellement et débité les Livres suivans: *Système du vrai Bonheur* par M. Formey. Utrecht, 1751,
in-8., *Essai sur la perfection* pour servir de suite au système du vrai bonheur par M. Formey,
Utrecht, 1751, in-8. »

205 Das *Système du vrai bonheur* sei vor allem gegen Diderot gerichtet gewesen (A. Richter, Art.
« Formey », in: *ADB*, S. 156).

Das totgeschwiegene Werk: Thourneysers Abhandlung über Freiheit und Notwendigkeit in der zeitgenössischen Presse

Der kleine Hinweis in der *Nouvelle Bibliothèque Germanique* unter der Rubrik „literarische Neuerscheinungen" ist alles, was sich in der französischsprachigen Presse bisher auffinden ließ, abgesehen von der integralen Veröffentlichung des *Lettre* im erwähnten Londoner *Nouveau Magasin François*. Dessen Erscheinen jedoch wurde im Zusammenhang mit dem Berliner Akademiestreit im Dezember 1752 eingestellt.[206] Angaben fehlen auch in einer weiteren, von Formey redigierten literarischen Zeitschrift, der *Bibliothèque Impartiale*.[207] Es ist anzunehmen, daß Formey als Akademiesekretär sich kaum erlauben konnte, einen Autor positiv zu rezensieren, der öffentlich für einen im Exil lebenden Schweizer und gegen den

---

206 HATIN erwähnt einen Jahrgang 1755, der trotz Nachforschungen durch interbibliothekaren Leihverkehr nicht gefunden wurde. Vermutlich gibt es diesen Jahrgang 1755 nicht. Patricia Clancy (1991, S. 915) nimmt an, daß es sich um eine Verwechslung mit der tatsächlichen Jahreszahl, *1758*, handelt. HATIN (S. 46) gibt außerdem einen Vorgänger an: « ce *nouveau Magasin avait été précédé d'un Magasin qui avait vécu six mois mais qui avait reçu, paraît-il, un accueil assez froid* [...] » – bestätigt durch P. Clancy: « Mme de Beaumont fait mention d'un *Magasin français* qui aurait paru vers juillet 1749 et auquel on a fait un ‹ froid accueil ›». Unverständlich hingegen ist die folgende Anzeige im *Journal Helvétique* vom September 1753, S. 301: « GENÈVE. On trouve chez le Sr. *Antoine Philibert*, Libraire au Perron, *Le Magazin François de Londres*, Année 1740. complette.; et il pourra fournir dans peu les deux Années suivantes. Le prix est de 16. sols, Argent de France chaque Mois, pour ceux qui souhaiteront d'acquérir ce Journal en entier, & 20. sols, pour ceux qui n'en prendront que des Parties séparées ». Woher diese sonst nirgends vermerkten Jahrgänge 1740–1742? Handelt es sich um ein ähnliches, rivalisieredes Blatt, eventuell um das von F. Moureau besprochene *Nouveau Magasin de Londres*?

207 *Bibliothèque Impartiale*, 18 Bde., 1750–1758, Leiden: Elie Luzac Fils, ab Jan. 1754 Göttingen & Leiden (HATIN, S. 46, ohne Angaben zu Herausgeber und Verleger). Formey gab diese zweimonatlich erscheinende Zeitschrift in Zusammenarbeit mit dem holländischen Verleger Elie Luzac heraus, zog sich aber 1754 zurück. Jacques Marx (« Une liaison dangereuse au 18ᵉ siècle: Voltaire et Jean-Henri Samuel Formey », in: *Neophilologus*, 53. Bd., 1969, S. 138–146) sieht die Ursache in Schwierigkeiten, die Voltaire Formey in dessen Eigenschaft als Herausgeber der *Bibliothèque Impartiale* während des Berliner Akademiestreites bereitete. Voltaire habe einen polemischen Brief nach dem anderen eingesandt; Formey habe sich quasi zur Publikation genötigt gesehen, um dem Anspruch der Zeitschrift als einer unparteiischen zu genügen. – Einem Brief Luzacs an Formey vom 27. Juli 1750 ist zu entnehmen, daß Maty die Berichte über englische Literatur in der *Bibliothèque Impartiale* verfaßte (zitiert nach John NICHOLS, *Literary Anecdotes of the 18ᵗʰ Century,* London 1812. Siehe vor allem Jacques Marx, « La Bibliothèque Impartiale: Etude de contenu (janvier 1750-juin 1754) », in: Marianne Couperus (Hg.), *L'étude des périodiques anciens. Colloque d'Utrecht*, Editions A.-G. Nizet, 3bis, place de la Sorbonne, Paris.

vom König von Preußen eingesetzten und protegierten Akademiepräsidenten Stellung genommen hatte. Davon wird sogar sein Mitredaktor und Mitherausgeber der *Bibliothèque Impartiale*, der sonst nicht scheue Verleger, Kritiker Rousseaus und La Mettries, Kommentator Montesquieus und künftiger Herausgeber des anonymen *Essai de Psychologie*, nämlich der holländische Naturrechtler, Philosoph und Verleger Elie Luzac (1723–1796)[208] überzeugt gewesen sein. Oder wie sonst wäre zu erklären, daß die *Bibliothèque Impartiale* 1752/53 Thourneysers in Deutschland enthusiastisch als leibniz-wolffianisch begrüßte *Neue Untersuchung* totschwieg, obwohl Formey wie Luzac als überzeugte Verfechter der Leibniz-Wolff-Schule galten? Allerdings gehörte auch Maty zu den Mitarbeitern dieser Halbjahresschrift. Er war verantwortlich für die Rubrik literarischer Neuerscheinungen aus England, wie einem Brief des Verlegers Elie Luzac an Formey vom 27. Juli 1750 zu entnehmen ist. Maty war jedoch überzeugter Anhänger Maupertuis', sogar von dessen von Voltaire belächelten „Patagonischen Riesen".[209]

Der Berliner Akademiestreit beeinflußte auch die Presse im preußischen Neuchâtel: keine Rezensionen von Thourneysers Abhandlung ist im Neuenburger *Journal Helvétique*[210] zu finden. Einer der Mitarbeiter dieser literarischen Monatsschrift war der mit Haller und Bonnet befreundete Lausanner Gabriel Seigneux de Correvon (1695–1775), der auch Beiträge für die *Nouvelle Bibliothèque Germanique*, die *Bibliothèque raisonnée des Savans de l'Europe*, die *Gazette Littéraire et Universelle de l'Europe* und die *Cinq Années littéraires* verfaßte.[211] Keine dieser

---

208 P. Valkhoff würdigt Elie Luzac in: *Neophilologus* Bd. IV (1919), S. 10–21, S. 106–113. Als Verfasser der *Recherches sur quelques principes des connaissances humaines* (1756) kündige Luzac mit seiner darin entwickelten Doktrin der Noumena Kant an. – Bei FLECKENSTEIN (1957, S. xxvii) findet sich der wichtige, C. Kaulfuss-Diesch („Maupertuisiana", in: *Zentralblatt für Bibliothekswesen* 39 (1922), S. 525–546) entlehnte Hinweis, daß Kœnigs Verteidigungsschrift *Appel au Public* 1752 bei Elie Luzac in Leiden erschienen war. FLECKENSTEIN vermutet, Euler habe Kœnig diese Verlegerwahl nicht verziehen, da allgemein bekannt war, daß Luzacs „Verlag revolutionärer Literatur von englischen Stellen mitfinanziert wurde" (Elie Luzac hatte ab Januar 1754 eine Niederlassung in Göttingen, das unter den Hannoveranern zu England gehörte). Euler habe die Leibniz-Wolffsche Philosophie als „Freigeisterei" empfunden und alles daran gesetzt, ihren hervorragendsten Vertreter, Samuel Kœnig, mit Maupertuis' Unterstützung ins Unrecht zu setzen. Bereits in Petersburg habe er einen ähnlichen Kampf gegen den Kreis um Bilfinger geführt. Noch vehementer allerdings sei Euler gegen Voltaire aufgestanden, den er als Inbegriff der Freigeisterei bekämpfte.

209 J. Nichols, *Literary Anecdotes of the 18th Century*, London 1812.

210 *Journal Helvétique ou Recueil de pièces fugitives de littérature choisie*, Neuchâtel 1733–1782, 154 Bde., in-8 (s. HATIN, S. 569).

211 Siehe Francesca Bianca Crucitti Ullrich, « Correvon, Gabriel Seigneux de (1695–1775) », in: SGARD 1976, S. 105 und Anm. 164.

literarischen Zeitschriften rezensierte Thourneysers *Lettre*, auch nicht das in Den Haag gedruckte *Journal britannique*[212] des Arztes und Boerhaave-Schülers Mathieu Maty, noch die bereits erwähnten *Cinq Années Littéraires*[213] des Genfers Pierre Clément[214]. Auch an diesem Periodikum arbeiteten Maty und Seigneux de Correvon

---

212 *Journal britannique* par Maty, La Haye, 1750–1757 (HATIN, S. 39). Zu dem in Montford 1718 geborenen und 1776 in London gestorbenen Mathieu Maty aus reformiertem Pfarrhaus s. den Artikel von J. Patrick Lee in: SGARD 1976, S. 265–268: 1732 Medizinstudium in Leyden (Schüler Boerhaaves, wie A. Haller); 1740 Dr. med. Dr. philos.; 1751 Mitglied der Royal Society; 1755 korrespondierendes Mitglied der Berliner Akademie, 1760 der holländischen Gesellschaft der Wissenschaften in Haarlem. Eröffnete 1767 in London eine bis 1798 bestehende "Society of Collegiate Physicians". 1774 einstimmig zum Arzt des französischen Spitals in London gewählt. 1763 Hilfsbibliothekar im British Museum, 1772 Hauptbibliothekar. Korrespondenz mit Voltaire (Théodore Besterman, Hg.) 22 June 1750, Maty an Voltaire, den er 1736 auf einer Reise in Leyden kennengelernt hatte (ein Brief). Ab 1753 gehörte Maty zu einer « Société des Gentilshommes », zusammen mit Jortin, Birch, Wetstein, de Missy und Heathcote. Die Mitglieder dieser Gesellschaft trafen sich einmal wöchentlich zu Diskussionen im Kaffehaus. Möglicherweise ist diese literarische Kaffehausgesellschaft gemeint im *Seconde Lettre de Mr. T*** à Mr. S****: « Venez, me dit-il, au Caffé de J*** (= Jortin?) vous y trouverez nos amis H*** (= Heathcote?), M*** (= Missy?), je vais les régaler. Je viens de prendre cet *Appel* chez le Libraire Nourse [...] ». John Jortin (= Jordain) 1689–1770, war Theologiehistoriker, Kritiker und Warburtons Assistent in Lincoln's Inn von 1747–1750; Ralph Heathcote (1721–1795) soll erst ab Juni 1753 in London gewohnt haben (s. *DNB*), das spräche dagegen, daß er 1752 bereits erwähnt worden wäre.

213 *Les Cinq Années Littéraires ou Lettres sur les ouvrages de littérature qui ont paru dans les années 1748–1752* par Pierre Clément, La Haye, 1748–1752, 4 Bde. in-8 (HATIN, S. 44). Reprint Slatkine, Genève 1967, 1 Bd. In *Biographie Universelle*, Art. CLEMENT, sind außerdem folgende Auflagen erwähnt: La Haye 1754, 2 Bde. in-12; Berlin, 1755, 4 Bde. in-8 (Besprechung in: *Journal Britannique* von Maty, May/Juin 1755, Tome 17, S. 211).

214 Der in Genf geborene Turrettini-Schüler Pierre Clément (1707–1767), Sohn des aus Paris eingewanderten Jean Clément (gest. 1750), wurde nach Studienabschluß am 12. Mai 1732 als reformierter Pfarrer ordiniert, verzichtete aber am 28. 9. 1740 schriftlich auf die Amtsausübung, unter dem Druck der Genfer Compagnie des Pasteurs, die seine literarische Karriere mißbilligte; Clément hatte während eines längeren Aufenthaltes in Paris sein offenbar zu knapp bemessenes Gehalt als Hauslehrer des jungen Grafen James Waldegrave (1715–1763) erfolgreich durch Verfassen verschiedener Theaterstücke aufzubessern versucht. – 1751/52 wohnte er nachweislich in London (c/o Alexandre Jamison, Schneider, in Pall-Mall, bei King's Arms), 1753–1755 in Den Haag (c/o Parlement d'Angleterre); 1755 erkrankte er unheilbar und verbrachte die letzten zwölf Lebensjahre bei seinem Bruder Jean-Louis in Charenton bei Paris. – Möglicherweise ist Pierre Clément der Adressat der Thourneyserschen Abhandlung, die den Untertitel « Lettre de Mr. N. E. écrite de la Campagne à Mr. C. P. à Londres » trägt. Die einzelnen Majuskeln wären dann als Inversion der Abkürzung von Verfasser- und Empfängernamen zu lesen, womit auch N. E. sinnvoll würde, anstelle des üblichen N. N.: E = Etienne. – Zu Pierre Clément s. MONTET, *Biographie Universelle (= BU)*, Bd. 8, S. 406–407, und den ausführlichen Artikel von Jean-Daniel Candaux in SGARD 1976, S. 95–98.

mit. Es mag gewiß befremden, daß unter zwei in London zu gleicher Zeit[215] tätigen
Genfer Journalisten – Clément und Thourneyser – geschult an der gleichen Akademie und von den gleichen Professoren[216] – der eine das in London und noch dazu
in einer literarischen Zeitschrift erschienene Erstlingswerk des anderen übersehen
haben soll, einschließlich dem Genfer Separatdruck von 1751. Offenbar stand aber
auch Clément, der längere Zeit in Paris als Verfasser von Theaterstücken und als
Literaturkritiker gewirkt hatte, ehe er nach London ging, in der geistigen Linie
der französischen *philosophes*: der *Choix Littéraire* enthält auffallend viele Rezensionen von Werken Voltaires und Diderots. 1754 – ein Jahr nach Beendigung des
Berliner Akademiestreits – sind unter anderen Maupertuis, Maty, d'Alembert,
Clairaut, Baron von Holbach und La Beaumelle als Subskribenten dieser Zeitschrift aufgeführt (ich denke, die erschien nur bis 1752). Damit darf in bewußter
Vereinfachung festgestellt werden, daß diese literarischen Zeitschriften zu diesem
Zeitpunkt den Graben zwischen Lumières und Aufklärung widerspiegeln, der
auch ein philosophischer, nicht nur ein theologischer war: französischerseits ein
zunehmend, wenn auch nicht ohne innere Widerstände mit englischem Empiris-
mus und der Philosophie Newtons angereicherter Cartesianismus; deutscherseits
ein durch den französischen Akademiepräsidenten Maupertuis abgelehnter und
in die Verteidigung gedrängter Leibniz-Wolffianismus. Daß Formeys Stellung an
der Berliner Akademie als Leibniz-Wolffianer und Vertreter der protestantischen
Aufklärung nicht leicht war, ist bekannt.[217] Zweimal lehnte er 1751, auf der Höhe
des Akademiestreits, Friedrichs II. Einladung zu einem persönlichen Empfang
ab.[218] Warum Thourneysers *Lettre* von der französischsprachigen Presse nicht
beachtet wurde, hängt zum Teil sicher mit seiner Einordnung als Leibniz-Wolffianer zusammen und dem für die Anhänger dieser Philosophie ungünstigen Verlauf
des Berliner Akademiestreits, dessen Fragwürdigkeit noch Mendelssohns und Lessings 1755 « hors concours » publizierte Antwort auf die Preisfrage der Berliner
Akademie von 1754 untergründig mitbestimmte.[219]

215 Pierre Clément war viel unterwegs. Von 1751 bis 1752 wohnte er aber nachweislich in
     London, bei dem Schneider Alexander Jamison, Pall-Mall, in der Nähe von King's Arms
     (J.-D. Candaux in: SGARD 1976, S. 95–98).
216 Clément studierte von 1722 bis 1731 Theologie und Philosophie unter Jean-Alphonse Tur-
     rettini, bei dem er mit den *Theses theologicae* doktorierte (STELLING-MICHAUD, No. 5402).
217 Siehe M. Fontius: „Der Akademiesekretär und die Schweizer", in: *Schweizer im Berlin des
     18. Jahrhunderts*, hg. v. Martin Fontius und Helmut Holzhey. Berlin 1996, S. 290–295.
218 Werner Krauss: „Ein Akademiesekretär vor 200 Jahren: Samuel Formey", in: *Studien zur
     deutschen und französischen Aufklärung*, Rütten & Loening: Berlin 1963, S. 58.
219 Siehe Altmann, „Die Lessing-Mendelssohnsche Streitschrift ‚Pope ein Metaphysiker!'", in:
     Ders., *Moses Mendelssohn. Frühschriften zur Metaphysik*, Tübingen 1969, S. 184–208.

Möglicherweise enthalten die Genfer *Nouvelles de Litérature, des Arts & Sciences*[220] des Thourneyser-Verlegers Antoine Philibert einen Nachweis auf den *Lettre*. Leider ist keine einzige Nummer dieses Blattes auffindbar, das ab März 1750 alle vierzehn Tage erscheinen sollte.

Die Wende. Thourneysers *Neue Untersuchung* in der deutschsprachigen Presse

Der eigentliche Durchbruch gelang Thourneyser 1752 mit der deutschen Über-setzung seines Werkes durch Johann Daniel Titius: *Neue Untersuchung des Satzes, ob die Gottesleugnung und die verkehrten Sitten aus dem System der Fatalität her-kommen?* (Leipzig, bey Christian Langenheim), spiegelt aber, mehr noch als das Stillschweigen der französischsprachigen Presse, die verschiedenen Positionen der Rezensenten zum Berliner Akademiestreit. Titius, der damals als Privatdozent in Leipzig Mathematik lehrte, widmete die Übersetzung zwei renommierten Leip-ziger Gelehrten: dem Philosophen, Biographen und langjährigen Alleinredaktor der deutschen *Acta Eruditorum*,[221] Christian Gottlieb Jöcher (1694–1758), und dem Mathematiker und Epigrammatiker Abraham Gotthelf Kästner (1719–1800), zu dessen Schülern Lessing und Mylius zählten.[222] Auch Kästner hatte sich in der Leibniznachfolge mit dem Problem einer gottgewollt besten Welt und dem Stellenwert menschlicher Entscheidungsfreiheit auseinandergesetzt. Seine gegen den Herausgeber der *Hamburgischen Nachrichten aus dem Reiche der Gelehrsamkeit* und Canonicus minor der Domkirche in Hamburg, Christian Ziegra (1719–1778),

220 Diese Zeitschrift wird im *Journal Helvétique* vom April 1750, S. 398–399, angekündigt und soll in allen größeren Städten, vor allem bei Haller und Gaudard in Bern sowie in Neu-châtel in der Druckerei des *Journal Helvétique* erhältlich sein. Heute scheint sie unauffind-bar. In der *Bibliographie de la Presse Classique (1600–1789)*, hg. v. Jean Sgard, Ed. Slatkine, Genève 1984, wird als Standort die Zentralbibliothek Zürich angegeben; leider entspricht das nicht den Tatsachen, wie eine Rückfrage in Zürich ergab.

221 Jöcher redigierte die *Acta Eruditorum* von 1720–1739. – 1750/51 erschien nach über fünf-zehnjähriger Arbeit Jöchers *Allgemeines Gelehrten Lexikon*, zu früh für Angaben zu Thour-neyser, dessen Abhandlung erst 1752 ins Deutsche übersetzt wurde.

222 Alexander Altmann bezeugt Kästners pädagogische und wissenschaftliche Fähigkeiten folgendermaßen: "Philosophie had not been Lessing's *métier*, it seems, though the only course of lectures he attended regularly as a student in Leipzig was a philosophical *disputa-torium* conducted by Abraham Gotthelf Kästner. This teacher, who was at home in mathe-matics, the natural sciences and philosophy, and who was also gifted as a poet, had instilled a love of philosophy into Lessing. The discussions with Moses Mendelssohn revived this old love" (Altmann, *Biography*, S. 37).

gerichtetes „Schreiben über die beste Welt, und die Natur der Freyheit" war im Dezember 1744 in Schwabes *Belustigungen des Verstandes und des Witzes* in Leipzig erschienen. Es war also naheliegend, ihm eine Schrift zu widmen, die seiner eigenen in wesentlichen Punkten nahestand. Außerdem war Kästner als Rezensent und Mitarbeiter an verschiedenen literarischen Zeitschriften bekannt, unter anderen an Hallers Göttinger Gelehrtenzeitungen.[223] Damit lag theoretisch die *Neue Untersuchung* in besten Händen. Kästner, wie auch Jöcher galten als erklärte Wolffianer; als Leibniz-Wolffianer wurde Thourneyser rezipiert, wie aus dem Vorbericht des Übersetzers ersichtlich ist.[224] Übersah Titius, daß er hier einen Autor vor sich hatte, dem nicht nur die Leibniz-Wolffsche, sondern auch die Newtonsche Mathematik geläufig war? Thourneyser, dieser in London tätige Genfer, Cramer- und Bernoullischüler, vielleicht sogar Mitarbeiter des Newtonverteidigers Nicolas Fatio,[225] stand in dieser Hinsicht näher bei Kästner als bei Jöcher. Wie Kästner und Titius war Thourneyser Mathematiker, Logiker, Philosoph und Jurist; Jöcher hingegen hatte sich vorwiegend mit medizinischen, theologischen und

---

223 *Göttingische Zeitungen von gelehrten Sachen* (1739–1752). Nach Hallers Rückkehr in die Schweiz erschien das Publikationsorgan der Göttinger Akademie unter der Leitung von Michaelis mit folgendem Titel: *Göttingische Anzeigen von Gelehrten Sachen, unter der Aufsicht der Königl. Gesellschaft der Wissenschaften,* Göttingen: Hager (später Dieterich), 1753–1801, zitiert: *GGS.* Zu späteren Titeln s. KIRCHNER, Nr. 187). Dazu ein *Allgemeines Register von 1753–1782,* (Hg. Friedrich Ekkard), 2 Bde. (Göttingen: Joh. Christian Dieterich; Oscar Fambach (Hg.), *Die Mitarbeiter der Göttingischen Gelehrten Anzeigen 1769–1836.* Nach dem mit den Beischriften des Jeremias David Reuss versehenen Exemplar der UB Tübingen bearbeitet und herausgegeben, Tübingen: Universitätsbibliothek 1976.) – Haller war seit 1747 Herausgeber der Göttinger Gelehrtenzeitungen (MEUSEL, Art. „Haller"). 1751 wurde er zum ständigen Präsidenten der Königlichen Gesellschaft der Wissenschaften in Göttingen gewählt. Er blieb es auch nach seiner Rückkehr (am 15. März 1753) in die Schweiz und lieferte weiterhin Nachrichten und Rezensionen (s. Johann David Michaelis' Vorrede zum 1. Band 1753 und Zimmermann, *Leben Hallers,* 1755, S.288). Nach MEUSEL gibt es 11 000–12 000 Rezensionen aus Hallers Hand in den verschiedenen Nummern der Göttingischen Gelehrten Anzeigen.

224 „Ich kann aber nicht leugnen, daß mich noch eine besondere Ursache zur Verdeutschung [...] aufgefordert. Wie der Titel verspricht, so tritt die französische Monatschrift zu London ans Licht, einem Orte, wo vom Oberparlamente an, bis auf den geringsten Pfarrer, alles neutonisch ist. Und wider alles Vermuthen zeigt sich hier dieser Entwurf einer natürlichen Gottesgelahrtheit, der auf die Gründe der leibnitzisch-wolfischen Philosophie aufgeführet worden. Man sehe die Begriffe vom möglichen und unmöglichen, von der Welt, von der Freyheit, die Beweise von dem Daseyn Gottes, von seinen Eigenschaften und seiner Regierung in der Welt, von der Zufälligkeit des Weltgebäudes, u.s.w. alles ist wolfisch, und es finden sich sehr wenige Abweichungen von den Sätzen dieses großen Mannes" (*Neue Untersuchung,* Vorbericht des Uebersetzers, S.8 f.).

225 Siehe Anm.48.

philosophischen Studien befaßt. Wollte Titius Thourneyser durch den wiederholten Hinweis auf seine Leibniz-Wolff-Nachfolge von Voltaire und Maupertuis absetzen, die zusammen mit der Marquise du Châtelet[226] in den Dreißigerjahren[227] die Newtonsche Mathematik in Paris eingeführt hatten? Die Vermutung liegt nahe, daß Thourneyser als Freund und Verteidiger Samuel Kœnigs, dessen Beziehungen zu Voltaire und Maupertuis bekannt gewesen sein dürften, aus dieser durch den Akademiestreit konfliktgeladenen Nachbarschaft herausgenommen und in eine andere Tradition gestellt werden sollte. Der ausdrückliche, wenn auch irrige Hinweis im Übersetzervorwort, daß Thourneyser vermutlich ein Deutscher sei, da es bekanntlich Buchhändler dieses Namens in Deutschland gebe, verstärkt den Eindruck eines „Rettungsversuchs", sofern dieser begeisterten Aneignung nicht einfach ein bekanntes, rezeptionspsychologisches Phänomen zugrundeliegt: im Erstling eines noch unbekannten Autors Vertrautes zustimmend zu begrüßen und ihn dadurch einzugemeinden in die deutsche Leibnizanhängerschaft, bei

---

226 Die Philosophin und Mathematikerin Gabrielle Emilie Le Tonnelier de Breteuil, Marquise du Châtelet-Lomont (1706–1749) gewährte Voltaire ab Mai 1734 Schutz im Schloß ihrer Familie in Cirey (Champagne), um ihn vor den Polemiken zu retten, die er mit der Veröffentlichung seiner *Lettres Philosophiques* (1734) und der darin vertretenen Parteinahme für die in Frankreich bis dahin noch weitgehend unbekannte empiristische Psychologie Lockes entfachte. Der mehrjährige Aufenthalt in Cirey schaffte die Voraussetzungen für eine fruchtbare, wissenschaftliche Zusammenarbeit, die erst mit dem Tod der Marquise, am 10. Sept. 1749, jäh zu Ende ging. Während dieser Zeit übersetzte Mme du Châtelet Newton und Mandevilles vieldiskutierte *Fable of the Bees*; dank ihren ausgezeichneten Mathematik- und Englischkenntnissen – sie war eine begabte Schülerin Maupertuis', Clairauts, Algarottis und des Leibniz-Wolffianers Samuel Kœnig – konnte Voltaire 1738 unter seinem Namen die *Eléments de la Philosophie de Newton* herausgeben. Ihre eigenen, mit algebraischen Kommentaren versehenen *Principes mathématiques de Newton* konnte sie erst kurz vor ihrem plötzlichen Tod (durch Kindbettfieber) fertigstellen; sie erschienen posthum, 1759, versehen mit einer schönen Würdigung durch Voltaire: « Eloge historique de Mme du Châtelet ». – 1740 verfaßte die Marquise du Châtelet für ihren Sohn die *Institutions de Physique*, die ihre kritische Auseinandersetzung mit der von Samuel Kœnig gelehrten Leibniz-Wolffschen Mathematik enthalten. Der Mathematikunterricht des Berner Bernoullischülers hatte die Marquise du Châtelet zu einer überzeugten Verfechterin der forces vives gemacht; es ist sozusagen durch „helvetische-" und Frauenvermittlung, daß Leibniz und seine Theorien Diskussionsthema an der Pariser Akademie der Wissenschaften wurden: in einer Debatte zwischen Mme du Châtelet und dem Akademiesekretär d'Ortous de Mairan. – Biographisch-bibliographische Angaben zu dieser Wissenschaftlerin („Newton-Übersetzerin, Leibniz-Schülerin, Mathematikerin, Philosophin, Philologin": Pia Jauch 1992): H. Frémont, in: *Dictionnaire de Biographie Française*, Bd. 11 (1965), S. 1191–1197; wissenschaftliche Würdigung von René Taton, in: *DSB* III (1971), S. 215–217.

227 Voltaires *Eléments de la Philosophie de Newton* waren dank der wissenschaftlichen Mitarbeit und Übersetzerinnentätigkeit der Marquise du Châtelet 1738 erschienen.

gleichzeitiger Außerachtlassung der Differenzen. Ganz außer Frage steht in jedem Fall, daß Thourneysers erste wissenschaftliche Veröffentlichung aufhorchen ließ, was der Übersetzer, und anschließend Lessing, in die Worte faßten: „Seine Stärke in der Weltweisheit und Größenlehre ist nicht geringe, und sie äußert sich in dieser Abhandlung besonders."[228]

Kästners und Hallers Reaktionen: Thourneyser im *Hamburgischen Magazin* und in den *Göttingischen Gelehrtenanzeigen*, *Critische Nachrichten aus dem Reiche der Gelehrsamkeit* u. a.

Seltsam mutet es bei solchen Prämissen an, daß Kästner, dem die *Neue Untersuchung* gewidmet ist, von diesem literarischen Patenkind keine Notiz zu nehmen schien, daß weder in den *Göttingische[n] Zeitungen von gelehrten Sachen*, noch im *Hamburgische[n] Magazin*,[229] das er in eigener Regie herausgab, eine Würdigung der *Neuen Untersuchung* zu finden ist. Ganz offensichtlich sind die Gründe für dieses Schweigen in der Auseinandersetzung zwischen Maupertuis und Samuel Kœnig an der Berliner Akademie um das Urheberrecht des Prinzips der kleinsten Aktion zu suchen, die um diese Zeit ihren öffentlichen Höhepunkt erreichte und sich zunehmend als Streit um den bündigsten Gottesbeweis profilierte. Die Spuren davon lassen sich überall feststellen: bereits in den Übersetzeranmerkungen zur *Neuen Untersuchung*, wie auch in den verschiedenen Rezensionen des *Essai de Philosophie Morale*, in denen Maupertuis' Autorschaft bezweifelt wurde, bis hin zur Rezension von Voltaires Streitschrift *Diatribe du Dr. Akakia*.[230] Kästner,

---

228 *Neue Untersuchung*, Vorbericht des Uebersetzers, S. 4. Lessing übernimmt dieses Urteil fast wörtlich in seiner Rezension in der *Berlinischen Privilegirten Zeitung* (in: *Lessing. Schriften*. Bd. 5, Lachmann/Muncker, S. 161). Größenlehre war der bis ins 19. Jh. gebräuchliche Ausdruck für die Mathematik der Newton-Leibniz-Wolf-Schule (Grimm, *Deutsches Wörterbuch*).

229 *Hamburgisches Magazin oder gesammlete Schriften zum Unterricht und Vergnügen aus der Naturforschung und den angenehmen Wissenschaften überhaupt*. Bd. 1–26 und Universalregister (Hamburg: Grund; Leipzig: Adam Heinr. Hollens Wittwe, 1747–1767). Das Universalregister verzeichnet auffallend wenig Rezensionen von Hallers naturwissenschaftlichen und poetischen Schriften.

230 *Diatribe du Docteur Akakia, Medecin du Pape. Decret de L'Inquisition et Rapport des Professeurs de Rome, au sujet d'un prétendu Président*. Rome (recte: Leipzig) 1753. In: *Maupertuisiana*. – Voltaire, *Histoire du Docteur Akakia et du Natif de St-Malo*. Edition critique avec une introduction et un commentaire par Jacques Tuffet. Ouvrage publié avec le concours de la Recherche Scientifique. Librairie A. G. Nizet, Paris 1967.

vor allem aber Haller als Präsident der Göttinger Sozietät der Wissenschaften und verantwortlicher Redakteur des akademischen Publikationsorgans *Göttingische Zeitungen von gelehrten Sachen*, fanden sich gegenüber dem Präsidenten der Berliner Akademie, Maupertuis, in einer schwierigen Lage. Als Auswärtige Mitglieder waren sie der Berliner Akademie verpflichtet,[231] hatten also gewisse Rücksichten zu nehmen und Vorsicht walten zu lassen in einer Zeit der öffentlichen Auseinandersetzungen, die nicht nur Maupertuis betrafen, sondern notgedrungen alle Akademiemitglieder, in besonderem Maße aber die „ordentlichen", d.h. ständig anwesenden. Zu ihnen gehörte vor allem der in Winterthur geborene Mathematiker und Ästhetiker Johann Georg Sulzer (1720–1779), vermutlicher Adressat des ersten der beiden Thourneyserschen Briefe aus dem *Nouveau Magasin François* vom August 1752, der seit 1750 in Zusammenarbeit mit Karl Wilhelm Ramler (1725–1798), Christlob Mylius (1722–1754) und Lessing die Berliner Gelehrtenzeitung *Critische Nachrichten aus dem Reiche der Gelehrsamkeit*[232] herausgab. Dieses Blatt stellte nach drei Nummern, nämlich 1752, sein Erscheinen ein, genau wie das Londoner *Nouveau Magasin François*, an dem Thournyser mitarbeitete. Ein Zufall?

Für Haller jedenfalls ein weiterer Grund zur Vorsicht. Er kannte Sulzer spätestens seit dem Spätsommer 1750 persönlich; Sulzer hatte bei ihm in Göttingen auf der Rückreise von Zürich haltgemacht. Bei Haller hatte Sulzer Hallers Landsmann Samuel Kœnig getroffen, der 1744 im Zusammenhang mit der Henzi-Affaire bei der Berner Regierung in Ungnade gefallen und nach Holland ausgewandert war, wo er seitdem dank Hallers Empfehlung an den Prinzen von Oranien amtierte, zuerst als Professor der Philosophie, dann auch der Mathematik in Franeker (Friesland), seit 1748 als Hofrat und Bibliothekar des Erbstatthalters; 1949 als Professor für Philosophie und Naturrecht an der Kriegsakademie in Den Haag. Auch Kœnig befand sich damals auf dem Weg nach Berlin, zu Maupertuis.[233] Offenbar

---

231 Haller wurde 1749, Kästner 1750 zum Auswärtigen Mitglied der Berliner Académie Royale Prusse des Sciences et Belles Lettres gewählt (HARNACK I.1, S. 474). Friedrichs II. Zustimmung war Voraussetzung für die Wahl.

232 *Critische Nachrichten aus dem Reich der Gelehrsamkeit*, hg. v. Joh. Georg Sulzer, Karl Wilhelm Ramler u. a., Berlin: Haude & Spener, 1750–1752. [KIRCHNER Nr. 172]. Über die Mitarbeiter dieser Zeitschrift s. Ernst Consentius: „Lessing und die Vossische Zeitung" (1902), S. 39, S. 65 ff. Mylius' redaktionelle Mitarbeit ist bezeugt durch einen Brief an Albrecht Haller, vom 30. Jan. 1751 (hg. v. Ernst Consentius, „Briefe eines Berliner Journalisten", in: *Euphorion* 10 (1903), S. 530). Zu Lessings und Mylius' Mitarbeit an den *Critischen Nachrichten* s. auch Erich Schmidt, *Lessing. Geschichte seines Lebens und seiner Schriften* (Berlin: Weidmann, 1899), Bd. I, S. 185. – Jahrgang 1752 der *Critischen Nachrichten* enthält vermutlich eine Rezension von Thourneysers *Neuer Untersuchung*. Mir war leider nur der Jahrgang 1750 aus dem Besitz der ZB Zürich zugänglich.

233 Sulzers *Lebensbeschreibung*, S. 27 und 30.

wollte Kœnig sein weiteres Vorgehen in Berlin mit Haller besprechen (war das sein berühmter persönlicher Besuch bei Maupertuis, dem er das Leibnizbrieffragment überbrachte?).

Hielt sich Haller nun Sulzer zuliebe oder aus journalistischer Vorsicht zurück? Tatsache ist, daß in den *Göttingischen Anzeigen für gelehrte Sachen*, so lange Haller in Göttingen war und für die redaktionelle Leitung des Akademieorgans verantwortlich, einzig die Mitteilung erschien, daß die Berliner Akademie Prof. Kœnigs Leibnizbrieffragment für nicht echt befunden habe und man nun abwarten müsse, was Herr Kœnig darauf antworte.[234] Erst nach Hallers Rückkehr nach Bern,[235] mit dem 1. Band des Jahrgangs 1753 der *Göttingischen Anzeigen*, beginnt die vollständige, immer noch vorsichtige, „jede Parteinahme vermeidende" Darstellung der verschiedenen Publikationen in Sachen Berliner Akademiestreit.

> Wir haben vielerley Ursachen uns doppelt in acht zu nehmen, bey der Geschichte dieses noch immer zwischen den Hrn. v. Maupertuis und Kœnig fortdauernden Streites eine völlige Unpartheylichkeit zu beobachten, da wir mit der Berlinischen Academie, und der Hr. Kœnig mit unserer K. Societät in freundschaftlichen Verbindungen stehen.[236]

Möglicherweise liegt hier der eigentliche Grund für Hallers überraschende Rückkehr in die Schweiz – zu einer ungleich bescheideneren Stellung, als sie ihm in Göttingen, und sogar in Berlin geboten wurde.

Möglich wäre auch, daß Kästner als Rezensent der verschiedenen Schriften zum Berliner Akademiestreit anzusehen ist.[237] Dafür spricht, daß er dem jungen Journalisten, Literaten und Naturforscher Christlob Mylius[238] besonders zugeneigt

---

Samuel Kœnigs *Appel au Public* war 1752 bei Luzac in Leiden erschienen. Zweite, durch das *Jugement de l'Académie* erweiterte Auflage 1753.

235 Am 29. Mai 1753 legte Albrecht von Haller seine Ämter als Professor der Medizin, Anatomie und Botanik in Göttingen nieder. König Georg II. bezeugte: „...dass Wir von seinen, uns an die siebzehn Jahre mit besonderer Geschicklichkeit und unermüdetem Fleiße geleisteten Diensten, vollkommen gnädigst zu frieden seynd, und ihm mit königlichen Hulden und Gnaden beygethan verbleiben." (Ausstellungskatalog 1977 der Burgerbibliothek Bern: *Albrecht von Haller 1708–1777*, S. 13).

236 Anzeige von Kœnigs *Appel au Public*, 2. Aufl. 1753, in: *GGS*, Bd. 1, 1753, S. 12 ff. (zitiert nach Kaulfuss-Diesch, *Maupertuisiana*, S. 527).

237 Leider fehlt ein Verzeichnis der Mitarbeiter der *GGS* für die Zeit *vor* 1769.

238 Der Pfarrerssohn Christlob Mylius wurde am 11. Nov. 1722 in Reichenbach (Oberlausitz) geboren. Studierte in Leipzig Mathematik und Naturgeschichte (cand. med.), ging 1748 nach Berlin zur Beobachtung einer Sonnenfinsternis, wurde Mitarbeiter an der *Vossischen Zeitung*, zu der er seinen Verwandten Gotthold Ephraim Lessing nachzog; ebenso

war, der sämtliche Schriften dieser Polemik bereits 1752 ins Deutsche übersetzte. Dagegen spräche allerdings, daß nicht diese Übersetzungen, sondern die französischen Originale rezensiert wurden. Denkbar ist auch, daß diese Rezensionen zwar schon 1752 fertig vorlagen, von Haller aber zurückgehalten wurden, bis bekannt war, daß er Göttingen verlassen werde. Es ist im Grunde unwichtig, wer die Beiträge verfaßte, bemerkenswert ist jedoch die Tatsache der zeitlichen Verschiebung. Vermutlich war zu diesem Zeitpunkt durchgesickert, was sich tatsächlich an der Berliner Akademie abspielte und wie alles darauf hinauszulaufen schien, Samuel Kœnig beruflich zu vernichten. Sulzer hatte sich in privaten, vor allem Schweizer Kreisen, bereits ärgerlich dagegen gewehrt, zu den Akademiemitgliedern gezählt zu werden, die angeblich unisono den Exilberner Samuel Kœnig verurteilt hätten.[239] Dieser Protest sollte ihn buchstäblich teuer zu stehen kommen: so lange Maupertuis lebte, wurden Sulzer die Pensionsgelder vorenthalten, die ihm als ordentlichem

---

am *Hamburgischen Magazin*, an den von Sulzer und Ramler herausgegebenen *Critischen Nachrichten* (Berlin: Haude & Spener, 1750–1752), den *Physikalischen Belustigungen*, Berlin: Christian Friedrich Voß (in Zusammenarbeit mit Abraham Gotthelf Kästner). Das 23. Stück (1754), S. 923–934 enthält Kästners Nachruf: „Lebensbeschreibung Herrn Christlob Mylius". Reprint in: *Sammlung einiger ausgesuchten Stücke der Gesellschaft der freyen Künste zu Leipzig*, Bd. 2, (Leipzig 1755), S. 496 ff., und in: A. G. Kästner, *Gesammelte poetische und prosaische schönwissenschaftliche Werke* (1841; Reprint: Athenäum: Frankfurt/M. 1971. Schon während seiner Leipziger Zeit hatte er zwei Wochenschriften herausgegeben: den *Freygeist* und den *Naturforscher*. – Seit 1751 plante er auf Sulzers Vorschlag eine Reise nach Surinam, deren Organisation und Finanzierung Albrecht Haller zu übernehmen bereit war. Die Abfahrt verzögerte sich aus nicht geklärten Gründen; viele Gelehrte, die 1751 das Unternehmen lebhaft begrüßten und ihre Unterstützung zusicherten, zogen sich offenbar 1752 zurück. (Mylius/Kästner in: *Physikalische Belustigungen*, 23. Stück, 1754, S. 923–934). Es ist nicht ausgeschlossen, daß jene Gelehrten sich im Berliner Akademiestreit von dem engagierten Übersetzer der gegen Maupertuis gerichteten Verteidigungsschriften Kœnigs, Thourneysers und Voltaires vorsichtig distanzierten. – Mylius starb vier Monate nach seinem Aufbruch, in London, „in der Nacht zwischen dem 6. und 7. März [1754], nach vierwöchigem Krankenlager, an einer Peripneumonie", wie es bei Kästner heißt (*Werke*, 1971, S. 160). Mylius scheint seinen Tod vorausgeahnt zu haben, siehe sein Gedicht „Abschied aus Europa. Im Februar 1753", in: *Physikalische Belustigungen*, 20. Stück, und Kästners Antwort „Dem Andenken Christlob Mylius', Korrespondenten der Kön. Ges. der Wissensch. zu Göttingen gewidmet", in: *Werke*, I (1971), S. 63–65.

239 Sulzer an Martin Künzli, „Martinstag" (11. Nov. 1752) (Hirzel 1891, S. 55). Siehe auch Sulzers Briefe an Bodmer in: *Briefe deutscher Gelehrter*, hg. v. Wilh. Körte, Bd. I, Zürich 1804, S. 187, 196 f. – Angaben nach Altmann, *Frühschriften*, S. 188. Siehe auch das von Altmann S. 186, Anm. 9 zitierte Postskriptum des Briefes von Wieland an Zimmermann bei Hirzel S. 114, Anm. 4: „Die besonderen Umstände von dem letzten jugement de l'académie müssen unter uns bleiben, ne quid amicus noster S[ulzer] detrimenti capiat."

Akademiemitglied zustanden.[240] Die Göttinger Gelehrtenzeitungen berichten über Sulzers Einspruch – unter Geheimhaltung seines Namens, der ohnehin Eingeweihten bekannt gewesen sein dürfte – in der Rezension des *Extrait d'une lettre d'un Académicien de Berlin à un Membre de la Société Royale de Londres* [Leiden: Luzac Jr.] vom 8. März 1753: „ein Academiste (dessen Nahme uns bekannt ist), habe gar offenbar dem Urtheile widersprochen".[241]

Samuel Kœnig hatte sich inzwischen mit seiner Gegendarstellung, dem *Appel au Public*,[242] an die Öffentlichkeit gewandt. Das war auch der Moment, wo Voltaire aufhorchte und erneut zum Streiter für einen zu Unrecht Beschuldigten wurde, in diesem Fall für Samuel Kœnig, den er schon einmal diplomatisch mit der Marquise du Châtelet zu versöhnen versucht hatte nach einer Kompetenzüberschreitung im Schloß zu Cirey, wo er mit Kœnig, der auf Maupertuis' Empfehlung der Marquise du Châtelet Unterricht in Gröszenlehre, d. h. Leibniz-Wolffscher Mathematik erteilte, im Jahr 1739 mehrere Monate lang gewohnt und gearbeitet hatte. Dieses gemeinsam mit dem Berner Mathematiker in Cirey verbrachte, an fruchtbaren Diskussionen um die Newtonsche und Leibniz-Wolffianische Mathematik so reiche Jahr, dessen Themen aus Voltaires Briefwechsel mit Johann II Bernoulli ersichtlich sind,[243] erklärt hinreichend, daß Voltaire 1752 seine Feder spitzte[244] und sich zuerst anonym, 1753 jedoch mit großem Eklat,[245] in den Berliner Akademiestreit einmischte – wohl kaum „aus Haß gegen Maupertuis", wie der allgemeine Tenor in der Forschung lautet,[246] sondern vermutlich aus gemischten Gefühlen: Lust an brillanten Polemiken und wirklicher Sympathie für Samuel Kœnig, um nicht zu sagen: aus Gerechtigkeitsgefühl: « J'ai lu, monsieur, votre Appel au public, que

---

240 In Joh. Georg Sulzers posthum von Formey und Merian herausgegebener *Lebensbeschreibung* (S. 27 und 30) heißt es: „Und bei ihm [Haller] auch den berühmten Bibliothekar des Statthalters der vereinigten Provinzen, Herrn König [...], der bald darauf nach Berlin kam, kennengelernt. Durch diese Reise gab er Gelegenheit zu der bald nachher ausgebrochenen ärgerlichen Zänkerei mit dem Präsidenten von Maupertuis, in welche ich einigermaßen verwickelt worden bin, und die vollends den Präsidenten mir gänzlich abgeneigt gemacht hat, so daß ich, so lange er lebte, bey der Akademie keine Pension zu erwarten hatte."

241 *GGS*, 30. Stück, 8. März 1753, S. 278.

242 *Appel au Public, du Jugement de l'Académie de Berlin* (Elie Luzac Jr.: Leiden, 1752).

243 Siehe Bernoulli-Archiv, Basel.

244 Die vom 18. Sept. 1752 datierte « Réponse d'un Académicien de Berlin à un Académicien de Paris » erschien anonym in der Amsterdamer *Bibliothèque raisonnée*, T. 49, 1, pp. 227 f. Zitiert nach Kaulfuss-Diesch, „Maupertuisiana", S. 528.

245 mit der *Diatribe du Docteur Akakia*, siehe Kaulfuss-Diesch, „Maupertuisiana", S. 529–531.

246 Kaulfuss-Diesch, „Maupertuisiana", S. 528. Auch Alexander Altmann übernimmt diese Darstellung in: *Frühschriften*, S. 189.

vous avez eu la bonté de m'envoyer, et je suis revenu sur-le-champ du préjugé que j'avais contre vous. Votre < Appel > m'a ouvert les yeux, ainsi qu'à tout le public ».[247]

In den Göttinger Gelehrtenzeitungen fand sich nur ein einziger, kurzer und lobender Hinweis auf Thourneysers *Lettre,* zu Beginn der Aufzählung einiger Beiträge, die zum Kauf des Periodikums anregen sollten:

Das *Nouveau Magasin François,* dessen wir im vorigen Jahr gedacht haben, ist mit dem ersten Bande geschlossen. Es ist sonst eine wichtige Abhandlung von der sogenannten Fatalität, nebst verschiedenen Auszügen aus des Hrn. Le Cat in Rouen gehaltenen Reden, eine Nachricht aus der Hrn. Noreen und Zinn Probeschriften, eine Uebersezung der Schrift des Hrn. D. Papen (1750. S. 826) von des Hrn. v. Haller Beschreibung der Haut, die den Stern im ungebohrnen Kinde verschließt, von der Art und Weise, wie die unnatürlichen Verhärtungen im menschlichen Körper entstehen, und andre ernsthafte Aufsätze darinn enthalten.[248]

---

247 Voltaire an S. Kœnig, 17. Nov. 1752. Zitiert nach Kaulfuss-Diesch, „Maupertuisiana", S. 528.

248 *GGS,* 19. Stück, Febr. 1751, S. 146–147. Das *NMF* war bereits im 52. Stück, Mai 1750, S. 413–414 vorgestellt worden, ohne Erwähnung der Thourneyserschen Abhandlung, deren letzte Fortsetzung erst in der Augustnummer erschien. Der Ankündigung des *NMF* geht eine Rezension des anonymen *Essai de Philosophie morale, attribué à M. de Maupertuis* voraus (S. 411), worin der Buchtitel als *falsch,* der Name des Buchhändlers („Brackstone") als *erdichtet* erklärt und vom *wahren Verfasser* gesagt wird, daß man über ihn nichts wisse, sich auch aller Mutmaßungen enthalte, eines aber unübersehbar sei: die Vereinigung von *scharfem Witz* und eine *Kenntniss der mathematischen Wissenschaften.* Sollte hier ein versteckter Hinweis auf eine mögliche Autorschaft Thourneysers vorliegen? Albrecht Haller, Herausgeber und Hauptrezensent der *GGS,* korrespondierte mit Thourneyser nachweislich seit 1746; wie genau er über dessen publizistische Pläne orientiert war, geht aus den wenigen überlieferten Briefen nicht hervor. Daß der Genfer an der Redaktion eines umfangreichen philosophischen Beitrags arbeitete, war Haller aber erwiesenermaßen spätestens seit dem 18. Sept. 1750 bekannt (s. Brief Nr. 6). Zwar erschien die Rezension des *Essai de Philosophie Morale* bereits im Mai des gleichen Jahres; dennoch ist es nicht ausgeschlossen, wenn auch vorläufig nicht beweisbar, daß Haller bereits früher Kenntnis von Thourneysers publizistischen Plänen hatte und in ihm den Verfasser des *Essai* vermutete. – Ähnlich wie die *GGS* äußerten sich schon einen Monat früher die von Sulzer und anderen herausgegebenen *Critische[n] Nachrichten aus dem Reiche der Gelehrsamkeit auf das Jahr 1750* (Berlin: Haude & Spener, Königl. & der Akademie der Wissenschaften privilegirter Buchhändler), Nr. X, 6. März 1750, S. 102–104: „Luzac verkauft eine kleine Schrift, die folgenden Titel hat: Essay de Philosophie Morale, attribué à Mr. de Maupertuis. 56 S. in-8. Auf dem Titel stehet London, und bey einer andern Auflage Berlin. Es sey, daß diese Schrift würklich den berühmten Mann zum Verfasser habe, dem sie zugeschrieben wird oder daß sie von einer andern Hand sey, so siehet man gleich, daß der Verfasser ein Weltweiser und ein witziger Kopf ist. Er denkt deutlich, mit Gründlichkeit und drückt sich kurz, witzig und lebhaft aus. Der Inhalt ist so wichtig, daß wir dem Verfasser Fuß für Fuß nachgehen wollen."

Danach wurde Thourneysers Abhandlung von diesem Blatt nicht mehr erwähnt, auch nicht die deutsche Übersetzung von Titius, die Ende August oder Anfang September 1752 erschien – zwei Monate, nachdem Samuel Kœnig auf seine Zugehörigkeit zur Berliner Akademie verzichtet und von den Haag aus sein Diplom empört zurückgesandt hatte.[249]

Haller zog es vor, Göttingen am 15. März 1753 „aus familiären Gründen" überraschend zu verlassen und definitiv nach Bern zurückzukehren, noch bevor Mylius die von der Göttinger Gesellschaft der Wissenschaften unterstützte und durch öffentliche Geldsammlungen finanzierte Reise nach Surinam antrat. Im Licht der bisherigen Ereignisse sieht es sehr danach aus, als sei auch diese Expedition letztlich am Berliner Akademiestreit gescheitert: unerwartet viele Geldgeber von Adel und in angesehener wissenschaftlicher Position, die noch 1751 das von Sulzer vorgeschlagene und von Haller tatkräftig geplante und geleitete Unternehmen lebhaft begrüßt und ihre finanzielle Unterstützung zugesichert hatten, zogen sich offenbar 1752 zurück. Es mochte ihnen unangenehm geworden sein, den im Berliner Akademiestreit engagierten Übersetzer aller französischen Streitschriften gegen Maupertuis finanziell zu unterstützen, und sei es für eine wissenschaftliche Expedition. Auch dieses läßt sich genau aus den Berichten zeitgenössischer wissenschaftlicher Zeitschriften verfolgen, vor allem aus jenen des von Kästner herausgegebenen *Hamburgischen Magazins*, aber auch der *Göttingischen Anzeigen für gelehrte Sachen*. Das tragische frühe Ende des jungen Mylius ist bekannt: er starb in London, vier Monate nach seinem Aufbruch, nach vierwöchigem Krankenlager, in der Nacht vom 6. auf den 7. März 1753 „an einer Peripneumonie".[250] Als er begraben werden sollte, stellte sich heraus, daß der finanzielle Fonds für die Reise nach Surinam erschöpft war; von den gesammelten Geldern blieb nicht einmal genug für seine Bestattung übrig. Verdächtigungen und üble Nachrede blieben nicht aus. Mylius hatte seine Abreise immer wieder lange über den gesetzten Termin hinaus verschoben, mit der Begründung, daß die Gelder für eine wissenschaftliche Expedition dieser Art, in Begleitung von Zeichnern, Kupferstechern und weiteren Forschern, kaum ausreichen konnten. Andere wußten insgeheim Gründe im Zusammenhang mit dem Berliner Akademiestreit. Ob die Guthaben auf einer Frankfurter Bank, auf die Haller die enttäuschten und konsternierten Geldgeber für ihre Rückforderungsansprüche nach Mylius' Tod hinwies, aus einer heimlichen zusätzlichen

---

249 Samuel Kœnigs Verteidigungsschrift *Appel au Public, du Jugement de l'Académie de Berlin* erschien 1752 bei Luzac in Leiden. Gleichzeitig trat Kœnig als Mitglied der Berliner Akademie zurück (Kaulfuss-Diesch, „Maupertuisiana", S. 527).

250 Kästner, *Lebensbeschreibung Herrn Christlob Mylius*, S. 159–160. Kästners Nachruf erschien auch in: *Physikalische Belustigungen*, hg. v. Kästner und Mylius. Berlin: Christian Friedrich Voß, 23. Stück (1754), S. 923–934.

Sammlung kamen oder von Anfang an dort lagen, ist nicht klar. Hingegen ist überliefert, daß Mylius, nachdem er endlich die geplante Reise angetreten hatte, die vorgesehene Route zweimal änderte: einmal, um sich in Den Haag mit Professor Kœnig zu besprechen, und ein zweitesmal, um in London Zwischenhalt zu machen. Obwohl bis jetzt kein Hinweis vorliegt, daß er sich dort mit Thourneyser traf, scheint es fast unmöglich, diese Begegnung zwischen den beiden engagierten Verteidigern Samuel Kœnigs nicht anzunehmen, umso mehr, als der mit Mylius verwandte Lessing im gleichen Jahr 1753 Thourneysers *Neue Untersuchung* in der *Vossischen Zeitung* rezensierte, zu deren frühen und langjährigen Mitarbeitern Mylius gehörte. Mylius' früher und unerwarteter Tod sowie das Gerede um die angeblich verschwundenen Gelder der geplanten wissenschaftlichen Expedition wird auch für Lessing unangenehme Folgen gezeitigt haben, besonders als Voltaire 1753 wegen seiner *Diatribe* gegen Maupertuis in Ungnade fiel und auf Friedrichs II. Befehl Berlin verlassen mußte. Damit hatte Lessing nicht nur Mylius, seinen Verwandten, Freund und literarischen Mitarbeiter verloren, sondern auch seinen Auftraggeber Voltaire und das durch die Übersetzertätigkeit für Voltaire gesicherte Einkommen. Und sollte es nicht gerade die verurteilte und öffentlich verbrannte *Diatribe* gewesen sein, an der er sein Können in Gemeinschaft mit seinem Vetter Mylius geübt hatte, unter dessen Namen die deutsche Übersetzung erschien?

Sicher ist: wer immer nach Samuel Kœnigs Verurteilung und Voltaires Verbannung aus Berlin für seine Karriere zu fürchten hatte, wird sich von Etienne Thourneyser distanziert haben. Es gibt zwei Ausnahmen: Moses Mendelssohn in Berlin und Johann Kaspar Lavater in Zürich. Beide erwähnen den totgeschwiegenen Genfer Philosophen öffentlich und explizit in Verbindung mit Charles Bonnet. Lavater, der Bonnet gegenüber 1769/70 brieflich wie auch in einer Übersetzeranmerkung und im Vorwort zur *Philosophische[n] Palingenesie* in Thourneyser den Autor des anonymen *Essai de Psychologie* vermutete, scheint nach 1770 verstummt zu sein; jedenfalls kommt er in den – allerdings unvollständig überlieferten – Briefen an Bonnet nicht mehr auf Thourneyser zu sprechen. 1778 jedoch, im IV. und letzten Band seiner *Aussichten in die Ewigkeit*, wird der seit fünfzehn Jahren verstorbene Thourneyser, Bonnets maître de pensée, im Zusammenhang mit Sinn oder Unsinn von Bittgebeten wieder evoziert: „Nach der Schrift sey", so Lavater,

> jedes positife Gebeth [...], das nicht Anbethung ist, Schwärmerey. Eine unverschämtere Behauptung kann ich mir nicht denken wie diese. [...] Die Vernunft giebt noch ein positifes Gebeth, positife Gebethserhörung zu. L e i b n i z , T o u r n e i s e r und B o n n e t geben sie zu.[251]

---

251 J. C. Lavater, *Auss.* IV, 1778, S. 202 (Hist.-krit. Ausgabe, 2001, S. 651).

Mendelssohn seinerseits wurde nicht müde, auf Thourneysers bahnbrechendes Werk über Freiheit und Notwendigkeit hinzuweisen, das in der Sturzflut der Berliner Polemik unterzugehen drohte, und sich immer wieder die Unterstützung der Berliner Aufklärer zu sichern: eines Spalding, Lessing, Nicolai und einer Fülle wichtiger, heute weniger bekannter Persönlichkeiten. Davon wird noch zu sprechen sein. Bleiben wir vorläufig bei den Rezensionen der *Neuen Untersuchung* in der deutschsprachigen Presse, soweit sie uns zugänglich waren.

Rezensionen der *Neuen Untersuchung* in der deutschsprachigen Presse

Lobend äußern sich die *Jenaischen gelehrte[n] Zeitungen*,[252] die *Frankfurtische[n] Gelehrten Zeitungen*[253] und die Zürcher *Freymüthigen Nachrichten*[254]. Nur das Jenaer Blatt erwähnt – wie die *Berlinische Privilegirte Zeitung* – den Verfasser namentlich, allerdings orthographisch inkorrekt: „Thourneiser".

Die Wirkungsgeschichte der *Neuen Untersuchung*

Die Wirkungsgeschichte der *Neuen Untersuchung* Thourneysers erweist sich als lohnender Gegenstand für künftige Forschungsarbeiten. Sie kann hier nur skizzenhaft umrissen werden, anhand der wenigen, aber wichtigen Zeugnisse aus dem 18. Jahrhundert, die durch glückliche Zufallsfunde zugänglich wurden. Wiederum sind es Moses Mendelssohn und Lavater, die nicht müde werden, auf den verstummten und viel zu früh gestorbenen Philosophen der innerpsychischen Notwendigkeit hinzuweisen. Mendelssohns Zeugnis soll vorausgenommen werden, obwohl es zeitlich später erfolgt als dasjenige Lavaters, dafür aber umso unmißverständlicher und nachdrücklicher: Mendelssohn bezeichnete Thourneyser 1780 als „Freund und Lehrer Bonnets", und zwar in einer Stellungnahme zu Fragen nach Freiheit und Notwendigkeit menschlichen Handelns, um die ihn der Gießener Jurist Ludwig Friedrich Höpfner (1743–1799) indirekt, Friedrich Nicolai

252 *Jenaische gelehrte Zeitungen*, hg. v. Kraft, Jena: Cröcker, 77. Stück, (Okt. 1752), S. 614–616.
253 *Frankfurtische Gelehrten Zeitungen*, Frankfurt am Mayn: Anna Maria Gertraud Georg, geb. Hocker, 17. Jahr, Nr. 89, (7. Nov. 1752), S. 493–494.
254 *Freymüthige Nachrichten von neuen Büchern und anderen zur Gelahrtheit gehörigen Sachen*, hg. v. Johann Jakob Bodmer, Heidegger & Co.: Zürich, XLII. Stück, (17. Okt. 1753), S. 340.

(1733–1811) in seiner Eigenschaft als Herausgeber der *Allgemeinen deutschen Bibliothek* direkt gebeten hatten.

Auslösendes Moment war eine Rezension in der *Allgemeine[n] Deutsche[n] Bibliothek* über die 1778 anonym in Weimar erschienenen *Briefe über die Freiheit der menschlichen Seele*,[255] auf die Höpfner im September mit einem Leserbrief reagierte, worin es wörtlich hieß:

> Ich wünschte doch sehr zu wissen, wie *Moses Mendelssohn* und *Eberhard* über diesen freilich seit den ältesten Zeiten her so unendlich oft bearbeiteten und doch noch nicht ergründeten, vielleicht selbst unergründlichen Gegenstand, denken.[256]

Nicolai leitete Höpfners Bitte an Mendelssohn weiter, an den Hallenser Philosophieprofessor Johann August Eberhard (1739–1809) jedoch erst drei Jahre später. Die Gründe dafür sind nicht bekannt. Höpfners Leserbrief vom September 1780 und Mendelssohns Stellungnahme vom 22. November 1780 wurden 1783 veröffentlicht, und zwar nicht in Nicolais *Allgemeine[r] Deutsche[r] Bibliothek*, sondern in der Julinummer der jungen *Berlinische[n] Monatsschrift*,[257] mit dem Hinweis auf Eberhards Beitrag, der in der Septembernummer folgte. Mendelssohns für den Druck nochmals überarbeitete Antwort an Nicolai[258] sei hier wörtlich wiedergegeben, als eins der wenigen bisher auffindbaren expliziten Zeugnisse zu Thourneysers Wirkungsgeschichte:

> Ich denke nicht, daß Ihr Freund, der Wahrheitsforscher, Stimmen sammeln will, um sie zu zählen. Sie wollen gewogen und nicht gezählt sein. Die Meinung, die der Verfasser der *Urbegriffe* vertheidigt, hat *Thurneiser* (ein Freund, und wo ich nicht irre, Lehrer *Bonnets*) vor

---

255 Verfasser der *Briefe über die Freiheit der menschlichen Seele* (Weimar: Hoffmann, 1778) ist der Wiesbadener Regierungsrat und Stadtamtmann Johann Friedrich Neidhardt (*Wertheim, 16. Oktober 1744, †27. Februar 1809). Die Rezension, die keinen Hinweis auf Thourneyser enthält, ist zu finden im Anhang zum 25.–36. Bd. der *Allgemeinen deutschen Bibliothek*, II. (1780), S. 981–993 (s. Fritz Bamberger in: *GS-JubA* 3.1, Einleitungen S. lxi–lxiii; Anmerkungen S. 463–464; Lesarten S. 386–387; Höpfners Brief „K. an Nicolai" S. [345]-346; Mendelssohns Antwort „Moses Mendelssohn an Nicolai" S. 346–350).

256 *Berlinische Monatsschrift*, Juli 1783, S. 1–4: „Ueber Freiheit und Nothwendigkeit. K. an Nicolai". Reprint in: *GS-JubA* 3.1, S. [345]. Das Absenderkürzel ist irreführend: Höpfner war der Absender.

257 *Berlinische Monatsschrift*, 2. Juli 1783, S. 4–11: „Ueber Freiheit und Nothwendigkeit. Mendelssohn an Nicolai". Reprint in: *GS-JubA* 3.1, S. 346–350.

258 Siehe Fritz Bamberger in: *GS-JubA* 3.1, S. 387, unter „Lesarten": „Der Brief [Mendelssohns] trägt die Anschrift ‚An meinen Freund, Friedrich Nicolai' und ist datiert ‚Berlin, den 22. Nov. 1780'. Er ist kürzer als die Fassung der ‚Monatsschrift'; wahrscheinlich ist also der Brief für die Veröffentlichung überarbeitet worden". Bamberger führt die Unterschiede zwischen Handschrift (22. Nov. 1780) und Druck (2. Juli 1783) an. Sie beginnen erst auf der 2. Seite; der Hinweis auf Thourneyser steht also bereits im Brief von 1780.

etwa dreissig Jahren in einer kleinen Broschüre, sur le fatalisme vorgetragen; und nachher *Basedow* in verschiedenen seiner Schriften ziemlich weitläuftig ausgeführt.[259]

Auf Eberhards Antwort, der sich übrigens – nach Fritz Bamberger – gern als Schüler Mendelssohns bezeichnete, werde ich später zurückkommen, um den in der Oktobernummer der *Berlinische[n] Monatsschrift* von 1783 publizierten Beitrag Christian Gottlieb Selles vorwegzunehmen, des von Mendelssohn angesprochenen Verfassers der *Urbegriffe*.[260] Selle entgegnete Mendelssohn wörtlich:

> Dass der Begrif von Freiheit, so wie ich ihn bestimmt und auseinander gesetzt habe, schon von *Thurneiser* und *Basedow,* und noch dazu ziemlich weitläuftig, ausgeführt sei, ist mir unbekannt, und ich habe gute Gründe, daran zu zweifeln. Was der *Essai de Psychologie,* (der entweder von Thurneiser ist, oder doch sein System enthält) und Bonnet über Freiheit sagen, betrift immer nur die Hälfte der Frage.[261]

Bemerkenswerterweise gibt Eberhard in seiner Antwort an Mendelssohn Hinweise auf das, was Selle als nur die Hälfte der Frage bezeichnet, indem er Notwendigkeit als sittliche Notwendigkeit definierte und behauptete, die Engländer hätten diesen im Deutschen bereits populären Begriff in ihre Sprache noch nicht aufgenommen, weshalb die englischen Deterministen, die Hartleyaner, und die Indeterministen, die Beattianer, zwischen physischer Nothwendigkeit und Ungefähr von einer Seite zur anderen schwankten, „ohne jemahls auf das Mittel, die moralische Nothwendigkeit, zu kommen".[262]

Hier rang offenbar ein sich langsam in Selbstverantwortung übernehmendes europäisches Bewußtsein, das es sich nicht leicht machte, um adäquate Begriffe. Der Prozeß war dialektisch: Handeln wird veranlaßt durch das, was gefühlsmäßig „richtig" ist, kann aber nur verantwortet werden, wenn es klar durchdacht

259 *GS-JubA* 3.1, S. 346. In der Anmerkung zu *Thourneyser* (S. 464) kommentiert Bamberger: „Etienne Thourneyser – alle Angaben über ihn schwanken – schrieb anonym < Lettre d'un philosophe, dans laquelle on prouve que l'athéisme et le déréglement des mœurs ne peuvent [recte: ne sauroient] s'établir dans le système de la nécessité >, Genf 1751 (ins Deutsche übers. 1753) [recte: 1752]." Bamberger zitiert den Titel der 2. Auflage, den Genfer Separatdruck. – Bamberger gibt folgende Textbelege zur Übereinstimmung von Thourneysers und Basedows Theorie menschlichen Handelns: *Philalethie, Neue Aussichten in die Wahrheiten der Religion und Vernunft* I, (1764), S. 65–70; *Theoretisches System der gesunden Vernunft* III (1765), S. 30 ff. (Von der Freyheit und Moralität).

260 Christian Gottlieb Selle (1748–1800), Arzt und Philosoph, Direktor der Charité, Leibarzt Friedrichs II.: *Urbegriffe von der Beschaffenheit, dem Ursprung und Endzwecke der Natur,* 1776. Angaben nach Fritz Bamberger in *GS-JubA* 3.1, Anm. S. 464 und Altmann, *Biography,* S. 862, Anm. 28. – Selles Beitrag ist gedruckt in: *Berlinische Monatsschrift,* Okt. 1783, S. 294–306: „Von der Freiheit und Nothwendigkeit menschlicher Handlungen".

261 *Berlinische Monatsschrift,* Okt. 1783, S. 300.

262 *Berlinische Monatsschrift,* Sept. 1783, S. 280.

ist, wofür eindeutige Begriffe nötig sind. Diese Texte aus dem 18. Jahrhundert um die sprachliche Erfassung der Bedeutung von Freiheit und Notwendigkeit ermöglichen gewissermaßen, den Finger auf den Puls der Zeit zu legen – eines Epochenbewußtseins, das zwischen gottgegebener Bestimmung und Selbstbestimmung seinen Weg mühselig, aber vernünftig, suchte. Auf die Begriffsproblematik wiesen Mendelssohn und Selle ausdrücklich hin.[263] Eberhard aber, wenn er richtig sah, läßt folgern, daß die Herleitung der Motive ethischen Verhaltens aus der *Selbstbestimmung des handelnden Subjekts* als eigenständige Leistung des seit 1740 in London lebenden und schreibenden reformierten Pfarrerssohns Etienne Thourneyser anzusehen ist.

Dieses mußte Eberhard nicht wissen, umso weniger, da Thourneyser als „deutscher Autor" rezipiert worden war.[264] Außerdem kommt auch in der *Neuen Untersuchung* der Begriff moralische Notwendigkeit nicht ausdrücklich vor; dennoch ist Thourneysers Schrift ein einziges Plädoyer für die vernunftbegabten Wesen eigene innere Notwendigkeit,[265] wie er sie nennt, vernünftig, d. h. ihrer gottgewollten Bestimmung gemäß, zu handeln. Diese Bestimmung des Menschen bestand 1749/50 bei Thourneyser wie 1748 bei Spalding in der zunehmenden sittlichen Vervollkommnung, die er mit *Glück* gleichsetzte.[266] Daß diese Bestimmung

263 Mendelssohn an Nicolai, 22. Nov. 1780: „Meines Erachtens liegt die Schwierigkeit mehr in der Sprache, als in der Sache. Unsre Sprache ist zu schwankend, die Worte zu vieldeutig, um genau in die Fugen der Wahrheit zu passen. Die Natur hat die Umrisse der Begriffe sanft verschmelzet; wir tappen gleichsam mit breiten Tatzen hinein, und verwischen sie" (*GS-JubA* 3.1, S. 346). – Christian Gottlieb Selle, „Von der Freiheit und Nothwendigkeit der menschlichen Handlungen", in: *Berlinische Monatsschrift*, Okt. 1783, S. 301: „Die Schwierigkeit liegt allerdings in der Sprache, aber doch nur in dem unbestimmten und zweideutigen Gebrauch derselben. Dies zeigt sich gleich anfänglich, da Herr *Moses* das Wort *nöthigen* nicht von freien Handlungen gebrauchen will, und einen *nezessitirten Willen* für einen Widerspruch hält. Wenn wir einen freien unabhängigen Willen hätten, dann wären obige Redensarten allerdings widersprechend. Aber wenn der Wille seine von ihm unabhängige Ursachen hat, wie dieses Herr *Moses* in der Folge selbst sagt, so folgt ja auch, daß mein Wille da sein müsse, wenn die Ursachen desselben da sind".
264 Siehe *Neue Untersuchung*, „Vorbericht des Uebersetzers", S. 3–4.
265 *Neue Untersuchung*, S. 100: „bedingte und innere Nothwendigkeit"; *Lettre*, S. 87: « nécessité hypothétique et intérieure ».
266 *Neue Untersuchung*, S. 118: „Alles bringt uns also dazu, daß wir uns betrachten, als wären wir zu einem immerwährenden Fortgange zur Vollkommenheit, oder zum Glücke bestimmet". S. 110: „Man lasse mich statt der Vollkommenheit der verständigen Geschöpfe einen Augenblick dasjenige, was den wesentlichen Theil derselben ausmacht, die bloße Glückseligkeit annehmen, die sie durch gewisse Handlungen überkommen, die sie mit gründlicher Einsicht unternommen haben. Man nennet dieses das sittliche Gute". *Lettre*, S. 104: « Tout nous mène donc à nous regarder comme étant destinés à un progrès continuel vers la perfection ou le bonheur ». *Lettre*, S. 96: « Que je réduise pour un moment la

zwar gottgegeben ist, aber durch jeden Menschen *selbst* geleistet werden muß – daß die *innere* oder hypothetische *Notwendigkeit* mit dem ebenfalls noch inexistenten Begriff der *Selbstbestimmung* übereinstimmt und die ganze (moralisch-sittliche) *Selbstverantwortung* impliziert – ist das Novum in Thourneysers Abhandlung und war, wie die hier zitierten Texte erkennen lassen, ausschlaggebend für seinen unverkennbaren Einfluß auf die Diskussion eines sich langsam emanzipierenden bürgerlichen Selbstbewußtseins, bis hin zu Kant und Lessing.

Erich Schmidt untermauert in seiner umfangreichen Lessing-Monographie[267] explizit Lessings frühe und nie widerrufene Affinität zu Thourneysers Konzept eines „ethischen Determinismus" im Bereich menschlicher Willensentscheidungen am Beispiel jener frühen Lessingrezension der *Neuen Untersuchung* in der *Vossischen Zeitung*[268] vom 31. März 1753. Es ist anzunehmen, daß hier mehr vorliegt als die von Erich Schmidt angetönte geistige Affinität. Lessing wird die von Thourneyser 1749 entwickelte, 1750 erstmals gedruckte und durch die Titius'sche Übersetzung von 1752 bekannt gewordene Vorstellung von *Selbstbestimmung aus innerer Notwendigkeit*, die seinem von Leibniz übernommenen strengen Kausalitätsdenken gemäßer sein mochte als das Willkürliche der sogenannten Willensfreiheit, überhaupt erst durch die Lektüre der *Neuen Untersuchung* kennengelernt und in alle künftigen Werke aufgenommen haben, angefangen vom *Christenthum der Vernunft*, das 1753 erschien – im gleichen Jahr wie seine Rezension des *Lettre* in der *Vossischen Zeitung* – bis hin zur *Erziehung des Menschengeschlechts*.

Es ist nicht ersichtlich, warum Nicolai Höpfners Leserbrief mit der Frage nach Freiheit oder Notwendigkeit handlungsbestimmender Motive und Mendelssohns Antwort darauf bis 1783 zurückhielt, obwohl die Texte bereits 1780 druckfertig vorlagen; ebenso wenig, warum Nicolai erst 1783 an Eberhard gelangte,[269] obwohl Höpfner ausdrücklich um Mendelssohns und Eberhards Stellungnahmen gebeten hatte. Es ist nicht auszuschließen, daß der Zeitpunkt der Veröffentlichung nicht zufällig, sondern absichtlich gewählt wurde: unmittelbar vorher war nämlich bei

---

perfection des Etres intelligens à ce qui en fait la partie essentielle, au seul bonheur dont ils jouissent en conséquence de certaines actions entreprises avec connoissance de cause. C'est ce qu'on nomme bien moral: le mal moral c'est l'imperfection qui y est opposée et qui procède pareillement d'actions réfléchies ».

267　Erich Schmidt, *Lessing. Geschichte seines Lebens und seiner Schriften*, II. Band, 2. verb. Aufl. (Berlin: Weidmannsche Buchhandlung, 1899), S. 466–470. Thourneyser allerdings wird – das scheint sein Schicksal – auch von E. Schmidt nicht namentlich erwähnt.

268　Siehe Anm. 1.

269　Fritz Bamberger weist in seiner Einleitung auf diese Zeitdifferenz hin, ohne sie zu hinterfragen (s. *GS-JubA* 3.1, S. lxii–lxiii).

Samuel Fauche in Neuenburg der 17. Band der 18-bändigen Gesamtausgabe[270] der Werke des Genfer Naturforschers Charles Bonnet (1720–1793) erschienen, der den fast 30 Jahre lang anonym gebliebenen, deutscherseits aber hartnäckig Thourneyser zugeschriebenen *Essai de Psychologie* enthält. Im Vorwort zu diesem Band, datiert vom 1. Mai 1783, erklärt Bonnet, daß er jetzt gewissermaßen gezwungen sei, dieses Jugendwerk anzuerkennen, aus dem er so oft zitiert habe und das so ziemlich den Keim zu seiner ganzen späteren Philosophie über Gott, Universum und die Menschen enthalte.[271] Thourneyser wird mit keinem Wort erwähnt, obwohl tatsächlich fast alles, was 1754 im *Essai de Psychologie* gedruckt wurde, bereits 1750 von Thourneyser geschrieben worden war, wie Christian Gottlieb Selle 1783 richtig bemerkte, und Bonnet spätestens seit der 2. Auflage des *Lettre*, dem Genfer Separatdruck von 1751, gewußt haben dürfte. Allerdings steht es da teils nur angetönt, noch unausgeführt, wie zum Beispiel der ganze Komplex des psycho-physiologischen Zusammenhangs von Empfindung, Wahrnehmung und vernunftgerichter Reaktion des Bewußtseins, die Bonnet dann zu seiner Fibernpsychologie[272] entwickelte, wie sie erstmals 1754 im anonymen *Essai de Psychologie*

---

270 Charles Bonnet, *Œuvres d'Histoire Naturelle et de Philosophie*, Neuchâtel: Samuel Fauche (1779–1783), 18 Bde. in-8. (zitiert: *OC*). – Der 17. Band enthält den *Essai de Psychologie*; er wird als einziges Werk unverändert übernommen. Daß Bonnet, im Gegensatz zu seiner Aussage in den posthum veröffentlichen *Mémoires autobiographiques de Charles Bonnet de Genève* (zitiert: *Mém. autobiogr.*), sich sehr wohl der Mühe einer gründlichen Überarbeitung unterzogen hatte, die er dann aber ungenutzt ließ, belegt J. Starobinskis Veröffentlichung in GESNERUS 32/1 (1975): « L' ‹ Essai de Psychologie › de Charles Bonnet: une version corrigée inédite ». Konnte der inzwischen 71-jährige Naturphilosoph das vergessen haben, als er am 10. Juli 1791, knapp zwei Jahre vor seinem Tod, an seinen Neffen und Schüler, den Naturforscher und Montblancbesteiger Horace Bénédict de Saussure (1740–1799), schrieb: « Je n'entrepris pas de corriger dans cette nouvelle édition les nombreux défauts que je découvrais dans l'ouvrage [gemeint ist der *Essai de Psychologie*]; c'eût été m'y prendre trop tard que de le faire au bout de trente ans. D'ailleurs, j'espérais que mes écrits postérieurs serviraient de correctif et d'éclaircissement à cette *Psychologie* » (*Mém. autobiogr.*, S. 357).

271 Wortlaut des Originaltextes: « Me voici enfin arrivé au moment où je suis, en quelque sorte, forcé de faire l'aveu public de cet Ouvrage de ma jeunesse, que j'ai cité assez fréquemment dans mes Ecrits, critiqué plus d'une fois, plus souvent encore commenté et éclairci, et pour lequel j'ai presque toujours laissé transpirer un penchant secret qui déceloit trop aux yeux d'un Lecteur pénétrant cet amour paternel que je paroissois pourtant vouloir lui cacher; et que je n'étois peut-être pas faché qu'il soupçonnât » (*OC* Bd. 17 (1783), S. v., S. xvi).

272 „Fiber" ist hier nicht in der heutigen Bedeutung zu verstehen, sondern als ein theoretisches Konzept, ähnlich dem Atommodell der antiken Atomisten. Thourneyser, wie auch Bonnet, und überhaupt alle Forscher jener Zeit nahmen an, die „Fiber" sei ein Grundelement tierischer Körper. Die heutige Auffassung der Nervenfiber formulierte zuerst Felice Gaspar Ferdinand Fontana (1730–1805). Siehe die wissenschaftsgeschichtliche Forschungsarbeit von Edw. Clarke/C. D. O'Malley, *The Human Brain and the Spinal Cord*. University of

erscheint – sofern es wirklich Bonnets Werk war und nicht Thourneysers Haller angekündigte Ausarbeitung[273] des *Lettre* – und wie sie vier Jahre später im *Essai Analytique sur les Facultés de l'Ame*[274] wieder aufgenommen und weitergeführt wurde.

Andere Themen sind in der zeitlich früheren Abhandlung Thourneysers begrifflich präziser gefaßt als im *Essai de Psychologie*, zum Beispiel der Begriff der inneren Notwendigkeit als Ursache sittlichen Handelns. Das wird Mendelssohn zu seinem frühen Verriß des *Essai de Psychologie* provoziert haben, dessen anonymem Verfasser er Unschärfe der Begriffe vorwarf: „Dieser Schriftsteller hat einen Mittelweg zwischen Witz und Gründlichkeit einschlagen wollen, und er hat das Unglück gehabt, weder witzig, noch gründlich zu schreiben."[275] Die Rezension war

---

California Press 1968, der diese Angaben entnommen sind, wie auch den Artikel: *Fibres nerveuses* der *Encyclopédie* von Diderot und d'Alembert und die Dissertation von Raymond Savioz, *La philosophie de Charles Bonnet de Genève* (Paris: Librairie Philosophique J. Vrin, 1948). – Jacques Marx bezeichnet Charles Bonnet als „Vater der Fibernpsychologie" (Thèse 1976, S. 420) und nennt dessen fibernpsychologisches Modell „die gewagteste Hypothese" wegen des von Zeitgenossen oft formulierten Materialismusverdachts. (S. 705). – Otto Klemm weist in seiner *Geschichte der Psychologie* (Leipzig und Berlin: B. G. Teubner, 1911) auf verschiedene „Fibernpsychologen" in Bonnetnachfolge hin (Irwing, Lossius, Hissmann, S. 63), ebenso auf die Opponenten (S. 64), wie Tetens (1736–1805), der – im Gegensatz zu Bonnets fibernmechanistischem Modell, dafür viel näher an Thourneysers Vorstellung wirkender immaterieller Kräfte – Wahrnehmen, Urteilen und Empfinden nicht auf der gleichen Stufe sah, sondern durch die Grade der Selbsttätigkeit der Seele unterschieden. (Tetens, *Versuche über die menschliche Natur*, 1776–1777, S. 4 und 7). – Vermutlich hätte auch Thourneyser in einer späteren Arbeit diesen fibernpsychologischen Aspekt weiter ausgebaut, der ansatzweise bereits in seiner ersten Abhandlung angetönt ist: « Faisant abstraction de la Liberté, nous concevons très bien que nous n'en devons pas moins ressentir de la douleur, quand quelquechose vient à déranger la contexture des fibres nerveuses qui sont répandues dans notre corps: nous n'en serions pas non plus moins sensibles aux différens plaisirs du sens. » (*Lettre*, S. 10)

273   Siehe Brief Nr. 6: Thourneyser an Haller, London, 18. Sept. 1750.

274   Charles Bonnet, *Essai analytique sur les facultés de l'âme,* Copenhague: C. & A. Philibert 1760, (2. Aufl. 1769; 3. Aufl. 1775). In diesem Werk wendet sich Bonnet mehrmals explizit *gegen* den anonymen Autor des *Essai de Psychologie*. In einem Brief an A. Haller vom 25. Juli 1761 heißt es, er habe in seinem ganzen Leben nur zwei Autoren widerlegt: den anonymen Autor des EPsych und Condillac [SONNTAG 1983, Nr. 136; s. auch S. 57 und Anm. 182].

275   Erstveröffentlichung 1931, Faksimile-Neudruck in: GS-JubA 2, S. 37–42, Einleitung und Kommentar von Fritz Bamberger: GS-JubA 2, S. xiii–xv; Lesarten S. 342–346; Anmerkungen S. 378–379. Nach Bamberger fehlt die Hälfte des vollständigen Manuskripts, d. h. eineinhalb Bogen. Das Ms. sei von drei verschiedenen Schreibern erstellt, ein arbeitstechnisches Kuriosum für jene frühe Schaffensperiode Mendelssohns. Dennoch sei an seiner Verfasserschaft nicht zu zweifeln, wie die durchgehende Korrektur in Mendelssohns Handschrift und der Briefwechsel zwischen Lessing und Mendelssohn beweise.

für ein von Lessing geplantes Periodikum mit dem Titel *Das Beste aus schlechten Büchern* gedacht. Das erste Stück dieser Zeitschrift sollte, wie die *Berlinische privilegirte Zeitung* am 29. März 1755 ankündigte, zur Ostermesse bei Voß herauskommen. Tatsächlich wird im Messekatalog von 1755 das erste Stück als bereits bei Voß erschienen angezeigt, was jedoch nicht stimmt. Die Zeitschrift hat es unerklärlicherweise nie gegeben, obwohl Mendelssohn bereits „einen ziemlichen Vorrath dazu"[276] gesammelt hatte. Ebenso unerklärlich revidierte Mendelssohn in späteren Jahren sein Urteil über den *Essai de Psychologie*; er empfahl ihn am 24. Juli 1774 in seiner Leseliste *Anweisung zur spekul[ativen] Philosophie, für einen jungen Menschen von 15–20 Jahren* neben Werken von Leibniz, Wolff, Reimarus, Locke, Condillac, Descartes, Shaftesbury, Berkley, Bayle, Spinoza und anderen ausdrücklich mit diesen Worten: „Essay de Psychologie, von einem Ungenannten; man schreibet es aber gemeiniglich dem HE. Bonnet zu".[277] Hatte Mendelssohn 1774 einen zustimmenderen Zugang zu den im *Essai de Psychologie* vertretenen fibernpsychologischen Sensualismus als 1755? Oder konnte Bonnet schlechterdings nicht mehr ignoriert werden? Er hatte zu dieser Zeit die Produktion seiner großen metaphysischen Schriften abgeschlossen, die aus dem *Essai de Psychologie* von 1754 hervorgegangen waren. Als letzte, sozusagen die Summe seiner metaphysischen und naturphilosophischen Spekulationen, war 1769 die zweibändige *Philosophische Palingenesie* erschienen, die Johann Kaspar Lavater (1741–1801), ein Thourneyser- und Bonnetschüler, 1769/70 ins Deutsche übersetzte und Moses Mendelssohn widmete.[278] Durch die damit ausgelöste Polemik, den sogenannten „Bekehrstreit", war Bonnet auf ungewollte Weise berühmt geworden, sein Ruf als Naturphilosoph und Apologet des christlichen Glaubens gesichert. Sämtliche früheren Werke wurden innerhalb kürzester Zeit ins Deutsche übersetzt,[279]

---

276 Siehe Fritz Bamberger in: *GS-JubA* 2, S. xivf.

277 In: *GS-JubA* 3.1, S. 305–307; Einleitung und Kommentar von Fritz Bamberger, S. lvii–lviii; Anm. S. 457–460; Lesarten S. 385.

278 Siehe G. Luginbühl-Weber, *Unsterblichkeit*, 1994a, S. 114–148; Dies. *Correspondance érudite*, 1994b, S. 225–240; Dies., *Lavater-Bonnet-Bennelle-Briefe*, 1997 (besonders den Kommentarband).

279 Dazu gehören: *Abhandlungen aus der Insektologie*, übersetzt von J. A. E. Goeze (Halle: J. J. Gebauer 1773); Original: *Traité d'Insectologie, ou observations sur les pucerons*, (Paris: Durand 1745); *M. K. Bonnets wie auch einiger andern berühmten Naturforscher auserlesene Abhandlungen aus der Insektologie*, übersetzt von J. A. E. Goeze (Halle: J. J. Gebauer 1774); – *Des H. K. Bonnets psychologischer Versuch*, übersetzt von C. W. Dohm (Lemgo: Meyer 1773), franz. Orig. von 1754, s. Anm. 7; – *H. K. Bonnets analytischer Versuch über die Seelenkräfte*, übersetzt von M. G. Schütz (Bremen-Leipzig: J. H. Cramer 1770–1771), Orig.: *Essai analytique sur les facultés de l'âme*, (Copenhague: C. & A. Philibert 1760, 2. Aufl. 1769; 3. Aufl. 1775); – *H. K. Bonnets Betrachtungen über die organisirten Körper*, übersetzt von

auch der offiziell von Bonnet noch nicht anerkannte *Essai de Psychologie*, der fast dreißig Jahre lang anonym blieb. Die deutsche Übersetzung erschien 1773 – neunzehn Jahre nach dem französischen Original – in der Meyerschen Buchhandlung in Lemgo, unter dem Titel: *Des Herrn Karl Bonnet psychologischer Versuch, als eine Einleitung zu seinen philosophischen Schriften. Aus dem Französischen übersetzt und mit einigen Anmerkungen begleitet von C. W. Dohm.* Das war eine neuerliche Herausforderung. Übersetzer war der damals zweiundzwanzigjährige Schriftsteller Christian Wilhelm Dohm (1751–1820), Sohn eines lutherischen Pastors aus Lemgo (Grafschaft Lippe), später preußischer Staatsminister unter Herzfeld in Berlin, der in den Achtzigerjahren vor allem durch sein von Mendelssohn und Nicolai gefördertes Buch *Ueber die bürgerliche Verbesserung der Juden*[280] bekannt wurde. 1773 war er als Pagenhofmeister von Prinz Ferdinand nach Berlin berufen worden; er hatte wahrscheinlich noch im gleichen Jahr Zugang zum Kreis der Berliner Aufklärer gefunden und Bekanntschaft mit Moses Mendelssohn geschlossen.[281] Wie Lessing und Mendelssohn war Dohm Mitarbeiter an Nicolais *Allgemeine[r] Deutsche[r] Bibliothek.*[282] Die Übersetzung des *Essai de Psychologie* geschah auf Lavaters Anregung;[283] Dohm hatte sich kurz nach seiner Ankunft in Berlin an die Arbeit gemacht; das Werk erschien noch im gleichen Jahr, 1773. Im

---

J. A. E. Goeze (Lemgo 1775), Orig.: *Considérations sur les Corps Organisés*, (Amsterdam: Marc Michel Rey, 1762). – Bis zum „Bekehrstreit" gab es in deutscher Übersetzung nur die *Untersuchungen über den Nutzen der Blätter bey den Pflanzen*, übersetzt von J. Chr. Arnold (Nürnberg 1762) und Bonnets Erfolgswerk *Betrachtung über die Natur,* (Leipzig: J. F. Junius, 1766), das allein in Deutschland noch zu Lebzeiten des Autors 6 Auflagen erfuhr. Übersetzer war J. D. Titius, der gleiche hatte 1752 Thourneysers *Lettre* übersetzt. – Die bibliographischen Hinweise sind der ideengeschichtlichen Studie von Jacques Marx entnommen: *Charles Bonnet contre les Lumières 1738–1850*, Oxford 1976 (*Studies on Voltaire and the 18th Century*, ed. by Theodore Besterman, Vol. 156).

280 C. W. Dohm, *Ueber die bürgerliche Verbesserung der Juden*, (Berlin & Stettin: Nicolai 1781). Nachdruck bei G. Olms Verlag, Hildesheim, New York 1973. – Das Buch wurde 1782 von dem Basler Astronom Johann III Bernoulli (1744–1807) ins Französische übersetzt: *De la réforme politique des Juifs* (Dessau 1782). Die Übersetzung wurde in Frankreich verboten. – Mit diesem Werk sicherte sich Dohm in aufklärerischen Kreisen den Ruhm, als erster über die Emanzipation der Juden geschrieben zu haben. Daß er auch als Aufklärer nicht aus seiner Zeitgebundenheit hinauskonnte und gewisse tradierte Vorstellungen – von ihm und sogar vielen jüdischen Lesern unerkannt – in seine emanzipatorisch gedachte Schrift hineinnahm, hat Reuven Michael in seinem Aufsatz „Die antijudaistische Tendenz in Christian Wilhelm Dohms Buch über die bürgerliche Verbesserung der Juden" dargestellt (in: *Bulletin des Leo Baeck Instituts* 77 (1987), S. 11–48).

281 Altmann, *Biography*, S. 450.

282 Reuven Michael, op.cit., S. 17.

283 Altmann, *Biography*, S. 450.

„Vorbericht des Uebersetzers" übernahm Dohm wörtlich Lavaters Text aus dem zweiten Band von Bonnets *Philosophischer Palingenesie*, die Lavater 1769 übersetzt hatte.[284] Er wolle den Lesern, kommentiert Dohm, die den *Essai de Psychologie* noch nicht kennen, diese Schrift lieber mit den Worten eines Mannes – nämlich Lavaters – bekannt machen, dessen Urteil weit mehr Gewicht haben müsse als sein eigenes, und der sich schon lange die Achtung des besten Teils des Publikums erworben habe. Lavater sei zwar ein Freund des Herrn Bonnet, aber auch zu sehr ein freimütiger Freund der Wahrheit, als daß man sein Urteil deswegen für parteiisch halten sollte. Darauf zitiert Dohm Lavaters Anmerkung:

> Es ist in der That sehr seltsam, und wenn man es sagen darf, ein fast unerklärbarer Kaltsinn der Deutschen, daß dies äußerst merkwürdige Buch, welches sich in so mancher Absicht augenscheinlich über so viele matte und langweilige metaphysische Schriften erhebt, so gar wenig Aufsehn unter uns gemacht hat, und von Lesern, von denen man es gar nicht hätte erwarten sollen, nicht nur mit Gleichgültigkeit, sondern wirklich mit einer Art von Verachtung ist angesehn worden. Ein Beyspiel, wie oft der Mangel des Ansehens dem beßten Buche nachtheilig seyn kann. Der Verfasser, den ich Herrn *Tourneyser* von Basel zu seyn vermuthe, war lange Zeit ganz unbekannt, und scheint auch itzo noch nicht gewiß zu seyn. Der Styl dieses vortrefflichen Werkes, dessen sich Montesquieu, und die Philosophie, derer sich Leibnitz nicht zu schämen hätte; die tieffsten und erhabensten Gedanken, fast durchgängig mit einer ausnehmenden Koncision und Genauigkeit ausgedrückt, die man vielleicht in keinem der oben genannten großen Schriftsteller so häufig antrifft; die großen Aussichten, die uns oft, wie durch Winke aufgeschlossen werden; die interessantesten Beobachtungen, welche mit einer Kürze, Richtigkeit und Bündigkeit, die wenig ihres gleichen hat, mehr dargestellt als beschrieben werden; die Reduktion der verworrensten Untersuchungen auf die einfachsten und unläugbarsten Grundsätze, und überhaupt ein gewisser empfindsamer, seelerhebender, männlicher Ton, der aus keiner andern Quelle, als einer nicht gemeinen Einsicht in die Religion und aus einer tiefgewurzelten Ueberzeugung von der Göttlichkeit der christlichen Offenbarung herkommen kann: diese Vorzüge alle, die, nach meiner Empfindung, kein unparteyischer und denkender Leser diesem Versuche wird absprechen können, geben demselben einen Werth, dessen Größe ich nicht besser bestimmen kann, als wenn ich sage: Bonnet verdiente der Verfasser davon zu seyn. Und in der That ist es schwer zu glauben, daß es zwey in so vielen Besondernheiten so ähnliche und so würdige metaphysische Schriftsteller geben könnte. Doch nur desto besser, daß Hr. Bonnet nicht Verfasser davon ist, und daß uns hiemit der Himmel zwey Bonnets in einem Jahrhunderte geschenkt hat.[285]

---

284 *H.K. Bonnet's philosophische Palingenesie*, Übersetzer J.K. Lavater (Zürich: Orell Füssli, Bd. II, 1769, Bd. I, 1770). Zitiert: *D. Paling.* I/II.

285 Zitat nach C.W. Dohm, aus dem „Vorbericht des Uebersetzers" zu *Des Herrn Karl Bonnet psychologischer Versuch ...* (Lemgo, 1773). Der Originaltext steht in *D. Paling.* II (1769), S. 67–68.

Dieses Lavaterzitat kommentierte Dohm folgendermaßen:

> Hr. Lavater mußte, als er dieses schrieb, besondere Ursachen haben, zu glauben, daß Hr.
> Bonnet nicht Verfasser dieses Versuchs sey. Er nahm aber bald darauf *)[286] seine Vermuthung,
> daß Hr. Tourneyser es sey, wieder zurück. Und wenn er gleich nun Hr. B. nicht ausdrücklich,
> als den Verfasser nennt, so überläßt er es doch jedem Leser es aus der außerordentlichen von
> ihm beschriebene[n], und Jedem einleuchtenden Aehnlichkeit dieses Versuchs und der Bon-
> netischen Schriften selbst zu schließen. In der That stimmen der Verfasser dieser Schrift und
> Hr. Bonnet in ihren besondersten und ihren eigensten Grundsätzen, in der ganzen Folge und
> Verbindung ihrer Ideen, so sehr überein, daß ein aufmerksamer Leser wohl nicht zweifeln
> kann, daß beyde nur eine Person sind. Hr. Bonnet muß seine Ursachen gehabt haben, sich
> bisher nicht zu diesem Versuche zu bekennen, da er sich fast bey allen seinen andern Schrif-
> ten genannt hat.[287] Er führt denselben in diesen sehr oft an, er lobt oder berichtigt ihn bey

---

286 : „*) In der Vorrede seiner Uebersetzung des ersten Theils der Palingenesie" (Fußnote im Text).
    Die entsprechende Stelle steht in *D. Paling.* I (1770), S. xvii: „Herr Tourneyser von Basel
    ist nicht Verfasser des psychologischen Versuches". Lavater erwähnte danach Thourneyser
    gegenüber Bonnet nicht mehr, soweit den erhaltenen Briefen zu entnehmen ist; allerdings
    fehlen etwa die Hälfte aller Briefe Lavaters an Bonnet, die meisten davon aus den Jahren
    1769–1771. (Siehe G. Luginbühl-Weber, *Lavater-Bonnet-Bennelle-Briefe*, Einleitung).

287 Bonnet nannte sich nicht nur bei *fast*, sondern *ausnahmslos* bei allen anderen Schriften als
    Autor! Es entsprach ihm keineswegs, anonym zu produzieren und zu publizieren, umso
    weniger, als er finanziell unabhängig war und es sich leisten konnte, nicht für Geld, son-
    dern für Ruhm zu arbeiten. Gewöhnlich verlangte er statt eines Autorenhonorars bis zu 80
    Freiexemplare, die er durch seine Verleger an die europäischen Akademien verschicken ließ
    (Briefe an Bruiset und Philibert). Daß Bonnet besondere Gründe gehabt habe, sich dreißig
    Jahre lang *nicht*, oder nur in ganz vertrautem Kreis als Verfasser des *Essai de Psychologie* auszu-
    geben, kann nur mit der inhaltlichen Übereinstimmung zwischen diesem Werk und Thour-
    neysers zeitlich früherem *Lettre* zusammenhängen (Principes de Philosophie). Die Neuheit
    der darin vertretenen Thesen über Gott und Welt ist kein Argument zur Aufrechterhaltung
    des Anonymats, umso weniger, als Thourneysers Schrift in der deutschen Übersetzung die
    volle Zustimmung der Berliner Aufklärer gefunden hatte. Damit war der Weg gewissermaßen
    gebahnt. Da Bonnet die Hauptthesen des *Essai de Psychologie* sechs Jahre später in seinem
    Essai Analytique sur les Facultés de l'Ame wieder aufnimmt, hätte er logischerweise auch dieses
    Werk anonym drucken lassen müssen. Daran denkt er aber nicht im geringsten: « Il ne sera
    point *anonyme*; j'y mettrai mon Nom comme vous pouvés le voir dans le Titre que j'ai mis au
    devant de la Préface. Comme je n'ai rien dit qu'un philosophe Chrétien ne puisse toujours
    avouer, rien ne m'oblige à garder un Incognito qui fairoit concevoir des Soupçons sinistres
    contre l'auteur ». Darauf folgt der merkwürdige Zusatz: « Mais j'ai des raisons de souhaiter
    qu'on ne sache point que ce livre s'imprime actuellement. N'en écrivés donc rien à Monsieur
    votre frère, que je ne lui en ai parlé. Je le lui confierai quand il en sera temps » (Charles Bonnet
    an den Verleger Claude Philibert in Kopenhagen, Genf, den 5. Febr. 1760; Ms. Bonnet 70,
    fol. 143vo). Der erwähnte Bruder ist der Genfer Verleger Antoine Philibert, bei dem 1751 in
    zweiter Auflage Thourneysers *Lettre* erschien, mit jener Hauptthese, die im *Essai de Psycho-
    logie* und im *Essai Analytique* als Novum gilt! Gemeint ist die von Leibniz abweichende These
    von der Wahl der *einzig möglichen Welt* (statt *der besten Welt*).

vielen Gelegenheiten, er macht sich die Grundsätze desselben eigen, und zeiget durch eine häufige Anwendung wie fruchtbar sie sind. Allein selbst die Art, wie er von diesem Schriftsteller redt, bestärkt die Vermuthung, daß er niemand anders, als Hr. B. selbst sey. Man weiß es aus verschiednen Beyspielen mit welcher bescheidnen Sorgfalt Hr. B. es vermeidet, die Grundsätze und Erfindungen andrer Philosophen für die seinigen auszugeben; und wie empfindlich ihm deßwegen der Vorwurf gewesen ist, daß seine ihm eignen Ideen schon von einem seiner Vorgänger (wie z. B. Leibnitz) erfunden und vorgetragen wären. Würde er wohl ohne Anzeige die Grundsätze eines ältern Schriftstellers[288] angenommen, und wie die seinigen behandelt haben? Besonders da der Psychologische Versuch die wichtigsten Grundsätze der Bonnetischen Philosophie, und sein ganzes System im Kleinen enthält? Man hat ihm dieses Plagiat auch vorgeworfen,[289] und er hat sich nicht vertheidigt, weil er genug überzeugt war, daß er desselben nicht schuldig sey.[290]
Allein dieser Versuch mag Hr. Bonnet zum Verfasser haben oder nicht, so verdient er doch gewiß, mehr bekannt zu seyn, als er es bisher gewesen ist. Ich habe sehr oft beym Uebersetzen desselben die Richtigkeit des Lavaterischen Urtheils empfunden. Und wenn es auch wahr ist, daß dieser Schriftsteller viele seiner Ideen von deutschen Weltweisen entlehnt habe; so bringt er sie doch in eine neue Verbindung, in der sie vorzüglich verdienen durchgedacht zu werden.[291]

Daß Dohm den *Essai de Psychologie* in der deutschen Übersetzung von 1773 ausdrücklich, wenn auch nicht unhinterfragt, Bonnet zuschrieb, mag Mendelssohn bewogen haben, 1774 den Titel in seine Leseliste für einen jungen Menschen aufzunehmen: „Essay de Psychologie, von einem Ungenannten; man schreibet es aber gemeiniglich dem HE. Bonnet zu".[292] Das Fragezeichen bleibt. Bonnets Verfasserschaft, die seit den frühen 1760er-Jahren in Berlin als „offenes Geheimnis" kursierte, wurde von Bonnet jedoch heftig bestritten, wann immer man sich direkt an ihn wandte. So hatte Bonnet am 25. April 1761 – kurz nach Erscheinen des *Essai Analytique sur les Facultés de l'Ame* – an den Berliner Akademiesekretär Formey geschrieben: « Je n'avoue et n'avouerai jamais que *l'Essai analytique*. Vous étes trop

---

288 Thourneyser war fünf Jahre älter als Bonnet.
289 Diese Textstelle ist eine Anspielung auf Mendelssohns Brief an Lavater, vom 12. Dezember 1769 (gedruckt in: *GS-JubA* 7, S. 15–16).
290 Das Gegenteil trifft zu: Bonnet verteidigte sich sehr. In seinem Brief an Moses Mendelssohn desavouiert er nicht nur Lavater auf wenig elegante Weise, sondern weist ausdrücklich auf seine Empfindlichkeit gegenüber Plagiatsbeschuldigungen hin (s. *GS-JubA* 7, S. 308–309). Statt seine Thourneyser-Anleihen (auch bei ihm ist nur eine *einzige* Welt möglich, nämlich die bestehende) und -Differenzen zu erklären, beruft er sich auf den längst gestorbenen Leibniz (Gott habe die beste aller möglichen Welten geschaffen).
291 *Psychologischer Versuch,* Vorbericht des Übersetzers. Dohm bestätigt mit seinen Worten „Und wenn es auch wahr ist" gewissermaßen Mendelssohns Plagiatvorwurf an Bonnets Adresse (s. sein *Schreiben an den Herrn Diacon Lavater zu Zürich,* in: *GS-JubA* 7, S. 15–16).
292 Moses Mendelssohn: „Anweisung zur spekul. Philosophie, für einen jungen Menschen von 15 bis 20 Jahren", in: *GS-JubA* 3.1, S. 306.

de mes amis[293] pour accrediter un soupçon denué de toute preuve et contre lequel
je suis fondé à m'elever. »[294] Im gleichen Jahr 1761 erhielt auch Haller ein Schreiben folgenden Inhalts:

> Je n'ai refuté que deux Auteurs, l'Abbé de Condillac et l'Auteur Anonyme de cet *Essai de
> Psychologie*, que je vous envoyai il y a quelques années[295] : je n'ai pas été acheminé à en refuter

---

293   Formey und Bonnet korrespondierten seit 1743 miteinander. Der erste Brief Bonnets an
Samuel Formey ist in Genf weder als Entwurf noch als Abschrift erhalten. Es handelte sich
um ein Begleitschreiben zum *Traité d'Insectologie, ou observations sur les pucerons* (Paris:
Durand 1745), das Bonnet an den Sekretär der Berliner Akademie sandte. Formey dankte
am 20. Juli 1745 für die „ausgezeichnete Insektologie" und den beiliegenden Brief (unveröffentlicht, Ms. Autogr.; Ms. Bonnet 25, fol. 87vo; BPU Genf). Die Genfer Handschriftenabteilung besitzt insgesamt 64 Briefe, die zwischen Bonnet und Formey vom 13.08.1743
bis 27.12.1786 gewechselt wurden. Thourneyser ist kein einziges Mal erwähnt. – Bonnet
wußte sich das Wohlwollen des Akademiesekretärs u.a. durch großzügige Beiträge für
dessen Journal Encyclopédique zu sichern (Ms Bonnet 88/1, BPU Genf: « Observations
sur le Dictionnaire instructif de Mr. Formey »; s. auch: Formey). Formey dankte es ihm u.a.
mit einer Kurzfassung des *Essai Analytique* zum Schulgebrauch (1769 in Berlin bei Joachim
Pauli erschienen, unter dem Titel *Entretiens Psychologiques, tirés de Essai analytique sur les
facultés de l'Ame de Mr. Bonnet, par Mr. Formey*). Es ist nicht nur Taktik, wenn Bonnet in
seinem Brief an Mendelssohn vom 12. Jan. 1770 auf seine Freundschaft mit Formey hinweist (« Mon célèbre ami Mr. Formey, qui habite dans la même Capitale que vous » etc.:
GS-JubA 7, S.308). Auch mit den Baslern stand Formey in vielfachen Beziehungen. Aus
einem Basler Stammbaum ist ersichtlich, daß Joh. Albert Euler (1734–1800), Sohn des
Mathematikers Leonhard Euler (1707–1783), mit einer Tochter Formeys quasi verlobt war.
Sie starb 1758 an Blattern, worauf Euler Jun. eine Nichte Formeys heiratete (maschinenschriftliche Notiz von Dr. Max R. Kaufmann, Basel, Therwilerstr. 9, anläßlich der Neuschrift des Bernoulli-Briefinventars im Okt. 1951; Beilage in Mscr. L I a 692 zu fol. 96; UB
Basel). Leonhard Euler kritisierte besonders Bonnets Theorien über die Zeugung (« génération ») und den Leibseelezusammenhang (s. Eulers Briefe an Bonnet vom 18. Juli 1761,
in: *Mém.autobiogr.*, S.195; dito, 22. Okt. 1762, S.202–204; dito 12. März 1770, S.290–
293. – Originale in der BPU Genf, Ms. Bonnet 27, fol. 1–4; Ms. Bonnet 28, fol. 168; Ms.
Bonnet 36, fol. 160).

294   (unveröffentlicht, Ms. Bonnet 70, fol. 227vo, BPU Genf). Formeys Antwort lautet: « J'ai
été persuadé de bonne foi, Monsieur, que vous reconnoissiez l'*Essai de Psychologie* pour être
de Vous. Je serois bien faché de vous faire de la peine, et je mettrai dans la partie prochaine
de mes *Annales* votre défaveur sans y changer aucun terme » (Formey an Bonnet, Berlin,
13. Mai 1761; Autograph, unveröffentlicht, Ms. Bonnet 26, fol. 244; BPU Genf).

295   Das genaue Datum dieser Sendung ist nicht bekannt; der dazugehörige Begleitbrief fehlt
in den 928 Briefen der Haller-Bonnet-Korrespondenz, die der Herausgeber, Otto Sonntag, als sozusagen komplett angibt (S. 25). Erste Hinweise finden sich in Bonnets Brief an
Haller vom 3. Juni 1755: « Avés vous lu, Monsieur, l'*Essai de Psychologie*, et qu'en pensés
vous? Cet Ouvrage fait ici beaucoup de bruit, Il a été fort gouté en Angleterre et en Hollande.
Je trouve l'Auteur bien hardi, mais je rends justice à la droiture de ses intentions » (SONN-
TAG 1983, Nr. 16, S.66). – Haller antwortete am 24. Juni 1755: « J'ai trouvé beaucoup de

d'autres, et quand je l'aurois été, je m'en serois soigneusement abstenu, parce que j'aurois ainsi interrompu trop souvent ma marche, et que j'étois plutôt appellé à suivre le fil de mes propres idées, qu'à m'occuper de celles d'une foule d'Auteurs qui n'avoient pas autant aproché de mon Plan que Condillac et de plusieurs de mes Principes que le Psychologue.[296]

Bonnet gab auch Haller gegenüber die Autorschaft am *Essai de Psychologie* nie zu. Das will etwas heißen unter Gelehrten, die dreiundzwanzig Jahre lang miteinander korrespondierten, sich persönlich schätzten und Freunde nannten! Haller hatte zu Beginn ihrer Korrespondenz, die auf das Jahr 1754 zurückgeht, vorsichtige Vorstöße gemacht, um von Bonnet zu erfahren, wer der Autor des anonymen Werkes sei, das ihm der Genfer mit einem nicht überlieferten Begleitschreiben zugesandt hatte.[297] Da Bonnet nicht offen darauf antwortete, fragte Haller, ob der *Essai de*

---

force dans l'essai de psychologie. Je ne suis pas toujours du sentiment de l'auteur, comme p. ex. par raport à la pluralité des idées. Pour bien voir, bien sentir, une chose il faut suspendre tout autre sentiment. Mais cela ne m'empêche pas de l'estimer. Seroit-ce M. Beaumont? » (SONNTAG 1983, Nr. 17, S. 67). – Darauf Bonnet an Haller, am 19. Aug. 1755: « Je puis, Monsieur, Vous donner pour certain que l'*Essay de Psychologie* n'est point de M. Beaumont; mais quelques principes de M. Beaumont se retrouvent dans l'*Essay de Psychologie*. Je n'adopte pas non plus que vous, Monsieur, toutes les Idées de cet Ecrivain hardi; mais je pense comme lui sur la pluralité des Idées: Je ne comprend point que l'Ame puisse former un Jugement si elle n'a pas au moins trois Idées *présentes* à la fois ». Anschließend kritisiert Bonnet den Rezensenten, der in der « Bibliothèque des Sciences et des Arts » einen ziemlich langen Auszug dieses Buches präsentiere, den Verfasser lobe und kritisiere, ihn aber oft falsch verstehe. Tatsächlich sei es nicht leicht für jemand, der nicht mit der Materie sehr vertraut sei, alles zu verstehen. Die Grundsätze dieses Verfassers könnten in gewissen Händen gefährlich werden, deshalb hätte er sie, seiner Meinung nach, vielleicht nicht veröffentlichen sollen. Was jedoch mit der Kühnheit seiner Ideen versöhne, sei sein Bemühen, diese mit der Offenbarung in Übereinstimmung zu bringen. Seiner Meinung nach müsse man jedem die Freiheit lassen, über den Bau des Menschen und der Welt seine eigene Meinung zu haben (« j'estime qu'on doit laisser à chacun une grande liberté de penser ce qu'il lui plaira sur la Méchanique de notre Étre & sur le sistéme du Monde »). (SONNTAG 1983, Nr. 18, S. 69 f.). – Am [15.] Dez. 1764 beklagte sich Bonnet, daß Haller in einer Anmerkung zu Bd. V der *Physiologie* seinen verstorbenen Freund, Herrn Beaumont, als Verfasser der *Psychologie* zitiere. Er habe ihm doch vor einiger Zeit versichert, daß Beaumont es nicht sei, umso weniger, als dieser fest davon überzeugt war, daß man nie mehr als eine Vorstellung aufs Mal habe. Außerdem habe Beaumont beim Erscheinen nichts von diesem Werk gewußt. Die Übereinstimmung einiger Grundsätze in seiner Broschüre über die *Philosophie Morale* mit solchen der *Psychologie* sei wohl Anlaß für dieses Mißverständnis. Er, Haller, habe in seinem Auszug über Bonnets *Essai sur l'Ame* Beaumont als Verfasser der *Psychologie* genannt, worauf er ihn gebeten habe, seinen Beitrag zu korrigieren, was aber nicht rechtzeitig geschah. (SONNTAG 1983, Nr. 267, S. 403).

296 Bonnet an Haller, 25. Juli 1761 (SONNTAG 1983, Nr. 136, S. 240 f.).
297 Bonnet an Haller, 14. Juni 1754 (SONNTAG 1983, Nr. 5, S. 40 f.): « Je joins à la Dissertation de M. Butini un fort petit Ouvrage de Droit Naturel composé par M. Beaumont qui est aussi mon Ami & mon Compatriote. Je ne doute pas que ses Principes ne vous paroissent

Psychologie von Beaumont sei, dessen ebenfalls 1754 erschienenen *Principes de Philosophie morale* er kurz zuvor von Bonnet erhalten hatte:[298]

> J'ai trouvé beaucoup de force dans l'essai de psychologie. Je ne suis pas toujours du sentiment de l'auteur, comme p. ex. par raport à la pluralité des idées. Pour bien voir, bien sentir, une chose il faut suspendre tout autre sentiment. Mais cela ne m'empêche pas de l'estimer. Sero-it-ce M. Beaumont?[299]

Daß Bonnet mit den Berlinern ein ärgerliches Verwirrspiel trieb, geht besonders aus einem Brief an Pfarrer Gualtieri[300] in Berlin hervor, mit dem das Berliner Terrain für die Rezeption des soeben erschienenen *Essai Analytique* sondiert werden sollte: Bonnet erinnere sich, daß Gualtieri an ihren gemeinsamen Freund Butini[301] geschrieben habe,

---

puisés dans la plus saine Methaphisique. C'est une belle Chaine qui embrasse tout le sistéme de l'Homme & qui tient par un bout à la Terre, & par l'autre à l'Eternité. »

298 Bonnet an Haller, 14. Juni 1754 (SONNTAG 1983, Nr. 5, S. 40 f.): « Je joins à la Dissertation de M. Butini un fort petit Ouvrage de Droit Naturel composé par M. Beaumont qui est aussi mon Ami & mon Compatriote. Je ne doute pas que ses Principes ne vous paroissent puisés dans la plus saine Methaphisique. C'est une belle Chaine qui embrasse tout le sistéme de l'Homme & qui tient par un bout à la Terre, & par l'autre à l'Eternité. »

299 Haller an Bonnet, 24. Juni 1755 (SONNTAG 1983, Nr. 17, S. 67).

300 Der reformierte Theologe Albert-Samuel de Gualtieri (* Bernau, 25. März 1729, † Berlin, 26. Jan. 1778) gehörte, wie der ihm freundschaftlich verbundene Formey, zum Brandenburger Hugenottenkreis. Vom 7. Mai 1749 an hatte er an der Genfer Akademie Theologie studiert, wurde dort am 10. Mai 1752 zum Pfarrer ordiniert und am 14. Juli mit allen Ehren nach Berlin entlassen. Von 1759 bis 1763 amtierte er als Pfarrer der französischen Kirche in Berlin-Buchholz; 1759 hatte er Marg. Bastide geheiratet (STELLING-MICHAUD No. 5976), die vor 1770 starb. 1764 wurde er Geheimrat bei der in Köpenick residierenden verw. Prinzessin von Württemberg (HARNACK, I, S. 470) und Mitglied des franz. Oberdirektoriums in seiner Geburtsstadt Bernau (STELLING-MICHAUD). Nach dem Tod seiner Frau wandte er sich an Bonnet mit der Bitte, ihm in Genf eine wohlmeinende Ersatzmutter für seine 4 Kinder zu vermitteln; er habe Sehnsucht, sein Leben in Genf zu beenden, um bei der Asche seines Großvaters begraben zu werden (unveröffentlicher Brief an Charles Bonnet, Berlin, 15. Juli [1770?]; Ms. Bonnet 30, fol. 169, 169vo; BPU Genf).

301 Der Genfer Arzt Antoine Butini (1723–1810) gehörte zum engsten Freundeskreis Bonnets, zur « Société des 4 B », in dem vor allem die im Hinblick auf Thourneyser wichtigen Fragen zum Thema Freiheit und Notwendigkeit besprochen worden sein sollen (*Mém. autobiogr.*, S. [124]; Marx 1976, S. 125 ff.; A. Sayous, *Le 18e siècle à l'Etranger, Histoire de la Littérature française* (Paris 1861), S. 174. Butini beendete am 1. März 1746 seine medizinischen Studien in Montpellier und doktorierte am 16. Sept. 1746 in Montpellier (Basel: 24. Juni 1747; Straßburg: 11. Okt. 1747) mit einer *Dissertatio hydraulico-medica de sanguinis pulsatione* (bei STELLING-MICHAUD II, Nr. 5728, heißt es: *circulatione*). 1758 wurde Butini Mitglied des Großen Rates der Stadt Genf (Conseil du CC; MONTET, S. 107). Marie Vernet, geb. Butini, die Frau des Theologie- und Philologieprofessors Jacob Vernet, war seine Kusine 2. Grades. (GALIFFE II, S. 556).

que l'excellent Mr. Schack Théologien célébre de Berlin estimoit beaucoup cet *Essai de Psychologie* dont je suis fort éloigné d'approuver tous les Principes. Je rend [sic!] justice aux intentions et à l'Esprit Philosophique de l'Auteur; Mais il auroit pu au moins s'exprimer en termes moins durs et ménager un peu plus les oreilles délicates des Théologiens. Je ne me comparerai point à cet Auteur, il écrit bien plus agréablement que moi, et son ouvrage est bien plus varié; mais je puis dire sans vanité que j'ai beaucoup plus approfondie que lui la Méchanique de notre Etre. Qu'en pensera Mr. Schack?[302]

Was der Königl. Preußische Erste Hofprediger, Oberkonsistorial- und Kirchenrat August Friedrich Wilhelm Sack (1703–1786), Mitglied der Preußischen Akademie der Wissenschaften seit 1746, im Jahr 1760 dazu meinte – denn um keinen Geringeren geht es in Bonnets Brief an Sacks bescheideneren Amtskollegen Gualtieri – entzieht sich unserer Kenntnis. Was hingegen August Friedrich Wilhelm Sack 1754 über den *Essai de Psychologie* dachte, ist überliefert in der *Lebensbeschreibung*,[303] die sein Sohn Friedrich Samuel Gottfried Sack (1738–1817), Schwiegersohn des Berliner Aufklärungstheologen Spalding,[304] im Jahr 1789 bei Voß in Berlin drucken ließ. Sechs Jahre also, nachdem Charles Bonnet den *Essai de Psychologie* in die Gesamtausgabe seiner naturwissenschaftlichen und naturphilosophischen Schriften aufgenommen und damit als sein eigenes Geistesprodukt erklärt hatte, erschien auf dem Büchermarkt Sacks *Lebensbeschreibung* mit dem aufschlußreichen Brief aus dem Jahr 1754[305] an den Freiherrn von Creutz:[306]

---

302 Bonnet an Gualtieri, Genthod, 3. Sept. 1760 (unveröffentlicht, Ms. Bonnet 70, fol. 202; BPU Genf).

303 *August Friedrich Wilhelm Sack's gewesenen Königl. Preußischen ersten Hofpredigers, Oberkonsistorial- und Kirchenrathes, auch Mitgliedes der Königl. Akademie der Wissenschaften Lebensbeschreibung nebst einigen von ihm hinterlassenen Briefen und Schriften.* Herausgegeben von dessen Sohne Friedrich Samuel Gottfried Sack, Königl. Hofprediger, Oberkonsistorialrath und Kirchenrath. 2 Bde., Berlin: Christian Friedrich Voß & Sohn, 1789 (zitiert: *Lebensbeschreibung*).

304 Friedrich Samuel Gottfried Sack (1738–1817), ref. Prediger in Magdeburg, heiratete 1770 die 1753 geborene Johanna Wilhelmina Spalding, Tochter des lutherischen Theologen Johann Joachim Spalding (1714–1804). Diese interprotestantische „Mischehe" (Dominique Bourel, *Vie de Spalding* I., 1978, S. 112) habe viel zu reden gegeben. Daß sie dennoch stattfinden konnte, zeuge für zunehmend ökumenische Toleranz unter den Aufklärungstheologen des 18. Jahrhunderts. Spalding gehörte, neben Moses Mendelssohn, zur *Berliner Mittwochsgesellschaft* – auch dieses sei als ein Zeichen aufklärerischer Haltung und progressiver Toleranz zu werten.

305 Angabe von Adressat und Jahr nach dem Briefverzeichnis in *Lebensbeschreibung*, Bd. I., S. 135. – Bei der Datierung des ersten Briefes, von Wolff an Sack, Halle, 3. Sept. 1743, ist sicher ein Druckfehler unterlaufen. Da im Brieftext der Berliner Prioritätenstreit von 1752–1753 erwähnt wird, dürfte der Brief eher von 1753, als von 1743 sein.

306 Friedrich Carl Casimir, Freiherr von Creutz, hatte im Vorjahr einen *Versuch über die Seele* veröffentlicht (I. Teil, Frankfurt und Leipzig: Knoch-und Eßlingerische Buchhandlung, 1753).

Ich weiß nicht ob Ew. Hochwohlgeb. ein neulich in London unter dem Titel: *Essai de psychologie* herausgekommenes Buch gelesen haben, wovon der Verfaßer wie ich glaube, ein gewisser in England sich aufhaltender Schweitzer Namens Thurneysen ist, welcher bereits vor einigen Jahren dergleichen etwas in dem *Magazin françois à Londres* herausgegeben. Dieses Buch enthält in der schönsten und lebhaftesten Schreibart das feinste der Leibnitzianischen Philosophie in einem gar starken Lichte, und verschiedene große Aufschlüße wichtiger Schwierigkeiten, und einige kühne, aber meiner Einsicht nach, nicht ungegründete Gedanken, die sehr reich an viel bedeutenden Folgen sind. Mit denen darin behaupteten Sätzen könnte der strengste *Particularismus* siegen, wenn die letzte Entwickelung des Looses der Menschen in der Ewigkeit zugleich mit angenommen wird, ohne welchen Schlüssel *Caluini Decretum absolutum* freylich ein *horrendum decretum* bleibt. Ich bin recht neugierig, die Urtheile der Journalisten über dieses Buch zu lesen, ohngeachtet ich mir schon zum voraus vorstellen kan, wie solche bey den mehresten ausfallen werden.[307]

Das Rätselraten ging hinter den Kulissen weiter; je nach Temperament (oder Wissen um die näheren Umstände?) bei einigen, und zu ihnen gehörte Mendelssohn, mit wachsendem Unmut über die von Bonnet hartnäckig durchgehaltene Autorfiktion. So jedenfalls lassen sich auch jene Textstellen in Mendelssohns berühmtem Antwortschreiben an Lavater vom 12. Dezember 1769 – aus der Zeit des sogenannten „Bekehrstreits" – verstehen, die Lavaters Bitte, Mendelssohn möge Herrn Bonnets *Palingenesie* in den Punkten widerlegen, mit denen er nicht einverstanden sei, mit dem irritierten Hinweis quittierten, Herr Bonnet habe, wie übrigens auch der Autor des *Essai de Psychologie*, aus dem er ständig zitiere, die meisten seiner Ideen deutschen Weltweisen zu verdanken.[308] Das war eindeutig ein Plagiatsvorwurf, und er traf. Seinen Briefen an Lavater und Mendelssohn ist anzumerken, wie tief Bonnet der Vorwurf beunruhigte; seine Formulierungen sind strategische Meisterwerke, deren Schachzugcharakter nur Eingeweihte erkennen konnten. Dem breiten Lesepublikum aber mußten sie als reine Bescheidenheit des zu Unrecht angegriffenen Philosophen erscheinen: Mendelssohn möge ihm doch die englischen und deutschen Weltweisen nennen, deren Schriften er für philosophischer und in der Argumentation konsequenter ansehe als die *Palingenesie*, damit er ihre Schriften lese und sein Wissen erweitere.[309] Da Mendelssohn nichts an einer öffentlichen Beschuldigung gelegen sein konnte, lenkte er später scheinbar ein.[310] Das allerdings hat der französischsprachige Bonnet, der für deutsch

---

307 *Lebensbeschreibung*, Bd. I, S. 243–244.

308 „ich habe so manche Vertheidigung derselben Religion, ich will nicht sagen von Engländern, von unseren deutschen Landsleuten gelesen, die mir weit gründlicher und philosophischer geschienen, als diese Bonnetsche, die Sie mir zu meiner Bekehrung […]" (*GS-JubA* 7, S. 15 f.).

309 *GS-JubA* 7, S. 308.

310 Bonnet meint in seiner Autobiographie (*Mém. autobiogr.*, S. 271), Mendelssohns Brief vom 9. Febr. 1770 sei französisch geschrieben, was nicht stimmt. Da Bonnet nicht Deutsch sprach, hatte er offenbar eine Übersetzung vor sich. Mendelssohns Brief an Bonnet ist (mit

Geschriebenes auf Übersetzerhilfe angewiesen war, nicht bemerkt und sollte es wohl auch nicht, denn Mendelssohn war ein versöhnlicher Mensch. Dennoch ist seine Formulierung in seinem einzigen, weil erstem und letztem Brief an Bonnet, geschrieben am 9. Februar 1770, bemerkenswert: „Sie lassen mir übrigens vollkommen Gerechtigkeit widerfahren, wenn Sie erkennen, daß ich durch die Worte *les Hypotheses philosophiques de l'Auteur ont pris naissance dans notre Allemagne*[311] die Absicht nicht gehabt, Sie eines Plagiats zu beschuldigen."[312] Das französisch Geschriebene sind nicht Mendelssohns, sondern Bonnets Worte aus dessen Brief vom 12. Januar 1770.[313] Darin reagiert Bonnet auf Mendelssohns Schreiben an Lavater vom 12. Dezember 1769, das ihm Lavater auszugsweise mitgeteilt hatte. Mendelssohns Schreiben wiederum war die Antwort auf Lavaters Bitte, die von ihm soeben erschienene Teilübersetzung von Bonnets *Palingénésie philosophique* öffentlich zu widerlegen, oder zu tun, „was *Socrates* gethan hätte, wenn er diese Schrift gelesen, und unwiderleglich gefunden hätte".[314] In Mendelssohns Antwortschreiben an Lavater ist auch sein Unmut über (den ahnungslosen!) Genfer Philosophen unüberhörbar: es ist ein Plagiatsvorwurf, wie Bonnet richtig verstanden hat. In dem deutsch geschriebenen Brief hört sich das so an:

> Wenn ich nicht irre, so sind so gar die mehresten philosophischen Hypothesen dieses Schriftstellers [Bonnets] auf deutschem Grund und Boden gewachsen, und der Verfasser des *Essai de Psychologie* selbst, dem Herr B. so treulich nachfolgt, hat deutschen Weltweisen beynahe alles zu verdanken. Wo es auf philosophische Grundsätze ankömmt, darf der Deutsche selten von seinen Nachbarn borgen.[315]

Mendelssohn wird kaum damit gerechnet haben, daß ihm gelinge, was Lavater kurz vorher mit den Übersetzeranmerkungen zur deutschen Ausgabe der *Palingenesie* nicht gelungen war, nämlich: Bonnet zu einer Aussage über Thourneyser und dessen *Lettre* zu bewegen, der als (nie zugestandener) Vorläufer des *Essai de Psychologie* angesehen werden muß. Daß Mendelssohn aber nach diesem ergebnislos verlaufenen Herausforderungsversuch jeglichen Briefwechsel mit Bonnet abbrach, „unbegreiflicherweise", wie es in der Forschung heißt – und Bonnet im weiteren allerhand Unredliches zutraute,[316] mag weniger mit einer durch den vermeintlichen

---

Ausnahme des Zitats aus Bonnets vorhergehendem Brief), deutsch geschrieben. Das Original ist in Genf nicht überliefert.

311 *GS-JubA* 7, S. 319.
312 *GS-JubA* 7, S. 319.
313 *GS-JubA* 7, S. 308.
314 *GS-JubA* 7, S. [3]: „Zueignungsschreiben Johann Caspar Lavaters an Moses Mendelssohn".
315 *GS-JubA* 7, S. 16: „Schreiben an den Herrn Diaconus Lavaer zu Zürich. von Moses Mendelssohn".
316 Siehe S. Rawidowicz, *GS-JubA* 7, S. lxxxviii–xciii und Altmann, *Biography*, S. 48 ff.

„Bekehrstreit" ausgelösten Überempfindlichkeit gegenüber dem Verfasser der *Palin-genesie* zusammenhängen, als vielmehr mit dessen hartnäckiger Weigerung, Thour-neyser die Ehre zukommen zu lassen, die ihm gebührt. Für diese Vermutung spricht die Tatsache, daß Moses Mendelssohn die Verbindung mit Lavater, dem eigent-lichen Urheber der ganzen Aufregungen, nicht abbrach, wie doch zu erwarten gewesen wäre.

Was immer Thourneysers tragisches Schicksal und frühes Ende bewirkt haben mag – es ist anzunehmen, daß die Ursachen Mendelssohn, Lessing und Nicolai bekannt waren. Eine öffentliche Erklärung Bonnets wäre angebracht gewesen, zumindest eine entsprechende Anmerkung in den 1771 erschienenen *Recherches Philosophiques sur les Preuves du Christianisme*, einem erweiterten und teilweise ver-änderten Separatdruck der *Palingénésie*, deren deutsche Übersetzung mit Lavaters Widmung an Moses Mendelssohn 1769 nicht nur die Debatte um den sogenannten „Bekehrstreit", sondern auch um „Thourneyser von Basel" ausgelöst hatte.

* * *

Der hier ausgeführte Versuch einer Biographie gründet auf folgenden Quellen: *Allgemeines Helvetisches, Eydgenössisches oder Schweitzerisches Lexicon (= LEU)*,[317] *Biographien zur Kulturgeschichte der Schweiz (= WOLF)*,[318] *Le Livre du Recteur de*

---

317 Hans Jakob Leu (1689–1768), *Allgemeines Helvetisches, Eydgenössisches oder Schweitze-risches Lexicon*, Theil 1.–20., A–Z (Zürich 1747–1795). *Supplement zu dem [...] Lexicon von H.J. Leu* zusammengetragen von Hans Jacob Holzhalb: Theil 1.–6., A–Z (1786–1795). – Der Eintrag zu Thourneyser findet sich in Bd. 18 (1763), S. 160–161: „Rudolff ward A. 1674 Rahtsherr, und war ein Vatter 1. Hans Rudolffs, der A. 1705. Pfarrer der Deut-schen Gemeind in der Stadt Genff worden, und unerachtet A. 1713. zum Pfarrer zu Liestal erwehlt worden, solchen Dienst nicht angenohmen, sondern bis an sein Absterben die zu Genff versehen, und hinterlassen *Stephanum*, der sich auf die Rechte und *Philosophie* gelegt, und ein *Dissertation de Inductione*, zu Genff in Druck gegeben, hernach aber Hoffmeister zweyer Engelländischer *Lords* worden, und mit selbigen in Engelland gereiset, allwo er sich noch aufhaltet, auch nebend anderen ein Behandlung, Ob die GOttes Verläugnung und die verkehrte Sitten aus dem *System* der *Fatalität* herrühren? herausgegeben". Im Suppl. Bd. 6 (1795), S. 51, findet sich der Zusatz zu Thourneysers Großvater und Vater: „der Rathsherr Rudolph (Thurneisen) ist den 3. Dez. 1683 auf der Zunft zu tod gefallen; dessen Sohn Pfar-rer Rudolph starb den 4. Jul. 1745".

318 Rudolf Wolf, *Biographien zur Kulturgeschichte der Schweiz*, 1.–4. Cyclus (Zürich 1858–1862). Band I, S. 327, enthält in der Biographie des Berner Mathematikers Niklaus Blau-ner eine Fußnote zu Thourneyser: „Ein E. Thourneyser, der sich in London aufhielt, und Haller zuweilen über die Arbeiten der Englischen Mathematiker Nachricht gab, schreibt am 21. Febr. 1749, daß er einen durch Haller veranlassten Ruf als Professor der Mathematik ausgeschlagen habe, – ob dieser Ruf von Bern gekommen war, weiss ich nicht." – Derselbe

l'Académie de Genève (1559–1878) (= *Stelling-Michaud*),[319] *Die Matrikel der Universität Basel* (= *Basler Matrikel*),[320] *Notices Généalogiques sur les Familles Genevoises* (= *Galiffe*),[321] die in den Matrikeln erwähnten Stammbäume der Familie THURNEISEN (Staatsarchiv Basel, gezeichnet von Hans Lengweiler, Oktober 1932, und Georgine E. Albrecht, Februar 1985,[322] nach Quellen des Staatsarchivs Zürich, von Dr. iur. Anton v. Schulthess-Rechberg; Archives d'Etat, Genève, Mss. Hist. 271/10, angefertigt von Schneeli, 1934,[323] und die hier zum ersten Mal veröffentlichten Londoner Briefe Thourneysers, davon drei an Albrecht Haller (1746, 1749, 1750), acht an Sir Charles Yorke (1756–763), einer an „Diesbach" [1745], eine Quittung aus dem Jahr 1756 für den Londoner Verlagsbuchhändler John Nourse,[324] sowie drei hier erstmals veröffentlichte Briefe aus den Beständen der Basler Bernoulli-Edition: Niklaus I Bernoulli (1687–1759) an Gabriel Cramer, 15. August 1736 (Entw. Un. Ba. Mscr. L. Ia 21,36); Cramers Antwort an Niklaus I

---

schrieb am 18. Sept. 1750 an Haller: « Il y a plus de dix ans et demi que je suis dans ce pays-ci, ne pouvant me résoudre à demeurer à Genève sans y être Professeur. Je me tiens dans l'indépendance à Londres en enseignant les langues et les Mathématiques, ce qui dans une ville aussi immense est le métier le plus fatiguant qu'un homme de lettres puisse faire. » – Weitere Nachrichten von diesem Manne habe ich bis jetzt nicht auffinden können; dem Namen nach würde man einen Basler, dem mitgetheilten Briefe nach einen Genfer in ihm vermuthen". – Die beiden zitierten Briefe sind hier veröffentlicht als Nr. 3 und 6; auszugsweise auch bei Rudolf Wolf in: *Mittheilungen der Naturforschenden Gesellschaft in Bern* (zitiert: Mitteilungen), Nr. 61/62, 20. Febr. 1846, S. 45, und Nr. 65, 15. März 1846, S. 72.

319 *Le Livre du Recteur de l'Académie de Genève (1559–1878)*, Hg. S[ven] STELLING-MICHAUD (Genf: Droz,1959 ff.); Biographien von Suzanne STELLING-MICHAUD. Artikel „Etienne Thurneysen (Thurnisius)" in Bd. VI, Nr. 5549. – Suzanne STELLING-MICHAUD gibt dankenswerterweise auch die Frauennamen an, ohne die meine Nachforschungen zu Thourneysers Genfer Verwandtschaft kaum möglich gewesen wären. Die Basler Matrikel ist in dieser Hinsicht unbrauchbar.

320 *Die Matrikel der Universität Basel.* Im Auftrag der Universität Basel herausgegeben von Hans Georg Wackernagel, Bd. I – V. Der Artikel „Stephanus Thurneyser, Basilea Genevensis" ist im V. Band (1726/27–1817/18), Nr. 42 (bearb. von Max Triet, Pius Marrer, Hans Rindlisbacher, Basel 1980).

321 GALIFFE, J[acques]-A[ugustin], *Notices Généalogiques sur les Familles Genevoises, depuis les premiers temps jusqu'à nos jours.* 7 Bde., (Genf: Barbezat, 1829–1895. Bd. I Genf und Paris; Reprint Ed. Slatkine, Genf 1976). – Mir lag in Basel die Erstauflage vor.

322 Zitiert: *Stammbaum Thurneisen.*

323 Zitiert: SCHNEELI 1934. Leider konnte man mir weder im Genfer noch im Basler Staatsarchiv Auskunft über den unbekannten Schreiber geben. Möglicherweise ist er ein Nachfahre jenes Jean Schnely, dessen Teilhaber, ein Lukas Wettstein, am 7. Mai 1762 von London aus einen Brief an Isaak Iselin schrieb (unveröffentlicht; Staatsarchiv Basel, Priv. Arch. 98, 28, S. 252–253), allerdings ohne Hinweis auf Thourneyser.

324 John Nourse (gest. 1780), langjähriger Buchhändler.

Bernoulli vom 28. August 1736;[325] sowie unveröffentlichte Briefe zwischen Gabriel Cramer und Samuel Kœnig (1712–1757) aus den Beständen der Genfer und Basler Handschriftenabteilungen; unveröffentlichte Briefe aus den Beständen der Basler Universitätsbibliothek, von Samuel Kœnig an Niklaus I Bernoulli, von Voltaire und Maupertuis an Johann II Bernoulli (1710–1790); Briefe von Samuel Kœnig und dem Londoner Verlagsbuchhändler Jouvencel[326] an Albrecht Haller aus den Beständen der Burgerbibliothek Bern. Hinweise aus Veröffentlichungen werden jeweils im Text selbst angegeben.

---

325 Zu den Bernoulli-Briefen vgl. die Bernoulli-Edition: http://www.ub.unibas.ch/bernoulli/index.php/Zitationsanweisung; aufgerufen am 26.7.2018.

326 Dieser Verleger, über den bis heute keine biographischen Daten vorliegen, war nach eigenen Angaben Mitarbeiter und Nachfolger des Londoner Verlegers Changuion Jr., Adresse: "at Juvenal's head near Fountain Court in the Strand", bei dem von 1750–1752 das von Thourneyser mitredigierte *Nouveau Magasin François* (Hg. Marie Leprince de Beaumont) erschien. 1749 hatte Jouvencel den publikumswirksamen Berner Albrecht Haller, Professor für Anatomie, Physiologie und Botanik an der jungen Universität von Göttingen, um einen Eröffnungsbeitrag für eine geplante Monatsschrift gebeten, in der kleinere wissenschaftliche Publikationen aus Frankreich, Italien, Deutschland, Holland und England zu den Sachgebieten Lyrik, Geschichte, Literatur, Mathematik, Medizin u.a. gesammelt erscheinen sollten, längere Beiträge fortsetzungsweise (Jouvencel an A. Haller, London, 6. Juni 1749). Vermutlich entstand aus diesem Vorhaben das *Nouveau Magasin François* (1750, 1751, 1752), in dem auch Thourneysers erwähnte Abhandlung über Freiheit und Notwendigkeit gedruckt wurde.

Briefe von und an Etienne Thourneyser

Inhalt

1. Etienne Thourneyser an [Niklaus Emanuel von] Diesbach. Clapton, 19. November [1745]

Monsieur
Conformément a la demande que vous m'en avez faite j'ai l'honneur de vous envoyer deux lettres que j'ai recues de nos Officiers Suisses dans le Nord. Comme vous avez connu Mr Werdmüller, vous verrez de ses nouvelles avec plaisir. Quant a Mr Wettstein de qui est l'autre lettre, il est Lieutenant de la Compagnie de Linder & fils de Mr Wettstein Conseiller & Colonel de la Ville & Canton de Bâle. C'est un fort aimable Garçon & cela paroit même par sa lettre. Il est parent de M^r le Chapelain Wettstein, a ce qu'il m'a dit, & il avoit dessein de lui aller rendre ses devoirs, mais son séjour aux environs de Londres fut si court qu'il n'en put pas trouver le tems. Si vous avez occasion de voir Mr Wettstein, je vous prierai de l'en informer & même de lui communiquer cette lettre de son Parent avec un mot de Compliment de ma part.

J'ai l'honneur d'être avec beaucoup de respect

Monsieur

Clapton 19^e Nov.

Votre tres humble & tres
obeissant Serviteur
Thourneyser

To | The Honor'^{ble} Monsieur de | Diesbach Agent for Their Excellencies | of the Canton of Bern | at Mr de Treval in Rathbone- | Place near Soho Square | London

1a. [Johann Rudolf] Wettstein an Etienne Thourneyser. Domcaster, 20. November[a] 1745

British Library, Ms. 32.417 f. 435: Lieut. Wetstein à Mr Thourneiser [sic] 20. Nov. (ras.: Oct.) 1745.

Domcaster 20. Nov. 1745.

Lieut. Wetstein à M[r].

Thourneiser

Monsieur

Je profite de vos offres obligeants pour faire parvenir par vôtre canal si vous le voulés bien cette Incluse à mon Père; il y â environ trois semaines que je contois pouvoir vous regaler à l'heure qu'il est de quelque nouvelle interessante & agreable, mais rien de tout cecÿ, nous vivons icÿ dans une ignorance parfaite, sur tout ce qui regarde Messrs les Rebelles nos Antagonistes; & les nouvelles les pluis [sic] recentes nous viennent de Londres, je veu [sic] croire que nous serions un peu mieux informés, si la Langue de ce pais [sic] nous estoit plus familiere; ce qui commence à être sur est que nous Décamperons je crois au plus tard Demain; si la saison est aussi rude chés vous que chés nous, vous pourrés croire que nous ne nous promenons pas souvent au clair de lune; à moins qu'en Détachement, Dieu sçait comme cela ira, car cecÿ doit être consideré comme le printems, passe encore pour les hommes si vous voulés, quoiqu'ils ne soyent pas de fer; mais je suis curieux de voir les chevaux qui en rechaperont, & sans chevaux, adieu tout ce qui doit être charié ou porté.

{2/f.435 verso} Au reste si vous me demandés Monsieur des nouvelles de nôtre routte [sic] passée, car de celle a venir je n'en scay rien, j'auray l'honneur de vous dire qu'elle nous a appris qu'il n'y â qu'un Hacknaÿ en angleterre, ce n'est pas que par tout il n'y eut de fort honétes gens, mais ce n'estoit que par maniere d'acquir et il n'y avait point cette politesse naturelle, qui ne se trouve asseurement [sic] que chés vous; Il faut dire aussi, et je le crois réellement, que vous nous avés gaté, & que sans vous Messrs de Hacknay, nous aurions trouvé tout le reste de ce que nous avons veu [sic], Les plus aimables gens du Monde, Voyés combien de Voyes [sic] il n'y â point, pour faire du tort à son prochain. Si j'etois un peu initié dans les misteres, je vous offriray Monsieur très humblement ma correspondance, en attendant s'il se passe quelqu'évenement digne d'être sçu j'auray l'honneur de vous en faire part, & ce serra [sic] alors au pied de la lettre, tout ce dont je vous prie Monsieur en revange est une seule lettre des Vôtres, afinque que [sic] je sois asseuré [sic] que celle cy est parvenue; Vous etes trop poli pour {3/f.436} ne pas vous charger de mes Obeissances à tous ces Messieurs que j'ay eu l'honneur de voire pendant le tems que j'ay passé à Hacknÿ [sic], noubliés [sic] pas s. v. p. mon hôte et tout le Voisinage & faites moy la Justice de me croire

Monsieur

au camp de Domcaster   Votre tres humble & trés
Le ²⁰⁄₃₁ 8ᵇʳᵉ   obeißant Serviteur
1745.   Wettstein

P. S. Comme cette lettre est venue trop tard à la poste à Domcaster, je l'ay trainée
avec moy jusqu'aujourd'huy, nayant jamais trouvé le moment de la fermer, par
differentes occupations dont le Regiment ma [sic] chargé; cependant pendant ce
grand Espace de tems, nous sommes presque aussi sage qu'auparavant; nous sommes
décampés comme j'ay eu l'honneur de vous le marquer cÿ dessus, le 20. ou 21. 8.ʳᵉ
de Domcaster, & arrivés aprés quelques villaines marches tout mouillés & gelé à
Neucastle le 28. Le 2. 9.ᵇʳᵉ nous eumes ordre de marcher le lendemain, & tout estoit
preparé pour cela, lorsque 2 heures avant la marche, il vint un contre ordre, je ne
sçauray dire au juste par quoÿ {4/f.436 verso} il fut occasioné, les uns disent, que les
rebelles ayant quitté les Environs d'Edenburg faisoient mine de marcher vers Car-
lisle, il falloit attendre l'evenement avant que de poursuivre; les autres assurent, que
ces messrs: avoient veritablement en vue, de nous attirer du cotté [sic] de Barwick,
pour entrer de l'autre et piller la Ville de Newcastle, ou il doit [y rad.] avoir beaucoup de richesses; Il y â des troisiemes qui pretendent qu'ils commencent à se dis-
percer [sic], que les principaux ont mis armes bas, et que nous n'aurons pas besoin
de faire un pas de plus. Au Reste ne vous mocqués pas de moy Monsieur si je ne
vous parle pas plus positivement, car il s'en trouve de plusieurs piques au dessus de
moy qui ne vous en diront pas davantage, ce qu'il y â de plausible est, que nous ne
sçaurions endurer encore longtems cette saison, qui est trés rude, que dans le mauvais tems la Nombreuse artillerie que nous avons, aura peine à suivre, & qu'enfin
les Rebelles, peuvent avoir ruiné le paÿs sauage [sic], & bruler [sic] les fourages par
ou nous devrions les poursuivre, et qu'il vaudroit mieux nous conserver, & retablir
pend.ᵗ un quartier d'hiver, que de tirer notre poudre aux moinaux, car Nota: nous
ne quittons pas d'Endroit sans y laisser quelques malades, & l'artillerie à perdu pres
de 80. chevaux dans la seule marche de Domcastre icÿ.

Si on s'attend à une Battaille je crois qu'on â tort, & les mécontents attendront
mieux leurs Interets que de se frotter à Nous, nous leurs sommes surement superieur
en nombre, & je crois en Discipline aussi, on me dira mais que ce sont des Gens durs,
Robustes, accoutumés à la fatigue, qui vivent de rien &c. mais je diray par contre qu'il
ny â pas un de nous Sold.ᵗˢ qu'autre à qui il manque quelque chose ce qui regarde la
Nourriture, & tous ceux qui se trouvent au camp se portent bien; que si les Rebelles
se battent en Desesperés les notres le feront en enragés; & le moins resolu souhaite
une affaire ou il se propose de faire de son mieux, pour se procurer du meilleur tems.

Au Camp pres de Neucastle ¹⁰⁄₂₄· 8ᵇʳᵉ 1745.

Dans ce moment nous recevons l'ordre, de nous tenir prêts à marcher, une heure
après qu'on en avertira, je ne scay si un ordre si précis seroit pour aller en quartier
d'hiver, cepend.ᵗ quelques uns le croyent; il se pourroit aussi dit on, que ce seroit
pour nous en retourner d'ou nous sommes venus; Des lettres de trés bonnes mains
de la haye (que j'ay veues) disent, que le marschall de Saxe medite un coup, que l'on
craint pour Lieut. Hülst[b], sur quoj il se pourroit faire un Coup de main pend.ᵗ les
gelées, qu'il â 40000 hommes, pas loin de la, qui se rassembleroient sur le premier
coup de sifflet; Que l'abbé de la Ville est parti, à cause de l'infraction qu'il pretend
qu'on à fait dans la Capitulation de Tournaÿ; & qu'on Espere un Congrés, pour
terminer le different à l'amiable, que cepend.ᵗ les E.[...][c] soient resolus de faire une
augmentation de 30000 hommes tant allemands que suisses.

Lieut. Wettstein à M.ʳ | Thourneiser.

(a) über durchgestrichenem „Okt". – (b) durchgestrichen: „hülst". – (c) Handschrift verderbt,
drei Buchstaben unleserlich.

1b. Felix Werdmüller an Etienne Thourneyser,
23. November [wahrscheinlicher: Oktober] 1745

Newcastle 23. Nov. 1745. | Mr. Werdmuller | à Mr. Thourneiser

au Camp de Newcastel.

Le 23 9ᵇʳᵉ N.St: 1745

Monsieur

Je vous aurois repondu plutot sur votre lettre, si la situation presente m'auroit four-
nie quelque matiere pour vous en faire part. outre cela Mr: Ulrich vous aura marqué
tout ce qu'il s'est passé depuis notre depart de chés vous jusqu'a Doncaster, je passe-
rai tout cela et vous dirai en bref qu'il n'y a qu'un seul Hackney en Angleterre; nous
avons eté reçeus parfaitement bien partout mais il nous manquoit dans quelques
endroits un homme aussi poli que vous, et des personnes aussi affables que sont
Madamme [sic] et Mr: Howarth et la pluspart des bons Messieurs, auxquels je
vous prie de dire que nous nous souviendrons toujours de leur bon accueil et politesses, dont ils nous ont accablés pendant notre sejour, n'oublies pas de les assurer
de mes tres humbles respects; Pour revenir aux affaires du temp je vous dirai dont
que depuis Doncaster nous avons fait les marches suivantes:

Le 1ᵉʳ de 9ᵇʳᵉ: . . Ferribrige . . . 19 miles

2ᵐᵉ . . . . Wetterby 16

```
3 . . . . . . . . . Borobrige . . . 13
4 . . . . . . . . . N. Alerton . . 19
6 . . . . . . . . . Darlington . . 14
7 . . . . . . . . . Ferrihill. . . . . 12
8 . . . . . . . . . Chester . . . . . 12
9 . . . . . . . . . Newcastel . . . . 9 miles
                    110(a)
```

{2} notre Armée commence à se renforcer de jour en jour, il y a actuellement 18 Bataillons tant Anglois que Hollandois qui campent, sans conter les tristes restes du General Coope qui sont du coté de Berwik, les milices commencent a se rassembler par ici et relevront les trouppes reglés qui sont encore a Newcastel et ailleurs, ils nous arrive de temp en temp des trouppes qui viennent d'Ecosse pour servir Le Roi, hier on amena au Camp un Capitaine francois au Regiment de Royal Ecossois en France qui a eté fait prisonnier; pour ce qui regarde les rebelles on en parle differement tantot on dit qu'ils avancoient tantot qu'ils reculoient, enfin on n'est pas bien au fait de leurs dessins, du moins cela ne vient pas a nos oreilles, pour moi je crois qu'ils restrons dans leurs montagnes pour nous attendre la, ou[b] se retireront quand ils se verront privés de tout secours de France; il est certain que leur nombre n'augmente point, ils sont mal entretenus et sans discipline.

{3} Je viens d'apprendre que nous allons changer de Camp, notre artillerie est partie aujourdhui et l'armée marchera demain, on dit que nous retournerons à Borobrige, ce qui me surprend beaucoup. Voila tout ce que j'ai à vous marquer, aussi tot qu'il se passera quelque chose de remarquable, je vous en donnerai connoissance. Portés vous toujours bien et croyes moi avec affection:

Monsieur

Mr: Ulrich m'a chargé de vous   Votre tres humble
saluer aussi bien Madame et Mr: Serviteur
Howarth et tous les Messieurs   Felix Werdmüller
de sa connoissance

NB si vous avés l'occason de voir cette Damoiselle qui etoit chés Mr: Howarht assures la de mes respects.

To | Mr: Thourneyser at Mrs | Johnson's French Boarding School | at Clapton in Hackney. – | near London

(a) recte: 114. – (b) folgt gestrichenes „qu'ils".

2. Etienne Thourneyser an Albrecht Haller. London, 10. Juni 1746

> Mon adresse est a
> Monsieur l'Avocat Thourneyser
> chez Mr Mestrezat Marchand
> en Old Broad Street derrière la
> Bourse a Londres

Monsieur

Ce n'est que par une espece de hazard que j'apris en dernier lieu qu'il y a aprochant quatre ou cinq ans que l'Université de Göttingen m'adressa a vôtre recommandation une Vocation pour une Chaire de Professeur. M^r le Professeur König de Bâle qui etoit chargé de l'affaire crût, a ce qu'on me dit, qu'il s'agissoit d'un de mes Cousins & quoique ce parent s'aperçut de la meprise, par une indifference[a] impardonnable il a negligé jusqu'a present de m'informer qu'une ouverture aussi honorable se fut presentée en ma faveur. Il est vrai qu'alors j'etois dejà en Angleterre, mais il n'y avoit rien de plus aisé pour mon Cousin que de faire savoir la chose à mon Père[b] qui etoit en ce tems là plein de vie a Geneve & qui n'auroit pas tardé a m'en faire part.

Ce petit detail fait l'Apologie de mon silence. Je me souvenois parfaitement d'avoir eu l'honneur de vous voir quelques fois a Berne l'an 1739. Le Rang que vous tenez dans la Republique des lettres, & la Reputation generale que vous vous êtes acquise m'ont toujours fait songer avec infiniment de plaisir au bonheur que j'avois eu de passer quelques heures avec vous. Il ne m'etoit pas possible comme vous voyez de vous temoigner plutôt la parfaite reconnoissance dont {2} je suis penetré a vôtre egard. Je ne me flatte pas assez pour croire avoir jamais merité une distinction si flatteuse, & je ne l'attribue uniquement qu'a vôtre Generosité. Je m'estimerois infiniment heureux, si vous me permettiez d'aspirer a des liaisons plus particulieres avec vous. Je n'ai pas grand chose de mon propre fonds a vous marquer; mais heureusement je me trouve dans un Pays qui n'est pas tout a fait sterile en curiositez & nouvelles litteraires. Si cela pouvoit vous engager a m'honorer de votre Correspondance, je ferois tout ce qui dependroit de moi pour tacher de me conserver la bienveuillance dont vous m'avez favorisé. Actuellement j'aurois fait mes efforts pour decouvrir quelque chose qui valut la peine de vous être communiqué; mais Mr de Schmirkfeldt que vous connoissez & avec qui je m'entretenois de vous il n'y a que quelques momens, vient de me charger de quelques Commissions qui m'occuperont pendant quelques jours; Vous agreerez donc que je m'en tiensse pour cette fois a de simples Offres mais qui ne sauroient être plus sinceres, puis qu'ils ne sont qu'une suite de la parfaite estime & Consideration avec laquelle j'ai l'honneur d'être,

Monsieur

Vôtre tres humble & tres
obeiss[an]ᵗ Serviteur
Londres 10ᵉᵐᵉ Juin V. Sᵗ 1746   Etienne Thourneyser

Germany | Monsieur Haller | tres celebre Professeur en Medecine | dans l'Université de Göttingen | a | Göttingen | dans l'Electorat d'Hanovre

(a) über gestrichenem „negligence". – (b) hochgestellt, nachträglich eingefügt.

3. Etienne Thourneyser an Albrecht Haller. London, 21. Februar 1749

Mon adresse est
Chez Mr Samuel Mestrezat Marchand
a Londres

Monsieur.

Il y a plus de deux ans que je reçus une lettre de vôtre part en reponse a une que je m'etois crû obligé de vous ecrire pour vous remercier comme je le devois de la faveur que vous m'aviez faite en me faisant adresser quelque tems auparavant une vocation pour une Chaire de Mathematique dans l'Université de Heilbron. Je vous avois offert alors d'entretenir correspondance avec vous, ce que vous me fites l'honneur d'accepter & a quoi je n'aurois pas manqué, si je ne fusse parti peu de tems après pour la Campagne ou j'ai presque toujours residé depuis ce tems là. Il n'y a que six à sept semaines que je⁽ᵃ⁾ suis de retour a Londres dans le dessein de m'y fixer. Mon Eloignement de la Capitale me rendoit a vôtre egard d'une inutilité totale; mais m'y voyant actuellement habitué, je me flatte que vous ne trouverez pas mauvais que je profite du Privilege que vous m'avez accordé & contre lequel j'espere qu'il n'y a pas encore Prescription.

Vous me parutes, Monsieur, egalement curieux en fait de nouvelles Politiques & de nouvelles Litteraires. La Paix a mis fin a ce que les premieres pouvoient avoir de plus interessant. Il ne nous reste gueres que les Deliberations du Parlement & les speculations de Commerce et sur les fonds publics. Comme nôtre Parlement est a la seconde année de Son existence, je ne sai si vous n'en connoissez peut-être pas les Dispositions mieux que moi même. La Dissolution du Parlement precedent {2} fut un Coup imprevu: Le Prince n'étoit pas prêt: aussi son Parti dans la Chambre basse n'est pas nombreux. Les Tories & les Jacobites fatiguez du peu de succès que leur Opposition passée avoit eu, & des frais immenses qu'elles leur avoit couté avoient de longue main pris la Resolution de ne pas faire de grands efforts & en ont fait encore moins qu'ils n'avoient dessein d'en faire. Ces deux Raisons font que la Pluralité des suffrages est si fort en faveur du Ministere qu'il n'y a presque pas eu de debats ni la seance precedente ni celle ci. On a seulement clabaudé a l'ordinaire dans la Chambre basse sur l'armée, principalement parce qu'on a conservé a proportion un plus grand nombre de Regiments[b] qu'on n'avoit coutume avant la guerre. Il y a eu aussi des Clameurs dans la Chambre haute parraport a une Commission qui avoit passé le Grand Sçeau pour etablir des Commissaires qui decidassent les Appels pour les Prises faites sur mer pendant cette guerre. Quelques uns des Juges nommez dans la Commission en avoient contesté la legalité[c] et pretendirent que c'etoit une nouvelle Cour de Judicature erigée par une extension de la Prerogative Royale audela de ses justes bornes. La Cour fut donc obligée de porter la chose en Parlement où elle a passé, ce qui n'a pas laissé de fournir une occasion au parti contraire de figurer un peu en attaquant la Commission elle même. Mylord Granville en a tiré le meilleur Parti qu'il a pû, les Juges (qui comme vous savez assistent aux deliberations de la Chambre haute) y sont intervenus, & le Chef de Justice Willes qui auroit envie d'etre[d] Chancelier avant que de mourir[e] s'est acharné sur la Matière mais sans succès.

Les fonds ont haussé de près de deux pour cent la semaine passée. Je vous en marquerai le cours au bas de cette lettre. Cela doit s'attribuer à la certitude où l'on est a present que la Nation ne fera pas cette Année de nouvel Emprunt. Il y a plus de six mois qu'on le savoit assez generalement, mais les Agioteurs ont repandu assez de nuages & de fausses Lueurs pour rendre la chose problematique & ils doivent sûrement y avoir trouvé leur compte.

J'oubliois de vous dire que parraport au Parlement present, qu'il ne s'y trouve pas peut-être un assez grand nombre de gens de poids. La Cour n'a qu'assez peu d'Influence dans les Elections des Provinces & ceux qui les representent sont presque toujours des Gentilshommes accreditez par des biens considerables. Ceux là sont donc[f] aprochant ce qu'ils ont[g] toujours eté. Mais sur le Reste, il y a près de soixante Jurisconsultes, tous Gens qui ont leurs vües, & outre cela il s'y rencontre un grand nombre de ces realiseurs que les Anglois nomment assez expressivement des gagneurs d'argent. Ajoutez y encore tous les Officiers, Civils & Militaires qui sont membres de la Chambre, & vous vous ferez {3} une Idée de la Constitution de ce Parlement.

Mais si le Parti contraire ne fait pas grande figure dans les deliberations actuelles des deux Chambres, il tache au moins de s'en dedommager en faisant d'autant plus de bruit dans le public. Nous avons eu une Brochure qui a eu beaucoup de Cours puisque dans l'espace de six semaines il s'en est fait cinq Editions. Elle est intitulée *An Examination of the Conduct of the two Brothers*, a savoir le Duc de Newcastle &

Mr Pelham, & on les y charge d'avoir traversé toutes les mesures qu'on prenoit pour pousser la Guerre avec succès. La Brochure elle même est bien ecrite & on l'a attribuée à Mylord d'Egmond qu'on suppose l'avoir ecrite sous les yeux des Comtes de Granville et de Bath. Ces Messieurs s'en defendent, & je ne sai pas bien surement ce qui en est. Dans la lecture que j'ai faite de cette piece, il m'a semblé seulement qu'on donnoit a nos deux Ministres un plan un peu trop suivi, un peu trop systematique, & par là moins vraisemblable. Dans des Occasions qui veut prouver trop, souvent ne prouve rien.

Je vais[(h)] presentement, Monsieur vous rendre compte de nos nouv[elles][(i)] litteraires. Nous avons eu deux brochures sur le mouvement de la Lune autour [de][(j)] son axe. Je ne les ai lû qu'en courant, mais je m'imagine que dans celle où l'on attaque la realité de ce mouvement admise jusqu'a present par tous les Astronomes il faut qu'il y ait un peu de Dispute de mots. On lut il y a trois ou quatre semaines a la Societé Royale un Memoire de Mr Clairaut de Paris où il attaque le Systeme de Newton en se fondant sur quelques particularitez de la Theorie de la Lune de Machin & dont MacLaurin fait mention dans son Traitté des fluxions. Mr Robins qui est un homme de beaucoup de genie s'est chargé d'y repondre & je crois que Mr Clairaut est entre[(k)] bonnes mains. Vous avez peut-etre deja entendu parler du livre du Dr Middleton sur les Miracles des quatre premiers siecles. Cela a fait & fait encore beaucoup de bruit. Un de mes Amis vient de publier en dernier lieu un Ouvrage intitulé *Observations on Man*[(l)], *his Frame, his Duty & his Expectations*, en 2.Vol. 8°. Avant que l'Auteur se retirat en Province[(m)] il m'avoit communiqué partie de son Manuscript, par ou j'entrevis que le tout formoit un Traitté de Morale ou la Liberté n'entroit pour rien. Je vous en parlerai peut-etre plus au[(n)] long la premiere fois que j'aurai l'honneur de vous ecrire, car je m'attens a en recevoir incessamment un Exemplaire de la part de l'Auteur. Sans cela je l'aurois deja acheté. – Le Docteur Jurin dont vous connoissez tout le merite, travaille actuellement à revoir & a augmenter le Memoire qu'il avoit inseré autrefois dans les Transactions Philosophiques sur le mouvement des eaux. Il se plaint beaucoup de l'inexactitude de tous ceux qui [ont][(o)] ecrit sur cette matiere depuis Mariotte, & en particulier il lui manque des experiences {4} sur des jets d'eau d'une hauteur considerable. Comme il m'en parloit, Je songeai à celui de Herrenhausen. Pourroit-on donc sans vous incommoder obtenir par vôtre moyen la hauteur precise du Jet d'eau, celle du reservoir, le Diametre des Tuyaux, & la Longueur & le Diametre de ce que Mr Mariotte nomme l'ajoutage. En mon particulier je vous en serois extremement obligé. Permettez moi de vous offrir mes petits services dans ce pays-cy & de vous assurer que je suis avec la plus haute estime

Monsieur,

Vôtre tres humble & tres Obeiss[an][t] Serviteur. E. Thourneyser.

Londres 21eme Fevrier V.St. 1749

Bantz Stock 130½. India 176. 175½. South Sea 107½.
Old Annuities 105½. New Sh 103⅝ Three p[ounds] Cent 95.

de Amsterdam 100 | A Monsieur | Monsieur Haller Medecin | de S.[A] M.[A-
JESTÉ] Britannique & Professeur | en Medecine | a Göttingen | dans | l'Electorat
de Hanover

(a) folgt „me": durchgestrichen. – (b) nachträglich eingefügt: „de Regiments". – (c) folgt
unleserliches Kürzel. – (d) „d'etre" über durchgestrichenem: „de mourir". – (e) „avant que
de mourir": oberhalb der Zeile eingefügt. – (f) folgt „a present": durchgestrichen. – (g) nachträglich eingefügt: „ont". – (h) folgt „Monsieur": durchgestrichen. – (i) Manuskript an dieser
Stelle restauriert: nur Wortbeginn sichtbar. – (j) Manuskript restauriert, Wort nicht mehr
sichtbar. – (k) nachträglich eingefügt, hochgestellt: „entre". – (l) folgt „his Duty": durchgestrichen. – (m) durchgestrichen: „ou". – (n) oder „en"? – (o) Manuskript restauriert, Wort
nicht mehr sichtbar.

4. Marie Jeanne Leprince de Beaumont an Etienne Thourneyser, London, Mai 1750

In: *Le Nouveau Magasin François, Pour le Mois de Mai 1750*, S. 191–192. – Der in diesem
Brief erbetene Name des Verfassers beschliesst das letzte Stück der fortsetzungsweise zwi-
schen März und August 1750 erschienenen « Lettre de Mr. N. E. écrite de la Campagne à
Mr. C. P. à Londres ». Nach der Schlussformel des Verfassers steht in Klammern: « Cette
Pièce est de M. THOURNEYSER » (*NMF* I, Août 1750, p. 303).

LETTRE de l'Auteur du Magasin, A l'Auteur du Systême sur la FATALITE

Monsieur,
Permettez moi de vous faire part, & des desirs, & des applaudissemens du Public.
Charmé de votre Systême sur la Fatalité, chacun s'empresse à demander le nom de
l'Auteur. Quelques personnes du premier merite à qui l'on attribuoit ce Systême,
en avouant avec sincerité que cet ouvrage n'étoit point sorti de leur plume, ont
asseuré qu'elles étoient flatées du soupçon, puis qu'il n'étoit pas possible de penser
plus juste, & de s'expliquer mieux. On se persuade que vous conclurez aussi bien
que vous avez commencé; mais la satisfaction qu'on a goutée en vous lisant, ne sera
complete qu'au moment l'on connoîtra votre nom: Cette curiosité du Public a son
principe dans la réconnoissance qu'il croit vous {192} devoir pour le plaisir que vous
lui avez procuré; mais agréez que je vous dise qu'elle éxige le sacrifice de la modestie
qui vous fait garder l'anonime.

Je suis avec toute l'estime qu'on conçoit pour les gens de votre mérite,

Monsieur,

Votre très humble, &
très obéissante servante
De Beaumont.

5. Etienne Thourneyser an Albrecht von Haller. London, 9. Mai 1750

Nicht überliefert. Siehe *Repertorium der Briefe von und an Albrecht von Haller*, Bd. 1, Basel 2002, S. 519 und Einleitungen!

6. Etienne Thourneyser an Albrecht von Haller. London, 18. September 1750

Monsieur

J'ai reçu la reponse que vous avez bien voulu faire à la lettre que je vous ecrivis par Mr Allen Swainston. Permettez moi de vous faire mes très humbles remercîmens des egards que vous avez montré pour ma recommendation. Tout ce que j'apprends de ce jeune Anatomiste, me fait juger que vous avez entre les mains un sujet qui de retour dans sa patrie ne manquera de faire honneur a vos instructions.

Vraisemblablement vous ne tarderez pas à recevoir la fin de la piece que j'ai insérée dans la collection du Libraire Jouvencel. L'Origenisme fait le denouement. Mr Leibnitz s'exprime dans sa Théodicée de maniere à faire juger qu'il panchoit vers cette idée qu'il prête à un de ses amis: la crainte des Theologiens l'empêchoit sans doute de parler *in propria persona* & lui a fait aussi imaginer cette distinction si subtile *du nécessaire au determiné*, qui peut bien satisfaire ce qu'il y a de moutonnier parmi ses disciples, mais dont je ne croirai jamais qu'un homme de sa penetration ait pû se payer.

Ce que j'ai publié n'est gueres qu'un ébauche de quelque chose de plus étendu que j'ai en vüe & à quoi je pourrois travailler dans la suite, si principalement ce premier Essai avoit le bonheur {2} de plaire à une personne qui comme vous peut toujours par son jugement entrainer l'approbation du public.

Mais si c'est en vain que je pretens à vôtre approbation, j'ose du moins me flatter que ce ne sera pas absolûment en vain que j'aurai recours à vôtre bonté. Après la preuve essentielle que j'en ai eue, Je puis d'avance me tenir sur de l'intention.

Voici, Monsieur, de quoi il s'agit. On parle de faire la maison du Prince George fils ainé de S[on] A[ltesse] R[oyale] le Prince de Galles. Il en est effectivement tems; ce jeune Prince entre dans sa onzieme année, & n'est encore pour ainsi dire qu'entre les mains des femmes. On me dit il y a pres de deux ans qu'il y avoit auprès des enfans du Prince un savant de Göttingen; mais comme il est seul il est impossible[a] qu'il puisse se partager & se subdiviser pour une famille si nombreuse; il n'y en a pas assez pour qu'on puisse dire que l'éducation de ces jeunes Princes est entre les mains des hommes.

Je ne doute nullement que ce nouvel arrangement n'ait lieu dans peu. Il faudra que ce soit la liste Civile qui en fasse les frais, le revenu du Prince n'est pas suffisant. C'est ce qui me persuade que le Roi nommera à toutes les places, mais a supposer même que ce fut le Prince, je suis persuadé[b] que vôtre recommandation iroit[c] aussi loin de ce coté là que de l'autre.

Il y a plus de dix ans & demi que je suis dans ce pays-ci, ne pouvant me résoudre a demeurer a Geneve, sans y être Professeur. Je me tiens dans l'indépendance a Londres en enseignant les langues & les Mathematiques, ce qui dans une ville aussi immense est {3} le métier le plus fatiguant qu'un homme de lettres puisse faire. Si en entrant dans la famille du jeune Prince, je pouvois diminuer la moitié de l'etendue de mes courses, je m'estimerois infiniment heureux & la moindre de toutes les places suffiroit, quand ce ne seroit que celle de Lecteur ou de Maitre pour le François. Moins exposé à la fatigue du corps, je pourrois m'appliquer plus à mon aise à poursuivre mes études & mes recherches. Vous voyez, Monsieur, surement beaucoup mieux que moi les moyens de parvenir a cette fin. J'imagine que si j'avois une recommandation aupres de Mr de Munchausen cela me favoriseroit beaucoup. Il ne seroit pas impossible d'y interesser Madame la Comtesse de Yarmouth, parce qu'il y a deux ans que je lui fus recommandé pour enseigner l'Histoire & les Mathematiques a son fils. Je commençai, mais la paix se fit, ce jeune Seigneur partit avec le Roi pour Hanover une année plutôt qu'on ne croioit: Comme je n'avois jamais eu l'honneur de faire la reverence a cette Dame, je n'ai conservé aucune habitude, mais je crois que mon nom peut[d] encore lui être connu. Le mal dans une affaire comme celle-ci est que la foule des prétendans est si grande qu'on ne peut presque pas avoir recours a ses amis. M[r] le Chevalier Schaub qui m'avoit recommandé a Mme la Comtesse de Yarmouth & aupres de qui je voulois prendre les devans il y a plus d'une année, se trouvoit déja engagé pour un fils du Professeur Necker de Geneve. Je n'ai garde non plus de prétendre a vôtre recommandation, qu'en cas que vous ne soyez pas engagé.

{4} L'Eté est de toutes les saisons celle qui est a Londres la moins favorable pour les nouvelles litteraires. Il vient de se publier un Ouvrage intitulé *The Doctrine & Application of fluxions.* Je n'ai fait encore que le parcourir, mais cela me paroit le plus complêt de tous les ouvrages elementaires sur ce sujet. L'auteur est Mr Simpson Professeur en Geometrie de l'ecole d'artillerie a Woolwich. Il a éte ouvrier en soye & réduit à la derniere necessité par son attachement aux Mathematiques qu'il s'etoit appris de lui même & qu'il a poussé jusques au point de se distinguer extrêmement. Nous attendons d'Ecosse incessamment un ouvrage d'un autre Mr Simson Professeur a Glasgow & Auteur d'un excellent traitté sur les Sections Coniques *more veterum per data & quaesita.* Ce qu'il nous va donner à present c'est une restitution des Lieux Plans d'Euclide dont Pappus nous a conservé une description. Vous connoissez de nom Mr Hill Auteur d'une Histoire generale des fossiles. Il y a quelques brouilleries entre lui & plusieurs Membres de la Societé & il parle de travailler a une Critique des Transactions Philosophiques. Le public pourroit y gagner[(e)], pourvû seulement que Mr Hill à cause de ses demêlés ne deguise ni n'altere la verité.

J'ai l'honneur d'être avec infiniment d'estime

Londres 18e Sept. 1750.   Monsieur

Comme vos lettres me viennent par l'office
du Secretaire d'Etat, voudriez avoir la bonté
de les recommander sur l'adresse a Mr Wettstein
Chapelain de S. A. R. le Prince de Galles.

                              Vôtre tres humble &
                              tres obeiss[an]t Serviteur
                              E. Thourneyser.

(a) „il est impossible" nachträglich eingefügt (hochgestellt). – (b) „suis persuadé" hochgestellt, über gestrichenem „ne doute nullement". – (c) „iroit" am Zeilenende des Manuskripts eingefügt, „n'allait" am folgenden Zeilenanfang gestrichen. – (d) erste Fassung: „doit", gestrichen. – (e) folgendes Wort (neuer Zeilenanfang) unleserlich, im Manuskript gestrichen.

7. Etienne Thourneyser an Marie Jeanne Leprince de Beaumont, London, 15. Oktober 1750

Reponse de Mons. T.[hourneyser] D.[octeur] E.[s] D.[roit] à l'Auteur du *Magasin François* [S. 365 f.]. Sur l'invitation qui lui avoit été faite de se charger d'une partie de ce Magasin, sous le titre de *Journal Literaire.*

Madame,

C'EST donc un Journal Litéraire qui doit à l'avenir faire constamment partie de l'agréable Recueil que vous nous donnez chaque Mois. Tous vos correspondans dans les Pays étrangers sont unanimes à vous demander quelque chose de cette nature. Voilà qui est à merveille; mais vous jettez les yeux sur moi, & vous me pressez avec de telles instances, que je ne vois pas comment pouvoir m'en défendre.

Je ne me retrancherai ni sur la difficulté de l'entreprise, ni sur ma propre incapacité. Je sens que de telles excuses ne seroient point admises. Votre sexe n'estime les hommes qu'à proportion de leur hardiesse. Avec vous il faut tout oser, même l'impossible.

Mais ce qui pourra faire échouer votre projet, c'est mon obstination par rapport à la manière de l'éxécuter. Je ne peux pas y entrer, je vous le déclare franchement, si sous prétexte d'un Journal, vous m'asservissez à une éxactitude si scrupuleuse, que de rendre également compte de tout ce qui s'imprime dans ce Pays-ci; s'il faut pour plaire au public, que je lui sacrifie entièrement ma satisfaction & et mon goût particulier.

Il ne faut pas s'étonner que les productions de nos bons Auteurs Anglois soient si recherchées au delà de la Mer. La liberté dont on jouit ici, en fournissant au génie de fréquentes occasions de se développer, lui communique en même tems une force qui ne se trouve pas si communément ailleurs. On ne craint pas tant de s'éblouir en faisant usage des yeux de l'entendement. Le bandeau de l'opinion n'est que médiocrement respecté. Ce n'est plus que la vérité des faits & non la justesse des raisonnemens qui se prouve par l'autorité. Un Censeur incommode ne retarde ni n'empêche jamais avec ses frivoles scrupules l'impression des bons Ouvrages. On seroit trop heureux s'il n'y avoit pas pour les mauvais Livres les mêmes facilités & les mêmes privileges; quoique dans le fonds, le mal ne soit pas de si grande conséquence. Personne n'en souffre, hormis ceux qui sont assez dupes que d'acheter & de lire tout ce qui n'a d'autre mérite que celui de la nouveauté.

Ah! Madame, il me semble déja que devenu par vos ordres Nomenclateur ennuyeux, je me vois actuellement occupé à traduire ou à extraire quelque insipide Sermon, quelque Poëme qu'Apollon n'inspira jamais, quelque Histoire composée dans le goût des anciens Legendaires. La tâche est assommante, & je n'y puis résister.

Laissez-moi plutôt la liberté de faire un choix. Je m'efforcerai de le rendre intéressant pour le public. Je bannirai le mauvais; peut-être même réussirai-je à écarter le médiocre, & à ne présenter que des objets dignes de l'attention générale. Je n'aurai garde de m'en rapporter uniquement à mes foibles lumieres. Je consulterai avec soin ceux de mes amis qui sont le mieux {366} au fait des Livres et des Auteurs. Ma déférence pour leurs avis ne dégénérera pourtant jamais en foi implicite, parce que je sai, que sur toutes choses il me conviendra de me garantir des préjugés particuliers de secte & de parti, dont l'influence est d'autant plus dangereuse qu'elle est souvent imperceptible.

Ne me trouvez vous pas bien extraordinaire, d'oser ainsi mettre des conditions à l'honneur d'associer mes travaux aux vôtres.

Faites moi cependant la grace de faire quelques réfléxions sur mon plan. Je ne sai si vos Correspondans plus curieux peut-être de la qualité que de la quantité, ne s'accommoderoient pas mieux d'un Journal, qui les informeroit impartialement de ce qui est estimé & de ce qui mérite de l'être, que d'un Ouvrage plus complet où les pages entieres se consomment en préambules, & où les louanges se prodiguent souvent à des Auteurs dont je ne voudrois conseiller à personne d'orner sa Bibliotheque.

J'ai l'honneur d'être avec une parfaite considération,

Madame,

Londres, ce 15 Oct. 1750   Votre, &c.

8. [Etienne] T[hourneyser] an [Johann Georg] S[ulzer?], London, August 1752

Le Nouveau Magasin François, Pour le Mois d'Aout, 1752, S. [193]–205.

Lettre de Mr. T** à Mr. S**.

Monsieur,

Vous voulez être instruit du differend entre Messieurs de Maupertuis & Kœnig. Vous savez que quelques productions & un voyage en Laponie ont acquis a M. de M. une reputation assez étenduë: les faveurs du Roi de Prusse ont servi à la rendre respectable. Dans une position aussi flateuse, on a bien de la peine à se garantir des filets de l'amour propre: on y tombe aisément quand on croit dûs à nos merites & à nos talens certains hommages que le Public veut bien nous rendre. Les caresses qu'on nous prodigue nous engagent insensiblement à ne caresser que nous même, à regarder avec un œil de mépris & de dedain les talens de ceux qui, avec plus de fondement peut-être pourroient en faire autant à notre égard. On ne se connoit plus: on s'égare on veut que tout le monde souscrive jusques à nos erreurs; & trouve-t'on des esprits assez nobles pour nous resister on se déchaîne, & il n'y a point de moyen dont on n'use pour les décrier & les perdre. Passez moi ces reflexions; la conduite de Mr. de Maupertuis envers Mr. Kœnig les a fait couler de la plume. Chef d'une Société respectable, loué flatté de tous {194} côtés, comblé des faveurs d'un grand Monarque, il me paroit échouer sur l'écueil de la vanité. Je vous en fais juge. Pourquoi dans les *Mémoires de l'Académie de Prusse*, n'en trouve-t'on point de Mr. Liéberkuhn, & de plusieurs autres qui assurément seroient bien reçus du Public? Pourquoi parmi les Membres de cette Societé litteraire, en voit-on tant, dont la protection de Mr. de Maupertuis fait le plus grand pour ne pas dire le seul mérite? Pourquoi la langue Françoise y a-t-elle le pas sur la Latine? Recherchez en le motif, & vous trouverez, Monsieur, qu'une certaine prédilection pour des François, qui à la solde du Président ne peuvent que lui prêter un hommage constant & servile, qu'une certaine animosité contre des Allemans, dont la Philosophie est d'autant plus inintelligible, pour des esprits tels que Mr. de Maupertuis, qu'elle est consequente, profonde et solide, contre des Allemans qu'il ne peut voir de sang froid se refuser au joug qu'il voudroit leur imposer, contre des Allemans qui doivent necessairement hausser les épaules à la lecture de ses sublimes découvertes, & que le désir enfin deparoitre exceller, en sont les véritables. Recevroit-il, écouteroit-il, & souffriroit il sans cela les fades flatteries dont on l'encense, & qu'on ne craint pas même de lui addresser en présence d'une assemblée également nombreuse & brillante? Quand vous aurez lu et pesé ce que je vai vous marquer, vous vous étonnerez de l'effet que peut produire sur un esprit présomptueux le desir de la gloire.

Pour ne pas indiquer tous les traits peu polis, peu conformes à un esprit, & moins encore à un cœur philosophe que notre Président prend à tâche dans tous ses écrits de porter à Mr. Leibnitz, voyons avec quel air de hauteur il parle de ce grand Philosophe dans la preface à sa Cosmologie?[a]

Il s'agit de prouver que les principes du mouvement adoptés jusques à nos jours, sont erronés. Après avoir* dit que *Descartes* s'est trompé, Mr. de Maupertuis continuë en ces termes. « Leibnitz en prit un autre [savoir un autre principe de mouvement] c'est que *dans la nature, la force vive se conservoit toujours la même*: c'est à dire, que dans le Choc des corps, la modification du mouvement étoit telle que la somme des masses multipliées chacun par le quarré de sa vitesse formoit toujours une même quantité. Ce Théorême étoit plutôt une suite de quelques Loix du mouvement qu'un véritable principe; & Leibnitz qui avoit toujours promis de l'établir *a priori*, ne l'a jamais fait. Cette conservation a lieu dans le Choc des corps élastiques; mais, comme elle ne l'a plus dans le Choc des corps durs, & que non seulement on n'en sauroit déduire les Loix de ces corps; mais que les Loix qu'ils suivent, démentent cette conservation, les {195} Leibnitziens ont été reduits à dire qu'il n'y avoit point de corps durs dans la Nature, c'est-à-dire, à en exclure les seuls corps peut-être qui y soient.

Prendra-t'on cette prétendue conservation pour un principe? Et pour un principe universel.

En vain donc jusqu'ici les philosophes ont-ils cherché un principe général des Loix du mouvement dans une force inaltérable dans une quantité qui se conservât la même dans toute les collisions des corps; il n'en est aucune qui soit telle: mais il en est une qui, quoique produite de nouveau, & créée, pour ainsi dire, à chaque instant, est toujours la plus petite qui soit possible.

Newton sentit que cette force inaltérable ne se trouvant point dans la Nature, qu'y ayant plus de cas où la quantité de mouvement diminuoit qu'il n'y en a ou elle augmente, tout le mouvement seroit à la fin detruit, toute la machine de l'Univers réduite au répos, si son auteur de tems en tems ne la remontoit & ne lui imprimoit des forces nouvelles.

Leibnitz & ses sectateurs crurent, par leur force vive mettre les choses à l'abri de ce péril: cette force, qui se conserve inaltérable dans le Choc des corps élastiques, leur parut propre à être cet agent éternel & immutable, dont, ne voulant point recourir à chaque instant à la puissance du créateur, ils avoient besoin. Mais cette force devant être diminuée ou detruite dans le choc des corps durs, ils furent* reduits à dire qu'il n'y avoit point de corps durs dans la Nature. Paradoxe le plus étrange auquel l'amour d'un systeme ait jamais pu conduire. Car les corps primitifs, les corps qui sont les élémens de tous les autres, peuvent-ils être autre chose que des corps durs? »

Est-ce ignorance, aveuglement, presomption, ou bien ces trois qualités ensemble, qui font tenir à Mr. de Maupertuis un langage si méprisant & si dedaigneux? I. Il accuse M. de L[eibniz] de n'avoir jamais établi *a priori*, comme il l'avoit promis le Théorême des forces vives. Comment le sait-il? A-t'il repassé tous les écrits imprimés & non imprimés de Mr. de L... lui qui ignore, que la Bibliotèque de Hanovre en possède encore une quantité immense; qui ignore, que plusieurs particuliers en possèdent; que Mr. Bourguet en a possedé plusieurs; qu'il en a donné des copies de quelques uns, & vendu les autres; lui qui ignore que Mons. Henzi en a eu; lui qui paroit ignorer que Mr. de Leibnitz a voulu communiquer à Mr. de Bernouilli ses principes de Dynamique, pris des notions d'Ontologie, & qu'il en a été rebuté par le peu de gout que celui-ci y prenoit, comme cela paroit dans le *Commerc. epist.* Tom. i. p. 122, 123, 140, & 142. enfin lui qui n'a jamais été à même de parvenir à quelque certitude à ce sujet? Je crains fort que M. Kœnig ne fasse ici chanter à notre savant une triste Palinodie. II. Il ne se contente pas de dire que les Leibnitziens ont été reduits à {196} exclurre les corps durs, il le répéte quelques lignes après, & une seconde fois dans la première partie de son Essai; & sur quel fondement? Sur des idées confuses qui lui roulent dans la tête, & qui lui font tenir un discours aussi vague que pitoyable: car enfin il n'y a point de principe, ou il faut donner ce nom à une vérité qui sert de source aux autres, qui sert a rendre raison des autres. Or où Mr. de M[aupertuis] a-t'il trouvé que le Théorème de Mr. Leibnitz n'est pas une vérité de ce genre? Comment prétend-il le dépouiller de ce caractére? En battant la campagne, en disant que *c'est plutôt une suite de quelques Loix du mouvement, & que l'exclusion des corps durs est le Paradox [!] le plus étrange auquel l'amour d'un systeme ait jamais pu conduire.* Supposons que ce soit un Paradoxe, sur quel fondement Mr. de M... ose-t'il accuser les Leibnitziens, que le motif qui les y a conduit est l'amour du systeme? N'est-ce pas là une calomnie outrageante? Par quelle découverte singuliére Mr. de M... est-il venu à connoître que ce Théorème de la force vive est plutôt *une suite, de certaines Loix, qu'un véritable principe?* Quelles sont donc ces Loix? Sera-ce celle que notre président nomme *la loi de l'Epargne,* Loi qu'il substitue à toutes les autres, & qu'il nous debite pour universelle, selon laquelle *toute quantité d'action seroit la moindre possible.* Soit, posons le cas. Je veux que dans tout mouvement la moindre quantité d'action ait lieu; la connoissance de ce Théorème suffira-t'elle pour nous la faire évaluër? Tout comme si voulant savoir à combien se monte le capital du Steuer, l'on me disoit que c'est le moindre des Fonds Publics. Quand je saurois le nombre d'Ecus qui composent le capital, cette connoissance me serviroit à connoître quels paiements ce Fonds pourroit faire, & comparant ce nombre avec la somme des autres Fonds, il me seroit aisé de décider s'il est le plus ou moins considerable. Il en est de même dans le cas de l'estimation de l'action: elle ne peut s'estimer que par le principe des forces vives, dont elle est l'union des Ecus: le capital mis en circulation est l'action; donc l'action est inséparable des forces vives; donc Mr. de Maupertuis qui les sépare, ne sait ce qu'il fait, donc sa decouverte sublime de la Loi de l'épargne ne sera-t'elle qu'autant que la découverte des forces vives lui voudra bien prêter de sublimité.

De qui Mr. de M... a-t'il aprîs, que la quantité de force ne se doit pas calculer en multipliant les masses par les vitesses; qu'à cet égard *Descartes* s'est trompé; que c'est en les multipliant par le quarré des vitesses? de qui a-t'il appris sa nouvelle estimation de l'action par l'espace et la vitesse, si ce n'est de Mrs. *Leibnitz, Wolf,* de ces *Leibnitziens* qui *par amour pour un Système ont été conduits au plus étrange des Paradoxes?* Supposons le sien vrai, savoir, que dans tout mouvement la quantité d'action est le moindre de toutes {197} les possibles: sera t'elle cette quantité comme le produit de la masse par le quarré de la vitesse en tems egaux, ou non? Si on l'affirme, voila le Principe des forces vives: Si on le nie, on est reduit *ad absurdum.* De plus, voici comme *Mr. de Maupertuis* énonce son principe universel. Lors qu'il arrive quelque changement dans la Nature, la quantité d'action necessaire pour ce changement, est la plus petite qu'il soit possible. Il dit ensuite, pour rendre son Principe universel compréhensible, qui sans cela ne le seroit pas, *que la* quantité d'action est le produit de la masse des corps par leur vitesse et l'espace qu'ils *parcourent*. Or je vous demande si tout cela ne se reduit pas à ce Theorème-ci « Dans tout mouvement, ou l'on suppose les tems egaux, la force vive est la moindre des possibles. » Et si ce Théorème ne derive pas de l'estimation et de la conservation des forces vives? quoi-qu'il en soit il paroit evidemment que *Mr. de Maupertuis* n'auroit jamais songé à une Loi de l'épargne, sans la theorie des forces vives. Car vous noterez qu'il n'a jamais pu donner ni demonstration, ni ombre de demonstration ou d'explication, de l'estimation de l'action, quoique les Parisiens la lui aient demandée plus d'une fois, et comment l'auroit-il pu faire, lui qui l'avoit prise de Mons. de *Leibnitz, coeca fide* et sans l'entendre. Il paroit encore que la Théorie des forces vives, bien loin de resulter de la Loi de l'epargne, comme le pretend notre illustre *Cosmologiste*, lui sert au contraire de Principe. Ce n'est donc pas la Loi de l'epargne, qui nous apprendra si les forces vives se conservent ou non; mais c'est la conservation des forces vives, qui nous apprend dans quels cas la Loi de l'épargne a lieu. Il est bien vrai que Mr. de M... trouve ici un expedient. Pour rendre absurde la *conservation* des forces vives, il nous apprend *élegaeiment* [élegamment?] qu'il y a une force qui, quoique produite de nouveau, et créée. N. B. Pour ainsi dire à chaque instant, est toujours la plus petite qu'il soit possible. Mais il ne fait par-là que rencherir sur les erreurs de *Malebranche*. Voici la source de la sienne: 1°. Mr. de M... adopte avec Mr. Leibnitz et le[s] *Leibnitziens* que la force d'un corps en mouvement est comme le produit du quarré de la vitesse par la masse; qu'elle se conserve toujours dans le choc des corps élastiques, et qu'elle nous dispense par consequent de recourir à une nouvelle création, tant qu'on n'admet que des corps solides, ou fluides, dans l'univers. 2. D'un autre côté, il adopte contre le sentiment de Mr. de Leibnitz, les atomes d'Epicure, ces corps parfaitement durs, dans le choc desquels la force vive ne se conserve pas, mais diminue continuellement. En consequence de ces deux Propositions, *il a été reduit*, pour me servir de ses termes, *au plus étranges des Paradoxes au quel l'amour du systeme ait jamais conduit* un être dirai-je, qui pense ou qui {198} rève; à n'admettre pour elemens de la matière que des corps durs, & à avancer que la force vive qui se trouve en eux, diminuant par le choc, le Créateur est obligé de recréer continuellement un accroissement ou bien une nouvelle force (car Mr. de M... a oublié de s'expliquer là dessus comme sur bien d'autres points) dans ces prétendus corps durs, pour empêcher sa machine de tomber en lethargie. Ah! que cela est beau! que cela est digne de Mr. de Maupertuis! Enfin, Monsieur, lisez son livre, vous y trouverez un Gèomètre qui erige la foi & une soumission aveugle; qui parle de la quantité d'action sans avoir connu qu'elle dépend de la force; qui parle par tout de corps durs sans avoir donné la moindre preuve qu'ils existent; qui dit que dans tout mouvement c'est toujours la moindre quantité d'action qui le produit; que dans le choc des corps durs, les forces vives n'ont pas lieu: vous y trouverez un esprit qui veut decider de tout & qui ignore les prémieres notions.

Jusques à présent j'ai supposé le Paradoxe de Mr. de M... vrai. Il s'en faut pourtant bien qu'il le soit. Mr. Kœnig, Philosophe d'un tout autre ordre, qui raisonne
consequemment, & qui d'un pas assuré et ferme fait sentir partout la force de l'art
demonstratif, lui demontre le contraire. Il lui fait sentir que l'équilibre ne resulte
pas d'une moindre quantité d'action, mais d'une nullité d'action; que lorsque dans
le cas d'un mouvement actuel, né des sollicitations continuelles vers le centre des
forces, il y a une force vive et une action, les règles du plus grand & du plus petit
mouvement ont également lieu, mais qu'alors la force vive & l'action ne produisent
pas un *minimum*, mais un *maximum*. Pour vous convaincre de cette verité, prenez
un système d'un seul corps *A*, son centre de gravité sera en *A* considerez le dans la
situation *e*. Qu'il soit abandonné à lui même: il acquiert par la gravité tout de suite
de la vitesse, et par consequent de la force vive & de l'action: il viendra en *f* ne pouvant rester en *f* il tombera en *g* & sa force vive augmentera aussi bien que son action.
Enfin il parviendra en *h*, où le centre

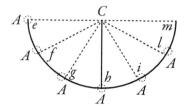

de gravité a descendu autant que cela se pouvoit par la longueur du fil *AC*. La force
vive est parvenue dans cet endroit au plus haut degré; & cet endroit est aussi la situation du repos, puisque le corps y seroit resté si vous l'y aviez mis d'abord.

Ou puisque arrivant aprés sa chute de *e* en *f* de *f* en *g* de *g* en *h*. Il y parvient avec
une force vive acquise, qui le fait remonter de l'autre côté en *i, l, m*, jusqu'à ce qu'elle
soit toute perduë, il faut qu'il retombe: de là les oscillations autour du point de suspension jusques à ce que des frottemens & {199} d'autres causes aient fait perdre
toute la force vive, & reduit le corps dans la situation *C. h.* où il auroit trouvé le
repos d'abord, si vous l'y aviez mis.

Comme il ne faut qu'ouvrir les yeux pour voir que dans chaque oscillation, la
force vive est la plus grande en *G*. il est clair qu'en exprimant la force vive par une
formule algébrique, & prenant son *maximum*, je trouverai le lieu *C G*.

Cela est simple, cela est evident, me direz vous & Mr. de Maupertuis ne l'auroit
pas senti? Moderez votre étonnement. Le célèbre auteur de la Philosophie morale
s'est imaginé que la force vive, ou l'action momentanée, (car l'on considère toujours ici l'action dans un instant infiniment petit) devenoit un *minimum*, tandis
qu'elle donne manifestement un *maximum*. Quand on se livre aux *minima* il est
naturel qu'on perde les *maxima*. Mr. Kœnig lui prouve que ce qui etablit la moindre

quantité d'action, ne peut pas detruire la théorie des forces vives; qu'on peut à la verité, dans le cas où le commun centre de gravité des corps suspendus ne coïncide point avec le point d'appui ou de suspension, comme cela arrive dans le cas du levier ordinaire, determiner, par la méthode des *maximis & minimis*, la situation propre au repos, c'est-à-dire, celle que prendra un systeme, ou un composé de plusieurs corps pésans attachés ensemble, lorqu'après avoir balancé quelque tems autour du point de supposition, il parvient au repos, mais que dans ce cas, la force vive, aussi bien que l'action instantanée, devient dans la position de l'equilibre un *maximum* & jamais un *minimum* comme notre Philosophie se le figure, que sa prétendue demonstration des Loix du repos n'est qu'un Paralogisme manifeste, puisque son calcul lui fait trouver le centre de rotation, tandis qu'il croit *Galilée*; que dans les recherges [recherches?] des Loix du mouvement, il confond ce que Mr. Kœnig appelle Phoronomique, ou la Science de simple translation avec le Dynamique. Erreur qu'on peut lui passer pourtant, parce qu'elle lui est commune avec tous les auteurs qui jusques à présent ont traité de la méchanique. Mr. Kœnig lui a démontré que ses idées sur le choc des corps durs sont des illusions puériles, & qu'enfin tout ce qu'il prétend deduire de sa sublime loi de l'épargne, est faux, ou resulte du principe des forces vives.

Pour faire voir que Mr. de Leibnitz a eu des idées plus étendues qu'on ne se l'imagine Mr. Kœnig finit sa dissertation par le fragment d'une Lettre écrite par Mr. de Leibnitz à Mr. Hermann, dans laquelle Mr. de Leibnitz dit: « l'action n'est pas ce que vous pensez, la consideration du tems y entre, elle est comme le produit de la masse par celui de l'espace & de la vitesse, ou du tems par la force vive. J'ai remarqué que, dans les modifications des mouvemens, elle devient ordinairement un *maximum* ou un *minimum*. On en peut déduire plusieurs propositions de gran-{200}de conséquence; elle pourroit servir à déterminer les courbes que décrivent des corps attirés à un ou plusieurs centres. Je voulois traiter de ces choses entre autres dans la seconde partie de ma Dynamique, que j'ai supprimée; le mauvais accueil que le prejugé a fait à la prémière, m'ayant degouté. » Mr. Kœnig, bien loin de battre la Campagne, comme le fait notre Président, reduit tout a des propositions dont il donne des demonstrations exactes. Rien ne seroit plus facile a Mr. de Maupertuis que de convaincre d'erreur Mr. Kœnig, si le cas étoit tel; il n'auroit qu'à indiquer la proposition ou se trouve le Paralogisme. La methode qu'observe Mr. Kœnig lui facilite cette découverte. Mr. de Maupertuis en est bien éloigné, croyant la Gloire attaquée, il perd de vüe la vérité pour defendre ce qui lui tient plus à cœur. Comment! Leibnitz, ce Leibnitz, qui n'a debité que des absurditès, auroit écrit, qu'ordinairement les modifications du mouvement se reduisent à un *maximum* ou *minimum*: il auroit donc eu de mes idées: cela ne se peut pas, c'est bien au dessus de Leibnitz, c'est pour nuire à ma reputation, que Mr. Kœnig a forgè ce fragment. Sommons-le d'en produire l'original, il ne pourra, puisqu'il a été assés facile de me l'écrire, le voilà donc calomniateur. A l'abri de cela, je ferai passer tout le reste. Ouï, mes chers amis, mes alliés ou plutôt mes sujets, vous qui ne vous reposez qu'à l'ombre de ma protection, aidez moi, venez à mon secours; & soutenez ma gloire indignement attaquée; sa chûte detruiroit la vôtre. Et vous, mon cher Euler, vous, le plus habile des Analitistes, vous que desormais je veux faire participer à mes travaux, & à ma gloire, vous êtes lesé comme moi: vengeons-nous. Tel, comme Don Quichotte à la vuë du moulin, se trouvoit Mr. de Maupertuis à la lecture du fragment. Il ne voit pas que Mr. Kœnig, après lui avoir demontré ses erreurs produit un fragment qui les indique & les confirme par l'autorité de Mr. de Leibnitz. Il y croit trouver au contraire une conformité d'idées avec les siennes: le croiriez-vous, Monsieur, il se l'est si fort mis en tête, que rien n'a été capable de le faire revenir de cette erreur. Il se plaint que Mr. Kœnig veut attribuër à Mr. de Leibnitz sa sublime découverte de la Loi de l'épargne; Mr. Euler se persuade que par là il perd aussi sa gloire de ses découvertes, & vous allez voir que c'est fonde toute la procedure contre Mr. Kœnig.

D'abord Mr. de M... commence par s'addresser à Mr. Kœnig même, qu'il requiert amicalement par une Lettre du 28 Mai 1751, de lui indiquer l'original de cette Lettre de Mr. de Leibnitz, & d'en constater l'authenticité. Mr. K. repond le 26 Juin, que cette Lettre lui avoit été communiquée par feu Mr. Nenzi [Henzi], qu'on sait avoir eu beaucoup de gout pour l'étude de la Philosophie Leibnitzienne, & y ajoute copie de celle qu'il pos-{201}sêde. Sur cette reponse Mr. de Maupertuis pria Mr. le Marquis de Paulmy, Ambassadeur de S.[a] M.[ajesté] T.[rès] C.[atholique] en Suisse, d'interposer son credit pour faire à Bernes des recherches exactes à ce sujet: on ne trouva aucunes Lettres de Leibnitz, ni la moindre trace, que Mr. Henry [Henzi] eut jamais eu en son pouvoir quelques-unes de ces Lettres; ce qui prouve que les recherches n'ont pas été trop exactes, puisque j'ai vu des copies de Lettres de Mr. de Leibnitz écrites de la main de Mr. Nenzi [Henzi]. Le 7 Octobre, Mr. de Maupertuis fit rapport de toute cette affaire à l'Académie. L'Académie croyant devoir en connoître, chargea son Sécrétaire Mr. Formey d'écrire à Mr. Kœnig, pour le sommer de produire l'original dans l'espace d'un mois. Le Roi, protecteur de l'Académie, requit en même tems lui-même, par une Lettre, le Magistrate de Bernes de faire chercher la Lettre susdite de Mr. de Leibnitz avec tout le soin possible, parmi les papiers qui avoient appartenus à Mr. Nenzi [Henzi]. La réponse fut qu'on n'avoit rien trouvé. Quant à Mr. Kœnig, Mr. de Maupertuis reçut une Lettre de sa part, datée du 10 Decembre, qu'il communiqua à l'assemblée le 23. Cette Lettre étoit pleine de politesses; mais Mr. K. s'y plaignoit beaucoup de l'injustice qu'on lui faisoit, en attentant à la liberté dont les gens de Lettres ont coutume de jouir. Mr. de Maupertuis y repondit, & lut sa réponse dans la même assemblée du 23. Elle tendoit à défendre le droit & la conduite de l'Académie. Mr. de Maupertuis y communique aussi à Mr. Kœnig les demarches faites pour trouver l'original. Mr. Kœnig repliqua le 25 Fevr. 1752, & renouvella ses plaintes de ce qu'on violoit à son égard le droit établi entre les gens de Lettres; ajoutant que les paroles de Mr. de Leibnitz n'ôtent rien à la découverte du principe de la moindre action, qu'autant qu'elles la contredisent, & que Mr. de Maupertuis demeure toujours en plein droit de se l'attribuer, par ce que la Lettre de Mr. de Leibnitz lui avoit été inconnuë, & que d'ailleurs Mr. de Leibnitz étoit plutôt d'un sentiment opposé à celui de Mr. de Maupertuis que du même sentiment. Il y dit encore qu'il avoit écrit à un ami, pour le prier de chercher cet original, & qu'il en attendoit encore la réponse. Mr. Kœnig, pour prouver que les pensées de Mr. de Leibnitz lui étoient connues depuis long-tems, en appelle à sa harangue inaugurale, pièce qui, pour le dire en passant, est un chef d'œuvre d'éloquence & de connoissances Philosophiques. Dans ces tems-là, l'Académie fit d'autres recherches à Bâle, où Mr. Hermann est mort, & ailleurs, pour déterrer les Lettres qu'il avoit reçues de Mr. de Leibnitz, & trouva qu'elles sont entre les mains de Mr. Kœnig. Mr. Bernouilli ne trouva que trois Lettres, où il n'est fait aucune mention du principe de la moindre action. Mr. Kœnig écrivit le 12 Mars une Lettre, dans laquelle il marqua avoir cherché {202} en vain l'original, & envoïa en même tems la réponse de son ami: il ajouta, qu'ayant donné des preuves suffisantes de sa diligence, il croyoit avoir satisfait autant qu'on pouvoit l'exiger, au désir de l'Académie.

Vous sentez bien, Monsieur, que ce denouëment étoit tout ce que Mr. de Maupertuis avoit éspéré. Il s'en felicite, & se croit maintenant en état de terrasser son adversaire. Mr. Euler s'en chargea. L'Académie s'assemble le 13 Avril 1752, et Mr. Euler y fait un exposé, dans lequel il dit en substance, que Mr. de M... ayant publié son principe de la moindre quantité d'action comme renfermant la Loi la plus générale de la nature, Mr. Kœnig a fait ses efforts pour detruire cette grande decouverte; que l'objection que Mr. Kœnig fait au sujet de l'équilibre n'est pas de grande importance; qu'il y a des cas sans nombre d'équilibre, dans lesquels la quantité d'action n'est pas nulle mais un *minimum*, (il repete deux fois de suite cette belle assertion, qui, pour le dire en passant renferme un Paralogisme impardonnable; & on le fonde sur ce que Mr. Bernouilli & Euler ont demontré que les courbes elastiques de tout genre, & les autres figures que prennent les corps flexibles, lorsqu'étant dans l'équilibre, ils sont sollicités par des forces quel conques, peuvent être trouvées par la methode de *maximis* & *minimis*, en attribuant à la formule qui renferme dans chaque cas la quantité d'action une valeur qui soit la moindre mais point du tout nulle) que Mr. Kœnig ne pouvant ébranler le fonds de la doctrine de Mr. de Maupertuis, s'est efforcé à lui ôter la gloire de l'invention pour la donner à Mr. Leibnitz. Vous voyez, Monsieur, avec quel audace Mr. Euler porte ici une accusation contre Mr. Kœnig, que celui-ci nie non seulement dans ses Lettres, comme vous l'avez vu ci-dessus, mais une accusation palpablement fausse; Mr. Euler continue cependant en disant que Mr. Kœnig allègue dans cette vuë un fragment de certaine Lettre: qu'il s'ensuivroit de ce passage que Mr. de Leibnitz a eu non seulement une connoissance parfaite de ce principe *sublime*, de la moindre action, mais même qu'il lui étoit si familier, qu'il s'en étoit servi pour déterminer les lignes courbes que parcourent les corps attirés tant par un que par plusieurs centres. Avouez que c'est pousser l'impudence bien loin que de tenir un pareil langage à une Société de Savans; un fragment qu'on rapporte pour faire voir que Mr. de Leibnitz a eu des idées fort etendues sur le Dynamique par le quel il paroit que ses idées repondent aux conséquences qu'on deduit de ses principes, & qui renversent la découverte *sublime* de {203} la moindre quantité d'action, un fragment, par lequel il paroit que Mr. de Leibnitz avoit remarqué que dans les modification du mouvement, l'action devient ordinairement un *maximum* ou un *minimum*, idée tout-à-fait opposée à celle de la Loi de l'épargne; ce fragment auroit été cité, pour insinuer que Mr. Leibnitz a pensé comme verité. Quelle contradiction, quelle absurdité! c'est pourtant, Monsieur, sur cette contradiction que Mr. Euler dit, que par-là cette Lettre citée étoit suspecte; que ce témoignage ne mérite aucune croyance, si l'on n'indique l'original, ou qu'il s'agit ici d'une découverte importante: il ajoute ensuite, qu'il n'est pas probable que dans un commerce epistolaire aussi étendu, Mr. de Leibnitz ne se soit jamais ouvert à aucun de ses amis, excepté à Mr. Hermann seul, au sujet de cet *admirable* principe de la moindre action, insinuant ainsi d'une manière aussi malicieuse que peu conforme au caractère d'un honnête homme, & à la verité, 1. Que Mr. de Leibnitz ne s'en est jamais ouvert à qui que ce soit, là où on voit, comme je l'ai remarqué ci-dessus, qu'il a commencé à s'en ouvrir à Mr. Bernouilli. 2. Que Mr. Kœnig attribue à Mr. de Leibnitz la découverte dont Mr. de Maupertuis fait tant de bruit; après quoi, pour prouver que cette découverte ne peut avoir été faite par Mr. de Leibnitz, il dit que la méthode *maximorum*, & *minimorum* n'étoit pas assez dévelopée pour que Mr. de Leibnitz put s'en être servi, quand même il auroit connu le principe de la moindre action, dont la découverte, n'étant au dessous d'aucunes des découvertes de Mr. de Leibnitz, il n'y a pas lieu de croire qu'il l'eut negligée au point de n'en faire part qu'au seul Hermann. Toutes ses raisons, dit Mr. Euler, rendant la Lettre suspecte, Mr. de Maupertuis pour se mettre à l'abri de tout soupçon de plagiat, & de tout accusation calomnieuse, avoit cru devoir en rechercher diligemment la verification: sur quoi, il rapporte toutes les démarches faites par Mr. de M... & par l'Académie, que je vous ai marquées plus haut. C'est, Monsieur, sur cette fausse supposition, presentée à l'Académie comme une verité avérée, que tout le mémoire de Mr. Kœnig, & le fragment, dementent d'une manière aussi évidente que palpable, que Mr. Euler finit son exposé, en ces termes: « Les choses étant telles qu'on vient de les exposer, le fragment étant prémièrement par lui-même suspect & Mr. Kœnig d'un autre côté, depuis qu'il a été rapporté que l'original de la Lettre de Mr. de Leibnitz n'existoit pas dans les papiers de Nenzi [Henzi], qui a été supplicié, {204} n'ayant point produit cet original, ni pu ou osé assigner le lieu où il est conservé, il est assurement manifeste que sa cause est des plus mauvaises, & que ce fragment a été forgé, ou pour faire tort à Mr. de Maupertuis, ou pour exagerer, comme par une fraude pieuse, les louanges du grand Leibnitz, qui sans contredit n'ont pas besoin de ce secours. Toutes ces considerations duëment pesées, l'Académie ne balancera pas à declarer ce fragment supposé, & à le depouiller par cette déclaration publique de toute l'autorité qu'on auroit *pu lui attibuer.* »

Mr. de Maupertuis n'étoit pas présent à l'assemblée. Pour faire parade d'une fausse modération, il lui envoie la Lettre suivante addressée selon les apparences à Mr. de Keith.

Monsieur,

« Comme c'est aujourd'hui que l'Acacémie doit entendre le memoire de Mr. Euler, au sujet de la Lettre citée par Mr. Kœnig, & porter son jugement sur cette affaire, j'aurai l'honneur de vous dire que m'y trouvant impliqué, & ne désirant de Mr. Kœnig aucune reparation, je prie l'Académie de s'en tenir uniquement à la verification du fait, c'est-à-dire, à juger sur l'authenticité de la Lettre de Mr. de Leibnitz que Mr. Kœnig a citée. J'ai l'honneur d'être. »

A quoi tendoit cette Lettre pleine de modération en apparence, à empecher l'Académie de rechercher s'il étoit vrai ou non que Mr. Kœnig l'eut accusé de Plagiat; à l'engager à prononcer sans aucune recherche sur l'exposé de son ami Euler. Si Mr. de Maupertuis avoit eu la moindre délicatesse, la moindre noblesse d'ame, il eut écrit, s'il eut cru devoir le faire, uniquement pour prier la Société de peser mûrement les choses, sans avoir égard ni à sa personne, ni à la place qu'il occupe à l'Académie, & de decider selon les régles de l'équité. On ne procéda pas ainsi. La candeur & l'integrité des membres de l'Académie avoient été surprises par un exposé, que la bonne foi faisoit croire exactement vrai. Plusieurs des membres n'étant pas en état de juger de l'affaire, d'autres par timidité n'osant y faire leurs remarques, on décide: « Que le passage produit par Mr. Kœnig dans le mémoire qu'il a inseré dans les *acta eruditorum* de Leipsig, comme faisant partie d'une Lettre de Mr. de Leibnitz, écrite en François à Mr. Hermann, porte des caractères évidens de fausseté, & ne peut avoir par consequent aucune ombre d'autorité pour porter atteinte aux legitimes prétentions qu'ont les Membres de l'Académie, intéressés dans cette affaire, de revendiquer les principes qu'ils ont {205} proposés, comme étant dûs à leur mediation & à leurs recherches, aussi bien que toutes les conséquences qu'ils en ont tirées, tant dans les mémoires que l'Académie a adoptés, que dans les autres ouvrages qu'ils ont publiées; & qu'ainsi les conclusions que Mr. Euler a tirées à la fin de son rapport, doivent être censées justes & valables, dans toute la force des termes où elles sont exprimées. L'Académie en considération de la Lettre de Mr. le Président de Maupertuis, luë au commencement de la séance, n'a pas voulu pousser la chose plus loin, & étendre sa délibération jusqu'au procedé de Mr. Kœnig dans cette occasion, & à la manière dont elle seroit autorisée à agir relativement à ce procedé. »

Quoique dans cette affaire il n'étoit pas bien difficile à Mr. Euler de jetter de la poudre aux yeux de ceux qui composent l'assemblée, il est étonnant néanmoins qu'elle ait porté une decision si extraordinaire. Il lui étoit aisé de faire attention que Mr. Euler comme partie prétenduë offensée, ne pouvant que présenter le tout d'un côté favorable à Mr. de Maupertuis, c'étoit une raison très-valable pour ne pas se fier aveuglément à son exposé; que, comme dans tout tribunal, on ne prononce point sans avoir entendu la dernière replique sur la dernière accusation, il étoit naturel de savoir ce que Mr. Kœnig pouvoit répondre sur l'exposé, que les mots de *sublime, d'important*, dont on caractérisoit la découverte de Mr. de Maupertuis, rendoit bien sujet à caution; que l'influence de Mr. de Maupertuis sur les Membres de l'Académie, ne pouvant que rendre très-suspect un jugement de sa part dans cette affaire, la prudence exigeoit de ne rien précipiter; que Mr. Kœnig s'ecriant contre l'accusation de Plagiat, & Mr. de Maupertuis ne voulant pas qu'on fit des recherches à cet égard, il étoit à presumer que ce point en étoit un qui méritoit d'être examiné, vu que tout y vouloit, & en dépendoit. Il me paroit que ces raisons & bien d'autres auroient du faire ouvrir les yeux. Par malheur s'est-on pressé à obliger Mr. de Maupertuis. Il faut voir maintenant comment Mr. Kœnig se defendra. Je ne manquerai pas de vous en rendre compte, ou de vous envoier la piéce-même & suis en attendant, &c.

Suite

(a) Edition de Dresde.

9.   [Etienne] T[hourneyser] an J., London, September 1752

Le Nouveau Magasin François, Pour le Mois de Septembre 1752, S. 261–269.

Seconde Lettre de Mr. T.** à Mr. J.**

Monsieur,

Pour cette fois-ci, le bonheur m'en a voulu, Jeudi passé j'arrive de la campagne, Je traverse le *Queens-quaré* & je rencontre notre ami D.**[(a)] avez-vous lu *l'Appel au Public*, dit-il, en m'abordant. Quel *Appel*, lui repondis-je? *l'Appel au Public du jugement prononcé par l'Academie de Berlin sur le fragment.* Je ne lui laissois pas achever. Vous avez cet *Appel*, lui dis-je? Je ne fais que d'entrer en ville; faites-le moi voir: l'avez-vous lu? Comment le trouvez-vous? J'étois si curieux & si empressé que je ne lui laissois pas le tems de repondre à mille questions que mon impatience me faisoit faire. Venez, me dit-il, au Caffé de J.**[(b)] vous y trouverez nos amis H**[(c)], M**[(d)], & G.** je vais les regaler. Je viens de prendre cet *appel* chez le Libraire *Nourse*: je l'ai parcouru à la hâte dans sa boutique: il y a tant de choses que ce seroit un crime de lèze-amitié de n'en pas faire la lecture avec eux. Ils m'attendent & nous serons bien aise de vous posseder, soit, lui dis-je, je vais vous suivre, mais d'abord je dois aller chez Mr. *Nourse* lui prendre un exemplaire de cet appel. Mon Domestique ou celui du Caffé fera bien cela, repondit Mr." Je l'accompagne: nous trouvons nos amis: après les premiers complimens, après les mouvemens d'une curiosité des plus grandes, & après avoir envoyé chez Mr. *Nourse* pour six exemplaires de l'*appel* nous nous mîmes à le lire.

Il n'est pas possible de vous exprimer le plaisir que nous goutions à la lecture d'une pièce où la présomption & la vanité reçoivent de si justes tributs; mais il est possible de vous donner un extrait de ce petit ouvrage. Eh! pourquoi ne pas m'envoyer la piece entière, me direz-vous? Mr. *Nourse* n'en avoit plus qu'un seul exemplaire de reste; & cet exemplaire me fut cedé comme étant celui qui l'avoit le premier demandé. Je le conserve pour moi, par la raison que l'amour bien ordonné commence par soi-même. Si vous voulez le lire, il faudra venir me voir, ou attendre que l'occasion vous en fasse trouver un. En attendant, {262} contentez-vous de l'extrait. Il est fidele.

A peine avions-nous commencé la lecture, que nous entendions monter quelqu'un. C'étoit Milord C." Bon jour à mes amis, dit-il, en entrant. Je viens de faire là des acquisitions littéraires, qui vont nous amuser, & qui probablement nous amuseront bien longtems encore. MAUPERTUIS & vingt & deux Assesseurs de l'Academie de *Berlin*, viennent de monter sur un Théatre tout nouveau. Je vous jure qu'on ne siflera pas. La piece est trop belle, & le fonds en est trop joli. Encore si l'on sifle, ce ne pourra être qu'à la vue d'EULER. Mais je n'en crois rien; les risées l'emporteront. Je sais repondit le Docteur H." ce que vous voulez nous apprendre. Apparemment vous avez attrapé un *Appel au Public*? Vous vous trompez repartit Milord C." Je ne sai pas ce que vous entendez par *appel*: Je vous parle moi, continua-t-il en tirant quelques papiers de sa poche d'une lettre dont on vient de m'envoyer une copie de *Paris*. Elle est du Marquis P" N" à la Marquise A" G". Je vous parle d'une autre lettre écrite par un Academicien de *Berlin* à un Academicien de *Paris*, que Mr. O" m'a communiqué: & je vous parle de quelques extraits de gazettes qu'on m'a envoyé de *Hollande* hier; & dans lesquels MAUPERTUIS se trouve humilié à ne pouvoir descendre plus bas. Eh bien! repondit le Docteur H" nous avons de quoi échanger contre tout cela. Personne n'y perdra: Nous étions à lire cette piece-ci: nous en sommes à la p. 80e. Il n'y a qu'à prendre le diner chez vous, puisque vos domestiques sont en ville; & toutes ces pieces nous serviront de Dessert. Ce dessert nous tiendra plus longtems à table qu'à l'ordinaire, mais nous aurons lieu de nous en consoler. Je vous tiens, repartit Milord C": aussi bien jamais ne peut-on vous voir chez moi; j'aurai double obligation à l'auteur de l'appel: Ces discours avoient amené l'heure du diner: nous sortons: celui de Milord fut assez frugal; mais les saillies qu'on ne cessoit de dire sur le compte de MAUPERTUIS, le rendirent des plus piquans. Jamais je ne me suis trouvé à un repas plus agréable, & ou l'on a tant ri & de si bon coeur. La curiosité nous pressoit; nous ne fimes que tordre & avaler pour venir au dessert; on en avoit sequestré les plats afin d'exciter notre impatience. Enfin nous y parvinmes, & pour être plus tranquilles nous jugeames à propos de l'aller prendre à la Bibliotheque de Milord. Nous debutames par une seconde lecture de l'*appel*; nous le lumes une troisieme fois & nous finimes par les papiers que Milord C** avoit apportés. Vous les trouverez à la fin de l'extrait que je vai vous donner de l'appel.

L'Auteur le commence par un avertissement, qui parodie celui du jugement. Le voici mot pour mot, « Les Controverses sur des faits, qui n'interessent que la vanité d'un auteur, sont rarement nécessaires; mais elles sont toujours utiles, lorsque ces faits occasionnent des recherches sur une Doctrine, {263} qui interesse les sciences. On trouvera que la controverse qui nous oblige de donner le livre qu'on va lire en est une de cette espece. Par elle même elle ne merite nullement, l'exactitude qu'on y a apportée. Mais puisque la realité & les consequences du fait, qui en est l'objet principal, tirent toute leur force de la supposition, qu'une fausse Theorie est vraye, & d'une très-grande importance, l'examen approfondi de cette même Theorie, devenue si fameuse, ne pourra manquer d'attirer l'attention des Savans.

D'ailleurs les Epoques des grandes erreurs ne sont pas moins interessantes en Philosophie, que celles des grandes vérités, & l'on ne pourroit en bien des occasions suivre la marche & expliquer les progrès de l'esprit humain, si l'on ignoroit l'histoire de ses égaremens, qui sont toujours comme les premiers points fixes d'où il faut partir.

D'un autre côté la justice veut, que ceux qui ont rendu des services aux Sciences par les succès infortunés de leurs entreprises, ne soyent pas frustrés de la seule consolation qui leur reste. Qu'ils vivent dans l'histoire des erreurs memorables; & que la Posterité sache qui ont été ceux, à qui elle est redevable de voir reculées les bornes de ses connoissances, aux depens de leur tems & de leur gloire.

En attendant que toutes ces choses soyent mises dans tous leur jour par les écrits qui suivront dans peu; on se trouve forcé d'en appeler préalablement au Public du jugement étrange qu'une celebre Academie vient de prononcer contre un honnête homme, ennemi des mauvais procedés & des disputes. Et afin que ce Public le seul juge competent des differens litteraires, soit en état de décider avec connoissance de cause, on va mettre sous ses yeux quatre choses: 1°. un exposé simple & naif de l'origine de cette controverse, 2°. quelques remarques litterales sur le fragment en question, 3°. un court examen des droits de l'Academie & de la conduite des membres, qui ont eu part au jugement, qu'elle a porté, 4°. la correspondance que la publication du fragment [a] occasionnée entre le Président & le Secretaire de l'Academie d'une part, & Mr. KŒNIG de l'autre.

Nous esperons que le Public éclairé rendra à ce dernier la justice qui lui est due, & confirmera par son jugement celui que l'Academie a porté sans avoir oui les deux parties, & sans une même délibération. »

Cet avertissement, comme vous voyez, annonce le plan de cet appel. L'exposé le suit: Cet Exposé nous apprend que Mr. KœNIG regardant les idées *cosmologiques* de Mr. de MAUPERTUIS comme très fausses, & trouvant la matiere très interessante pour la Philosophie, crut devoir l'approfondir, & chercher avec exactitude si Mr. le Président avoit véritablement fait une si merveilleuse découverte dans *la loi de l'e-{264}pargne*: & que cet examen produisit le memoire inseré dans les Actes de *Leipzich*, Mars 1751. Je vous ai parlé de ce memoire dans ma precedente, ainsi je ne m'y arrete pas.

L'Exposé nous apprend encore, que Mr. KœNIG l'ayant envoyé à *Leipzich* on lui marqua, qu'il le brouilleroit avec Mr. de MAUPERTUIS: que sur cela il le fit revenir; & qu'ayant fait quelque tems après un voyage à *Berlin*, il le communiqua à Mr. de MAUPERTUIS, afin que celui-ci y rayât ce qui pourroit lui déplaire: que le Président ayant animé Mr. KœNIG à le publier, celui-ci s'étoit à la fin déterminé à lui faire voir le jour. De plus cet Exposé informe le public de la correspondance que la publication de ce mémoire a occasionnée, & on y détermine la question en ces termes: Mais « quel est donc (dit l'Auteur de l'Appel) l'état precis de la question. L'Academie l'a décidé: c'est, que pour faire tort à Mr. de MAUPERTUIS, ou pour exagerer comme par une fraude pieuse, les louanges du grand *Leibnitz*, on a forgé le fragment de Lettre, que Mr. KœNIG a produit. Ce Fragment doit donc d'une part contenir la belle Theorie que Mr. de MAUPERTUIS croit avoir inventée, & il faut que de l'autre on ait au moins de très fortes probabilités contre l'autenticité de ce fragment. Il faut encore que l'Academie ait un droit incontestable de soumettre ces sortes de differends à son tribunal, & de les terminer par voye de sentence. Par consequent si l'on fait voir 1°. que le fragment, dont on dispute, ne contient point la Theorie de Mr. de MAUPERTUIS, mais qu'il établit des propositions contraires, & que ce n'est que par des mauvaises interpretations, qu'on a taché d'en détourner le vrai sens, en faisant valoir de très legeres probabilités que le moindre examen anéantit; 2°. que l'Academie de *Berlin* n'étoit point un juge competent pour prononcer sur l'autenticité de ce fragment & moins encore sur les dogmes Philosophiques qui y tiennent: 3°. que la Theorie dont Mr. de MAUPERTUIS s'imagine que la production de ce fragment lui ravit la gloire n'est qu'un tissus de faux raisonnemens; si, dis-je, on fait voir ces trois choses, on aura, je crois, suffisamment justifié la droiture des intentions de Mr. KœNIG, & démontré que tout le procès, qu'on lui intente, n'est qu'une frivolité & une impardonnable chicane. »

Comme le troisieme de ces chefs se trouve amplement déduit dans le memoire même de Mr. KœNIG, l'Auteur a jugé avec raison ne devoir pas s'arreter ici, d'autant plus que peu de personnes sont en état de lire une pareille discussion, & que l'on nous fait esperer de la part de Mr. KœNIG un ouvrage en forme sur cet article. Les deux autres sont à la portée de tout le monde; & dans ma premiere je crois avoir demontré assez évidemment, qu'il ne faut que du bon sens pour sentir l'absurdité des procedés & du jugement de l'Academie.

{265} Notre Auteur prouve donc son premier article par de simples remarques sur le fragment en question. Elles font voir avec toute l'évidence possible, 1°. que la contradiction qu'on a voulu indiquer dans la citation variée du passage *elle est comme le produit de la masse par le tems ou du tems par la force vive*, & qu'on a alleguée en consequence pour rendre le fragment suspect, est une miserable frivolité. 2°. Qu'il faut être aveugle & n'avoir ni un grain de bon sens, ni la moindre idée des premiers principes de Philosophie, pour trouver dans le fragment de *Leibnitz* la sublime découverte de MAUPERTUIS; *Leibnitz* disant tout le contraire de ce que MAUPERTUIS avance. 3°. Qu'il est évident par-là, que ce fragment ne peut avoir été cité pour attenter à la gloire de Mr. de MAUPERTUIS; & 4°. que l'affirmer c'est mettre *Leibnitz* en contradiction avec lui-même, Mr. KœNIG en contradiction avec *Leibnitz*, dans le tems que le premier se sert des principes du dernier, pour faire voir l'absurdité des idées qu'on dit être contenues dans ce fragment.

Tout cela étoit bien évident, me direz-vous; votre lettre ne m'en a assuré que de reste: ce n'étoit pas la peine de l'indiquer seulement: cela saute aux yeux. Vous avez à la fois raison & tort. Tous ceux qui voyent clair en sont frappés; ceux qui ont l'esprit borgne ne le voyoient qu'à demi; & ceux que la gloire de Mr. de MAUPERTUIS avoit jetté dans l'éblouissement n'y voyoient rien: donc c'étoit la peine de convaincre également & les aveugles & les semi-aveugles, & de prouver aux autres qu'ils avoient le véritable point de vue.

L'on fait voir ensuite dans ces *Remarques* combien peu consequemment raisonnent ceux, qui de ce que Mr. *Leibnitz* dit, que *l'action pourroit servir* &c. concluent que ce fragment indique que Mr. *Leibnitz* auroit *actuellement trouvé* ce qu'il dit qu'on *pourroit trouver*; & de là on passe à l'examen des droits de l'Academie, & de la conduite de ses membres: ce qui fait le second chef.

On y prouve 1°. qu'une Academie des Sciences ne sauroit avoir, ni de constitution, ni de concession, ni de quelqu'autre maniere qu'on puisse considerer la chose, le droit de juger des differens litteraires: que l'Academie de *Berlin* ne l'a pas: que quelques membres, qui ont prononcé le jugement, l'ont usurpé, & se font érigés en Juges en dépit de leurs obligations, de leurs devoirs, de la constitution de l'Academie, & des loix primitives de toute Societé. Cette discussion contient bien des choses curieuses sur l'independance litteraire. On y fait voir, 2°. que ceux qui ont usurpé ce droit n'en ont pas pu faire usage. Ils ont procedé contre toutes les regles, les maximes, & les practiques constantes de tous les Tribunaux. EULER d'abord y fait le metier de raporteur, d'Avocat, il est partie & finit par être Juge. Dans le raport de ce digne calculateur, on avance deux faits & une question de droit qui en dépend. On n'attend pas que les faits soyent constatés: on n'interroge pas l'accusé {266} sur les faits: on bouche même les oreilles & on ferme les yeux pour ne pas entendre & ne pas voir qu'il les nie. On les suppose vrais. On suppose I°. que le fragment contient la Theorie de Mr. de MAUPERTUIS quoique cela soit palpablement faux. II°. Que Mr. KŒNIG a allegée ce fragment pour attenter à la gloire de MAUPERTUIS, ce qui n'est pas moins faux: & sur ces deux faits on prononce & on condamne Mr. KŒNIG sans s'informer s'il auroit quelque chose à repliquer au raport d'EULER. *Si les moucheurs de chandelles s'en mêlent*, dit Arlequin, *pour sur je suis pendu.* Il n'y a qu'à substituer à ce bon mot d'Arlequin, *si les Academiciens de Berlin s'en mêlent* &c. Le Proverbe sera plus noble,& il perpetuera la gloire & le souvenir de MAUPERTUIS, jusques aux siecles les plus reculés: & il n'y auroit pas tant de dissemblance qu'on pourroit bien se l'imaginer d'abord. A la vérité il n'y a gueres de comparaison à faire entre un moucheur de chandelles & un MAUPERTUIS ou un EULER par exemple; mais à prendre la chose dans son naturel, si on fait attention au rôle que ces Messieurs ont joué, ne conviendrez-vous pas avec moi, que mieux auroit valu qu'ils se fussent amusés à moucher des chandelles? Du moins ne pouvant éclairer la republique des Lettres auroient-ils contribué à la clarté du Théatre.

Voilà, Monsieur, les travers auxquels on s'expose quand on sort de sa sphère, & que l'on a le malheur de se laisser éblouïr par le clinquant. Car il y a du clinquant en fait de sciences comme par tout ailleurs. Les Academiciens juges y ont été pris. On a si bonne opinion de leur candeur, qu'on ne doute pas qu'ils n'en fassent l'aveu. « Voilà donc, s'écrie l'auteur de l'*appel*, une étrange scène; & le public frappé à l'apparition d'un jugement, porté au nom d'une Academie respectable, ne sera pas sans doute médiocrement indigné, quand il apprendra que le jugement, annoncé avec tant de pompe, publié avec tant de fracas, envoyé par le Président à toutes sortes de personnes, depuis les Grands de la Terre jusques aux gazetiers, n'est qu'une décision prononcée sans discussion suffisante par vingt & deux Juges, dont presque tous conviendront avec candeur, qu'ils ne sont pas en état d'aprofondir, peut-être même d'entendre seulement la question. »

Ce n'est pas tout pourtant. Le bon sens a souffert une éclipse totale dans cette illustre assemblée. Un engourdissement general s'est glissé & a penetré, pour ainsi dire, dans l'ame de tous les juges. Toutes ces ames sont devenues passives. MAUPERTUIS les avoit reduites à la moindre quantité de leur action naturelle; à une parfaite dureté qui donnant l'équilibre au levier de leurs idées, lui laissoit un champ libre de le déterminer par le moindre degré de son influence. Faut-il s'étonner après cela que dans un pareil anéantissement ces Juges n'ayent pu remarquer l'absurdité de ce raisonnement. « On n'a pas trouvé l'original de la Lettre parmi les papiers de Mr. *Henzi*, ni {267} aucune trace qu'il en ait jamais possedé, donc Mr. KŒNIG n'a pas eu de Mr. *Henzi* la Lettre qu'il allegue » & de cet autre raisonnement « on n'a pas trouvé les Lettres originales de Mr. *Leibnitz* à Monsieur *Herman* soit à *Berne*

soit à *Bâle*: donc elles sont depuis long-tems entre les mains de Mr. KŒNIG. » A ce
sujet il faut que je vous copie tout un lambeau de l'*appel*. « Mais replique-t-on, (c'est
ainsi que s'exprime l'Auteur de cet Ecrit) parmi les papiers de Mr. *Henzi*, conservés
& gardés sans doute avec un très grand soin, on n'a trouvé non seulement aucune
Lettre de Mr. *Leibnitz*, mais pas la moindre trace même, que Mr. *Henzi* ait jamais
eu en son pouvoir aucune de ces Lettres. Hé bien! Toujours même Logique! Toujours même éblouissement! Mr. KŒNIG, plein de vie notifioit le 12. Mars à Mr. de
MAUPERTUIS, qu'il possede une collection de plusieurs Lettres de Mr. de *Leibnitz* copiées de la propre main de feu Mr. *Henzi*, de qui il la tient; & parce que Mr.
Henzi, qui n'est plus, n'a pas laissé de copies entre ses papiers, on veut conclurre,
quoi? qu'il ne les a jamais eues. Le raisonnement est merveilleux; & apparemment
c'est à ce coup terrible que Mr. KŒNIG, qui ne sait pas faire parler les morts, va suc-
comber! Il pourra cependant repondre au moins deux choses, qui paroissent assez
vraisemblables. 1°. Qu'on n'a point trouvé certaines copies des Lettres de Mr. *Leibnitz* parmi les papiers de Mr. *Henzi*, parce que ce Mr. *Henzi* ne les avoit plus depuis
qu'il les avoit envoyées à Mr. KŒNIG. 2°. Qu'il ne tient qu'à Mr. de MAUPER-
TUIS de faire à ses propres frais confronter l'écriture de cette collection de copies
de Lettres de Mr. de *Leibnitz*, que Mr. KŒNIG dit écrites de la main de feu Mr.
Henzi, avec celle de quelques autres morceaux, indubitablement écrits de la main
du defunt, qu'il ne sera pas bien difficile de trouver. Comme les morts n'écrivent
plus, s'il se trouve que les copies sont de la main du defunt, on se flatte de la généro-
sité de Mr. de MAUPERTUIS, qu'il voudra bien se persuader que le defunt les avoit
écrites avant de mourir. Mais diront des gens, qui aussi soupçonneux que Mr. le
Président, regardent les plus legeres conjectures pour des argumens invincibles: si ce
Mr. *Henzi* avoit jamais eu en son pouvoir quelques lettres ou copies de lettres de Mr.
de *Leibnitz*, il s'en trouveroit au moins quelque trace dans les papiers, qui restent de
lui. Cela est possible, mais cela n'est que possible, car que d'accidens peuvent avoir
fait disparoitre une partie des papiers d'un infortuné tel que Mr. *Henzi*? Et que
diroient nos sages Academiciens, si on leur produisoit une découverte faite là-dessus
tout recemment qui ne laisse plus douter de ce qu'il en faut croire. La voici pourtant. Qu'on prenne la peine {268} de jetter les yeux sur la Lettre que Mr. KŒNIG
vient de recevoir d'un très honnête homme, Citoyen & Négociant de *Bernes*, qu'il
avoit prié de faire quelques recherches sur les papiers en question. »

    Cette lettre, que l'Auteur de l'*Appel* produit ici, en est une de Mr. *Fasnacht*;
elle est destinée à en accompagner une toute entiere, & le morceau d'une seconde
lettre, que Mr. *Luthard*, Notaire de *Berne*, & Secretaire préposé pour la discussion
qui s'est faite des biens de feu Mr. *Henzi*, a trouvées entre les papiers de Mr. *Henzi*,
& qu'il a remises à Mr. *Fasnacht*. Elles sont écrites par Mr. KŒNIG à Mr. *Henzi*,
datées l'une du 10. Mars 1745. l'autre du 10. Mai de la même année & toutes deux
étiquetées de la main même de Mr. *Henzi*. Mr. *Fasnacht* informe Mr. KŒNIG dans

sa Lettre, que Mr. *Luthard* avoit eu plusieurs fois le dessein de bruler toutes les Lettres qu'il a écrites autrefois à Mr. *Henzi*, & qu'il vient d'exécuter ce dessein en sa presence. Il paroit donc par la lettre de Mr. *Fasnacht*, & celles qu'elle accompagnoit, que l'évènement a vérifié l'absurdité de la conclusion, que *des Lettres de Mr. de Leibnitz ne s'étant pas trouvées parmi les papiers de Mr. Henzi, il étoit apparent qu'il n'en avoit pas communiqué à* Mr. Kœnig: cette découverte prouve encore que les recherches faites à *Bernes* n'ont pas été faites avec l'exactitude requise: on n'y pouvoit ignorer que Mr. *Luthard* devoit avoir en main des papiers de Mr. *Henzi*; & si on les avoit examinés, on y auroit trouvé des traces bien marquées que Mr. *Henzi* avoit possedé des Lettres de Mr. de *Leibnitz*. On ne peut, selon moi, détruire avec plus d'évidence un raisonnement & une conclusion, fondés sur un simple défaut de connoissances nécessaires.

« L'Heureux hazard (continue l'Auteur de l'*Appel*) que celui qui a fait recouvrer ces deux pieces! Si le Notaire *Luthard* eut éxecuté plutôt son dessein de bruler les lettres & les billets de Mr. Kœnig à Mr. *Henzi*, qui étoient tombés entre ses mains, Mr. Kœnig n'auroit peut-être jamais pu donner aucune preuve de la correspondance qu'il a entretenue avec Mr. *Henzi*, sur les Lettres de Mr. de *Leibnitz*. C'est ainsi qu'il ne faut desesperer de rien. Quelque jour, peut-être, sortiront des tenebres d'autres documens, qui faisant foi de tout ce que Mr. Kœnig a avancé, acheveront de couvrir de confusion des gens assez mal-avisés pour soutenir qu'une chose n'exista jamais, parce qu'on n'a pas pu la trouver au moment qu'ils vouloient l'avoir. En attendant, si Mrs les Auteurs de la brochure de Berlin continuent à demander ce qu'est devenu l'original de la Lettre dont le fameux fragment fait partie, on se contentera de crier comme eux, que sont devenues tant d'autres lettres de Mr. de *Leibnitz*, dont il conte évidemment que Mr. *Henzi* avoit des copies ou les originaux mêmes. »

Il est donc clair 1°, que Mr. *Henzi* a eu des Lettres de Mr. de {269} *Leibnitz*; 2°. que Mr. Kœnig a eu à leur sujet une correspondance avec cet Officier. 3°. Que Mr. Kœnig possede actuellement des Lettres que Mr. *Henzi* lui a données comme copies de celles que Mr. de *Leibnitz* a écrites autrefois; & que parmi ces copies il s'en trouve de la main même de Mr. *Henzi*. Comme nous en sommes ici sur ces faits, je dois vous dire qu'après l'exposé de la correspondance que cette affaire a occasionné entre Mrs de Maupertuis & Formey d'une part & Mr. Kœnig de l'autre, qui fait la derniere partie de l'*Appel*, on trouve quatre Lettres de Mr. de *Leibnitz*, *precedées de l'avertissement suivant.*

(a) Deschamps? – (b) Jortin? – (c) Heathcote? – (d) Missy?

10. [Etienne] T[hourneyser] an J., Fortsetzung des Zweiten Briefes

Le Nouveau Magasin François, Pour le Mois d'octobre, 1752, S.283–290

Suite de la Seconde Lettre de Mr. T.** à Mr. J.**

« Pour mettre le Public (dit l'Auteur de l'Appel) en état de juger jusqu'à quel point les soupçons conçus contre l'autenticité de ce fragment, peuvent être bien ou mal fondes, on a cru qu'il étoit à propos de lui mettre sous les yeux la Lettre entiere dont ce fragment fait partie, avec quelques autres écrites de la même main, & qui ont été envoyées à Mr. Kœnig en même tems que l'autre, comme autant de copies de lettres de Mr. *Leibnitz*. Les noms des Sçavans, auxquels elles ont été écrites ne se trouvent point à la tête des trois premieres. Mais sur la foi d'un billet, qui se trouvoit dans le cahier, où étoient marqués les noms de Mrs. *Bayle, Foucher, Herman, & Valder*, Mr. Kœnig avoit conclu que la lettre en question, qui est ici la premiere, avoit été écrite à Mr. *Herman*, la seconde sur la Philosophie de *Descartes*, à Mr. *Foucher*, & la troisieme à Mr. *Bayle*. Cependant Mr. Kœnig ne veut point avoir de querelle avec qui que ce soit, sur ces affaires. Il l'a souvent déclaré, & nous le repétons ici: l'autenticité de ces lettres, en elles-même, ne l'intéresse point, il lui est tres different à qui on les donne & ce que chacun en pense. La seule chose qu'il se propose de prouver, est, qu'il a reçu ces lettres telles qu'elles sont; qu'il les donne telles qu'il les a reçu; & qu'il les a supposées bonnes & autentiques, & sur tout, qu'il n'a jamais eu la pensée d'en citer le fragment en question, pour faire tort à autrui. Pour le reste il lui importe fort peu de savoir avec certitude par qui, ou à qui ces lettres ont été écrites. Si ces sortes de pieces sont interessantes pour la Philosophie, elles ne le sont qu'à cause des choses qui s'y trouvent, la valeur desquelles ne dépend nullement de quelque petit fait de pure curiosité. »

Ces lettres de Mr. de *Leibnitz* {284} sont très intéressantes. On y voit, à n'en pouvoir douter, & la façon de penser, & le style de ce Philosophe. Celle dont le fragment en question fait la fin, est destinée à donner quelques eclaircissemens sur le *principe de continuité*: Mr. de *Leibnitz* applique la Théorie du choc des corps à ce principe: il y dit que les principes de Dynamique *ont pris naissance dans la même métaphysique*, qui lui a fait découvrir entre autres ce *principe de continuité*; et developpant ses idées sur cette matiere, elles le menent naturellement au passage qui forme le fragment en question: de sorte qu'il est aussi peu douteux que le fragment ne soit de Mr. *Leibnitz*, qu'il est évident que toute la lettre est de lui.

Après avoir ainsi combattu les probabilités, alleguées pour rendre le fragment suspect, l'Auteur de l'Appel fait sentir que, quand même ce fragment contiendroit la Théorie de Mr. de Maupertuis, on ne pourroit encor en conclurre, qu'il ait été produit pour diminuer la gloire du Président, puisque selon les principes adoptés par tous les Savans, ce Géomètre demeureroit toujours l'inventeur de sa Théorie; & pour convaincre les personnages, qui prétendent être lézés par le fragment, qu'on auroit dû raisonner ainsi; on demande à Mr. EULER, s'il veut s'avouer plagiaire, à cause qu'il existe un ecrit *non pas* (dit l'Auteur de l'Appel) *en copie, mais en original; de la propre main de Mr. de Leibnitz*, où se trouve la même démonstration de cette propriete des nombres premiers, que Mr. EULER a donnée dans le VIII. Tome des *Comment. Petrop.* comme une découverte de sa façon.

L'Auteur de cet Appel nous apprend ensuite des particularités indignes d'un homme qui auroit les moindres sentimens. Vous les trouverez dans la lettre de l'Académicien de *Berlin*. Elles décident du caractère de Mr. de MAUPERTUIS.

Cette partie de l'Appel finit par 12 questions, qu'on donne à resoudre à Mr. de MAUPERTUIS & que je vais vous copier en entier.

I. Quelle différence y a-t-il proprement & essentiellement entre le principe de la *moindre action*, & le principe si familier à tant de Théologiens & de Philosophes, *que Dieu agit toujours par les voyes les plus simples*? Le premier ne seroit-il point compris sous le dernier, comme une règle particuliere sous une règle générale?

II. Peut-on douter que ce même principe de la *moindre* {285} *action*, énoncé & entendu comme Mr. de MAUPERTUIS l'énonce & l'entend, n'ait été autrefois enseigné par le Pere *Malebranche*. Ce Pere ne dit-il pas, comme en autant de termes, que *Dieu opère les changemens dans la nature en employant la moindre quantité d'actions*. De plus, l'exemple qu'il allègue pour faire comprendre sa pensée, en disant que Dieu fait passer un corps, d'un point à un autre, par une ligne droite, & non pas par un chemin curviligne quelconque, à cause que le transport par le chemin rectiligne, demandoit *la moindre quantité d'actions*; cet exemple ne contient-il pas exactement le premier des Problèmes de Mr. *Euler*, que ces Messieurs supposent avoir été au-dessus de la partie de Mr. de *Leibnitz*.

III. N'est-il pas clair que les ouvrages du Pere *Malebranche* ont été lus & relus de Mr. de MAUPERTUIS, puisque dans le petit nombre de pages qui contiennent sa Théorie, il cite ce Pere trois fois pour le refuter? De plus, toutes les expressions dont cet Académicien se sert pour expliquer sa Théorie ne sentent-elles pas le sistème du Pere *Malebranche*, où peuvent-elles seulement être entendues à moins qu'on n'y attache les notions de ce Philosophe? Comme quand il dit: *Mais il en est une* (force) *qui quoique* PRODUITE DE NOUVEAU EST CRE'EE, *pour ainsi dire*, à CHAQUE INSTANT *est* TOUJOURS *la plus petite possible.*

IV. Tous les Savans ne conviendront-ils pas, que l'estimation mathématique de l'action, par le produit de l'espace & de la vitesse, ou par celui de la force vive par le tems, que le Pere *Malebranche* a été fort éloigné de connoitre; ne soit la partie principale de la Théorie en question, & celle dont l'invention demandoit le plus de génie & de sagacité; puisque d'un côté sans cette estimation on ne pourroit pas soumettre l'action ou [au?] calcul, & que de l'autre on ne pourroit la découvrir que dans une nouvelle Dynamique, établie sur des Principes purement abstraits & intellectuels inaccessibles à tant de Géomètres.

V. Mr. de MAUPERTUIS ayant batu toute sa Théorie sur cette estimation, en doit-il aussi passer pour l'inventeur comme il veut qu'on le croye? Ou en auroit-il peut-être reçu {286} l'idée dans son esprit sans s'en appercevoir, en lisant les Commentaires de l'Académie Impériale de *Petersbourg*, où se trouve cette estimation mathématique, annoncée & démontrée pour la premiere fois, par Mrs. de *Leibnitz* & *Wolf.* Cette supposition ne rend-elle pas raison pourquoi cet Académicien n'a jamais cité des Auteurs? Pourquoi il a induit tout le Public à croire que c'étoit lui, qui le premier avoit imaginé cette estimation de l'action?

VI. Bien plus, en supposant même que Mr. de MAUPERTUIS eut pris de *Leibnitz* l'idée du *sujet* de la fameuse proposition qui renferme sa nouvelle *Loi de l'épargne,* à savoir l'idée de l'estimation mathématique de l'action, & qu'il eut pris du Pere *Malebranche* l'idée de l'*attribut,* c'est-à-dire, celle que la quantité de cette action devient la moindre possible dans les changemens naturels, (ce qui cependant n'est nullement vraisemblable, puisque ce seroit un plagiat que Mr. de MAUPERTUIS déclare abhorrer, en intentant un procès à un homme qui l'a mis en danger à ce qu'il croit, d'en pouvoir être soupçonné quelque jour & ne fut ce qu'en mille ans d'ici), en supposant même tout celà: cet Académicien ne devroit-il pas néanmoins être célébré comme l'Auteur d'une nouvelle Théorie, entant qu'il auroit combiné les idées de ces deux Auteurs en y ajoutant le mot TOUJOURS, pour en tirer cette proposition générale, l'*action,* c'est-à dire, *le produit de l'espace par la vitesse est* TOUJOURS *un* MINIMUM *dans les changemens naturels?* Et quand même ce mot TOUJOURS rendroit cette proposition fausse, celà dérogeroit-il à la sublimité de l'idée & aux prix des conséquences spirituelles que Mr. de MAUPERTUIS en a tirées après une profonde méditation?

VII. Mais de l'autre côté, seroit-ce faire beaucoup de tort à Mr. de MAUPERTUIS, quand on supposeroit que les notions[a], qui entrent dans sa Théorie, ayent été fort familiéres à Mr. de *Leibnitz*; qui avoit lu, pour le moins, aussi-bien que l'Académicien, les ouvrages du Pere *Malebranche* puisqu'il nous en a laissé de si savantes critiques? Si Mr. de *Leibnitz* a donc sçu d'un côté l'estimation Mathématique de l'action, pour l'avoir inventée lui-même; & qu'il n'a point ignoré de {287} l'autre côté que l'hypothèse du Pere *Malebranche* portoit, que *Dieu operoit les changemens par une moindre action,* ne possedoit-il pas par-là même tout le Principe de Mr. de MAUPERTUIS, s'il avoit voulu combiner ces deux propositions par le mot TOUJOURS; en disant *le produit de la force vive par le tems, ou celui de l'espace par la vitesse* (c'est-à-dire la quantité de l'action) *devient* TOUJOURS *un minimum dans les modifications des mouvemens*: ce qui auroit été faux. Et au contraire, en les combinant ces mêmes propositions par le mot *ordinairement,* en disant *que ce produit, ou cette quantité d'action devient* ORDINAIREMENT *un maximum ou un minimum,* n'avoit-il pas le Principe exposé dans le fragment, qui est exactement vrai? Y a-t-il donc quelque chose que Mr. de MAUPERTUIS ait su sur cette matiere que Mr. de *Leibnitz* n'ait pas pu savoir aussi bien que lui, & même beaucoup mieux que lui?

VIII. De plus, Mrs. de MAUPERTUIS & *Euler,* où trouvent-ils cette impossibilité que Mr. de *Leibnitz* ait résolu, ou en tout, ou en partie, les Problèmes de Mr. *Euler?* Voilà le Pere *Malebranche* qui en propose le plus simple & qui le resout métaphysiquement. Est-il donc si peu apparent que Mr. de *Leibnitz,* voyant que selon ce Pere la moindre action nécessaire pour transporter un corps d'un point à un autre demandoit qu'il fut transporté par la ligne droite, est-il si peu apparent que voyant celà, il n'ait pas été curieux de vérifier cette hypothèse mathématiquement, en y appliquant son estimation de l'action, & ses méthodes de MAXIMIS & MINIMIS; & d'entreprendre ensuite de pareilles recherches sur des cas plus composés? Et les Savans peuvent-ils croire que ces sortes de problèmes ayent pu arrêter long-tems un des plus grands Géomètres, qui avoit vu tout ce que Mrs. *Bernoulli* avoient écrit sur les Isoperimetres, & qui avoit sans doute beaucoup étendu leurs méthodes par ses propres méditations?

IX. N'est-il pas très-remarquable, que la seconde vérité Mathématique, que Mr. de MAUPERTUIS croyoit avoir nouvellement découverte, après y avoir pensé profondément, & à l'occasion de laquelle ce Géomètre se rend si modestement justice à lui-même, lorsqu'il dit « après tant de grands hommes, qui ont travaillé sur le choc des corps, je n'ose presque dire que j'ai découvert le Principe universel, sur lequel toutes ces {288} Loix (du choc des corps) sont fondées, & qui s'étend également aux corps durs & aux corps élastiques &c. » Que cette seconde vérité, dis-je, qui *roule sur la* MINIMITE' *de l'action ou force vive absolue de deux corps en mouvement*, grandement admirée pour sa nouveauté à *Berlin*, se trouve être une vérité très connue en *Hollande*, que Mr. *Engelhard*, Savant Professeur en Phylosophie à *Groningue*, enseigne & explique depuis vingt ans à ses Disciples.

X. Mais n'est-il pas bien plus merveilleux encore que dans l'invention de ce même Théorème sur la MINIMITÉ *de l'action ou force vive absolue*, cet Académicien se soit encore rencontré sans l'avoir jamais su avec un autre illustre Philosophe, dont les livres sont maniés également par les Savans & les Ecoliers, qui a trouvé & publié ce même Théorème il y a trente ans? Qui peut-il être ce Savant? C'est le célèbre *Guillaume Jacob 's Gravesande*, autrefois Professeur en Philosophie à l'Université de *Leyden*, qui donna d'abord ce Théorème en 1722, dans son *Essai d'une nouvelle Théorie sur le choc des corps*; puis dans le XII. Tome du *Journal littéraire* de la *Haye*; puis dans trois éditions latines de ses *Elemens de Physique*, & qu'on retrouve dans la traduction Françoise & Hollandoise du même livre, & dans les extraits qui en ont été faits? N'est-il pas singulier que Mr. de MAUPERTUIS se recontre ainsi avec les *Malebranche*, les *Leibnitz*, les *Wolfs*, les *Engelhards*, les *'s Gravesande*, sans le savoir? Et n'est-il pas indubitable qu'il n'en a rien su, puisqu'il n'en a jamais rien dit? Où ne pourroit-on pas soutenir que tous les passages de ces Auteurs ont été forgés autrefois par prévision, afin d'enlever un jour à Mr. de MAUPERTUIS sa gloire, quand il viendroit à écrire sur ces choses-là?

XI. Mr. KŒNIG ayant toujours su toutes ces malheureuses rencontres de Mr. de MAUPERTUIS avec les Savans qu'on vient de nommer, & n'ayant cependant jamais manqué à la fidélité du secret qu'on doit à un ami dans le cas d'une pareille disgrace; y a-t-il la moindre probabilité qu'il ait jamais pu avoir l'intention d'insinuer des soupçons de plagiat contre Mr. de MAUPERTUIS, par le moyen d'un fragment obscur, dont il étoit incertain si on le liroit jamais, ou si jamais un seul lecteur en tireroit cette conséquence?

XII. Et comme les XII. Académiciens qui ont été Juges dans cette cause, ne peuvent {289} avoir ignoré ces détails, n'est-il pas à presumer enfin, qu'ils n'y ont pas fait attention dans la décision qu'ils ont prononcée, que parce que Mr. *Euler* ne les y avoit pas fait penser dans son exposé, & que présentement mieux instruits, ils ordonneront eux-mêmes, une revision de leur sentence?

Que penser maintenant du caractère de Mr. KŒNIG: cet homme a le sabre en main, il n'a qu'à le faire tomber sur son adversaire pour s'elever une gloire sur la ruine de celle du Président. Il n'en fait rien, il n'use point de ses avantages; il le combat comme un ennemi respectable, dont il veut conserver l'honneur: & qui plus est, dans toutes les lettres qu'il a écrites sur ce sujet, tant à Mr. de MAUPERTUIS qu'à Mr. FORMEY, & particulierement dans celle qu'il adressa au premier le 10. Dec. 1751. Il s'énonce plutôt en inférieur qu'en supérieur: il y déclare à Mr. de MAUPERTUIS que sa Théorie n'existe pas dans le fragment; que Mr. *Leibnitz* ne peut y prétendre en rien; que par raport à lui-même, il trouve que ce fragment fait foi que *Leibnitz* a eu des idées toutes opposées à celles que Mr. de MAUPERTUIS revendique; qu'on y remarque une conformité d'idées avec tout le système de cet illustre

Philosophe: qu'il n'a jamais eu dessein de citer ce fragment dans l'idée de l'insinuer;
enfin Mr. KŒNIG y parle comme une personne qui, ennemi des disputes, cherche
tous les moyens possibles d'appaiser un ami, qui se croit léze: & pour comble de
politesse il permet à cet ami de faire tel usage de cette lettre qu'il jugera convenable.
Quand vous lirez ces lettres vous trouverez qu'aux yeux de nos Compatriotes Mr.
KŒNIG en a agi dans ces lettres avec une condescendance, qui aproche trop de la
souplesse françoise. Après cela faut-il s'étonner que poussé à bout, on trouve dans
l'appel des expressions, qui paroitront bien fortes à certains esprits, mais que nous
regarderons comme des coups terrassans, qu'il ne falloit pas ménager à un ennemi
si haut, si vain, si implacable?

Avant que de passer aux autres pieces que je vous ai promises, je dois vous dire
que Mr. KŒNIG ayant reçu le jugement de l'Académie, ne manqua pas de renvoyer
à cette Societé le Diplome qui l'en constitue membre. Une lettre très-polie l'accompagnoit. Mr. KŒNIG y donne les raisons de ce pas involontaire, & des assurances
de son attachement pour le corps de l'Académie. De sorte que toutes choses se
sont faites dans l'ordre. Mr. de MAUPERTUIS avoit cru apparemment, que le titre
{290} d'Académicien étoit si flateur pour Mr. KŒNIG, que par déférence pour cet
honneur, il se tiendroit tranquille: s'il eut été élevé en *Angleterre*, ou en *Hollande*,
il auroit sçu que les véritables Savans font consister la plus grande gloire, dans celle
d'être reconnu honnête-homme & qu'on méprise des Societés dans lesquelles on
ne peut rester que par le sacrifice de sa réputation.

(a) Im Text: „nations".

11. Samuel Kœnig an T[hourneyser?] Paris, 31. Dezember 1753. Fragment

In: Clément, Pierre, *Les cinq années litteraires, ou Lettres de M. Clément sur les ouvrages de littérature qui ont paru dans les Années 1748–1752.* Slatkine Reprints, Genève 1967, Lettre CXVIII.

Paris, le 31 décembre 1753

{451}*Nouvelles Littéraires*, &c.

Je reçois presque dans le même moment cette espèce d'Annonce de l'ouvrage de Mr. le Professeur *Kœnig*, que je vous avois promis:

Fragment d'une Lettre de Mr. le Professeur Kœnig à Mr. T...

« TOUT ce que Mr. *de Maupertuis* a avancé sur *l'Epargne de l'Action* a pour fondement l'estimation mathématique de l'Action, qu'il dit avoir inventée, mais qu'il n'a ni démontrée, ni expliquée, & qu'ont expliqué & démontré Mrs *Leibnitz* & *Wolf*, dont il ne daigne pas faire mention.

A l'égard des Calculs fondés selon lui, sur son Principe de la *Moindre Action*, par où il prétend avoir trouvé les règles de la communication du mouvement dans le Choc des Corps, je démontrerai que les Calculs, bien entendus, bien débarrassés de toute fausse application d'une vaine métaphysique, ne peuvent s'appliquer au Choc des Corps, mais à une loi de simple *Translation*, absolument indépendante de la rencontre; d'où résulte une vérité pu-{452}rement géometrique, qui n'a aucune liaison avec les principes physico-méchaniques du mouvement dans le cas du Choc des Corps, soit mous, soit élastiques.

MAIS cette vérité même purement géométrique n'est point nouvelle, elle étoit connuë à divers Géomètres, à Mr. *Leibnitz* en particulier, & à Mr. *S'gravesande*, qui l'a développée en plusieurs pages dans ses *Elémens de Physique* imprimés il y a plus de 20 ans.

IL en est à peu près de même de la seconde partie du Calcul de Mr. *de Maupertuis*, par où il se flate d'avoir trouvé la loi de l'*Equilibre* dans son Principe de la *Moindre Action*. Je démontrerai que ce Calcul est fondé sur des hypothèses, ou pour parler plus exactement, des *Assumpta*, qui n'ont aucun rapport au cas de l'*Equilibre*, & que Mr. *de Maupertuis* a résolu un problème tout différent de celui qu'il s'imaginoit avoir résolu.

J'EXPLIQUERAI pour la première fois en quoi consiste ce fameux paralogisme, ce que n'avoient pu faire quelques Mathématiciens, quoi-{453}que persuadés de sa réalité. Voici ce que c'est: Le Calcul du Problême 3,[a] dont Mr. *de Maupertuis* veut déduire les loix de l'*Equilibre*, est fondé sur les mêmes principes, & conduit aux mêmes vérités qu'on peut tirer des calculs des problêmes 1 & 2; vérités que ni Mr.

de Maupertuis, ni son second Mr. *Euler*, n'ont pas sçu appercevoir dans ces calculs: il y a cette seule différence, que les calculs des problêmes 1 & 2; se rapportent au cas du mouvement direct, et que celui du problême 3 se rapporte au cas du mouvement de rotation.

CET ouvrage composé en latin depuis près de deux ans, auroit immédiatement suivi l'*Appel au Public*, si je n'avois été averti que d'habiles Géomètres avoient la plume à la main pour combattre la nouvelle chimère. Prévenu en faveur de leurs talens, & persuadé qu'après ce qui s'étoit passé, la vérité gagneroit davantage à être proposée par tout autre que moi, je me suis tenu tranquille: mais les écrits annoncés {454} ayant paru, & n'ayant pas répondu à l'attente de cette partie des Gens de Lettres qui a droit de connoitre de ces matières, je me détermine à publier le mien, où vous trouverez, si je ne me trompe, une refutation complette de la Théorie de mon Adversaire. »

(a) Siehe *Mémoires de Berlin*, vol. 2. S. 191 und 193.

12. Etienne Thourneyser an Sir Charles Yorke. Islington, 17. Mai 1756

Sir

I do not know how I might after such a length of time claim admittance to express my Gratitude, if my waiting personally upon you any time these three weeks had not been attended with the greatest impropriety, since I had no other security of my continuing myself in Your Presence but what arose from my having been so without interruption barely for a few Days, [...][a] or if any the least Degree of application or comprehension, such as wou'd be wanted for the writing a few Lines like these, had not really been quite above my reach. But so far from having been willingly dilatory therein, give leave to assure You, that hardly any thing bore so hard upon me in my Circumstances, as the total incapacity I labour'd under in that respect. I had so often already {f.360r/v} experienc'd Your generous Goodness, that I cou'd not help being in a manner overpower'd with the thought of being mute at this fresh Instance of it. It is then with an Alacrity proportionable to the livelyness of the sentiments I am affected with, that I seize this first opportunity which my intellectual faculties allow me, to return my most sincere thanks for the noble favour you was pleas'd to confer on me. I entreat only your condescension to excuse the confus'd way of expressing my thoughts, as this Nervous Distemper leaves no Part of one's self sound & entire. I have been in this Place already ten or twelve Days & it seems to me the Rest & the Country Air hath already done me some Good. If this continues & I have no Relapse, I shall shortly be enabled, [...][b] better to shew how deeply I am penetrated with the sense of your Goodness having in the mean time the honour to be with the greatest Respect

Sir

Islington May 17th 1756.

Your most Obedient &
Humble Servant
Ste: Thourneyser

(a) gestrichen: „of“. – (b) zwei Wörter gestrichen: 1. unentzifferbar, 2. „myself“?

13. Etienne Thourneyser, Quittung für J. Nourse. London, 30. November 1756

London 30 Novr 1756.
Receiv'd of Mr J. Nourse the Sum of Six Pounds fourteen Shillings & 10 Pence for my trouble in writing & revising the Grounds of the French Tongue of Claudius Arnoux as also the revising of the Dialogues of the Same Author & all demands by me
Ste: Thourneyser
[Rückseite, unbekannte Hand:] Mr Thurneÿser's | Receipt for | Grounds of the | french Tongue

14. Etienne Thourneyser an Sir Charles Yorke. Hoxton, 12. Juni 1758

Sir

Amongst the misfortunes I have labour'd under, none did hardly sit heavier upon me than to have been depriv'd since so long a time of the Opportunities of paying my Respects to you & debarr'd even from writing by the Nature of my Distemper which render'd generally any manner of application a dangerous Tryal for me. I think myself oblig'd to break this unvolontary silence I was condemn'd to, in order to present to you at last my most humble Thanks for the Continuation of Your Generous Kindness, hoping you will not refuse the Acceptance of them tho' express'd so imperfectly. If I cou'd flatter myself {2} with the Prospect of an entire return of Health, it wou'd be but an inconsiderable Return for the many Favours you have bestow'd upon me, Was I to devote myself & every moment of my existence to Your Service: But in the Situation I am in, having in a manner surviv'd myself & living to be an useless Weight to the Earth, suffer me at least to exert one of the only Powers I have left, I mean that of wishing. My Wishes constantly attend you; nothing can equal the Sincerity & the Frequency of those I am forming for Your Welfare & Happiness: May in particular your Health inure itself under that infinite Variety of Occupations you are oblig'd to go through.

It is with the greatest gratitude & Respect I have the Honour to be

Sir

Hoxton 12th of June 1758

Your most obedient
humble servant
Ste: Thourneyser

To | The Honourable Charles Yorke Esqr | His Majesty's Sollicitor General | in | Bloomsbury-Square

15. Etienne Thourneyser an Sir Charles Yorke. Paddington, 14. Januar 1761

When I had last the honour of paying my respects to Mr Yorke, I happen'd to mention something of a blunder that occurs in a fine Panegyrick upon King William spoken at Geneva by the late celebrated Alphonsus Turretinus, and the Character I gave of that piece seem'd to raise Mr Yorke's Curiosity about it. After some fruitless endeavours to purchase it, I found[a] means at least to get a Friend of mine to borrow a Volume wherein that Oration is inserted.

The mistake lies about the Word infucatus but not exactly in the Manner I had quoted it, which is no great Wonder as my Memory hath been greatly impair'd by sickness, & it was upwards of seven or eight & twenty Years ago I had made the Remark. The Author does not say speaking of King William fuit infucatâ pietate, but p. 68 "fuit Religioni addictus, sed sine fuco, sine pompâ", &c. However he was not so successful in avoiding that false signification of infucatus in the following place p. 73. "Dum denique quam te desideret, quam te lugeat, quam te requirat, inconditis fortasse ast infucatis vocibus, exponit".

I will not deny but what I may have strain'd the point too far in my commendations of that speech. But partiality is excusable for things coming from our Country and from our friends. I had the advantage in my youth of being known to the Author & greatly favour'd by him. Upon reading again his Panegyrick after such an interval of time, {2} I still do think that there are some most beautiful & affecting strokes in it, & that the whole breathes a spirit of Liberty & unaffected piety. I cou'd wish only that the Author having such fine things to say of his own, had been more sparing in his allusions to the Ancients & chiefly the Poets with which it is in a manner quite mottled. Cicero who in his letters & his Orational & Philosophical Dialogues is very fond of these allusions & quotations does not at all indulge with them in his Orations not only in those spoken before the People, but also those held in the Senate, a more learned Audience. Eloquence & Poetry have each their own peculiar excellencies which do not so easily intercommunicate & can not be appropriated from the One to the Other without destroying the Unity of Composition.

Paddington 14th of Jan:y 1761   Ste:n Thourneyser

(a) folgt durchgestrichenes, unlesbares Wort.

16. Etienne Thourneyser an Sir Charles Yorke. Paddington, 18. September 1761

Sir

It is now five Weeks ago since I had the honour to acquaint Mr John Yorke with all the Circumstances of a Transaction which I am infinitely afraid hath brought his displeasure upon me, I mean my marrying a person who in the long continued illness I labour'd under had taken the most generous & friendly Care of me & to whom in consequence I had engaged my Faith Upwards of four Years before. I had sent that letter by the Penny post, but I have no reason to think but what it must have reach'd safe his House. My respect for him on one side & the dread of being too certainly acquainted with my having incurr'd his displeasure on the other, have not allow'd me to dare to sollicit an Answer by a more express Message. Sometimes I flatter'd myself he was perhaps gone with My Lord Anson to bring over Her Majesty, sometimes I thought he was gone upon a Visit to His Excellency Sir Joseph Yorke, the possibility of which he had hinted to me the last time I was so happy to See him. But as in the mean time, my Uneasiness increases to such a degree that I am hardly able to bear it, I thought it proper for me to apply for Your Protection & humbly to entreat {2} You to use Your Influence to pacify Him towards me in case I should have forfeited His Protection & favour by this unlucky step, than which no greater Misfortune cou'd ever happen to me. Nothing but the excessive vexation I labour under on Account of all this cou'd excuse the liberty I take of trespassing in this Manner upon so precious Moments, Having the Honour to be with the greatest Respect

Sir

Paddington 18th of Sept: 1761

Your Most Obedient
& Most humble Servant
Ste:ⁿ Thourneyser

17. Etienne Thourneyser an Sir Charles Yorke. Paddington, 28. November 1761

Sir

I am very sorry that I happen'd to be from home when your Note was brought to this place, because I wou'd have done myself the honour of answering it immediately. I must own that I have nobody at present to whom I cou'd give an absolute recommendation upon a thorough & entire knowledge. When I first fell[a] ill, a particular friend of mine generously officiated instead of[b] me & for upwards of eighteen Months insisted upon his not receiving the least acknowledgement for his trouble. At last as I knew that he was somewhat streighten'd in his Circumstances I prevail'd over him to keep for himself the profit arising from the few Scholars I had recommended him. He was a Man of great ingenuity & who spoke his language extremely well, being born at Paris & brought up an Advocate in that Parliament. One singularity of him was that in the long stay he had made in England he had[c] not only attended very close upon the Courts of Justice, But also read several Law Books & got really such a knowledge of the law, as to talk very sensibly & rationally of it, which I fancy very few foreigners before him had ever done. Unfortunately for me & him also, last Spring, there had been some overtures for a peace, he lay'd hold of the Opportunity & took his flight over to France, which deprives me of a very proper {2} person to recommend in this Occasion, & at the same time hath been fatal to him, for I was told that for having indulged himself with the pleasure of talking at Paris with English liberty about great Men & State Affairs he had got himself into the Bastille. Instead of him I shall recommend a person who bears a very good Character tho' I have not been often conversant with him, & on that Account think it proper to acquaint You first with it & wait for your further Orders. The Man is a Proselyte having belong'd in his own Country to some Monastick order[d]. He speaks French with a good accent & is the only Man of the Neighbourhood of Bordeaux I have ever known, whose pronunciation did not discover whence He came. Since he hath been in England he hath got into Orders & lives creditably with a Wife & family by preaching in French & teaching. If you let me know whether You approve of him, I shall then take care to send him to Sir Eardley Wilmot with a Note from me. I have the honour to be with the Greatest Respect & My usual gratitude

Sir

Paddington 28th of Novr 1761   Your Most Obedient &
My Direction is   Most humble Servant
near the Sign of the running horse
at Paddington   Ste:ⁿ Thourneyser

(a) gestrichen: „felt". – (b) gestrichen: „for". – (c) gestrichen: „and". – (d) nachträglich eingefügt: „to some Monastick order".

18. Etienne Thourneyser an Sir Charles Yorke. Paddington, 28. Dezember 1761

Sir

A few Days since, looking over by Chance an old Monthly Collection, to my very great surprise, I found that my much honoured friend & Benefactor Mr John Yorke had been promoted, already five or six Months ago, to be one of the Lords of Trade & Plantations, without my ever hearing of it before, which arose entirely from my reading now the Papers but very seldom. It griev'd me to think, how strange my having omitted to testify my Joy about an Event so interesting must have appear'd

to him, though I little thought at that time, that I shou'd very likely have been
guilty of the same omission with regard to You, had it not been for a friend of mine
who occasionally acquainted me with Your having lately been appointed His Majesty's Attorney General.

I wou'd rather chuse to be importunate, than to run the chance of being thought
remiss in discharging towards you any part of the Duty imposed upon me by the
sacred Laws of Gratitude. Its expressions however I shall confine within {2} narrow
bounds, for fear of trespassing too long upon Moments so precious as yours. May
the next Remove be not to the place of Chief Justice of the Common Pleas, but
to that high station which wou'd be personally due to You, if besides You had not
already a sort of hereditary Right to it, being the Son of the Earl of Hardwicke &
the Nephew of the great Lord Somers who both of 'em fill'd it so gloriously. To
have the happiness of seeing You rais'd to that high point of Dignity, Influence &
Power, is the utmost of my Wishes. I have the honour of being with the greatest
Respect & an infinite gratitude

Sir

Paddington 28th of Dec. 1761

Your most Obedient &
most humble Servant,
Ste:ⁿ Thourneyser

P. S. I take the liberty of presenting my very humble services to Dr. Plumptre. I hope
the person I had mention'd hath waited upon him & gave him tolerable satisfaction.

19. Etienne Thourneyser an Sir Charles Yorke. [London], 8. Juli [1762?]

Sir

I waited upon you last Saturday, but I found that you was expected from the Country only in the Evening & I was this Morning prevented from having that honour,
as I intended, by a visit that came to me. Tho' I shall shortly endeavour to hit upon
the happy moment of meeting you at home & disengaged, if possible, I think it
incumbent on me to postpone no further my very humble & sincere thanks for the
favour you design'd me by having me introduced to Mylord Chief Justice Ryder,
& I shall at the same time[a] take the liberty of acquainting you with the success of
my visit to His Lordship, which indeed was not what I might have flatter'd myself
with. It was partly my fault or rather that of my spirits which are none of the best
& which from the beginning received a Notable Check from my perceiving that as

Mylord had not yet spoken to you about me, I was in a manner an absolute stranger to him. I did not recover any presence of mind during the examination I was obliged to undergo; I was even more flutter'd than at first, when after having told His Lordship that I came from Geneva, He did not seem to me to be clear that no other language was spoken there but French, & by his asking me at two different times what stay I had made at Paris, I cou'd {2} guess that he did not judge the Time I had mention'd, sufficient for me to get a tolerable Notion of the Delicacies of the French Language. His Lordship told me in parting that he wou'd speak to you & consider about it & I withdrew excessively out of humour with myself, not only because I cou'd judge that *l'air du bureau* was no ways favourable to me, but chiefly on account of my having done as I thought so little honour to Your Recommendation. Vex'd as I was, that a Person of that Eminence cou'd think that it was bestow'd on an undeserving Object, I took the very Day the liberty of writing to His Lordship, "that it was the common misfortune of people who had spent more of their Time with Books than with Men, to please but little in a first interview, chiefly with Persons of a Superior Rank; That I was conscious that if his Lordship limited His Judgment to the Evidence I might have given to him[b] of myself, I cou'd not entertain any hopes of its turning in my favour; That however I thought myself obliged to shew that I was not unworthy of your kindness, & beg'd to be excus'd if in order to that I inclos'd some proofs of my studies". They were a Latin Dissertation I wrote & printed when I was not quite eighteen, some Law Theses I had maintain'd in our Academy at {3} Genéva, & a second edition which hath been made of a letter upon Necessity which was inserted in the *Magasin François de Londres*. Whether you'll approve my boldness, I don't know, but hope at least you'll excuse it, on account of the motive which prompted me to it. I have the honour to be with the greatest Respect & an equal gratitude

Sir

George's Coffee-house	Your most Obedient & Oblig'd
Temple-bar	Humble Servant
Monday the 8th of July.	Ste: Thourneyser
3 º Clock	

To | The Honorable | Charles Yorke Esq.ʳ | N° 9 in the Old Building | Lincolns-Inn

(a) nachträglich eingefügt: „time". – (b) nachträglich eingefügt: „to him".

20. Etienne Thourneyser an Sir Charles Yorke. Paddington, 1. Oktober 1762

Sir

In the high station you are in, all your Moments are so much taken up that I have not the least chance of finding you ever disingaged & unemploy'd. Last Wednesday, I try'd, tho' without success, to wait upon you. I wanted alltogether to pay my respects, to return my most grateful thanks for the continuance of Your favours, & to have at the same time the honour of acquainting you, that I design'd the approaching season to resume partly teaching about Town as I us'd formerly. I am now, thank God entirely free from any nervous complaints & have been so for upwards of two Years & eight Months. The Distance from Paddington to the Western End of the Town is so little, that I am in great hopes my health will allow me to give as far as two or three lessons a Day about the Squares of St James's, Grosvenor's, Hanover & Cavendish, so much the more as there is the conveniency of a very cheep stage set up between Paddington & the upper end of the Haymarket, by which means I cou'd even in bad weather attend every Day my Business in a Morning & go back every evening to Paddington. What I consider'd is, that having always been us'd to an Active Life it is hard upon me to be so early in life nothing but an useless burthen to the Earth, & that by being again a little in the World, I shall have more frequent Opportunities of cultivating {2} the kindness & protection of my friends. But what chiefly determines me is that although the generous assistance I receive from you & Your Noble family affords me a sufficient maintainance, yet it wou'd be a great Comfort to me, was I able by my own industry to enlarge my little income by twenty or thirty Pounds, which sum wou'd serve gradually to procure me several conveniences still wanting, for instance, a new supply of Books, *libraria suppellectilis*, for I parted with most of my collection at the time my sickness seem'd so desperate as to incapacitate me forever from the pleasure of making any use of Books.

I thought it my Duty to impart to you this Design of mine entreating at the same time, if you don't disapprove of it, Your countenance & recommendation, shou:d any occasion offer. I am with the Greatest Respect

Sir

Paddington 1st of Octr: 1762   Your Most Obedient &
                                                         most humble Servant
                                                         Ste:n Thourneyser

Zeitgenössische Kommentare zu Thourneyser und zur Publikation *Essai de psychologie*

Inhalt

1. Der Briefwechsel zwischen Niklaus I Bernoulli (1687–1759) und Gabriel Cramer (1704–1752)

Niklaus I Bernoulli an Gabriel Cramer. 15. August 1736

Entwurf. UB. Basel, Mscr. L. Ia 21, 36. – Original fehlt in Genf.

Monsieur,

Aprés avoir été privé de l'honneur de Vos lettres pendant plus de 5 ans jugés quelle a été ma joye en recevant la Vôtre du dernier du mois passé. Elle a été effectivement trés grande, puisque par cette lettre je me suis assuré du bon état de Vôtre santé et de la continuation de l'amitié prétieuse dont il Vous a plû de m'honorer; ces deux choses m'interessent beaucoup plus que la restitution que Vous avés trop scrupuleusement crû être obligé de me faire. Je dois Vous dire que le bien que Vous me rendés ne m'appartient point, aussi en ai-je d'abord fait cession à mon Cousin qui est l'Autheur du Probléme dont Vous parlés, comme Vous auriés pû le remarquer dans ma lettre à Mr. Stirling, que je Vous avois envoyée ouverte, et où j'avois expressement dit que ce Probléme m'avoit été proposé par mon Cousin de Petersbourg. à propos de Mr. Stirling, je lui ai écrit une lettre assés longue le 1. Avril 1733, que je Vous envoyai aussi ouverte et enfermée dans une autre lettre, que j'eus l'honneur de Vous écrire sous la même datte; je suis fort surpris de ce que je n'en ai point eu de réponse, et que Vous n'en dites un mot dans Vôtre lettre, j'ai souvent été tenté de Vous demander, si Vous aviés receu ces lettres ou non, obligés moi, Monsieur, de me dire ce qui en est, je serois faché de les avoir perdües, et d'être obligé de les recopier. J'ai receu il y a longtemps la belle these de Inductione Logica que le jeune Thourneisen, autrefois mon disciple, a soutenue sous Vôtre Présidence, je ne me souviens plus, si c'est Vous ou lui que j'en dois remercier, s'il en est l'Autheur comme le titre l'annonce, il a fait bien des progrés en peu de temps, dont je Vous prie de lui faire mes complimens de felicitation. J'ai remarqué qu'il y donne l'investigation du binome elevé à une puissance indeterminée, comme une chose de son invention. Vous Vous souviendrés que la même investigation se trouve dans les écrits posthumes de feu mon Oncle[a] que je Vous communiquai autrefois. Mrs. Cheyne[b] et de Moivre[c] en ont aussi publié des semblables en 1703 et 1704. J'ai présenté Vos respects à mon Oncle[d] qui m'a chargé de Vous assurer reciproquement des siens, il se trouve maintenant aux Eaux de Plombiéres, qu'il est allé prendre par précaution. Je finis en Vous priant d'etre persuadé que je demeure toujours avec la consideration la plus distinguée, Monsieur, Vôtre &c.

Bâle ce 15. Aout 1736

(a) Jakob I Bernoulli (1654–1705), Prof. in Basel. Varia Posthuma Ms. UB Basel L I a1, veröffentlicht in: Jacob Bernoulli, Op. CIII, *Opera*, Genève 1744. – (b) George Cheyne (1671–1743), Medizin, Mathematik, Theologie. Briefwechsel mit Samuel Richardson. –(c) Abraham de Moivre (1667–1754). – (d) Johann I Bernoulli (1667–1748), Prof. in Groningen, später in Basel.

Gabriel Cramer an Niklaus I Bernoulli. Genf, 28. August 1736

Original. UB Basel, Mscr. L. Ia 22¹., Nr. 58.

Monsieur,

Il est bien vray que le Probléme en question vient originairement de Monsieur vôtre Cousin, aqui je vous prie d'en faire mon compliment & mes excuses, puisque, sans qu'il y ait cependant de ma faute, on me pare d'un bien qui lui apartient. J'ai bien reçu & ponctuellement envoiée vôtre belle Lettre du 1. Avril 1733 à Monsieur Stirling, mais dès lors, je n'ai point eu de ses nouvelles. C'est une des raisons qui m'a malheureusement privé si longtems de vôtre Chère & précieuse correspondance. J'attendois de jour à jour la réponse de Mr. Stirling, & cette reponse est encore à venir. Monsieur Thourneyser vôtre disciple n'a pu que faire de grands progrès aiant jetté de si bons fondemens sous un Maître si habile. D'ailleurs, il s'est extrèmement appliqué aux Mathématiques depuis 3 ou 4 années. Je ne sçaurois lui faire vos Complimens, car il y a quelques mois qu'il est parti pour Paris, se proposant de passer delà en Angleterre. Véritablement j'ai cru que la manière d'élever le Binome & l'infinitinome à une puissance indeterminée étoit nouvelle. Et je la préferai à une autre manière que nous avions aussi trouvée, & qui n'emploie ni les Differences, ni les Logarithmes, mais qui me parût un peu trop longue. Et cela me fait bien de la peine de voir mon peu de mémoire. Car je devois me souvenir de l'avoir lüe dans M. Cheynes, dont j'ai un Exemplaire, mais où assurément je n'avois aucune idée d'avoir vû cette Methode qui est pourtant mot à mot la même que j'emploie. Quand à Mr. de Moivre, je ne crois pas de l'avoir lû; ce qu'il donne dans les Transactions Philosophiques n'est qu'un Théoreme sans investigation. Pour ce qui est des Œuvres Posthumes de feu Mr. vôtre Oncle, je me souviens fort bien que vous eutes la bonté de me les communiquer, mais je ne me rapelle pas ce qu'elles contiennent. Cela me fait prendre la liberté de vous prier d'une chose. C'est de me permettre d'en tirer une Copie. Je suis assuré qu'en les confiant à la Messagerie elles ne courent aucun risque. Et je m'oblige à vous les renvoier par la même voie dans un mois ou deux. Si vous vouliés y joindre une Copie de vos lettres à M. de Montmort que vous m'aviez fait esperer, l'obligation seroit bien plus grande, & tout cela joint à tant d'autres bienfaits dont vous m'avés comblé, porteroit ma reconnoissance à l'excès. Je vois par vôtre dernière lettre à M. Stirling que vous avés une méthode pour la résolution des Equations qui vous donne des suites bien plus generales que celles que fournit

le Parallellogramme de Mr. Neuton. En suivant vos traces j'ai aussi trouvé quelque
chose en ce genre, que je crois assés conforme à vos idées. Ensorte qu'une Equation
étant proposée: je crois que je puis trouver les mêmes suites que vous. Mais je n'ai
pû reussir à mettre cela bien au clair, & à y donner un certain ordre méthodique
qui contribue infiniment à abreger ces Calculs, longs par eux mêmes & ennuieux.
C'est ce qui me donne la plus forte envie de voir ce que vous avés communiqué sur
cette matiére à M. de Maupertuis. Voila, Monsieur, bien des demandes importunes.
Il faudroit que vous eussiés beaucoup d'obligation à quelcun pour qu'il fut en droit
d'exiger de vous autant de complaisance. Combien donc ne vous paroitrai-je pas
témeraire, moi qui bien loin de vous avoir prévenue par aucun service, n'ai fait que
recevoir de vous mille & mille honnêtetés, sans avoir été assés heureux pour me
voir en état de vous en rendre la moindre partie. Ce sentiment me rend si confus,
qu'il m'oblige à terminer cette lettre par les excuses les plus soumises, & par les
assurances les plus fortes de la plus parfaite estime & de l'attachement inviolable
avec lequel j'ai l'honneur d'étre
Monsieur

Genéve ce 28. Août 1736   Votre trés humble & trés obeissant
                                                                    Serviteur
                                                                    GCramer

P. S. Je vous supplie d'assurer M^r. Vôtre Oncle de mes respects les plus humbles

Monsieur | Monsieur Nicolas Bernouli | Docteur & Professeur en Droit, | &c.&c. |
a Basle

Niklaus I Bernoulli an Gabriel Cramer. 26. September 1736

Postscriptum. UB Basel, Mscr. L. Ia 21, 209.

Je vous prie, Monsieur, de Vous informer par Mr. Thourneiser quand il sera à Londres, ou par quelque autre de Vos amis, si Mr. Sterling[a] a receu nos lettres.

(a) James Stirling (* etwa 1696, † 1770), Mathematiker, in Oxford gebildet, Mitglied der Royal Society, „Agent" der schottischen Bergbaugesellschaft.

Samuel Kœnig an Niklaus I Bernoulli,
Bern, 3. Dezember 1740

Unveröffentlicht; Mscr. L I a 22, Nr. 106; UB Basel.

Kœnig bittet in diesem Brief um ein zusätzliches Exemplar von Niklaus Bernoullis Inaugural-Dissertation *De usu artis conjectandi in jure* (Basel 1709), da Mme du Châtelet das mit seiner eigenen *De arte conjectandi* zusammengebundene Exemplar in Cirey zurückbehalten habe. Auf Thourneysers Rat hin wende er sich direkt an ihn: « Mr.Tourneisen que j'ay consulté ici, m'aiant assuré qu'on ne pourroit trouver des Exemplaires de cette pièce que chez vous Monsieur [...] ».

2. Briefe zu *Essai de psychologie*

August Friedrich Wilhelm Sack an Friedrich Carl Casimir, Freiherrn von Creutz[(a)], 1754

> In: *August Friedrich Wilhelm Sack's gewesenen Königl. Preußischen ersten Hofpredigers, Oberkonsistorial- und Kirchenrathes, auch Mitgliedes der Königl. Akademie der Wissenschaften, Lebensbeschreibung, nebst einigen von ihm hinterlassenen Briefen und Schriften.* Herausgegeben von dessen Sohne Friedrich Samuel Gottfried Sack, Königl. Hofprediger, Oberkonsistorialrath und Kirchenrath. 2 Bde., bei Christian Friedrich Voß und Sohn, Berlin, 1789. Bd. I, pp. 243–244:

[...]. Ich weiß nicht ob Ew. Hochwohlgeb. ein neulich in London unter dem Titel: *Essai de psychologie* herausgekommenes Buch gelesen haben, wovon der Verfaßer wie ich glaube, ein gewisser in England sich aufhaltender Schweitzer Namens Thourneysen ist, welcher bereits vor einigen Jahren dergleichen etwas in dem *Magazin françois à Londres* herausgegeben. Dieses Buch enthält in der schönsten und lebhaftesten Schreibart das feinste der Leibnitzianischen Philosophie in einem gar starken Lichte, und verschiedene große Aufschlüße wichtiger Schwierigkeiten, und einige kühne, aber meiner Einsicht nach, nicht ungegründete Gedanken, die sehr reich an viel bedeutenden Folgen sind. Mit denen darin behaupteten Sätzen könnte der strengste *Particularismus* siegen, wenn die letzte Entwickelung des Looses der Menschen in der Ewigkeit zugleich mit angenommen wird, ohne welchen Schlüssel *Caluini Decretum absolutum* freylich ein horrendum decretum bleibt. Ich bin recht neugierig, die Urtheile der Journalisten über dieses Buch zu lesen, ohngeachtet ich mir schon zum voraus vorstellen kan, wie solche bey den mehresten ausfallen werden. [...].

(a) Friedrich Carl Casimir, Freiherr von Creutz, hatte im Vorjahr einen *Versuch über die Seele* veröffentlicht (I. Teil, Frankfurt und Leipzig: Knoch-und Eßlingerische Buchhandlung, 1753).

Charles Bonnet an Albrecht von Haller, Genthod, [15.] Dezember 1764

> In: *The Correspondence between Albrecht von Haller and Charles Bonnet*, ed. by Otto Sonntag. Bern, Stuttgart, Wien, 1983, p. 403. Auszug.

[...].

Dans une Notte du Tome V de la *Physiologie*, vous cités feu Mr Beaumont mon Ami, comme l'Auteur de la *Psychologie*. Je vous avois assuré autrefois qu'il n'en étoit point l'Auteur, et il l'étoit si peu, qu'il croyoit fermement, que nous n'avions

jamais qu'une Idée à la fois. De plus, quand cet Ouvrage singulier parut, il en ignoroit profondément l'éxistence. La conformité de quelques uns des Principes de sa
Brochure sur la *Philosophie Morale* avec quelques uns de ceux de la *Psychologie* vous
aura trompé. Vous la lui aviés attribuée dans vôtre Extrait de mon *Essai sur l'Ame*,
& je vous priai de corriger l'Article; vous ne futes pas à tems.

Albrecht von Haller an Charles Bonnet.
[Berne], 21. Dezember 1764

> In: *The Correspondence between Albrecht von Haller and Charles Bonnet*. Ed. by Otto Sonn-
> tag. Bern, Stuttgart, Wien, 1983, S. 404 Auszug.

[...].
J'ai écrit sur ma copie que la Psychologie n'est pas de M Beaumont. Cela sera corrigé.

Jacob Bennelle und Charles Bonnet an Johann Kaspar Lavater,
Genthod, 28. Juli 1769

> In: *Johann Kaspar Lavater – Charles Bonnet – Jacob Bennelle. Briefe 1768–1790. Ein For-
> schungsbeitrag zur Aufklärung in der Schweiz.* 1. Halbband, Briefe (Brief Nr. 11); Bern, ...,
> 1997, p. 36. – Das Original ist in Pfr. Bennelles Handschrift.

[...].
L'Auteur de l' E s s a i d e P s y c h o l o g i e vous aura bien de l'obligation de l'avoir
vengé de l'indifférence des Allemands. Nous-nous sommes étonné plus d'une fois
que cet Ouvrage ne fût pas plus connu. La P a l i n g é n é s i e pourra le répandre un
peu.

   Il y avoit, sans-doute, assez d'un B o n n e t dans l'Univers: Le Principe des I n d i -
s c e r n a b l e s auroit-il permi qu'il y en eût deux? Personne ne sçait mieux que l'Auteur de l' E s s a i A n a l y t i q u e, que Mr Thourneyser n ' e s t p o i n t l'Auteur de
l'E s s a i d e P s y c h o l o g i e.

Charles Bonnet und Jacob Bennelle an Johann Kaspar Lavater. Genthod, 26. September 1769

In: *Johann Kaspar Lavater – Charles Bonnet – Jacob Bennelle. Briefe 1768–1790. Ein Forschungsbeitrag zur Aufklärung in der Schweiz*. 1. Halbband, Briefe (Brief Nr. 14); Bern, ...,
1997, pp. 40–41. – Im Original: Handschrift des Sekretärs David Monnachon. Unterschrift autogr. Bonnet. Auszug.

[M.ʳ Bonnet] a fait grande attention à votre Note sur l'Essai de Psychologie.
Il vous répète ce qu'il vous a déjà écrit; que personne ne sçait mieux que lui, que M.ʳ
Tourneysen n'est point l'Auteur de cet Ouvrage. Mais; n'auroit-il point été mieux
que vous n'eussiés pas paru chercher à lever le Voile sous lequel cet Anonyme se plait
à se cacher? Il a, sans doute, de bonnes raisons pour garder encore l'Anonyme. Il
vous aura assurément une véritable obligation du soin généreux que vous avés pris
{3} de le vanger de l'indifférence des Allemands. Celle des François n'est guères
moins singulière. C'est ce qui a porté le Palingénésiste à faire un peu valoir cet
Auteur si peu connu. [...].

Charles Bonnet an Abbé Lazzaro Spallanzani, 5. Mai 1770

In: *Œuvres d'Histoire Naturelle et de Philosophie de Ch. Bonnet*. Tome X1, Neuchâtel:
Samuel Fauche, Libraire du Roi, 1781, pp. 385 f. – Auszug.

[...].
Mʀ. le Marquis Beccaria ne pouvoit pas, en bonne Logique, vous donner pour
certain, que l'Auteur de l'*Essai analytique* sur les facultés de l'Ame est aussi celui de
l'*Essai de Psychologie*: mais l'Auteur de l'*Essai analytique* sait mieux que personne,
qui est l'Auteur de l'*Essai de Psychologie*, & il ne croit pas convenable d'ôter le voile,
sous lequel ce dernier juge encore à propos de se cacher. [...].

3. Publikationen über *Essai de psychologie*

Herrn Karl Bonnets Werke der natürlichen Geschichte und Philosophie

Übersetzt von Joh. Hedwig, Leipzig: Brockhaus, 1783. Bd. 2, p. 305. Auszug.

[...].

Der Hrr [!] Marchese Beccaria konte Ihnen nicht nach einer guten Logik für gewiß sagen, daß der Verfasser des analytischen Versuchs über die Seelenkräfte auch Urheber des Versuchs einer Psychologie sey; der Verfasser des analytischen Versuchs weis besser als jemand, wer Verfasser des Versuchs der Psychologie ist, aber er hält es nicht für zuträglich, den Schleyer wegzunehmen, unter welchem der leztere sich noch zu verbergen für gut findet. [...].

Herrn Karl Bonnets verschiedener Akademieen Mitgliedes Analytischer Versuch über die Seelenkräfte

Aus dem Französischen übersetzt und mit einigen Zusätzen vermehrt von M. Christian Gottfried Schütz. Erster Band. Bremen und Leipzig, bey Johann Henrich Cramer. 1770.

Vorbericht des Uebersetzers.

Obgleich Herr Sigorgne, Verfasser der *Institutions Leibnitiennes* gezeigt hat[1], daß viele Grundsätze, welche Herr Bonnet vielleicht für die seinigen gehalten, bereits von andern angenommen {IV} worden, und Herr Moses Mendelssohn ebenfalls vollkommen Recht hat, wenn er in seinem Schreiben an Herrn Lavater sagt, daß ein großer Theil des *Essai de psychologie,* dem Herr Bonnet in vielen Stücken folgt, auf deutschen Boden gewachsen sey, so verdienet doch der gegenwärtige Versuch über die Seelenkräfte aus mehrern Gründen gelesen, und gebraucht zu werden. Der Verfasser hat nicht nur selbst, nebst dem Herrn von Condillac[2] viele gute Anmerkungen über die Seele gemacht, sondern es kann auch die von ihnen gebrauchte Methode, wofern sie gehörig erweitert und verbessert würde, ohne Zweifel noch sehr viel zur Aufklärung [der] Psychologie beytragen. Dieses bewog mich, die gegenwärtige Uebersetzung des Bonnetschen Versuchs zu veranstalten, und ich durfte {V} meine Wahl mich um so viel weniger gereuen lassen, da der Herr Prof. Feder, welcher gewiß kein Freund unnützer Speculationen in der Philosophie ist, diesen Versuch als lesenswürdig empfahl[3]. Selbst die willkührlich

---

1)   S[iehe] lettre de l'Auteur des institutions Leibnitiennes à Mr. Bonnet, Auteur de l'Essai analytique sur l'Ame, et de la Palingenesie.

2)   Traité des sensations à Madame la Comtesse de Vassé Tomes 2.

3)   Log. und Metaph. p. 130.

angenommenen oder unrichtigen Sätze des Verfassers verdienen dennoch genau erwogen zu werden. Seiner Schreibart wird mancher vielleicht mehr Bündigkeit, oder Anmuth wünschen; ich habe mich aber nicht für befugt gehalten, daran etwas zu ändern. Schönheit des Stils ist auch in der Philosophie immer erst das Letzte, was der Leser fodern kann; wenigstens darf man Philosophen deswegen nicht verachten, wenn sie mit der Gründlichkeit ihrer Gedanken, nicht so viel Zierlichkeit des Ausdrucks verbinden, als Hutcheson oder Shaftesbury, Moses oder Zimmermann etc. Ich schmeichle mir übri={VI}gens, weder die Gedanken des Verfassers in der Uebersetzung verdreht, noch dem Genie unserer Sprache merklich Eintrag gethan zu haben. Die wenigen Anmerkungen, die ich zuweilen beygefügt habe, stehen blos da, um einen vorläufigen Beweis zu geben, daß ich bey meinem Autor gedacht habe; und es fällt mir ganz und gar nicht ein, sie für beträchtlich oder unentbehrlich zu halten. Der zweyte Band dieser Uebersetzung soll die lezten Kapitel des Originals, und einige Abhandlungen ähnlichen Innhalts in sich begreifen. Ob ich dadurch den Werth des Werkes vermehret, oder vermindert habe, sey alsdenn dem Urtheile der Kenner überlassen. Halle den 2ten May 1770.

Des Herrn Karl Bonnet psychologischer Versuch als eine Einleitung zu seinen philosophischen Schriften

Aus dem Französischen übersetzt und mit einigen Anmerkungen begleitet von C. W. Dohm. LEMGO in der Meyerschen Buchhandlung, 1773. Im Anhang: *Philosophische Grundsätze über die erste Ursach und ihre Wirkung.* 1 Buch Mos. I, 31. [Rezension von Albrecht Haller in: *Göttingische Anzeigen* 84. Stück, 15 Juli 1773, pp. 719–720]

Vorbericht des Uebersetzers.
Das Bonnetische psychologische System ist seit einigen Jahren durch die Uebersetzungen der wichtigsten Werke des Hrn. Bonnet, welche uns die Hrn Titius[1], Schütz[2] und Lavater[3] geliefert haben, in Deutschland bekannter geworden. Ich will nicht sagen, daß es auch ein sehr großes Aufsehn unter uns gemacht, einen sehr merklichen Einfluß in die philosophische Denkart unsrer Zeit gehabt hätte. Dies mögte wohl überhaupt in Deutschland einem neuen Philosophen schwerer gelingen, als bey der Nation, unter welcher Hr. Bonnet aufgestanden ist. Vielleicht ist dazu ein Theil unsrer Philosophen zu aufgeklärt, und der andre zu sektirisch.

---

1) Der Betrachtung der Natur.
2) Des analytischen Versuchs über die Seelenkräfte.
3) Der philosophischen Palingenesie.

Indessen verdient es Hr. Bonnet gewiß, von einem jeden Freunde der Wahrheit studiert zu werden. Er unterscheidet sich von den meisten und berühmtesten unsrer Philosophen vorzüglich dadurch, daß er zugleich ein scharfsinniger Denker und ein großer Naturkundiger ist, daß er die spekulative Untersuchung mit der genauen Beobachtung so glücklich verbindet. Sein psychologisches System beruht fast ganz auf Beobachtungen, und zwar mehr der Bewegungen des Körpers, als der Veränderungen der Seele. Diese Methode hat ohne Zweifel ihre Vortheile, und auch ihre Unbequemlichkeiten. Gewiß aber hat sie den Untersuchungen des Hrn. Bonnet etwas originelles und unterscheidendes gegeben, das einem [sic!] Liebhaber solcher Meditationen schon genug reizen kann, dem Gange der Bonnetischen nachzugehn. Ich darf mich hier nicht umständlicher über das Eigenthümliche desselben auslassen, weil ich vermuthen muß, nur mit solchen Lesern zu reden, denen die Bonnetischen Schriften nicht ganz unbekannt sind.

Hr. Bonnet beklagt sich oft, daß man seine Grundsätze nicht genug gefaßt und übersehn, und daß man ihn daher oft unrecht verstanden habe. Dies rührt wohl nicht daher, daß diese Grundsätze so verwickelt und schwer zu übersehn, oder von Hr. B. nicht deutlich und bestimmt genug ausgedrückt wären. Es liegt aber vielleicht an einer andern zufälligen Unvollkommenheit der Bonnetischen Schriften, die es etwas schwer macht, sein ganzes System immer genau zu fassen, und sich lebhaft an alle Theile desselben zu erinnern. Hr. Bonnet hat nämlich dieses System zu verschiednen Zeiten und in verschiednen Schriften entwickelt. Ein denkender Mann, wie er, steht niemals in seinen Untersuchungen still. Seine Einsichten werden immer ausgebreiteter und deutlicher; seine Grundsätze mehr berichtigt oder bestätigt, und mehr untereinander verbunden. Er ist zu sehr Freund der Wahrheit, daß er nicht auch seine neuen Entdeckungen, seine berichtigtern oder bestätigtern Einsichten dem Publikum mittheilen sollte. Dies ist der Fall bey Hr. Bonnet. Alle seine Schriften, in denen sein psychologisches System enthalten ist[4], haben sehr viele und genaue Beziehungen auf einander. Die spätern liefern immer Zusätze und Berichtigungen zu den jüngern. Gewiß macht diese belehrende Offenherzigkeit den Talenten und dem Charakter des Hrn. B. Ehre, und jedem denkenden Leser muß es ein sehr angenehmes Vergnügen seyn, den Abänderungen der Ideen eines Mannes, wie Bonnet, nachzugehn. Allein eben dieser Umstand ist vermuthlich die Ursache, warum Hr. B. sich beklagen muß, daß er nicht genug verstanden werde. Sein System ist in so viele Schriften vertheilet; er muß seinen Leser immer aus einer in die andre verweisen; er bedient sich seiner Grundsätze in jeder Schrift zu besondern Absichten. Dies läßt nicht genug ihre ganze Fruchtbarkeit

---

4)   Außer den vorhergenannten gehören zu denselben noch seine *Considerations sur les corps organisés*, die noch unübersetzt sind. Die übrigen Schriften betreffen, so viel ich weiß, nur Materien aus der Naturhistorie.

bemerken. Und sein System ist in keiner seiner Schriften ganz vollendet, und in allen seinen Theilen übersehbar genug da. Vielleicht liefert uns noch Hr. B. selbst, oder Jemand, der mit seinem System vertraut genug wäre, einen solchen kurzen Abriß desselben, der seine Grundsätze in ihrer ganzen Fruchtbarkeit und Allgemeinheit darstellte, und den übrigen Bonnetischen Schriften zugleich zur Einleitung und zum Kommentar diente. Bis jetzt kann ein solcher Abriß nicht besser ersetzt werden, als durch das kleine Werk, wovon ich hier eine Uebersetzung liefere. Es ist zwar früher geschrieben, wie die meisten und die wichtigsten der Bonnetischen Schriften. Allein es ist gleichsam der Embryo derselben; alle Grundsätze des Hrn. B. sind in ihm enthalten, und zwar in einer genauern Verbindung, größern Allgemeinheit, und unter einem leichtern Uebersehungspunkt, als in irgend einer andern seiner Schriften. Hr. Bonnet schreibt in diesen wie ein Beobachter, der seine Grundsätze durch einzelne Erfahrungen bestätigen, oder ihre Fruchtbarkeit und mannigfache Anwendungen zeigen will; in jenem wie ein Denker, der das Resultat seiner Meditation dem mitdenkenden Leser vorlegt, kurz, aber ganz und zusammenhängend. Wer diesen Abriß recht durchdacht hat, wird schwerlich Hr. B. in seinen übrigen Schriften mißverstehen können. – Doch ich will den Lesern, die diese Schrift noch gar nicht kennen, dieselbe lieber mit den Worten eines Mannes bekannt machen, dessen Urtheil weit mehr Gewicht haben muß, als das meinige, und der sich schon lange die Achtung des beßten Theils des Publikums erworben hat. Er ist zwar ein Freund des Hrn. Bonnet, aber auch zu sehr ein freymüthiger Freund der Wahrheit, daß man deßwegen sein Urtheil partheyisch halten sollte. Es ist Hr. Lavater, der itzt redet:[5]

Essay de Psychologie &c. Es ist in der That sehr seltsam, und wenn man es sagen darf, ein fast unerklärbarer Kaltsinn der Deutschen, daß dies äußerst merkwürdige Buch, welches sich in so mancher Absicht augenscheinlich über so viele matte und langweilige metaphysische Schriften erhebt, so gar wenig Aufsehn unter uns gemacht hat, und von Lesern, von denen man es gar nicht hätte erwarten sollen, nicht nur mit Gleichgültigkeit, sondern wirklich mit einer Art von Verachtung ist angesehn worden. Ein Beyspiel, wie oft der Mangel des Ansehens dem beßten Buche nachtheilig seyn kann. Der Verfasser, den ich Herrn Tourneyser von Basel zu seyn vermuthe, war lange Zeit ganz unbekannt, und scheint auch itzo noch nicht gewiß zu seyn. Der Styl dieses vortrefflichen Werkes, dessen sich Montesquieu, und die Philosophie, derer sich Leibnitz nicht zu schämen hätte; die tieffsten und erhabensten Gedanken, fast durchgängig mit einer ausnehmenden Koncision und Genauigkeit ausgedrückt, die man vielleicht in keinem der oben genannten großen Schriftsteller so häufig antrifft; die großen Aussichten, die uns oft, wie durch Winke aufgeschlossen werden; die interessantesten Beobachtungen, welche mit einer Kürze, Richtigkeit und Bündigkeit, die wenig ihres gleichen hat, mehr dargestellt als beschrieben werden; die Reduktion der verworrensten Untersuchungen auf die einfachsten und unläugbarsten Grundsätze, und überhaupt ein gewisser empfindsamer, seelerhebender, männlicher Ton, der aus keiner andern Quelle, als einer nicht gemeinen

---

5)   Im zweyten Theil seiner Uebers. der Palingenesie S. 67.

Einsicht in die Religion und aus einer tiefgewurzelten Ueberzeugung von der Göttlichkeit der christlichen Offenbarung herkommen kann: diese Vorzüge alle, die, nach meiner Empfindung, kein unpartheyischer und denkender Leser diesem Versuche wird absprechen können, geben demselben einen Werth, dessen Größe ich nicht besser bestimmen kann, als wenn ich sage: Bonnet verdiente der Verfasser davon zu seyn. Und in der That ist es schwer zu glauben, daß es zwey in so vielen Besondernheiten so ähnliche und so würdige metaphysische Schriftsteller geben könnte. Doch nur desto besser, daß Hr. Bonnet nicht Verfasser davon ist, und daß uns hiemit der Himmel zwey Bonnets in einem Jahrhunderte geschenkt hat.[a]

Hr. Lavater mußte, als er dieses schrieb, besondere Ursachen haben, zu glauben, daß Hr. Bonnet nicht Verfasser dieses Versuchs sey. Er nahm aber bald darauf[6] seine Vermuthung, daß Hr. Tourneyser es sey, wieder zurück. Und wenn er gleich nun Hr. B. nicht ausdrücklich, als den Verfasser nennt; so überläßt er es doch jedem Leser es aus der außerordentlichen von ihm beschriebene[n], und Jedem einleuchtenden Aehnlichkeit dieses Versuchs und der Bonnetischen Schriften selbst zu schließen. In der That stimmen der Verfasser dieser Schrift und Hr. Bonnet in ihren besondersten und ihren eigensten Grundsätzen, in der ganzen Folge und Verbindung ihrer Ideen, so sehr überein; daß ein aufmerksamer Leser wohl nicht zweifeln kann, daß beyde nur eine Person sind. Hr. Bonnet muß seine Ursachen gehabt haben, sich bisher nicht zu diesem Versuche zu bekennen, da er sich fast bey allen seinen andern Schriften genannt hat[b]. Er führt denselben in diesen sehr oft an, er lobt oder berichtigt ihn bey vielen Gelegenheiten, er macht sich die Grundsätze desselben eigen, und zeiget durch eine häufige Anwendung wie fruchtbar sie sind. Allein selbst die Art, wie er von diesem Schriftsteller redt, bestärkt die Vermuthung, daß er niemand anders, als Hr. B. selbst sey. Man weiß es aus verschiednen Beyspielen mit welcher bescheidnen Sorgfalt Hr. B. es vermeidet, die Grundsätze und Erfindungen andrer Philosophen für die seinigen auszugeben; und wie empfindlich ihm deßwegen der Vorwurf gewesen ist, daß seine ihm eignen Ideen schon von einem seiner Vorgänger (wie z. B. Leibnitz) erfunden und vorgetragen wären. Würde er wohl ohne Anzeige die Grundsätze eines ältern Schriftstellers[c] angenommen, und wie die seinigen behandelt haben? Besonders da der Psychologische Versuch die wichtigsten Grundsätze der Bonnetischen Philosophie, und sein ganzes System im Kleinen enthält? Man hat ihm dieses Plagiat auch vorgeworfen,[d] und er hat sich nicht vertheidigt, weil er genug überzeugt war, daß er desselben nicht schuldig sey[e].

Allein dieser Versuch mag Hr. Bonnet zum Verfasser haben oder nicht, so verdient er doch gewiß, mehr bekannt zu seyn, als er es bisher gewesen ist. Ich habe

---

6) In der Vorrede seiner Uebersetzung des ersten Theils der Palingenesie. [Siehe *Philosophische Palingenesie*, Bd. I (1770), p. xvii: „Herr Tourneyser von Basel ist nicht Verfasser des psychologischen Versuches."].

sehr oft beym Uebersetzen desselben die Richtigkeit des Lavaterischen Urtheils empfunden. Und wenn es auch wahr ist, daß dieser Schriftsteller viele seiner Ideen von deutschen Weltweisen entlehnt habe, so bringt er sie doch in eine neue Verbindung, in der sie vorzüglich verdienen durchdacht zu werden.

Daß eine Uebersetzung dieses Werks, kein unnützes Unternehmen sey, wird also keines Beweises bedürfen. Sie wird vielleicht auch den Nutzen haben, das Bonnetische System noch ausgebreiteter bekannt zu machen, als es bisher gewesen ist. Ich glaube, daß ich meinen Verfasser verstanden habe; und ich habe mich bemüht, so wie ich ihn verstand, ihn auch andern so deutlich, und verständlich zu machen, als es mir möglich gewesen ist. Man wird, wenn man meine Uebersetzung mit dem Original vergleichen wollte, zuweilen kleine Abweichungen von der genauen und wörtlichen Richtigkeit bemerken. Ich habe mir diese nur zur zweyten Absicht gemacht, und nicht angestanden, sie, wenn es nöthig war, der ersten, der Deutlichkeit aufzuopfern. Und sollte dies nicht eine allgemeine Regel des Uebersetzers philosophischer Schriften seyn?

Es war zuerst meine Absicht, in Anmerkungen über die wichtigsten Grundsätze des Systems, welches in diesem Versuche vorgetragen ist, theils zu zeigen, wenn Hr. B. dieselben in seinen neuern Schriften mehr bestätigt und be[r]ichtigt hätte, theils sie auch mit den Ideen andrer Philosophen, die mit Hrn. B. auf ähnlichen Wegen giengen, zu vergleichen, und vielleicht dadurch etwas zur Aufklärung der Grundsätze selbst beyzutragen. Allein ich sah bald ein, daß dieses Unternehmen zu wichtig sey, als daß ich, bey der kurzen Zeit die mir dazu gelassen war, etwas dergleichen hätte wagen sollen.

Die wenigen Anmerkungen, die man bey den angehängten philosophischen Grundsätzen findet, verdienen kaum erwähnt zu werden. Diese Grundsätze sind vorzüglich eine kurze Vorstellung des Bonnetischen Systems, eine Sammlung seiner Grundsätze in ihrer größten Allgemeinheit. Der kurze und gedrängte, aber auch meistens eben so bestimmte und präcise Ausdruck, benimmt für einen denkenden Leser der Deutlichkeit nichts. Nur zuweilen war es nöthig, eine Zweydeutigkeit oder Undeutlichkeit, die aus einem zu allgemeinen Ausdruck entstand, zu heben. Die Absicht der übrigen Anmerkungen, die nicht von dieser Art sind, fällt von selbst in die Augen. Ich hoffe, daß man sie, wenn gleich nicht wichtig, doch auch nicht unschicklich finden werde.

(a) Zitat nach C. W. Dohm, aus dem Vorbericht des Uebersetzers in: *Des Herrn Karl Bonnet psychologischer Versuch* ... (Lemgo, 1773). Der Originaltext steht im zweiten Band der Philosophischen Palingenesie, erschienen 1769, p. 67. – (b) Bonnet nannte sich bei allen anderen Schriften als Autor. – (c) Thourneyser war fünf Jahre älter als Bonnet. – (d) Siehe Mendelssohns Brief an Lavater vom 12. Dezember 1769 (gedruckt in: *GS-JubA* 7, pp. 15–16). – (e) Das Gegenteil trifft zu: Bonnet verteidigte sich sehr (siehe: *GS-JubA* 7, pp. 308–309).

Göttingische Anzeigen von Gelehrten Sachen, 84. Stück.
Den 15. Julius 1773. pp. 719–720

Lemgo. Die Meyersche Buchandlung verlegt des Hrn. Karl Bonnets psychologischen Versuch, als eine Einleitung zu seinen philosophischen Schriften. Aus dem
Französischen übersetzt und mit einigen Anmerkungen begleitet von C. W. Dohm.
272 Seiten in 8. Der ohne Nahmen des V. vor 18 Jahren heraus gekommene *Essay
de psychologie* ist als eines der ersten und gründlichsten Werke in der Art von Psychologie, die die Gesetze der Veränderungen in der Seele nach den bekanntern
Gesetzen der entsprechenden Veränderungen im Körper bestimmt, nicht weniger
aber auch als eine der entschlossensten Vertheidigungen des Fatalismus unter den
Philosophen schon lange bekannt. Die Vermuthung, daß Herr Bonnet der Verfasser
dieses Versuchs sey, ist wohl schon eher manchem beygekommen. Aber ihn öffentlich und auf dem Titel dafür zu erklären, scheint uns bey dem Beweisgrunde, der in
der Vorrede der Uebersetzung angegeben wird, noch etwas zu kühn. Diese Uebersetzung wird man um so viel lieber sehen, da das Original ziemlich selten geworden zu seyn scheint. Sie ist in einer guten Schreibart abgefasset, und auch mehrent-
heils, so weit wir sie untersucht haben, richtig. Der Ausdruck: Empfindungen, die
uns sehr oft berührt (*affecté*) haben, p. 33. möchte wohl nicht so gut seyn, als der
gewöhnlichere, die wir sehr oft gehabt haben. *Le sujet de la force* ist p. 144 unrichtig durch Gegenstand der Kraft übersetzt; es müßte heißen: Subjekt der Kraft, oder
Wesen, worinne die Kraft sich befindet; desgleichen p. 180. *generation* durch Fortpflanzung, statt Geburt, wie es hier im Gegensatze auf Erziehung heissen muß. Und
p. 181. kann *elever au sein de la lumiere* wohl schwerlich im Schoosse des Lichts
erziehen, sondern zum Schoosse des Lichts erheben, übersetzt werden. Sollte auch
wohl *Essay de psychologie* durch psychologischer Versuch gut ausgedruckt seyn?
die Anmerkungen verrathen Nachdenken, und enthalten zum Theil nützliche
Erläuterungen des Textes. Etliche der Einwendungen, die der Uebersetzer seinem
Verfasser machet p. 239. 242, treffen in der That mehr den Ausdruck der Uebersetzung, als die Idee des Originals. Nur in einer gewissen Bedeutung ist es richtig,
daß Neigung zu etwas den Begriff davon voraussetzet; aber in dieser Bedeutung
entspricht alsdenn der Ausdruck Neigung dem Worte des Grundtextes nicht. Eine
Tendenz, wenn man nicht sagen will ein Bestreben, zu wirken, giebt es ja bey blos
mechanischen Kräften; und setzt wohl der thierische Instinkt einen Begriff vom
Handeln voraus? Der Uebersetzer erklärt sich auch nachdrücklich für das System
des Fatalismus, oder wenn man lieber will, Determinismus. Herr Professor *Garve*,
dessen Schrift er dabey empfiehlt,[1] spricht nicht so entscheidend. Und wäre es

---

1)   Dieser Abschnitt enthält einen kurzen Abriß des Systems von dem wahren Determinismus,
      das für den, der es recht durchdacht hat, und recht versteht, so einleuchtend wahr, und so

nicht immer besser, wenn man den ungegründeten moralischen Folgerungen aus diesem System widerspräche, ohne es so sehr zu empfehlen, und für so ausgemacht auszugeben? Die Untersuchungen, auf die es hier ankömmt, grenzen auf mehr als einer Seite an solche Tiefen der Erkenntniß, bey welchen das επεχειν[a] doch wohl die Frucht des längern Nachdenkens seyn könnte. [Albrecht von Haller].

(a) Sich-Zurückhalten.

---

enge und so wesentlich mit den wichtigsten Wahrheiten zusammenhängend ist. Wer die Ausdrücke des V[erfassers] hier für zu hart oder gefährlich halten sollte, der glaube nur gewiß, daß er sie nicht recht verstehe. Dies Verstehen zu erleichtern würde mehr als eine Anmerkung erfordern. Es ist zu schwer in Materien der Art zugleich kurz und deutlich zu schreiben. Und wozu auch die beständige Wiederholung? Jeder, dem diese Dinge wichtig sind, hat das nicht ungelesen gelassen, was noch neuerlich zwey vortreffliche Männer, Hr. Basedow und Garve, über diese Lehre geschrieben haben. Aber einen dritten Mann, der es gewiß verdient, neben diesen beiden großen Philosophen genannt zu werden, kann ich mich nicht enthalten hier zu nennen, da er noch nicht sehr bekannt zu seyn scheint. Er ist Hr. Pistorius, der Uebersetzer von Hartleys Betrachtungen über den Menschen, seine Natur, seine Pflicht und Erwartungen, welches Werk schon 1771 herausgekommen ist, und das, vorzüglich durch die Zusätze des Herrn Pistorius, verdient den gründlichsten philosophischen Schriften, die wir in den neuesten Zeiten erhalten haben, beygezählt zu werden. In dem 15ten und 16ten Lehrsatze des ersten Hauptstücks hat er, nach meiner Empfindung, die Lehre des Determinismus mit einer ungemein einleuchtenden Klarheit, und mit einer sehr richtigen Entwickelung aller Begriffe, die in derselben liegen, vorgetragen, und die Ungereimtheit des entgegengesetzten Systems der sogenannten Freyheit der Gleichgültigkeit, die in sich selbst widersprechend, und allen Begriffen von Moralität, sowohl als den Eigenschaften GOttes, zuwider ist, ganz überzeugend bewiesen. *Anm. des Uebers*[etzers C. W. Dohm].

Berlinische Monatsschrift. Herausgegeben von F. Gedike und J. E. Biester.
Berlin, bei Haude und Spener. Siebentes Stük, Julius 1783

> Standort: UB Basel, Sign.: K. d. VI. 3. – Der Beitrag (pp. [1–4]) ist von Ludwig Julius
> Friedrich Höpfner (1743–1799), Jurist in Gießen, Freund Mercks. Siehe: *GS-JubA* Bd. 3.1,
> pp. 345 f.

Freiheit und Notwendigkeit

I. Ueber Freiheit und Nothwendigkeit.

K. an Nicolai.

Neulich las ich eine Recension in der allgemeinen Bibliothek von den Briefen
über die Freiheit. Diese veranlaßt mich, mit Ihnen ein paar Worte von der Sache
zu reden, die mir schon seit vielen Jahren verzweifelte Unruhe und Plage im Kopf
und Herzen gemacht hat.

Die Wolfische Distinktion: *Motiva non necessitant sed stricte determinant,*
begreife ich nicht mehr; so deutlich sie mir auch war, als ich die Metaphysik bei
unserm Böhm hörte. Dariesens Spontaneität, vermöge der sich die Seele ohne alle
Motive soll entschließen können, will mir auch nicht mehr in den Kopf. Jerusalem setzt die Freiheit, in das Vermögen eine Handlung zu suspendiren, bis man
den Gegenstand auf allen Seiten bedächtig geprüft habe. Allein der Entschluß
die Handlung zu suspendiren, ist selbst eine Handlung, die auch aus Motiven
geschiehet; und die Frage ist also wie={2}der, ob er frei ist? Einige neuere Weltweisen, die von dem Willen geschrieben, gehen eklektisch um den Brei fein säu-
berlich herum, ohne etwas zu entscheiden; eine Methode, die übrigens ihren guten
Werth hat, mit der mir aber gerade itzt nicht gedient ist. Nun hätte ich schon
lange gern geglaubt, daß die Beweggründe uns würklich zur Handlung nöthigen,
wenn ich nicht gefürchtet hätte, daß alle Sittlichkeit, Zurechnung, Tugend, Laster,
u. s. w. dadurch über den Haufen fallen. Endlich kam ich über die Urbegriffe von
der Beschaffenheit der Natur; und ward erleuchtet, wie die Jünger des Herrn am
Pfingsttage. Der Verfasser behauptet, daß die Beweggründe uns so gut necessitiren,
als Feder und Gewicht die Maschine; und zeigt, daß dies Imputation und Moralität
der Handlungen nicht aufhebe. Der Verfasser der obgedachten Recension scheint
eben das zu behaupten. Ich wünschte doch sehr zu wissen, wie Moses Mendelssohn und Eberhard[1] über diesen freilich seit den ältesten Zeiten her so unendlich

---

1) Herr Prof. Eberhard wird seine Gedanken über diesen für jeden denkenden Menschen so
    äußerst wichtigen Gegenstand ebenfalls nächstens in dieser Monatsschrift bekannt machen,
    und er hat uns erlaubt, dieses unsern Lesern vorläufig zu versprechen. Es kann nicht anders

oft bearbeiteten und doch noch nicht ergründeten, vielleicht selbst unergründlichen Gegenstand, denken.

{3} Freilich erscheint einem bei jenem System die ganze Moral in einem andern Licht, sie wird eine Art von Mechanik. Es macht toleranter, als alle gewöhnliche Toleranzpredigten, und Tugend verlieret zwar ihren Werth nicht, aber allen Stolz. – Schreiben Sie mir doch, liebster Freund, Ihr Glaubensbekenntniß über diese Sache, und der vorhin genannter Männer Gedanken, die Ihnen ohne Zweifel bekannt sind. – Der Zorn Gottes über die Sünde, von dem unsre Geistlichen so viel sagen, kann nach diesem System eben so groß nicht seyn; aber künftige ewige Strafen lassen sich doch wohl dabei behaupten, in einem gewissen Sinne nehmlich; in so fern die Errinnerung [!] schlechter Handlungen ewig sein wird, und der, welcher hier schon auf ei={4}ner höhern Stufe der moralischen Vollkommenheit stand, immer einen Vorsprung vor dem haben wird, der hier wie ein Narr und Schurke lebte. Uebrigens möchte ich dies Evangelium nicht auf den Dächern predigen, weil es gar zu leicht gemißbraucht werden kann, und die wenigsten es recht verstehen würden.

---

als sehr interessant sein, die Meinungen mehrerer Philosophen über diesen Gegenstand neben einander zu sehen, um sie mit einander vergleichen zu können. Der verehrungswürdige Mendelssohn drükt sich in seinem Schreiben an uns, womit er den folgenden Aufsatz begleitet, hierüber also aus: „Die Sache muß, wie mich dünkt, so oft als möglich zur Sprache gebracht werden. Kann schon vielleicht in derselben nichts Neues mehr gesagt werden; so ist auch das gut, wenn jeder die Begriffe nach seiner Art zu entwickeln sucht, und die Dinge aus dem Augenpunkte vorstellt, aus welchen er sie ansieht. Auf solche Weise können die abstraktesten Begriffe mit der Zeit popular werden, und die Vorurtheile vertreiben, die man mit eben dem Kunstgrif popular zu machen gewußt hat. Ich wünschte, daß auch Sie Ihre Meinung darüber sagten, sie mögte für oder wider mich ausfallen." A. d. H.

Berlinische Monatsschrift. **Herausgegeben von F. Gedike und J. E. Biester. Berlin, bei Haude und Spener. Siebentes Stük, Julius 1783**

Standort: UB Basel, Sign.: K. d. VI. 3. – Der Beitrag (pp. {4}–{11}) folgt unmittelbar dem vorangestellten von L. J. F. Höpfner aus der gleichen Nummer. Darin antwortet Moses Mendelssohn Friedrich Höpfner. Der gleiche Text, eingeleitet, kommentiert und mit Anmerkungen versehen von Fritz Bamberger, ist reproduziert in: *GS-JubA* 3.1, pp. 346–350 (Friedrich Frommann Verlag Günther Holzboog KG: Stuttgart-Bad Cannstatt 1972. Faksimile Neudruck der Ausgabe Berlin 1932).

Moses Mendelssohn an Friedrich Nicolai

Ich denke nicht, daß Ihr Freund, der Wahrheitsforscher, Stimmen sammeln will, um sie zu zählen. Sie wollen gewogen und nicht gezählt sein.

Die Meinung, die der Verfasser der U r b e g r i f f e vertheidigt, hat T h u r n e i s e r (ein Freund, und wo ich nicht irre, Lehrer B o n n e t s) vor etwa dreissig Jahren in einer kleinen Brochüre, *sur le fatalisme* vorgetragen; und nachher Basedow in verschiedenen seiner Schriften ziemlich weitläufig ausgeführt.

Meines Erachtens liegt die Schwierigkeit mehr in der Sprache, als in der Sache. Unsre Sprache ist zu schwankend, die Worte zu vieldeutig, um genau in die Fugen der Wahrheit zu passen. Die Natur hat die Umrisse der Begriffe sanft verschmelzet; wir tappen gleichsam mit breiten Tatzen hinein und verwischen sie.

{5} Das Wort n ö t h i g e n würde ich z. B. von den freien Handlungen der Menschen nicht brauchen. Wie kann ich genöthiget sein, so zu handeln, wenn ich nur deswegen so und nicht anders handle, weil ich so und nicht anders will? und wenn ich anders handeln wollte, auch anders handeln würde?

„Allein ich werde von den Bewegungsgründen g e n ö t h i g e t , so und nicht anders zu wollen. Ich kann nicht anders wollen."

G e n ö t h i g e t , z u w o l l e n ; k a n n n i c h t a n d e r s w o l l e n . Diese Redensarten begreife ich nicht. Was verstehet man denn unter F r e i h e i t d e s W i l l e n s , wie soll denn der W i l l e frei sein?

„Ich möchte gern, allen Bewegungsgründen zuwider, auch dasjenige wollen, was ich, ihnen zufolge, n i c h t w o l l e n m u ß ."

Wenn ich Sie recht verstehe; so nennen Sie es nur alsdann Freiheit des Willens, wenn der Wille gar keiner Richtschnur folgen darf; wenn er sich dem blinden Ungefähr überlassen kann. Ob Sie einer Richtschnur folgen, oder nicht folgen, soll abhängen von I h r e m B e l i e b e n , von I h r e r W i l l k ü h r , von I h r e m E i g e n s i n n . – Sie sehen, alle diese Wörter helfen den Knoten nicht lösen, und, so wie die Wörter n ö t h i g e n und k ö n n e n , verwirren sie die Begriffe nur noch mehr. Ich will es versuchen, die Sache, ohne diese durch zu häufigen Gebrauch und Misbrauch vieldeutig gewordenen Redensarten, ins Reine zu bringen.

{6} Meine Hand schreibet, meine Hand dünstet aus, Beides nicht ohne zureichende Ursache. Warum nenne ich das Schreiben eine willkührliche und zum Theil freiwillige, das Ausdünsten aber eine unwillkürliche Handlung? Jede Veränderung in der Natur, und also auch in dem menschlichen Körper, hat ihre wirkende Ursache und ihre Endursache. Bei einigen sind diese Ursachen verschieden, und ohne unmittelbaren Einfluß auf einander. Von dieser Art sind alle unwillkührliche Veränderungen des menschlichen Körpers; sie erfolgen aus wirkenden Ursachen; harmoniren zwar mit einem gewissen System der Endursachen, sind aber keine unmittelbare Wirkung der menschlichen Endursachen und Absichten. Ich verdaue, mache Blut, dünste aus, nicht weil und in so weit dieses meine Absicht ist, sondern aus physischen wirkenden Ursachen. Andere Veränderungen aber erfolgen entweder unmittelbar aus Endursachen selbst, oder aus nächsten wirkenden Ursachen, welche unmittelbare Folgen der Endursachen sind. Das Schreiben z. B. erfolgt zum Theil mittelbar, zum Theil auch unmittelbar, aus dem System meiner Absichten, weil ich die Absicht habe, für gut finde, beliebe, zu schreiben. Dieses sind willkührliche Handlungen. Willkührlich ist also jede Handlung, jede Veränderung, welche die Wirkung einer Endursache ist, oder bei de={7}ren Entstehung die Endursache zur wirkenden Ursache geworden.

Ich handle willkührlich, wenn eine Veränderung in der Natur dadurch wirklich geworden, daß sie zu meinen Absichten gehört, daß sie mir gefallen, daß ich sie beliebt, gut gefunden, gewählt habe. Ich handle unwillkührlich, oder (wenn wir uns dieses nunmehr genau bestimmten Worts bedienen wollen) nothwendig, wenn der Inbegriff meiner Endursachen zur Existenz einer Veränderung nichts beigetragen, wie beim Ausdünsten, Blutmachen u. s. w. Meine Handlung ist vermischter Natur, oder nur zum Theil willkührlich, wenn die Endursachen nicht die einzigen, vollständigen wirkenden Ursachen der Veränderung, sondern nur eine Mitursache derselben sind; wie beim Athemholen, Gähnen, Husten u.s.w.

Da ich mir meiner Endursachen dunkel, klar, oder deutlich bewußt sein kann; so kann ich auch zur Handlung durch Instinkt, Triebfedern, oder Bewegungsgründen angespornt werden. In dem letzten Falle handle ich freiwillig.

Vorhergesehene Vergeltung wirkt auf das System der Endursachen, und vermittelst derselben auf unsere freiwillige Entschliessung. Ich kenne kein System nach welchem sich der Einfluß der Belohnung und Bestrafung auf den freien Willen natürlicher, oder auch nur natürlich erklären ließe. {8} Wie kann ein Gut, das mir versprochen, ein Uebel, das mir angedroht wird, mich meinen gefaßten Entschluß ändern machen? Wenn keine Wirkung der Bewegungsgründe auf den Willen unausbleiblich ist, woran liegt es denn, daß sie zuweilen wirklich erfolgt, daß sie nicht immer ausbleibet?

Die Moral, sagt Ihr Freund, wird eine Art von Mechanik. Ja, wenn man sich so ausdrücken will; aber, mit dem Unterschiede, daß in der moralischen Mechanik die Erkenntniß des Guten und Bösen, in ihrem ganzen Umfange und nach allen Graden der Erleuchtung, das einzige Triebwerk ausmacht, die erste und letzte Kraft der Maschine ist. Das Gute, das ich begehre, verlange, wünsche, erwarte, ist die Federkraft; und mein Wille, meine Neigung, mein Instinkt das Räderwerk, das durch Vorstellung oder Empfindung von jenem in Spiel gesetzt wird.

Man wird toleranter. Die Tugend verliert zwar nicht ihren Werth, aber doch allen Stolz. Diese Konsequenz sehe ich nicht ein. Kann ich nicht auf meine Erkenntniß des Guten und Bösen eben so stolz, eben so intolerant sein, als auf ein bloßes, eigensinniges Belieben, welches durch keine meiner guten Eigenschaften veranlaßt wird?

{9} Der Zorn Gottes über alle Sünde läßt sich gar wohl vertheidigen. – Doch diese Erörterung führet zu bloßen Wortgrübeleien.

Aber rächende Strafen, Genugthuung der beleidigten Gottheit durch Strafen, Böses thun weil Böses geschah, Böses um des Bösen willen, ewige willkührliche Strafen! – Auf allen Dächern muß wider diese Ungeheuer gepredigt werden. Welcher Misbrauch wäre davon zu befürchten? Misbrauch, der das Erspriesliche, das Wohlthätige aufwöge, das der Mensch hier in der Wahrheit findet? Ich für meinen Theil danke für alles Gute, was aus der Lehre von der rächenden, ewigen Bestrafung entstanden sein soll.

Noch ein Wort! Sind Narr und Schurke nach dieser Lehre Synonimen? In einem gewissen Verstande. Die Rabbinen sagen: Der Mensch sündiget nie, wenn nicht ein Geist der Narrheit in ihn gefahren ist. Aber wie alle Synonimen, sind sie deswegen nicht völlig einerlei. Mangel des Erkenntnisses ist es im Grunde bei beiden; jenem fehlt's an Erkenntniß des Wahren, diesem an Erkenntniß des Guten. Dieses macht einen Unterschied in den Gesinnungen, die wir gegen sie haben.

Der Narr kann Achtung, kann Liebe verdienen, wenn in dem System seiner Begehrungsvermögen Harmonie ist, wenn seine Wünsche, Triebe, Ver={10}langen, Begierden und Verabscheuungen zur Vollkommenheit übereinstimmen, mit der Bestimmung des Menschen übereinkommen: – wenn er ein guter Narr ist. Beim Schurken liegt Disharmonie in dem System der Begehrungsvermögen, Disharmonie in dem Grunde der Seele, Streit zwischen Trieben und Bewegungsgründen, verkehrter Einfluß der Begierden der Vernunft: – Unvollkommenheit, welche Misbilligung, Misfallen, Verachtung u. s. w. erregt.

Beide haben unser Mitleiden. Wir bedauern den Narren, daß er ein Narr, und den Schurken, daß er ein Schurke sei; und wenn sie leiden, so sympathisiren wir mit ihnen; aber unser Erbarmen hat nur der Narr, nicht allezeit der Schurke. Diesen suchen wir nicht immer von dem Uebel zu befreien, das er leidet. Die Empfindung sagt uns zuweilen, daß er es verdiene, und die Vernunft erklärt diese Worte dahin, daß das Leiden zu seiner Besserung gereichen könne; indem es auf das Erkenntniß des G u t e n und B ö s e n Einfluß hat, wo der Sitz seiner Seelenkrankheit ist. So wird der Wundarzt mit seinem Patienten Mitleiden haben, und vielleicht Thränen vergießen über die Schmerzen, die er ihm verursachet; aber erbarmen darf er sich seiner nicht, wenn er durch diese Schmerzen ihn zu heilen hoffet. Der Sitz seines Seelenübels ist nicht das Erkenntniß des G u t e n {11} und B ö s e n; sondern des W a h r e n und F a l s c h e n, worauf Lust und Unlust keinen Einfluß haben. Daher hat er zu aller Zeit auch unser Erbarmen, und wir suchen ihn von dem Uebel zu befreien, das ihn drükt ohne ihn zu bessern. Quälet ihn, wie ihr wollet; er kann seiner Grösse keine Spanne zulegen.

So bald aber das Leiden kein Mittel zur Besserung mehr ist, gebührt auch dem Schurken unser Erbarmen. Kein Böses geschehe, weil Böses geschah! Die Unordnung, die ein sittliches Uebel in der Welt hervorgebracht, wird durch das physische Uebel nicht aufgehoben, wenn dieses nicht etwas Sittlichgutes zur Folge hat.

Berlinische Monatsschrift. **Herausgegeben von F. Gedike und J. E. Biester. Berlin, bei Haude und Spener. Neuntes Stük, September 1783**

Standort: UB Basel, Sign.: K. d. VI. 3. – Der Beitrag (pp. {276}–{281} ist von Johann August Eberhard (1739–1809), Professor der Philosophie in Halle, „Schüler Mendelssohns" (Fritz Bamberger in: *GS-JubA* 3.1, pp. LXI–LXIII).

Ueber Freiheit und Nothwendigkeit

Eberhard an Moses Mendelssohn.
(Man s. Julius, S. 2.)

Sie glauben, die Materie von der Freiheit des Willens könne nicht oft genug zur Sprache gebracht werden. Der Meinung bin ich auch; und darum füge ich zu Ihren Anmerkungen noch einige von den meinigen hinzu.

Es scheinet mir weder so nothwendig noch so nützlich, als es Ihnen vorkommt, daß wir in dieser Materie das Wort N o t h w e n d i g k e i t vermeiden. Nicht so nützlich: denn dieses Wort kömmt in der gemeinen Sprache bei den freiesten Handlungen ebenfalls vor, und es eigenmächtig dabei ausmerzen wollen, möchte vielleicht mehr der Schwierigkeit ausbeugen als abhelfen heißen; –nicht nothwendig: denn ich glaube, daß man die Sprache dabei rechtfertigen könne, ohne der Freiheit das geringste zu vergeben. Wenn wir in die={277}sem letzteren glüklich wären; so könnte es gar wohl das Wesen der Freiheit des Willens noch mehr aufklären. Die Wörter Müssen, genöthigt seyn, Sollen, kommen unendlich oft bei freien Handlungen vor; und kein vernünftiger Mensch, so lange er bloß nach seinem Gefühle urtheilt, läßt es sich einfallen zu sagen, er habe als eine Maschine gehandelt, wenn er etwas hat thun müssen, so lange er weiß, daß er es auch hätte lassen können. Als Solander auf einer botanischen Reise in Patagonien von einem Schlafe überfallen wurde, der ihm hätte können tödtlich werden, konnte er mit Recht sagen, ich mußte mich niederlegen; allein er wollte es auch. Hier war seine Vernunft mit seiner Neigung zum Schlafe im Streite; die letzte war stärker, die erste mußte nachgeben, er wollte sich seiner Neigung überlassen. Ich muß im Spiele zusetzen, wenn ich überwunden bin, ich muß es und ich will es. Ich sage: ich muß, weil ich freilich lieber einnehmen als ausgeben möchte; ich will aber auch, weil ich einsehe, daß es besser ist, den Regeln des Spieles zu folgen, als einige Groschen reicher zu sein. Wir pflegen also gemeiniglich alsdann zu sagen, wir müssen, wenn die Triebfedern, die unsern Willen bestimmen, im Streite sind, welche von beiden siegen mögen, die sinnlichen oder vernünftigen. Es kann nämlich Fälle geben, wo meine Neigung mit meiner Vernunft nicht harmonirt, wo ich einen ge={278}genwärtigen kleinen Vortheil um eines entferntern größern willen aufgeben muß; die Neigung folgt dem erstern, die Vernunft bestimmt mich zu dem letztern. Selbst in diesen Fällen, und oft in diesen Fällen am meisten bin ich mir bewußt, daß ich will, wenn ich den größern Vortheil dem geringern, oder den kleinern Schaden dem größern vorziehe; ich berathschlage, ich überrechne die Vortheile, und bestimme meinen Willen für das, was mir vernünftiger Weise das Beste scheint. Ich thue das, wozu ich mich verpflichtet fühle, was in besonderm Sinne moralisch nothwendig ist; ich will, was ich soll.

Ich sehe also nicht ab, warum man ein Wort aus der moralischen Sprache ausmerzen soll, das wir nicht entbehren können, wenn wir Dinge unterscheiden wollen, die wirklich unterschieden sind. Auch hier zeigt es sich, wie bei so vielen andern Gelegenheiten, daß die Sprache ein Magazin klarer Begriffe ist, die uns in unsern Untersuchungen leiten können. Wir wollen in beiden Fällen, unser vernünftiger Wille mag mit unserer Neigung, mit unsern Trieben übereinstimmen, oder nicht; im erstern Falle sage ich: ich willl, ob ich gleich nicht muß; in dem andern: ich will, weill ich muß. Die Erwartungen eines überwiegenden Vortheils bestimmt mich also das eine Mahl gegen meine Neigung: warum sollte ich nicht auch sagen, er bestimmt mich zugleich mit meiner Neigung? Wenn es nur Ab={279}sichten, Bewegungsgründe, Wahl, Belieben ist, was mich bestimmt; das ist genug, um die physische Nothwendigkeit von der sittlichen zu unterscheiden. Wir sind so oft genöthigt, in der Sprache der Wissenschaften Ausdrücke zuzulassen, die mehr oder weniger können gemisdeutet werden. Diese Mißdeutung ist so leicht möglich, wenn wir Wörter von Körpern auf das Einfache, von dem Physischen auf das

Sittliche übertragen; zumahl, wenn die ursprünglichen Bedeutungen noch sehr
lebendig sind. Die Wörter anziehende Kraft, Einfluß, Bewegungsgrund, in dem
Munde des Astronomen, Chemikers und Moralisten können vielleicht bei manchen sehr grobe Vorstellungen erregen; aber sollen wir sie darum aus der Sprache
der Wissenschaften verbannen, da wir sie nicht entbehren, aber wohl durch richtige Erklärungen genau bestimmen können?

Ich würde also den andern Weg vorziehen, und die Bedeutung des Worts
Nothwendigkeit, wenn es von freien Handlungen gebraucht wird, lieber genau
bestimmen, als es aus der moralischen Sprache ganz verbannen. Zur Rechtfertigung unseres Gefühls der Freiheit scheint es mir schon zureichend, wenn wir nur
die bestimmenden Ursachen unterscheiden, und dem Willen Freiheit beilegen, so
fern er durch Endursachen und nicht durch physische wirkende Ursachen bestimmt
wird. Legen wir in dem erstern Falle dem Wollen eine Nothwendigkeit bei, {280}
so ist es keine physische, sondern eine sittliche. Diese Ausdrücke befinden sich
jetzt schon in der moralischen Sprache der Deutschen; und dadurch ist der Unterschied selbst bereits unter uns populär geworden. In der moralischen Sprache der
Engländer scheinen sie noch nicht aufgenommen zu sein; und daher schwanken
die englischen Deterministen, die Hartleyaner, und die Indeterministen die Beattinaner zwischen physischer Nothwendigkeit und Ungefähr von
einer Seite zur andern, ohne jemahls auf die Mittel, die moralische Nothwendigkeit, zu treffen.

Hier kömmt noch eine Schwierigkeit vor, die sich aber ebenfalls aus dem ein-
mahl rechtgefaßten Unterschiede der Nothwendigkeit wird heben lassen. Die
Absicht, welche unsern Willen bestimmt, ist in dem Zusammenhange der Veränderungen auch wieder eine Wirkung unserer vorhergehenden Vorstellungen. Schon
Hobbes hat hieraus schließen wollen, daß alles Wollen physisch nothwendig
sei, weil die Absicht eine Wirkung physischer wirkender Ursachen ist. Allein auch
hier lassen sich die Urtheile des Gewissens nach obigen Grundsätzen vollkommen
rechtfertigen. Es lobt oder tadelt uns, je nachdem die Vorstellungen des Guten frei
oder nicht frei waren. Denn wir sind uns bewußt, daß einige unserer Vorstellungen von unserer Willkühr abhängen. Wenn die Hervorbringung derselben unsere
Absicht war; so hatten sie, so wie das Wollen, {281}, welches eine Folge davon ist,
nur eine sittliche Nothwendigkeit.

Die Besorgniß unseres Freundes, daß die Verwerfung des groben Begriffes
von ewigen Strafen könne gemißbraucht werden, beruht ohne Zweifel auf dem
Wahne, daß der Mensch endliche Strafen nicht scheuen werde. Allein das widerlegt schon die Erfahrung; denn auch die Furcht vor kurzen menschlichen Strafen schrekt manchen von Verbrechen zurük. Noch mehr läßt sich erwarten, daß
das Gefühl der Strafen selbst bessern werde; und wenn sie das thun, so hat die
weise Güte damit alles ausgerichtet, was sie gewollt hat. Hingegen Strafen, die

nicht bessern sollen, was können uns die für einen Begriff von dem höchsten Wesen geben?

Halle   Eberhard
den 4. August 1783

Berlinische Monatsschrift. Herausgegeben von F. Gedike und J. E. Biester. Berlin, bei Haude und Spener. Oktober 1783

Abschrift. (pp. {294}–{306}). Standort: UB Basel, Sign.: K. d. VI. 3.

Christian Gottlieb Selle an Moses Mendelssohn

Erläuterungen

Von der Freiheit und Nothwendigkeit der menschlichen Handlungen.

Nachdem ich in meinen philosophischen Gesprächen, die Lehre von der Freiheit, die ich in meinen Urbegriffen vorgetragen hatte, so viel als möglich zu vervollständigen und zu erläutern gesucht habe, befremdet es mich natürlicher Weise sehr, wenn ich überall über Freiheit schreiben, disputiren, ja sogar Preisfragen aufwerfen und beantworten sehe, ohne daß man auf die Bestimmungen, die ich in dieser Lehre gemacht habe, die mindeste Rücksicht nimmt. Ich könnte zu glauben verleitet werden, daß dies ein Beweis ihrer Unrichtigkeit und Unerweislichkeit sei, wenn das nicht in allen Jahrhunderten das Schiksal solcher Lehren gewesen wäre, die dem herrschenden Geist ihres Zeitalters entgegen waren, und nicht durch besondere wirksame Nebenunterstützung fortgepflanzt, oder, so zu sagen, bei der Parole befohlen wurden. Und da mir eine tägliche Beobachtung der Natur und besonders der Menschen noch immer zu neuer Bestätigung meiner Lehrsätze dient, die Lehre selbst meiner Ruhe und Glükseligkeit nicht den mindesten Eintrag thut, und ich Wahrheiten dieser Art dem menschlichen Geschlechte und besonders ihren Regierern für weit nützlicher halte, als manche wohl glauben; so werde {295} ich sie auch gegen alles zu schützen suchen, was etwa ihrer Ausbreitung nachtheilig sein könnte.

Herrn Moses Mendelssohn, dessen Urtheil mir eben so wichtig ist, als ich in ihm einen der besten Menschen ehre, scheint meine Lehre ebenfalls nicht genugthuend zu seyn. – Ehe ich aber an die Beurtheilung seines Schreibens gehe, will ich noch zuvor meinen Begriff von der Freiheit, so wie ich ihn in meinen Schriften ausgeführt habe, im Kurzen darstellen.

Das Wort F r e i h e i t hat seinen Ursprung aus der gesellschaftlichen Verfassung, und hier sind uns Freiheit und Unabhängigkeit Synonyme. – Diesem zufolge kann f r e i e r   W i l l e nichts anders seyn, als diejenige Kraft oder Kraftäußerung, durch welche ich eine Handlung zu verrichten strebe, ohne durch irgend eine andere Ursache, als durch eben diesen Willen oder wenigstens durch Ursachen, die von diesem Willen abhängig sind, dazu bestimmt zu werden. Wer das Wort in einem andern Sinne nimmt, muß sich vorher darüber erklären, oder man weiß nicht, warum man streitet und wovon die Rede ist. – Auch versteht sich von selbst, daß dieser eigentliche freie Wille seinen zureichenden Grund in einer Substanz haben müsse, deren Daseyn nicht von zufälligen Ursachen abhängt, weil man sonst wiederum nur um Wörter zanken würde. Es muß eine der einfachen immateriellen Seelensubstanz eigenthümliche und wesentliche Kraft sein, die des={296}wegen w i l l, nicht weil Ursachen hinzukommen, in deren Folge sie will, sondern w e i l sie will, und deswegen n i c h t w i l l, nicht weil Ursachen vorhanden sind, die ihren Willen hindern, oder ihr Nichtwollen bestimmen, sondern w e i l s i e n i c h t w i l l.

Ich will hier nicht untersuchen, in wie fern es gedenkbar ist, daß eine und eben dieselbe einfache Substanz, ohne alles fremde und außer ihrem Wesen befindliche Zuthun etwas wollen und eben so gut nicht wollen könne; ich möchte Gefahr laufen, daß manche diesen Widerspruch gar wohl in ihrem Kopfe reimen könnten. Sondern ich frage nur, wo bleibt bei dieser Lehre die Vervollkommnungskraft oder die Fähigkeit, unsere feineren Kräfte zu verbessern und was wäre uns daher mit einer solchen Freiheit gedient? – Höchstens könnte man also annehmen, daß die Seele eigentlich nur die Fähigkeit zu wollen und nicht zu wollen habe, und daß sie zu beiden durch hinreichende Ursachen oder Motive bestimmt werde. Mit dieser Fähigkeit hätten wir nun nichts gewonnen, weil nur das bestimmte Wollen oder Nichtwollen ins Gebiet der Moral gehört, und ich deswegen noch kein vortreflicher Mensch bin, ob ich gleich die Fähigkeit habe, es unter gewissen Umständen zu werden.

Der Wille hat also seine Ursachen; und wie jede Wirkung erfolgen muß, wo die hinreichenden Ursachen vorhanden sind, so muß auch der Wille da sein, so bald es seine Ursachen sind. – Die Ursa={299}chen der menschlichen Handlungen habe ich B e d ü r f n i s s e genannt, und diese in n o t h w e n d i g e B e d ü r f n i s s e oder I n s t i n k t e, und in f r e i e B e d ü r f n i s s e oder in solche, die mit deutlichen Vorstellungen verknüpft sind, abgetheilt. Die Neigung zu einer Handlung, oder, welches einerlei ist, das Bedürfnis, ist bei nothwendigen Handlungen mit keiner deutlichen Vorstellung von ihren Ursachen und Folgen verbunden. Aber da, wo die Handlung zufällig ist, muß es auch das dazu erforderliche Bedürfniß sein. Und dieses ist sodann mit einem verhältnißmäßigen Grade von Bewustsein der Ursache und mit Vorstellung von Nutzen und Vergnügen, das wir dadurch erreichen, verbunden. Ich habe von allen (was eigentlich schon von selbst aus den oben gegebenen Begriffen

folgt) umständlich zu zeigen gesucht: daß diese Ursachen unserer Handlungen nie
von unserm freien unbestimmten Willen abhängen; und daraus geschlossen, daß
es in diesem Verstande gar keine Freiheit menschlicher Handlungen gebe.

„Also sind unsere Handlungen nothwendig? Also konnten sie gar nicht
unterbleiben? Also musten sie erfolgen?" – Das folgt alles hieraus noch gar nicht,
weil die Ursachen aller der Handlungen, deren die Menschen fähig sind, nicht
nothwendig vorhanden sein müssen, sondern gar wohl zum Theil und mehr
oder weniger und mit ihnen auch die davon abhangenden Handlungen fehlen
können. Darin besteht die Freiheit mensch={298}licher Handlungen! – Wenn die
Ursachen da sind, müssen die Handlungen erfolgen; und weil die Ursachen von
unserm freien Willen unabhängig sind, so sind wir auch nezessitirt. Da liegt die
Nothwendigkeit! Insofern die Ursachen fehlen können, können es auch die
Handlungen. Das ist ihre Freiheit.

Hieraus sieht man, daß der eigentliche Begrif von Freiheit gar nicht auf die
menschlichen Handlungen anzuwenden sei. Wir verhalten uns bei unsern Handlungen nie frei und unabhängig, wir werden durch Ursachen angespornt und getrieben, über die das Individuum selbst keine Herrschaft hat. Aber weil viele unserer
Handlungen auch fehlen können, weil sie nicht nothwendig da sein müssen, weil
die kleinste Ursache von außen her ein anderes System von Ursachen und mithin
auch andere Handlungen hervorbringen kann, so nenne ich diese Handlungen,
eben deswegen, weil sie nicht nothwendig da sein müssen, freie Handlungen.
Die Freiheit menschlicher Handlungen besteht daher in ihrer Zufälligkeit, Und
ein Mensch hat um so viel mehr Freiheit, ja eine größere Mannigfaltigkeit von
zufälligen Handlungen er hervorzubringen im Stande ist.

„Also haben wir gar keinen Willen?" – Freien unabhängigen Willen
freilich nicht. Aber wenn man der Bestimmung getreu bleibt, die ich so eben von
der Freiheit menschlicher Handlungen gegeben habe, so haben wir allerdings
Willen. Wille ist {299} nun die Kraftäußerung, durch welche wir uns eine Handlung zu verrichten bestreben, von der wir uns bewußt sind, daß wir sie auch unterlassen können. Das heißt, ich bin mir bewust, daß diese Handlung, zu der ich mich
jetzt motivirt fühle, oder die ich will, nicht nothwendig zu meinem Wesen gehört;
sondern daß ich fähig bin, anders motivirt zu werden, oder anders zu wollen, so daß
die Handlung dadurch gehindert werden kann. Je deutlicher das Bewustseyn dieser
Kraftäußerung ist, desto mehr verdient sie den Namen Wille, und die Handlung
selbst den Namen einer freien. Je dunkler ich mir der Kraftäußerung bewust bin,
desto mehr verdient sie den Namen Instinkt und desto mehr nähert sich die
Handlung der Natur einer nothwendigen. – Und so kann ich auch, ohne mis-
verstanden zu werden, sagen: die Freiheit ist das Vermögen zu wollen; Eine freie
Handlung ist diejenige, von der ich weiß, daß ich sie will. Nothwendig ist sie, wenn
ich weiß, daß ich sie nach meinem Gefallen weder hervorbringen noch hindern,

folglich auch weder wollen noch nicht wollen kann. Und eben darum haben wir auch von solchen Handlungen kein Bewußtsein, weil sie nicht durch Vorstellungen motivirt werden.

Aus allem diesen ergiebt sich, daß der Begrif des Wollens und Nichtwollens ein Resultat der freien oder zufälligen Handlungen, und nicht die Ursache derselben sei. Wir haben nicht Frei={300}heit, weil wir Willen, sondern Willen, weil wir Freiheit haben. Die Frage ist also nicht mehr, wie oder warum haben wir Willen; sondern wie und warum haben wir freie oder zufällige Handlungen? Und man sieht wohl, daß man hier nicht mehr antworten kann, deswegen, weil wir Willen haben; das wäre der inconsequenteste Zirkel, den je ein Philosoph gemacht hat. – Wie nun der Mensch bei allen seinen zufälligen Handlungen und Neigungen den durch äußern Ursachen und Ideen-Association erregten Motiven folge, und sich dabei ganz leidend verhalte; wäre hier auszuführen zu weitläuftig; weil wenig in meinen philosophischen Schriften enthalten ist, was nicht zum Beweise dieses Satzes diente; und ich muß daher meine Leser nicht bloß auf den Abschnitt von der Freiheit und den Triebfedern der menschlichen Natur, sondern zugleich auf alle übrigen verweisen.

Und nun zu Herrn Moses Schreiben.

Daß der Begrif von Freiheit, so wie ich ihn bestimmt und auseinander gesetzt habe, schon von Thurneiser und Basedow, und noch dazu ziemlich weitläuftig, ausgeführt sei, ist mir unbekannt, und ich habe gute Gründe, daran zu zweifeln. Was der *Essai de Psychologie* (der wahrscheinlich entweder von Thurneiser ist, oder doch sein System enthält) und Bonnet über Freiheit sagen, betrift immer nur die Hälfte der Frage. Basedow's Schriften habe ich nicht alle bei der Hand. Aber mein Begrif von {301} Freiheit ist zu sehr mit meinem ganzen System verwebt, und unser beider System ist zu verschieden, als daß wir hier auf einerlei Wege wandeln könnten. Es komt hier nicht sowohl auf die Frage und deren vorläufige Entscheidung, als vielmehr auf die Beweisart für und wider an. – Auch thut endlich das nichts zur Sache.

Die Schwierigkeit liegt allerdings in der Sprache, aber doch nur in dem unbestimmten und zweideutigen Gebrauch derselben. Dies zeigt sich gleich anfänglich, da Herr Moses das Wort nöthigen nicht von freien Handlungen gebrauchen will, und einen necessitirten Willen für einen Widerspruch hält. Wenn wir einen freien unabhängigen Willen hätten, dann wären obige Redensarten allerdings widersprechend. Aber wenn der Wille seine von ihm unabhängige Ursachen hat, wie dieses Herr Moses in der Folge selbst sagt, so folgt ja auch, daß mein Wille da sein müsse, wenn die Ursachen desselben da sind.

In einem andern Verstande ist freilich das Wollen dem Müssen entgegen gesetzt. Ich will freilich deswegen, weil ich nicht muß; denn so bald ich müßte, wäre wenigstens der Begrif des Wollens überflüssig. Aber, ich will, weil ich nicht muß, heißt nichts anders, als, ich bin mir bewust, daß die Ursache der Handlung nicht nothwendig, sondern zufällig ist, und folglich auch fehlen kann. Darum muß ich (unter welchem Ich natürlicher {301} Weise die innern Ursachen mit begriffen sind) nicht. Aber mein Wille muß, so bald er hinreichend motivirt ist; und ist er dies nicht, so will ich auch nicht hinlänglich. Noch einmal, wir wollen, wenn die Handlung zufällig; wir müssen, wenn sie nothwendig ist. Aber beiderlei Arten erfolgen nothwendig auf ihre Ursachen; und diese hängen im ersten Falle, so wenig als im letzern, von unserm Wollen ab.

Die Eintheilung, die Herr Moses von den Ursachen der menschlichen Veränderungen und Handlungen in wirkende und in Endursachen macht, kann ihren guten Nutzen haben; nur wünschte ich, daß er für die, welche er unter dem Namen wirkende Ursachen begreift, einen andern Ausdruk gewählt hätte. Denn obgleich eine wirkende Ursache nicht immer eine Endursache ist, so ist doch eine Endursache immer eine wirkende. Die Ursachen, die Herr Moses wirkende nennt, heißen nur dann und in so fern wirkende, als sie etwas hervorbringen. Und die Endursache kann nicht anders etwas hervorbringen, als wenn sie wirkend ist. – Aber mit dieser Eintheilung der Ursachen ist nun die eigentliche Frage von der Freiheit noch gar nicht beantwortet. Die große Frage bleibt immer noch zu entscheiden: Wie verhält sich der Mensch zu den Ursachen seiner Handlungen?

Nach Herrn Moses wird der Wille durch Erkenntniß des Guten und Bösen bestimmt. Umge={303}kehrt läßt sich also nicht sagen, daß diese Erkenntniß vom Willen bestimmt werde. Es wird also wohl darauf hinauslaufen: Unser Wille hängt von Ursachen ab, die nicht von unserm Willen abhängen. – Und nun frage ich: Habe ich nicht eben dieses gelehrt? Habe ich nicht dargethan, daß freie Handlungen nach Vorstellungen geschehen; und daß sie um so freier genannt zu werden verdienen, je deutlicher diese Vorstellungen sind; daß aber diese Vorstellungen nicht von unserm freien unabhängigen Willen abhängen, und daß wir folglich keinen freien Willen haben? –

Entweder Herr Moses ist eben dieser Meinung, und dann begreife ich nicht, warum er seine Meinung von der meinigen für verschieden hält; oder er ist es nicht, und dann ist hier eine große Inkonsequenz.

Ich weiß wohl, daß nach sehr willkührlichen und ohne Grund und Noth angenommenen Hypothesen, die Seele die Fähigkeit haben soll, durch und aus sich selbst Vorstellungen hervorzubringen und zu haben. Und vielleicht wäre dies das Mittel, den alten Begrif von Freiheit zum Theil zu retten. Man könnte dann wenigstens sagen, daß unser Wille, wenn gleich nicht ganz frei, doch nur von dem edelsten Theile unsers Ichs abhängig sei; und auf die Art auch der Seele das in Rechnung bringen, was ihre Vorstellungen verursacht haben sollen. – Bequem mag diese Theorie für man={304}ches theologische System seyn, aber wahr und nützlich ist sie wahrlich nicht für Menschen, deren feinere Kräfte bis auf einen gewissen Grad entwikkelt und kultivirt worden. Ich habe, in meinen philosophischen Gesprächen, den Ungrund dieser Meinung aus häufigen und sich gegenseitig unterstützenden Induktionen darzuthun gesucht; und so käme es, wenn man ja nicht meiner Meinung sein will, bei der Frage von der Freiheit, doch nur darauf an, in wie fern die Seele bloß aus sich und durch sich selbst und unabhängig von andern außer ihr befindlichen Ursachen Vorstellungen vom Guten und Bösen haben könnte. Es käme darauf an, zu untersuchen, warum meine Seele etwas beliebt, gut findet und wählt. Und da würde sich dann, so wie ich in den philosophischen Gesprächen umständlich dargethan habe, zeigen, daß dieses Begehren, Verlangen, Wünschen und Erwarten Resultate unserer durch äußere Ursachen bewirkten Kultur, und entwikkelte Zweige unsers ursprünglichen Erhaltungstriebes sind; und daß wir uns hiebei im Grunde eben so leidend erhalten, als der Bassa, der in einer Entfernung von einigen hundert Meilen, auf Befehl des Sultans, der erst vielleicht durch hundert Zwischenpersonen und Zwischenursachen hat be= und ausgewirkt werden müssen, erdrosselt wird, und wovon die erste Ursache vielleicht bloß eine Mine des armen Bassa war, welche ein Spahi für verächtlich hielt, der hernach durch besondere {305} Veranlaßungen nach Cirkaßien kam, auf eine besondere Art ein schönes Mädchen fand, durch besondere Kanäle sie ins Serail zu bringen wußte, dieser seinen Groll mittheilte, die ihn dann auf den obersten der Verschnittenen übertrug, und den dieser vielleicht noch durch zwanzig Mittelspersonen erst dem Sultan beizubringen wuste. Und doch ist alles dieses, gegen die Mechanik unserer zufälligen Handlungen, bloßes Handwerkswesen. Aber eben diese äußerst feine und nicht zu verfolgende Mechanik ist Schuld daran, daß wir uns in Beurtheilung unserer selbst betrügen, daß wir die Triebfedern unsers Willens nicht bemerken, und daß wir daher sehr oft geneigt sind, zu glauben, daß auch gar keine Triebfedern da seien.

„Wie aber, wenn alle unsere Handlungen aus Ursachen entstehen, die nicht von unserm Willen abhängen, wenn wir uns überall nur leidend verhalten; wie kann man einen Menschen für seine gute Handlungen belohnen, wie seine bösen bestrafen?" – Wenn die Gesetze sagten: Du hast eine schlechte Handlung begangen; und weil sie der Gesellschaft nachtheilig ist, und du sie eben so gut hättest unterlassen können, so strafen wir dich: so wäre das freilich eine sehr ungerechte Zurechnung. Aber die Gesetze können nichts weiter sagen, sagen auch nichts weiter, als: die schlechte Handlung, die du begangen hast, ist der Erhaltung der Gesellschaft nachtheilig; und weil du nicht nothwendig Motive zu dieser {306} schlechten Handlung hast, sondern auch fähig bist, diese Motive nicht und dagegen andere zu bessern Handlungen zu haben: so strafen wir dich, damit diese Strafe das Motiv der schlechten Handlung, wo nicht aufhebe, doch im Gleichgewicht halte, strafen dich öffentlich und schrekkend, damit diese Strafe auch andern zum Gegenmotiv gegen das Motiv der schlechten Handlung diene. – Das Recht zu diesen Strafen liegt in der Natur der gesellschaftlichen Verfassung, die sonst nicht bestehen könnte. Und ob gleich diejenige gesellschaftliche Verfassung die beste wäre, wo man alle Beispielsstrafen vermeiden könnte: so bin ich doch weit entfernt, sie überhaupt für ungerecht zu erklären; so wenig es mir einfällt, die Ungleichheit der Stände in der Gesellschaft für einen Fehler derselben zu halten, weil eben ohne diese Ungleichheit gar nicht derjenige Grad der Kultur erreicht werden könnte, den das menschliche Geschlecht erreicht hat, oder erreichen kann.

Und so können auch künftige Strafen als Motive dienen, das einzuholen, was hier versäumt worden ist. – Fragt man hier, warum ein Theil der Menschen erst so spät durch Strafen zur Vollkommenheit gelangen soll; so frage ich: warum soll das ein Theil der Geschöpfe überhaupt? Ueber die Oekonomie des Schöpfers räsonniren wollen, ist Thorheit.

Versuch über die Einbildungskraft. **Von Joh. Gebh. Ehrenreich Maass,**
Professor der Philosophie zu Halle. – Halle bei Michaelis und Bispink.
1792[1]

> In: *Neue Philosophische Bibliothek*, herausgegeben von Kiesewetter und Fischer, Professo-
> ren der Philosophie und Geschichte. I., pp. [163]–238.
> Auszug. Standort: Stadt- und Universitätsbibliothek Bern, Münstergasse 61, Postfach,
> CH-3000 Bern 7. Sign.: D[epot] H[Hallerstrasse], Log. 614:3.

Johann Gebhard Ehrenreich Maass, *Versuch über die Einbildungskraft*, 1792,
p. 237:

[...]. §. 110. Hartleys System beruht auf der Hypothese der Nervenschwingungen
s. §. 16. Das Associationsgesetz giebt er nicht deutlich an.
    §. 111. Priestley ist ein Anhänger des Hartley und Condillac des Malebranche. –
Einige Philosophen haben versucht, die mechanische Erklärungsart mit der psychologischen zu vereinigen. Dahin gehört der Verf[asser] folgender Schrift, der aber
nicht, wie man behauptet, Bonnet ist: *Essay de psychologie, ou consideration sur les
operations de l'ame sur l'habitude et sur l'éducation.* A Londres 1755.

Versuch über die Einbildungskraft von D. Johann Gebhard Ehrenreich Maaß,
Professor der Philosophie zu Halle, und der literarischen Gesellsch[aft] zu
Halberst[adt] Mitgliede. Verbesserte Ausgabe. Halle und Leipzig, bei Johann
Gottfried Ruff. 1797. Auszug.

> Standort: Dépot des bibliothèques universitaires (DPU), Quai du Seujet 14, Genève.

Den Hinweis auf den *Versuch über die Einbildungskraft* des mit Johann August
Eberhard verbundenen Hallensers J. G. E. Maass (*Krottendorf bei Halberstadt,
26. 02. 1766, † Halle, 23. 12. 1823) gab Max Offner in seiner bemerkenswerten

---

1)   Diese Schrift hat überall die günstige Aufnahme gefunden, die sie verdient. Streng systema-
      tischer Vortrag, leichte und gründliche Entwickelung der Gegenstände; scharfsinnige Auf-
      lösung merkwürdiger psychologischer Erscheinungen, zeichnen dies Werk auf die vortheil-
      hafteste Art aus. – So sehr wir uns auch bemüht haben, den Auszug vollständig zu machen,
      und uns, so viel als möglich, an den eigenen Ideengang und selbst an die Worte des Verf. zu
      halten, so wird doch dieser Auszug bei weitem das Lesen der Schrift selbst nicht entbehrlich
      machen können. Vorzüglich machen wir unsere Leser auf die in der Schrift selbst enthal-
      tenen psychologischen Beispiele aufmerksam, die wir in dem Auszuge, ohne die Gränzen
      desselben zu überschreiten, nicht mit aufnehmen konnten. – Die von uns hinzugefügten
      Anmerkungen wird der Verf. als Meinungen ansehen, die wir seiner scharfsinnigen Prü-
      fung vorlegen; oft haben wir in denselben, aus Beschränktheit des Raums, unsere Gedan-
      ken blos andeuten können.

Forschungsarbeit ‚Die Psychologie Charles Bonnet's. Eine Studie zur Geschichte der Psychologie'. In: *Schriften der Gesellschaft für psychologische Forschung,* Leipzig 1893. I. Sammlung, Heft V (1893), pp. 557 f., Anm. 4. Ob sich Offners Seitenangabe auch auf die Editio princeps von 1792 bezieht, konnte nicht nachgeprüft werden, da uns nur die verkürzte Fassung aus Kiesewetters *Neue Philosophische Bibliothek* vorlag.

Johann Gebhard Ehrenreich Maass, *Versuch über die Einbildungskraft,* 2. verb. Aufl., 1797, pp. 393–394:

[...]. § 111. Hartleys Hypothese[1] wurde auch von Priestley angenommen und ausführlich vertheidigt. Dieser gab (zu London 1775) eine Darstellung des hartleyischen Systemes heraus, mit eigenen Versuchen begleitet. Hierin suchte er nicht bloß Hartleys Behauptungen zu rechtfertigen; sondern er gieng noch etwas weiter und wollte der Seele an der Zurückrufung der Vorstellungen noch weniger Antheil, als Hartley, zugestehen. Doch hat er keine eigenthümlichen Gründe zur Unterstützung dieses Systemes ausfindig gemacht.

Um eben die Zeit, oder vielmehr schon vorher, schrieb Condillac seinen Versuch über den Ursprung der menschlichen Erkenntniß. Hierin folgte er größtentheils dem Malebranche, gründete das Entstehen der Einbildungen auf Bewegungen im Gehirn, leitete Vieles aus der Association der Vorstellungen her; aber in der Theorie der Gesetze der Vergesellschaftung hat er nichts geleistet.

Einige Psychologen haben versucht, welches aber gänzlich unthunlich ist, die mechanische Erklärungsart der Association mit der psychologi={394}schen zu vereinigen. Dies ist unter andern geschehen in dem psychologischen Versuche[2], für dessen Verfasser Bonnet, aber mit Unrecht, gehalten ist. Dieser Versuch scheint sich an das System des Malebranche anschließen, und es nur berichtigen und erweitern zu wollen. Allein Malebranche widerspricht der Grundlehre desselben geradezu. Der Verfasser des Versuchs geht von der Behauptung aus: daß die Eindrücke, welche die empfundenen Objekte auf uns machen, im Gehirne zurück bleiben, und daß die Vorstellungen bloß dadurch zurück gerufen werden, daß die Seele, durch verschiedene Ursachen bestimmt, bald auf diesen, bald auf jenen von den zurückgebliebenen Eindrücken ihre Aufmerksamkeit wendet. Diese und ähnliche Behauptungen, da sie eine Art von physischem Einflusse des Körpers auf die Seele voraussetzen, konnte Malebranche nach seinem System nicht zugeben, und der: daß Einbildungen durch Betrachtung der zurückgebliebenen Eindrücke im Gehirn entstehn, widerspricht er ausdrücklich. [...].

---

[1]   Versuche über die mechanische Erklärung der Wirkungen der Phantasie, wie sie *La Mettrie,* und die ihm ähnlich sind, geliefert haben, verdienen gar keine Erwähnung.

[2]   Essay de psychologie, ou considération sur les operations de l'ame, sur l'habitude, et sur l'éducation. A Londres 1755.

Zwei Beiträge Etienne Thourneysers
zu *Le Nouveau Magasin François*

Journal Literaire | de Londres, | Pour le Mois de Novembre. 1750. | Par Mons. T.[hourneyser] *D.*[octeur] *E.*[s] *D.*[roits]

In: *Le Nouveau Magasin François*, Bd. I, November 1750, S. [425]–436. Standorte: Bibliothèque Publique et Universitaire, Genève. Georg-August-Universitätsbibliothek, Göttingen.

Rara temporum felicitate, ubi sentire quæ velis, & quæ sentias dicere licet. Tac. Hist. I.[1]

ARTICLE I.

An Essay on Fevers and their various Kinds, &c. C'est-à-dire, Essai sur les Fievres & sur leurs differentes especes, avec deux Dissertations, l'une sur la Petite-Vérole & l'autre sur les Pleurésies & les Peripneumonies. Par Mr. Jean Huxham Docteur en Médécine & Membre de la Societé Royale à Londres chez S. Austen 1750. 1 Vol. in 8vo; Prix 4sh.6 d.

De toutes les parties de l'Histoire Naturelle il n'en est point qui interesse universellement de plus près que celle qui traite du corps humain & de ses différentes maladies. Faut-il avouer en même tems, que par une espece de fatalité, il n'en est point de moins accessible pour la plûpart des hommes. Je suis bien éloigné de regarder comme évitable l'obscurité qui régne dans les ouvrages de Médecine. Je sens fort bien que cette Science nous étant venue des Grecs, & nos langues modernes ne se prêtant pas aisément à la composition de nouveaux mots, il n'y avoit pas moyen de se dispenser d'adopter des termes techniques, qui significatifs dans une langue morte n'ont aucun rapport aux racines connues des langues qui se parlent à présent. Mais par là nous perdons une infinité de choses, non seulement curieuses, mais même de la derniere importance pour le bonheur & pour la sureté de la vie. C'est de quoi

---

1   [Im seltenen Glück der Zeiten, wo man denken darf, was man will, und sagen, was man denkt. Tacitus Historiae I.]

je me plains. Hippocrate étoit incomparablement plus intelligible pour la généralité de ses compatriotes, que nos savans Médecins ne sauroient l'être pour nous.

L'Ouvrage de Mr. Huxham est peut-être plus éxemt que bien d'autres, de cet embarras scientifique, qui nous empêche nous autres ignorans, d'acquérir une connoissance superficielle des dangers qui nous environnent, des moyens par lesquels on les prévient, & des {426} mesures qu'il y a à garder pour en sortir. C'étoit pour moi un plaisir d'une nouvelle espece, que de lire un livre de Médecine. Mon suffrage par conséquent ne sauroit être ici de fort grand poids. Heureusement Mr. Huxham n'en a que faire. Il s'est attiré l'approbation générale. Après cela, irai-je témoigner que ce que j'entendois chez lui, me paroissoit pensé & exprimé de façon à me faire gémir de mon ignorance, qui mettoit bien des choses au delà de ma portée. Mais non, l'essai que je vais faire, de mettre au net les idées qui me sont restées de cette lecture, s'il réussit, rien au monde ne prouvera mieux le mérite de l'Ouvrage de Mr. Huxham: s'il ne réussit pas, j'aurai du moins la consolation qu'il ne prouvera rien au desavantage de ce qui l'occasionne. En fait de Médecine, jamais il n'y eut d'expérience plus innocente.

Supposez un homme qui jouisse d'une santé parfaite. Il y a chez lui équilibre éxact entre des fluides bien conditionnés & des solides duement constitués.

Mais à la suite d'un éxercice trop violent, la vitesse, le frottement & la chaleur du sang se sont augmentées chez lui considérablement; ou exposé à un air froid & humide ce qui devoit s'exhaler par la transpiration, est resté dans l'intérieur & l'action des fluides a augmenté, parce que leur quantité s'est accumulée; ou peut-être que ce même homme par une débauche de liqueurs fortes, a non seulement augmenté la quantité des humeurs, mais qu'il en a altéré la qualité & accéléré la vitesse.

La réaction des solides suit dans ces trois cas la proportion de l'action des fluides. Devenues l'une & l'autre trop fortes, elles nous avertissent par un sentiment desagréable que le méchanisme du corps est attaqué. Tel est le commencement d'une fiévre inflammatoire, & telles en sont les causes simples & ordinaires.

Un bon tempérament avec l'aide du repos dans le premier cas, d'une chaleur modérée dans le second, & de l'abstinence dans la troisiéme, rétablira l'équilibre au bout des vingt quatre heures, pourvû qu'aucune des causes qui l'a détruit n'ait agi au delà d'un certain point.

Car dans le premier cas, si l'agitation & la raréfaction du sang ont été telles, que les globules se soient introduits dans les artéres sereuses & lymphatiques, il s'y forme immédiatement des obstructions inflammatoires. D'ailleurs cette vitesse & cette chaleur immoderée du sang, en dissipent les principes les plus subtils; ce qui reste tend à un épaisissement; la circulation s'embarasse même dans les extrêmités des vaisseaux sanguins, nouvelle source d'inflammation. Cette inflammation se fixe-t-elle sur les poûmons, elle y produit une Péripneumonie; si c'est sur la pleure, c'est une Pleurésie, si elle attaque le cerveau, c'est un délire, c'est une Phrenésie.

Les mêmes symptomes peuvent pareillement dériver des deux autres causes, puisque l'une augmente la quantité de mouvement, & l'autre la vitesse actuelle du sang.

Mais si tels sont les effets pernicieux de l'action séparée de chacune de ces causes, réunies, quels ravages ne feront-elles pas? Après un exercice outré précédé d'un excès de vin, arrête-t-on la transpiration en s'exposant au froid, il n'est pas de tempérament qui n'en doive être ébranlé.

Comme la quantité du mal est toujours proportionnée à l'intensité & au nombre des causes qui le produisent, de même les moyens de guérison sont efficaces suivant qu'ils sont plus ou moins propres à dimi={427}nuer cette vitesse & cette chaleur du sang.

Le plus promt, le plus aisé, celui qui se présente le prémier c'est la saignée. Il ne faut par la differer dans ces fiévres inflammatoires; les momens sont précieux; le Médecin qui les néglige peut ne les plus retrouver. Par la saignée on diminue la quantité des globules & la vitesse elle-même du sang: on fait place encore pour l'admission des delayans, dont l'usage ne sauroit être assez recommandé. Dans une fiévre violante tous les sels de l'Economie animale sont sublimés, & les parties huileuses acquierent une rancidité toute particuliere. Non seulement la sérosité du sang s'épaissit, elle se charge même des dépouilles de la membrane adipeuse qui se fond par la chaleur de la fiévre. De là vient la difficulté que l'eau toute pure trouve dans ces circonstances à s'incorporer avec la masse du sang. Souvent on voit les malades la rendre telle qu'ils l'ont prise. Il y faut donc joindre quelques acides pour opposer aux alcalis qui prédominent dans le sang, avec des ingrédiens saponacées qui favorisent la dissolution des parties huileuses. Ces qualités se rencontrent dans les syrops de limon, de groseilles & d'autres fruits. Une quantité suffisante d'eau un peu tiéde en fait un breuvage agréable & salutaire. Ces delayans il vaut mieux les répéter souvent, que d'en prendre tout à la fois une trop grande quantité. Des sueurs modérées font une crise toujours avantageuse, & ne tardent pas à emporter la fiévre. Mais il faut se garder des sueurs excessives; elles évaporent les parties les plus déliées du sang & favorisent l'inflammation au lieu de la dissiper. C'est jetter de l'huile sur le feu que d'employer des sudorifiques violens. Par la même raison, notre Auteur desapprouve l'usage des vésicatoires au commencement du moins de ces fiévres ardentes. Il regarde comme extrêmement impropres toutes les évacuations immodérées. S'il conseille dans ces cas-là les fomentations, les lavemens, la Manne, la crême de Tartre, le sel de Glauber, la Rhubarbe & les Tamarins, il proteste en même tems contre les purgatifs violens, les sels volatils, les aloëtiques, les alexipharmaques, les pillules, les bolus, & toute l'artillerie des Boutiques.

Jusques à present je n'ai considéré l'action des causes simples d'une fiévre inflammatoire que dans le meilleur tempérament. Leurs effets se modifient suivant la

différence des fluides & des solides. Supposez des fibres trop tendues & trop élastiques avec un sang chargé de globules & de sels acres; dans un malade qui est
constitué de cette sorte, l'inflammation ne peut manquer de faire des progrès bien
prompts. Au contraire elle est moins violente, si les fibres sont lâches & foibles, & le
sang dépourvu de globules. Telles sont les fiévres nerveuses précédées ordinairement
d'alimens phlegmatiques, de l'usage des fruits verts & mal conditionnés, d'un Eté
chaud & humide, d'inquiétudes & de chagrins. Le siége de ces maladies n'est pas
tant dans les vaisseaux sanguins, que dans les artéres séreuses & lymphatiques, &
peut-être vers l'origine même des nerfs.

Vraisemblablement la qualité des fibres dépend en premier ressort de l'ébauche
qui se fait de notre corps avant notre naissance. Par le différent genre de nourriture,
par l'excès où par le défaut d'excercice, nous pouvons altérer, rectifier, ou corrompre
ces premieres intentions de la Nature à notre égard.

La santé est en raison composée de la tension actuelle des fibres & de leur
fléxibilité.

{428} Cette tension passe-t-elle un certain degré, tous les vaisseaux du corps
humain agissent avec trop de force sur les fluides qu'ils contiennent. De là provient
un surcroit de frottement & de chaleur, qui multiplie les globules & exhale l'humidité du sang. Dès-lors on ne se nourrit qu'imparfaitement. Le corps dépérit peu à
peu. Ce n'est plus une maigreur ordinaire, c'est une véritable Phthisie.

S'il survient une fiévre dans un tempérament tel que celui-là, il faut redoubler
les délayans, les fomentations & les lavemens. Telle étoit la pratique des anciens. On
ne connoissoit pas encore tant de fébrifuges trompeurs. On se fioit à la Ptisanne
d'orge, à l'Oxymel, à l'Hydromel, &c.

La foiblesse & le rélachement des fibres se font sentir par des effets tout opposés à ceux d'une trop grande tension. Le Chyle se travaille mal dans l'estomac, &
parvenu à se mêler avec le sang, il ne trouve que des vaisseaux denués d'élasticité,
peu propres par conséquent à atténuer les sels, les huiles, & les souffres dont il est
composé. Il ne se forme pas une quantité suffisante de globules, & ce principe de
chaleur manquant à la sérosité elle dégénere en glaire indigeste. Toutes les sécre-
tions se ressentent de la foiblesse des organes. Celle des esprits animaux en particulier ne sauroit être que très irréguliere. L'engourdissement des humeurs remplit les
artéres & les veines les plus déliées d'obstructions non inflammatoires dans leurs
commencemens, qui se déclarent par les fiévres intermittentes & nerveuses, & dont
le terme fatal est une Hydropisie.

Entre cette trop grande tension & ce trop grand relachement des fibres, il y a un
état mitoyen qui n'est pourtant pas le bon. C'est celui d'une ténuité, d'une délicatesse extrême. Le sentiment est exquis, mais s'il est pour le plaisir, il l'est aussi pour
la douleur. Il régne un interêt trop vif pour tout ce qui se passe au dedans & au
dehors. Ce tempérament se remarque dans les personnes qui joignent à beaucoup

de feu des traits agréables, un coloris pictoresque & une figure aisée, mais un peu trop déliée. Sujettes aux Hémorragies elles périssent très souvent par la Phthisie pulmonaire, qui est ce qu'on appelle consomption en Angleterre.

Le sang est susceptible de deux états opposés, qui correspondent dans les solides à la trop grande tension & au trop grand relachement des fibres.

Dans le premier, non seulement les globules sont plus nombreux qu'ils ne le devroient être, mais ils ont été comprimés & travaillés avec trop de force, de façon que les six globules séreux qui en font la structure, sont unis trop intimément. Les parties intégrantes de la sérosité elle-même sont devenues beaucoup plus compactes. C'est donc à tous égards une densité, une viscosité.

Dans le second état du sang, les globules sont rares & mal formés. La sérosité s'épaissit non par excès mais par défaut de chaleur; c'est comme du vin éventé qui devient gras.

Il y a encore pour le sang un troisiéme état vicieux, plus dangereux dans ses conséquences que les deux précédens. On peut le définir en deux mots, en disant que c'est une tendence directe à la putréfaction.

Un indice certain de cette qualité putride dans le sang, c'est que lorsqu'on vient à en tirer, il ne se sépare plus regulierement en *crassamentum & serum*, il forme une masse à demi coagulée, qui quoique de couleur assez vive, se pourrit très promtement.

{429} La cause la plus générale de cette pourriture du sang, c'est l'acreté des sels, leur nature alcaline. Le scorbut de mer qui provient principalement de l'usage des viandes salées & corrompues, fournit un exemple frappant de l'action de cette cause.

Dans les tempéramens foibles, cette même putridité du sang peut dériver de ce que les globules ne sont pas assez compactes pour que leur contexture soit durable.

Il est aussi des poisons, comme celui de la vipere & de quelques autres animaux venimeux, qui putrifient le sang avec une promtitude surprenante.

Enfin il n'est pas douteux qu'il n'y ait des émanations contagieuses, dont la nature est d'opérer avec plus ou moins de force la putréfaction du sang. C'est ce qui se voit dans la peste & dans les fiévres malignes ou pourprées épidémiques.

La putréfaction du sang se diversifie dans ses symptomes suivant les tempéramens & suivant les circonstances.

Là où les fibres sont tendues & le sang viscide, la putridité se complique avec l'inflammation, elle la rend plus terrible.

Mais lorsque les fibres sont lâches & le sang appauvri, la putridité se combine avec des symptomes nerveux.

Dans le premier cas, la fiévre est violente; on sent des douleurs aiguës; il y a des apparences de pleurésie & de délire, le sang qu'on tire se couvre d'une croute épaisse de couleur de cornaline; l'urine est en petite quantité, extrêmement chargée & laisse un sédiment noiratre.

Dans le second cas, le poux est toujours foible, soit qu'il batte vite ou lentement; l'urine est pâle, les hémorragies fréquentes, & les nerfs dans un état convulsif.

Les circonstances servent aussi quelquefois à faire juger de la nature de la putridité du sang. Dans un tems que les fiévres malignes d'un côté, & les pleurésies de l'autre régnoient à Plymouth, Mr Huxham observa souvent la réunion des causes inflammatoires avec l'action des émanations contagieuses.

L'acreté des humeurs produit à la suite du temps la même espece de putridité que ces émanations. Peut-être n'est-ce que la différence des saisons & la diverse disposition du corps, qui les rend contagieuses dans un tems & non contagieuses dans un autre.

Mais que la fiévre putride soit contagieuse, ou qu'elle ne le soit pas, il ne faut saigner qu'avec beaucoup de précaution, & cela plutôt pour arrêter l'ardeur de la fiévre que dans la vüe d'opérer la guérison.

Lorsque les fiévres putrides sont contagieuses, l'estomac est d'abord attaqué d'une maniere sensible. C'est que vraisemblablement le premier fluide que soit infecté, c'est la salive qui absorbée continuellement, communique le venin à la bile & aux liqueurs que filtrent les glandes de l'estomac. De là naissent des nausées fréquentes. Ici l'art doit assister la nature, mais toujours par les moyens les plus doux; des lavemens, des vomitifs, & des purgatifs modérés. Le séné même est trop fort au rapport de Hoffman. Il faut ensuite administrer des acides végétaux & minéraux pour arrêter le progrès de la putréfaction, aussi bien que des astringens pour rendre aux fibres leur véritable tension. Ces derniers, il convient de les tempérer par la qualité diaphorétique du camphre, afin d'entretenir la transpiration. Pour suspendre l'agitation des esprits, on peut encore ordonner le camphre avec les opiates en fort petit dose. Ceux que l'Auteur conseille sont la Thériaque {430} & le Mithridate, dont il faut pourtant avouer que la réputation a reçu une violente secousse, par l'examen critique qu'en fit il n'y a pas long-tems un savant Médecin.

C'est avec beaucoup de raison que Mr. Huxham desaprouve dans ces fiévres l'usage des sels alcalis & volatils. Non seulement ils augmentent la putridité du sang lorsqu'elle est une fois formée; mais rien au monde ne peut plus contribuer à la produire, que de s'y accoutumer lorsqu'on est en parfaite santé.

Ici encore l'Auteur regarde comme extrêmement impropre l'application des vésicatoires, sur tout pour peu que la fiévre soit violente. Ils ne produisent alors que trop souvent l'insomnie, le délire, la suppression d'urine, & les convulsions. Il ne faut en venir aux vésicatoires, que lorsque les esprits animaux manquent au malade, qu'on craint qu'il ne devienne léthargique & qu'il ne tire à sa fin.

La convalescence est fort longue après les fiévres putrides. Il faut soutenir la nature épuisée par des alimens convenables. Le vin rouge fait suivant notre Auteur un cordial naturel de qualité astringente, que toute la Chymie ne sauroit peut-être égaler. On peut en augmenter les vertus salutaires en y mêlant un peu de canelle, de l'écorce d'orange, des roses rouges, & même quelques goutes d'Elixir de vitriol.

Le meilleur moyen de prévenir la putridité du sang, c'est de faire constamment usage d'alimens qui tirent un peu sur l'acide. A cet égard, on peut dire que le pain n'est pas seulement le soutien de la vie, mais qu'il en est même le protecteur, par l'innocente acidité qu'il reçoit de la fermentation. Les Asiatiques chez qui les fiévres malignes & pestilentielles sont bien plus communes que parmi nous, se sont toujours servis du jus de Citron comme d'un reméde des plus puissans & d'un préservatif des plus surs. Qu'il me soit permis de confirmer cette judicieuse remarque de nôtre Auteur par ces beaux vers de Virgile.

Media fert tristes succos, tardumque saporem
Felicis mali; quo non præsentius ullum,
Pocula si quando saevæ infecere novercæ,
Miscueruntque herbas & non innoxia verba,
Auxilium venit, ac membris agit atra venena.[2]

Je trouve une précision admirable dans la maniere dont l'Auteur établit la différence qu'il y a entre une fiévre maligne, & cette espece de fiévre nerveuse qui est accompagnée d'éruptions milliaires. Les symptomes se ressemblent jusques à un certain point, mais un habile Médecin ne sauroit les confondre. Je ne suivrai point Mr. Huxham dans tout ce détail; je me contenterai de remarquer que dans les fiévres nerveuses, les saignées & les purgatifs sont de dangereuse consequence, & que c'est alors qu'il faut avoir recours dès le commencement aux vésicatoires & aux sels volatils, pour réveiller le jeu & le ressort des fibres languissantes.

Les différentes especes de fiévres intermittentes font un milieu entre une santé parfaite d'un côté, & de l'autre la fiévre continue inflammatoire & les fiévres nerveuses.

Les causes ordinaires des fiévres intermittentes, sont un Atmosphere chargé d'exhalaisons & une continuation de tems froid & humide. De là vient que ces maladies sont {431} si communes dans les terres basses & marécageuses, principalement avec un Eté pluvieux. Les obstructions se forment, & parvenues à un certain degré elles repoussent en quelque façon le sang vers le coeur; voilà le frisson. Mais ensuite le coeur & les artéres redoublent de vitesse; voilà l'accès de chaleur qui succéde au frisson.

De là il paroit que les fiévres intermittentes ne sont pas tant le mal lui-même, qu'un effort que fait la Nature pour se dégager de ce qui embarasse ses opérations.

---

2   [Medien trägt Pomeranzen voll sauren Saftes und langem | Nachgeschmack, mit Heilkraft beglückt. Wenn wütende Hexen | Giftigen Trank einst gebraut – sie mischten murmelnd und fluchend | Kräuter und Sprüche dazu – dann hilft Pomeranze am besten, | Denn es vertreibt ihr Saft das schwarze Gift aus den Gliedern. Georg. II 126–130, übers. J. Götte, Vergil, *Landleben*, München 1949.]

Souvent même ces fiévres servent à prévenir de plus grand maux. Mr. Huxham
a observé plus d'une fois, qu'après un Printems sec & froid où il avoit régné beaucoup de pleurésies, de peripneumonies, & de rhumatismes inflammatoires, la simple
chaleur d'un Eté ordinaire produisoit communément des fiévres intermittentes, qui
sans doute auroient été continues, pour peu que la tension des solides & la visci-
dité du sang eussent fait de progrès. Il en est donc alors d'une fiévre intermittente
comme d'une tempête de tonnerres & d'éclairs qui purifie l'Atmosphere.

Le sang est plus dense & plus viscide dans les fiévres tierces que dans les fiévres
quartes; il l'est encore d'avantage dans les fiévres demi-tierces, double tierces &
quotidiennes.

Aussi lorsque les accès anticipent de beaucoup le tems de leur retour, une fiévre
continue est à craindre, principalement chez ceux qui sont d'un tempérament san-
guin. Il convient à ces gens là de se garder des sudorifiques échauffans & des sels
volatils. Pour plus grande sureté, ils ne doivent même risquer le Quinquina qu'après
avoir essuyé quatre ou cinq accès, après s'être fait tirer du sang & avoir eu recours
à un vomitif. Mr. Huxham remarque que l'action des vomitifs est beaucoup plus
douce quand on les a fait précéder de la saignée, & il les conseille d'après Celse
dans le tems même de l'accès. Il veut aussi toutes les fois qu'il y a danger d'inflammation, qu'on ne donne le Quinquina que mêlé avec le Nitre, ou qu'on y substitue le sel d'Absinthe avec le Jus de Citron & l'infusion de fleurs de Chamomile &
d'écorces d'Orange.

D'autre part lorsque la fiévre de quotidienne devient tierce pour se changer
ensuite en quarte, ces retardemens annoncent des fibres relachées qui menacent de
disposer le corps vers l'Hydropisie, la Jaunisse & les fiévres nerveuses ou putrides.
Bien loin d'affoiblir alors la vertu astringente du Quinquina, il faut l'augmenter
en y joignant les Alexipharmaques, tels que la Serpentaire de Virginie, la Myrrhe,
le Camphre, le Lap. Contrayerv. & les préparations d'acier.

Je n'ai pas dessein de revêtir le caractére de Journaliste pour renoncer au privilege
de la réfléxion. Est-ce un si grand mal que de penser quelquefois? On me permet-
tra donc de tems en tems quelques petites excursions. Je cherche le vrai, & j'ai trop
bonne opinion de mes lecteurs pour ne les pas croire en cela de même goût que moi.
Aussi n'ai-je que faire de les avertir, que ce que je vais dire n'est point du tout dans
la vuë de diminuer l'estime que mérite Mr. Huxham par un ouvrage si bien fait, si
bien pensé, si rempli d'observations curieuses & délicates.

Il me semble à la page 101. qu'en attribuant à un accès de fiévre tierce la propriété
d'atténuer l'épaississement des humeurs, Mr. Huxham est un peu en contradiction avec lui-même. Car un des premiers principes de sa Théorie, {432} c'est que la
chaleur de la fiévre, coagule la sérosité du sang, & que la densité de cette espece de
gelée est toujours proportionnée à la violence & à la durée de la chaleur. Toutes les
sciences ont leurs sophismes coutumiers. Chez les Politiques on change l'état de la

question, ou l'on suppose ce qui est en question. Les sages disciples d'Esculape sont quelquefois sujets à donner pour cause ce qui ne l'est point, ou à faire servir une même cause pour des effets diamétralement opposés, ce qui est une espece d'oeconomie que la Nature n'entend point.

Je trouve aussi du mesentendu dans l'usage que l'Auteur fait de l'égalité de l'action & de la réaction. Je m'explique. Supposons d'abord un fluide qui se meut dans un canal dénué de toute élasticité. L'action du fluide sur les parois du canal consiste dans un frottement qui tend à en déranger les parties, & la réaction du canal produit une diminution dans la vitesse du fluide. Supposons ensuite un canal élastique, les fibres qui le composent après avoir cédé à l'action du fluide reprennent à peu de choses près leur prémière place, elles agissent à leur tour sur le fluide & lui rendroient toute la vitesse qu'il a perdue, si leur élasticité étoit parfaite; mais elles ne pourroient jamais lui en rendre au delà. A plus forte raison puisque l'élasticité des fibres n'est jamais qu'imparfaite, on ne doit pas tant la mettre en ligne de compte avec les puissances motrices elles-mêmes dans le cas d'une fiévre, que la placer parmi les circonstances qui empêchent la dissipation ultérieure du mouvement.

J'avoue que je ne vois pas non plus, comment l'augmentation de la masse du sang occasionnée par la suppression de la transpiration, doit en augmenter la vitesse actuelle. Bien loin de là; les mêmes forces motrices doivent communiquer à une plus grande quantité de sang une moindre vitesse, ou la Méchanique est fausse. J'approche d'avantage de la vérité, en posant que le même froid qui a produit l'augmentation des humeurs, a pareillement contracté les fibres. Mais ce n'est pas tout, car il y a des cas où les fibres sont indubitablement relachées & ou néanmoins la vitesse du sang augmente sensiblement. Telles sont les fiévres intermittentes, produites suivant le témoignage de Mr. Huxham par une humidité froide qui ote aux fibres leur tension naturelle.

Voici ce que je soupçonne. Dès qu'il y a une fois des obstructions, il faut qu'elles soient simplement dans les petits vaisseaux sanguins, ou dans les artéres séreuses & lymphatiques qui communiquent aux nerfs. Dans le premier cas, le sang ne pouvant plus se mouvoir dans les vaisseaux sanguins, & étant toujours poussé par la même force, reflue avec d'autant plus de vitesse vers les artéres séreuses & lymphatiques, & donne aux nerfs une irritation qui augmente l'action elle-même du coeur & des artéres. Dans le second cas, c'est tout le contraire, la puissance motrice du coeur est affoiblie & n'opére plus sur le sang que d'une maniere irréguliere, ce qu'on observe principalement dans les fiévres lentes & nerveuses où la vitesse du sang paroît visiblement diminuée.

J'ajoute encore que suivant que les obstructions des vaisseaux sanguins doivent leur origine à la qualité ou à l'augmentation de vitesse du sang, la fiévre devient intermittente réguliére ou inflammatoire continue. Dans la prémiere supposition, l'accélération subséquente du sang termine l'obstruction, dans {433} la seconde elle

l'augmente. Outre cela encore dans la premiere supposition, comme les causes obstruentes subsistent encore après que l'obstruction a été dissipée, à moins qu'il ne se
fasse du changement dans la qualité du sang, ces causes doivent reproduire leur effet
au bout d'un tems donné, ce qui explique le retour régulier de l'accès.

N. B. *Les deux Dissertations de Mr. Huxham sur la Petite-Vérole & sur les Pleurésies
& Péripneumonies pourront dans la suite fournir un autre Extrait.*

ARTICLE II.

The Doctrine and Application of Fluxions, &c. C'est-à-dire. La Théorie & la Pratique de la Méthode des Fluxions, par Mr. Thomas Simpson, Membre de la Societé
Royale. 2 Vol. in 8vo. à Londres chez J. Nourse. 1750.

Dès l'année 1737, Mr. Simpson actuellement Professeur dans l'Ecole d'Artillerie de Woolwich, avoit publié un Traité sur la Méthode des Fluxions. On ne sauroit
regarder ce premier Essai tout au plus que comme une ébauche de l'Ouvrage que je
viens d'annoncer. L'Auteur a non seulement approfondi & remanié les sujets qu'il
avoit embrassés; mais son plan s'est étendu & ses récherches se sont multipliées. Il
ne s'agit donc point ici d'une nouvelle édition, mais d'un Ouvrage qui doit avoir
pour le public tout le mérite de la nouveauté.

Dans la préface l'Auteur reconnoit à son premier Ouvrage des obscurités & des
imperfections. Il les attribue modestement au défaut d'expérience & aux circonstances où il se trouvoit alors. Ces circonstances, il ne les détaille pas, quoiqu'elles
ne puissent que lui faire honneur auprès de ceux qui considerent les hommes uniquement par ce qui leur appartient en propre, les qualités du coeur & les talens de
l'esprit. Le fait est que Mr. Simpson avec le goût qu'il a pour les Sciences les plus
relevées, n'étoit que simple ouvrier dans les manufactures de soie lorsqu'il mit au
jour cette premiere production. Tout ce qui est génie est né avec ceux chez qui il se
trouve. L'éducation ordinairement fortifie ce souffle divin: elle ne peut y suppléer;
souvent sans elle & malgré les plus grands découragemens, on le voit se manifester
avec tous ses avantages.

Dans la premiere Section de la premiere partie, l'Auteur traite de la nature des
Fluxions & de la maniere de les prendre. Il paroît d'abord vouloir s'éloigner de la
définition qu'en avoit donné Mr. Maclaurin. Suivant ce dernier, la Fluxion d'une
quantité c'est la vitesse elle-même uniforme ou variable avec laquelle cette quantité augmente dans un point quelconque de sa génération; au lieu que suivant Mr.
Simpson, la Fluxion d'une quantité, c'est la grandeur dont cette quantité augmenteroit dans un tems donné, si la vitesse demeuroit dès lors invariable. Je ne sai si la

différence qu'il y a entre ces deux définitions est aussi réelle que Mr. Simpson se le persuade. La conséquence immédiate de la définition de Mr. Maclaurin, c'est que la Fluxion estimée par la vitesse, est toujours proportionnée à l'inerement ou à l'espace dont la fluente augmenteroit dans un tems donné, si la vitesse ne souffroit plus d'accélération ni de retardement. Ainsi je ne vois pas qu'à prendre la chose dans le point de vuë où l'envisage Mr. Simpson, il y ait pour les commençans les avantages qu'il se figure. S'il ne falloit consulter que la commodité de ceux qui cherchent à s'initier dans l'Art, on préféreroit le prin={434}cipe du Calcul différentiel à celui de la Méthode des Fluxions, quoique ce dernier soit plus fertile en conséquences & mene à des démonstrations plus rigides & plus élégantes.

Notre Auteur prend les questions *de Maximis & Minimis* dans sa seconde Section. Il y résout, entr'autres d'une maniere fort agréable le Probleme, Trois points étant donnés, trouver un quatrieme point d'où tirant des lignes droites aux trois points donnés, la somme de ces lignes soit la moindre possible. Ceux qui veulent à toute force se jetter dans les calculs sans éxaminer la figure, parviendroient à vüe de pays à une équation du septieme ou du huitieme degré. Je trouve des particularités instructives dans l'Exemple XVII. qui consiste à déterminer la plus grande Ellipse qui puisse être coupée dans un Cone donné. L'Auteur termine cette Section par un Scholie où il distingue avec neteté les cas où la fluxion rendue égale à zero fournit un *Maximum*, d'avec ceux où elle fournit un *Minimum*, aussi bien que les cas où elle n'exprime ni l'un ni l'autre.

La troisiéme Section roule sur les tangentes des courbes, & la quatriéme sur les points d'infléxion. On croiroit que l'Auteur annonce les points de rebroussement, mais il n'y touche pourtant pas.

Les developpées font le sujet de la cinquiéme Section, & les premiers principes du Calcul intégral ou de la Méthode inverse des Fluxions font celui de la sixiéme. Ces principes sont appliqués dans les quatre suivantes aux Quadratures & aux Rectifications des courbes, à la détermination de la solidité des corps formés par rotation, & à la mesure de leurs surfaces. La onziéme Section traite des Centres de Gravité, d'Oscillation & de Percussion, & la derniere des forces centrales.

La premiere Section de la seconde partie considére la maniere de prendre les Fluxions des quantités exponentielles, comme aussi celles des côtés & des angles des Triangles Sphériques. La seconde comprend des observations utiles pour remonter d'une équation fluxionelle à une équation qui ne contiene que des fluentes. La troisiéme traite de la réduction des quantités fluxionelles à la Quadrature du Cercle, de l'Hyperbole &c. & la quatriéme de la transformation de ces mêmes quantités en d'autres plus aisées à manier. La cinquiéme Section roule sur les fluentes des fractions commensurables de differentes dimensions suivant les formules de l'Harmonie des mesures de Mr. Cotes; & la sixiéme sur les moyens d'accélerer la convergence des suites. Dans la septiéme Section on considere la resistance des milieux,

& dans la suivante l'attraction des corps suivant leurs différentes figures, dont un des cas particuliers fournit la solution du flux & reflux de la mer. La neuviéme Section traite de ceux d'entre les Problemes *de Maximis & Minimis* qui requierent la détermination préalable d'une courbe particuliere, tels que le Solide de la moindre résistance, la Courbe de la plus courte descente, quelques cas des Isopérimetres &c. Enfin dans la derniere Section l'Auteur rassemble des Problemes de different genre, comme de diviser un Angle donné en deux parties, de façon que le produit des puissances données quelconques des sinus des parties soit un *Maximum*, de déterminer la différence qu'il y a entre une demie Hyperbole prolongée à l'infini & son Asymptote, les Caustiques par réflexion & par réfraction &c.

Un plus long détail seroit pour moi un véritable écueil. Je n'en {435} pourrois pas dire assez pour satisfaire les intelligens, & peut-être déja en ai-je dit plus qu'il n'en faut pour rebuter ceux qui ne le sont pas. Qu'il me soit permis d'ajouter, qu'indubitablement l'Ouvrage de Mr. Simpson est un des plus complets & des plus utiles qui se soient publiés sur ces matieres. Cela n'efface pas toutefois le Tr[a]ité des Fluxions de l'illustre Mr. Maclaurin. Dans Mr. Simpson on trouve un homme rompu dans tous les détours & dans toutes les subtilités des Calculs modernes. Chez Mr. Maclaurin il régne une entente sublime de l'ancienne Géometrie, qui plus elle devient rare, moins elle paroit mériter l'espece d'oubli où elle tombe insensiblement. *Dulcibus abundamus vitiis.*[3] Il faut un courage plus ferme, un coup d'oeil plus pénétrant, pour s'engager dans la recherche de la vérité avec la raison toute seule, qu'avec l'aide de tant de Symboles & de Calculs.

ARTICLE III.

The Healing of Diseases, a Character of the Messiah. Being the Anniversary Sermon preached before the College of Physicians, &c. C'est-à-dire. Comment la guérison des maladies faisoit l'un des caractéres du Messie: Sermon prononcé en conséquence de la fondation du Docteur Croune devant le Collége Royal des Médecins; par Mr. Guillaume Stukeley Docteur en Médecine, Recteur de l'Eglise de St. George Queen-Square, Associé au Collége des Médecins, & Membre de la Societé Royale. A Londres chez Austen, in 4to.

Le Collége Royal des Médecins de Londres est indubitablement pour la République des Lettres, l'un des Corps les plus respectables qu'il y ait en Angleterre. Pour

---

3   [Wir haben Überfluß an angenehmen Lastern.]

s'en persuader, il ne faut que songer aux grands noms de Harvey & de Sydenham, qui de leur tems en ont été les illustres ornemens. Il est encore à présent composé de façon à ne pas paroître dégénérer de son ancienne réputation. Ceux qui y entrent sont la plûpart, gens d'une fortune aisée, souvent même splendide. Ils n'ont rien à démêler avec leur boulanger, point d'embarras, point d'inquiétudes, ils peuvent mettre à profit tous les momens d'un docte loisir. Aussi voyons nous que pour briller ici dans cette profession il ne suffit pas d'y être uniquement habile. Le public éxige d'un Médecin favorisé, qu'il se distingue en même tems dans quelque autre branche de littérature, soit dans l'Histoire & la Philosophie Naturelle, ou dans les Mathématiques, ou dans l'Antiquité Greque & Latine.

Quel avantage pour un prédicateur que de paroître devant un Auditoire si éclairé. Des tours fins & délicats, des allusions savantes sont ici de mise; en les employant on ne court nul risque de n'être pas entendu. L'exemple de St. Paul dans son discours aux Athéniens autorise l'élégance. Ainsi la fondation du Docteur Croune en nous promettant une suite de Sermons si estimables, ne peut qu'être précieuse aux yeux du public.

Ce fut le savant Mr Birch qui ouvrit cette carriere l'année passé. Son Sermon roula sur la sagesse & la bonté du Créateur en tant qu'elles paroissent dans la formation de l'homme. Je traduirois volontiers toute la piéce; mes lecteurs ne m'en sauroient pas mauvais gré; ce qui y met obstacle, c'est que c'est Mr. Stukely qui est le Saint du jour.

Il a suivi une différente route de celle de son prédécesseur. Il ne s'amuse pas à sacrifier aux graces, soit qu'il méprise ou qu'il ignore la séduction d'un stile enchanteur. S'il n'a pas le ton impératif des Mathématiciens & des Philosophes, en {436} récompense il n'est pas dépourvu du dogmatique & du positif des Théologiens. On diroit que c'est un homme qui n'a pas raisonné pour se persuader, mais qui étoit tout persuadé avant que de raisonner, & qui ne sentant pas chez lui assez distinctement l'efficace des preuves, les accumule plutôt qu'il ne les choisit.

J'ai annoncé le sujet du Sermon de Mr. Stukeley. Pour éviter les longueurs je me contenterai d'en remarquer deux ou trois singularités.

A l'occasion des guérisons miraculeuses de notre Seigneur, il se jette à corps perdu dans la fameuse dispute des Démoniaques. Je ne prends point de parti là dessus. Mais il me semble qu'il est plus raisonnable de penser que la possession étoit une suite naturelle des dispositions & des facultés du Démon, que de croire qu'il falloit pour cela une permission spéciale & extraordinaire de la part de la Divinité, afin de mettre dans tout son jour le pouvoir de Jesus Christ. C'est pourtant là l'idée de Mr. Stukeley, & par là il me paroit donner à l'Etre suprême un caractére semblable à celui que le Cardinal de Retz attribue au fameux Duc de la Rochefoucault, *qui tous les matins faisoit une brouillerie, afin de faire tous les soirs un rhabillement.*

Mr. Stukeley trouve dans Apollon plusieurs des caractéres du Messie, ce qui lui fait conjecturer que les anciens Payens avoient formé sur quelques traditions prophétiques, l'idée qu'ils avoient du faux Dieu de la Poësie & de la Médecine. Je ne sai pas bien si c'est sérieusement que Mr. Stukeley donne dans cette vision, ou si c'est seulement un compliment adressé à ses savans Auditeurs: mais je ne fais nul doute qu'il n'ait réussi à les faire du moins sourire.

En vertu d'une Harmonie des Evangiles à laquelle il a travaillé, il fixe même la date du jour où notre Seigneur répondit aux disciples de St. Jean Baptiste, & il prétend que c'étoit un Mercrédi 31 May l'an 30 de l'aire vulgaire, le jour après que le fils de la veuve de Naim fut ressuscité. A l'en croire il a des dates aussi précises pour plus de cent particularités de la vie de Jesus Christ.

* * *

De l'Imprimerie de DAVID HENRY, dans Wine-Office Court, Fleet-street.

JOURNAL LITERAIRE | DE | LONDRES, | POUR LE MOIS DE DECEMBRE. 1750. | PAR M. THOURNEYSER, DOCTEUR ÈS DROITS.

In: *Le Nouveau Magasin François*, Bd. I, Dezember 1750, S. [468]–476. Standort: Bibliothèque Publique et Universitaire, Genève, Universitätsbibliothek Göttingen.

Rara temporum felicitate, ubi sentire quæ velis, & quæ sentias dicere licet. Tac. Hist. I.[4]

ARTICLE I.

Philosophical Transactions, &c. C'est-à-dire, *Transactions Philosophiques pour les mois d'Octobre & de Novembre*, 1748. No. 489. Chez Davis.

I. *Relation des expériences faites par quelques Membres de la Société Royale pour déterminer la vitesse absolue de l'Electricité, par Mr. Watson, Membre de la Société.*

Il résultoit déja des expériences insérées dans le No. 485 des Transactions, que l'Electricité avoit parcouru un espace de 6 732 pieds en moins de 0.837 d'une seconde. Mais par les ingénieuses recherches dont Mr. Watson rend compte dans ce Mémoire, il paroit que le mouvement de l'Electricité est instantané, au moins est-il tel dans un espace de 12 276 pieds.

2. *Description d'un double fœtus de veau par* Mr. le Cat, *Docteur en Medecine*, &c.

3. *Extrait d'une Lettre de* Mr. Doddridge, *Docteur en Théologie*, à Mr. Baker, *Membre de la Société, au sujet d'un[5] Mouton male qui allaitoit un Agneau & d'un Agneau à deux têtes.*

« Le Pasteur de *St. Leonard*, lui fit voir en chemin faisant une femme de 70 ans, dont la fille étant morte en couche, & son enfant ayant pris de lui-même les deux bouts des mammelles de sa Grand'Mere qui le tenoit entre ses bras, les dites mammelles se trouverent dans l'instant pleines de lait, ce qui continua durant dix-huit mois qu'elle {469} le nourrit parfaitement bien. Cette histoire a été imprimée après avoir été vérifié par un Acte authentique de l'Eglise du lieu ». Vie du Sr. d'Aubigné, p. 138.

---

4   [Im seltenen Glück der Zeiten, wo man denken darf, was man will, und sagen, was man denkt. Tac. Hist. I.]

5   *Latinè* Vervex. *Angl.* Wether.

4. *Extrait d'une Lettre de* Mr. de Buffon, *Membre de l'Académie Royale des Sciences de Paris, &c. au Président de la Société Royale, au sujet de la réinvention des miroirs d'Archimede.*

Mr. de Buffon doit avoir traité cette matiere avec plus d'étendue dans les Mémoires de l'Académie pour l'année 1747, qui vraisemblablement n'ont pas encore paru. Outre cela, il a dessein de publier séparément toutes les observations qu'il a faites avec ses miroirs merveilleux. Ce qu'il en apprend à Mr. Folkes, ne peut qu'exciter l'impatience des curieux sur le détail de ces instrumens catoptriques, qui avant qu'ils eussent été retrouvez paroissoient presque fabuleux malgré le témoignage de l'Antiquité. Mr. de Buffon avec un miroir de six pieds de large, brule le bois à la distance de 200 pieds, il fond l'étain & le plomb à celle de 120, & l'argent à celle de 50. La Théorie qui l'a conduit à une découverte si considérable, est fondée sur les deux observations suivantes: 1. Que la chaleur n'est pas proportionnée à la quantité de lumiere: 2. Que les rayons qui nous viennent du Soleil ne sont pas paralleles.

5. *Essai sur la quantité, occasionné par la lecture d'un ouvrage où les raisons simples & composées sont appliquées à la Morale, par Mr.* Reid, *communiqué à la Société dans une Lettre de Mr.* Miles, *Docteur en Théologie au Président de la Société.*

Il y a un petit embarras dans la construction grammaticale de ce titre, qui ne me permet pas de bien distinguer, s'il faut attribuer à Mr. Reid l'Essai, ou l'Ouvrage qui l'a occasionné.

Quoiqu'il en soit l'Auteur de l'Essai remarque, I. qu'il ne faut assigner de la quantité qu'à ce qui se peut mesurer, & non pas en général à tout ce qui est susceptible de plus ou de moins. Il prétend qu'en s'attachant mal à propos à cette derniere idée, on a étendu les expressions Mathématiques à des sujets sur lesquels elles ne devoient pas porter.

Suivant lui, le plaisir & la douleur admettent une différence de degré, mais on ne sauroit les mesurer, ou leur donner de la quantité. Il le prouve en disant, que si cela étoit possible, on auroit des noms aussi distincts pour les différens degrés de plaisir & de douleur, qu'on en a pour les différentes mesures de l'étendue & de ses modifications. Un malade pourroit déterminer avec autant de précision la quantité de sa douleur, que la partie qui en est incommodée, ou que le moment où elle a commencé.

Mais n'est-ce pas là conclure de la possibilité à l'actualité? Le plaisir & la douleur ne sauroient-ils avoir une quantité analogue à celle de l'étendue, sans que cette quantité nous soit connue? La Nature ne peut-elle pas avoir eu de bonnes raisons pour nous cacher dans l'état d'enfance où nous sommes, le ressort principal de toutes nos opérations? D'ailleurs avant que Pascal, Huygens & de Moivre eussent calculé les probabilités, qui auroit soupçonné qu'on pût leur assigner de quantité?

J'ajouterai encore qu'en limitant l'idée de quantité aux choses qui admettent une mesure actuelle, il faudroit en priver toutes celles qui ne se mesurent pas actuellement, ou qui même ne peuvent pas se mesurer. Dira-t-on, parce que l'Aire {470} du Cercle n'a aucune proportion connue avec le Quarré ou d'autres espaces rectilignes, que le Cercle lui-même n'a pas de quantité; ou parce qu'il est démontré que la Diagonale du Quarré est incommensurable avec son côté, s'en suivroit-il aussi que la Diagonale fut denuée de toute quantité?

II. L'Auteur distingue une quantité propre d'avec une quantité impropre. La quantité propre est celle qui se mesure par des choses de même nature qu'elle-même; telle est l'étendue dont toutes les mesures sont étendues elles mêmes. Au lieu que la quantité impropre, est celle dont les mesures se rapportent à des quantités propres d'une espece différente; c'est ainsi que la vitesse se mesure par une raison composée de la raison directe de l'espace parcouru & de la raison inverse du tems.

Les seules quantités propres que notre Auteur reconnoit, sont l'étendue, la durée, le nombre & la proportion. Encore faut-il que la proportion régne entre des choses qui soient susceptibles de quantité à quelqu'un des trois autres égards.

Tout cela est fort bien, pourvû qu'on n'en infére pas, que pour des Intelligences supérieures, le plaisir & la douleur ne puissent être des quantités propres, ou avoir du moins des rapports constans avec l'étendue, la durée & le nombre, quoique la connoissance distincte de ces rapports soit actuellement hors de notre portée.

Ce qui rend possible cette connoissance distincte, c'est qu'il est des cas où nous pouvons nous-mêmes entrevoir, quoique d'une maniére confuse, les rapports qui en sont l'objet.

Imaginons un homme nécessiteux à son entrée dans le monde, & suivons le dans son progrès vers une richesse immense. Les premiers pas qu'il fait pour se tirer de la misére peuvent doubler, tripler & même centupler un capital de rien avec quoi il commence, sans qu'il s'opére encore de changement bien sensible à son bonheur. Parvenu une fois à se voir passablement à son aise, qu'on double son bien, on double aussi son bonheur & peut-être au delà. Mais dégouté de cette heureuse médiocrité qui lui fournit le nécessaire & l'agréable, il veut à toutes forces le superflu, il se jette dans l'agio, dans les compagnies, dans les souscriptions, dans les monopoles. Toutes ses entreprises lui réussissent. Il n'y a de mécompte que dans une seule spéculation. C'est qu'il ne trouve plus que l'accroissement du bonheur corresponde en égale proportion à celui des richesses. Bien loin de là, passe-t-il un certain degré, le succès de ses soins ne le dédommage que foiblement de l'embarras qu'ils lui causent. Il ne peut plus travailler qu'à pure perte pour son bonheur. Un Mathématicien pourroit donc comparer les progrès du bonheur entant qu'il dépend des richesses, à une Courbe qui pendant un tems tourne sa convexité à son axe & qui lui est presque parallele, mais qui après un point d'inflexion s'en éloigne d'abord avec rapidité, pour lui redevenir ensuite parallele & s'en rapprocher finalement. Je ne veux pas dire qu'une comparaison de cette nature soit ou puisse jamais être à la mode. Mais qu'importe? Platon & Aristote dont les ouvrages sont remplis d'allusions à la Géometrie de leur tems, songeoient-ils à la mode? La mode a-t-elle jamais été d'être Mathématicien?

VII. L'Auteur entre dans la fameuse dispute de la mesure des forces. Je crois comme lui qu'on ne s'entend pas: l'opposition n'est qu'apparente: chacun des deux {471} partis donne au même mot un sens différent. Mais les Leibnitiens ne s'y prennent pas tout-à-fait comme l'Auteur le représente. Ils n'ont jamais songé à poser d'entrée en forme de définition, que la force soit comme la Masse multipliée par le quarrée de la vitesse; c'est une conséquence qu'ils déduisent de principes antérieurs, fondés sur des définitions que notre Auteur passe sous silence. On convient, des deux côtés, que la force est la puissance d'agir; mais on diffère sur le choix des effets qui doivent servir à la mesurer. Les uns envisagent l'effet que produit la puissance sans souffrir aucune diminution, & cet effet est toujours proportionné à la Masse du corps multiplié par sa vitesse; au lieu que les autres considérent la somme des effets que produit la puissance jusqu'à ce qu'elle soit tout-à-fait épuisée, & il se trouve que dans tous les cas, la somme de ces effets est proportionnée à la Masse multipliée par le quarrée de la vitesse. Tant qu'il ne s'agissoit que de l'argument que Mr. Leibnitz avoit tiré, de ce que les corps qui montent avec des vitesses différentes, parcourent des espaces qui sont comme les quarrés de ces vitesses, on pouvoit repliquer, que la pression uniforme de la gravité répandue dans des espaces qui sont comme les quarrés des vitesses, avoit été surmontée dans des tems qui étoient comme les vitesses elles-mêmes. Mais depuis que d'un côté, une expérience invariable nous a appris que les cavités faites dans l'argille sont constamment comme les quarrés des vitesses, & que d'autre part, une Théorie fondée sur des principes non contestés, nous assure que ces cavités sont formées dans des tems qui ne sont point constamment dans la proportion des vitesses, il n'y a plus lieu de douter que ce ne soit un avantage réel d'estimer l'effet total par la Masse multipliée par le carré de la vitesse, sans faire du tout entrer en ligne de compte la considération du tems. Supposez qu'un Cone tombe dans l'argille successivement avec des vitesses qui soient comme 1 est à 8, les cavités ne laissent pas d'être comme 1 est à 64, quoique les tems soient dans la proportion de 2 à 1.

Nôtre Auteur propose une objection qui me paroit prouver qu'il n'est pas assez au fait du sentiment de Mr. Leibnitz pour le refuter. Il imagine qu'un seul & même corps soit poussé perpendiculairement avec la même vitesse, d'abord à l'Equateur & ensuite vers le Pole. L'espace qu'il parcourra à l'Equateur sera plus grand que celui qu'il décrira au Pole. Mais la pression de gravité qui est répandue vers l'Equateur est plus foible que celle qui se trouve vers le Pole. Une seule & même force surmontera une plus grande étendue de la premiére que de la seconde, de même qu'un Corps qui tombe dans l'argille y forme une plus grande cavité que s'il tomboit dans le plomb.

6. *Lettre de Mr.* Hassel, *Membre de la Société, au sujet d'un homme qui avoit eu l'oeil percé d'un tronçon de late, & qui ayant été guéri conserva la vue & l'usage des muscles.*

7. *Eclipse de Soleil du* 14 Juillet, 1748, *observée à Londres, par Mr.* Bevis, *Docteur en Médecine.*

8. *Un Cercle Lunaire & deux Paraselenes vus à Paris, le* 20 Octobre, 1747, N. S. *Observation de l'Eclipse de Soleil du* 14 Juillet, V. S. *faite à Berlin par Mr.* Greschow, *Membre de l'Académie de Berlin,* &c.

9. *Lettre de Mr.* Parsons, *Docteur en Médecine, au Président de la Société, contenant une description de deux filles jumelles unies irréguliérement par l'abdomen.*

{472} La Nature met dans ses organisations les plus régulieres une diversité presqu'infinie. Il n'est point de sujets où les ramifications des vaisseaux, le nombre, la force & la disposition des Muscles soient exactement les mêmes.

Mais si la Nature affecte tant de variétés dans les sujets les mieux constitués, il n'est pas étonnant qu'il s'en trouve encore davantage dans ses productions irrégulieres & monstrueuses. On peut multiplier sans fin les descriptions de ces anomalies. J'avoue que je ne vois rien de fort intéressant à tout cela, & qu'on a déja assez de Phénomenes de cette nature pour résoudre les deux questions generales: I. Quelles sont les causes prochaines de la formation des monstres? II. Pourquoi l'action de ces causes n'a-t-elle pas été prévenue dans l'ouvrage de la création?

Mr. Parsons fait des réflexions très judicieuses sur la premiere de ces questions, dans un corollaire qui termine son Mémoire.

Il fait d'abord sentir l'insuffisance de l'ancien système de la génération, pour expliquer les productions monstrueuses. On y supposoit une Nature plastique qui modelloit & façonnoit le melange des particules séminales des deux sexes. Dans ce système tout ce qui s'écartoit du cours ordinaire des choses, ne pouvoit provenir que de ce que les particules séminales étoient en trop grande ou en trop petite quantité, ou de ce que la Nature plastique s'acquittoit négligemment de sa tâche. Dans l'un & dans l'autre cas, les productions monstrueuses seroient beaucoup plus fréquentes qu'elles ne le sont.

L'Etre suprême ne s'est reposé sur personne de la formation des corps organisés. Dès le commencement il les a distribués en différentes espéces; leur petitesse extrême dans les premiers momens de leur existence peut embarrasser notre imagination, mais ne sauroit avoir formé de difficulté réelle auprès de celui dont l'Intelligence & la Puissance sont sans bornes.

La Loi constante du régne animal & du régne végétal, c'est une ressemblance de chaque individu organisé avec les Etres d'où il a été tiré, jointe avec une incapacité totale de prendre aucune autre forme. C'est cet arrangement qui produit la perpetuité des genres & des especes. La préformation de toutes les semences a été également parfaite. Il n'y auroit jamais de production irréguliere, si l'Auteur de la Nature eut pû garantir ces semences une fois formées, de tout accident, sans se départir des loix générales du mouvement, qui sont la base du système auquel il a donné l'existence.

La compression est le principal de ces accidens, à quoi tous les soins du Créateur ne pouvoient remédier. Supposez deux oeufs qui tous deux rendus feconds tombent dans l'Uterus; le cas peut arriver, qu'en vertu des loix du mouvement, leur contact actuel soit inévitable. Si les Membranes des deux oeufs sont assez fortes pour y résister, les Foetus qu'elles renferment pourront être assez au large & s'accroitre chacun de son côté. Mais si ces Membranes déliées viennent à se rompre ou à se dissoudre, les fluides que contiennent les deux oeufs se réunissent, les deux petites organisations se rapprochent, elles parviennent à se coler & à s'embarrasser l'une dans l'autre, des vaisseaux si tendres & si délicats, étant comprimés, s'insinuent réciproquement, il se forme une cirulation confuse & mutuelle, & le tout continuant à croitre devient enfin irrégulier & monstrueux.

{473} Mr. Parsons rassemble en peu de mots, bien des faits qui rendent cette Théorie extrêmement vraisemblable, pour ne rien dire de plus. Les fibres animales & végétales ont une tendance naturelle à s'étendre & à s'insinuer les unes dans les autres, souvent on voit les vaisseaux sanguins s'alonger & produire de nouvelles ramifications, lorsque le rétablissement ou la nourriture d'une partie le requiert. C'est ainsi que les loupes s'étendent & s'accroissent sur la surface du corps, & que les poumons s'incorporent avec la pleure de façon qu'on ne peut les en séparer qu'en les coupant. Lorsqu'on ente ou qu'on greffe un arbre, des fibres de deux différentes especes se réunissent, & ne font plus qu'une seule & même plante. Les sutures du crane & celles des épiphyses des os, ne disparoissent dans la vieillesse que parce que les fibres se sont jointes mutuellement. Rien enfin ne prouve mieux cette tendance qu'ont les fibres de l'Oeconomie animale à s'incorporer, que la facilité avec laquelle les blessures se ferment & se consolident.

Lorsque les parties comprimées des deux foetus sont également tendres, alors ils croissent également; mais lorsque les parties les plus molles de l'un sont pressées contre celles de l'autre qui ont le plus de consistence, le dérangement sera plus grand dans le premier foetus que dans le second. Celui-ci sera peut-être conservé tout entier, pendant qu'il ne restera de celui là qu'une jambe ou qu'un bras.

Je transcris d'autant plus volontiers ces explications de Mr. Parsons, qu'elles font foi qu'il est encore des Philosophes qui ne sont pas dégoutés de la préformation organique des semences animales & végétales. On parvient à se lasser du bon & de l'excellent en fait de vérité comme dans d'autres choses. C'est à ce dégoût que j'attribue le moule intérieur de Mr. de Buffon, & les efforts qu'on a fait pour réhabiliter les natures plastiques, comme si ces natures étoient plus nécessaires pour expliquer la régéneration des polypes, que la végétation ordinaire des plantes.

10. *Description de la préparation & des usages des différentes especes de Potasse, par Mr.* Mitchell, *Docteur en Médecine, & Membre de la Société.*

11. *Lettre de Mr.* Garcin, *de Neufchatel, Docteur en Médecine, au Chevalier* Hans Sloane, *au sujet du Cyprus des Anciens.*

Cette plante nommée *Henna*, par les Arabes est le *Copher*, ou *Cyprus* du Cantique des Cantiques, Ch. I. v. 14. La description imparfaite que Dioscoride en a donnée, l'a fait confondre par les Latins avec leur *Ligustrum*, ou la *Troëne*. Le véritable Cyprus croit en Egypte, en Arabie, en Perse, & dans les Indes Orientales, & forme tout seul un genre différent de toutes les autres plantes.

ARTICLE II.

The Oeconomy of human Life, &c. C'est-à-dire, *Distribution de la vie de l'homme, traduite d'un Manuscript Indien, composé par un ancien Bramine, à Londres. Chez Cooper, 2 Vol. 16mo.*

La seule chose qui m'engage à faire mention de cet Ouvrage, c'est le succès qu'il a eu. Il en a été entierement redevable au soin qu'on a pris de répandre qu'il partoit de la plume d'un des Seigneurs les plus spirituels d'Angleterre, ou que du moins il lui étoit adressé. On a imaginé du mystere, le public avide a acheté, a lu & n'est peut-être pas encore bien desabusé. Il faut que le Libraire fasse fonds sur {474} une continuation de crédulité; il vient de publier un second volume; son Bramine pourroit lui en fournir cinq cens avec la même facilité, & sans courir jamais risque de s'épuiser.

Je n'aurai garde en faveur de mes lecteurs étrangers de traduire ou d'extraire ce qui ne mérite certainement ni l'un ni l'autre. S'ils veulent pourtant savoir en gros de quoi il s'agit, je leur dirai que pour la tournure, c'est une imitation des Proverbes & du livre du fils de Syrach. Mais dans Salomon il y a un contraste admirable entre la simplicité de l'expression & la profondeur de la pensée; au lieu qu'ici ce stile simple est assorti avec des pensées triviales; mais que dis-je, des pensées, à peine puis-je en apercevoir. Je ne trouve guéres que des propositions identiques, « l'homme diligent se leve de bon matin & se couche tard, le paresseux ne sait que faire de sa personne, quand on ne pense pas on parle au hasard, un grand parleur fatique l'oreille, &c. » Le tout est précédé d'une lettre, supposée écrite de la Chine au Comte de ****. Les valets de chambre de ce Seigneur auroient honte d'écrire de ce goût-là.

Après cela quelle espece d'idée doit-on avoir du public? Je répons celle qu'en ont eu de tout tems les sages; celle qu'en avoit le fameux homme de la bouteille. Le public n'a jamais été que passif & moutonnier de sa nature, c'est un echo qui répéte, mais qui ne peut jamais prononcer de lui-même.

ARTICLE III.

A Vindication of the free Inquiry into the Miraculous Powers which are supposed, &c. C'est-à-dire, *Défense de la Dissertation sur les Miracles des quatre premiers siécles, contre les objections de Messieurs* Dodwell & Church, *par Mr.* Middleton, *Docteur en Théologie,* à Londres, *chez* Manby & Cox.

    Ceci n'est qu'un Ouvrage posthume, ce n'est même qu'un fragment, mais qui vient d'un Auteur qui se fera lire tant que le savoir & l'esprit seront estimables. C'est dommage qu'il soit arrivé à son terme fatal avant d'y avoir mis la derniere main. L'idée qu'il nous donne ici de lui, n'est pas celle du Lion mourant qui ne peut plus se défendre contre le reste des animaux. Quel feu, quelle élegance, quels talens pour manier une dispute agréablement & instructivement? Celle-ci ne finira pas sitôt malgré la mort de Mr. Middleton. On ne peut pas dire qu'il entretint le feu de la discorde de son vivant par des Apologies & des repliques. Son silence ne laissoit pas pourtant de lui attirer une grêle de refutations, de considérations, de remarques, &c. Il y a toujours nombre de gens qui trouvent leur compte à flatter les puissances Ecclésiastiques. Cette Cure est trop éloignée, le revenu n'en est pas assez considérable. En décochant un trait au Docteur Middleton on pouvoit se rapprocher, c'étoit un moyen probable d'opérer une translation avantageuse.

    Je n'entreprendrai point de donner ici séparément l'extrait d'une piéce qui a rapport à un Ouvrage aussi antérieur au commencement de ce Journal, que la Dissertation du Docteur Middleton; mais j'examinerai à loisir comment les Journaux étrangers ont représenté cette fameuse Dissertation, & en cas qu'ils l'aient fait partialement ou impartialement, je tâcherai de suppléer à leur défaut.

ARTICLE IV.

MILTON vindicated from the Charge of Plagiarism {475} brought against him by Mr. Lauder. C'est-à-dire, *Défense de Milton contre les accusations de Mr. Lauder,* &c. *par Mr.* Douglas. *à Londres, chez* Millar.

    Il y a plus de trois ans qu'un Ecossois nommé Lauder donna à entendre dans une brochure périodique, que le grand Milton avoit tiré bien des choses de plusieurs Poëtes Latins tous modernes & la plupart assez obscurs. Il parla plus ouvertement dans un Essai qu'il publia l'année passée, sur l'usage que Milton avoit fait de cette foule d'écrivains. Il ne s'agissoit pas de quelques passages seulement, mais du plan même du Paradis perdu. Cela fût suivi d'un Projet de souscription, où l'on proposoit de faire imprimer en quatre Volumes en 8vo, tous ces Auteurs dans lesquels on prétendoit que Milton avoit tant puisé. La souscription fut brillante, elle étoit épaulée par tout un parti, qui ne peut oublier que Milton a été Secretaire de Cromwell & Auteur de la fameuse défense du peuple d'Angleterre.

Mr. Douglas dans une lettre addressée au Comte de Bath, a dissipé toute cette nuée de la maniere la plus satisfaisante. Lauder avoit prétendu que Milton avoit pris l'ordonnace de son Poëme dans *Masenius*, & pour le prouver il publia l'extrait de *Masenius*. Mais il est évident qu'il n'y a d'autre rapport entr'eux sinon qu'ils ont traitté le même sujet, & se sont rencontrés dans les mêmes allusions à l'Ecriture Sainte. Ainsi quand même Milton auroit emprunté de différens Auteurs modernes autant d'ornemens que Lauder le prétend, il n'auroit fait en cela que ce que les Poëtes de tous les tems se sont crus autorisés de faire.

Mais ce qu'il y a d'étrange, c'est qu'afin de faire ressembler Milton d'autant mieux à tous ses Poëtes obscurs, Lauder s'est permis de les interpoler, de les falsifier, de leur preter des vers tirés de la traduction latine de Milton. C'est de là que viennent les huit vers suivans qu'il a preté à *Staphorstius*.

> Auspice te, fugiens succuda lecti
> Dira libido, Hominum tota de gente repulsa est
> Ac tantum gregibus pecudum ratione carentum
> Imperat & sine lege tori furibunda vagatur.
> Auspice te quam jura probant, rectumque piumque
> Filius atque pater, fraterque innotuit & quot
> Vincula vicini sociarunt sanguinis, a te
> Nominibus didicere suam distinguere gentem.

Lauder a encore puisé dans la même source ceux-ci qu'il attribue à *Masenius*.

> Quadrupedi pugnat quadrupes, volucrique volucris
> Et piscis cum pisce ferox hostilibus armis
> Prælia saeva gerit; jam pristina pabula spernunt
> Jam tondere piget viridantes gramina campos.
> Alterum & alterius vivunt animalia letho
> Prisca nec in gentem humanam reverentia durat
> Sed fugiant, vel si steterant, fera bella minantur
> Fronte truci torvosque oculos minitantur in illam.

{476} Quelle scene d'horreurs, pour affoiblir la réputation d'un homme qui ne fait pas seulement honneur à sa Nation, mais même au genre humain? L'envie a-t-elle jamais produit d'effets plus noirs? Le divin Poëte lui même est bien supérieur à ces foibles attaques. *Miratur limen Olympi, sub pedibusque videt nubes & sidera Daphnis.*[6] C'est nous qui avons sujet de nous plaindre. Les véritables objets

---

6   [Daphnis bewundert die Schwelle des Olymp, unter seinen Füßen sieht er Wolken und Sterne.]

d'admiration n'ont jamais été que si rares, que c'est une véritable cruauté de nous en vouloir diminuer le nombre.

* * *

De l'Imprimerie de DAVID HENRY, dans Wine-Office Court, Fleet-street.

Etienne Thourneysers gedruckte Werke

THOURNEYSER, Stephanus, *Theses Logicae De Inductione*, Marc-Michel Bousquet & Comp., Genevae 1733.

THOURNEYSER, [Etienne], 1750: « Que l'Athéisme et le Déréglement des Moeurs ne sauroient s'établir dans le Système de la Necessité. Lettre de Mr. N. E. écrite de la Campagne à Mr. C. P. à Londres », in: *Le Nouveau Magasin François, ou Bibliothèque Instructive et Amusante*, [zitiert *NMF*], hg. v. Mme Le Prince de Beaumont, London, März-August 1750 (Erstauflage).

Rezensionen THOURNEYSER, [Etienne], 1750: *Journal Literaire de Londres*, pour le Mois de Novembre. 1750 Par Mons. T.[hourneyser] D.[octeur] E.[s] D.[roits] In: *Le Nouveau Magasin François*, Bd. I, November 1750, pp. [425]–436. Standorte: Bibliothèque Publique et Universitaire, Genève. Georg-August-Universitätsbibliothek, Göttingen.
- *An Essay on Fevers and their various Kinds, &c*
- *The Doctrine and Application of Fluxions*
- *The Healing of Diseases, a Character of the Messiah. Being the Anniversary Sermon preached before the College of Physicians*

Rezensionen THOURNEYSER, [Etienne], 1750: *Journal Literaire de Londres*, pour le Mois de Decembre. 1750. Par M. THOURNEYSER, Docteur ès Droits. In: *Le Nouveau Magasin François*, Bd. I, Decembre 1750, pp. [468]–476. Standorte: Bibliothèque Publique et Universitaire, Genève. Georg-August-Universitätsbibliothek, Göttingen.
- *Philosophical Transactions*, &c. C'est-à-dire, *Transactions Philosophiques pour les mois d'Octobre & de Novembre*, 1748. No. 489. Chez Davis.
- *The Oeconomy of Human Life*, &c. C'est-à-dire, *Distribution de la vie de l'homme, traduite d'un Manuscript Indien, composé par un ancien Bramine, à Londres. Chez Cooper, 2 Vol. 16mo.*
- *A Vindication of the free Inquiry into the Miraculous Powers which are supposed*, &c. C'est-à-dire, *Défense de la Dissertation sur les Miracles des quatre premiers siécles, contre les objections de Messieurs* Dodwell & Church, *par Mr.* Middleton, *Docteur en Théologie*, à Londres, *chez* Manby & Cox.

– Milton vindicated from the Charge of Plagiarism {475} brought against him by
   Mr. Lauder. C'est-à-dire, *Defense de Milton contre les accusations de Mr. Lauder,*
   &c. *par Mr.* Douglas. *à Londres, chez* Millar.

Lettre THOURNEYSER, [Etienne], 1751: *Lettre d'un Philosophe, dans laquelle on
prouve que l'Athéisme et le déréglement des Moeurs ne sauroient s'établir dans le système de la Necessité,* Genève: Antoine Philibert, Libraire au Perron, erschienen ohne
Angabe des Autors, [2]1751. Erste Auflage 1750 in: *Le Nouveau Magasin François,*
März – August 1750, London.

Neue Unters. THOURNEYSER, [Etienne], 1752: *Neue Untersuchung des Satzes: Ob
die Gottesleugnung und die verkehrten Sitten aus dem System der Fatalität herkommen?,* Leipzig: Christian Langenheim, 1752. – Rezension von G. E. Lessing, in: *Berlinische Privilegirte Zeitung* [*Vossische Zeitung*], 39. Stück, 31. März 1753. Reprint
in: *Gotthold Ephraim Lessings sämtliche Schriften,* hg. v. Karl Lachmann. Dritte,
aufs neue durchgesehene und vermehrte Auflage, besorgt durch Franz Muncker.
5. Bd. Stuttgart: G. J. Göschen'sche Verlagshandlung. 1890, S. 161–162.

THESES LOGICÆ
DE
INDUCTIONE.

Quas,

FAVENTE DEO,

Sub Præsidio

D. D. GABRIELIS CRAMER,

MATHESEOS PROFESSORIS,

Publicè tueri conabitur

STEPHANUS THOURNEYSER, Author:

Die proximâ Martis 29. *Septembris, horâ locôque solitis.*

GENEVÆ,

Typis MARCI-MICHAELIS BOUSQUET, & SOCIORUM.

MDCCXXXIII.

Theses Logicæ | de | Inductione. | *Quas,* | Favente Deo, | *Sub Præsidio* | D. D. Gabrielis Cramer, | Matheseos Professoris, | *Publicè tueri conabitur* | Stephanus Thourneyser, Author. | *Die proximâ Martis 29. Septembris, horâ locôque solitis.* | Genevæ, | Typis Marci-Michaelis Bousquet, & Sociorum. | MDCCXXXIII.

* * *

VIRO | *NOBILISSIMO AMPLISSIMO* | D. D. LUDOV. LE FORT, | J. U. D. CONSULTISSIMO, | REIPUBLICÆ GENEVENSIS | EXCONSULI PRIMA-RIO MERITISSIMO, | EXPRÆTORI INTEGERRIMO, | EJUSDEMQUE OLIM | AD CHRISTIANISSIMUM REGEM | LEGATO PERILLUSTRI,

NEC NON | *VIRIS PLURIMUM VENERANDIS,* | *SPECTATISSIMIS, DOCTRINA* | *AC PIETATE CONSPICUIS,* | D. D. J. HENR. GERNLERO | ECCLESIÆ PETRINÆ BASILEENSIS | PASTORI VIGILANTISSIMO, | THEOLOGO SUMMO,

* * *

D. D. ANDREÆ JOLY, | ECCLESIÆ GENEVENSIS | PASTORI FIDELIS-SIMO, | D. D. THEOD. FALKISIO, | ECCLESIÆ CATHEDRALIS | BASILEENSIS DIACONO | ET COETUS MARTINIANI | PASTORI FACUNDISSIMO. | *MÆCENATIBUS, FAUTORIBUS, AGNATIS SUIS,* | *OMNI REVERENTIA PROSEQUENDIS,* | *HAS THESES LOGICAS,* | *IN SUMMÆ VENERATIONIS* | *DEVOTIQUE ANIMI SIGNUM,* | *SACRAS FACIT* | STEPHANUS THOURNEYSER, AUTHOR.

* * *

Logische Thesen über die Induktion, die der Verfasser, Stephan Thourneyser, mit Gottes Hilfe unter dem Vorsitz von D. D. Gabriel Cramer, Professor der Mathematik, aufrecht zu halten versuchen wird am kommenden Dienstag, dem 29. März, am üblichen Ort und zur üblichen Zeit.

Genf, in der Druckerei Marc-Michel Bousquet & Co., 1733

* * *

Dem sehr vornehmen und hochangesehenen Herrn D. D. Louis Le Fort, Dr. iuris utriusque, Anwalt, hochverdientem ehemaligem Generalprokurator und einstigem hervorragendem Gesandten der Republik Genf beim christlichsten König, ebenso

* * *

den höchst verehrungswürdigen hochgeachteten, an Gelehrsamkeit und Frömmigkeit hervorragenden Herren D. D. André Joly, treuer Pfarrer der Genfer Kirche, D. D. Theodor Falkeysen, Diakon der Basler Kathedrale und beredter Pfarrer der Martinsgemeinde, seinen Mäzenen, Förderern und Verwandten, denen alle Verehrung gebührt, widmet der Verfasser, Stephan Thourneyser, diese logischen Thesen als Zeichen höchster Verehrung und Ergebenheit.

Theses Logicæ de Inductione.

Inductio, ea est Argumentandi Ratio quâ, ex plurium rerum certis quibusdam respectibus similium comparatione, colligimus eas aliis quoque respectibus esse similes. Vel, si quis mavult Definitionem Logicorum terminis expressam, Inductio est Argumentum quo toti Speciei aut Generi concludimus aliquid convenire vel repugnare, quia Individuis sub illâ Specie, aut Speciebus sub illo Genere contentis, omnibus vel pluribus, convenit aut repugnat.

Nemo est qui centies in die non utatur Argumentiatione illâ; sed qui in illius Vim ac Naturam satis inquisiverint, aut eam ritè intellexerint, vel saltem dilucidè exposuerint, pauci videntur esse.

Beatitudinis desiderio teneri Homines, quotquot vidisti, constans {p. 2} te docuit Experientia. Num dubitabis & eandem aliis quoque, quos non nosti, inesse animi proclivitatem? Num tuleris Contendentem reperiri posse Homines quos nulla moveat felicitatis cupido? Imò, si quis Philosophorum, quantumvis modestè, roget quo jure tam universalem elicias conclusionem; quo fundamento omnibus tribuas Hominibus, quam in paucis tantùm deprehendisti, propensionem; vix aliam, præter Sceptici aut Cavillatoris nomen, responsionem feret.

Philosophorum tamen est, non minùs Ratiociniorum Principia ac Leges expendere, quàm Ratiocinia ipsa ad Regularum examen revocare. Inutile est Trutinam ad pondera Corporum detegenda adhibere, nisi priùs constet Trutinam minimè esse fallacem. Itaque, cùm frequens admodùm sit usus Inductionis, sive in Philosophiâ & reliquis Artibus ac Scientiis, sive in Vitâ Communi, mirari subit tam sicco pede Argumentationem hanc à Logicis præteriri, ut nihil, præter meram Definitionem jejunamque Distinctionem, in eorum Libris invenerimus. Nemo, speramus, nos nimiæ confidentiæ arguet, si difficultatem materiæ causam hujus silentii fuisse suspicemur; cùm ultrò fateamur, nobis, post multas meditationes, nihil huc usque venisse in mentem, quod planè satisfaciat; & quærentibus, undènam Inductionis tanta sit vis, vix aliquid responsi dare possimus, nisi nos nescire.

Logische Thesen über die Induktion.

Induktion ist diejenige Art des Argumentierens, auf die wir von mehreren Dingen ausgehend, die in bestimmten Hinsichten einander ähnlich sind, und die wir mit einander vergleichen. Daraus schliessen wir, dass sie auch in anderen Hinsichten ähnlich sind. Oder, wenn man die Definition lieber mit den Begriffen der Logiker ausgedrückt haben will: Induktion ist das Argument, womit wir den Schluss ziehen, dass etwas zu einer ganzen Gattung oder Art passt oder nicht passt, wie es zu allen oder den meisten einzelnen Dingen dieser Gattung oder Art passt oder nicht passt. Jedermann bedient sich dieser Argumentation täglich hundertmal; es scheint aber, dass nur wenige ihre wahre Natur hinreichend untersucht oder sie richtig verstanden oder wenigstens klar dargestellt haben. Dass die Menschen, soweit man sieht, vom Begehren nach Glückseligkeit erfüllt sind, zeigt ständige Erfahrung. Kann man bezweifeln, dass die gleiche Neigung auch anderen, die man nicht kennt, innewohnt? Kann man etwa jemandem glauben, der behauptet, es könnte Menschen geben, die sich von keinem Begehren nach Glücksempfinden bewegen lassen? Vielmehr, wenn ein Philosoph, wie bescheiden auch immer, fragt, mit welchem Recht man einen so umfassenden Schluss herhole; auf welcher Grundlage man allen Menschen eine Neigung zuschreibe, die man nur an wenigen beobachtet hat: so wird er kaum eine andere Antwort bekommen als die eines Skeptikers oder eines Spötters.

Aufgabe der Philosophen ist es nicht weniger, die Grundlagen und Gesetze der vernünftigen Überlegungen abzuwägen, als die Überlegungen selbst der Überprüfung durch die Regeln zu unterwerfen. Es ist nutzlos, eine Waage zur Messung des Gewichts von Körpern einzusetzen, wenn man nicht zuvor festgestellt hat, dass die Waage nicht täuscht. Während die Induktion so häufig angewendet wird – sei es in der Philosophie und den anderen Künsten und Wissenschaften, sei es im täglichen Leben –, kommt man dazu, sich darüber zu wundern, dass diese Argumentation von den Logikern so ungerührt übergangen wird, dass man in ihren Büchern nur die blosse Definition und nüchterne Unterscheidung findet. Hoffentlich wird mich niemand zu grossen Selbstvertrauens zeihen, wenn ich die Schwierigkeit der Sache als Grund für dieses Schweigen vermute, während ich gestehen muss, dass mir nach vielem Nachdenken bisher nichts so recht Befriedigendes in den Sinn gekommen ist, und dass ich auf die Frage, woher die Induktion solche Stärke habe, kaum eine andere Antwort geben kann, als dass ich es nicht weiss.

Itane vero! dicet aliquis, Eò vergunt vestræ Theses, illic earum vis terminatur, ut ignorantiam vestram profiteamini. Num humanarum cognitionum fundamenta convellere tentatis, dum scrupulos injicitis circa validitatem Argumenti, quo carere nequeunt Scientiæ? Minimè verò. Is contra nobis scopus est, ut desinat esse precarius assensus quem illi concedimus; sed invictis, si fieri possit, eliciatur rationibus. Ideò conjecturas quasdam adducimus, quæ nobis, (utinam & vobis!) non videntur omninò improbabiles. Id autem præsertim intendimus, ut Viri Docti, Argumenti dignitate & utilitate commoti, debilibus etiam, irritisque forsan, conatibus nostris excitati, velint in illud Ingenii sui acumen & vires convertere, ea supplere quæ nostris conjecturis desunt & iis, sicubi non fallunt, probabiliores afferre. Quemadmodum signa scopulis imponuntur, quô faciliùs animadversi vitentur: sic utile visum, publicè Sapientes monere quid ad omnimodam usitatissimi Argu-{p. 3}menti certitudinem desideretur, ut latentes adhuc fontes aperire & ad liquidam veritatem nos ducere dignentur.

Ut aliquo Ordine procedat hæc Meditatio, I°. Inductionis naturam exponemus, variasque illius Species lustrabimus. II°. Ejus Vim ac Necessitatem in variis Scientiis, ostendemus exemplis. III°. In ejus Roboris causam, quantùm pro tenuitate nostrâ licebit, inquiremus.

* * *

Thesis Prima.

Inductionis Natura.

I.

Inductio adhibetur, cùm comparantur plures res inter se similes. Solent eæ communi quodam nomine indigitari, vel sub ideâ aliquâ universali comprehendi, quæ dicitur Species aut Genus, prout res, inter quas similitudo deprehenditur, sunt vel Individua vel Species. Hæc similitudo est Attributorum unius vel plurium Identitas. Sic omnem Figuram tribus lineis rectis terminatam Triangulum appellamus: Animali omni, quod & plumis obtectum est, & volandi facultate gaudet, Avis nomen tribuimus: Omnem, qui facilè minimas rerum similitudines observat, Ingeniosi hominis nomine designamus.

Ja, so ist es, wird man sagen. Darauf laufen eure Thesen hinaus, da endet ihre Beweiskraft, dass ihr euer Nichtwissen zugebt. Versucht ihr denn etwa, die Grundlagen menschlicher Erkenntnis zu zerstören, wenn ihr Bedenken gegen die Gültigkeit einer Beweisführung erhebt, der die Wissenschaften nicht entbehren können? Keineswegs! Es ist, im Gegenteil, unser Ziel, dass die Zustimmung, die wir dieser Beweisführung gewähren, nicht mehr unsicher sei, vielmehr durch unwiderlegliche Gründe zustande komme. Deshalb führen wir Vermutungen an, die uns (hoffentlich auch euch!) nicht ganz unwahrscheinlich erscheinen. Vor allem geht es uns darum, dass die Gelehrten sich von der Eignung und dem Nutzen dieser Beweisführung dazu bewegen lassen, die Kraft ihrer Verstandesschärfe darauf zu verwenden, das zu ergänzen, was unseren Vermutungen fehlt, und diesen wahrscheinlichere hinzuzufügen, wenn unsere nicht falsch sind. Wie man Signale auf Felsen setzt, damit man sie beachte und die Felsen vermeide, so scheint es uns nützlich, die Weisen öffentlich auf das hinzuweisen, was zur Gewissheit einer so viel benützten Beweisführung fehlt, damit sie uns noch verborgene Quellen öffnen und uns zur hell fliessenden Wahrheit geleiten möge.

Damit diese Überlegung geordnet vor sich gehe, werde ich zuerst die Natur der Induktion darstellen und ihre verschiedenen Arten untersuchen, Zweitens werden wir an Beispielen ihre Gültigkeit und Notwendigkeit aufzeigen. Den Grund ihrer Kraft werden wir, drittens, untersuchen, soweit unsere Schwäche es erlaubt.

* * *

Erste These.

Die Natur der Induktion

I.

Die Induktion wird angewendet, wenn man mehrere einander ähnliche Dinge mit einander vergleicht. Diese pflegt man mit einem gemeinsamen Namen zu bezeichnen (indigitare) oder unter einer allgmeinen Idee zusammenzufassen, die Art oder Gattung heisst, je nachdem, ob die Dinge, unter denen man eine Ähnlichkeit feststellt, Einzeldinge oder Gattungen sind. Diese Ähnlichkeit besteht in der Identität eines oder mehrerer Attribute. So nennen wir jede Figur, die von drei geraden Linien begrenzt ist, ein Dreieck. Jedes Lebewesen, das mit Federn bedeckt ist und fliegen kann, nennen wir einen Vogel. Jeden, der auch die kleinsten Ähnlichkeiten mit Leichtigkeit beobachtet, bezeichnen wir als begabten Menschen.

II.

Jam præter hæc Attributa, quæ Speciei aut Generis alicujus Naturam, vel Differentiam specificam constituunt, solent & alia singulis ejus Speciei Individuis competere. Non enim omnia comprehendit Definitio, sed ea solùm , quæ ad Speciem, vel Genus ab aliis distinguendum sufficiunt. Ita Triangulum omne habet tres Angulos duobus rectis æquales: Aves omnes ex Ovis excluduntur: Ingeniosorum colloquia delectant.

III.

Attributa hæc Speciei vel Generi convenire colligimus duplici ratione. Vel *à priori*, sive Ratiocinando: Vel *à posteriori*, hoc est Experimentando. Aut enim Attributa illa ex Definitione vel Essentiâ Speciei sive Generis fluunt, & nexus ille potest à nobis ostendi: Vel ex Definitione non sequuntur, aut saltem illa non possumus ex hâc deducere.

IV.

{p. 4} In priori Casu, utimur Argumentis Demonstrativis, quorum consideratio non est instituti nostri. Sic ex Triangulorum naturâ deducit Euclides, horum Angulos æquivalere duobus rectis: & facilè ostendetur ex Hominum naturâ, placere quæ ingeniosè dicta sunt.

At in Casu posteriori, ad Inductionem necesse est recurrere. Nemo, ut opinamur, ex Avium naturâ ostendere potuit ipsas ex Ovis exludi. Quænam enim plumas volatumque inter, & nativitatem ex Ovis apparet relatio? Quomodo igitur Assertionis illius veritas patebit? Scil. observando singulas Avium species; omnes, si fieri possit, Aves cujuscunque speciei lustrando, & universaliter concludendo id omni Generi convenire, quòd singulis individuis quæ complectitur convenit.

Verùm cùm nullus homo sit, aut esse possit, qui tot observationibus sufficiat: imò non omnes Homines, si suam simul conferrent operam, hisce pares esse queant; necesse fuit, quoniam Propositiones appetimus universales, ex pluribus observatis aut cognitis, generalem elicere conclusionem. Quandoquidem omnes, quotquot observatæ sunt, Aves ex Ovis excludi visæ sunt, nullaque innotescit aut Species aut Avis singularis, quæ ab hâc nascendi Lege excipiatur, ideò generaliter affirmare non dubitamus, omnem Avem esse ex Ovo: Hæc concludendi Ratio *Inductio* vocatur.

II.

Ferner: Ausser den Attributen, welche die Natur irgendeiner Gattung oder Art einen besonderen Unterschied ausmachen, kommen auch andere einzelnen Individuen dieser Gattung zu. Eine Definition umfasst nämlich nicht alles, sondern nur das, was genügt, um eine Gattung oder Art von anderen zu unterscheiden. So hat jedes Dreieck die drei Winkel, die gleich zwei rechten Winkeln sind. Vögel entstehen alle aus Eiern. Die Unterhaltung mit Begabten ist erfreulich.

III.

Dass diese Attribute zu einer Gattung oder Art gehören, schliessen wir aus zwei Überlegungen, nämlich entweder *a priori* oder auf Grund logischer Folgerung, oder *a posteriori*, das heisst, indem wir Versuche anstellen. Diese Attribute ergeben sich nämlich entweder aus der Definition oder dem Wesen der Art oder der Gattung, und wir können diesen Zusammenhang aufzeigen, oder sie folgen nicht aus der Definition (wenigstens vermögen wir die Attribute nicht aus der Definition abzuleiten).

IV.

Im ersten Fall argumentieren wir, indem wir den Sachverhalt zeigen. Dieses Vorgehen zu erörtern, gehört nicht zu unserer Aufgabe. So hat Euklid aus der Natur der Dreiecke abgeleitet, dass deren Winkel zusammen soviel wie zwei rechte Winkel ergeben. Aus der menschlichen Natur kann man leicht zeigen, dass stimmt, was der Geist gesagt hat.

Im zweiten Fall jedoch kann man nicht umhin, auf die Induktion zurückzugreifen. Niemand, denken wir, kann auf Grund der Natur der Vögel zeigen, dass diese aus Eiern schlüpfen. Welche Verbindung zwischen Federn und Flugfähigkeit und dem Ausschlüpfen aus Eiern ist denn zu erkennen? Wie also wird die Wahrheit jener Aussage offenkundig? Sie wird es durch die Beobachtung der einzelnen Gattungen der Vögel. Indem man möglichst alle Vögel einer jeden Gattung genau untersucht und den allgemeingültigen Schluss zieht, dass der ganzen Art eigen ist, was den einzelnen Individuen, die sie umfasst, eignet.

Da es keinen Menschen gibt noch geben kann, der so viele Beobachtungen anzustellen vermag – auch wenn sich alle Menschen gleichzeitig daran abmühten, wären sie der Aufgabe nicht gewachsen –, ist es unausweichlich, aus mehreren Beobachtungen und Erkenntnissen einen allgemeinen Schluss zu ziehen, zumal wir ja allgemeingültige Sätze erreichen wollen. Wenn also alle beobachteten Vögel aus Eiern geschlüpft sind und keine Gattung und kein einzelner Vogel bekannt ist, der von dieser Regel abweicht, behaupten wir ohne Zögern, jeder Vogel komme aus einem Ei. Diese Art der Schlussfolgerung heisst *Induktion*.

V.

Inductionis Species

Apparet hanc esse duplicis generis, Perfectam, scil. & Imperfectam. *Perfecta* dicitur ea, in quâ nullum omittitur Individuum sub Genere aut Specie contentum, cui non observetur, aut probetur convenire vel repugnare id, quod toti Generi totive Speciei convenire vel repugnare affirmatur. *Imperfecta* illa est, in quâ, postquam de multis Individuis vel Speciebus res ostensa est, ad Universalem saltamus Conclusionem.

VI.

Non rarò etiam, ubi vel unico Individuo aliquid competere certò videmus, illud & toti Speciei convenire colligimus. Sic, qui {p. 5} Planetas Incolis donari arbitrantur, unico Telluris exemplo suam sententiam firmare possunt. Qui Stellas fixas Maculis aliquando obtegi conjiciunt, unicum habent Solarium macularum Exemplum. Talis Illatio dicitur *Exemplum*, vel *Argumentum ab Analogiâ*; Debilior Inductio vocari posset.

VII.

Utimur aliquando Inductione, in deducendis veritatibus à priori: sed tunc perfecta esse solet, & vim habet solidissimæ Demonstrationis. Veluti cùm Euclides Angulum ad Circumferentiam Anguli ad Centrum, eidem arcui insistentis, dimidium esse probat; demonstrationem partitus in tres casus, quibus plures esse nequeunt. Aut cùm demonstrant quidam, Triangulum Arithmeticè mensurari, si multiplicetur Basis per dimidiam altitudinem; ostendentes Propositionis veritatem, primò de Triangulis Rectangulis, tum de Acutangulis, denique de Obtusangulis.

VIII.

Affinis est & Inductioni quædam Probationis species, Mathematicis familiaris. Cùm scil. innumeri diversi Casus eâdem aut valdè simili ratione demonstrari possunt, sæpe satis habent uni aut paucis Casibus demonstrationem applicare, & uno verbo indicare simili ratione procedendum esse in reliquis. Ita Euclides de solis Angulis solidis, qui tribus Angulis planis continentur, ostendit, eorum summam deficere à quatuor rectis. Eodem enim aut simili Argumento, idem de qualibuscunque Angulis solidis probabitur. Nullam, in hâc Argumentandi ratione percipimus difficultatem. Apparet enim facilè, adhibitis formulis generalibus, veluti Algebraicis, aut aliis æquipollentibus, Demonstrationes particulares omnes sub unâ generali comprehendi posse.

V.

Die Arten von Induktion
Es gibt offenbar zwei Arten von Induktion, nämlich eine vollkommene und eine unvollkommene. *Vollkommen* heisst diejenige, in der kein Individuum einer Gattung oder Art fehlt, an dem man beobachtet oder beweist, dass auf es zutrifft oder nicht zutrifft, was auf die ganze Gattung oder Art zutrifft oder nicht. *Unvollkommen* ist die Induktion, in der wir zu einem allgemeinen Schluss kommen, nachdem man eine Sache an vielen Individuen oder Gattungen aufgezeigt hat.

VI.

Nicht selten schliessen wir auch aus dem, was nur einem Individuum sicher zukommt, es treffe auf die ganze Gattung zu. So können diejenigen, die meinen, Planeten seien bewohnt, ihre Meinung nur auf das Beispiel der Erde stützen. Wer vermutet, die Fixsterne würden irgendwann mit Flecken bedeckt, hat die Sonnenflecken als einziges Beispiel. Eine solche Induktion heisst *Beispiel* oder *Analogiebeweis*; sie könnte eine ziemlich schwache Induktion genannt werden.

VII.

Gelegentlich bedienen wir uns der Induktion, um Wahrheiten a priori abzuleiten; aber dann pflegt die Induktion vollkommen zu sein und die Geltung einer äusserst soliden Demonstration zu haben. So, wenn Euklid beweist, dass der Winkel am Kreis die Hälfte des Winkels am Mittelpunkt beträgt, wenn die Winkel am selben Bogen liegen. Seine Demonstration beruht auf drei Fällen; mehr kann es nicht geben. Oder, wenn gewisse Leute aufzeigen, dass ein Dreieck arithmetisch gemessen werden kann, wenn man die Basis mit der halben Höhe multipliziert. Sie zeigen, dass der Satz wahr ist, zunächst an rechtwinkligen Dreiecken, dann an spitzwinkligen, schliesslich an stumpfwinkligen.

VIII.

Der Induktion verwandt ist eine Mathematikern bekannte Art der Beweisführung. Wenn sehr viele verschiedene Fälle mit der gleichen oder einer sehr ähnlichen Methode dargetan werden können, genügt es den Mathematikern oft, die Beweisführung auf einen oder wenige Fälle anzuwenden und kurz anzugeben, dass man in den übrigen Fällen auf die gleiche Weise vorgehen muss. So hat Euklid gezeigt, dass nur die Summe der festen Winkel, die in drei ebenen Winkeln eingeschlossen sind, weniger als vier rechte Winkel beträgt. Mit dem gleichen oder einem ähnlichen Argument kann man das selbe von irgendwelchen festen Winkeln beweisen. Wir sehen keine Schwierigkeit in dieser Beweisführung. Es ist nämlich offenbar

Restat itaque sola Inductio imperfecta, quæ possit, accuratæ Probationis Studiosis, aliquid facessere negotii. De hâc igitur solâ deinceps agetur. Quàm latè extendatur ejus utilitas, videamus statim. {p. 6}.

IX.

Inductionis Usus

II. Scientiæ omnes ad tres generaliter possunt revocari Classes, pro ratione Objecti quod contemplantur. Aut enim illud est Necessarium; aut Contingens; aut Arbitrarium. Ad primam Classem referuntur Metaphysica, Logicæ maxima pars, Mathesis, Theologia Naturalis, Ethica. Harum Objectum est Necessarium, & Propositiones rigidæ Demonstrationis sunt capaces. Ad secundam Classem pertinent Pneumatologiæ Pars, quæ tractat de Mente humanâ, & Physica. Harum Objectum est Contingens, & Principia desumuntur ab Experientiâ. Ad tertiam denique Classem revocantur Grammatica, Logicæ Pars quædam huic Affinis, Ea Jurisprudentiæ Pars, quæ in Moribus Hominum & Consuetudinibus Gentium fundatur, Ars illa, quæ Sinensium Ethices maximam partem constituit, quâ docemur mores ad Urbanitatem componere, &c. In singulis hisce Classibus quantùm valeat Inductio sigillatim indicabimus.

X.

I. In Scientiis Necessariis : *Metaphysicâ,*

Unicum ex Metaphysicâ adducemus Exemplum, sed tale, nisi fallimur, quod multis æquivaleat. Nam, si dicamus Axiomatum Metaphysicorum Veritatem non aliundè colligi quàm ex Inductione, nonne videbimur idem dicere, ac si totam Metaphysicam Inductione niti contenderemus? Hæc assertio, ut maximè probabilis, sic primo intuitu periculosa visa est; quasi Scientiæ, Scientiarum omnium Parentis, labefactarentur fundamenta. Etenim, si Axiomata non nisi Inductione cognoscuntur; Inductio autem non est nisi probabilis concludendi Ratio; Axiomata, & quæ in ipsis fundantur Scientiæ, non erunt igitur nisi probabilia. Sed nos confirmavit in hâc Sententiâ Aristotelis Auctoritas[1], cui adhærere videmus Cel. Lockium[2], & eos omnes quibus Idearum innatatarum displicet Hypothesis. Scimus aliter sentire Viros nunquam fine honore nominandos, Leibnitium & Wolfium.Volunt Axiomata esse Definitionum Consectaria, & ex his positis, ope magni Contradictionis Principii, demonstrari posse & debere. Et illud quidem, post Acutissimi Wolfii Demonstrationes, de plerisque Axiomatibus negari nequit. An autem de omnibus, licet du-{p. 7}bitare. Sanè carissimum sibi

---

1)   I. Post. Anal. 13. II. Post. Anal. Cap. ult. Eth. ad Nicom. VI. 3.

2)   Tent. de Intel. hum. I V. 7.

leicht, mit der Anwendung allgemeiner (wie algebraischer oder gleichwertiger) Formeln alle einzelnen Beweise unter einem allgemeinen zu erfassen.

Es bleibt also nur die unvollkommene Induktion, die den um den genauen Beweis Bemühten etwas nützten kann. Nur um diese Induktion geht es im Folgenden. Wir werden gleich sehen, wie weit ihr Nutzen reicht.

IX.

Gebrauch der Induktion
Die Wissenschaften können alle gemeinhin drei Klassen zugeordnet werden, je nach der Art ihres Gegenstandes. Dieser ist entweder notwendig oder zufällig oder willkürlich. Zur ersten Klasse gehören die Metaphysik, der grösste Teil der Logik, die Mathematik, die natürliche Theologie und die Ethik. Ihr Gegenstand ist notwendig, und ihre Sätze können streng bewiesen werden. Zur zweiten Klasse gehören der Teil der Geisteslehre, der den menschlichen Geist behandelt, und die Physik. Deren Gegenstand ist zufällig, und ihre Grundsätze werden aus Erfahrung gewonnen. Der dritten Klasse schliesslich werden zugeordnet die Grammatik und der damit verwandte Teil der Logik; der Teil der Rechtswissenschaft, der auf den Sitten der Leute und den Gewohnheiten der Völker beruht; die Kunst, die bei den Chinesen den grössten Teil der Ethik ausmacht und uns korrektes Verhalten lehrt; und andere Wissenschaften mehr. Wir werden mit Beispielen zeigen, was die Induktion in jeder dieser Klassen vermag.

X.

I. In den notwendigen Wissenschaften: *Metaphysik*
Wir werden nur ein Beispiel aus der Metaphysik anführen, aber eines, das – wenn wir nicht irren – gleich viel wert ist wie viele. Denn, wenn wir sagen, dass die Wahrheit der metaphysischen Axiome nur von der Induktion hergeleitet werden kann, scheint es dann nicht, als behaupteten wir, die ganze Metaphysik beruhe auf Induktion? So hoch wahrscheinlich diese Behauptung ist, scheint sie doch auf den ersten Blick gefährlich: Als ob die Fundamente derjenigen Wissenschaft, die Mutter aller Wissenschaften ist, gestürzt würden. Wenn nämlich die Axiome nur durch Induktion zu erkennen sind, die Induktion aber ein nur wahrscheinliches Schlussverfahren ist, sind folglich die Axiome und die auf ihnen beruhenden Wissenschaften nur wahrscheinlich richtig. In dieser unserer Meinung hat uns jedoch die Autorität des Aristoteles[1] bestärkt, der offensichtlich der berühmte Locke[2], sowie alle diejenigen zustimmen, welche die Hypothese von den eingeborenen Ideen ablehnen. Wir

---

1) I. post.Anal. 13, II.post.anal. cap.ult., Eth.ad Nicodemum VI. 3
2) Tent. De Intel. Hum. I V. 7

Principium, *Nihil esse sine ratione sufficiente, cur potiùs sit, quàm non sit,* haud aliter probavit Leibnitius, quàm per Inductionem. Et hujus Demonstrationem rogatus, semper ad Experientiam provocavit, vicissim ab Adversariis postulans Exemplum, quod ipsi repugnaret.

XI.

Logicá,

Logica cùm nihil sit, nisi Observatio Regularum, ad quas naturâ sese adtemperant ii qui rectè ratiocinantur, principio nihil aliud fuit quàm Inductio. Deinde verò, harum Regularum Causæ & Demonstrationes quæsitæ sunt. Sunt tamen adhuc plures, quas simplici probant Inductione. Talia sunt Principia de Particularitate Attributi in Propositionibus Affirmativis & ejusdem Universalitate in Negativis; de Oppositione & Conversione Propositionum; Regulæ Syllogismorum Hypotheticorum & Disjunctivorum, &c.

XII.

Mathesi,

Qui Matheseos penetralia ingressi sunt, quot inveniunt Propositiones Inductione solâ probatas, & vix aliter quàm Inductione probandas? Harum Exempla quædam, inter simplicissima, seligemus.

I°. Plures sunt Numerorum proprietates, quæ solâ Inductione innotescunt. V. g. Numerus omnis, ad potentiam quamvis elevatus, si hujus Exponens duplicatus & unitate auctus sit numerus primus; aut hujus Exponentis est multiplus, aut ab ejus multiplo solâ differt unitate. Sic numeri cujusvis quadratum ipsum, vel unitate auctum, vel minutum, per 5 potest dividi: cubus per 7: quadrato-cubus per 13 &c.

2°. Inductionis Vim non parum illustrat Combinationum Doctrina. Nam, cùm Experientia demonstret unius quantitatis Permutationem esse unicam: Duarum duas, seu 1×2: Trium sex, seu $1 \times 2 \times 3$: Quatuor quantitatum Permutationes esse viginti quatuor, hoc est $1 \times 2 \times 3 \times 4$: & simili processu inveniri Permutationum numerum pro majori quantitatum numero: Quis dubitabit mille quantitates tot modis posse disponi, quot exprimit numerus qui producitur, si mille primi numeri naturales in se invicem multiplicentur?

wissen, dass Männer, die man nie ohne Ehrfurcht nennen darf, anderer Meinung sind, nämlich Leibniz und Wolff. Nach ihnen folgen die Axiome aus den Definitionen; unter diesen Voraussetzungen können und müssen die Axiome vermöge des grossen Satzes vom Widerspruch aufgezeigt werden. Dies freilich kann nach den Dartellungen des überaus scharfsinnigen Wolff in bezug auf die meisten Axiome nicht geleugnet werden. Darf man aber alle bezweifeln? Immerhin hat Leibniz sein Lieblingsprinzip, wonach „nichts ohne hinreichenden Grund eher sein als nicht-sein kann", nicht anders als mit Induktion bewiesen. Wenn er ersucht wurde, dieses Prinzip zu beweisen, berief er sich immer auf die Erfahrung und verlangte von seinen Gegnern ein Beispiel, das dem Prinzip widerspräche.

XI.

Logik

Da Logik lediglich Beobachtung der Regeln ist, denen sich natürlich unterwirft, wer richtig denkt, ist sie ursprünglich nichts anderes als Induktion. Danach aber fragte man nach den Gründen und Beweisen für diese Regeln. Es gibt allerdings noch heute mehrere, die man mit einfacher Induktion beweist. Solcher Art sind die Grundsätze von der Besonderheit des Attributs in bejahenden Sätzen und der Allgemeinheit desselben in verneinenden; in der Gegenüberstellung und Umkehrung von Sätzen; die Regeln der hypothetischen und disjunktiven Syllogismen u. a. m.

XII.

Mathematik

Wie viele nur durch Induktion bewiesene oder kaum anders beweisbare Sätze findet jemand, der ins Innere der Mathematik eingedrungen ist? Wir werden einige Beispiele der einfachsten davon auswählen.

1. Es gibt mehrere Eigenschaften von Zahlen, die nur durch Induktion bekannt sind. Zur Abwechslung: Wenn man den Exponenten einer Zahl mit welchem Exponenten auch immer verdoppelt und zur ersten Zahl 1 addiert, ergibt sich das Mehrfache dieses Exponenten, oder die Zahl weicht nur um 1 ab. So kann das Quadrat irgend einer Zahl +/−1 durch 5, der Cubus durch 7, der Quadratocubus durch 13 u. s. w. geteilt werden.

2. Nicht weniger lässt sich die Geltung der Induktion durch die Lehre von den Kombinationen erweisen. Die Erfahrung zeigt nämlich, dass es von einer Menge nur eine Permutation gibt, von zwei Mengen zwei (1×2), von dreien sechs ($1 \times 2 \times 3$), von vieren vierundzwanzig ($1 \times 2 \times 3 \times 4$), und dass man mit einem ähnlichen Verfahren herausfinden kann, dass die Zahl der Permutationen der Zahl der Mengen entspricht. Wer wird da bezweifeln, dass tausend Mengen auf ebenso viele Arten angeordnet werden können, wie die Zahl, die sich ergibt, wenn tausend natürliche Zahlen mit sich selbst multipliziert werden?

3°. Veritatem Theorematis Newtoniani,pro elevando Bi-{p. 8}nomio ad potestatem quamvis solâ Inductione demonstrat Celeb. Wolfius. Nec solùm aliam adhibere
Demonstrationem superfluum judicat; sed Analogiâ fultus, non dubitat idem
Theorema extendere ad potentias, quarum exponens vel negativus est vel fractus,
imò ad Infinitinomia.

4°. Denique, ne Lectorem tædio afficiamus, sufficiat unicum adhuc Exemplum
allegare, idque veluti digito tantùm indicare: Illud nobis suppeditabunt Series
infinitæ. Harum quantus sit usus in Geometriâ sublimiori norunt, quicunque in
his Studiis non sunt planè Hospites. Postquam Geometra, quantitatem aliquam
in Seriem infinitam resoluturus, invenit paucos è primis terminis Methodo aliquâ,
(sive ea sit Divisio simplex, vel Radicum extractio, vel Æquationis solutio per
Newtonianum Parallelogrammum, aut alia quæcunque,) observans Legem Seriei,
hoc est, deprehendens constantem aliquam relationem inter terminos jam repertos,
non dubitat reliquos omnes supplere ex observatâ Lege, nec ampliùs ad Methodum,
quâ ipsa producta fuit Series, recurrit.

XIII.

II. In Scientiis contingentibus:
His nisi fallimur Exemplis, quæ facile fuisset multiplicare, satis indicatus est
Inductionis in Scientiis Necessariis Usus. Non arctior sese aperit Campus in
Contingentibus, Pneumatologiâ & Physicâ. Imò, si satis attendatur ad rationem,
quâ in rerum extra nos positarum cognitionem devenimus, non temeraria forsan
videbitur Propositio Affirmantis, Inductione omnino inniti Contingentes Scientias.

XIV.

Pneumatologiâ,
Nam I°. Quomodo reliquorum Hominum cognoscimus existentiam? Analogiâ.
Sentio me cogitantem: Video me esse extensum: Agnosco cogitationes ex merâ
Materiæ modificatione non posse procedere. Concludo igitur me esse Ens
compositum ex duabus Substantiis, Mente & Corporè Organicô, intimè conjunctis.
Deinde percipio extra me dari Corpora meo similia, similibus Organis & motuum
& sensuum prædita. Vivo, Vivunt; Moveor, Moventur; Loquor, Loquuntur.
Indubitanter colligo iis Corporibus, quæ video, Mentem inesse invisibilem,
cogitationis & rationis participem.

3. Die Wahrheit des Newtonschen Theorems für die Erhebung eines Binoms zu irgendeiner Potenz beweist der berühmte Wolff. Nicht nur, dass er einen anderen Beweis für überflüssig hält; er stützt sich auf die Analogie und zögert nicht, eben dieses Theorem auf die Potenzen, deren Exponent negativ oder gebrochen ist, bis zu den Infinitinomina auszudehnen.

4. Schliesslich, um den Leser nicht überdrüssig zu machen, genüge es, noch ein Beispiel anzufügen und dieses sozusagen mit einem Finger anzudeuten: Die unendlichen Reihen. Wie sehr diese in der Geometrie verwendet werden, wissen alle, die in dieser Disziplin nicht bloss gastieren. Wenn ein Geometer, der eine Grösse in eine unendliche Reihe auflösen soll, mit irgend einer Methode (einfaches Dividieren, Wurzel Ziehen, Lösung einer Gleichung mit Hilfe des Newtonschen Parallelogramms, oder irgend einer anderen Weise) nur wenige der ersten Terme gefunden hat, und wenn er das Gesetz der Reihe (d.h. eine konstante Beziehung zwischen den schon gefundenen Termen) beachtet, zögert er nicht, alle übrigen auf Grund des beobachteten Gesetzes gefundenen zu ergänzen; er kommt auf die Methode, mit deren Hilfe er die Reihe erstellt hat, nicht mehr zurück.

XIII.

In den kontingenten Wissenschaften
Irren wir nicht, so ist mit diesen Beispielen, die leicht zu vermehren wären, der Gebrauch der Induktion in den notwendigen Wissenschaften hinreichend aufgezeigt. Ein nicht engeres Feld eröffnet sich in den kontingenten Wissenschaften, Pneumatologie und Physik. Wenn wir recht auf die Denkweise achten, mit der wir zur Kenntnis der ausserhalb unser liegenden Dinge gelangen, wird uns die Behauptung, dass die kontingenten Wissenschaften überhaupt auf Induktion beruhen, vielleicht nicht kühn vorkommen.

XIV.

Pneumatologie
Denn 1. Wie erkennen wir das Dasein anderer Menschen? Durch Analogie. Ich merke, dass ich denke: Ich sehe mich als ein Ausgedehntes; ich erkenne an, dass Gedanken nicht aus der blossen Veränderung einer Materie entstehen können. Ich schliesse also, dass ich ein Seiendes bin, das aus zwei Substanzen, Geist und organischem Leib, besteht, die mit einander aufs engste verbunden sind. Dann nehme ich wahr, dass es ausser mir Körper gibt, die dem meinen ähnln, mit ähnlichen Organen, mit Bewegung und Sinneswahrnehmung begabt. Ich lebe, sie leben; ich bewege mich, sie bewegen sich; ich spreche, sie sprechen. Zweifellos schliesse ich daraus, dass diesen Körpern, die ich sehe, ein unsichtbarer Geist innewohnt, der vernünftig denken kann.

{p. 9} 2°. Eodem ab Analogiâ Argumento utuntur, qui Brutis facultatem cogitandi concedunt. Verentur scilicet, ne, si Bruta mera Automata esse confiteantur, pari jure & Homines ad Machinarum vilitatem cogantur deprimere.

3°. Pneumatologiæ Scriptor, dùm Mentis prorietates enarrat earumque Naturam exponit, non aliud sibi potuit proponere exemplar, præter mentem suam. Descendit in se, sentit se Intellectu, Voluntate, Libertate præditum. Analogiæ vi concludit & alios Intellectu, Voluntate, Libertate gaudere.

XV.

Physicâ

Nec minor in Physicis Inductionis Usus. Attulit Ill. Newtonus Regulas quatuor, quas Philosophandi Regulas vocat; quibus quippè rejectis, Philosophiæ Naturali valedicendum. Eæ autem quid aliud, quàm Inductionis vim necessitatemque adstruunt? Nam sic sonant.

Regula I. *Causas rerum naturalium non plures admitti debere, quam quæ & vera sint & earum Phænomenis explicandis sufficiant.*

Regula II. *Ideòque effectuum naturalium ejusdem generis eædem sunt Causæ.*

Regula III. *Qualitates Corporum quæ intendi & remitti nequeunt, quæque Corporibus omnibus competunt in quibus experimenta instituere licet, pro qualitatibus Corporum universorum habendæ sunt.*

Regula IV. *In Philosophia Experimentali, Propositiones ex Phænomenis per Inductionem collectæ, non obstantibus contrariis Hypothesibus, pro veris aut accuratè aut quàm proximè haberi debent, donec alia occurrerint Phænomena, per quæ aut accuratiores reddantur, aut exceptionibus obnoxiæ.*

Has pluribus egregièque electis exemplis confirmat, quibus unum alterumve adjicere non pigebit.

XVI.

I°. Ni liceat ex similitudine Causarum ad Effectuum similitudinem concludere, actum omninò est de Medicinâ, Physices Practicæ parte utilissimâ. Nam, nisi, in similibus Morbis, similia Remedia similem expectare jubeant eventum, Quæ tandem via relinquitur ad curationem suscipiendam? Quales erunt Artis Nobilissimæ Regulæ, aut Quid proderit Experientia Medici? Frustrà Morbum millies {p. 10} eodem Medicamento curaveris: Quo jure, ex illius applicatione faustum sperabis eventum, nisi vim Inductionis in Physicis agnoscas?

2. Das selbe Argument der Analogie verwenden diejenigen, welche den Tieren Denkfähigkeit zugestehen. Sie fürchten ja, wenn sie die Tiere als blosse Automaten ansehen, mit gleichem Recht auch die Menschen zur Niedrigkeit von Maschinen degradieren zu müssen.

3. Wenn jemand über Pneumatologie schreibt und die Eigenschaften des Geistes aufzählt und deren Natur darlegt, kann er sich kein anderes Beispiel vornehmen als seinen eigenen Geist. Er versenkt sich in sich und merkt, dass er mit Intelligenz, Willen und Freiheit begabt ist. Mit Hilfe der Analogie schliesst er, dass auch die anderen sich der Intelligenz, des Willens und der Freiheit erfreuen.

XV.

Physik

Nicht geringer ist der Nutzen der Induktion in der Physik. Der berühmte Newton hat vier Regeln beigebracht, die er Regeln der Philosophie nennt; wer diese ablehnt, muss der Naturphilosophie Valet sagen. Was anderes aber bekräftigen diese Regeln als die Bedeutung und Notwendigkeit der Induktion? So lauten sie:

Erste Regel: *Es dürfen nicht mehr Ursachen für Erscheinungen der Natur angenommen werden als solche, die sowohl wahr sind als auch zur Erklärung der Erscheinungen genügen.*

Zweite Regel: *Deshalb haben auch natürliche Effekte der gleichen Art auch die gleichen Ursachen.*

Dritte Regel: *Die Eigenschaften von Körpern, die weder angespannt noch entspannt werden können und allen Körpern zukommen, mit denen man experimentieren kann, müssen als Eigenschaften aller Körper betrachtet werden.*

Vierte Regel: *In der Experimentalphilosophie müssen Sätze, die man durch Induktion aus den Erscheinungen abgeleitet hat, für genau oder nahezu genau wahr gehalten werden – ohne Rücksicht auf gegenteilige Hypothesen –, bis andere Erscheinungen auftreten, deretwegen sie noch genauer gefasst oder durch Ausnahmen ergänzt werden.*

Diese Regeln bekräftigt Newton mit mehreren sehr gut gewählten Beispielen, wovon das eine oder andere angeführt werden möge.

XVI.

1. Wenn man nicht mehr von der Ähnlichkeit der Ursachen auf die Ähnlichkeit der Wirkungen schliessen kann, ist es um die Medizin, den nützlichsten Teil der praktischen Physik, geschehen. Wenn nämlich bei ähnlichen Krankheiten ähnliche Heilmittel keinen ähnlichen Erfolg erwarten lassen, wo kann man dann noch eine Behandlung suchen? Welche Regeln hat dann die vornehmste Kunst, oder was nützt dann die Erfahrung des Arztes? Tausendmal hat man eine Krankheit

2°. Pariter, nisi Effectuum similitudo Causarum inferret similitudinem; dic, quæso, quâ ratione investigari possent Phænomenorum naturalium causæ? Plantas omnes, in quibus Experimenta sunt instituta, nasci ex seminibus affirmant. Agnosco. Quid si negem aliarum, sive diversæ, sive etiam ejusdem speciei, similem esse originem? Ridebis. Quare? nisi quia Vim Inductionis me non sentire, negatione mea profiteor.

3°. Docuit Veteres Botanicos Experientia multiplex, Plantas, quæ similes gerunt Characteres, aut facie externa sunt similes, Viribus multùm ac sæpiùs convenire. Hoc Principio multò illi feliciùs, quàm Recentiores Analysi sua Chymica, Plantarum Virtutes investigarunt. Hinc Axioma Botanicum, Quæcunque flore & semine conveniunt, easdem possident virtutes. Sic Plantæ omnes flore stamineo, inter Olera numerantur: Plantæ omnes flore Papilionaceô, vel Hominibus vel pecudibus alimento sunt: Frumentaceæ sive Cereales Pani conficiendo aptæ reperiuntur: Umbelliferæ semen habent striatum & Carminativam vim. Imò & ex Odoris Saporisque Plantarum convenientiâ, & Virtutis similitudinem erui posse deprehensum est[3].

XVII.

III. In Scientiis Arbitrariis: *Grammaticâ.*

Nil faciliùs esset quàm Exempla accumulare, nisi vereremur Lectorum patientiâ abuti. Properemus itaque ad tertiam Scientiarum Classem, nempè ad eas quæ mero Hominum arbitrio ortum debent. Inter illas non infimum locum obtinet Grammatica. Quantùm in illa Disciplinâ valeat Inductio seu Analogia, docet Quintilianus. „Ejus, inquit, vis hæc est, ut id quod dubium est, ad aliquid simile de quo non quæritur referat: ut incerta certis probet. Quod efficitur duplici viâ, comparatione similium in extremis maximè syllabis, & diminutione. Comparatio in nominibus, aut genus deprehendit, aut declinationem. Genus, ut si quæratur *funis*, masculinum sit an fœmininum; simile illi sit *panis*. Declinationem; ut si veniat in dubium *hâc domu* dicendum sit, an *hâc domo*, & *domuum* aut *domorum*; similia sint {p. 11} *domus, anus, manus*. Diminutio genus modo detegit: & ne ab eodem exemplo recedam, *funem* masculinum esse *funiculus* ostendit". Videantur quæ ibi (*Inst. Orat. Lib. I. Cap. 6.*) fusiùs tractat de Analogiæ usu in aliis Grammaticæ partibus; ubi etiam monet eam, cùm sibi nonnunquâm repugnet, usui & consuetudini cedere debere. Nos festinantes ad alia transimus.

---

3) *Vid.* Trans.Phil. *N.* 255. *& N.* 364. *Item* HOFMANNI Tract. de Methodo compendiosa Plantarum virtutes indagandi.

mit dem gleichen Medikament geheilt – vergeblich: Wenn man die Bedeutung der Induktion in der Physik nicht gelten lässt, mit welchem Recht erwartet man dann ein glückliches Resultat aus der Anwendung des betreffenden Heilmittels?

2. Ähnlich ist es, wenn die Ähnlichkeit der Wirkungen nicht auf die Ähnlichkeit der Ursachen schliessen liesse. Wie könnte man dann die Ursachen natürlicher Erscheinungen erforschen? Man sagt, dass alle Pflanzen, mit denen man Erfahrungen gemacht hat, aus Samen hervorgehen. Einverstanden. Aber wenn ich bestritte, dass der Ursprung anderer Pflanzuen – sei es einer anderen oder auch der selben Art – ähnlich sei, würde man lachen. Warum? Weil ich durch diese Ablehnung bekunde, dass ich von der Bedeutung der Induktion nichts halte.

3. Vielfache Erfahrung hat die alten Botaniker gelehrt, dass Pflanzen von ähnlichem Charakter oder Aussehen oft und vielfach in ihren Kräften übereinstimmen. Nach diesem Grundsatz haben jene Botaniker viel glücklicher als die neueren mit ihrer chemischen Analyse die Eigenschaften der Pflanzen erforscht. Daher das botanische Axiom, dass alle Pflanzen, deren Blüten und Samen übereinstimmen, die gleichen Eigenschaften haben. So zählen alle Pflanzen, deren Blüten Fäden zeigen, zu den Ölpflanzen; alle mit schmetterlingshaften Blüten sind Nahrung für Mensch und Tier; die Getreideähnlichen oder Cerealien eignen sich zur Herstellung von Brot; die Dornblüter haben kanellierte Samen und lindern Blähungen. Ja, dass sogar aus Übereinstimmung von Duft und Geschmack der Pflanzen die Ähnlichkeit ihrer Wirkungen erschlossen werden kann, hat man herausgefunden[3].

XVII.

In den frei gewählten Wissenschaften: *Grammatik*
Nichts wäre leichter, als Beispiele anzuhäufen, fürchteten wir nicht, die Geduld der Leser zu missbrauchen. Gehen wir also eilends zur dritten Klasse Wissenschaften über, nämlich zu denen, die aus dem blossen Willen der Menschen hervorgehen. Unter diesen hat die Grammatik nicht den niedrigsten Rang. Wieviel in diesem Fach die Induktion oder Analogie vermag, lehrt Qunitilian. Er sagt: „Sie vermag das, was zweifelhaft ist, auf etwas Ähnliches, das nicht bezweifelt wird, verweisen, um das Unsichere mit Hilfe des Sicheren festzustellen. Das geschieht auf zwei Arten, nämlich indem man die allerletzten Silben vergleicht, und durch die Verkleinerungsform. Wenn es sich um Hauptwörter handelt, hält sich die Vergleichung entweder an das Geschlecht oder an die Deklination. Wenn man das Geschlecht von *funis (Seil)* sucht, nämlich ob es männlich oder weiblich sei, so ist *panis (Brot)* ähnlich. Deklination: Weiss man nicht, ob man *hac domu* oder *hac*

---

3)   Vid. Trans. Phil. N. 255 & 364. Item Hofmanni Tract. De Methodo compendiosa Plantarum virtutes indagandi.

XVIII.

Jurisprudentiâ.

Jurisprudentia bifariam dividitur, alia quippè Naturalis est, alia Positiva. Illa Leges complectitur quæ universalibus & immutabilibus nituntur Principiis, adeòque ad Necessarias Scientias demonstrationem admittentes revocatur. Hujus Placita vim sumunt, sive ex Principum expressâ voluntate, sive ex receptis moribus longâque consuetudine. Et hæc non rarò Analogica est.

Sic Adoptionem imitari Naturam Romani asseruerunt, & ex hôc elicuerunt fundamento, neque Castratos, neque Impuberes adoptare posse, & Adoptantem, plenâ pubertate, id est, annis 18. præcedere debere Adoptatum.

Res mancipi nonnisi more solemni, id est, per æs & libram mancipabantur. Et hinc vetus invaluit testandi ratio per æs & libram, Eædem Res, primis Reipublicæ Sæculis, tradi debebant & manu capi, ut Quiritarium earum obtineretur Dominium. Quid ergo mirum, si olim nonnisi in re præsenti litigaretur; subsequentibus verò temporibus litigaturi, simul in agrum profecti, Terræ aliquid ex eo, uti unam glebam, in Jus, in Urbem, ad Prætorem deferrent, & in eâ glebâ, tanquàm in toto agro, vindicarent.

Cùmque XII. Tab. Leges ter venundandi Filios potestatem Patri indulsissent, statuissentque, ut Filius tertiùm manumissus sui juris fieret; commodissimum visum est, trinâ venditione imaginariâ Liberos emancipari. Et quæ plures aliæ fuerunt veterum fictiones satis apertè testantes, quàm ægrè ab Analogiâ Legum recesserint Juriconsulti Romani.

domo sagt, oder *domuum* oder *domorum,* so sind wohl *domus (Haus), anus (Grei-sin), manus (Hand) ähnlich.* Die Verkleinerung entdeckt nur das Geschlecht; um beim gleichen Beispiel zu bleiben: dass *funis* männlich ist, zeigt *funiculus.*" Man sehe auch, wie Quintilian dort (Institutio oratoria, Buch 1, Kapitel 6) ausführli-cher von der Anwendung der Analogie auf andere Teile der Grammatik handelt. Er erinnert dort auch daran, dass die Analogie sich bisweilen verweigert; dann müsse sie dem allgemeinen Sprachgebrauch weichen. Wir eilen zu einem anderen Gebiet.

XVIII.

Jurisprudenz.
Die Jurisprudenz hat zwei verschiedene Teile; einer ist das Naturrecht, der andere das positive (gesetzte) Recht. Jenes umfasst die Gesetze, die auf allgemeinen und unveränderlichen Prinzipien beruhen und verweist somit auf die notwendigen Wis-senschaften, die aufgezeigt werden können. Die Beschlüsse des positiven Rechts gewinnen ihre Geltung entweder aus dem ausdrücklichen Willen der Fürsten oder aus überkommenen Bräuchen und langer Gewohnheit, und diese beruht nicht selten auf Analogie.

So behaupteten die Römer, dass die Adoption eine Nachahmung der Natur sei und folgerten daraus, dass weder Kastraten noch Unreife adoptieren können und der Adoptierende dem Adoptierten an Reife, d. h. um achtzehn Jahre, voraus sein müsse.

Wenn eine Sache den Besitzer wechselte, so geschah dies ausschliesslich in fei-erlicher Form, das heisst mit einem Kupfergeld und Nivellierwaage (per aes et libram). Daher kam die alte Form der Zeugenaussage „per aes et libram". Die glei-chen Dinge mussten während der ersten Jahrhunderte der Republik übereignet und erworben werden, damit sie nach bürgerlichem Recht als angeeignet galten. Was Wunder, dass man einst nur prozessieren konnte, wenn das Streitobjekt vorlag. In späteren Zeiten gingen die Parteien gemeinsam aufs Land, um etwas von der Erde, eine Scholle, zum Gericht nach Rom zu bringen und diese Scholle zu beanspru-chen, als wäre sie das ganze Feld.

Da das Zwölftafelgesetz dem Vater die Gewalt gegeben hat, seine Söhne drei-mal zu verkaufen, hat man es angemessen gefunden, Kinder auf Grund dreier fin-gierter Verkäufe frei zu erklären. Es gibt auch mehrere weitere Fiktionen, die recht offen bezeugen, wie ungern die römischen Rechtsgelehrten von der Analogie der Gesetze abgelassen haben.

XIX.

Inductionis Vis,

III. Proh Deos Immortales! inquiet aliquis, ergo Probabilia modò sunt omnium cognitionum nostrarum fundamenta. Ergo tam debilis est, tam incerta Scientiarum omnium certitudo. Solâ Induc-{p. 12} tione, cui lubentes potiùs assensum concedimus, quàm victi debemus, nititur quicquid ferè novimus. At tu, quisquis es qui sic rationcinaris, excipe saltem Mathematicas disciplinas, Metaphysicam, Logices partem præcipuam, Theologiam Naturalem, & Doctrinam Moralem. In reliquis[4] „Si aliquid decedat rigidæ certitudini; si humana ratiocinia non suprà probabilis conjecturæ fastigium ascendant; forte nostrâ contentos nos esse decet, quæ tales, Inductione duce, nos sinit assequi verosimilitudines, ut qui detrectaverit iis assensum, fatuitatis & amentiæ, extremæ saltem imprudentiæ notam haud effugerit. Sicut enim illi, quod nos sæpiùs decepit, indicio fidem adhibere, non injuriâ postuletur inconsultæ temeritatis; ita quod centies exploratum expectationi nostræ quàm accuratissimè respondit, præcipuæ fuerit prudentiæ ei nequaquàm diffidere, sed assentiri fortiter & mordicùs adhærere. Nec opus est, ad demonstrandæ Physicæ v. g. Scientiæ efficaciam, ut ampliùs quicquam expetemus, quàm ut, præter dementes & insigniter stolidos, omnes eâ constringantur.“ Hæc illis qui Vim Inductionis negabunt dicta sunto; Vobis verò qui nobiscum hujus argumentationis robur agnoscitis, undè illud procedat nobiscum scire avetis, quanquam haud omninò sufficiens responsum habeamus paratum, quid tamen in mentem venerit exponere non dubitamus: ut scilicet, vobis quoque ansa meditandi, & meliora proponendi suppeditetur.

XX.

I. In Scientiis Arbitrariis.

Incipiamus ab iis Scientiis, quibus fundamentum sternit Hominum arbitrium. Faciliùs enim declaratur in illis qualis sit vis Inductionis. Ferimur scilicet omnes magno pulchritudinis amore. Hæc in Varietate cum Uniformitate conjunctâ[5] consistit. Uniformitas autem Analogiam involvit. Insitus Hominum animis amor Analogiæ confirmatur exemplis omnibus rerum quæ placent. Ingenium ipsum quid est, quàm facilitas Analogiam observandi? Architectura, Pictura, Statuaria, Musica, quæ sunt Artes ad delectandum inventæ, Regulas suas habent Analogiam ubique præcipientes. Ipsa Corporis humani structura & exterior pulchritudo minùs placeret, nisi singulæ partes certas inter se servarent proportiones Harmonicas, in

---

4) Barrow Lect. Math. V. pag. 82.
5) *Vid.* De Crouzas Traité du Beau.

XIX.

Was die Induktion vermag
Bei den unsterblichen Göttern! wird jemand sagen. Also sind die Grundlagen aller unserer Erkenntnisse nur wahrscheinlich. So schwach, so unsicher ist die Gewissheit aller Wissenschaften. Auf der Induktion allein (der wir eher freiwillig unsere Zustimmung gewähren, als dass wir sie ihr, besiegt, schuldeten) beruht fast alles, was wir wissen. Jedoch, wer immer du so argumentierst, mache wenigstens Ausnahmen für die mathematischen Wissenschaften, die Metaphysik, den Hauptteil der Logik, die natürliche Theologie und die Sittenlehre. Übrigens[4], wenn etwas an der strengen Gewissheit fehlt; wenn die menschlichen Überlegungen nicht über eine wahrscheinliche Vermutung hinausreichen, ziemt es sich wohl, dass wir uns damit begnügen, was uns erlaubt, unter Führung der Induktion Wahrscheinlichkeiten solcher Art zu erreichen, dass jemand, der ihnen seine Anerkennung verweigert, als albern und unverständig, bestenfalls als höchst unklug bezeichnet werden muss. Es muss ja zu Recht als unüberlegte Kühnheit gelten, einem Hinweis zu trauen, der uns schon öfter getäuscht hat; so ist es ausgesprochen klug, keineswegs zu bezweifeln, was, hundertfach erforscht, unseren Erwartungen ganz genau entspricht, sondern es entschieden zu bejahen und kräftig daran festzuhalten. Es ist auch nicht nötig, weiteres zu suchen, um beispielsweise die Wirksamkeit der Physik zu erweisen, als dass alle darauf verpflichtet sind, ausser den Dummköpfen und ausgesprochen Blöden. So viel zu denen, die die Induktion nicht gelten lassen. Euch hingegen, die ihr die Gültigkeit dieser Argumentation anerkennt wie wir, und ebenso wissen wollt, woraus sie hervorgehe, zögern wir nicht – obwohl wir keine völlig genügende Antwort haben – darzulegen, was uns in den Sinn kommt. So wollen wir euch auch einen Anhaltspunkt zum Nachdenken über einen besseren Vorschlag bieten.

XX.

I. In den frei gewählten Wissenschaften
Fangen wir mit den Wissenschaften an, deren Grund vom Willen der Menschen gelegt wird. Was die Induktion vermag, lässt sich nämlich hier leichter aufweisen. Uns alle bewegt bekanntlich eine grosse Liebe zur Schönheit. Diese besteht aus der Verbindung von Abwechslung und Einheitlichkeit[5]. In die Einheitlichkeit aber ist Analogie verwickelt. Dass Liebe zur Analogie dem Menschen innewohnt, bestätigt beispielhaft alles, was gefällt. Was ist die Begabung selbst anderes, als die Leichtigkeit, mit der eine Analogie beobachtet wird? Architektur, Malerei, Bildhauerei und

---

4) BARROW Lect. Math. V. pag. 82.

5) Siehe De Crousaz, Traité du Beau

quibus {p. 13} Analogiam miramur[6]. In Arbitrariis igitur Scientiis, in Grammaticâ v. g. quid mirum si tanta vis Analogiæ? Juxta hujus Leges primos Hominés locutos fuisse, & ad hujus Leges se adtemperasse illos, qui deinceps novas invenerunt voces verborumque inflexiones, tutò supponere possumus. Hinc Quæstiones Grammaticæ, non sine aliquâ certitudine, ex Analogiæ Legibus, dirimi possunt. Adde, quòd si nullam Analogiæ rationem habuissent Homines in loquendo, sed varietati solummodò studuissent, infinitam in Linguas introduxissent confusionem. Si singulis Nominibus sua esset Declinandi ratio: si singulis Verbis propria conjugatio; Quæ Phantasia tot inflexionibus inveniendis; Quæ Memoria retinendis sufficeret? Itaque Analogia Grammatices præstantissima est & tutissima Regula.

XXI.

Quæ si nos aliquandò decipiat; si non semper hujus constans habeatur ratio; tribuamus illud vel Hominum levitati varietatisque libidini, quâ fit, ut perpetua nos tædio afficiat Uniformitas: vel si meliùs de Genere humano sentire velimus, tribuamus illud incommodis quibusdam, ex nimiâ Analogiæ observatione fluentibus, veluti asperis quibusdam pronunciationibus, quæ nonnunquàm indè possent oriri. Sæpissimè etiam ibi summa adest Analogia, ubi minimè illam suspicareris.

XXII.

II. In Scientiis Contingentibus
Hunc Pulchritudinis sensum Analogiæque amorem nobis cum indiderit Optimus rerum omnium Conditor, voluit, procul dubio, vastum hoc Universi Theatrum ornare, ea ratione, quæ nobis hujus spectatoribus maximè placeret: voluit omnia in ipso peragi iis modis, quos judicamus optimos, pulcherrimos, præstantissimos, Uniformitatem igitur & Analogiam ubique regnare jussit: Proportionem, similitudinem in omnibus observavit. Juxtà Leges Generales, constanti quâdam ratione, peraguntur omnia. Per Regulas Motûs numero paucas simplicissimasque, at maximè universales, regitur Universitas Corporum. Ipsi Spiritus, illibatâ suâ libertate, Legibus suis subjiciuntur, quas fidelissimè observant.

Nec Legibus solùm generalibus, sed & Causis quoque univer-{p. 14}salibus delectatus fuisse videtur Orbis Parens. Placet enim multitudo Effectuum ex unicâ Causâ procedentium. Quis posset recensere effectus omnes, quos in hancce Tellurem producit Radiorum Solarium adventus? Hinc calor, quo refocillantur Corpora, fœcundantur Terræ: Hinc Lux, quâ recreantur oculi, distinguuntur Objecta. Absque illis Radiis, nec elevarentur Vapores, nec spirarent Venti, nec

---

6) *Vid.* Ten Kate Discours du beau Ideal.

Musik – Künste, die zum Gefallen erfunden worden sind –folgen überall Regeln, die Analogie vorschreiben. Aufbau und äussere Schönheit des menschlichen Körpers selbst würden weniger gefallen, wenn die einzelnen Teile nicht unter einander bestimmte harmonische Verhältnisse wahrten, in denen wir Analogie bewundern[6]. Was Wunder also, dass die Analogie in den frei gewählten Wissenschaften (wie der Grammatik) so viel vermag. Dass die ersten Menschen nach deren Regeln gesprochen haben, und dass diejenigen, die später neue Wörter und deren Formen gefunden haben, sich den Regeln der Analogie angepasst haben, können wir als sicher annehmen. Daher können die grammatikalischen Probleme nicht ohne eine gewisse Sicherheit auf Grund der Analogiegesetze behandelt werden. Ausserdem, wenn die Leute beim Sprechen nicht an Analogie dächten, sondern nur nach Abwechslung strebten, würden sie die Sprachen unendlich verwirren. Wenn jedes Nomen eine eigene Deklination und jedes Verb eine eigene Konjugation hätte, welche Phantasie brauchte man, um so viele Flexionen zu erfinden und welches Gedächtnis, um sie zu behalten? Deshalb ist die Analogie die vorzüglichste und sicherste Regel der Grammatik.

XXI.

Wenn sie (die Analogie) uns einmal enttäuscht, wenn sie nicht immer für stimmig gehalten wird, wollen wir dies entweder dem Leichtsinn der Leute oder ihrem Begehren nach Abwechslung (welches dazu führt, dass stete Einheitlichkeit uns ekelt) anlasten, oder – wenn wir vom Menschengeschlecht besser denken wollen – irgendwelchen Unannehmlichkeiten wegen zu grosser Aufmerksamkeit auf Analogie (zum Beispiel harten Ausdrücken) zuschreiben, die manchmal daraus entstehen könnten. Sehr oft auch ist die höchste Analogie da, wo man sie am wenigsten vermuten möchte.

XXII.

II. In den kontingenten Wissenschaften
Da der beste Schöpfer aller Dinge diesen Sinn für Schönheit und diese Liebe zur Analogie in uns gelegt hat, wollte er zweifellos dieses Welttheater auf die Weise ausstatten, die uns als dessen Zuschauern am besten gefällt: Er wollte, dass auf diesem Welttheater alles auf die Weisen vor sich gehe, die wir als die besten, schönsten und vortrefflichsten erachten; darum liess er überall Einheitlichkeit und Analogie herrschen und achtete auf Proportion und Ähnlichkeit in allem. Stimmig, nach allgemeinen Regeln, geht alles vor sich. Wenige und äusserst einfache, aber in höchstem Masse allgemeine Regeln der Bewegung lenken die Gesamtheit der Körper. Selbst

---

6) Siehe Ten Kate, Discours du beau Idéal

caderent Pluviæ, nec fluerent Fontes, nec nutrirentur Plantæ, nec viverent Animalia. Gravitatio Universalis infinitorum effectuum causa est. Hæc Planetas in suis Orbitis, in legitimâ à Sole distantiâ, servat: Hæc omnes singulorum Globorum partes coadunat; Montes, Rupes, Urbes solo veluti affigit: Hæc Maris Æstuum reciprocationes, Fluminum cursus, Liquidorum æquilibrium causat. Huic tribuendi sunt effectus quos ex Aëris pressione deducunt Philosophi, inter quos unum, sed nobis utilissimum, nominabimus Respirationem: Denique, ne singula complectendo prolixiores evadamus, fœcundissimum est Motûs Principium, quod ad sexcentas Machinas applicamus, ex quibus infinita Genus humanum percipit commoda.

XXIII.

Sed nec delectationi solummodò nostræ consuluit Deus, Harmonicum & Analogiæ Legibus conformem Mundum creando: ipsi simul curæ fuit utilitas salusque nostra. Tolle hanc Analogiam: Fac nos non posse concludere *à pari;* nullam esse vim, in Physicis vel Pneumatologicis, Argumenti ab Analogiâ: Jam nec Hominum vita sustentari, nec eorum actiones prudentiâ dirigi possent. Nam, si non ausim assumere alimentum, quo centies innoxiè usus sum, quo alios sine damno sustentatos esse vidi, fame consumar: Si domum, quam huc usque firmam solidamque deprehendi, hodiè non ausim ingredi, ne subitò caduca evaserit, remanentibus licet iisdem soliditatis causis: quomodò corpus ab aëris injuriis potero tueri? Ægrotus febri laborat: hujus vim, in similibus omninò circumstantiis, millies domuit Cortex Peruvianus. Quod si nunc, Argumentum ab Analogiâ respuens Medicus dubitat, an illum ægroto debeat exhibere; interim miserum eripiet Morbus. Superioris vel amici indolem, propensiones, affectus, ex præteritæ vitæ actionibus, ubi cognovi, non dubito, juxtà cognitionem hanc, actio-{p. 15}nes meas dirigere, ut ipsi placeam, vel ab illo obtineam quod mihi proposui. Sin me fallit hæc Inductio; si nullâ ratione futurum datur ex præterito conjicere: Jam vanum est prudentiæ consiliique nomen, omnia casu diriguntur, omnia fortunæ relinquenda. Uno verbo, nisi juxtà Leges Generales, per Causas Universales, dirigeretur Naturæ cursus: nisi ex similibus Causis similes expectare deberemus Effectus: absurdum est certam & constantem vivendi rationem sibi proponere; nequicquam, finem aliquem nobis proponentes de mediorum optione consulimus; frustrà conatuum nostrorum felicem speramus successum:

Sed te,
Nos facimus, Fortuna, Deam Cæloque locamus. Juv.

die Geister unterstehen bei unverminderter Freiheit ihren eigenen Gesetzen, die sie getreulich befolgen. Nicht nur allgemeine Gesetze, sondern auch universelle Ursachen scheinen den Urheber des Erdkreises erfreut zu haben. Er will nämlich eine Vielzahl von Wirkungen einer einzigen Ursache. Wer vermöchte alle Wirkungen zu zählen, die der Einfall der Sonnenstrahlen auf diese Erde hat? Daher die Wärme, an der sich die Körper erquicken und die Erde fruchtbar wird; daher das Licht, woran sich die Augen erholen und die Gegenstände unterscheiden lassen. Ohne diese Strahlen würden sich weder die Dämpfe erheben, noch die Winde wehen, noch Regen fallen und Quellen fliessen, Pflanzen Nahrung finden und Tiere leben. Die allgemeine Schwerkraft ist Ursache unendlicher Wirkungen. Sie hält die Planeten in gesetzmässigem Abstand von der Sonne in ihren Kreisen. Sie vereint alle Teile der einzelnen Kugeln, heftet gewissermassen Berge, Felsen und Städte an den Boden. Sie verursacht die Gezeiten des Meeres, den Lauf der Flüsse und das Gleichgewicht der Flüssigkeiten. Ihr sind die Wirkungen zuzuschreiben, welche die Philosophen vom Luftdruck herschreiben; um nur eine, aber für uns die nützlichste zu nennen: die Atmung. Schliesslich, um uns nicht in Einzelheiten zu verlieren: Am fruchtbarsten ist der Grundsatz der Bewegung, den wir auf ungezählte Maschinen anwenden, aus denen die Menschheit unendliche Vorteile gewinnt.

XXIII.

Aber nicht nur für unsere Freude hat Gott gesorgt, indem er eine harmonische, den Gesetzen der Analogie entsprechende Welt geschaffen hat; gleichzeitig hat er an unseren Nutzen und unser Wohl gedacht. Man hebe die Analogie auf, lasse uns nicht vom Gleichen (auf Gleiches) schliessen, in Physik oder Pneumatologie gelte kein Analogieschluss mehr. Kein Menschenleben könnte sich mehr halten, keine menschliche Handlung könnte mehr mit Klugheit ausgeführt werden. Wagte ich nämlich nicht, eine Nahrung zu mir zu nehmen, die ich hundertmal ohne Schaden gebraucht habe und von der ich andere schadlos habe leben sehen, würde ich Hungers sterben. Wagte ich heute nicht, ein Haus zu betreten, das ich bisher als fest und solid wahrgenommen habe und dessen Festigkeit immer noch begründet ist, wie könnte ich mich dann vor der Unbill des Wetters schützen? Ein Kranker hat Fieber. Unter ähnlichen Umständen hat Peruanische Rinde tausendmal das Fieber bezwungen. Wenn nun aber der Arzt, der das Analogieargument ablehnt, Zweifel hat, ob er dem Kranken dieses Heilmittel verabreichen solle, wird die Krankheit den Armen dahinraffen. Wenn ich Anlagen, Neigungen und Gemüt eines Vorgesetzten oder Freundes aus früherer Lebenserfahrung kenne, zögere ich nicht, meine Handlungen dieser Kenntnis entsprechend so zu gestalten, dass ich sein Gefallen finde oder von ihm bekomme, was ich mir vorgenommen habe. Wenn mich aber diese Induktion täuscht, wenn es mit keiner Überlegung möglich ist, vom

XXIV.

Quonam igitur fato fit, ut nos haud rarò decipiat in Physicis Inductio: ut subindè Propositiones Universales, per Experientiam detectæ, restringindæ sint & exceptionibus, unâ vel pluribus, contaminandæ? Scil. quia ferè semper in judicando sumus nimiùm præcipites. Ita nos delectat Analogia, ut vel minimam similitudinem usurpemus pro perfectâ paritate: Adeò placent universales Conclusiones, ut ad conditiones, quibus positis tales essent, non satis attendamus; circumstantias negligamus, quæ præsumptam Analogiam turbant et tollunt. Non minùs ad pulchritudinem Universi confert Varietas, quàm Uniformitas; modò illa & Harmonica sit & ad Regulas attemperata. Quòd si, hujus immemores, Uniformitatem sine Varietate quærimus, decipimur, non intelligentes Operum Creatoris magnificentiam. V. g. Si Lunam Incolis destitui aliquandò probaretur, non ideò Naturæ Analogiam violari concludi potest. Exemplum enim Terræ, præterquàm quòd debilis modò Inductio est, pro Primariis solùm Planetis valet: ad Secundarios, qualis est Luna, nullo jure extenditur. Nam etsi carerent Incolis, non ideò prorsus essent inutiles, sed tum Primariorum gratiâ creati censendi forent.

XXV.

III. In Scientiis Necessariis.

Restat ut investigemus, quæ causa sit cur, & in Scientiis Necessariis, valeat Argumentum ab Analogiâ, aliqua sit Inductionis vis. {p. 16} Nam huc non quadrant rationes, quibus id obtinere diximus in Scientiis, vel Arbitrariis, vel Contigentibus: Neque enim ab Hominum Arbitrio, neque ab Entis Supremi voluntate pendet Veritas Propositionum necessariarum. Æternæ sunt, Immutabiles; in Intellectu Divino fundantur, non Divinæ Libertati subjacent. Ità certæ sunt Metaphysices Matheseosque Propositiones, ut ne falsæ unquàm esse possint.

Vergangenen auf das Kommende zu schliessen, dann sind Klugheit und Einsicht leere Worte, dann folgt alles dem Zufall, bleibt alles dem Glück überlassen. Mit einem Wort: Wenn der Lauf der Natur nicht nach allgemeinen Gesetzen und universellen Ursachen ginge, wenn wir nicht gleiche Wirkungen gleicher Ursachen zu erwarten hätten, wäre es absurd, sich eine bestimmte und beständige Lebensweise vorzunehmen, vergeblich würden wir über die Mittel nachdenken, wenn wir uns ein Ziel setzen, umsonst Erfolg unserer Bestrebungen erhoffen.

Aber Dich, Fortuna, machen wir zur Göttin im Himmel. Juv[enal, Sat. X 365 f.]

XXIV.

Welches Schicksal macht also, dass uns in den Naturwissenschaften die Induktion nicht selten täuscht, so dass allgemeine Sätze, die wir aus Erfahrung gewinnen, eingeschränkt und mit einer oder mehreren Ausnahmen verunreinigt werden müssen? Wohl, weil wir fast immer zu rasch urteilen. So sehr erfreuen wir uns an der Analogie, dass wir auch die geringste Ähnlichkeit als vollkommene Gleichheit beanspruchen. So sehr gefallen uns allgemeine Schlüsse, dass wir nicht genug auf die Bedingungen, unter denen sie gelten, achten und die Umstände vernachlässigen, welche die Analogie stören und aufheben. Die Verschiedenheit trägt nicht weniger zur Schönheit des Universums bei als die Einförmigkeit, wenn jene nur harmonisch und regelmässig ist. Wenn wir dies vergessen und Einförmigkeit ohne Verschiedenheit suchen, täuschen wir uns und verstehen nicht, wie grossartig die Werke des Schöpfers sind. Zum Beispiel: Wenn einmal bewiesen wird, dass der Mond unbewohnt ist, kann daraus nicht geschlossen werden, die Analogie der Natur stimme nicht. Das Beispiel der Erde nämlich – abgesehen davon, dass (hier) die Induktion schwach ist – gilt nur für die vornehmsten Planeten und kann unter keinem Recht auf die sekundären wie den Mond ausgedehnt werden. Sie wären nämlich keineswegs unnütz, auch wenn sie unbewohnt wären; man müsste vielmehr annehmen, dass sie als die vornehmsten erschaffen sind.

XXV.

III. In den notwendigen Wissenschaften
Es bleibt zu untersuchen, warum auch in den notwendigen Wissenschaften das Argument der Analogie gilt und die Induktion etwas vermag. Denn die Vernunftgründe, mit denen wir dies, wie gesagt, in den frei gewählten oder kontingenten Wissenschaften erreichen, passen hier nicht. Die Wahrheit der notwendigen Sätze hängt ja weder vom menschlichen Gutdünken noch vom Willen des Höchsten Seienden ab. Diese Sätze sind ewig und unveränderlich; sie gründen im göttlichen Intellekt und unterliegen nicht der göttlichen Freiheit. So gewiss sind die Sätze der Metaphysik und der Mathematik, dass sie niemals falsch sein können.

XXVI.

Num fallimur? An verò hoc ipsum Inductionis vim & ενεργειαν in Necessariis declarat? Scil. in his Scientiis nihil fit per accidens. Ergo in his summa regnat Analogia, perpetua obtinet Harmonia. Ut dilucidetur hæc consequentia, necesse est adnotare discrimen essentialium ab accidentalibus.

XXVII.

Essentialia Entis dicuntur quæ ipsis constanter insunt: quibus positis, ponitur; sublatis, tollitur Ens; quæque ex se invicem non fluunt, sed talia sunt, ut uno posito, non ideò ponatur alterum. Extensio, Soliditas, Vis Inertiæ Corporis sunt essentialia. Attributa Entis ea sunt quæ ipsi necessariò & constanter insunt: sed quæ ex Essentialibus derivantur & per illa determinantur. Talia sunt in Corpore Magnitudo, Figura, Motus vel Quies generaliter spectata.

Modi denique dicuntur quæ, cùm subjecto possint inesse, vel ab illo abesse, sine ejus interitu, nec ab Essentialibus, nec ab Attributis fluunt, sed per causas externas producuntur. Sic Moles quædam, certa Figura, peculiaris Motus Corporis accidentia sunt, quorum ratio extrà Corpus ipsum petenda est.

A Modis accuratè distinguenda est illorum possibilitas, quæ inter Attributa numeratur. Est enim ante Modi existentiam, in Subjecto certa aptitudo vel dispositio, quâ capax efficitur Modum excipiendi. Sic in Corpore Figura Quadrata Modus est: sed in Corpore, etiam dùm est rotundum, inest aptitudo Figuram accipiendi Quadratam: quæ aptitudo non reperitur in Spiritu. {p. 17}

XXVIII.

His positis, cùm Entia Metaphysica, sive Mathematica, non aliam habeant existentiam quàm in intellectu, nihil aliud præcisè erunt, quàm quod illa esse vult Definitio: hoc est, non habebunt alia essentialia, quàm quæ Definitione declarantur. Sic, cùm Quadratum definiatur Figura Quadrilatera, cujus latera sunt inter se æqualia & anguli recti: patet essentialia Quadrati esse quatuor latera æqualia spatium comprehendentia, & quatuor angulos rectos. Quicquid exinde sequitur, quicquid exinde per consequentias potest elici, Attributum Quadrati dicitur. Qualis est incommensurabilitas lateris cum Diagonali. Præter hæc, nihil est in Quadrato quod Matheseos objectum est. Nec magnum est, nec parvum: Nec rubrum, nec flavum: Nec loco stat, nec movetur. His accidentibus obnoxia sunt Entia quæ extrà intellectum versantur, quæ existunt in rerum Naturâ: sed ea accidentia non cadunt in Ens quod præter meram Ideam nihil est.

XXVI.

Täuschen wir uns? Ist das wirklich die Erklärung für die Geltung und Wirkung der Induktion in den notwendigen Wissenschaften? Bekanntlich geschieht in diesen Wissenschaften nichts durch Zufall. Also herrscht hier die höchste Analogie und ständige Harmonie. Um diese Folgerung zu erhellen, muss man den Unterschied zwischen dem Wesentlichen und dem Zufälligen deutlich machen.

XXVII.

Als dem Seienden wesentlich bezeichnet man das, was beständig dazu gehört. Nimmt man es an, gibt es das Seiende, nimmt man es weg, gibt es auch das Seiende nicht. Ebenso verhält es sich mit dem, was sich nicht aus dem anderen ergibt; wenn das eine gesetzt wird, ist das andere deswegen noch nicht gesetzt. Ausdehnung, Festigkeit und Trägheit sind dem Körper wesentlich. Attribute des Seienden sind diejenigen, die zwingend und beständig dazu gehören, aber vom Wesentlichen abgeleitet sind und durch dieses bestimmt werden. Dieser Art sind beim Körper Grösse, Gestalt und Bewegung oder Ruhe allgemein betrachtet. Zustände (modi) schliesslich nennt man das, was zu einem Subjekt gehören oder nicht gehören kann, ohne dass es zugrunde ginge, und das sich weder aus dem Wesentlichen noch aus den Attributen ergibt, sondern von äusseren Ursachen hervorgerufen wird. So sind eine Masse, eine bestimmte Gestalt oder eine besondere Bewegung zufällige Eigenschaften eines Körpers (accidentia), deren Grund ausserhalb des Körpers selbst zu suchen ist. Von den Zuständen muss man die Möglichkeit dessen, was zu den Attributen gehört, genau unterscheiden. Bevor es nämlich zu einem Zustand kommt, hat das Subjekt eine bestimmte Fähigkeit oder Anlage, wodurch es fähig wird, in einen Zustand zu kommen. So ist an einem Körper die quadratische Gestalt ein Zustand; selbst wenn der Körper rund ist, hat er die Fähigkeit quadratisch zu sein. Im Geist findet man diese Fähigkeit nicht.

XXVIII.

Dies sei vorausgesetzt. Da die metaphysischen oder mathematischen Wesen nicht anders als im Verstand existieren, werden sie genau das sein, was die Definition will, das heisst, sie haben keine anderen wesentlichen Bestimmungen (essentialia) als die in der Definition dargestellten. So, wenn ein Quadrat definiert wird als eine vierseitige Figur, deren Seiten einander gleich und rechteckig sind, so ist es klar, dass die wesentlichen Bestimmungen des Quadrats vier gleiche Seiten, die einen Raum umfassen, und vier rechte Winkel sind. Was immer daraus folgt oder folgerichtig herausgeholt werden kann heisst Attribut des Quadrats, zum Beispiel, dass die Seite mit der Diagonalen nicht übereinstimmt. Davon abgesehen, gibt es am

XXIX.

Alia est Entium Physicorum, reverà existentium, ratio. Horum Essentia cùm nos fugiat, non possumus illam veris Definitionibus explicare, ac proinde non semper affirmare licet, num hoc vel illud ex essentialibus fluat, an ab externâ causâ producatur. Modò specifica, ut dicunt, conservetur Differentia, modò talis Enti non superveniat alteratio quæ nomen ejus mutet, idem remansisse illud Ens concipimus; & mutationem impressam ad accidentium Classem revocamus.

XXX.

Ut nunc ostendamus, ex eo quòd in Necessariis Scientiis nihil accidentale sit, sed omnia per essentiam rerum determinentur, id sequi, quòd in his Scientiis magna sit vis Analogiæ; liceat Exemplum aliquod peculiare considerare, idque ex Mathesi depromptum. Non enim dubium esse debet, quin eodem modo possimus, in reliquis casibus, ratiocinari. Eadem enim ubique est natura Inductionis.

Juvat recentiorum Mathematicorum delicias, Series contemplari. {p. 18} Eæ, si Regulares sint, cuicunque tandem Artificio originem debeant, juxtà Legem aliquam determinantur. Lex Seriei dicitur Ratio vel Relatio aliqua constans, quâ Termini posteriores ex prioribus formantur & veluti nascuntur. Seriei igitur essentia in illius Lege consistit, quæ singulorum Terminorum Attributum commune constituit. Sic Seriei I, 2, 4, 8, 16, 32, 64, &c. Lex est, ut unusquisque Terminus proximè antecedentis duplus sit. Quicunque igitur numerus hoc attributo gaudet, ut binarii multiplicatione repetitâ prodeat, pertinet ad Seriem & ejus Terminus est: possidet enim Seriei essentiam.

XXXI.

Duo Termini, qualescunque positi, innumerabiles habent relationes. At ubi tres ponuntur Termini, minuitur admodùm Relationum communium numerus, & ad paucas Leges restringitur, quibus ut secundus ex primo, sic tertius è secundo generatur. Pone quatuor Terminos, difficiliùs est invenire Legem Communem, quâ singuli determinantur: Verbo, quò plures scribuntur Termini, eò minor est numerus Relationum, quibus alii referuntur ad alios.

Ratio est, quia, cùm singuli Termini Proprietatibus innumeris gaudeant, ex essentiâ propriâ fluentibus, facillimum est invenire plura duobus Terminis communia Attributa. At Prorietatum tribus Terminis communium minor erit numerus; Nam inter illas, quæ duobus primis competebant, seligendæ sunt eæ, quas similiter possidet tertius. Eodem modo patet Proprietates quatuor Terminis communes rariores esse debere; & in genere constat quòd, multiplicato Terminorum numero, Attributorum communium minuatur numerus.

Quadrat nichts, was Gegenstand der Mathematik ist. Es ist nicht gross und nicht klein, nicht rot und nicht gelb, nicht ortsgebunden und nicht beweglich. Diesen Zufälligkeiten sind die seienden Dinge unterworfen, die sich ausserhalb des Verstandes befinden und in der Natur der Dinge liegen; sie kommen nicht bei einem Wesen vor, das eine reine Idee ist.

XXIX.

Eine andere Denkweise gilt für die physischen Dinge, die wirklich existieren. Weil uns deren Wesentliches entgeht, können wir es nicht mit echten Definitionen erklären; daher kann man nicht immer feststellen, ob sich dieses oder jenes aus ihrem Wesen ergibt oder von einer äusseren Ursache hervorgebracht wird. Bald mag ein besonderer Unterschied (eine sogenannte differentia specifica) bewahrt sein, bald kann eine Veränderung vorliegen, die die Bezeichnung des Gegenstandes nicht verändert, und wir erfassen ihn als den selben. Eine von aussen veranlasste Veränderung rechnen wir den Zufällen (accidentia) zu.

XXX.

Daraus, dass es in den notwendigen Wissenschaften nichts Zufälliges gibt, vielmehr alles durch das Wesentliche der Dinge bestimmt wird, folgt die hohe Geltung der Analogie in diesen Wissenschaften. Um dies aufzuzeigen, möchten wir ein besonderes Beispiel betrachten, und zwar eines aus der Mathematik. Wir können nämlich zweifellos in den übrigen Fällen auf die gleiche Weise rechnen. Die Natur der Induktion ist ja überall die selbe. Es ist gut, den beliebtesten Gegenstand der neueren Mathematik zu betrachten, die Reihen. Wenn diese regelmässig sind, welchem Kunstgriff auch immer sie sich verdanken, sind sie nach einem Gesetz bestimmt. „Gesetz einer Reihe" heisst ein konstantes Verhältnis, nach dem die folgenden Glieder (termini) aus den vorangehenden gebildet und sozusagen geboren werden. Das Wesen einer Reihe liegt in ihrem Gesetz, das von dem allen einzelnen Gliedern gemeinsamen Attribut gebildet wird. Das Gesetz der Reihe 1, 2, 4, 8, 16, 32, 64 u. s. w. ist, dass jedes Glied das Doppelte des vorangehenden ist. Jede Zahl mit diesem Attribut des Voranschreitens durch Verdoppelung gehört also zur Reihe und ist ihr Begriff (terminus); sie hat nämlich das Wesen einer Reihe.

XXXI.

Zwei Glieder, welche auch immer man annimmt, haben unzählige Verhältnisse. Aber wenn drei Glieder gesetzt sind, verringert sich die Zahl ihrer Verhältnisse ziemlich und beschränkt sich auf wenige Gesetze, nach denen das dritte Glied aus dem zweiten wie das zweite aus dem ersten hervorgeht. Setzt man vier Glieder, ist

XXXII.

Quando itaque Seriei, cujus Lex nondum innotescit mihi, Terminos priores, sex aut septem vel plures, considerando, detego quoddam Attributum singulis commune, vel Relationem quamdam inter ipsos constantem: omninò probabile est, hanc esse Legem illam Seriei desideratam. Nam cùm plurium Terminorum paucissima sint communia Attributa, imò verosimiliter unicum sit satis simplex: Omnes autem Termini Seriei communi aliquo gaudeant {p. 19} Attributo (Ponitur enim Series regularis): Utique verosimillimum est, me, ubi communem aliquem Proprietatem deprehendi, attigisse verum illud & unicum Attributum, quod Seriei essentiam constituit, & ejus Lex dicitur.

XXXIII.

Vel, ut idem diversis rationibus expositum dilucidius evadat, rem sic concipere licet. Terminus unus qualiscunque, Serierum innumerabilium Terminus esse potest. Duo Termini ad multas etiam, licèt ad pauciores Series, pertinere valent. Minor est numerus Serierum, quæ complecti possint tres Terminos. Exiguus numerus illarum, per quas quatuor Termini possint determinari. In genere quò plures ponuntur Termini: eò pauciores habentur Series quibus conveniant. Per Seriem hîc intelligimus Legem vel Essentiam Seriei.

Nam, quò plura in Ideâ aliquâ Universali determinantur, eò magis restringitur ejus extensio, eò pauciora sub se continet. Si determinentur omnia, jam non ampliùs Universalis Idea est, sed Individualis.

Itaque, si casu quodam vel attentè considerando Terminos sex aut septem priores, reperiam illos per Relationem aliquam constantem generari: hoc est, si invenerim Legem quamdam, juxta quam formando Seriem, ejus sex aut septem priores Termini iidem omninò sint, atque sex aut septem Termini Seriei propositæ: omninò verosimile est, reliquos omnes Seriei utriusque Terminos coincidere: cùm vix fieri possit, ut duæ diversis Legibus productæ Series, tot ab initio Terminos habeant utrinque pares: cùm vix possibile sit, post tot determinationes, indeterminatam adhuc esse Legem Seriei quæsitam.

XXXIV.

Liceat, ut clariùs adhuc, si fieri possit, mentem nostram exponamus, liceat fictionem aliquam adhibere. Pone nos, coram oculis, ingentem habere Tabulam, in quâ depictæ sint Series omnes Numerorum possibiles, una cùm affixâ Lege, per quam uniuscujusque Termini determinantur. Jam, si libeat inquirere qualis sit Lex Seriei suprà positæ 1, 2, 4, 8, 16, 32, 64, &c., {p. 20} hâc ratione licebit procedere. Quoniam 1 primus est Seriei Terminus, delebo primùm ex Tabula Series omnes, quæ ab

es schwieriger, das gemeinsame Gesetz zu finden, nach dem die einzelnen Glieder bestimmt werden. Kurz, je mehr Glieder geschrieben werden, desto kleiner ist die Zahl der Verhältnisse, nach denen sie auf einander bezogen sind. Da einzelne Glieder unzählige Eigenschaften haben, die sich aus ihrem eigenen Wesen ergeben, ist es verständlich, dass es am leichtesten ist, bei zwei Gliedern mehrere gemeinsame Attribute zu finden. Die Anzahl gemeinsamer Attribute dreier Glieder wird jedoch geringer sein. Denn unter den Eigenschaften, die auf die zwei ersten zutreffen, sind diejenigen auszuwählen, die auch das dritte Glied hat. Ebenso ist es klar, dass die vier Gliedern gemeinsamen Eigenschaften seltener sein müssen. Allgemein steht fest, dass die Anzahl gemeinsamer Eigenschaften geringer wird, wenn die Anzahl der Glieder erhöht wird.

XXXII.

Wenn ich also bei der Betrachtung einer Reihe mit sechs, sieben oder noch mehr Gliedern, deren Gesetz mir noch nicht bekannt ist, ein Attribut, das jedem einzelnen Glied gemeinsam ist, oder ein konstantes Verhältnis unter ihnen entdecke, ist es durchaus wahrscheinlich, dass dies das gesuchte Gesetz dieser Reihe ist. Da nämlich die Zahl gemeinsamer Attribute mehrerer Glieder sehr klein ist, ist es sehr wahrscheinlich, dass es sich um ein einziges, recht einfaches (Attribut) handelt: Alle Glieder einer Reihe haben ein gemeinsames Attribut. (Es geht um eine regelmässige Reihe.) Es ist jedenfalls höchst wahrscheinlich, dass ich auf das wahre und einzige Attribut gestossen bin, wenn ich eine gemeinsame Eigenschaft gefunden habe. Dieses Attribut bildet das Wesen der Reihe und heisst ihr Gesetz.

XXXIII.

Wir möchten die Sache so angehen, dass wir das Gleiche auf verschiedene Arten darstellen, damit sie klarer werde. Irgendein Glied (Term) kann Glied unzähliger Reihen sein. Zwei Glieder können auch zu vielen, aber weniger zahlreichen Reihen gehören. Noch kleiner ist die Zahl der Reihen, die drei Glieder haben können. Sehr wenige Reihen können vier Glieder bestimmen. Allgemein gilt: Je mehr Glieder angenommen werden, desto weniger Reihen gibt es, zu denen sie passen. Unter „Reihe" verstehen wir hier das Gesetz oder Wesen der Reihe. Denn je mehr in einer allgemeinen (universalis) Idee bestimmt wird, desto eingeschränkter ist ihre Ausdehnung und desto weniger umfasst sie. Wenn alles bestimmt wird, ist sie nicht mehr eine allgemeine, sondern eine besondere (individualis) Idee. Wenn ich zufällig oder bei aufmerksamer Betrachtung der ersten sechs oder sieben Glieder herausfinde, dass sie nach einem konstanten Verhältnis entstehen; das heisst, wenn ich ein Gesetz finde, nach dem die Reihe gebildet wird, deren erste sechs oder sieben Glieder ganz die gleichen sind wie die sechs oder sieben Glieder der

aliquo numero ab unitate diverso incipiunt. Tum, inter illas Series, quarum unitas Principium est, expungam omnes, quæ secundo loco numerum habent à binario diversum: quia scil. 2 Seriei nostræ secundus est Terminus. Tertiò, inter remanentes Series, excludam omnes, quæ tertium Terminum exhibent à quaternario diversum, arque ità porrò. Patet autem, hâc ratione continuò minui & celerrimè descrescere Serierum in Tabulâ scriptarum numerum. Quare verosimiliter, post exclusiones quas sex aut septem Termini produxerunt, Series omnes ad paucissimas reducentur. Undè non ampliùs latebit quæ Lex sit, per quam Seriei nostræ Termini generantur.

XXXV.

Vel, (quæ Mathematicis magis forsan placebit fictio) pone nos habere in promtu Expressionem Algebraicam, sive Formulam universalem Serierum omnium possibilium. Hæc summoperè indeterminata est, & nonnisi per multa Data potest determinari. Hæc Data sunt totidem Termini Seriei propositæ, quorum singuli Formulam illam generalem ad alias, magis ac magis particulares, deprimunt: ità ut tandem, post Terminos aliquot substitutos, exutâ illâ Universalitate incommodâ, det sufficienter determinatam Seriei propositæ Formulam.

XXXVI.

Objicies, proposito quocunque Terminorum numero, veluti sex, reperiri tamen posse infinitas Series ad quas sex illi Termini pertineant. Et illud quidem fateri cogimur, cùm Demonstratione possit firmari[7]. Verumtamen indè non infringitur omninò Vis ratio-{p. 21}nis quam attulimus. Siquidem ex formatione Seriei propositæ satis legitimè præsumitur Seriei naturam aut Formulam esse magis aut minùs simplicem. At intricatissimæ erunt Formulæ infinitarum illarum Serierum,

---

7) Dentur v. g. sex Termini Seriei 1, 2, 4, 8, 16, 32. Et si designet x distantiam Termini quæsiti à primo, erit ille Terminus

$$1 + x + \frac{x}{1} \cdot \frac{x-1}{2} + \frac{x}{1} \cdot \frac{x-1}{2} \cdot \frac{x-2}{3} + \frac{x}{1} \cdot \frac{x-1}{2} \cdot \frac{x-2}{3} \cdot \frac{x-3}{4} + \frac{x}{1} \cdot \frac{x-1}{2} \cdot \frac{x-2}{3} \cdot \frac{x-3}{4} \cdot \frac{x-4}{5}$$

$$+ A \cdot \frac{x}{1} \cdot \frac{x-1}{2} \cdot \frac{x-2}{3} \cdot \frac{x-3}{4} \cdot \frac{x-4}{5} \cdot \frac{x-5}{6} + B \cdot \frac{x}{1} \cdot \frac{x-1}{2} \cdot \frac{x-2}{3} \cdot \frac{x-3}{4} \cdot \frac{x-4}{5} \cdot \frac{x-5}{6} \cdot \frac{x-6}{7}$$

$$+ C \cdot \frac{x}{1} \cdot \frac{x-1}{2} \cdot \frac{x-2}{3} \cdot \frac{x-3}{4} \cdot \frac{x-4}{5} \cdot \frac{x-5}{6} \cdot \frac{x-6}{7} \cdot \frac{x-7}{8} + \dots$$

ubi A, B, C , ..., designant numeros indeterminatos: adeòque formula ipsa infinitas Series diversas repræsentat, quarum singularum priores sex Termini erunt 1. 2. 4. 8. 16. 32.
Nota, quòd si ponas $A = B = C = \dots = 1$ Formula reducitur ad $(1 + 1)^x = 2^x$.

vorausgesetzten Reihe, so ist deshalb ganz wahrscheinlich, dass alle übrigen Glieder beider Reihen einander decken. Es kann ja kaum sein, dass zwei nach verschiedenen Gesetzen gebildete Reihen so viele beiden gleiche Glieder haben, und dass nach so vielen Bestimmungen das Gesetz der gesuchten Reihe immer noch unbestimmt sei.

XXXIV.

Damit womöglich noch klarer werde, was wir denken, sei es gestattet, eine Fiktion zu verwenden. Gesetzt, wir hätten eine riesige Tafel vor Augen, auf der alle möglichen Zahlenreihen dargestellt sind, zusammen mit einem angehängten Gesetz, wonach die Glieder einer jeden Reihe bestimmt sind. Wenn man dann das Gesetz der oben gesetzten Reihe 1, 2, 4, 8 16, 32, 64 u. s. w. herausfinden will, kann man folgendermassen vorgehen: Da 1 das erste Glied der Reihe ist, streiche ich zuerst alle Reihen von der Tafel, die mit einer anderen Zahl als 1 anfangen. Dann lösche ich von den mit 1 beginnenden Reihen alle, an deren zweiter Stelle keine 2 (binarium) steht, weil 2 das zweite Glied unserer Reihe ist. Drittens schliesse ich von den übrigen Reihen alle aus, deren drittes Glied kein Vierfaches ist – und so weiter. Es ist ja klar, dass auf diese Weise die Zahl der Reihen auf der Tafel ständig kleiner wird und sehr rasch abnimmt. Es ist also sehr wahrscheinlich, dass alle Reihen auf ganz wenige beschränkt werden, wenn man Reihen ausgeschlossen hat, die von sechs oder sieben Gliedern bestimmt sind. Danach wird nicht mehr verborgen bleiben, nach welchem Gesetz die Glieder unserer Reihe entstehen.

XXXV.

Oder (eine Fiktion, die den Mathematikern vielleicht besser gefällt): Gesetzt, wir haben einen algebraischen Ausdruck bereit, oder eine allgemeingültige Formel aller möglichen Reihen. Diese ist höchst unbestimmt und kann nur durch viele Angaben bestimmt werden. Diese Angaben sind eben so viele Glieder der vorgeschlagenen Reihe, deren einzelne Glieder diese allgemeine Formel auf andere, immer mehr besondere Formeln verringern, sodass man schliesslich – wenn man einige Glieder eingesetzt und so jene unbequeme Allgemeinheit abgelegt hat – eine genügend bestimmte Formel für die vorgeschlagene Reihe bekommt.

XXXVI.

Man wird einwenden: Wenn man irgend eine Anzahl Glieder voraussetzt, beispielsweise sechs, kann man immer noch unendliche Reihen finden, zu denen jene sechs Glieder passen. Das müssen wir freilich zugeben, da es demonstriert werden

ad quas sex dati Termini referuntur. Quare meritò rejici possunt & ad simpliciores licet delabi.

XXXVII.

Exindè quædam fluunt, illorum, qui per Inductionem tot egregia detexerunt, Esperientiâ satis comprobata. 1°. Eò certiorem esse Inductionem quò longiùs producitur, quò ad plures extenditur Terminos. Quippè tantò magis determinatur & restringitur Lex, vel, ut cùm Mathematicis loquamur, Formula Universalis complectens omnes Series, ad quas pertinere valent hi Termini: tantò magis minuitur numerus Attributorum communium: tantò certiores evadimus nos detexisse veram illam relationem, juxtà quam Seriei Termini producuntur.

2°. Quò simplicior est Modus, per quem Series producta fuit, eò pauciores sufficiunt Termini, ad detegendam Legem quâ alii ex aliis nascuntur: Quò contra magis intricatus est generationis modus, eò magis necesse est præsumptam & Inductione detectam Legem ad plures Terminos applicare, & pluribus, ut ita dicam, tentaminibus probare. Quia formationi parùm compositæ quadrat Lex simplex: intricata nascendi ratio, postulat Legem vel Formulam magis complexam. Jam quò magis Lex vel Formula vera & quæsita complexa est, eò plura Data requirit, ut determinetur & innotescat: eò pluribus indigemus Terminis ad illam certò inveniendam.

3°. Nunquam tamen illud in Necessariis Scientiis animo debet excidere, Inductionem Probabilem duntaxat Argumentationem esse. Probabilitates autem respuunt hæ Scientiæ: Certitudinem requirunt. Quare, tametsi facilitate suâ nos sæpe capiat & seducat hæc Argumentandi ratio, caveamus ne, ubi momentosa aliqua probanda venit Propositio, quicquam de veterum Mathematicorum rigore derogemus; sed suam Scientiis præsertim Mathematicis certitudinem servemus, in quâ omnis earum dignitas consistit. Hunc in finem, ut aliquid etiam de nostro conferamus tam utili proposito, subjiciemus rigidam Demonstrationem præstantissimi Theorematis N e w t o n i a n i, quod nullibi, aliter quam Inductione probatum, videre contigit, saltem pro imperfectis potentiis. {p. 22}

kann[7]. Hingegen schwächt das gar nicht die Gültigkeit der Überlegung, die wir vorgebracht haben, wenn man nur auf Grund der Gestalt der vorgeschlagenen Reihe zu Recht annimmt, dass das Wesen oder die Formel der Reihe mehr oder weniger einfach ist. Die Formeln der unendlichen Reihen, die auf sechs gegebene Glieder bezogen sind, werden jedoch zu grosser Verlegenheit führen. Man kann sie deshalb zu Recht ablehnen und zu einfacheren übergehen.

XXXVII

Daraus ergibt sich manches, was durch die Erfahrung derer, die so Hervorragendes durch Induktion entdeckt haben, hinreichend bestätigt ist. Erstens, dass eine Induktion umso gewisser ist, je weiter sie ausgedehnt wird, wodurch sie sich auf zahlreichere Glieder bezieht. Ein Gesetz wird umso mehr bestimmt und eingeschränkt – oder (um mit den Mathematikern zu sprechen) die allgemeine Formel, die alle Reihen umfasst, zu denen diese Glieder passen –, umso mehr verringert sich die Zahl der gemeinsamen Attribute; umso gewisser können wir sein, das richtige Verhältnis entdeckt zu haben, nach dem die Glieder der Reihe entstehen. Zweitens: Je einfacher die Regel ist, nach der eine Reihe hergestellt worden ist, desto weniger Glieder genügen, um das Gesetz zu entdecken, nach dem sich die einzelnen Glieder aus einander ergeben. Je verwickelter hingegen die Regel ist, nach der die Glieder entstehen, umso zwingender ist es, das vermutete und durch Induktion entdeckte Gesetz auf eine grössere Anzahl Glieder anzuwenden und anhand mehrerer Versuche (um es so zu sagen) zu erweisen. Zu einer weniger zusammengesetzten Gestalt passt ja ein einfaches Gesetz; eine verwickelte Entstehungsart erfordert ein umfassenderes (complexus) Gesetz oder Formel. Je umfassender ja ein wahres, gesuchtes Gesetz oder eine solche Formel ist, desto mehr Daten erfordert

---

7)   Gegeben seien beispielsweise sechs Ausdrücke einer Reihe 1, 2, 4, 8, 16, 32. Wenn x den Abstand des gesuchten Ausdruckes zum ersten Ausdruck bezeichnet, wird jener Ausdruck

$$1+x+\frac{x}{1}\cdot\frac{x-1}{2}+\frac{x}{1}\cdot\frac{x-1}{2}\cdot\frac{x-2}{3}+\frac{x}{1}\cdot\frac{x-1}{2}\cdot\frac{x-2}{3}\cdot\frac{x-3}{4}+\frac{x}{1}\cdot\frac{x-1}{2}\cdot\frac{x-2}{3}\cdot\frac{x-3}{4}\cdot\frac{x-4}{5}$$

$$+A\cdot\frac{x}{1}\cdot\frac{x-1}{2}\cdot\frac{x-2}{3}\cdot\frac{x-3}{4}\cdot\frac{x-4}{5}\cdot\frac{x-5}{6}+B\cdot\frac{x}{1}\cdot\frac{x-1}{2}\cdot\frac{x-2}{3}\cdot\frac{x-3}{4}\cdot\frac{x-4}{5}\cdot\frac{x-5}{6}\cdot\frac{x-6}{7}$$

$$+C\cdot\frac{x}{1}\cdot\frac{x-1}{2}\cdot\frac{x-2}{3}\cdot\frac{x-3}{4}\cdot\frac{x-4}{5}\cdot\frac{x-5}{6}\cdot\frac{x-6}{7}\cdot\frac{x-7}{8}+\ldots$$

sein, wobei A, B, C, ..., unbestimmte Zahlen bezeichnen sollen; und so stellt die Formel selbst verschiedene endlose Reihen dar, deren sechs erste Ausdrücke 1, 2, 4, 8, 16, 32 sind. Merke, wenn du $A = B = C = \ldots = 1$ setzst, reduziert sich die Formel auf $(1 + 1)^x = 2^x$.

Elevandum sit binomium $a + ax$ ad potestatem quamcumque m/n. Fingatur

$$(a+ax)^{\frac{m}{n}} = A + Bx + Cx^2 + Dx^3 + Ex^4 + \ldots$$

& sumendo numerorum æqualium æquales Logarithmos,

$$\frac{m}{n}\text{L}\cdot(a+ax) = \text{L}\cdot(A + Bx + Cx^2 + Dx^3 + Ex^4 + \ldots)$$

ac differentiando

$$\frac{madx}{na+nax} = \frac{mdx}{n+nx} = \frac{Bdx + 2Cxdx + 3Dx^2dx + 4Ex^3dx + \ldots}{A + Bx + Cx^2 + Dx^3 + Ex^4 + \ldots}$$

Unde dividendo utrinque per dx ac multiplicando in crucem prodit æquatio

$$mA + mBx + mCx^2 + mDx^3 + mEx^4 + \ldots = nB + 2nCx + 3nDx^2 + 4nEx^3 + \ldots$$
$$+ nBx + 2nCx^2 + 3nDx^3 + \ldots$$

Quæ, comparis terminis Analogis, dat sequentes æquationes.

$mA = nB$	$B = \dfrac{m}{n}\cdot A.$
$mB = 2nC + nB$	$C = \dfrac{m-n}{2n}\cdot B.$
$mC = 3nD + 2nC$	$D = \dfrac{m-2n}{3n}\cdot C.$
$mD = 4nE + 3nD$	$E = \dfrac{m-3n}{4n}\cdot D.$
$\ldots$	$\ldots$

Sed $A = a^{\frac{m}{n}}$, uti evidens est.

Ergo $(a+ax)^{\frac{m}{n}} = a^{\frac{m}{n}} + \dfrac{m}{n}Ax + \dfrac{m-n}{2n}Bx^2 + \dfrac{m-2n}{3n}Cx^3 + \dfrac{m-3n}{4n}Dx^4 + \ldots$

ihre Bestimmung und Bekanntmachung; umso zahlreicherer Glieder bedürfen wir, um dieses Gesetz sicher herauszufinden. Drittens: Niemals darf jedoch in den notwendigen Wissenschaften vergessen werden, dass die Induktion genau genommen ein wahrscheinliches Argument ist. Diese Wissenschaften lehnen Wahrscheinlichkeiten ab; sie verlangen Gewissheit. Deshalb müssen wir aufpassen, dass wir angesichts einer gewichtigen These, die zu beweisen ist, auch nur etwas von der Strenge der alten Mathematiker abweichen, auch wenn diese Argumentation uns oft mit ihrer Leichtigkeit packt und verführt. Vielmehr wollen wir die Gewissheit vor allem der mathematischen Wissenschaften wahren, die deren ganze Würde ist. Zu diesem Ende wollen wir – um auch etwas von unserem so nützlichen Vorhaben beizutragen – eine strenge Demonstration des vorzüglichen N e w t o n s c h e n Theorems vorlegen, das man nirgends anders als durch Induktion bewiesen findet, wenigstens bei unvollständigen Potenzen.

Das Binom $a + ax$ sei zu irgendeiner Potenz m/n zu erheben. Man stelle sich

$$(a+ax)^{\frac{m}{n}} = A + Bx + Cx^2 + Dx^3 + Ex^4 + \ldots$$

vor, nehme die Logarithmen gleicher Zahlen

$$\frac{m}{n} L \cdot (a+ax) = L \cdot (A + Bx + Cx^2 + Dx^3 + Ex^4 + \ldots)$$

und differenziere

$$\frac{madx}{na+nax} = \frac{mdx}{n+nx} = \frac{Bdx + 2Cxdx + 3Dx^2dx + 4Ex^3dx + \ldots}{A + Bx + Cx^2 + Dx^3 + Ex^4 + \ldots}$$

Wenn man danach auf beiden Seiten durch dx dividiert und über Kreuz multipliziert, ergibt sich die Gleichung

$$mA + mBx + mCx^2 + mDx^3 + mEx^4 + \ldots = nB + 2nCx + 3nDx^2 + 4nEx^3 + \ldots$$
$$+ nBx + 2nCx^2 + 3nDx^3 + \ldots$$

Bei vergleichbaren analogen Termen ergibt das folgende Gleichungen

Eâdem methodo innotescit Infinitinomium $a+bx+cx^2+dx^3+ex^4+fx^4+...$ ad potentiam m elevatum (sive m sit numerus integer aut fractus, positivus aut negativus) esse.

$$a^m + \frac{mAb}{a}x + \frac{2mAc+(m-1)Bb}{2a}x^2 + \frac{3mAd+(2m-1)Bc+(m-2)Cb}{3a}x^3$$

$$+\frac{4mAe+(3m-1)Bd+(2m-2)Cc+(m-3)Db}{4a}x^4$$

$$+\frac{5mAf+(4m-1)Be+(3m-2)Cd+(2m-3)Dc+(m-4)Eb}{5a}x^5$$

$$+...$$

Quæ formula posito $a=b \;\&\; c=d=e=f=...=0$ abit in formulam Newtonianam

$$(a+ax)^m = a^m + \frac{m}{1}Ax + \frac{m-1}{2}Bx^2 + \frac{m-2}{3}Cx^3 + ...$$

$mA = nB$	$B = \dfrac{m}{n} \cdot A.$
$mB = 2nC + nB$	$C = \dfrac{m-n}{2n} \cdot B.$
$mC = 3nD + 2nC$	$D = \dfrac{m-2n}{3n} \cdot C.$
$mD = 4nE + 3nD$	$E = \dfrac{m-3n}{4n} \cdot D.$
... ...	...

Aber $A = a^{\frac{m}{n}}$, wie offenkundig ist.

Folglich $(a+ax)^{\frac{m}{n}} = a^{\frac{m}{n}} + \dfrac{m}{n}Ax + \dfrac{m-n}{2n}Bx^2 + \dfrac{m-2n}{3n}Cx^3 + \dfrac{m-3n}{4n}Dx^4 + \ldots$

Auf die gleiche Weise wird das Infinitinom $a + bx + cx^2 + dx^3 + ex^4 + fx^4 + \ldots$ bekannt, wenn es zur Potenz m erhöht wird (sei es, dass m eine ganze Zahl oder ein Bruch, positiv oder negativ sei).

$$a^m + \frac{mAb}{a}x + \frac{2mAc + (m-1)Bb}{2a}x^2 + \frac{3mAd + (2m-1)Bc + (m-2)Cb}{3a}x^3$$

$$+ \frac{4mAe + (3m-1)Bd + (2m-2)Cc + (m-3)Db}{4a}x^4$$

$$+ \frac{5mAf + (4m-1)Be + (3m-2)Cd + (2m-3)Dc + (m-4)Eb}{5a}x^5$$

$$+ \ldots$$

Wenn man $a = b$ & $c = d = e = f = \ldots = 0$ setzt, gelangt man zu Newtons Formel

$$(a + ax)^m = a^m + \frac{m}{1}Ax + \frac{m-1}{2}Bx^2 + \frac{m-2}{3}Cx^3 + \ldots$$

ADNEXA

DE VIRIBUS CORPORUM.

I. Mutationem Statûs *hîc vocamus transitum à quiete ad motum, vel à motu ad quietem: à minore motu ad majorem, vel à majore motu ad minorem.*

II. *In omni Statûs mutatione duo consideranda sunt Entia,* Agens & Patiens. *Agens Patientis Statum mutat. Statûs mutatio dicitur* Actio *vel* Passio, Causa *vel* Effectus; *prout in Agente vel Patiente consideratur.* Vis *est Agendi potentia.*

III. *Omnis Vis Corporis est* Vis Inertiæ, *quâ mutationi Statûs resistit pro ratione Massæ suæ & quadrati Velocitatis acquirendæ vel amittendæ.*

IV. *Ergo in omni conflictu Corporum utrumque est & Agens & Patiens.*

V. *Ergo Virium effectus sunt proportionales Massis & quadratis Velocitatum relativarum conjunctim.*

VI. *Qui Vires volunt esse Velocitatibus proportionales errant, si Vim sumunt esse Potentiam agendi: non errant, si per Vim Motum intelligunt.*

VII. *Vires in rerum naturâ neque augentur, neque minuuntur, neque ex Corpore in Corpus transferuntur.*

VIII. *Iidem tamen ex conflictu Corporum oriuntur effectus acsi Vires è corpore migrarent in Corpus.*

FINIS.

Anhang
Die Kräfte der Körper

I. *Veränderung des Zustands* nennen wir hier den Übergang von Ruhe zu Bewegung oder von Bewegung zu Ruhe; von geringerer Bewegung zu grösserer oder von grösserer Bewegung zu geringerer.

II. *Bei jeder Zustandsveränderung sind zwei Wesen zu beachten: das* Handelnde *und das* Leidende. *Das Handelnde verändert den Zustand des Leidenden. Die Veränderung des Zustands heisst* Handlung *oder* Leiden, Ursache *oder* Wirkung, *je nachdem, ob man das Handelnde oder das Leidende betrachtet.* Kraft *ist die Fähigkeit zu handeln.*

III. *Alle Kraft eines Körpers ist das* Beharrungsvermögen, *womit er sich entsprechend seiner Masse und des Quadrats der zunehmenden oder abnehmenden Geschwindigkeit einer Zustandsveränderung widersetzt.*

IV. *Folglich ist bei jedem Zusammenstoss von Körpern jeder sowohl Handelnder als auch Leidender.*

V. *Folglich stehen die Wirkungen der Kräfte gemeinsam in einem Verhältnis zu den jeweiligen Massen und den Quadraten der Geschwindigkeiten.*

VI. *Man geht fehl in der Meinung, die Kräfte seien proportional zu den Geschwindigkeiten, wenn man die Kraft als Fähigkeit zu handeln betrachtet; man irrt nicht, wenn man unter „Kraft" die Bewegung versteht.*

VII. *In der Natur der Dinge werden die Kräfte weder grösser noch geringer noch gehen sie von einem Körper in einen anderen über.*

VIII. *Freilich entstehen aus einem Zusammentreffen der Körper Wirkungen, als ob Kräfte von einem Körper auf einen anderen übergingen.*

ENDE

Lettre d'un philosophe

[THOURNEYSER, Stephanus]

LETTRE | D'UN PHILOSOPHE, | *Dans laquelle on prouve* |
QUE L'ATHEISME | ET LE | DEREGLEMENT DES MOEURS |
Ne sauroient s'établir | DANS LE SYSTEME | DE LA NÉCESSITÉ. |

A Geneve, | Chez ANTOINE PHILIBERT | *Libraire au Perron.*

* * *

MDCCLI.

Der vorliegende Text wurde diplomatisch, d. h. in der originalen Orthographie kopiert nach
dem gedruckten Exemplar im Besitz der Universitätsbibliothek von Neuchâtel (Schweiz). Der
Autorname auf der Titelseite ist ein Nachtrag von unbekannter Hand. Der Vorname *Stephanus*
lässt darauf schliessen, dass dem oder der Schreibenden Thourneysers Dissertation *Theses Logicæ
De Inductione (Genf 1733)* bekannt war: Thourneysers Taufname war *Etienne*, französisch für
Stephan(us). – Bei dem Genfer Separatdruck von 1751, der unserem Text als Vorlage dient, handelt es sich um die zweite, mit Ausnahme des Titels unveränderte, Auflage. Eine weitere Auflage
ist nicht bekannt (und wäre unter den tragischen Umständen des Berliner Akademiestreits von
1751–1753 kaum zu zustande gekommen). Somit ist der nun vorliegende Basler Druck innerhalb
der längst fälligen Monographie zwar kein eigenständiges Buch, jedoch die dritte, unveränderte
Auflage von Etienne Thourneysers *Lettre d'un philosophe,* dieser aufrüttelnden Theodizee in der
Leibniznachfolge. Eine historisch-kritische Edition dieses Werkes und seiner deutschen Übersetzung durch Titius ist ein Desiderat.
Ein Exemplar der vom Genfer Herausgeber erwähnten Vorlage, dem ersten Band der Monatsschrift *Le Nouveau Magasin François, London 1750*, ist im Besitz der Bibliothèque publique et
universitaire, Genève; ein weiteres befindet sich im Besitz der Georg-August-Universität, Göttingen. Dort sind alle drei Jahrgänge/Bände vorhanden. Es handelt sich um den ersten von insgesamt drei Jahrgängen (1750, 1751, 1752) der in London erschienenen Monatsschrift *Le Nouveau Magasin François, ou Bibliothèque Instructive et Amusante* [zitiert *NMF*]. Herausgeberin
war die französische Schriftstellerin und Pädagogin Marie Le Prince de Beaumont, Verfasserin des folgenden Briefes aus der Mainummer von 1750. Thourneysers Sendschreiben war fortsetzungsweise zwischen März und August des gleichen Jahres unter leicht verändertem Titel
erschienen, den der Genfer Herausgeber auf der ersten Innenseite des Buches wiedergibt. Der
Haupttext der vorliegenden zweiten Auflage (Genf 1751) folgt wortgetreu jenem der Editio
princeps (London 1750).

AVERTISSEMENT.

CEtte Piéce étant tirée du Magazin François, *Mars* 1750 & suiv. *nous croyons devoir raporter ici une Lettre de l'Auteur de ce Journal, inserée dans le mois de* May p. 191. *& addressee à l'Auteur du* Système de la Fatalité.

MONSIEUR,

Permettez moi de vous faire part, & des désirs, & des applaudissemens du Public. Charmé de votre Système sur la Fatalité, chacun s'empresse à demander le nom de l'Auteur. Quelques personnes du prémier mérite à qui l'on attribuoit ce Système, en avouant avec sincérité que cet Ouvrage n'étoit point sorti de leur plume, ont assuré qu'elles étoient flatées du soupçon, puis qu'il n'étoit pas possible de penser plus juste, & de s'expli-{}quer mieux. On se persuade que vous conclurez aussi bien que vous avez commencé; mais la satisfaction qu'on a goutée en vous lisant, ne sera complete qu'au moment où l'on connoîtra votre nom: Cette curiosité du Public a son principe dans la reconnoissance qu'il croit vous devoïr pour le plaisir que vous lui avez procuré; mais agréez que je vous dise qu'elle exige le sacrifice de la modestie qui vous fait garder l'anonime.

     Je suis avec toute l'estime qu'on conçoit pour les gens de vôtre merite,

MONSIEUR,

Votre très-humble, &
très obéïssante servante,
DE BEAUMONT.

*C'est apparemment en conséquence de cette invitation que l'Auteur s'est fait connoître, puis qu'à la fin de la Piece (mois d'*Aoust *p.* 303. *on nous apprend qu'elle est de* Mr. THOURNEYSER.

{1} Que l'Atheisme et le Dereglement des Moeurs ne sauroient s'Établir dans le Systeme de la Necessité

Lettre *de* Mr. N. E. *écrite de la Campagne* à Mr. C. P. à Londres.

La derniére fois que j'eus le plaisir de me trouver chez vous, la conversation roula, comme vous le savez, sur les mauvais effets qu'a produit parmi les hommes l'opinion de la Fatalité. De tout tems on l'a regardée comme la cause la plus générale de l'Atheisme, & de la corruption des Moeurs. Nous convinmes du mal sans aucune difficulté, & nous ne differames seulement que sur la nature des remèdes qu'il faloit y aporter.

Vous parûtes persuadé que le Système {2} de la Nécessité entrainoit inévitablement le renversement de la Morale & de la Religion; que c'étoit donc à travers ce Système-là même, qu'on pouvoit & qu'on devoit porter des coups sûrs à l'Irréligion & au Déréglement qui paroissent si fort prévaloir de nos jours.

Je tombai encore d'accord avec vous que la Morale & la Religion s'établissoient parfaitement bien en supposant la liberté de l'homme. Mais j'ajoutai qu'à parler sincèrement je ne pouvois regarder ce fondement là que comme une hypothese, ou la vraisemblance se trouvoit réunie à des embarras & des difficultés; qu'il n'y avoit pas lieu d'espérer qu'on pût répandre un nouveau jour sur une question, qui agitée par les Philosophes de tous les siécles, étoit aussi éloignée d'une décision qu'elle l'avoit jamais été; qu'il me sembloit d'ailleurs que c'étoit trop hazarder que de faire dépendre la réalité des plus précieuses de nos connoissances, du succès toujours incertain d'une discussion Metaphysique; qu'à tous ces égards il me paroissoit préferable d'envisager la chose sous un autre point de vuë; que j'étois persuadé que la Morale & la Religion se retrouvoient encore dans l'opinion de la Fata-{3}lité bien entenduë, & qu'à mon sens c'étoit-là veritablement priver l'Atheisme de son unique ressource, le forcer dans ses derniers retranchements.

Vous commençates à vous récrier, comme si j'eusse donné dans le Paradoxe le plus étrange. J'eus beau vouloir justifier ma pensée, en vous renvoyant à l'illustre Auteur de *l'Analogie de la Religion & de la Nature*,[1] qui a avancé justement la même chose: vous ne voulûtes pas m'écouter, & vous crûtes sans doute m'engager

---

1)   *Le Dr.* Butler, *Evêque de* Bristol.

à l'impossible lorsque vous me fites promettre de vous envoyer un détail de mes idées sur ce sujet. Je vais pourtant, le plus sérieusement du monde, me mettre en devoir de vous tenir parole.

Pour cet effet, il est d'abord nécessaire de fixer précisément l'espèce de *Nécessité* avec laquelle je crois qu'il est possible de réconcilier la Morale & la Religion.

Nous apperçevons distinctement que les causes prochaines de nos volitions sont au dedans de nous, que ce sont toujours des motifs, des perceptions, des modifications de notre ame. D'autre part l'action des causes extérieures produit chez nous une Coaction qui suspend l'exercice de la {4} volonté. Si nous étions constamment sous l'influence immédiate des causes extérieures, la Coaction seroit notre état naturel; la volonté demeureroit suspendüe pour toujours, c'est-à-dire, qu'elle seroit tout-à-fait anéantie. Mais c'est ce qui est contraire à celle de toutes les expériences qu'on peut le moins révoquer en doute, la voix du sentiment intérieur. Toutes les fois donc que nous faisons usage de notre volonté, il est constant qu'alors notre ame ne se détermine qu'en vertu de ce qu'elle apperçoit chez elle-même, & que les causes extérieures n'influent pas immédiatement sur ses déterminations.

Mais en admettant que la volonté de l'homme n'est déterminée que par des causes intérieures, il s'agit de savoir quelle est l'efficace de ces causes. Lorsque nous nous portons à agir en conséquence de tels ou tels motifs, implique-t-il contradiction que précisément dans les circonstances où nous sommes, nous puissions ne pas agir, ou agir d'une manière différente?

Supposant tous les motifs qui nous déterminent à agir, aussi bien que ceux que nous pourrions avoir pour ne pas agir, ou pour agir d'une maniére différente; faisant entrer pareillement en ligne de {5} compte les circonstances où nous nous trouvons, & qui résultent de nos actions précédentes: s'il est vrai, que dans l'instant même de la détermination, la balance auroit pû pencher différemment qu'elle n'a fait, alors nous sommes libres: c'est cette possibilité, ou cette faculté d'avoir pû former une résolution différente de celle que nous avons prise, qui constitue l'Essence de ce qu'on nomme Liberté.

Comme la Coaction ou la Nécessité extérieure est opposée à la Spontanéïté, de même la Nécessité intérieure l'est à la Liberté.

Si dans l'instant de la détermination, tous les motifs en conséquence desquels l'ame auroit pû agir différemment, sont insuffisans en comparaison de ceux qui ont le dessus: si l'événement décide de la suffisance des motifs, & qu'elle soit tout-à-fait hors de notre pouvoir: s'il est enfin contradictoire que nous puissions nous déterminer par des raisons qui, rélativement à notre état présent, sont plus foibles que celles qui produisent la détermination; l'Ame ne pourroit alors résister à l'influence & au poids supérieur des motifs qui agissent sur elle; dans ses actions volontaires {6} elle seroit soumise a une Nécessité intérieure; son état antécédent détermineroit nécessairement son état conséquent, & la cause qui effectueroit ces changemens progressifs ne seroit autre chose que la Volonté, c'est-à-dire l'Inclination générale au bonheur, toujours différemment modifiée par l'expérience du passé & par la perspective de l'avenir. Il en seroit alors de la vie de l'homme comme d'une courbe, dont la nature exprimée toujours par une seule & même équation, admet pourtant une varieté successive de différentes courbures, de noeuds, de points d'infléxion & de rebroussement; ou comme des termes d'une suite, qui tous produits par une même loi ne laissent pas de se diversifier à l'infini.

De ces deux opinions opposées, la Liberté & la Nécessité intérieure, la premiére me paroit aussi bien qu'à vous, mériter la préférence. Nous ne différons qu'à un égard. Je ne crois pas qu'il y ait en faveur de la Liberté toute l'évidence que vous lui attribuez; je me contente de la regarder comme une opinion vraisemblable, comme une hypothese commode.

La Liberté, me direz-vous, est attestée par l'expérience exactement en la mê-{7} me maniére que le sont nos autres facultés: c'est donc un fait établi sur le témoignage du monde le moins douteux, le sentiment de ce qui se passe en nous-mêmes.

Je répons, que quoique l'expérience me paroisse parler en faveur de la Liberté, je ne trouve pourtant pas que dans ce cas son rapport soit aussi décisif, que lorsqu'elle nous assure de la réalité de nos autres facultés. Il y a de la disparité, & je vais tâcher de vous la rendre sensible.

Ce que nous connoissons de nos autres facultés par le moyen du sentiment intérieur, ce n'est pas tant les facultés elles-mêmes, que leurs opérations actuelles. Je pense, j'imagine, je me souviens; voilà les faits que le sentiment intérieur me présente, & desquels je conclus que je suis doué de la faculté de penser, de l'Imagination, & de la Mémoire.

La Liberté est différente à cet égard de toutes les autres facultés. Je l'ai définie la faculté d'avoir pû au moment même ne pas agir, ou agir différemment de ce qu'on a fait; c'est-à-dire, que ce n'est qu'un accompagnement de la volonté, une puissance qui n'est jamais reduite en {8} acte. Ici donc le sentiment intérieur ne porte pas sur les effets de la Liberté, puisqu'elle n'en a point de sensible, ni n'en sauroit avoir; il saisit la faculté elle-même, mais son témoignage n'est pas assez clair, pour qu'on puisse distinguer avec une parfaite certitude, si c'est en faveur de la Liberté qu'il le rend, ou seulement de l'opinion de la Liberté.

Ni cette difficulté, ni la plûpart de celles qu'on fait ordinairement au sujet de la Liberté, n'ont été levées de manière à satisfaire pleinement ceux qui peut-être trop délicats en fait d'évidence & de certitude, ne donnent qu'avec restriction leur consentement à tout ce qui n'en porte pas le caractére le plus marqué.

Si vous m'objectez que la Liberté intéressant tout ce qu'il y a de plus sacré parmi les hommes, à savoir, les verités capitales de la Religion & les grands principes de la Morale, on devroit avoir plus de complaisance & témoigner moins de roideur; répondez-moi à votre tour; croyez vous qu'un homme qui pense, puisse jamais se savoir gré d'un faux raisonnement pour quelque cause que ce soit, & qu'il y ait jamais lieu de s'aplaudir pour avoir pris comme certain ce qui {9} n'étoit que douteux, ou que vraisemblable?

Je vais plus loin: Il y a un avantage réel à ne jamais donner aux choses que leur véritable valeur. Si vous ne regardez la Liberté que comme une hypothese vraisemblable, la facilité avec laquelle s'établissent par son moyen la Morale & la Réligion forme indubitablement un préjugé considerable en sa faveur. C'est une régle constante qu'une hypothese acquiert toujours un nouveau degré de probabilité à proportion qu'elle résoût les Phénomenes avec plus de facilité & d'élégance. Voilà un avantage sûr et solide que vous sacrifiez, si vous prétendez que la Liberté a toute la certitude possible; car dès qu'il s'agit d'évidence, le terrein se dispute tout autrement.

Je rends justice à votre intention: vous vous passionnez pour la Liberté, parce que vous la regardez comme la base de la Religion & de la Morale. Mais si j'ai le bonheur de vous persuader que l'édifice se soutient encore dans le Système de la Nécessité intérieure, à mesure que vous prendrez moins de part à la question speculative elle-même, vous en sentirez mieux les différens biais & vous juge-{10}rez peut-être aussi-bien que moi, que ce seroit en vain que vous feriez de nouveaux efforts pour éclaircir ce que la nature semble avoir voulu laisser dans l'obscurité.

J'entre en matière, & je commence par remarquer que, soit que l'homme soit libre, ou qu'il ne le soit pas, il est toujours également doué de sensibilité. Faisant abstraction de la Liberté, nous concevons très bien que nous n'en devons pas moins ressentir de la douleur, quand quelque chose vient à déranger la contexture des fibres nerveuses qui sont répandues dans notre corps: nous n'en serions pas non plus moins sensibles aux differens plaisirs des sens. Mais si le Système de la Nécessité n'affecte nullement notre sensibilité au bien & au mal Physique, il laisse aussi en son entier notre sensibilité au bien & au mal Moral. L'Ame, de même que le Corps, a son bon & son mauvais état, sa santé & ses maladies. Notre sensibilité à ces deux états opposés nous rend susceptibles de bonheur & de malheur, & nos actions, suivant qu'elles tendent à l'un ou à l'autre but, deviennent bonnes ou mauvaises.

La certitude du bien & du mal Moral est la même que celle du bien & du {11} mal Physique; ce sont des faits indubitables qu'il faut que le Système de la Nécessité reconnoisse aussi-bien que celui de la Liberté.

La Nécessité intérieure suppose la Spontanéïté & la volonté ou l'inclination générale au bonheur. A cet égard elle ne différe de la Liberté qu'en ce qu'elle n'admet pas dans l'Ame le pouvoir de résister à l'impression des motifs qui la déterminent.

Ce qui sert de régle ou de direction à cette inclination générale au bonheur, se retrouve encore dans le Système de la Nécessité. La raison nous montre d'avance les avantages de la Vertu & des inconvéniens du Vice. L'experience, le sentiment intérieur & le retour sur nous-mêmes, confirment ce que la raison nous apprend. Tout nous porte au bien, tout nous éloigne du mal. Quelque parti que nous prenions, nous ne saurions manquer de motifs en faveur de la Vertu. Si nous trouvons d'un côté la paix, la tranquillité, la satisfaction, en nous tournant de l'autre, nous devenons la proïe des remords & des agitations. Le Bien en un mot nous pousse au bien, & le Mal lui-même nous incline à son contraire & nous retire vers le bonheur.

{12} Mais qu'est-ce que peut-être un remords dans le Système de la Nécessité? La Nature qui comme une Mére bienfaisante s'interesse à notre perfection & à notre bonheur, nous a donné ce sentiment désagréable pour nous rappeler au but qu'elle se propose, lorsque nous nous en écartons.

Cette complication de differens motifs que nous présente la régle du bien & du mal Moral, en forme l'obligation. Le Système de la Nécessité suppose l'intelligence & la volonté; il n'anéantit pas la distinction qu'il y a entre le bien & le mal. Il faut donc qu'il laisse subsister les motifs qui nous portent à l'un & nous éloignent de l'autre. C'est là précisément en quoi consiste l'obligation.

Ce n'est pas un vain nom que l'obligation dont est revêtuë la régle du bien & du mal Moral ou la Loi Naturelle: Elle est soutenuë par des peines & des recompenses. La Nature a établi que toute bonne action porte avec elle-même sa recompense, pendant qu'à la suite du crime & du vice, elle fait marcher la honte, le désordre & les remords.

Mais quoique notre véritable intérêt soit si étroitement joint à l'observation {13} de la Loi Naturelle, il n'est que trop vrai que le Fait différe du Droit. L'Obligation n'est pas toujours efficace: Les motifs qu'elle nous presente succombent souvent sous le poids d'autres motifs, qui plus foibles en eux-mêmes empruntent une force accessoire des circonstances particulières de l'individu qui est sur le point d'agir. C'est alors qu'on préfere des plaisirs trompeurs & passagers à des avantages solides & durables, & qu'on s'expose à des inconvéniens réels pour en éviter d'imaginaires.

Le Système de la Nécessité ne change rien à la Nature des biens & des maux; il en laisse subsister la différence; il ne sauroit donc consacrer le mal Moral, & en faire un état convenable à notre Nature.

Ce Système ne doit nous jetter ni dans l'inaction, ni dans l'indifférence. Si les causes extérieures déterminoient notre volonté, nous n'aurions que faire d'agir, nous attendrions du dehors les impressions requises pour un changement d'état; & si toutes nos actions contribuoient également à notre bonheur, nous pourrions nous abandonner au hazard pour le choix des moyens. Mais la seule espèce de Né-{14} cessité, qui n'est pas évidemment contraire aux phénoménes, place chez nous le pouvoir d'agir, ou la Spontanéité. L'inaction ne sauroit donc avoir lieu. L'indifférence ne trouve pas non plus de ressource, puisque le Système de la Nécessité n'anéantit pas la différence des actions, suivant que par leurs conséquences, elles produisent chez nous le bonheur ou le malheur.

Après cela que l'on suppose tant qu'on voudra, que la volonté ne puisse pas résister à l'impression des motifs, que toutes les volitions soient déterminées nécessairement dans leurs causes; il est toujours indubitable, que ces causes sont des perceptions que l'entendement présente à la Volonté. C'est dans la comparaison plus ou moins étenduë que l'Ame fait de ces différentes perceptions, que consiste la délibération. Cette comparaison se fait toutes les fois qu'il y a une pluralité d'objets à rechercher ou à éviter. Par conséquent, dans le Système de la Fatalité toujours entendu de la maniére dont je l'ai representé, la délibération subsiste, elle est aussi bien qu'en admettant la Liberté, une condition essentielle de l'action.

J'ajouterai encore qu'il ne me paroit {15} pas que la Fatalité anéantisse le véritable fondement de la louange & du blâme; elle ne renverse point le sentiment Moral; elle ne détruit pas les témoignages que nous rend notre conscience; elle suppose même ces approbations tacites, ces reproches secrets, comme causes prochaines de nos déterminations. Or il n'y a aucune raison pourquoi la Fatalité dût affecter plutôt les jugemens que nous portons sur les autres hommes, que ceux que nous portons sur nous-mêmes. Nous sommes faits de façon à être toujours frappés agréablement par la perfection, soit que nous la trouvions en nous mêmes, ou que nous l'appercevions ailleurs: L'imperfection produit un sentiment contraire.

Il faut pourtant avouer dans ce Système, que si d'un côté, la vertu ne sauroit guéres exciter des mouvemens de vanité, de l'autre la haine doit porter uniquement sur le vice & point du tout sur les vicieux. Je ne vois pas à cela grand désavantage.

De tout ce que je viens de dire, je crois, Monsieur, que je peux conclure, qu'à raisonner conséquemment, on ne peut pas se servir de la Fatalité pour renverser la Morale, ou même pour y faire quel-{16}que changement de conséquence. Que l'homme soit libre, ou qu'il ne le soit pas, il se meut exactement de la même maniére; il a toujours au dedans de lui pour principe de ses actions la Volonté qui éclairée par l'intelligence est soumise à la même régle, & astreinte à la même obligation.

Mais je n'ai encore consideré la Morale que séparément de la Religion. Il s'agit à présent de réünir ces deux grands principes dans le Systême de la Fatalité.

Ce qui forme la difficulté, c'est l'existence du mal Moral. La Question est embarrassante en admettant la Liberté, elle paroit l'être bien davantage en supposant l'opinion contraire.

Si toutes nos actions sont déterminées néccessairement par l'enchainement des motifs qui résultent des circonstances particuliéres où chacun de nous se trouve, pourquoi ces tourmens intérieurs, ces reproches, ces inquiétudes qui accompagnent le crime & le désordre?

L'objection ne porte pas sur l'existence elle-même du mal Moral; bien loin de là elle la suppose. Un mal n'en est pas moins ce qu'il est, pour être nécessaire. La douleur, les maladies, les in-{17}firmités nous sont-elles moins sensibles lorsque nous n'avons pas pû les prévenir?

Mais l'objection retombe sur le caractére moral de l'Auteur de toutes choses. Comment se pourroit-il qu'un Etre doué d'une bonté sans bornes, nous eut soumis à une dispensation si dure, que de souffrir en conséquence de nos actions, s'il impliquoit contradiction que nous eussions jamais pû agir différemment de ce que nous avons fait.

Pour répondre à cette objection, je montrerai d'abord que ce qu'il y a de plus démonstratif en faveur de l'existence d'un Dieu, n'a rien de commun avec la supposition de la Liberté; & j'établirai ensuite que dans le Système de la Fatalité l'existence du mal ne rejaillit aucunement sur les qualités morales de l'Etre suprême.

La preuve démonstrative de l'existence d'un Dieu se tire de l'existence & de la nature du Monde ou de l'Univers.

Le Monde se prend ici pour l'assemblage de toutes les choses passées, présentes & à venir, qui sont de la même nature que ce qui s'offre à nos yeux, ou que ce que nous sentons en nous-mêmes.

Nous changeons à chaque instant. Une {18} fluctuation continuelle régne autour de nous. Nos sens ne nous font appercevoir que des Etres dont la forme varie, dont l'existence est successive. Le Monde est la suite de tout ce qu'il y a jamais eu & de tout ce qu'il y aura d'Etres tels que ceux-là; composé donc de parties intégrantes, toutes dans une agitation que rien ne peut fixer, sa maniére d'être est aussi successive. La mobilité de l'instant présent diminuë le nombre des choses à venir, augmente celui des choses passées, & par cette variation de rapport, rend l'assemblage total toujours différent de lui-même. Toutes les formes sous lesquelles il existe passent successivement de l'être au néant. Il n'y en a aucune dont l'existence soit nécessaire. Réunies elles ne sauroient porter un caractére que n'a aucune d'entr'elles en particulier. Par conséquent le monde envisagé dans quel point que ce soit de son existence, ou considéré dans sa totalité, peut exister & ne pas exister; c'est-à-dire, que c'est un Etre contingent, & non point un Etre nécessaire.

Mais si l'Univers n'est pas un Etre nécessaire, il ne laisse pas pourtant d'exister: Phénoméne qui doit avoir sa raison, ou {19} nous devons renoncer à la nôtre.

L'Arithmétique a beau donner une Approximation de la racine quarrée du nombre deux: Son insuffisance à l'exprimer parfaitement, fait qu'on a recours à la Géométrie comme à une Science supérieure. A plus forte raison, puisque l'enchainement des causes contingentes ne fournit pas même une Approximation de la Cause premiére de toutes choses; pour trouver cette cause, il faut sortir de la classe des Etres successifs, & en venir finalement à un Etre permanent de sa nature, qui ait en lui même la raison de sa propre existence & de celle de l'Univers.

Je dis que l'enchainement des Causes contingentes ne fournit pas même une Approximation de la Cause premiére de toutes choses; car expliquer une existence contingente, par une autre existence contingente, ce n'est ni lever, ni diminuer la difficulté; c'est seulement la reculer d'un pas, après quoi on la trouve précisément la même qu'auparavant.

L'Etre nécessaire est donc à l'Univers dans la rélation de la cause à l'effet. Cela suppose dans l'Etre nécessaire une puissance de rendre actuel ce qui n'étoit que possible.

{20} Cette puissance de l'Etre nécessaire doit non seulement s'étendre à la forme de l'Univers, mais aussi à la matière. La contingence régne également dans l'une & dans l'autre. D'ailleurs quel Etre de raison que la matiére supposée nécessaire, & malgré cela nécessairement destituée de toute forme de même nature qu'elle même!

C'est-à-dire, que la puissance de l'Etre nécessaire comprend le pouvoir de créer, aussi bien que celui de modifier & d'organiser.

Puisque le pouvoir créateur de l'Etre nécessaire a pû élever le Systême présent de l'Univers, de l'état de simple possibilité à celui d'existence actuelle; s'il y a d'autres Systêmes possibles, ce même pouvoir créateur, consideré d'une maniére abstraite, auroit été suffisant pour leur communiquer l'existence. Auroit-il trouvé plus de résistance de la part d'aucun d'entre'eux qu'il n'en a trouvé dans le Systême présent?

Or il y a une infinité de Systêmes possibles, c'est-à-dire dont l'existence n'implique pas contradiction; car bien que toutes les parties de cet Univers fassent un tout, elles ont une existence séparée. La non-existence de l'une de ces parties {21} ne rendroit pas contradictoire l'existence des autres. Un Etre de plus dans l'Univers ne causeroit pas l'anéantissement de tout ceux qui y sont déja. L'addition, la soustraction, la substitution, la transposition, quelles sources fécondes de nouveaux Systêmes tous différens entr'eux, & tous aussi possibles que celui qui existe à présent!

La puissance donc de l'Etre nécessaire considerée séparément des autres attributs de cet Etre, étant toujours suffisante dans toute l'infinité des possibles, cette puissance elle-même ne peut être qu'infinie.

Mais qu'est-ce qui a pu déterminer la puissance infinie dans son exercice actuel en faveur d'un Systême particulier? Ce n'est pas un rapport qu'ait ce Systême à la puissance toute seule, & que les autres Systêmes possibles n'aient pas. Il faut donc que ce soit le rapport des differens Systêmes entr'eux qui ait produit la préférence de l'un & l'exclusion de tous les autres. Ce qui produit un effet existe: Par conséquent ce rapport des differens Systêmes les uns avec les autres doit exister quelque part. Mais rien ne jouït encore de l'Existence que l'Etre nécessaire. Donc ce rapport existe par représenta-{22}tion dans l'Etre nécessaire: C'est ce qui le rend un Etre intelligent.

L'entendement divin ne sauroit exprimer ce rapport des possibles, sans les représenter en même tems avec toutes leurs ressemblances & leurs différences. Quelle clarté, quelle Distinction, quelle lumiére dans cette région des vérités éternelles! Comme d'ailleurs rien de successif ne peut entrer dans la composition de l'Etre permanent, il faut que toutes les opérations de son intelligence soient simultanées; principes & conséquences, tout est également présent à ses yeux; sa vuë pénétre tout à la fois l'infinité des possibles.

Entre tous les différens Systêmes, l'intelligence suprême a donc fait le choix de celui qui méritoit l'existence: La puissance a exécuté & donné l'être. Mais quel peut avoir été le fondement de la préférence? Il faut nécessairement que ce fût, parce que le Systême présent étoit le meilleur, ou le pire de tous. Car si Dieu est un Etre bon, il doit être infiniment bon; s'il est mauvais, il doit être infiniment mauvais. Il n'y a aucune raison pour s'arrêter à des degrés intermédiaires de bonté ou de malignité. Mais si Dieu est {23} un Etre infiniment bon, le meilleur Systême peut seul le satisfaire; comme si Dieu est infiniment mauvais, un mal médiocre ne sauroit remplir ses vuës; il faudroit pour cela l'abîme du désordre & de la confusion.

Or le Systême actuel sûrement n'est pas le pire de tous; ce que je prouve de la maniére suivante.

Qu'on jette les yeux sur le monde matériel. Je ne dis pas, qu'il faille s'élever d'un vol rapide, jusques dans les espaces immenses que parcourent les planêtes, & s'assurer que cette régularité surprenante de mouvemens & de tems périodiques, ne dépend que d'une seule & même Loi d'attraction, qui répanduë dans tout le Systême Solaire agit par différentes proportions sur toutes les parties de la matiére. Ici bas ne vous fixez pas même sur les grands objets; mais un nid d'oiseau, un rayon de miel, le moindre mécanisme, je ne dis pas du corps humain, mais du plus petit insecte, de la plante la plus vile & la plus méprisable, il n'est rien qui ne porte les traits les plus marqués du meilleur. Cette perfection du monde matériel n'est pas la cause des désordres du monde intelligent; contingente {24} d'ailleurs de sa nature, elle peut exister & ne pas exister. Laissant donc subsister tous les désordres des intelligences, à la place de la beauté, de la régularité, de l'harmonie de toutes les parties de la nature, supposons une confusion universelle, un dérangement total. Indubitablement on empireroit par là le Systême actuel, qui outre cela auroit encore bien pu être rendu plus hideux en augmentant ces mêmes désordres du monde spirituel qui nous frappent si fort. Ne songeons à nos maux que pour en imaginer l'accroissement; effaçons de notre mémoire tous les biens que nous a prodigué l'Auteur de la Nature, les plaisirs des sens, les douceurs de l'amitié, les charmes de la raison, l'aimable tranquillité qui naît du sein de la vertu; soyons tous dès l'enfance la proie continuelle des douleurs; & que même ces douleurs, bien loin de s'adoucir avec le tems, acquiérent chaque jour de nouvelles forces. Si ce n'est pas assez, noircissez encore le spectacle; mettez le comble à l'horreur & au désespoir; couvrez de vices l'espèce humaine entiére; que tout soit Neron, Caligula, Heliogabale. Par des changemens tels que ceux-là, on peut aisément se former l'i-{25}dée d'un Systême, qui bien que très possible, ne laisseroit pas d'être considérablement plus mauvais que celui qui a reçu l'existence.

Puisque donc le monde actuel n'est pas le pire de tous les possibles, il ne peut en être que le meilleur: C'est un *Maximum*, pour me servir de l'expression Mathématique.

Une détermination en faveur du meilleur suppose une inclination générale pour le bien, pour la perfection, la beauté, l'ordre, la régularité, l'harmonie. C'est cette inclination qui constitue dans Dieu ce qu'on nomme la volonté.

Nous sentons en nous-mêmes un penchant pareil. Notre volonté avec toute la bisarrerie de ses goûts, cherche le bien, soupire pour le bonheur: mais n'ayant pour se conduire que les foibles lueurs d'une intelligence imparfaite & bornée, souvent elle s'écarte du but & prend l'ombre pour la réalité.

Dans l'Etre suprême tous les objets sont representés avec leur véritable valeur. Tous les individus possibles & toutes leurs diverses combinaisons offrent à l'entendement divin des nüances plus ou moins fortes de beauté & de perfection. {26} La volonté de Dieu se porte à toute cette multiplicité d'objets, mais différemment & inégalement. La partie céde au tout, le meilleur tout l'emporte & seul reçoit l'existence.

Je le répéte encore une fois: On ne peut soumettre la Divinité à la moindre altération, qu'on ne renverse la barrière qui sépare l'Etre nécessaire d'avec les Etres contingens. Ce n'est donc pas assez d'exempter de toute succession l'entendement de Dieu: il faut aussi ne rien admettre de successif dans sa volonté. Par conséquent la détermination finale en faveur du meilleur exclût absolument la possibilité de toute volition subséquente.

S'il en faut encore une nouvelle preuve, j'ajouterai que, bien que la variation du passé, du présent & de l'avenir, rende le meilleur Système possible pris dans son existence actuelle, toujours différent de lui même, il ne laisse pas d'être vrai, que dans l'entendement divin l'existence idéale de ce Systême-là, forme un seul et même tout. La relation de chaque instant présent avec ce qui l'a précédé & ce qui doit suivre, ne fait pour l'intelligence qui connoit tous les noeuds secrets des effets & des causes, que des pro-{27}jections différentes du même objet. Tous les points de vuë sont donnés; ils sont tous compris dans l'idée primitive de l'Univers antérieurement à son existence. Ainsi le monde malgré son existence successive est toujours vû de la même manière par l'Etre suprême. Le passé se retrace continuellement à ses yeux, & l'avenir s'y dévoile avec toute la certitude du présent. Puisque donc la détermination finale de sa volonté n'a qu'un seul & même objet, cette détermination doit être constamment & essentiellement identique.

Dans le fonds l'effet est toujours le même, soit que Dieu ait fait tout à la fois tout pour le mieux, soit qu'il ne parvienne à remplir ce but que par une suite d'actes réiterés. La différence n'est seulement qu'entre les deux Hypotheses elles-mêmes, comparées ensemble. La premiére est incomparablement plus Philosophique, au lieu que l'inconséquence & l'anthropomorphisme régnent dans la seconde.

Supposez une formule générale qui représente tous les Systêmes possibles, tous les arrangemens où il ne se trouve pas de contradiction, où l'existence de l'une des parties n'importe pas la non-existence des {28} autres. La puissance de l'Etre nécessaire séparée par abstraction de ses autres attributs, si d'un côté elle est également suffisante pour tous ces Systêmes, de l'autre elle ne prononce pour aucun d'eux en particulier. La puissance toute seule n'est donc pas un *Datum*, qui tire notre formule générale de son indétermination. Mais par l'événement il s'est fait un choix, & puisque ce choix ne peut pas procéder d'une puissance aveugle, il faut que ce soit l'ouvrage d'une puissance intelligente. L'immutabilité de cette Nature intelligente, est la première condition qui limite la formule générale des possibles. Tout arrangement qui ne pourroit parvenir à l'existence que par une suite de volitions successives de la part de la Divinité, par là même devient impraticable & contraire à la Nature des choses. Les différentes parties d'un tel Systême peuvent bien ne pas être contradictoires les unes aux autres; mais leur existence seroit en contradiction avec l'existence de l'Etre nécessaire. Il ne reste donc dans la formule générale que les Systêmes, dont l'existence n'exige qu'une seule volition de l'Etre suprême. La seconde condition qui limite ultérieurement cette formule, c'est {29} le rapport des Systêmes possibles soit entr'eux, soit avec l'intelligence qui préside à toutes choses. Un moindre bien est un mal en comparaison d'un plus grand bien. Par conséquent le Systême où il se trouve le plus de perfection doit donner l'exclusion à tous ceux qui en ont moins: c'est-à-dire, que le meilleur Systême est le seul qui pût être l'objet de la détermination finale de la volonté divine. Ce n'est donc qu'en admettant une Intelligence infinie, qu'on peut limiter la formule des Systêmes possibles à celui qui a effectivement reçu l'existence: ce n'est qu'alors seulement, que tous les autres arrangemens disparoissent & s'évanouissent, en la même maniére que les termes d'une suite convergente se réduisent au premier, lorsque la fluente est supposée infiniment grande ou infiniment petite.

Que je m'arrête quelques momens. Je me suis jusques ici contenté de prendre comme une vérité de fait, qu'il y a de la différence entre le bien & le mal, l'ordre & la confusion, la beauté & la difformité. La Nature parle avec assez de force pour mettre hors de doute la réalité de cette différence. Nous trouvons chez nous une diversité frapante de sensation, {30} & nous ne pouvons en conséquence nous empêcher de regarder comme opposées des causes qui produisent des effets si différens. Il n'est guères de conclusion plus évidente & plus naturelle que celle-là. Lorsque donc, pour établir une Cause première de toutes choses, on met en oeuvre la distinction du bien & du mal, ce n'est pas supposer ce qui est en question: c'est seulement faire usage de l'unique moyen que nous ayons pour raisonner, à savoir la persuasion de la réalité de ces idées simples, qui toutes sont autant de véritables Phénomenes de la Nature. Mais si la simplicité de nos idées de perfection & d'imperfection en assure la certitude, d'autre part elle rend presque inaccessible la découverte du fondement de ces idées. Aussi s'en faut-il beaucoup que j'ose me flatter d'avoir frappé au but, & ce que j'ai à vous proposer là-dessus n'est seulement qu'une conjecture qui résulte de la Théorie que je viens d'ébaucher.

Dans l'expression ou la formule générale des Systêmes possibles après la premiére exclusion, il ne reste que ceux qui exigent une seule volition de la part de la Divinité. Or ces Systêmes-là doivent {31} être composés d'Etres qui soient ou constamment les mêmes, ou sujets au changement. Supposez dont d'abord un Systême donc chaque partie demeurât dans le même état. Ce repos parfait forme déja dans ce cas là un principe d'uniformité que vous retrouverez encore dans les Systêmes dont les parties sont fluentes. Car ces parties ont beau changer, les Systêmes qu'elles composent ne pourroient jamais être soutenus dans leur existence que par une seule volition de l'Etre suprême. Il faut donc que pour tout Systême de cette nature, il y ait une expression générale qui convienne également à toutes les formes qu'il prend dans son existence successive, c'est-à-dire que dans tous les Systêmes qui avec des parties sujettes au changement, ne sont pas en contradiction avec l'immutabilité de Dieu, il faut qu'il y ait quelque loi générale, en vertu de laquelle l'état conséquent dérive toujours réguliérement de son état antécedent. Cette relation récurrente de la cause à l'effet introduit nécessairement dans chacun de ces Systêmes, une uniformité qui jointe à plus ou moins de varieté produit plus ou moins de beauté & de perfection. Par conséquent dans tous {32} les Systêmes qui ne répugnent pas à l'immutabilité, c'est-à-dire à la non-contingence ou à l'existence nécessaire de l'Etre suprême, le manque de perfection ne sauroit jamais être total. Cette nécessité de la perfection dans tout ce qui peut être l'objet de la volonté de Dieu, en trace en quelque maniére l'origine.

Ce qui me paroit confirmer que les idées de perfection & de beauté découlent de l'existence nécessaire, c'est que je crois voir avec assez d'évidence que par une marche toute opposée, l'existence nécessaire à son tour dérive des idées de beauté & de perfection. La petite digression que je viens de faire vous en sera d'autant moins désagréable, que vous sentez qu'elle me fait rentrer tout naturellement dans le sujet principal.

Vous vous rappellez sans doute le fameux argument de *Descartes*, attribué aussi aux anciens Scholastiques. *Tout ce qui est contenu évidemment dans l'idée d'un Etre doit s'affirmer de cet Etre. Or l'existence nécessaire est contenue dans l'idée de l'Etre tout parfait. Donc l'existence nécessaire doit s'affirmer de l'Etre tout parfait, c'est-à-dire que cet Etre là existe nécessairement.* Vous savez combien de disputes a {33} occasionné cet argument. On s'est lassé à la fin sans avoir pu convenir de rien.

Je n'ai garde de prétendre que l'argument soit concluant, il y a une limitation dans les prémisses qui rend la conclusion hypothétique; mais cette limitation elle-même est précisément ce qu'il me faut pour faire voir qu'à supposer les idées de perfection & la possibilité d'un Etre tout parfait, il en découle l'existence nécessaire de cet Etre.

Tout ce qui est contenu évidemment dans l'idée d'un Etre doit s'affirmer de cet Etre. Un Etre consideré Métaphysiquement, c'est tout ce qui n'implique pas contradiction. Au moyen des idées que nous acquérons par l'expérience, nous pouvons former des définitions nominales; mais la possibilité ou l'impossibilité des choses ainsi indiquées est tout à fait indépendante de nous. Notre entendement peut seulement découvrir cette possibilité ou cette impossibilité. Lorsque nous appellons un Triangle équilateral une figure comprise par trois lignes droites toutes égales, la définition est nominale; mais comme la possibilité de cette figure se résout dans celle des *Postulata* d'Euclide, c'est une vérité éternelle & nécessaire que {34} la possibilité d'un Triangle équilateral. De la même maniére, en nommant un Biligne rectiligne, une figure comprise par deux lignes droites, voilà encore une définition nominale, mais qui n'empêche pas que le Biligne rectiligne ne soit d'une impossibilité éternelle & nécessaire. Puisque donc la possibilité de tout Etre est indépendante de nous, & que sans doute elle résulte de la nature des choses, tout ce qui est compris dans l'idée ou la définition d'un Etre doit en être affirmé, soit que ce soit quelqu'une des conditions exprimées nommément dans la définition, ou que ce soit quelque conséquence éloignée dont on puisse s'assurer par une démonstration réguliére. Car d'affirmer d'un Etre ou ces premiéres propriétés essentielles qui sont exprimées dans la définition, ou les attributs qui en sont les conséquences nécessaires, dans l'un & dans l'autre cas ce n'est jamais qu'avancer que l'Etre est ce qu'il est, proposition identique. Comme d'ailleurs la possibilité de tout Etre est vraie hors de nos idées, ce que nous trouvons qui est compris dans l'idée d'un Etre n'est pas seulement vrai dans nos idées, mais l'est absolument & sans aucune autre limitation que la possibilité de cet Etre.

{35} *L'Existence nécessaire est comprise dans l'idée de l'Etre tout parfait.* L'Etre tout parfait est celui qui réünit toutes les perfections qui peuvent être absolues & sans limitation. Supposant donc la possibilité de cet Etre, je dis que l'existence nécessaire est comprise dans l'idée que nous en avons. Car l'existence nécessaire est une perfection absolue & sans limitation; comme le défaut d'existence seroit le manque d'une perfection, & une existence dépendente seroit une imperfection réelle: l'un et l'autre contre la définition de l'Etre tout parfait. Par conséquent l'existence nécessaire est manifestement contenue dans l'idée de l'Etre tout parfait: si cet Etre là est possible, l'existence qui par rapport à tous les autres Etres est accidentelle, devient ici un attribut qui découle de la nature de la chose elle-même.

Par conséquent l'existence nécessaire doit s'affirmer de l'Etre tout parfait, ou l'Etre tout parfait existe nécessairement. Dans un Syllogisme régulier, la conclusion ne peut être soumise à d'autres limitations qu'à celles qui sont renfermées dans les prémisses. Il seroit donc tout-à-fait contre les régles de la Logique d'imaginer ici une vérité idéale différente de la vérité {36} réelle. Car d'abord cette limitation n'est contenue dans aucune des deux prémisses. D'ailleurs qu'est-ce que c'est qu'une vérité qui n'est qu'idéale? A quelles marques distinctives peut-on la reconnoître, & s'il n'en est point, quelle ressource pour le Pyrrhonisme? Je m'en tiens donc à la limitation que je vous ai indiquée toute à l'heure. Après avoir assuré par une bonne démonstration la possibilité d'un Etre, nous pouvons affirmer de cet Etre tout ce qui est contenu dans l'idée que nous en avons. Si donc l'Etre tout parfait est possible, il existe nécessairement: c'est de sa possibilité prouvée d'ailleurs que dépend la validité de l'argument.

Ainsi supposant cette possibilité qui ne peut pas être douteuse puisqu'on peut conclure de l'être au possible, & que nous avons déja prouvé que l'Etre tout parfait existe actuellement, supposant, dis-je, cette possibilité, en vertu de l'argument de *Descartes*, il est effectivement vrai, que l'idée d'une perfection infinie doit être la source d'où découle l'existence nécessaire.

Pour confirmer ceci, j'ajouterai que la démonstration qui se tire de la contingence du monde, toute solide qu'elle est, {37} ne prouve l'existence d'un Etre nécessaire que par un effet qui, bien qu'existant réellement, ne laisse pas d'être contingent. C'est précisément parce que le Monde n'a pas en lui-même la raison de son existence, qu'il faut la chercher dans un Etre différent du monde. A plus forte raison le monde ne contient pas la raison de l'existence de cet Etre. Supposez que le monde n'existât pas: la supposition n'est pas absurde, puisque le monde porte toutes sortes de marques de contingence. Sa non-existence n'affecteroit aucunement l'Existence de l'Etre nécessaire. Le monde dans la preuve *à posteriori* elle-même n'est qu'une idée moyenne: il ressemble à ces lignes que les Mathématiciens tirent dans leurs figures pour former leurs démonstrations, & qu'on peut faire disparoitre lorsqu'on est une fois parvenu à la vérité. Mais à supposer que le monde n'existe pas, où pourroit être la raison de l'existence de l'Etre nécessaire, si ce n'est en lui-même?

Poussez la fiction encore un degré au delà. Représentez-vous pour un moment l'Etre tout parfait comme n'étant encore que dans un simple état de possibilité, comme n'impliquant pas contradiction. {38} Alors même il faut qu'il y ait une raison qui tire cet Etre de la classe des possibles & qui lui donne l'existence comme un attribut. Cette raison finale ne peut se trouver que dans la possibilité de l'Etre tout parfait lui-même.

Effectivement la possibilité des choses en fait la véritable essence; c'est de là que doivent dériver toutes leurs propriétés. Nous ne parvenons pas à l'essence des Etres qui ne nous sont connus que par l'expérience, parce que tout ce que l'expérience nous en présente se réduit à quelques attributs détachés & éloignés les uns des autres. Avec un plus grand nombre de *Data* peut-être pourrions-nous tracer ce qui fait la liaison, demêler le noeud de la possibilité. Mais quant aux Etres dont nous faisons pour ainsi dire la découverte idéale, en joignant & en combinant différentes conditions, tout dépend de s'assurer de leur possibilité, ce qui ne se peut que par une démonstration. La possibilité des Etres qui existent actuellement est certaine, quoique nous n'en entrevoyons pas le détail; au lieu que les Etres Métaphysiques n'acquiérent de la consistance qu'après qu'on a pénétré l'intérieur de leur possibilité.

S'agit-il, par exemple, d'u-{39}ne courbe: que la nature en soit exprimée par une équation, ou qu'on la définisse par quelqu'une de ses propriétés: C'est encore ne rien avoir fait: Il faut trouver dans cette équation des racines réelles, ou presenter une description possible d'où résulte une courbe qui ait la proprieté requise.

Dans toute cette discussion, j'ai consideré la possibilité de l'Etre tout parfait comme établie *ex post facto*, son existence étant prouvée d'ailleurs; & j'ai fait voir que cette possibilité doit être la source de l'existence nécessaire de cet Etre. Peut-être me demanderez-vous, si cette possibilité ne pourroit pas se découvrir par elle-même & indépendamment de la preuve préalable de l'existence. Je vous avouerai que j'ai toujours regardé non seulement comme curieuse, mais aussi comme fort spécieuse la pensée d'un Philosophe moderne à ce sujet. Si je vous la propose, vous me ferez une objection; non, d'autres ne manqueroient pas de la faire s'ils étoient à votre place. Le fait est qu'il ne se peut rien de moins populaire que la pensée en question, & sur un sujet tel que celui de l'existence d'un Dieu pourroit-on être admis à avancer des cho-{40}ses imperceptibles aux yeux vulgaires? Le goût régnant de nos jours est de mettre tout à la portée de tout le monde, & il n'est pas jusques aux Elemens d'*Euclide* qui ne se démontrent à l'oeil par machines & par expériences. Mais tout est-il en effet à la portée de tout le monde? Si les honneurs, les richesses & les plaisirs sont pour les uns, d'où vient quelques degrés de connoissance de plus ne pourroient-ils pas faire le partage des autres? Pourquoi en particulier le Philosophe dont je viens de vous faire mention, n'auroit-il pas pû rencontrer quelque chose de nouveau dans une matiére qui n'avoit peut-être jamais été traitée par ses égaux en pénétration?

Sans m'arrêter donc à ce scrupule & pour vous rendre l'idée de notre Philosophe, j'observerai d'abord, qu'un Etre implique contradiction, lorsque quelqu'une de ses proprietés est affirmée & niée en même tems, lorsque quelques-uns de ses attributs se détruisent l'un l'autre, soit que ce soit ceux qui sont exprimés dans la définition nominale, ou ceux qui en découlent. Or toutes les fois qu'il y a de la contradiction, on peut s'appercevoir qu'elle provient de quelque condition négative {41} qui est ou nommément exprimée dans la définition, ou cachée sous quelque condition qui paroit affirmative & qui ne l'est pas. Si je parlois d'un corps sans étendue, la condition négative qui est la cause de l'impossibilité de la chose définie, est exprimée nommément: au lieu que lorsque je fais mention d'un quarré infini, l'impossibilité d'une telle figure vient d'une condition négative qui se déguise sous des apparences contraires: un quarré est une figure comprise par quatre lignes égales & à angles droits, qui contient toujours moins qu'un cercle qui lui est circonscrit. Mais par une induction des plus générales, il paroit que ce qui rend négatives des conditions qui en apparence sont affirmatives, ce sont les bornes ou limites de quelques-uns des attributs exprimés dans la définition nominale. Cela posé, il est d'abord évident que l'idée de l'Etre tout parfait ne contient aucune condition négative nommément exprimée; car bien loin qu'on puisse regarder comme telle la négation de toute imperfection, il ne se peut rien de plus affirmatif & de plus réel. D'autre part les attributs qui constituent l'idée de l'Etre tout parfait sont tous supposés absolus, sans bornes & sans limita-{42}tions. Aucun d'eux ne sauroit donc couvrir de condition négative. Par conséquent ils ne peuvent être en contradiction les uns avec les autres, c'est-à-dire, que l'Etre auquel ils appartiennent, l'Etre tout parfait est possible.

J'en reviens à l'identité de la détermination finale en faveur d'un Système qui, tel que celui qui a lieu actuellement, participe d'une existence successivement variée. C'est cette identité qui produit la continuation de l'existence de toutes les parties de l'Univers, & qui les empêche de repasser dans le néant d'ou elles ont été tirées: c'est elle qui en fait l'ordre, la liaison, la connexion: c'est elle qui leur imprime des pouvoirs agissans: c'est elle encore qui soumet ces forces motrices elles-mêmes à des régles constantes & uniformes.

Supposez Dieu différent de ce qu'il est; faites-en un Etre vacillant, qui du jour à la journée prenne de nouvelles résolutions & agisse en conséquence. Chaque nouvelle action du Créateur interromproit l'exercice des facultés agissantes de la création. Ainsi la probabilité des loix de la nature diminueroit à proportion de la fréquence de ces interruptions. Ce n'est {43} pas tout: ces interruptions une fois admises, le nombre n'en pourroit pas être limité. La pente est trop rapide, vous ne sauriez plus vous arrêter, il faut aller plus loin. Car si le monde n'est pas toujours régi par ce même acte de l'Etre suprême qui lui a donné l'existence, dès lors quoique l'unité du plan puisse encore se soutenir, en supposant que les volitions subséquentes en font partie dès le commencement, surement l'unité de l'exécution se perd dans ce composé d'effets naturels & surnaturels. Pour la rétablir, bannissez donc l'efficace des causes sécondes, & rendez Dieu le seul & unique agent de la nature.

Mais quelle extrémité que celle là! Sans parler de l'action des corps les uns sur les autres, si le sentiment intérieur nous apprend quelque chose avec évidence, c'est indubitablement la réalité d'un principe actif qui réside au dedans de nous, d'où partent la plûpart de nos modifications, & donc les imperfections ne nous font que trop sentir, qu'il doit y avoir une distance infinie de lui à l'Etre suprême.

Tout est incomparablement mieux lié, à s'en tenir à l'identité de la détermination finale, conséquence immédiate de cette {44} immutabilité qui caractérise en propre la Cause premiére de toutes choses.

J'ai déja insinué qu'un Système successif ne peut être l'objet du même acte continué de la volonté divine, à moins que dans ce Système il n'y ait une loi générale en vertu de laquelle l'état conséquent dérive toujours réguliérement de son état antécedent. C'est-à-dire, qu'une seule & même détermination de la Divinité ne sauroit produire une suite d'effets non-simultanés, si le Système auquel ces effets se rapportent n'étoit revêtu de force & d'énergie. Par conséquent tout Système qui ne répugne pas à l'immutabilité de la Nature divine, doit être composé, du moins en partie, d'Etres actifs.

Qu'il se trouve de tels Etres dans cette infinité des possibles qui toujours est présente à l'entendement divin, c'est ce que le fait démontre déja suffisamment. Je viens de le dire, le Systême actuel en renferme de cet espéce: pour s'en convaincre il ne faut que consulter ce qui se passe en nous-mêmes.

Cependant pour surcroit de certitude, vous me permettrez de considerer un peu plus en détail la nature des Etres actifs.

D'abord imaginez plusieurs conditions {45} qui ne soient pas contradictoires entr'elles. Ces conditions constituent donc un Etre possible, elles en font l'essence.

Cela ne veut encore dire autre chose sinon qu'il n'est pas impossible qu'un Etre existe avec telles ou telles conditions: mais de-là on ne peut pas conclure qu'un Etre puisse exister précisément avec ces conditions toutes seules, & ce qui en découle nécessairement. Car il faut qu'un Etre soit absolument déterminé afin d'être admissible à l'existence. Ainsi toutes les fois que les conditions qui en composent l'essence sont compatibles avec une variété de déterminations exclusives les unes des autres, il faut y ajouter quelqu'une de ces déterminations, afin d'en compléter la possibilité.

Vous savez mieux que moi, qu'en prenant la fluente d'une équation fluxionelle, on joint des constantes indéterminées à chaque nouvelle intégration, afin que la fluente exprime tous les cas possibles d'où peut dériver l'équation fluxionnelle. Supposez donc qu'ici la fluente avec ce mélange de constantes indéterminées représente l'essence ou la possibilité d'un Etre; alors l'équation fluxionelle qui dans toute son étendue correspond exactement à la fluente exprimera un des attributs distinctifs de {46} cet Etre, une de ses proprietés caractéristiques, comme une équation fluxionelle d'un degré au dessus pourroit exprimer un attribut qui seroit commun à toute l'espéce à laquelle cet Etre appartient; & la détermination des constantes de la fluente qui doit toujours se faire conformément à la nature du Problème, sera analogue à ces déterminations additionelles, qui bien qu'elles ne procédent pas de l'essence de l'Etre lui-même, ne laissent pas d'être des préalables nécessaires à son existence.

De plus, comme la valeur de ces constantes indéterminées varie suivant les différens Problêmes dont la fluente fournit la solution: de même aussi les déterminations additionelles d'un Etre doivent changer, suivant les différens usages auxquels cet Etre est destiné.

Supposez donc, par exemple, que A, B, C, D, représentent les conditions essentielles d'un Etre M, pendant que a, b, c, d, e, &c. expriment une suite de déterminations additionelles, toutes de telle nature, que la présence de l'une d'elles a donne l'exclusion à toutes les autres b, c, d, e, &c, quoique chacune de ces derniéres soit aussi compatible que la premiére avec les conditions A, B, C, D. Que {47} l'Etre M existe d'abord avec la détermination a; dans cet état nommons le Ma. Mais puisque la détermination a ne découle point des conditions A, B, C, D, qui constituent l'Etre M, elle peut être separée de ces conditions, ou ce qui est la même chose, de l'Etre lui-même. Par conséquent l'existence de Ma n'empêche pas la possibilité de Mb, Mc, Md, &c. L'Etre M est indifférent de sa nature à l'égard de toute la suite a, b, c, d, &c; ce ne peut être aucune raison déduite de ses conditions essentielles A, B, C, D, qui le détermine à l'état Ma plûtôt qu'à aucun autre Mb, Mc, Md, &c. Il faut donc que ce soit une raison P étrangére à ce qui compose l'essence de l'Etre M, qui le détermine à l'état Ma, plûtôt qu'à tout autre état compatible avec les conditions A, B, C, D. Que la raison P soit tirée par exemple du Système dont l'Etre M fait partie, & qu'avec d'autres raisons Q, R, S, &c. elle forme une suite qui exprime les besoins successifs de ce Système. Dans cette derniére suite, je suppose qu'en la même maniére que la raison P demande la détermination a, de même aussi les raisons Q, R, S, &c. correspondent chacune aux déterminations b, c, d, &c. & en {48} requiérent l'existence. Outre cela, que les raisons P, Q, R, S, &c. soient toutes passagéres de leur nature, de maniére que la raison P cesse par l'existence de la détermination a, pour faire place à la raison Q, qui après avoir obtenu la détermination b, est remplacée par la raison R, & ainsi de suite. En vertu donc des raisons P, Q, R, S, &c. il faudra que le même Etre M passe successivement par les états Ma, Mb, Mc, Md, &c.

Si la puissance en général est ce qui donne l'actualité à des choses qui n'étoient auparavant que possibles, en particulier on nomme force cette espèce de puissance, qui laissant subsister les conditions essentielles d'un Etre, introduit du changement dans ses déterminations additionnelles. Supposez que l'Etre M ait reçu de la Divinité l'existence dans l'état Ma; les états Mb, Mc, &c. n'étant encore que possibles, pour les rendre successivement actuels, il faut de la force quelque part. Cette force ne sauroit être immédiatement la puissance de l'Etre suprême, car afin que cette puissance pût être employée à produire un enchainement d'effets successifs, il faudroit quelle fut elle-même modifiée par une subséquence de volitions, {49} contre ce qui a été prouvé. Par conséquent la force qui effectue les changemens progressifs d'un Etre tel que M, doit résider ou dans une suite d'Etres tels que N, O, &c. différens de l'Etre suprême, ou dans l'Etre M lui-même.

Cette force placée chez des Etres créés, tels que N, O, &c. ou l'Etre M lui-même, n'égale point la créature au Créateur.

Bien loin de-là: imaginez un Système dans lequel une force de cette nature ne fût pas nécessaire, un Système dont toutes les parties fussent fixes & dans un repos parfait: alors il faudroit tout au moins une vuë distincte de l'essence de ces parties, pour s'assurer que leurs conditions essentielles sont séparables les unes des autres, & pour discerner par ce moyen leur contingence & celle du Système qu'elles composent.

Les marques de contingence sont bien plus palpables dans un Système où se trouvent l'Etre M avec ses changemens successifs Mb, Mc, Md, &c. & les Etres N, O, &c. soit que la force qui produit ces changemens appartienne à l'Etre M lui-même, soit qu'elle appartienne à l'Etre N tout seul, ou qu'enfin on la suppose divisée entre la suite d'Etres N, O, &c.

{50} I. D'abord, que la force F qui produit les changemens Mb, Mc, Md, &c. réside dans l'Etre M lui-même, qu'elle soit aussi bien que A, B, C, D, l'une de ses conditions essentielles: C'est-à-dire, qu'au moyen de la détermination primitive a qui modifie la force F, on peut expliquer comment l'Etre M passe de Ma, à l'état Mb, comme au moyen de la détermination b qui modifie aussi cette même force F on peut expliquer comment le même Etre M passe de l'état Mb, à l'état Mc, & ainsi de suite. On explique donc les déterminations b, c, d, e, &c. au moyen de la force F, & de la détermination primitive a. Mais la force F n'explique pas la détermination a. Donc la force F toute seule ne rend pas raison de la suite entiére a, b, c, d, e, &c. L'Etre M auquel appartient cette force n'en est pas moins contingent.

II. Qu'on suppose ensuite que les changemens Mb, Mc, Md, &c. de l'Etre M soient effectués par la force G d'un seul Etre N. Afin que cette force G puisse produire une suite d'effets différens, il faut qu'elle soit elle-même différemment modifiée: il faut donc que l'Etre N auquel la force G appartient comme condi-{51}tion essentielle, passe lui-même par une suite de changemens progressifs Nβ, Nγ, Nδ, &c. chacun desquels correspond aux changemens Mb, Mc, Md, &c. Que l'état primitif de N soit Na qui correspond à Ma état primitif de M, & que l'état Na ne puisse pas plus se déterminer par les conditions essentielles de N, que l'état Ma se peut déterminer par les conditions essentielles de M. (1. Si les états successifs de N, à savoir Nβ, Nγ, &c. ou les états primitifs des Etres M & N, à savoir Ma, & Na, sont des effets d'une force E étrangére aux deux Etres M & N, il est évident, qu'alors ni l'un ni l'autre n'a la raison de son existence en lui-même: tous les deux sont contingens. (2. Mais que ce ne soit que l'un des deux états primitifs, tel que Na qui soit l'effet de la force étrangére E, & que l'autre Ma soit déterminé au moyen de la force G & de l'état Na; ici encore les Etres M & N n'ont pas la raison de leur existence en eux-mêmes; ils sont contingens. (3. Que ni l'un ni l'autre des deux états primitifs Ma & Na ne vienne d'une cause étrangére, & puisque l'état Ma ne peut être déterminé par les conditions de M, ni Na par les conditions de N, que la produc-{52}tion de l'état primitif Ma vienne de la force G de l'Etre N, comme aussi que la production de l'état primitif Na vienne de la force F de l'Etre M. Les Etres M & N seroient encore contingens: ni l'un ni l'autre n'auroit la raison de son existence en soi-même. Mais outre cela la position est d'une absurdité palpable. Car ce seroit supposer que la raison de l'existence de Ma par exemple, seroit dans N avant que N eut aucune détermination additionelle, c'est-à-dire, non seulement avant que N existât, mais même avant qu'il fût qualifié pour l'existence: ce qui est absurde.

III. Qu'on suppose enfin que la force qui produit les changemens successifs Mb, Mc, Md, &c. soit divisée entre une suite d'Etres N, O, &c. de façon que le changement Mb provienne de la force G de l'Etre N, que le changement Mc provienne de la force H de l'Etre O, & ainsi de suite. Il sera toujours vrai que pendant la durée de la détermination primitive a, l'Etre N n'agissoit pas encore sur l'Etre M, &

que la détermination *b* une fois produite, il a cessé d'agir. Pareillement pendant la durée des déterminations *a* & *b*, l'Etre O n'agissoit pas en-{53}core sur l'Etre M, & la détermination *c* une fois produite, il a cessé d'agir. Par conséquent chacun des Etres N, O, &c. passe de l'inaction à l'action, pour rentrer ensuite de nouveau dans l'inaction. Les Etres N, O, &c. sont donc eux-mêmes variables, & puisque cette troisiéme position générale se trouve coïncider avec la seconde, il faut que ces Etres là soient contingens.

Comme donc pour tous les cas possibles, la force de laquelle doivent être revêtues quelques unes au moins des parties de tout Systême successif, ne leur ôte rien de leur contingence, l'existence de cette force ne confond point la créature avec le Créateur; par conséquent elle n'est pas en contradiction avec la nature de l'Etre nécessaire: à cet égard cette force est possible.

Pour achever d'en établir la possibilité *à priori*, il resteroit encore à faire voir qu'il n'y a pas non plus de contradiction, à la supposer jointe dans un même Etre à telles ou telles conditions essentielles. Mais je l'ai déja dit: les conditions essentielles des Etres actuels ne nous sont que peu connues, soit par rapport à l'incertitude de leur nombre, soit {54} à cause de l'espéce d'idées qu'elles excitent chez nous. Non seulement nous ne les connoissons pas toutes; mais nous n'avons même aucun moyen de nous assurer, si ce que nous voyons de fixe & de constant dans les Etres créés, sont ces conditions primitives, ou seulement des conséquences éloignées qui en résultent nécessairement. Qu'on vous donne l'équation générale des lignes du second degré avec toute la variété possible de signes & de coëfficiens, à quelle distance n'êtes-vous pas de la description de ces lignes, qui ne sont pourtant que les Sections Coniques? De même avec les attributs que nous connoissons aux Etres créés, peut-être sommes nous très éloignés de leurs conditions primitives. Encore pourrions-nous nous frayer le chemin qui y conduit si nous pouvions ici décomposer, ou travailler analytiquement. Mais c'est ce qui est impraticable. Telles sont les Idées que nous acquérons des qualités fixes, que bien qu'elles soient claires, bien qu'elles servent à nous faire reconnoitre les objets qu'elles représentent, cependant elles ne laissent pas de manquer de distinction, c'est-à-dire, qu'elles ne nous fournissent qu'obscurément les marques caractéristi-{55}ques qui distinguent ces qualités les unes des autres. Nous avons, il est vrai, des idées distinctes, mais qui toutes se rapportent aux déterminations additionelles de ces mêmes qualités fixes des Etres actuels, & qui par là même, ne sauroient servir à démontrer la non-répugnance de la force avec les conditions essentielles, ni dans le Systême présent, ni dans aucun autre Systême possible.

Que nos idées des qualités fixes acquiérent donc la distinction qui leur manque; on remonteroit alors jusqu'aux conditions essentielles des Etres; on découvriroit comment telles conditions limitent la force, la réduisent à un certain degré ou à une certaine espèce; on sauroit pourquoi il est des Etres qui ne sont actifs que pour le dehors, & d'où vient il en est d'autres dont l'energie est efficace sur eux-mêmes: on saisiroit la distribution actuelle des forces dans presque toute sa varieté: on en verroit bien plus souvent les effets antérieurement dans leurs causes. Mais si nôtre vüe n'est pas assez perçante, si ce détail de la possibilité des forces est absolument hors de nôtre portée, du moins leur existence actuelle ne sauroit être douteuse. Nous trouvons d'abord en nous-mê-{56}mes dequoi fournir un exemple d'activité: outre cela, l'Univers est successif, & dans tout Systême de cette nature, l'immutabilité de Dieu exige qu'il y ait des pouvoirs agissans; finalement la supposition de l'activité des Etres créés ne tire point la créature de son état de contingence & ne la met pas en opposition avec le Créateur.

Je reprens les trois positions générales que j'ai faites ci-dessus. Dans la premiére, les changemens Mb, Mc, Md, &c. de l'Etre M sont explicables par sa force F & sa détermination primitive a. L'Etre M a donc en lui-même la force F pour principe de ses déterminations successives; il est actif dans son intérieur. L'action de la force F est toujours différemment modifiée par la variété des circonstances Ma, Mb, Mc, Md, &c. c'est-à-dire, que l'objet de l'activité varie, car pour la force F elle-même, elle est supposée l'une des conditions fixes & permanentes de l'Etre M. Dans la seconde position, les changemens Mb, Mc, Md, &c. de l'Etre M proviennent de la force G de l'Etre N. Ici donc l'Etre M n'ayant pas en lui-même la cause de ses changemens, il est passif: L'Etre N est {57} agent. Mais l'Etre N pendant son action sur M passe successivement de l'état primitif $N\alpha$ à $N\beta$, $N\gamma$, &c. Si la raison de ces changemens $N\beta$, $N\gamma$, &c. est explicable par la force G de l'Etre N, alors l'Etre N agit au dedans aussi bien qu'au dehors. Les objets de l'activité de la force G à sçavoir Ma, & $N\alpha$, Mb & $N\beta$, Mc & $N\gamma$, &c. varient successivement. La force G est supposée elle même constante & l'une des conditions essentielles de l'Etre N. Mais lorsque la raison des changemens $N\beta$, $N\gamma$, $N\delta$, &c. de l'Etre N dépend de la force F de l'Etre M, alors il y a réaction de la part de l'Etre M sur l'Etre N, & quoique les objets de l'activité des deux forces varient, elles ne laissent pas d'être toutes deux constantes, parce que F est supposée condition permanente de M, comme G l'est de N. Dans la troisiéme position, les changemens Mb, Mc, &c. de l'Etre M procédent chacun séparément des forces G, H, &c. des Etres N, O, &c. Ici encore l'Etre M est passif, les Etres N, O, &c. sont agens. La force G perd l'objet de son activité après la production du changement Mb, comme la force H perd aussi le sien après la production du chan-{58}gement Mc, & ainsi de suite; ces forces G, H, &c. ne laissent pas pourtant d'être supposées constantes. Il peut encore y avoir dans ce cas-ci réaction de la part de l'Etre M, si c'est en conséquence de sa force F, que les forces G, H, &c. perdent l'objet de leur activité.

J'ai démontré en général la necessité des forces pour tout Systême successif; mais je n'ai fait encore que supposer qu'elles peuvent être conditions essentielles des Etres auxquels elles appartiennent. C'est ce qu'il faut à présent développer.

Dans la prémiére position lorsque la force F est supposée produire les changemens analogues M*b*, M*c*, M*d*, &c. au moyen des déterminations *a*, *b*, *c*, &c. si la
suite M*b*, M*c*, M*d*, &c. ne termine point, & que dans toute son étendue, elle provienne constamment de l'action de la force F, il est évident que cette force F appartient constamment à l'Etre M: il faut ou qu'elle soit condition essentielle, ou qu'elle
dérive de quelque condition essentielle, ce qui est la même chose. Mais si la suite
des changemens M*b*, M*c*, M*d*, termine en M*f*, la force F de l'Etre M ne consiste
pas dans la production actuelle des changemens M*b*, M*c*, {59} M*d*, mais seulement
dans l'aptitude de les produire sous telles & telles circonstances, & cette aptitude
étant constante dérive ou des conditions essentielles de l'Etre M, ou peut en être
une elle-même.

Pareillement dans la seconde position; si la suite des changemens M*b*, M*c*, M*d*,
&c. ne termine point, & qu'elle procéde uniformément de l'action de la force G
de l'Etre N, alors il est évident que puisque la force G appartient constamment à
l'Etre N, il faut qu'elle soit condition essentielle ou qu'elle dérive de quelque condition essentielle. Mais si la suite des changemens M*b*, M*c*, M*d*, termine en M*f*, la
force G ne consiste pas dans la production actuelle des changemens M*b*, M*c*, M*d*,
mais seulement dans l'aptitude de les produire sous telles & telles circonstances, &
cette aptitude étant constante dérive ou des conditions essentielles de l'Etre M, ou
peut en être une elle-même.

Enfin dans la troisiéme position, l'action de N sur M termine en M*b*, comme
l'action de O termine en M*c*. Par conséquent les forces G, H &c. des Etres N, O,
&c. ne consistent pas dans la production des effets M*b*, M*c*, &c. mais simplement
dans l'aptitude de les produire sous {60} telles & telles circonstances, & ici encore
ces aptitudes étant constantes, ou elles dérivent des conditions essentielles des Etres
N, O, &c. ou elles peuvent être elles-mêmes conditions essentielles de ces Etres-là.

Dans un Systême successif, quel peut donc être l'objet sur lequel porte cette
détermination finale, qui toujours est identique à elle-même?

Indubitablement cet objet ne sauroit être que celle d'entre les conditions de
chaque individu dont la permanence est nécessaire au Systême qui reçoit l'actualité.

J'ai fait voir la nécessité des forces dans un Systême successif, & je viens de prouver la possibilité de leur permanence. Je dis à présent que dans un Systême successif il faut qu'il y en ait qui soient effectivement permanentes dans quelques unes
des parties de ce Systême. D'abord, s'il y a des forces qui dérivent des conditions
essentielles d'un Etre, ou qui soient elles-mêmes conditions essentielles de cet Etre,
celles-là sont incontestablement permanentes. Mais supposez que la force d'un Etre
M ne fût ni elle-même condition essentielle, ni ne derivât des conditions essentielles
de cet Etre-là, elle se-{61}roit donc détermination additionnelle & passagére qui
dépendroit de la force d'un autre Etre N. Je demanderai si la force de l'Etre N est
l'une de ses conditions essentielles, ou si elle dépend de quelqu'une de ses conditions

essentielles. Si ce n'est ni l'un ni l'autre, la force de l'Etre N sera elle-même déter-mination additionelle & passagére qui dépendra de la force d'un troisiéme Etre O & ainsi de suite jusques-à-ce que j'arrive à un Etre X dont la force soit permanente. Mais que dans tout Systême il n'y ait point de tel Etre X dont la force soit perma-nente, & que l'Etre Z dont la force est elle-même variable, soit la source des forces des Etres O, N, M. La raison de la force variable de l'Etre Z n'est pas dans le Systême des Etres M, N, O, &c. Il faut donc qu'elle soit dans l'Etre suprême, immédiate-ment. L'Etre suprême s'employeroit donc à produire successivement un effet varié, ce que j'ai prouvé contredire l'immutabilité de la Cause premiére de toutes choses. Par conséquent dans le Systême des Etres M, N, O, &c. il faut tout au moins qu'il y ait un Etre X dont la force soit permanente & l'une de ses conditions essentielles.

{62} Dans la seconde position la force G de l'Etre N produit dans M les change-mens Mb, Mc, Md, &c. Supposez que dans l'Etre L, les changemens Lb, Lc, Ld, &c. analogues aux changemens de l'Etre M, soient encore produits par l'Etre N. Alors la force de N qui produit les changemens de L sera la même que celle qui produit les changemens de M; ce sera toujours la force G. Mais si les changemens de L sont Lm, Ln, Lo, &c. qui quoique sous des circonstances différentes des changemens Mb, Mc, Md, ne laissent pas de dériver aussi de l'action de l'Etre N, il faudra alors reconnoitre une force g dans l'Etre N différente de la force G. Ces deux forces G & g pourront dans l'Etre N, ou dépendre toutes deux d'un principe genéral A, ou être chacune conditions essentielles, pourvû toujours qu'elles ne soient en contra-diction ni entr'elles, ni avec les autres conditions essentielles de l'Etre N.

Je conclus de tout ceci que la Loi générale de tout Systême successif n'est pas autre chose que cette détermination qui lui donne l'existence, & qui toujours la même conserve les conditions essentielles des Etres dont ce Systême est composé, & soutient en particulier leurs forces & leurs principes actifs.

{63} J'ai dit que tout Systême successif devoit renfermer au moins quelques Etres actifs, & j'ai prouvé que parmi ces Etres il devoit y en avoir dont les principes d'ac-tivité fussent fixes & permanens. L'expérience tirée de l'Univers actuel confirme merveilleusement ces deux assertions. Il paroit non seulement qu'il n'existe aucun Etre absolument & à tous égards passif, mais que même il n'y en a aucun dont les principes d'activité ne soient incorporés dans son essence.

D'abord, si d'un côté le mouvement & le repos manifestent l'inertie ou l'inac-tivité des corps sur eux-mêmes, de l'autre ces deux états opposés démontrent l'ac-tivité de ces mêmes corps les uns sur les autres. Les corps persistent dans leur état de repos ou de mouvement en ligne droite, si rien ne les tire de cet état. Jusques là il n'y a encore aucun symptôme de force, puisqu'il ne s'opère point de change-ment. Mais lorsqu'il arrive que le mouvement d'un corps est en contradiction avec le repos d'un autre, alors le premier trouble autant le repos du second, que le second diminue le mouvement du premier. Dans cette action & réaction il y a deux effets constamment égaux. Il faut {64} donc qu'il y ait une force fixe & permanente dans tout corps, soit en mouvement ou en repos. C'est ce qu'on nomme la force d'inertie.

En conséquence de cette force deux corps n'agissent l'un sur l'autre que lorsqu'il y a contact immédiat, & que l'un des corps est en mouvement rélativement à l'autre. Mais l'attraction étend son influence lorsqu'il y a éloignement & repos rélatif, influence qui observe des proportions fixes & régulieres, entr'autres l'égalité de l'action & de la réaction.

La circonstance du contact immédiat est toujours la même: aussi la force d'inertie d'un corps ne varie-t-elle dans son action que proportionellement à la quantité du mouvement acquis ou perdu. Mais la circonstance de l'éloignement admet une variété infinie; la force d'attraction peut donc varier dans son action pour toutes les distances possibles, & il se trouve effectivement qu'elle varie dans la raison inverse des quarrés des distances. L'action de la force d'inertie est donc à la verité moins variée que celle de la force d'attraction, mais elle ne laisse pourtant pas de l'être. Ainsi si l'on admet la force d'inertie comme condition essentielle & per-{65} manente de la matière, je ne vois pas qu'il y ait lieu de faire difficulté d'admettre la force d'attraction en la même qualité.

Ce qui fait que les forces d'inertie & d'attraction sont permanentes, c'est qu'elles produisent toujours les mêmes effets dans les mêmes circonstances. Dès que deux corps sont une fois dans un repos relatif, leurs forces d'inertie ont perdu pour l'instant les objets de leur activité: mais s'en presente-t-il d'autres, ces forces se déclarent de nouveau par des effets sensibles. Semblablement la distance peut réduire presqu'à rien l'attraction d'un corps vers un autre: mais placez le premier dans la sphere connue de l'activité du second, & vous verrez paroitre les mêmes effets qu'auparavant.

Outre la force d'inertie & celle d'attraction, peut-être est-il encore d'autres forces générales attachées à la matiére. Nous ne les connoissons, il est vrai, par aucun effet sensible; mais cela ne nous autorise pas à prononcer leur non-existence. Combien de choses peuvent se passer, sans que nous nous en appercevions?

Indubitablement certaines parties de la matiére peuvent être revêtues de pouvoirs {66} particuliers & non explicables par la force d'inertie, par l'attraction, ou par les forces générales à nous inconnues. Je ne déciderai point si la répulsion, qui se découvre dans bien des occasions, n'est pas une de ces forces particuliéres, mais je n'hésiterai pas à regarder comme telle, la faculté qu'a nôtre corps de transmettre à l'ame la connoissance de ce qui se passe au dedans de lui. Il n'est pas possible de déterminer dans ce cas ci, s'il y a de la réaction de la part de l'ame, mais s'il y en a, suremant il ne sauroit y avoir de l'égalité entre deux choses aussi différentes que l'action du corps & la réaction de l'ame.

Le principe actif qui réside dans l'intérieur des Etres intelligens, se partage en plusieurs branches suivant la différente espéce de ses opérations: il est tantôt mémoire & imagination, d'autrefois jugement, entendement, volonté. Toujours le même, il se plait à se déguiser sous cent noms différens.

Dans tous les cas, ce n'est autre chose que le pouvoir en vertu duquel les intelligences se modifient elles-mêmes, & passent de l'état antécédent à l'état conséquent, lorsqu'elles ne sont pas sous l'in-{67}fluence immédiate des objets extérieurs.

La marche de ce principe actif est essentiellement la même dans tous les individus. Toujours des gradations, plus ou moins vives, plus ou moins accélerées, à proportion, (du moins pour un tems,) que la chaine elle-même est plus ou moins étendue. Le principe actif qui portoit l'ame de *Newton* vers les bornes de l'Univers, celui qui produisoit tous les éclairs de l'éloquence de *Demosthene*, étoient l'un & l'autre de même nature que ce qui dirige tant de bipédes tardifs, à travers le cercle des occupations d'une vie ennuieuse.

Vraisemblablement le pouvoir qu'a l'ame d'agir sur le corps, prend sa source dans ce principe actif. Il faut que ce pouvoir ne soit pas la volonté elle-même, puisque nous voulons souvent des choses impossibles à l'égard du corps, qui se refuse à nos désirs, ou qui ne s'y prête qu'imparfaitement. La limitation de ce pouvoir doit venir des circonstances où l'ame elle-même se trouve, & non de la réaction du corps. Car en admettant cette réaction, dont il n'y a pourtant aucune preuve, comme entre choses aussi heterogenes que l'action de l'ame & la réaction du {68} corps, il ne sauroit y avoir de proportion, & par conséquent pas d'égalité; la réaction du corps ne peut pas détruire le surplus de l'action de l'ame: mais si la limitation ne vient pas du dehors, il faut qu'elle vienne du dedans.

Si les imperfections de nôtre entendement & de nôtre volonté, doivent nous faire présumer, qu'il peut y avoir des intelligences qui possédent ces mêmes facultés dans un plus haut degré que nous, de même aussi la limitation du pouvoir de l'ame sur le corps nous apprend avec grande probabilité qu'il peut y avoir dans l'Univers des Etres intelligens dont le pouvoir sur les corps soit beaucoup plus étendu que le nôtre. Ces intelligences, si elles existent, sont dans l'ordre des causes naturelles, quelque grand que soit leur pouvoir.

Tous les principes actifs des Etres connus ou inconnus, toutes les conditions fixes de ces mêmes Etres n'ont d'autre fondement de leur permanence que la volonté de Dieu. Ecartez l'action continuée d'une Cause prémiére, ni ces conditions ni ces forces n'ont aucune raison de leur existence, elles vont rentrer dans le néant. Que cette Cause soit aveugle dans son action; {69} il ne peut plus y avoir de raison, pourquoi entre une infinité de conditions separables les unes des autres, les unes seroient fixes & essentielles, pendant que les autres ne seroient que passagéres & accidentelles. En un mot sans un Dieu intelligent, l'Univers est un Chaos où il faut éternellement déraisonner; au lieu que tout s'éclaircit suffisamment avec la Divinité: – *derriére un voile invisible & présente,* | *Elle est de ce grand corps l'Ame toute puissante.*

Lorsque les circonstances ne sont pas fort compliquées, nous pouvons quel-quefois tracer avec certitude les causes dans leurs effets. C'est ainsi que les Orbites Elliptiques des Planettes, le Soleil étant dans l'un des foyers & les aires étant trou-vées proportionelles aux tems, ces Orbites, dis-je, nous indiquent l'action combi-née de la force d'inertie & de celle d'actraction en raison inverse des quarrées des distances, avec la détermination primitive d'un mouvement projectif. Si au lieu d'une Ellipse il s'agissoit d'une Spirale, l'attraction auroit dû être en raison inverse des cubes des distances.

Ce ne sont là que des cas particuliers; encore quel degré d'invention n'a-t-il pas {70} fallu à celui qui le premier a pénétré ces secrets de la nature?

Mais qu'on étende la supposition bien au delà d'une Ellipse ou d'une Spirale: Tous les Etres dont l'Univers est composé étant donnés dans leurs conditions per-manentes, & dans les déterminations additionelles par où il faut qu'ils passent pour satisfaire au plan du meilleur Système possible; qu'il s'agisse de découvrir la nature & la distribution des forces constantes qui peuvent conduire progressivement tous ces Etres dans la suite de déterminations assignée à chacun d'eux. Tout subordonné qu'est ce Problême à la découverte du meilleur Système possible, la solution ne laisse pas d'en être bien évidemment appropriée à l'entendement divin.

Il en faut dire tout autant du Problême inverse, soit qu'on le prenne dans sa géné-ralité, ou qu'on le limite même à un cas particulier. Peut-être est-il dans l'Univers des intelligences qui par un enchainement d'observations sont parvenuës à s'assurer des forces & des conditions essentielles de tout ce qui existe. Mais ce n'est pas assez pour entendre un seul état quelconque de l'Univers: il faudroit outre cela embras-ser par la pensée toutes les déterminations ad-{71)ditionelles qui existent dans un instant donnée. Or la combinaison de toutes ces circonstances coëxistentes est infi-niment plus étendue que celle des forces & des conditions essentielles. Le degré de connoissance qui suffit pour l'une est insuffisant pour l'autre, & sans une vuë dis-tincte d'un ordre entier de ces circonstances coëxistentes, il est impossible de juger de l'action universelle des forces, ou d'apercevoir comment un état antécédent de l'Univers méne à son conséquent.

C'est-à-dire que le sublime Artiste s'est reservé d'augmenter l'admiration par des surprises, de la réveiller par une varieté de ressources qui, bien que tirées du fonds même de ses ouvrages, n'en sont pas moins inopinées pour les plus éclairés de ses spectateurs. Lui seul il connoit tout, le passé, le présent & l'avenir: il voit tout à la fois les effets dans les causes, & par une réciprocation exacte les causes dans les effets.

Que dirai-je donc de ceux qui transportent au Créateur les défauts de la créature, & qui en refusant à l'Etre suprême la connoissance des futurs contingens, lui ôtent l'intelligence de la partie la plus essentielle de son ouvrage?

{72} Si la volonté de l'homme dans sa manière d'opérer n'est pas constamment astreinte à se gouverner par des raisons, c'est-à-dire, s'il est des cas où il n'y ait aucune raison de la préférence d'un objet & de l'exclusion d'un autre, il seroit effectivement vrai que ni cette préférence, ni cette exclusion ne sauroient être prévûes par l'entendement divin, puisque ni l'une ni l'autre n'auroient de véritable fondement.

Mais est-ce qu'on sent bien la conséquence d'avancer que des Phénomenes de la nature tels qu'une préférence & qu'une exclusion, puissent exister sans aucune raison quelconque? Ne voyez-vous pas que la nature entiére pourroit tout aussi bien se passer de raison? Dès lors, quelle digue opposer au hazard, à la déclinaison des atômes & à toutes les absurdités?

Par conséquent toutes les fois qu'il y a préférence & exclusion, il faut que des raisons différentes aïent occasionné ces effets contraires. Ces raisons n'en sont pas moins réelles, lorsque même leur influence devient imperceptible.

Je n'empêche pas qu'on ne donne un nom différent au principe actif qui est au dedans de nous, suivant qu'il se détermi-{73}ne avec connoissance de cause, ou seulement en vertu de ces raisons sourdes qui échapent au sentiment. Que dans le premier cas ce soit volonté & dans le second quelque chose d'autre. Mais enfin le principe actif est toujours modifié par des raisons, qui lorsqu'elles sont accompagnées de perception & de connoissance, ne sont nécessitantes que dans le Système de la Fatalité, & sont simplement déterminantes dans celui de la Liberté.

Supposez donc à présent que l'Etre suprême ait pû, en créant cet Univers, ne pas envisager la suite de raisons qui devoit déterminer l'existence successive de chaque Etre intelligent: Les pouvoirs agissans dont ces Etres sont revêtus leur auroient été donnés à l'avanture & sans un dessein bien formé & prémédité. L'Univers dont ces Etres sont une partie si considérable, n'auroit été au moment de la création, qu'entrevû dans l'obscurité. Mais si tel étoit l'état des choses, d'où vient la Cause premiére, aveugle à tant d'égards, ne pourroit-elle pas l'être totalement?

Je n'ai qu'un mot à dire sur l'immatérialité de Dieu. Non seulement tous les corps qui nous tombent sous les sens subissent des changemens continuels, mais {74} aussi la mutabilité elle-même par raport aux accidens de forme & de mouvement paroit être absolument inséparable de l'idée de la matiére. L'Etre immuable ne sauroit donc être matériel.

Je ne toucherai non plus qu'en passant l'unité de ce même Etre, tant elle est évidente. Il y a toutes les raisons du monde pour admettre un seul Etre suprême; il n'y en a aucune pour en admettre plusieurs. Mais qu'il me soit permis de remarquer que pareillement il ne peut jamais y avoir eu de raison, pour introduire dans la création plus d'un Etre formé sur le même modèle. Car imaginez qu'il y en eut deux dont la ressemblance parfaite les rendit tout-à-fait indiscernables. Il seroient placés ou dans différentes parties de l'espace ou dans différentes parties de la durée. Or il ne pourroit y avoir aucune raison pour cette différence de distribution. Donc les indiscernables n'existent pas. Par la même raison que l'Etre suprême est unique, chacune de ses créatures l'est aussi. Tel est le principe de la variété infinie qui régne dans les ouvrages de la Divinité, variété dont nous ne devons pas douter, lorsque même nous ne saurions la saisir. Tous les Etres créés, pour me servir du langage {75} de Platon, ne sont que des copies des idées de la sagesse éternelle; & comme dans l'entendement divin il n'y a pas deux idées exactement les mêmes, aussi dans l'Univers ne se rencontre-t-il pas une pluralité de copies qui expriment le même original.

Mais j'insisterai un peu plus en détail sur la bonté & la sagesse de l'Etre suprême.

Les raisons dont le concours produit la détermination finale en faveur du meilleur Système possible, peuvent être principales ou subordonnées, suivant que certaines parties de ce Système constituent le but principal de la Divinité, & que d'autres ne sont que des moyens pour atteindre à ce but.

Je dis que le monde matériel considéré séparément, ne peut pas avoir été un objet principal de la création. Car la perfection qui résulte d'un arrangement d'Etres privés de sentiment, est la même prise dans l'entendement divin, ou hors de l'entendement divin. Par conséquent le monde matériel tout seul n'a rien qui puisse porter la Divinité à lui donner l'existence.

Il n'en est pas de même du monde spirituel. Que des Etres intelligens soient tirés de l'état de simple possibilité; qu'ils {76} soient élevés à l'existence actuelle: Si ces Etres sont de telle nature que leurs principes actifs les fassent passer par une suite de sensations dans laquelle le bien domine, l'existence réelle devient pour ces Etres une perfection qu'ils n'avoient point encore, tant qu'ils ne jouissoient que d'une existence idéale dans la région des vérités éternelles.

Ce ne peut être que cette perfection qu'aquéroient par l'existence les Etres intelligens, qui doit avoir porté la Divinité à rendre actuel le meilleur Système possible. Ainsi le monde spirituel est l'objet principal de la création de l'Univers: le monde matériel n'a obtenu l'existence que parce qu'il étoit subordonné au monde spirituel, parce qu'il en étoit un accompagnement nécessaire.

Mais afin que le monde spirituel pût faire l'objet principal de la création, le bien devoit y dominer quelque part, c'est-à-dire, qu'il devoit l'emporter sur le mal, ou chez tous les individus, ou seulement dans une partie d'entr'eux. Il falloit que l'existence fût un bien ou pour toutes les intelligences, ou du moins pour un certain nombre d'entr'elles.

Nommons présentement bonté morale, {77} ce soin ou cette attention que nous donnons à faire du bien à autrui; c'est donc un principe de bonté qui dans les deux positions que je viens d'établir a déterminé l'Etre suprême à décerner l'existence au meilleur Système possible.

La bonté dans Dieu ne fait qu'une branche de son inclination générale pour la perfection; mais c'est celle qui est agissante, c'est celle qui est principale.

Puisque le monde spirituel est la partie dominante du meilleur Système possible, le meilleur monde spirituel doit entrer dans la composition du meilleur Système possible.

Or la perfection d'un assemblage d'intelligences est en raison composée du nombre des heureux & de la quantité de leur bonheur.

Par conséquent le meilleur monde spirituel, ou ce qui est la même chose, le meilleur Systême possible, en un mot celui qui a reçu l'existence, doit réünir au plus haut degré ces deux conditions, le nombre des heureux & la quantité de leur bonheur.

Ce qui présente au pouvoir créateur cet objet avec toutes ses dépendances, c'est l'entendement divin, & c'est ce qu'on en-{78}tend par la sagesse de Dieu. Il faut seulement se garder de ne pas rendre successives les opérations de l'Etre suprême. Entr'elles il y a priorité de nature; la bonté demande le meilleur, la sagesse le découvre, & la puissance l'exécute: mais il n'y a pas priorité de tems, parce que dans l'Etre nécessaire tout est simultanée.

Jusques ici j'ai tâché de développer l'existence d'un Dieu de la maniére qui me paroissoit la plus démonstrative. Pour faire en peu de mots la récapitulation de la preuve que j'ai donnée, j'ai démontré l'existence d'un Etre nécessaire par la contingence du monde, qui m'a pareillement servi à établir la puissance de cet Etre: j'ai prouvé son intelligence par la pluralité des différens Systêmes possibles; & j'ai déduit son inclination générale au bien & à la perfection, des traces sensibles qu'on en apperçoit dans l'Univers actuel.

Il y a des chercheurs d'insectes, il y a des connoisseurs de médailles & de tableaux; vous êtes curieux, vous êtes critique en fait de raisonnement. Je m'attens que vous me demanderés d'où vient je me suis écarté de la route ordinaire en ne faisant pas usage de la perfection de l'Univers, comme d'une preuve directe {79} que la Cause premiére est un Etre intelligent. Je préviens votre question par ma réponse.

La perfection de l'Univers prouve démonstrativement l'intelligence de Dieu contre les Athées Epicuriens, qui admettent une infinité de cas possibles différens du cours actuel de la nature. Alors il y a une probabilité infinie contre un enchaînement régulier de causes & d'effets, à moins qu'il ne soit dirigé par une puissance intelligente. Qui dit une probabilité infinie, dit quelque chose qui coïncide avec une parfaite évidence.

Mais les Athées Spinosistes ne reconnoissent rien de possible que ce qui existe. Ainsi suivant eux il faut ou que le monde lui-même soit l'Etre nécessaire, ou que du moins la cause du monde soit aveugle de sa nature.

La méprise où l'on tombe ordinairement avec ces gens-ci, c'est de contester l'impossibilité hypothetique morale ou physique qui existe véritablement dans la nature, au lieu de s'en prendre à l'impossibilité absolue hors de l'enchainement actuel des choses.

Les Spinosistes prouvent l'impossibilité hypothetique, & ils la prouvent bien. {80} J'accorde que ce n'est que l'ignorance où nous sommes par rapport aux causes des Phénomenes de la nature, qui nous fait envisager une pluralité d'effets comme possibles, pendant qu'il n'y en a véritablement qu'un qui soit tel, à savoir celui qui est déterminé dans ses causes antérieures. Dans les jeux de hazard, par exemple, nous regardons les six faces d'un dez comme également possibles pour tous les cas, ce qui n'est point: Car eu égard à la direction du dez, à la force qui lui est imprimée, & à la position de la table, il ne pouvoit pas paroitre d'autre face que celle qui a effectivement paru.

Mais l'impossibilité hypothetique ne fait rien en faveur des Spinosistes. Qu'importe que dans l'arrangement actuel des choses, il n'y ait d'autres effets de possibles que ceux qui sont déterminés par des causes existentes, s'il est vrai en même tems, que dans d'autres arrangemens qui n'impliquent point contradiction, des forces différentes produiroient des effets différens. De l'impossibilité hypothetique on ne sauroit conclure à l'impossibilité absoluë. Voilà où le Spinosisme échouë. Mais ce n'est pas assez qu'il soit mal fondé; il faut prouver la vérité de ce qui y {81} est opposé. Vous voyez donc que le noeud de la difficulté consiste à établir la pluralité des différens Systêmes possibles: De là l'on peut en droiture, sans avoir recours à la perfection de l'Univers, tracer la nécessité de cette Intelligence qui préside à toutes choses.

J'ai crû devoir insister assez particuliérement sur l'identité de la détermination finale en faveur du meilleur Systême possible; je me flatte que les conséquences que j'en tirerai tout-à-l'heure vous empêcheront de regarder comme un hors d'oeuvre ce que j'ai dit sur ce sujet.

Dans le fonds la chose considerée en elle-même est d'importance. Car si au lieu d'une seule détermination toujours soutenuë, on imagine une suite de déterminations momentanées, dès lors la Divinité devenuë sujette à une variation continuelle, ne seroit pas du tout différente de ses créatures dans sa maniére d'être. Si cela étoit, comment répondre à la retorsion que Mr. *Bayle* met dans la bouche de *Straton*[2]. „De quel droit rejettez-vous notre principe de toutes choses sous prétexte que c'est un principe inanimé? S'il n'est pas possible que le monde soit l'ou-{82}vrage d'un tel principe, il sera encore moins possible que votre Jupiter, un Dieu qui sait tout, qui pourvoit à tout, qui dispose de tout avec une souveraine bonté, & avec une sagesse infinie, ait acquis tant de perfections sans qu'aucune cause intelligente ait présidé à l'arrangement & au mouvement des particules qui le composent? Il n'y a point présidé lui-même entant que doué d'intelligence & de volonté, car son intelligence & sa volonté ne sont point antérieures à son existence complete. Il a été un feu aussitôt qu'un Dieu; l'arrangement & le mouvement déterminé des parties de ce feu n'ont ni précédé ni suivi les perfections intellectuelles de Jupiter. Ils n'ont donc point d'autre cause que la nécessité même de la nature. – Si vous voulez nous contraindre à vous expliquer comment il y a de l'ordre dans la nature sans la direction d'aucun Etre intelligent, nous vous contraindrons à nous expliquer comment il y a de l'ordre dans les corpuscules ignées de Dieu, sans la direction d'aucune cause intelligente.“

---

2)   *Contin. des Pens. div.* §. CVI.

Je dis que je ne vois pas quelle replique faire à cette prétendue retorsion de *Straton*, {83} si l'on fait de Dieu un Etre sujet au changement. Pour le faire sentir, je remarquerai d'abord que la nécessité ou la nature des choses n'est pas absolument une fiction, puisque c'est elle qui sépare de toute éternité les possibles d'avec les impossibles. Dieu a la raison de son existence en lui-même, mais ce qui rend cette raison efficace, c'est la nature ou la nécessité des choses. Mais la nécessité des choses n'est pas un principe intelligent, par conséquent elle ne peut pas faire un choix entre différentes maniéres d'être toutes également possibles. La nature des choses ne sauroit donc rendre raison de l'existence du monde; car puisque le monde existe sous différentes formes, ces formes sont toutes également possibles: il faut pourtant que le monde soit produit avec l'une d'entr'elles, & s'il n'est pas possible que la nécessité des choses fasse le choix, il faut que ce choix soit l'ouvrage d'une cause intelligente. Mais si cette cause intelligente subit aussi bien que le monde une pluralité de formes, il faudroit qu'elle fut elle-même l'ouvrage d'une cause intelligente; par où l'on introduiroit une succession de causes intelligentes à l'infini, ce qui est absurde. Si vous interrompez {84} le progrès à l'infini, & que l'une de ces causes intelligentes, toute sujette qu'elle est au changement, puisse être la cause prémière, & dériver son existence de la nécessité des choses, il me semble que *Straton* a raison, qu'il n'étoit pas nécessaire de remonter si haut, & que le monde lui-même pouvoit tout aussi bien procéder de la nature ou de la nécessité des choses.

Mais par là même vous sentez que si Dieu n'est pas sujet au changement, s'il est tout à la fois tout ce qu'il peut être, s'il n'y a pour lui qu'une forme, ou qu'une seule maniére d'être, la retorsion de *Straton* perd toute sa force, puisque dès lors il y a une disparité caracteristique entre le Créateur & la créature. La nécessité des choses qui ne sauroit rendre raison de l'existence du monde, parce qu'il faudroit un choix, cette même nécessité des choses peut rendre raison de l'existence de l'Etre suprême, parce qu'il ne faut pas de choix, s'il n'y a pour cet Etre qu'une seule & unique maniére d'être.

Je ne perds pas de vuë ce qui m'a jetté dans ce détail de l'existence d'un Dieu. Je me suis engagé à vous prouver que ce qu'il y a de plus démonstratif en faveur de {85} cette grande vérité, est tout-à-fait indépendant de la supposition de la liberté, & subsiste avec toute sa force dans le Système de la Fatalité, toujours entendu de la maniére dont je vous l'ai d'abord représenté.

Vous avez devant les yeux la preuve qui du moins à mon sens paroit la plus forte. Cette preuve est uniquement fondée sur la contingence du monde. La liberté n'y entre pour rien. Que l'homme dans sa maniére d'agir soit nécessité par les motifs qui déterminent sa volonté, ou qu'il ne le soit pas, il fait toujours partie d'un Système qui ne sauroit être que contingent, & qui par cet endroit demande hors de lui-même un Etre nécessaire.

A prendre l'hypothese de la Fatalité, quoi que l'homme ne soit pas libre, c'est indubitablement une vérité de fait qu'il est doüé de volonté & d'intelligence. Sur quel fondement donc les partisans de cette hypothese, pour peu qu'ils veuillent raisonner, pourroient-ils faire difficulté d'admettre aussi dans l'Etre nécessaire l'intelligence & la volonté? C'est là tout ce que les défenseurs de la liberté de l'homme doivent exiger; car on entrevoit assez dans leurs idées sur ce sujet, que la liberté {86} telle qu'ils la trouvent chez nous, ne sauroit trouver de place dans la Divinité[3]. Suivant eux, nous ne sommes pas libres par rapport à l'évidence & au bien en géneral: L'exercice de la liberté est borné aux vérités non-évidentes & aux biens particuliers. Foibles comme nous le sommes, il ne falloit pas que nous fussions nécessairement déterminés à acquiescer aux premiéres impressions, & à céder à des apparences qui pouvoient être trompeuses. De quel usage donc la liberté seroit-elle à l'Etre qui voit tout avec une évidence parfaite, & qui donne toujours aux choses leur véritable valeur?

Sûrement vous ne chargeriez pas d'impieté celui qui avanceroit qu'eû égard à la souveraine perfection de l'entendement & de la volonté de Dieu, il implique contradiction que cet Etre se détermine autrement que pour le mieux.

C'est la nécessité absolue, par où l'on donne au Systême actuel une existence nécessaire & indépendante, qui renverse l'existence d'un Dieu. La nécessité extérieure ou la coaction par rapport aux actions de l'homme renverse la morale. Mais une {87} nécessité hypothetique & intérieure n'attaque ni la morale ni l'existence de l'Etre suprême. Entre cette espèce de nécessité & la liberté accompagnée de causes déterminantes, la différence n'est que bien legére. Quant à la liberté d'indifférence, elle m'est suspecte; je sai que bien des gens la soutiennent dans de bonnes intentions; je ne peux toutefois oublier que ce bon plaisir si indéfinissable ressemble extrêmement à la déclinaison des Atomes, & que c'en étoit même l'une des principales preuves; témoin cet endroit de *Lucrece*.

Unde est hæc (inquam) fatis avolsa voluntas,
Per quam progredimur quo ducit quemque voluptas.
DECLINAMUS item motus, nec tempore certo,
Nec regione loci certa, sed ubi ipsa tulit Mens.[4]

Puisque donc l'existence d'un Créateur intelligent ne se peut pas plus contester dans l'hypothese de la Fatalité que dans celle de la Liberté, cette vérité peut également s'employer dans les deux opinions opposées comme un Lemme pour rendre {88} raison de l'état des choses. Il s'agit à présent de trouver une solution qui, indépendante pareillement de l'une & de l'autre hypothese, satisfasse aux Phénomenes avec vraisemblance, & disculpe la Divinité.

---

3) Burlamaqui *Princ. du Droit Natur.* Part. I. Ch. II.
4) [Titus Lucretius Carus, *De rerum natura*, Liber II, v. 257–260.]

Quelle peut d'abord avoir été la raison pourquoi le meilleur Systême possible ne devoit pas être l'un de ceux dont les parties sont toutes fixes & constamment les mêmes? C'est qu'un Systême dont l'existence est successivement variée représente une infinité de Systêmes dont l'existence ne seroit pas variée. La perfection qui résulte d'une existence variée est comme la somme des perfections de chaque arrangement momentanée, au lieu que la perfection qui résulte d'une existence fixe est en raison composée de la perfection constante & de la durée. Par la perfection de chaque arrangement, j'entends celle qui reste après la déduction de l'imperfection. Or si dans le Systême successif il y a des Etres de telle nature que leur progrès vers la perfection soit continuel, pendant que dans le Systême fixe la perfection de ces Etres est constante & bornée; si d'ailleurs ces mêmes Etres sont la partie dominante de l'un & de l'autre Systême, je dis {89} qu'alors une durée finie pourra tirer plus de perfection du Systême successif qu'elle n'en tirera du Systême fixe. Qu'on réduise la perfection de l'un & de l'autre Systême à la perfection des Etres qui en font la partie dominante, & qu'on suppose que dans le Systême successif la perfection qui résulte de chaque arrangement momentanée de ces Etres, soit toujours exprimée par quelque terme de la suite divergente $a, b, c, d,$ &c. pendant que P exprime la perfection constante de ces mêmes Etres dans le Systême fixe. Que chacun des termes $a, b, c, d,$ &c. jusqu'à m inclusivement soit moindre que P, que n soit égal à P & que tous les termes subséquens $o, p,$ &c. soient plus grands que P. Si nous nommons D la durée qui s'est écoulée depuis a jusqu'à m inclusivement; il est visible que la somme $a + b + c + d \ldots + m$ est moindre que DP, c'est-à-dire que dans la durée finie D, la perfection qui a résulté du Systême successif étoit moindre que celle qui a résulté du Systême fixe. Mais comme DP & $a + b + c + d \ldots + m$ sont des quantités finies, à plus forte raison leur différence Q sera aussi une quantité finie. Or dans la suite divergente {90} $n, o, p,$ &c. dont tous les termes à l'exception du premier sont plus grands que P, au bout d'un nombre fini de termes E, la somme $n + o + p \ldots + t$ surpassera EP, par plus de la différence Q; c'est-à-dire que $n + o + p \ldots + t$ sera plus grand que $EP + Q$ ou que $EP + DP - a + b + c \ldots + m$; & ajoutant de part et d'autre $a + b + c \ldots + m$ la somme entiére $a + b + c \ldots + m + n + t$ sera plus grande que $DP + EP$ ou que $D + EP$. Dans une durée finie $D + E$, la perfection qui résulte du Systême successif surpasse celle qui résulte du Systême fixe.

Comme la suite $a, b, c, d,$ &c. est divergente, elle peut toujours être poussée jusqu'à un nombre de termes F de façon que la différence $a + b + c + d \ldots + z - FP$ soit plus grande qu'une quantité donnée quelconque R. Par conséquent dans une durée infinie un Systême successif avec les conditions que je lui ai supposées, produira infiniment plus de perfection qu'un Systême fixe.

En admettant même que le Systême successif & le Systême fixe eussent été créés {91} de toute éternité, ensorte que partant du terme fini $n = P$ la suite $m + l + k +$,

&c. fût infinie aussi bien que la suite $n + o + p +$, &c. il seroit toujours possible qu'il résultât infiniment plus de perfection du Système successif que du Système fixe. Car supposant le cas le plus désavantageux, celui où la suite descendante $m + l + k +$, &c. exprimable par exemple par l'Aire descendante de la Logarithmique, est égale à une quantité finie; alors même quoique la somme $m + l + k +$, &c. soit à DP la perfection qui résulte du Système fixe dans la durée infinie D, comme l'unité est à l'infini; d'autre part cette même perfection DP pourra n'être à la somme de la suite ascendante $n + o + p +$, &c. que comme l'infini est au quarré ou à une puissance supérieure de l'infini. Or le quarré ou une puissance supérieure de l'infini est infiniment plus grand que l'infini multiplié par le nombre deux. Donc la perfection qui résultera de toute éternité du Système variable sera infiniment plus grande que celle qui dans la même durée auroit résulté du Système fixe.

La même démonstration aura lieu pour {92} les deux cas d'une durée infinie des deux côtés, ou infinie d'un seul, lorsque ce n'est pas chaque arrangement momentanée du Système successif qui contient plus de perfection que celui qui l'a précédé, & qu'il s'agit de périodes d'une certaine durée, composés eux-mêmes d'arrangemens momentanées; pourvû qu'alors ces périodes soient tous de telle nature qu'à l'expiration de chacun d'eux, les Etres qui font la partie dominante du Systême aient fait un nouveau progrès vers la perfection.

J'ai prouvé en général que le Monde spirituel étoit l'objet principal que la Divinité s'étoit proposé dans la création. Pour parler avec plus de précision, j'aurois dû dire que le monde spirituel tout entier est la partie dominante de l'Univers, si l'existence est un bien pour toutes les intelligences actuelles. Mais s'il n'y a qu'une partie de ces intelligences pour qui l'existence soit un bien, ce n'est alors que cette partie du Monde spirituel qui fait l'objet principal de la création: L'autre partie pour laquelle l'existence est un mal rentre dans la classe du Monde matériel, elle n'est plus qu'un accompagnement nécessaire, qu'un moyen pour remplir le but principal.

{93) A tout prendre, l'existence est un bien pour des Etres intelligens d'une nature successive, si pendant leur durée le bien surpasse chez eux le mal. L'existence deviendra même pour eux un bien infini, si dans une durée infinie le bien surpasse infiniment le mal, si le bien est comme une suite divergente, pendant que le mal est comme une suite convergente, ou comme une suite qui finit après un certain nombre de termes & se change en intégrale.

Mais peut-il y avoir des intelligences créées susceptibles d'un progrès continuel vers la perfection?

Consultons l'expérience: Elle nous apprend qu'il est un tems que nous accumulons sensiblement connoissance sur connoissance, & qu'à mesure que notre vuë s'étend, notre goût se perfectionne & nos inclinations portent sur des objets plus relevés.

Nous nous arrêtons, il est vrai, les uns plutôt, les autres plus tard: Mais ni la lassitude de l'entendement, ni le dégoût de la volonté ne sauroient être des proprietés essentielles & inséparables de l'une & de l'autre de ces deux facultés.

Par rapport à l'entendement, il est de fait que les vérités qu'il apperçoit lui ser-{94}vent d'acheminement à de nouvelles découvertes. Plus il connoit, plus il est capable de connoître. Ainsi ce ne peut pas être par un défaut inhérent à sa nature, qu'il ne passe pas un certain point fixe.

Cela est encore plus évident de la volonté, parce que nous démêlons les causes qui la retardent dans son progrès vers la perfection. Cette derniére faculté cherche toujours le bien ou le bonheur: lors qu'elle embrasse le mal, c'est qu'il se déguise sous des apparences contraires: ce qu'elle posséde, elle ne l'envisage jamais que comme un moyen de faire des acquisitions plus considérables. Mais l'entendement lui manque au besoin; il ne lui offre pas de nouveaux objets; ceux-là même qui sont à sa portée, il ne les met pas toujours dans leur véritable jour.

Ainsi les erreurs & les dégoûts de la volonté procédent des bornes de l'entendement, & les bornes de l'entendement ne dérivant pas de sa nature, doivent avoir leur source dans quelques causes étrangéres. Eloignez ces causes; dès lors rien n'arrêteroit le progrès ultérieur de l'entendement & de la volonté.

Or ces deux facultés, l'entendement & la volonté, constituent la ressemblance des {95} intelligences créées avec l'Etre suprême. L'immatérialité de cet Etre forme donc une présomption des plus fortes pour l'immatérialité & par conséquent pour l'immortalité de toutes les substances intelligentes.

D'autre part la distance infinie qui subsiste entre le Créateur & la créature ne peut jamais s'épuiser. Par conséquent il n'est pas contradictoire qu'il y ait des intelligences dont le progrès vers la perfection dans une durée illimitée, ne puisse être continu, s'accélérer même à chaque pas, & ne jamais rencontrer ses limites.

Mais l'Univers est un Système successif dont la partie dominante doit être le Monde spirituel en tout ou en partie; & la seule chose qui ait pû porter la Sagesse éternelle à préférer un Système successif à un Système fixe, c'étoit la considération du progrès illimité de la partie dominante. Parmi l'infinité des possibles il y a des intelligences pour lesquelles ce progrès n'implique pas contradiction. Il faut donc que ces intelligences existent, & que leur existence contienne effectivement ce mouvement projectif vers la perfection.

Ne me tromperois-je pas? Seroit-il vrai, que toutes les intelligences créées participassent d'une manière infiniment di-{96}versifiée à ce mouvement progressif vers la perfection, & que pour chacune d'elles l'existence fût un bien réel, un bien même infini, un présent digne de celui qui le fait? Se pourroit-il que le Monde spirituel tout entier fût l'objet des soins effectifs d'une bonté infinie non seulement en puissance, mais aussi en acte? Tout ce qui le compose seroit-il principal auprès du Créateur? N'y auroit-il rien d'absolument subordonné, rien de perdu, rien de sacrifié?

Mais vous craignez que peut-être ici je ne m'abandonne avec trop de confiance au courant de la raison. Rassurez-vous: Ce n'est pas un torrent impétueux; c'est un fleuve tranquille dont les eaux pures ne renferment pas d'écueils qu'on ne puisse éviter.

Que je réduise pour un moment la perfection des Etres intelligens à ce qui en fait la partie essentielle, au seul bonheur dont ils jouissent en conséquence de certaines actions entreprises avec connoissance de cause. C'est ce qu'on nomme bien moral: Le mal moral c'est l'imperfection qui y est opposée & qui procéde pareillement d'actions réfléchies.

Or de la même maniére que dans tou-{97}tes les maladies du corps la nature fait un effort sensible pour se dégager de ce qui attaque les principes de la vie; comme les ulcères tendent à suppurer, & les plaies à se consolider; de même aussi dans les maladies morales, l'ame n'est pas dépourvuë de ressources, au dedans d'elle-même elle sent une force qui travaille à la délivrer du crime & du vice. Les remords sont tôt ou tard la conséquence inévitable du mal moral, & il est de fait que continués pendant un certain tems, il ne manquent jamais d'améliorer la condition de celui qui les a soufferts.

Le corps succombe toujours à la fin, malgré les causes qui agissent pour sa conservation. C'est que l'action de ces causes diminue à mesure que celle des principes destructifs augmente: C'est que le plan du Créateur n'étoit pas d'éterniser cette frêle machine. Mais l'ame est immortelle de sa nature. Ces agitations, ces inquiétudes, ces terreurs qui pour un tems s'opposent à son bien-être, ne sauroient à la longue manquer d'en devenir en quelque maniére les instrumens. Plus l'opération est douloureuse, plus aussi le succes en est-il prompt, & cela sans jamais être douteux, car l'individu ne peut pas dépérir.

{98} Mais si le mal[5] moral tend naturellement à se diminuer & à se détruire lui-même, le bien moral au contraire tend à s'étendre, à se reproduire, à se multiplier. La tranquillité & la satisfaction intérieure qui sont les fruits de la vertu, forment en sa faveur une suite continuelle de motifs toujours plus forts les uns que les autres.

L'expérience ne nous montre aucun Etre intelligent qui soit uniquement porté au mal, & la raison ne nous fait pas présumer qu'il doive y en avoir. Ce que nous sentons en nous-mêmes, nous pouvons le représenter par deux tendances opposées. La premiére, celle qui cause notre progrès vers le mal, après qu'elle est arrivée au point fixe où le sentiment moral se réveille dans toute sa force, elle change de direction & produit une suite d'effets totalement différens en diminution continuelle de ceux qui en avoient d'abord résulté. C'est une Courbe qui s'éloigne de son Axe, mais qui s'en rapproche ensuite après avoir passé le point du *Maximum*. La seconde tendance, à savoir celle qui nous pousse vers le bien, est de nature à se fortifier à l'infini. Combinée dans son action avec la première prise dans son progrès vers le point

---

5)   [Druck: le si mal]

fixe, {99} en y joignant toute cette varieté de circonstances qui nous environnent, cela doit produire une existence irréguliére, des allées, des venuës, des écarts, des contrarietés. Mais cette même seconde tendance combinée avec la premiére prise depuis son rebroussement du point fixe, doit produire un progrès vers la perfection toujours soutenu, & qu'aucun obstacle ne peut arrêter.

Cette conclusion devient encore plus évidente, si l'on considére ce qu'est véritablement cette tendance vers le mal. Ce n'est autre chose qu'une modification de la tendance vers le bien, trompée par de fausses apparences. J'ai ci-dessus résolu les aberrations de la volonté par les erreurs du jugement. Nous calculons mal; nous répandons sur l'avenir le nuage de l'incertitude; le présent l'emporte. Encore si nous en jugions toujours sainement: Mais nous préférons des biens passagers qui nous étourdissent pour quelques momens, à d'autres biens plus solides dont la possession n'a pas au prémier abord le même brillant, les mêmes appas. S'il y avoit une fois contre le vice, autant de certitude qu'il y en a que le feu nous brule dans une certaine proximité, la vertu dès lors {100} seroit notre état naturel, son contraire seroit l'objet de notre aversion. Mais pour les plus aveuglés, pour les plus endurcis, cette certitude ne sauroit manquer d'être un jour le fruit de tant de fatales expériences. Ainsi avec plus d'évidence par rapport à l'avenir & plus de discernement par rapport au présent, il faut qu'alors les erreurs de la volonté se rectifient d'elles-mêmes; c'est-à-dire que la tendance vers le mal n'est qu'un accident, qu'une attraction occasionelle qui doit se changer en répulsion.

Il ne serviroit de rien d'objecter qu'il est des individus chez qui le sentiment moral n'est que bien foible; qu'il en est d'autres chez qui on le voit s'émousser & se réduire à peu de chose.

L'Auteur de la nature nous a formé de telle sorte, que nous ne saurions manquer d'acquérir l'idée de la beauté morale. Heureux ceux qui ne la doivent qu'à la pratique de la vertu; mais la facheuse expérience du mal prolongée pendant une durée finie, tend au même but.

D'ailleurs, comme les maux qui ont leur source dans la constitution vicieuse de l'ame, sont plus cuisans que ceux qui proviennent du dérangement des organes, {101} s'il y a des peines après cette vie, les tourmens de l'esprit doivent en faire la principale partie. Or ces tourmens poussés à leur plus haut point, supposent l'idée de la beauté morale dans toute sa vivacité.

Magne Pater Divûm; sævos punire tyrannos
Haud aliâ ratione velis, – – – – – – –
– – – – – – – – – – – – –
Virtutem videant, intabescantque relictâ.[6]

---

6) [Aulus Persius Flaccus, *Saturae* 3, v. 35–38.]

Je ne vois pas non plus que le pouvoir des habitudes puisse faire ici une difficulté considérable. Les bonnes habitudes, il est vrai, peuvent se fortifier à l'infini; mais les mauvaises portent en leur sein des semences de destruction qui doivent à la fin les terminer & les anéantir elles-mêmes.

J'envisagerai encore sous une autre face les obstacles qui retardent notre progrès vers la perfection ou le bonheur. J'ai dit ci-dessus, „que la Loi Naturelle étoit soutenue par des peines & des récompenses; que la Nature a établi que toute bonne action porte avec elle-même sa recompense, pendant qu'à la suite du crime & du vice, elle fait mar-{102}cher la honte, le désordre & les remords". Il ne s'agit plus de la Nature, il s'agit de celui qui en est l'Auteur. C'est un Etre intelligent qui par un principe de bonté a décerné l'existence au meilleur Systême possible. Les récompenses attachées à la vertu sont bien visiblement une suite de cette attention bienfaisante de l'Etre suprême. Mais il faut aussi rapporter à cette source les peines elles mêmes, soit celles qui dérivent naturellement du vice, ou celles qui peuvent y être imposées d'une maniére positive. Je le prouve.

La perfection idéale de tout espèce de chatiment consiste à infliger des peines, qui non seulement contribuent au bien de la société, mais aussi à l'avantage, à la correction du coupable. Dans nos gouvernemens civils ces deux raisons finales des peines, ne peuvent que rarement se réunir; parce que les loix ne sont faites & ne sont exécutées que par des hommes, c'est-à-dire, par des Etres dont la prévoyance ne s'étend pas fort loin: Parce que d'ailleurs le tems de cette vie est trop court pour que l'on puisse espérer dans toutes les occasions de faire du coupable un membre utile à la société. Ainsi l'on est souvent forcé de le sacrifier à l'utilité {103} & à la sureté publique. Mais si la justice des hommes est imparfaite, celle de Dieu ne sauroït l'être; elle doit atteindre le point idéal de perfection en fait de peines & de chatimens. Sous un tel gouvernement l'avantage du coupable doit toujours se retrouver dans l'interêt du tout. L'Etre suprême ne punit donc que comme un Pére tendre & éclairé qui se propose l'amendement de ses enfants & qui est sûr d'y réussir. Sa justice ne peut être autre chose que sa bonté animée toujours & dirigée par sa sagesse. Par conséquent cette justice est satisfaite, lorsque le but qu'elle a en vuë est rempli. Les peines naturelles toutes seules en produiroient déjas l'accomplissement, mais pour l'accélerer encore davantage, il est à présumer que l'Etre suprême joint des peines positives, tirées des circonstances les plus propres à fléchir l'obstination & à dissiper l'aveuglement.

Je pourrois ajouter bien des choses, sur l'inutilité des peines éternelles tant par rapport à Dieu que par rapport au Systême actuel, & sur la difficulté insurmontable qu'il y a à concilier des Etres infiniment & éternellement malheureux, avec la bonté & la prescience du Créateur. Je pourrois entrer dans un certain détail sur le {104} point fixe ou le *Maximum* des remords, faire voir que s'il tombe dans cette vie, un progrès non-interrompu vers le bonheur doit en être la suite immédiate, & comment s'il n'y tombe pas, il faudra encore passer par de nouvelles épreuves:

Donec longa dies, perfecto temporis orbe
Concretam exemit labem, purumque reliquit
Aetherium sensum atque auraï simplicis ignem.[7]

Mais je me bornerai à remarquer que puisque notre progrès vers la perfection n'est seulement que suspendu par le mal moral, à plus forte raison le mal physique ou la douleur ne sauroit y apporter d'obstacle durable. Les maux physiques ne sont dans tous les cas que des peines pour le vice ou des épreuves pour la vertu.

Tout nous méne donc à nous regarder comme étant destinés à un progrès continuel vers la perfection ou le bonheur. Tout nous conduit aussi à juger que ce qui est vrai par rapport à nous, doit avoir lieu chez toutes les intelligences actuelles. Ainsi le Monde spirituel tel qu'il existe, n'est composé que d'Etres pour qui l'existence est un bien, & même un bien infi-{105}ni. Mais comme le meilleur Monde spirituel, partie essentielle du meilleur Système possible, doit réunir au plus haut degré les deux conditions du nombre des heureux & de la quantité de leur bonheur, ce n'est pas assez que la quantité de bonheur soit infinie pour chaque intelligence de l'assemblage présent, il faut aussi que le nombre des intelligences de cette espèce y soit porté à son plus haut point. C'est-à-dire qu'entre toutes les intelligences possibles, pour qui l'existence auroit été un bien infini, il n'y en a pas qui soient exclues du Système présent, à l'exception de celles dont le bonheur auroit été continuellement en contradiction avec celui des autres.

Cela une fois établi, il n'est pas difficile de résoudre les Phénomenes.

D'où vient toutes les intelligences créées ne sont-elles pas égales en perfection? C'est qu'il faut quelles soient toutes formées sur différens modéles, c'est que les indiscernables ne peuvent exister. Or des choses différentes doivent produire des effets différens.

Je vais plus loin: Puisque toutes les intelligences créées sont nécessairement différentes, il doit y avoir une dont les {106} conditions permanentes approchent le plus de celles de la Divinité, & dont la suite de déterminations additionnelles soit la meilleure possible. Je dis qu'il n'y a aucune intelligence qui avec une différente suite de déterminations additionnelles puisse avoir exactement toutes les mêmes conditions permanentes, ni aucune intelligence qui avec de différentes conditions permanentes puisse passer par la même suite de déterminations additionnelles.

Que l'on suppose d'abord une seconde intelligence dont les déterminations additionnelles soient différentes de celles de la première. Comme celles d'entre les déterminations des Etres intelligens qui contribuent le plus à leur perfection, partent d'une activité qui leur est propre, l'activité de la seconde intelligence sera différente de celle de la premiére, car là où il y a de la différence dans les effets, il y a

---

7)   [Publius Vergilius Maro, *Aeneis* Liber 6.]

aussi de la différence dans les causes. Mais puis que la suite des déterminations de la premiére est supposée la meilleure possible, il faut que celle des déterminations de la seconde soit tout au moins d'un degré au dessous. Par conséquent l'activité de la premiére intelligence est supérieure à celle de la seconde. Or les principes ac-{107} tifs sont conditions permanentes des Etres auxquels ils appartiennent. Les conditions permanentes de la seconde intelligence ne sont donc pas toutes exactement les mêmes que celles de la premiére.

Qu'on suppose ensuite une troisiéme intelligence dont les conditions permanentes soient inférieures à celles de la premiére. Puisque les principes actifs sont des conditions permanentes, il faudra que l'activitié de la troisiéme soit moindre que que celle de la premiére. Mais afin que la troisiéme intelligence passât par la même suite de détermination que la premiére, il faudroit qu'elle eût une plus grande activité que celle-ci. Il faudroit donc que tout à la fois l'activité de la troisiéme intelligence fut plus petite & plus grande que celle de la premiére; ce qui est absurde.

Le même raisonnement pouvant s'appliquer successivement à tout l'enchainement des Etres intelligens, établit une varieté infinie dans le monde spirituel. La différence dans les conditions permanentes entraine toujours de la différence dans les déterminations additionnelles. Je suis cependant porté à croire que chez les différentes intelligences créées, les conditions permanentes sont les mêmes en nom-{108}bre & ne différent seulement qu'en qualité.

Mais pourquoi le mal moral & le mal physique se rencontrent-ils parmi les déterminations additionnelles des intelligences créées? C'est que dans le plan du meilleur Monde spirituel, il étoit impossible de les éviter.

Sans doute le meilleur Monde spirituel renferme des intelligences qui sont également exemptes de mal moral & de mal physique. Il en renferme d'autres aussi qui exposées du moins pour un tems aux inconvéniens physiques sont exemptes de crime. Mais ces deux classes d'Etres ne complettoient pas encore le plan du meilleur Monde spirituel. La bonté de Dieu s'étendoit plus loin. Il falloit donner l'existence à des Etres qui malheureux & coupables pour un tems, devoient compenser leurs prémiers écarts, par un mouvement soutenu vers la perfection & le bonheur.

Dieu ne fait pas les possibles. Ainsi les Essences des Etres intelligens sont indépendantes de sa volonté. Elles se trouvent dans son entendement avec leurs perfections & leurs imperfections. Il réalise celles où le bien à tout prendre surpasse infiniment le mal. Par conséquent l'Etre su-{109}prême ne veut & ne fait que le bien, le mal dérive uniquement de l'imperfection essentielle des choses où il se trouve.

Les mêmes causes qui dans les corps produisent le *Maximum* de leur disposition, soutenues pendant un certain tems y introduisent toujours le dérangement

& le désordre. C'est ce que par exemple *Hippocrate*[8] avec sa sagacité ordinaire a démêlé par rapport au corps humain dans la santé des Athlétes. Les intelligences, celles au moins qui peuvent être les objets de la volonté de Dieu, ne sont pas comme les corps, susceptibles d'une décadence totale. *Igneus est illis vigor & cœlestis origo.* Mais chez elles aussi il arrive que la même cause qui pendant un tems les accélére vers la perfection, leur fait faire un écart du côté contraire, pour leur rendre ensuite leur première projection.

Pour développer cela, supposons un Etre intelligent M, dont les progrès vers la perfection sont exprimés par la suite $A, B, C, D, E,$ &c. Le principe actif {110} de l'Etre M, le fait passer successivement de l'état A à l'état B, de l'état B à l'état C. Mais ici, vû les circonstances où l'Etre M se trouve, le même principe actif qui le fait passer de l'état A à l'état B, & de l'état B à l'état C, ne sauroit l'élever à l'état D, sans le faire passer premiérement par une suite finie de déterminations mitoyennes a, b, c, d, e, dont les premiéres a, b, c, l'éloignent du point D, mais les suivantes d, e, l'en raprochent graduellement. A moins qu'il ne s'opére un changement dans les circonstances où se trouve l'Etre M lorsqu'il est en C, ou qu'il ne reçoive en C une force différente de celle qu'il avoit en A & en B, il est évident qu'il faut que l'Etre M passe par la suite de déterminations a, b, c, d, e. Mais il ne peut y avoir de changement dans les circonstances où se trouve l'Etre M, une fois arrivé en C, sans que les objets extérieurs ne reçoivent des pouvoirs agissans différens de ceux qu'ils avoient auparavant. C'est-à-dire qu'il faudroit qu'il se fit du changement, ou dans les pouvoirs agissans des objets extérieurs, ou dans le principe actif de l'Etre M; l'un & l'autre contre la permanence des forces, que j'ai établie comme une conséquence nécessaire {111} de l'identité de la détermination finale.

Ainsi le même principe actif qui pendant un tems accélére l'Etre M vers la perfection, lui fait faire un écart du côté opposé pour lui rendre ensuite sa première projection; comme les courbes Asymptotiques souvent s'éloignent de leur Asymptote pour ensuite s'en raprocher.

Dieu ne se propose comme un but que les seules déterminations $A, B, C, D, E,$ &c. & plutôt que de ne les pas produire, il permet les déterminations a, b, c, d, e. Il le peut sans déroger à sa bonté, puisque le mal qui résulte de ces derniéres, est infiniment petit en comparaison du bien qui dérive des premiéres.

Ainsi la volonté de Dieu est efficace pour le bonheur de toutes ses créatures intelligentes. En est-il qui s'éloignent de cette direction en fixant leur bonheur sur des objets peu dignes de leurs soins? la nature les rappellera par des sentimens

---

8) Εν τοισι γυμναστικοισιν αι επ ακρον ευεξιαι σφαλεραι, ην εν τω εσχατω εωσιν ου γαρ δυνανται μενειν εν τω αυτεω, ουδ ατρεμεειν. Επει δ ουκ ατρεμεουσιν, ουδε τι δυνανται επι το βελτιον επιδιδοναι, λειπεται επι το χειρον. Αφορ. [Hippocrate, *Aphorismes* I, 3.]

désagréables. En est-il qui cherchent leur bonheur contradictoirement à celui des autres? la nature encore les fera rentrer dans la régle par la voie des remords & des agitations. Au contraire, travaille-t-on pour son véritable bien & pour celui d'autrui, tout est paix, tranquillité & satis-{112}faction. Voilà le véritable fondement de la morale, un Dieu qui veut efficacement le bonheur de toutes ses créatures.

Il n'impliquoit pas contradiction, me direz-vous, que l'Etre suprême ne pût nous épargner ces détours facheux vers le mal, il n'avoit seulement qu'à nous donner l'existence au point même de rebroussement, ou dans quelque état subséquent.

Je répons que ce qui rend possible notre progrès illimité vers la perfection, c'est la distance infinie qu'il y a du Créateur à la créature; distance qui subsiste toujours dans toute son infinité. Nous ne pouvons donc pas être placés dès le commencement dans le plus petit éloignement possible du Créateur; car il n'y a point de tel plus petit éloignement: La nature de la chose exclut tout *Minimum*. Il falloit donc que nous fussions placés ou dans le point le plus bas de tous ceux qui peuvent être compatibles avec nos conditions permanentes, ou dans quelqu'un des états supérieurs. Or il ne pouvoit y avoir aucun fondement pour le choix de l'un de ces états supérieurs, puisque si ce choix tomboit sur l'un d'entr'eux, je demanderois d'où vient il est tombé sur celui là & non sur quelque autre encore au dessus, & ainsi {113} de suite. Par conséquent la Divinité n'a pû que fixer notre commencement au point le plus bas de tous ceux qui étoient compatibles avec nos conditions permanentes. Il faudra dire autant des autres intelligences créées. Elles sont toutes complettes dans leur existence; ce ne sont pas des portions de courbes, mais des courbes entiéres dont l'origine est un point distinct & déterminé. Par rapport à nous le point le plus bas de notre existence n'est pas le point de rebroussement. Nous commençons par une espèce de végétation; de là nous passons à une vie animale, pour acquérir en suite une raison obscurcie par les nuages de l'erreur & troublée par les tempêtes des passions. Des jours plus sereins & plus calmes doivent succéder.

Ce que j'ai dit sur le *Maximum* de la disposition dans les corps, est non seulement vrai par rapport aux parties, mais aussi par rapport au tout. *Newton* a remarqué que les forces d'attraction qui soutiennent le Système planétaire dans sa régularité présente, devoient à la fin être les causes du désordre & de la confusion. S'il en est de même des autres Systêmes particuliers, comme il n'y a pas lieu d'en {114} douter, le Monde matériel tout entier est sujet à une période, à l'expiration duquel il ne restera aucune trace de cette beauté & de cette harmonie qui brillent dans les ouvrages de la nature.

Quelle est la cause qui pourroit rendre à la matiére une nouvelle régularité de disposition? Cette cause ne peut pas être la matiére elle-même: un méchanisme perpétuel est d'une parfaite impossibilité. Seroit ce donc une nouvelle action de la cause première de toutes choses? Mais l'identité de la détermination finale y forme une opposition insurmontable. Ainsi cette nouvelle disposition de la matiére ne sauroit dériver que d'une ou de plusieurs causes intelligentes. Indubitablement il y en a chez qui le pouvoir que nous avons sur les corps se trouve dans un degré fort supérieur. Il me semble cependant qu'on peut avancer avec beaucoup de vraisemblance qu'un pouvoir suffisant pour corriger les désordres du Monde matériel tout entier, ne devroit se rencontrer que dans une seule intelligence, & qu'on pourroit présumer avec analogie que ce seroit celle qui avec la meilleure suite de déterminations additionnelles, posséde des conditions permanen-{115}tes qui ressemblent le plus à celles de la Divinité.

De la probabilité de cette intelligence destinée à réparer les dérangemens du Monde matériel, qu'il me soit permis de tirer deux ou trois conséquences.

Il me paroit d'abord que le *Maximum* réel en fait de disposition de matiére, ne répond jamais au *Maximum* idéal & ne sauroit même y répondre exactement. Peut-être une approximation à l'infini est-elle possible; d'où l'on pourroit conjecturer que les nouvelles dispositions introduites dans le Monde matériel par l'action de cette intelligence, pourroient toujours être plus parfaites les unes que les autres: Ensorte que le Monde matériel correspondroit dans le progrès de son existence au Monde spirituel.

Une intelligence destinée à réparer les désordres du Monde spirituel, pourquoi ne pourroit-elle pas être aussi destinée à accélérer par son action les progrès du Monde spirituel? De là naitroit la possibilité & même la probabilité des miracles.

J'ajouterai enfin que ce qui rend très vraisemblable l'existence de cette cause intelligente subordonnée à la Divinité, c'est {116} qu'on peut par là lever une difficulté des plus embarrassantes. Le Monde est indubitablement un Etre contingent qui suppose hors de lui-même une cause nécessaire. Mais le Monde a-t-il été créé dans un tems, ou de toute éternité? S'il a été créé dans un tems, il y auroit en Dieu deux periodes différens: L'un pendant lequel il n'auroit pas exercé le pouvoir créateur, & l'autre pendant lequel il l'auroit mis en oeuvre. Mais introduire du changement dans Dieu, c'est en anéantir la nature. D'autre part le Monde tel qu'il est ne paroit pas avoir existé de toute éternité; peut-être même y a-t-il des vraisemblances que l'ouvrage de la création n'est pas absolument fini, & qu'il s'y fait des additions continuelles. Je ne vois qu'un moyen de terminer cet embarras. C'est de supposer que Dieu a créé ou produit de toute éternité cette première intelligence & qu'il lui a délégué le pouvoir créateur pour en faire usage dans le tems. C'est ce que j'avois en vuë cy-devant[9] dans le second cas de la seconde position générale, où il me sembloit voir avec assez d'évidence la possibilité de cette délégation. *Platon* paroit avoir eu la même {117} idée; car suivant lui, le Verbe externe que le Dieu suprême avoit poussé hors de son sein, étoit le Ministre de ses volontés & le Créateur de l'Univers. Mais ici la Révélation donne une sanction à ce qui ne seroit sans elle que simple

---

9) Voyez pag. {50.} & {51.}

conjecture. Le fils de Dieu étoit avant que le Monde fût, il est le prémier né de toute créature, par lui toutes choses ont été faites.

Mais, je m'apperçois que lors que je devrois conclure, j'étens mon sujet au delà de ses bornes.

Que la liberté soit réelle, ou qu'elle ne soit qu'apparente, s'il est vrai que l'existence quoi qu'accompagnée de quelques inconvéniens ne laisse pas d'être un bien infini pour chacun de nous, ces inconvéniens ne doivent pas nous empêcher de sentir notre bonheur & de l'attribuer à celui qui en est la cause.

La bonté du Créateur ne souffre aucune atteinte, si le bien surpasse infiniment le mal.

Prenez l'Univers tout entier, c'est le meilleur Systême possible, tout est bien. Prenez les moindres de toutes les créatures intelligentes dans leur durée infinie, le bonheur y domine, tout est encore {118} bien: Le désordre qui s'introduit dans une partie finie de leur existence n'est jamais que l'effet de leur liberté ou celui de la nécessité des choses, & la Divinité bien loin d'y concourir, a pris d'avance les mesures convenables, pour arrêter les progrès du mal.

J'ai l'honneur d'être, &c.

FIN.

Neue Untersuchung des Satzes:
Ob die Gottesleugnung und die verkehrten Sitten
aus dem System der Fatalität herkommen?

Neue | Untersuchung des Satzes: | Ob die | Gottesleugnung | und die | verkehrten Sitten | aus dem System der Fatalität | herkommen?
Aus dem Französischen übersetzt, | und | mit Anmerkungen | herausgegeben | von | Johann Daniel Titius, | A. M. | Leipzig, | zu finden bey Johann Christian Langenheim, | 1752.

* * *

Dem | Magnifico, | Hoch=Ehrwürdigen und Hochgelahrten | Herrn, | HERRN | Christian Gottlieb | Jöcher, | der Heiligen Schrift Doctor, | der Historie Professor, | der Churfürstlichen Stipendiaten Ephorus, | des großen Fürsten=Collegii Collegiaten, | der Universitäts=Bibliothek Director, | und des Donnerstäglichen Prediger=Collegii | Präses und Senior, | Seinem Hochgeneigten Gönner. | Wie auch

* * *

Dem | Hoch=Edelgebohrnen, | Hochberühmten und Hochgelahrten | Herrn, | HERRN | Abraham Gotthelf | Kästner, | der Mathematik Professor, | der Königl. Akademien der Wissenschaften | zu Berlin und Stockholm, | der Königl. Gesellschaft der Wissenschaften | zu Göttingen, | des Instituti zu Bononien | Mitglieder, | der Philosophischen Facultät Beysitzer, | der deutschen Gesellschaft zu Leipzig und der | teutschen zu Jena, wie auch der lateinischen | daselbst Mitgliede, | Seinem ebenfalls geneigten Gönner | widmet diese wenige Bogen zum wahrhaften | Zeichen seiner Ergebenheit | der Herausgeber.

* * *

Vorbericht des Uebersetzers.

Wir glauben nicht, daß wir für den Werth gegenwärtiger Abhandlung mehr anführen dürfen, als daß sie aus dem N o u v e a u   M a g a z i n   François à Londres hergenommen sey. Kennern wird dieses genug seyn, die von der Größe derer Männer, die daran Theil haben, und von der Wahl derer Sachen, die man darinnen findet, überzeugt sind. Sie ist daselbst vom Monat März 1750 bis zum August desselben Jahres fortgesetzet. Ihr Verfasser nennet sich am Ende der Abhandlung Thourneyser, den wir allem Ansehen {4} nach für einen Deutschen halten, da uns nicht unbekannt ist, daß sich einige Buchhandler [sic] dieses Nahmens in Deutschland finden. Seine Stärke in der Weltweisheit und Größenlehre ist nicht geringe, und sie äußert sich in dieser Abhandlung besonders.

Ihr Urheber hatte sie in Gestalt eines Sendschreibens entworfen, und wir haben keine Ursache gefunden, dieselbe anders einzukleiden. Nur ihre Aufschrift haben wir etwas verändert, da wir sie unentscheidend eingerichtet, anstatt daß sie in der Grundschrift das Vorhaben des Verfassers sogleich entdecket. Dieses ist die Ursache, daß wir unsern Lesern melden müssen, daß unser Schriftsteller ein Vertheidiger der Fatalität ist, und dennoch die Religion und guten Sitten aufrecht erhält. Allein welch Ungeheur einer Wahrheit, die Fatalität mit der Religion, mit den Sitten, mit dem Wohl der Menschen, kurz mit der gesunden Vernunft reimen zu wollen? Vielleicht giebt es einige, bey denen der Inhalt dieser Schrift dergleichen Gedanken gebie={5}ret. Allein ich ersuche Sie, diese sonst gerechte Verwünschung einen Augenblick zu hemmen. Unser Verfasser ist mit allen vernünftigen Gelehrten eins, er streitet nur für die bedingte Nothwendigkeit, ob er sich gleich des fürchterlichen Worts Fatalität bedienet.

Ich muß hiebey eine Erinnerung machen. Die Fatalisten sind bisher insgemein in allgemeine (*Fatalistæ universales*) und in besondere (*Fatalistæ particulares*) eingetheilet worden. Jene behaupten eine unbedingte Nothwendigkeit in allen Dingen, auch in den Handlungen der Menschen; diese legen nur den körperlichen Dingen in der Welt eine unvermeidliche Nothwendigkeit bey, lassen aber der Freyheit der menschlichen Handlungen ihr völliges Gewicht. Unser Herr Verfasser will zeigen, daß es noch eine andere Gattung der Fatalisten gäbe, (wenn wir ihn schon einen Fatalisten nennen sollen), die weder allgemeine, noch auch besondere Fatalisten sind, wenn man die letztern nach der vorher gegebenen Erklärung annimmt. Er kehret die Sache gerade um. {6} Er ist ein solcher, der den Dingen in der Welt ihre Zufälligkeit nicht abspricht, aber nur bloß in den Handlungen der Seele eine Nothwendigkeit zu behaupten suchet. Er leugnet folglich die Freyheit. In gegenwärtiger Schrift hat er uns einen Versuch liefern wollen, wie weit einer gelange, der die Freyheit der menschlichen Seele abspricht, und doch der Religion und den guten Sitten nichts vergeben will.

Dieses zu bewerkstelligen, hat er seine Schrift nach folgendem Entwurfe ausgeführet. Er hebt an, an der Freyheit zu zweifeln, er sichert seine Ungewißheit, bemühet sich die Gründe für die Freyheit zu entkräften, und setzet endlich: Die Handlungen der Menschen mögen einmal alle nothwendig seyn. In diesem Zustande
betrachtet er sich als einen Freund der Religion und Sittenlehre. Er spricht: kann
ich erweisen, daß dasjenige, welches das Wesen GOttes am meisten erweiset, mit
der Freyheit nichts gemein hat; kann ich ferner darthun, daß in dem System der
Nothwendigkeit, das Daseyn des Bö={7}sen sich keinesweges auf die moralischen
Eigenschaften des höchsten Wesens erstrecke, so glaube ich, die Religion und Sittenlehre bestehe, wenn gleich die Freyheit geleugnet, und eine Nothwendigkeit der
Handlungen angenommen wird.

Hierauf behauptet er das Daseyn Gottes aus der Zufälligkeit der Welt, weil er
sich eben hiedurch den Spinosisten entgegen stellen will. Er untersuchet die Kräffte
in der Welt auf eine neue und ganz abstracte Weise. Eben so verfähret er mit den
Eigenschaften Gottes, mit dem Verstande, und mit dem Willen desselben, und
endlich zeiget er, wie Gott an dem Uebel in der Welt keinen Antheil haben kann.

Dieses ist nun das System des Hrn. Verfassers. Er nennt es ein System der Fatalität, das aber besonders die Handlungen der Menschen angeht. Ich habe in den
Anmerkungen an mehr als einem Orte gezeiget, daß Herr Thourneyser unter dem
Worte Fatalität nichts an={8}ders als eine bedingte Nothwendigkeit der Handlungen verstehen könne, ob er gleich nicht offenbar gesteht, daß er sie meyne. Dieses
ist besonders zu loben, daß er nicht wider die Freyheit geschworen hat. Er will nur
sehen, wie ein solcher Fataliste wie er, sie bestreiten könne. Und es ist an dem, solche
Streiter bringen der Wahrheit Ehre, die in dergleichen subtilen Fällen allemal sehr
gerne nachgeben. Diese, sage ich, machen nur Einwürfe, und je mächtiger diese
sind, desto unbeweglicher wird die Veste der Wahrheit.

Eben dieses hat mich vermocht, gegenwärtige Schrift meinen Landesleuten zu
liefern. Das bündige, das unparteyische und schöne, werden ihren Werth zur Gnüge
schützen. Ich kann aber nicht leugnen, daß mich noch eine besondere Ursache zu
Verdeutschung derselben aufgefodert. Wie der Titel verspricht, so tritt die französische Monatschrift zu London ans Licht, einem Orte, wo vom Oberparlamente
an, bis auf den geringsten Pfarrer, alles neutonisch ist. Und wi={9}der alles Vermuthen zeiget sich hier dieser Entwurf einer natürlichen Gottesgelahrtheit, der auf die
Gründe der leibnitzisch=wolfischen Philosophie aufgeführet worden. Man sehe
die Begriffe vom möglichen und unmöglichen, von der Welt, von der Freyheit, die
Beweise von dem Daseyn Gottes, von seinen Eigenschaften und seiner Regierung
in der Welt, von der Zufälligkeit des Weltgebäudes, u. s. w. alles ist wolfisch, und
es finden sich sehr wenige Abweichungen von den Sätzen dieses großen Mannes.

Ich habe aber diese Schrift nicht ohne Anmerkungen der Welt darlegen
können. Denn erstlich sah ich sie als so etwas an, das der Herr Verfasser bloß dazu

aufgesetzet, die Wahrheit durch Einwürfe bestätigen zu helfen; und nachgehends war ich begierig, demselben zu zeigen, daß seine ganze Fatalität nach seinen eigenen Sätzen, nur eine bloß bedingte Nothwendigkeit sey. Um ihn hievon vollends zu überführen, habe ich in den Anmerkungen angenommen, als behau={10}ptete er wirklich eine absolute Nothwendigkeit der Handlungen, und in dieser Absicht ihm gezeiget, daß sein System alsdann nicht bestehen könne, wenn man nur dasjenige als gewiß ansehen wolle, was von ihm in der Abhandlung selbst zugegeben worden. Wie weit ich dieses erreichet, will ich dem Urtheile der geneigten Leser überlassen. Ich gestehe zum Voraus, daß ich die Wahrheit nicht sehr verherrlichet habe, ich bin also zufrieden, wenn ich sie nicht entehret. Leipzig, den 22sten Aerndtemonds, 1752.

Sendschreiben des Hrn. N. E. vom Lande an Hrn. C. P. zu London, worinn erwiesen wird: Daß die Gottesleugnung nebst den verkehrten Sitten nicht aus dem Lehrbegriffe der unvermeidlichen Nothwendigkeit herkommen können.

Als ich letztens das Vergnügen hatte bey Ihnen zu seyn, kamen wir, wie Sie wissen, von den schädlichen Wirkungen zu sprechen, die unter den Menschen durch die Meynung des nothwendigen Verhängnisses entstanden. Man hat sie allemal für die allgemeinste Ursache der Gottesleugnung und des Verderbens der Sitten gehalten. Wir waren leicht darinn eins, daß sie etwas Böses sey, und blieben nur über die dawieder anzuwendenden Mittel unterschieden.

{12} Sie schienen zu glauben, das Lehrgebäude der unvermeidlichen Nothwendigkeit, verkehre die Sittenlehre nebst der Religion schlechterdings, und man müsse eben dadurch zur Freygeisterey und Verwirrung gelangen, die in unsern Tagen so stark überhand genommen zu haben scheinen.

Ich fiel Ihnen damals bey, die Sittenlehre und die Religion bestünden mit der Freyheit des Menschen recht vollkommen; aber ich fügte hinzu, ich könne diesen Grund nicht anders, als einen bloß angenommenen Satz betrachten, worinn das Wahrscheinliche mit Verwirrung und Schwierigkeiten vereinbaret ist; ja es sey nicht zu hoffen, daß eine von den Weltweisen zu allen Zeiten aufgeworfene Frage recht könnte aus einander gesetzet werden, da die Entscheidung derselben noch eben so weit, als jemals, entfernet wäre; zudem bedünke es mir zu viel gewagt zu seyn, das vortrefflichste unserer Erkenntniß dem allemal ungewissen Erfolge einer metaphysischen Untersuchung zu unterwerfen: In dieser Absicht scheine es mir besser, die Sache aus einem andern Gesichtspuncte zu betrachten; ich wäre überzeugt, daß ein unvermeidliches Schicksal im weiten Verstande die Sittenlehre und die Religion in sich fasseten; Meiner Meynung nach hieße dieses den Gottesleugnern ihre einzige Aussicht beschneiden, und sie in die Enge zu treiben.

Sie entrüsteten sich hierüber, als wäre ich auf eine ganz ungewohnte Ungereimtheit gerathen. Ich gedachte meine Gedanken wohl zu rechtfertigen, indem ich Sie auf den vortrefflichen Verfasser der {13} Uebereinstimmung der Religion mit der Natur verwies[*] der eben dieses behauptet. Sie gaben mir kein Gehör, und glaubten sonder Zweifel mich zu etwas unmöglichem zu verbinden, da ich Ihnen versprechen muste, Ihnen meine Gedanken hierüber etwas ausführlicher zu übersenden. Ich will aber nunmehr mein Versprechen auf das allerernsthafteste erfüllen.

(*) Doctor Butler, Bischof von Bristol.

Dieserwegen ist es nöthig, eine Art der Nothwendigkeit festzustellen, mit der ich die Sittenlehre und Religion reimen zu können glaube.

Wir empfinden deutlich, daß die nächsten Ursachen unseres Wollens in uns vorhanden sind, und aus Bewegungsgründen, Begriffen und Bestimmungen unserer Seele bestehen. Die äußerlichen Ursachen hergegen[a] bringen bey uns einen Zwang hervor, der die Ausübung des Willens unterbricht. Wären wir dem unmittelbaren Einfluß derer äußerlichen Ursachen beständig unterworfen, so würde die={14}ser Zwang unsern natürlichen Zustand ausmachen; der Wille würde immerfort zweifelhaft bleiben, das ist, er würde gänzlich nichts seyn. Es ist aber aller Erfahrung zuwieder, das innere Gefühl auch nur im geringsten in Zweifel zu ziehen. So oft wir dahero etwas wollen, so oft entschlüßet sich unsere Seele durch dasjenige, was sie bey sich selbst empfindet, und die äußern Ursachen haben daran nur einen unmittelbaren Antheil[b].

Wenn wir aber zugeben, der Wille des Menschen sey nur durch innerliche Ursachen bestimmt, so muß man wissen, was diese Ursachen für Kraft haben. Ist es wohl etwas wiedersprechendes, daß, indem wir etwas vermöge dieser oder jener Bewegungsgründe unternehmen, wir in eben diesen Umständen, worinn wir uns befinden, solches unterlassen, oder doch auf verschiedene Weise ins Werk richten könnten?

Man setze alle Bewegungsgründe, wornach wir etwas unternehmen, sowohl als diejenigen, wodurch {15} wir es unterlassen, oder verschiedentlich ausführen, zum voraus; man erwäge gleichfalls die Umstände, worinn wir uns befinden, und die aus unsern vorhergegangenen Handlungen flüßen; wenn es nun an dem ist, daß in dem Augenblick der Entschlüßung das Gewicht würde haben anders ausschlagen können, als es wirklich ausgeschlagen ist, so sind wir frey: so ist diese Möglichkeit oder dieses Vermögen einen Entschluß gefaßt zu haben, von demjenigen unterschieden, welches, wie wir angenommen, das Wesen der Freyheit ausmachet.

(a)   Dieses sind nicht diejenigen Ursachen, die wir sonst Bewegungsgründe nennen. Denn diese erregen bey der Seele keinen Zwang, und unterbrechen nicht die Ausübung des Willens. Es können aber unzählich andere Gründe vorhanden seyn, die uns von außen hindern, dasjenige ins Werck zu richten, was wir gewollt. Z[um] E[xempel] Es wollte jemand wohin gehen, würde aber durch übles Wetter u. s. w. daran verhindert, so ist dieses eine äußerliche Ursache. Nichts desto weniger kann das abstracte eines solchen äußerlichen Umstandes zum Bewegungsgrunde werden, ob er es gleich selbst nicht ist.

(b)   Man muß sich nicht irre machen lassen, als wenn das wollen und nicht wollen durch das Wesen der Seele bestimmet würde, denn dieses kann nicht seyn, weil gedachte zwey Wirkungen etwas zufälliges sind, und von den Vorstellungen abhängen, die sich die Seele von dem Guten und Bösen machet, das sich bey einer Sache findet. WOLFF. Psychol. Emp. § 940. Es soll dahero dieses so viel heißen: die Seele hat bey sich eine Kraft, vermöge der ihr dargebothenen Bewegungsgründe sich selbst zu etwas zu bestimmen. Denn wäre das wollen und nicht wollen ihr wesentlich, so brauchte sie keiner Bewegungsgründe.

Wie der Zwang, oder die äußerliche Nothwendigkeit, der Willkühr entgegen gesetzet ist: eben so ist auch die innerliche Nothwendigkeit der Freyheit zuwider[c].

{16} Wenn in dem Augenblick des Entschlusses alle Bewegungsursachen, denen zufolge die Seele würde haben verschiedentlich handeln können, unzulänglich sind, wenn man sie mit denen vergleichet, die die Oberhand behalten; wenn die Zulänglichkeit dieser Bewegungsursachen von dem Ausgange abhänget, und keinesweges in unserer Gewalt ist; wenn wir uns unmöglich zu etwas durch Gründe entschlüßen können, die in Betrachtung unsers itzigen Zustandes schwächer sind, als die, wodurch der Entschluß geschiehet: so kann die Seele dem Einflusse derer in sie wirkenden stärkern Bewegungsgründe nicht wieder={17}stehen; sie würde in ihren Handlungen einer innerlichen Nothwendigkeit unterworfen seyn[d]; der nachfolgende Zustand würde sich schlechterdings nach dem vorhergehenden richten[e], und die Ursache, {18} welche diese fortwährende Abwechselungen erzeuget,

---

(c) Es ist nicht zu leugnen, daß viele nicht wissen, wie diese zwey Stücke, Freyheit und Willkühr, von einander genau zu unterscheiden sind. Man sehe verschiedene philosophische Lehrbücher nach, und man wird finden, daß die Begriffe dieser beyden Dinge fast einerley aussehen. Unterdessen fehlet es gar nicht an einem tüchtigen Unterschiede. Die Willkühr *(spontaneitas)* ist nämlich das Vermögen, seine Handlungen nach undeutlich vorgestellten Bewegungsgründen einzurichten; die Freyheit hergegen setzet allemal eine deutliche Erkenntniß dieser Bewegungsgründe zum voraus. Hieraus wird man einsehen, wie scharfsinnig unser Herr Verfasser verfähret. Nämlich die Willkühr kömmt auch Thieren zu. Soll also bey ihnen der Gegensatz der Willkühr gedacht werden, so muß es eine äußerliche Nothwendigkeit seyn, vermöge welcher das Thier nicht dasjenige thun muß, was es nach seiner sinnlichen Vorstellung thun wollte. Da nun die äußerliche Nothwendigkeit die Freyheit nicht aufhebet, sintemal ein Mensch dieser Nothwendigkeit unerachtet, das Vermögen, aus verschiedenen Dingen das zu wählen, was ihm das beste zu seyn scheinet, behält, ob er gleich an der Ausführung seiner Wahl gehindert wird: so erhellet, daß man der Freyheit die innerliche Nothwendigkeit entgegen setzen müsse, die dem Menschen das gänzliche Vermögen raubet, fernerhin das ihm vor andern gut scheinende zu wählen. Daher folgt denn auch, da die Wahl eine Bestimmung seiner selbst nach deutlich erkannten Bewegungsgründen heißt, daß die Freyheit, wie Thomas Aquinas schon gelehret, ein Vermögen zu wählen mit Recht könne genannt werden. Welches bey der Willkühr nicht angehet. Es sind einige, ich weis es, die auch der Freyheit die äußerliche Nothwendigkeit entgegen setzen. Allein ich glaube die äußerliche Nothwendigkeit benehme dem Menschen nur die Ausübung der Freyheit, nicht aber die Freyheit selbst. Denn benähme sie ihm die Freyheit, so müßte sie ihm das Vermögen der Seele anders zu wollen rauben, welches aber nicht geschieht.

(d) Das heißt, sie würde sich niemals anders entschlüßen können, als sie es wirklich thut, sondern müßte nothwendig andern Regeln in ihren Handlungen folgen, die diese Nothwendigkeit zum Grunde hätten; dergleichen wären z. E. wenn die folgenden Handlungen der Seele sich alle nach der vorhergehenden dergestalt richteten, daß sie ihr Vermögen bey denselben nicht brauchen könnte.

(e) Dieses sind freylich starke Einwürfe, die wieder die Freyheit könnten gemacht werden. Das ganze Gewicht derselben kömmt darauf an: wenn die Seele allezeit nach den triftigsten,

möchte ohnstreitig der Wille, das ist, die allgemeine Neigung zum Glücke seyn, die die vergangenen und zukünftigen Begebenheiten verschiedentlich einrichten. Alsdann würde es mit dem menschlichen Leben wie mit einer krummen Linie zugehen, deren Natur allezeit eben dieselbe Gleichung ausdrücket, und die nichts desto weniger viele aufeinander folgende Krümmen, Knoten, Wendungs= und Wiederkehrungspuncte zulässet; oder wie mit den Gliedern einer Reihe, die nach einerley Art hervorgebracht, dennoch ins Unendliche unter sich verschieden herauskommen.

Von diesen zwey entgegen gesetzten Meynungen der Freyheit und der Nothwendigkeit, scheinet {19} die erste bey mir sowohl, als bey Ihnen, den Vorzug zu verdienen. Wir sind nur in gewisser Absicht uneins. Ich glaube nicht, daß in Ansehung der Freyheit alles so deutlich sey, wie Sie es vorgeben. Ich befriedige mich, dieselbe als etwas wahrscheinliches, und als einen angenommenen bequemen Satz zu betrachten.

Die Freyheit, werden Sie erwiedern, ist durch die Erfahrung eben so genau bestätiget, als unsere übrigen Seelenkräfte, und die Empfindung dessen, was in uns vorgehet, ist eine Begebenheit, der jedermann beypflichtet.

Ich antworte, daß, obgleich die Erfahrung für die Freyheit zu seyn scheinet, ich dennoch nicht finde, daß sie in diesem Falle so entscheidend sey, als wenn sie uns

---

stärksten und heilsamsten Bewegungsgründen handeln muß, so kann sie sich nicht nach denenjenigen bestimmen, die schwächer, seichter und weniger zuträglich sind. Folglich kann sie den ersten nicht wiederstehen. Folglich muß sie so und nicht anders handeln, als es diese Bewegungsgründe erfodern. Und daher ist sie nicht frey. Allein dieses hieße ebenso viel gesagt, als wenn ehemals ein gelehrter und frommer Gottesgelehrter an den Herrn Baron von Wolff schreibet: (Theol. nat. P. II. §. 277 schol. oo p. 247) er (der Gottesgelehrte) könne GOtt nicht die Freyheit zugestehen, weil bey demselben eine Nothwendigkeit im wollen und nicht wollen sey. Er müsse nämlich das Gute wollen, und das weniger Gute nothwendig nicht wollen. Allein derjenige hat sich von der Freyheit sehr übele Gedanken gemacht, der dafür hält, ein freyes Wesen müsse auch das Böse, oder doch das weniger Gute wollen können. Hieße das nicht dem freyen Wesen ein Vermögen, das Böse zu billigen, ertheilen? Ja man nähme demselben auf einer Seite dasjenige, was man ihm auf der andern zugestanden? Man gesteht nämlich dem freyen Wesen Verstand und Willen zu. Der Wille soll das begehren, was der Verstand als das beste und vollkommenste unter andern Dingen erkannt hat. Sollte nun der Verstand das weniger vollkommene, das weniger gute dem wahren Guten vorziehen, wenn er weis, daß es nicht so gut und vollkommen ist? Gewiß hiedurch fällt das Wesen des Verstandes völlig übern Haufen. Folglich schadet es auch einem freyen Wesen nichts, daß der Wille allezeit nach dem Besten strebet. Und dieses ist eben der Vorwurf, den einige aus der moralischen Nothwendigkeit hernehmen, die sie dem Willen entgegen setzen, um der Freyheit den letzten Stoß zu geben. Der Fall gehört gar nicht hieher, da der Verstand etwas für gut hält, das es wirklich nicht ist, und der Wille also das Scheingut begehret.

von unsern übrigen Gemüthskräften überführet. Es ist eine Ungleichheit dabey, die ich Ihnen verständlich zu machen suchen will.

Was wir von den übrigen Kräften unserer Seele wissen, betrifft nicht sowohl das Vermögen selbst, als vielmehr die vorhandenen Wirkungen desselben. Ich gedenke; ich stelle mir etwas vor, ich entsinne mich. Dieses sind Dinge, die mir das innere Gefühl darleget. Ich schlüße daraus, ich sey mit der Kraft zu denken, mit der Einbildung, mit dem Gedächtnisse begabet.

In dieser Absicht ist die Freyheit von allen übrigen Kräften unterschieden. Ich habe sie ein Vermögen genannt, wodurch man im Stande ist etwas in eben demselben Augenblicke zu unterlassen, oder anders, als es geschehen ist, zu unterneh={20} men[(f)]; das ist, die Freyheit ist ein Gefährte des Willens, ein Vermögen, das niemals zur Wirklichkeit gebracht ist. Daher hat dieses innerliche Gefühl auf die Wirkungen der Freyheit keinen Einfluß, weil sie weder merkliche Wirkungen hat, noch auch zu haben vermag. Sie begreift das Vermögen selbst in sich; allein man kann aus demselben nicht deutlich genug, noch auch zuverläßig unterscheiden, ob es von der Freyheit, oder nur von der Meynung derselben zeuget[(g)].

{21} Weder diese Schwierigkeit, noch die meisten von denen, die man insgemein bey der Freyheit machet, sind zu Befriedigung derer gehoben worden, die vielleicht in der Deutlichkeit und Gewißheit zu zärtlich sind, und demjenigen nicht sonder Einschränkung beyfallen, dem die offenbaren Merkmaale derselben fehlen.

Wollen Sie einwenden, die Freyheit habe an dem, was unter denen Menschen das Heiligste ist, an den Grundwahrheiten der Religion, und den wichtigen Gründen der Sittenlehre Antheil, daher müste man etwas bereitwilliger, und nicht so gar strenge verfahren; wohlan, antworten Sie nun. Glauben Sie, daß ein vernünftiger

---

(f) Dieses ist noch wohl nicht genug zur Freyheit. Die Willkühr ist auch so beschaffen, daß ich etwas in eben demselben Augenblicke unterlasse. Sie erfodert also, daß ich es nach deutlich erkannten Bewegungsgründen unterlasse.

(g) Die ganze Sache, die der Herr Verfasser hier entwickeln will, kömmt darauf an: ob wirklich so etwas in uns vorhanden sey, das wir Freyheit nennen, oder ob wir uns nur einbilden, daß es wirklich vorhanden sey. Allein es ist freylich an dem, wenn wir darthun sollen, ob die Freyheit wirklich in der Seele vorhanden sey, wir solches am besten dadurch bewerkstelligen können, wenn jeder auf sich selbst und seine Handlungen Achtung hat, das ist *a posteriori*. Allein sollte es nicht möglich seyn es *a priori* zu bewerkstelligen? Es sind einige, die daran zweifeln. Der Herr Baron von Wolff ist nicht bey sich gewiß, ob die Freyheit Gottes *a priori* könne erwiesen werden. Theol. natur. P. I. §. 1094. Daß dieses letzte möglich sey, hat Herr Hanov in Danzig sehr bündig gezeigt in den *Principiis nat. cognoscendi libertat. Dei.* Siehe dessen *Disquisitiones argumenti potissimum metaph.* p. 445 sqq. Das erste, nämlich die Freyheit des Menschen, glauben wir nach seinem Beyspiele dergestalt bewerkstelligen zu können, wenn wir, wie unten in der Anmerkung (s) geschehen, zeigen, daß wo Verstand und Wille ist, auch Freyheit seyn müsse. Dieses kann aber jedermann leicht übersehen, der bemerket, worauf es ankommt.

Mensch jemals an einem falschen Vernunftschlusse von irgend einer Sache könne einen Gefallen haben, und daß man es sich Dank wissen dürfe, etwas zweifelhaftes oder wahrscheinliches vor gewiß angenommen zu haben?

Ich gehe weiter. Es ist sehr zuträglich, die Dinge nur nach ihrem wahren Werthe zu schätzen. Betrachten Sie die Freyheit bloß als eine wahrscheinliche Lehrmeynung: so entstehet dadurch, daß sich die Sittenlehre nebst der Religion vermöge derselben aufrecht erhalten, gewiß ein großes Vor={22}urtheil für die Freyheit[h]. Es ist ausgemacht, daß ein angenommener Satz allemal desto wahrscheinlicher wird, je leichter und geschickter er eine verborgene Sache entwickelt. Dieses sichern und gegründeten Vortheils bedienen sie sich, wenn sie die Freyheit als gewiß ausgeben, denn die Sache fällt ganz anders aus, so bald von der Deutlichkeit die Frage entstehet.

Ich lasse Ihrer Absicht Gerechtigkeit wiederfahren. Sie erklären sich für die Freyheit, weil Sie solche als den Grund der Sittenlehre und der Religion ansehen. Gelingt es mir aber, Sie zu überreden, daß sich das Lehrgebäude derselben annoch auf den Lehrbegriff der innerlichen Nothwendigkeit gründet, (in so ferne Sie an der theoretischen Frage selbst geringern Antheil nehmen): so werden Sie das Unrichtige davon besser wahrnehmen, und mit mir dafürhalten, daß Sie sich aufs neue vergebens bemühen, dasjenige ans Licht zu bringen, was die Natur verborgen zu haben scheinet.

Ich schreite zur Sache, und bemerke anfänglich, daß der Mensch allemal gleiche Empfindung {23} hat, er mag frey seyn oder nicht. Setzen wir die Freyheit bey Seite, so erblicken wir deutlich, daß wir darum den Schmerz eben so stark fühlen müssen, wenn der Zusammenhang der nervigten Fäserchen in unserm Körper gestört wird; wir würden bey verschiedenen sinnlichen Vergnügungen nicht weniger empfindlich seyn. Wenn aber das Lehrgebäude der Freyheit zu unserer Empfindung bey dem physischen Guten und dem physischen Bösen nicht das geringste beyträget, so wird auch unsere Empfindung bey dem sittlichen Guten und Bösen durch dasselbe nicht verändert[i]. Die Seele hat sowohl als der {24} Körper ihren

(h) Die Freyheit wird auch von ihren Vertheidigern nicht einzig deswegen behauptet, weil ihre Verbindung mit der Religion und den guten Sitten so genau ist. Man hat Gründe genug, sie zu beweisen. Der gegenwärtige aber zeiget bloß, die Freyheit sey einem andern Lehrbegriffe, z.E. dem der Fatalität vorzuziehen, der mit der Religion nicht so gut bestehet. Ob nun aber die Freyheit etwas wirkliches ist, und nothwendig da seyn muß, dazu hat man sich freylich anderer Beweise bedienen müssen.

(i) Wir glauben, es lasse sich hiewieder vieles mit gutem Grunde einwenden. Denn das sittliche Uebel erfodert allerdings, daß jemand überzeugt ist, er habe anders handeln können, und die Gesetze in diesem oder jenem Falle nicht beleidigen dürfen. Gesetzt es sey das Gegentheil; es gedenke jemand, es sey ihm unmöglich gewesen, anders zu handeln, die Nothwendigkeit, sein Zustand, sein Unvermögen, kurz seine ganze Einrichtung erfodern es, daß er

guten und üblen, ihren gesunden und schwachen Zustand. Unsere Empfindung macht uns durch diese zwey widrigen Umstände des Glücks und Unglücks fähig, und unsre Handlungen werden, nachdem sie auf einen oder den andern Zweck abzielen, gut oder böse.

Die Gewißheit des sittlichen Guten und Bösen ist mit der Gewißheit des physischen Guten und Uebels einerley. Dieses ist unleugbar, und muß mit dem Lehrbegriffe der Nothwendigkeit sowohl als mit dem der Freyheit bestehen. Die innerliche Nothwendigkeit setzet das Willkühr[(k)] und den Willen, oder die allgemeine Neigung glücklich zu seyn, zum Voraus. Sie ist also von der Freyheit nur darinn unterschieden, daß sie der Seele keine Kraft zugestehet, sich denen Bewegungsgründen, die sie schlüßig machen, zu widersetzen.

{25} Dasjenige, wornach sich dieser allgemeine Trieb glücklich zu werden richtet, ist ebenfalls in dem Lehrgebäude der Fatalität enthalten[(l)]. Die Vernunft zeiget uns zum Voraus den Nutzen der Tugend, und die üblen Folgen des Lasters. Die Erfahrung, das innerliche Gefühl, und die Prüfung unser selbst[(m)] bestätigen die

---

so und nicht anders habe handeln müssen; so wird hiedurch das moralische Uebel zu einem metaphysischen gemacht, und die Empfindung desselben, die allemal mit einer Erkenntniß des Uebels verbunden seyn muß, verschwindet gänzlich. Niemand hält dieses für ein moralisch Uebel, was seinem Wesen nach nicht hat können geändert werden. Meines Bedünkens ist dieses ein größerer Beweis für die Freyheit als der, den sich der Herr Verfasser kurz vorher zu wiederlegen vorgenommen. Endlich getraute ich mir zu behaupten, daß nach aufgehobener Freyheit auch so gar das physische Uebel mit der Empfindung desselben verschwinden müßte.

[Keine Anmerkung (j).]

(k) Ich weis zwar nicht, was sich Herr Thourneyser für einen Begriff vom Willkühr machet. Aus dem, was ich in der Anmerkung (c) erinnert, ließe sich muthmaßen, wir wären in demselben einerley. Allein bey dieser Stelle kann man deutlich sehen, daß er von der Willkühr eine falsche Meynung hege. Denn ist die Willkühr ein Vermögen, nach undeutlich erkannten Bewegungsgründen zu handeln, so kann sie sich mit der innerlichen Nothwendigkeit nicht reimen; da diese nach des Herrn Verfassers Lehre, der Seele alle und jegliche Kraft benimmt, nach irgend einigen Bewegungsgründen, folglich auch die Kraft, nach undeutlich erkannten Bewegungsgründen zu handeln.

(l) Es ist eine andere Frage, ob ich bey einer innerlichen Nothwendigkeit eine Neigung zum Guten, glücklich zu seyn, oder einen Willen haben kann, und eine andere, ob ich die Mittel, diesen Trieb nach deutlich erkannten Bewegungsgründen in Erfüllung zu bringen vermag? Es ist wahr, ist der Trieb glücklich zu seyn nothwendig, so ist der Trieb, die besten Mittel dazu zu suchen, auch nothwendig. Allein wie erhält man die besten Mittel? Vielleicht wenn man übereilter Weise zufährt und dem ersten Anschein folget? Gewiß nicht! nur dann erst, wenn man überlegt, prüft, vergleichet, und endlich mit möglichster Behutsamkeit wählet. Und hierauf beruhet die Freyheit, die sogar der Nothwendigkeit des Triebes glücklich zu seyn folgen muß.

(m) Gewiß eine Prüfung, womit man augenblicklich zu Ende kömmt, wenn man sieht, daß man des Vermögens, anders gehandelt haben zu können, beraubet ist.

Lehren der Vernunft. Alles nähert uns dem Glück; alles entfernt uns vom Uebel. Wir mögen einen Theil ergreifen, welchen wir wollen, es wird uns nie an Bewegungsgründen[n] zur Tugend fehlen. Erblicken wir auf einer Seite den Frieden, die Gemüthsruhe, das Ver={26}gnügen, so finden wir auf der andern Raub, Gewissensbisse und hefftige Bewegungen. Mit einem Worte, das Gute treibt uns zum Guten; selbst das Böse neiget uns zu seinem Wiederspiel, und ziehet uns zum Guten zurück.

Allein was soll ein Gewissensbiß bey dem Lehrbegriffe der Nothwendigkeit? Die Natur, die als eine gütige Mutter um unsere Vollkommenheit und um unser Glück bemühet ist, hat uns diese unangenehme Empfindung eingepflanzet, um uns wiederum zu dem von ihr vorgesetzten Ziele zu bringen, wenn wir etwan davon abweichen sollten[o].

Diese Bewegungsgründe, die uns die Richtschnur des sittlichen Gutes und des sittlichen Uebels darstellet, machen zusammen genommen die Verbindlichkeit aus. Die Lehre von der Nothwendigkeit gründet sich auf den Verstand und Willen. Sie hebet den Unterschied zwischen dem Guten und Bösen nicht auf, und muß dahero den Bewegungs={27}gründen, die uns zu dem einen hinleiten, und von andern abführen, ihre völlige Gültigkeit lassen, und eben hierinn bestehet die Verbindlichkeit.

Die Verbindlichkeit, womit die Regel des moralischen Guten und Bösen, oder das Gesetz der Natur versehen ist, bestehet nicht in einem leeren Nahmen. Sie ist von Strafen und Belohnungen unterstützet. Die Natur hat es so eingerichtet, daß jegliche gute Handlung selbst ihre Belohnung mit sich führe, da sie hergegen auf das Verbrechen und Laster Schande, Verwirrung u. Gewissensbisse folgen lässet.

Ob aber gleich unser wahres Bestes mit der Beobachtung des natürlichen Gesetzes auf das genaueste verbunden ist, so ist dennoch mehr als zu wahr, daß die Handlung nicht allemal dem Rechte gemäß sey. Die Verbindlichkeit wirket nicht allemal. Die uns von ihr dargestellten Bewegungsgründe werden öfters von andern Bewegungsgründen überwogen, die an sich selbst schwächer sind, aber von den besondern Umständen eines im Begriffe zu wirken stehenden einzelnen Dinges eine gehörige Kraft hernehmen. Alsdann ziehet man ein trügerisches

---

(n) Was sollen die Bewegungsgründe zur Tugend, wenn die Seele keine Kraft hat, sich nach ihnen zu richten und sie auszuüben?

(o) Hat uns die Natur diese unangenehme Empfindung eingepflanzet, die wir Gewissensbisse nennen, so hat sie uns eben dadurch eine Erinnerung darbiethen wollen, daß wir hätten anders handeln können. Ist dieses, (wie es denn nach der Erklärung eines Gewissensbisses wirklich ist), so zeigt uns die Natur, daß wir dasjenige besitzen, was ihr der Herr Verfasser abspricht, das ist die Freyheit. Ich will hier nur überhaupt erinnern, daß alles dasjenige, was Herr Thourneyser bald hernach von der Undeutlichkeit, und von der Beobachtung des natürlichen Gesetzes beybringt, nicht anders, als in dem System der Freyheit seinen Werth behält.

und unbeständiges Vergnügen denen gegründeten und dauerhaften Vortheilen vor, und man setzet sich einem wirklichen Uebel aus, da man das scheinbare zu vermeiden suchet.

Das System der Nothwendigkeit ändert in der Natur des Guten und Bösen nicht das geringste, und lässet den Unterschied davon ganz unverletzt. Daher kann es das moralische Uebel keinesweges zu etwas gutem machen, das unserer Natur zuträglich wäre.

{28} Dieses System darf uns weder unwirksam noch gleichgültig machen. Wenn die äußerlichen Ursachen unsern Willen bestimmen möchten, so würden wir gar nichts wirken wollen, wir würden von außen die erforderlichen Wirkungen erwarten, unsern Zustand zu verändern[p]; und wenn alle unsere Handlungen zu unserm Glücke gleichviel beytrügen, so würden wir uns in der Wahl der Mittel dem blinden Zufalle überlassen können. Jedoch die bloße Nothwendigkeit, die denen Erscheinungen nicht offenbar wiederspricht, ertheilt uns die Kraft zu wirken, oder das Willkühr. Die Unwirksamkeit kann also keine statt haben. Die Gleichgültigkeit findet eben so wenig Vorschub, weil der Lehrbegriff der Nothwendigkeit den Unterschied derer Handlungen keineswegs aufhebet[q], maßen sie durch ihre Folgen bey uns das Glück oder Unglück zuwege bringen.

Man setze so lange man will zum voraus, der Wille könne dem Eindrucke der Bewegungsgründe nicht wiederstehen, und alles Wollen sey nothwendig durch seine Ursachen bestimmt, so ist allemal gewiß, daß diese Ursachen nichts anders als Vorstel={29}lungen sind, die der Verstand dem Willen darbiethet. In der mehr oder weniger ausgedehnten Vergleichung, die die Seele unter diesen verschiedenen Vorstellungen machet, bestehet die Ueberlegung. Diese Vergleichung geschiehet allemal, so oft viele Gegenstände vorhanden, die entweder zu suchen oder zu vermeiden sind. Folglich bestehet die Ueberlegung mit dem System der Fatalität, wenn man es so, wie ich gezeiget, annimmt; Sie ist auch, ob man gleich die Freyheit zugestehet, eine wesentliche Bedingung der Handlung.

Ich will noch hinzusetzen, wie es mir nicht scheinet, daß die Fatalität den wahren Grund des Lobes und des Tadels aufhebe. Sie verkehrt auch nicht die moralische Empfindung; sie zernichtet nicht die Zeugnisse unsers Gewissens; sie setzet selbst den verschwiegenen Beyfall und die geheimen Vorwürfe, als die nächsten Ursachen unserer Entschließung, zum voraus. Nun ist kein Grund vorhanden, warum die Fatalität sich vielmehr auf die Urtheile, die wir von andern machen, als

---

(p) Dieses würde freylich geschehen, wenn die äußerlichen Gründe Zwangsmittel wären. So aber können es nur Ursachen seyn, worauf die Bewegungsgründe beruhen, nach denen sich unsre Seele entschließt. Folglich kann man die äußerlichen Ursachen nicht als der Herr Verfasser betrachten.

(q) Es wird sich in der folgenden Anmerkung äußern, wie weit dieses bestehen könne.

die wir von uns selbst fällen, erstrecken sollte⁽ʳ⁾. Wir sind {30} so beschaffen, daß
uns die Vollkommenheit allemal auf eine angenehme Weise rühret, wir mögen sie
in {31} uns selbst, oder anderswo erblicken; die Unvollkommenheit macht hergegen eine wiedrige Empfindung.

(r) Dieses alles klingt sehr einnehmend. Wir glauben aber, daß wenn wirklich eine Fatalität in
denen Handlungen herrschete, wir weder von andern noch von uns selbst urtheilen könnten.
Denn sollten wir von anderer Handlungen urtheilen, so müste dieses von der Sittlichkeit
derselben geschehen. Die Sittlichkeit der Handlung erfodert, daß diese Handlung denen
Gesetzen zuwieder unternommen worden. Ist dieses, so muß das wirkende Wesen anders
haben handeln können, und zwar, weil es mit Verstande begabt ist, nach deutlichen Gründen. Folglich ist es frey. Folglich fodert die Moralität der Handlung ein freyes wirkendes
Wesen. Gesetzt die Moralität der Handlung erfodere nicht eben, daß das wirkende Wesen
anders hätte handeln können; gesetzt sie sey nichts anders, als eine bloße Abweichung von
den Gesetzen, und lasse die Zufälligkeit des Gegentheils in der Handlung unausgemacht.
Gesetzt, sage ich, daß dieses wäre; so folgte doch, daß entweder keine üble Handlung wieder
die Gesetze wäre, oder daß Gott Gesetze vorgeschrieben, von denen er zum voraus gewußt,
daß sie nicht würden können erfüllet werden. Das erste erhellet daraus, weil, sobald im
Gesetze etwas untersaget wird, dieses [sic!] Unterlassung möglich seyn müsse. Aber in der
Fatalität der Handlungen ist es dem wirkenden Wesen nicht möglich gewesen, anders zu
handeln. Folglich untersagt das Gesetz etwas unmögliches, und ist also kein Gesetz, und da
dieses ist, so kann auch die Handlung nicht wieder das Gesetz seyn. Allein lasset uns annehmen, die Handlung sey dennoch wieder das Gesetz in diesem Falle: so würde zu behaupten
seyn, daß, da dem Gesetze wegen der Fatalität der Handlungen nicht könnte nachgelebet
werden, Gott habe als der Gesetzgeber, vermöge seiner Weisheit und Verstandes vorhergesehen, daß das Gesetz nicht würde können erfüllet werden, und dennoch ein solches Gesetz
gegeben, welches denn wiederum ungereimt wäre. Man darf auch hier nicht einwenden,
daß das Gesetz von einem andern verständigen Wesen in Erfüllung kann gebracht werden,
welches das erste an Kräften und an Vermögen übersteigt. Dieser Einwurf ist unkräftig.
Wir reden hier von dem Gesetze, welches allen verständigen wirkenden Wesen, nicht aber
einem ins besondere vorgeschrieben ist. Daher müssen auch alle im Stande seyn, das Gesetz
zu erfüllen. Ja was würde zuletzt von den göttlichen Strafen zu halten seyn, wenn das wirkende Wesen so und nicht anders handeln müste. Ich weis wohl, daß einige Philosophen
behaupten, daß sowohl die allgemeinen als besondern Fatalisten, die Moralität der Handlung müssen aufrecht stehen lassen, indem sie gehalten sind, einen Unterschied unter den
Handlungen zu erkennen. Allein ich frage, woher entstehet der Unterschied der Handlungen? Nicht deswegen, weil einige den Gesetzen gemäß, andere ihnen aber zuwieder sind?
Habe ich nun oben erwiesen, daß der allgemeine Fatalist mit keinem Grunde ein Gesetz
erkennen kann, so ist offenbar, daß bey ihnen der moralische Unterschied der Handlung
verschwinden muß. Ich habe mit Fleiß angemerkt, daß die gedachten Weltweisen in ihren
Beweisen hierauf nicht gesehen. Denn gebe ich erst zu, daß bey einem allgemeinen Fatalisten noch Gesetze statt haben können, so richte ich für die Aufhebung der Moralität in
den Handlungen nichts aus. Zeige ich aber, daß die Gesetze denselben entweder gar nicht,
oder doch nicht genugsam verbinden: so fället die Moralität der Handlung augenblicklich
dahin. Ich habe mich hinächst nicht genugsam wundern können, daß die Weltweisen, die
die Sittlichkeit der Handlungen in dem *Fatalismo universali* behaupten, dennoch gestehen,

{32} Unterdessen muß man in diesem System zugeben, daß, wenn auf einer Seite die Tugend keine eitele Bewegungen zu erregen vermag, auf der andern Seite der Haß einig und allein das Laster, nicht aber die Lasterhafften betrifft. Ich sehe hiebey keinen großen Nachtheil.

Ich glaube, mein Herr, aus dem angeführten schlüßen zu können, man sey gründlich zu urtheilen nicht im Stande, die Fatalität zum Umsturz der Sittenlehre anzuwenden, oder auch nur in derselben einige wichtige Veränderungen anzurichten. Der Mensch mag indessen frey seyn oder nicht, so bewegt er sich völlig auf einerley Art. Er hat zur Quelle seiner Handlungen den Willen, der durch den Verstand erleuchtet, eben derselben Richtschnur unterworfen ist, und von eben derselben Verbindlichkeit verpflichtet wird[s].

{33} Ich habe aber die Sittenlehre bisher ohne die Religion betrachtet. Nunmehr wird es dienlich seyn, diese zwey große Grundsätze in dem System des unvermeidlichen Schicksals zu vereinbaren.

Die hiebey vorhandene Schwierigkeit betrifft das Wesen des moralischen Uebels. Die Frage ist verwirrt, wenn man die Freyheit zugiebt, und sie scheinet es noch mehr zu seyn, wenn man die gegenseitige Meynung annimmt.

Wenn alle unsere Handlungen durch die genaue Verbindung derer Bewegungsgründe nothwendig werden, die aus besondern Umständen herkommen, darinn sich ein jeder von uns befindet, was sollen diese innerliche Martern, diese Vorwürfe, diese Unruhen, die das Verbrechen und den Frevel begleiten.

Der Einwurf betrifft also nicht das Daseyn des moralischen Bösen, sondern er setzet dasselbe vielmehr zum voraus. Ein Uebel bleibt, um nothwendig zu seyn,

---

er hebe alle Obligation, oder welches gewiß einerley ist, alle Gesetze auf. Eben dieses sind die Gründe, die mich überreden, es könne nicht leicht ein allgemeiner Fatalist gefunden werden. Denn diejenigen, welche noch die bürgerlichen Gesetze erkennen, und sich ihnen unterwerfen, sind nur besondere Fatalisten, *(Fatalistæ particulares).*

(s) Hieraus erhellet, wie ich in dem Vorberichte erinnert, daß es der Herr Verfasser mit der Fatalität so übel nicht meyne. Es ist nichts leichter zu erweisen, als dieses, daß, wenn jemand Verstand und Willen bey einem Wesen zugiebt, er auch die Freyheit ihm zugestehen müsse. Er mag sich des Nahmens Freyheit bedienen oder nicht. Es verhält sich eben so, als wenn jemand den Willen läugnen wollte, und nur den Verstand zugäbe. Beydes ist unzertrennlich, und der Wille entsteht aus dem Verstande. Gleichergestalt kann auch kein Verstand und Wille seyn, wo nicht Freyheit ist, und umgekehrt. Denn die Freyheit ist eine nothwendige Tochter des Verstandes, und eine Eigenschaft des Willens. Und dieses zwar darum, weil der Verstand seinem Wesen nach nothwendig zeigt, was dem andern vorzuziehen sey. Das heißt, er erkennet den Werth der Gründe. Der Wille begehrt darauf dasjenige, welches vor andern das Beste ist, das ist, er übet die Freyheit. Endlich da eine Sache ohne ihre Eigenschaften nimmer kan gedacht werden, so kann auch der Wille niemals ohne die Freyheit bestehen.

nicht weniger das, was es ist[t]. {34} Sind der Schmerz, die Krankheiten und das
Unvermögen weniger empfindlich, wenn wir ihnen nicht haben zuvorkommen
können?

Aber der Einwurf fällt auf den moralischen Charakter des Urhebers aller Dinge
zurück. Wie hat uns doch ein mit unumschränkter Güte begabtes Wesen einem so
harten Verhängnisse unterwerfen können, wegen unserer Handlungen zu leiden,
wenn es einen Wiederspruch in sich fassete, daß wir jemals anders, als wir gethan
haben, hätten handeln können?

Diesen Einwurf zu beantworten, will ich anfänglich zeigen, daß das, welches
das Daseyn Gottes am meisten erweiset, mit der angenommenen Freyheit nichts
gemein hat. Nachgehends will ich erweisen, daß in dem System der Nothwendigkeit das Daseyn des Bösen sich keinesweges auf die moralischen Eigenschaften des
höchsten Wesens erstrecket.

Der unumstößliche Beweis des göttlichen Daseyns fließet aus dem Daseyn der
Natur und der Welt, oder des ganzen Weltgebäudes.

Die Welt heißet hier die Reihe aller vergangenen, gegenwärtigen und zukünftigen Dinge, die eben so beschaffen sind, als das, was wir vor Augen sehen, und in
uns selbst empfinden.

Wir verändern uns in jedem Augenblicke. Um uns ist ein beständiger Fluß.
Unsre Sinne geben uns nur veränderliche Dinge zu erkennen, deren Daseyn auf einander folget. Die Welt ist eine Reihe von dergleichen vergangenen und zukünftigen
Dingen, wie die itzigen sind. Sie bestehet also aus {35} integralen Theilen, die alle
in einer Bewegung sind, und die nichts in einen festen Stand zu bringen vermag.
Auch die Art, wie sie vorhanden sind, ist auf einander folgend. Der Unbestand des
gegenwärtigen Augenblicks macht die Anzahl der zukünftigen Dinge geringer, die
hergegen der vergangenen stärker, und macht durch diese Veränderung des Verhältnisses die ganze Reihe von sich selbst unterschieden. Alle Gestalten, unter denen
sie zum Vorschein kommt, gerathen nach und nach von dem Seyn in ein Nichts;
Es giebt keine einzige unter ihnen, deren Daseyn nothwendig ist. Wenn sie wieder
vereinigt sind, würde keine von ihnen eine Eigenschaft haben, welche nicht einer
unter ihnen schon besonders zukömmt. Folglich kann die Welt, in welchem Punct
ihres Daseyns sie nur betrachtet, oder auch in ihrem ganzen Umfange genommen
wird, da seyn, und auch nicht da seyn, das ist, sie ist ein zufälliges, nicht aber ein
nothwendiges Wesen.

(t)   Es läßt sich wohl sagen, daß das sogenannte moralische Uebel noch ein Uebel seyn würde.
      Aber es entsteht nur die große Frage: würde es nur ein moralisches Uebel seyn? Wir haben
      gezeigt, daß es ein metaphysisches Uebel seyn würde. Und wie gräuliche Verwirrungen
      würden alsdann entstehen, wenn dieses nicht wäre?

Ist aber die Welt gleich kein nothwendiges Wesen: so ist sie nichts desto weniger vorhanden; Eine Erscheinung, die ihren Grund haben muß, oder wir müssen die Vernunft ablegen.

Die Rechenkunst gibt vergebens eine Näherung zur Quadratwurzel von zwey. Die Unzulänglichkeit sie vollkommen auszudrücken, macht, daß man zur Meßkunde, als einer höhern Wissenschaft, seine Zuflucht nimmt. Um so viel mehr muß man, weil die Verknüpfung derer zufälligen Dinge keine Näherung darbiethet, die erste Ursache derselben zu finden, die Klasse der auf einander folgenden Wesen verlassen, und endlich dadurch auf ein seiner Natur {36} nach beständiges Wesen kommen, welches den Grund seines eigenen Daseyns, und des Daseyns der ganzen Welt in sich selbst hat.

Ich sage, daß die Verbindung der zufälligen Ursachen, selbst keine Näherung zur ersten Ursache aller Dinge darbiethet. Denn ein zufälliges Daseyn durch ein anderes zufälliges Daseyn zu erklären, heißt die Schwierigkeit weder heben noch verringern[u]. Es heißt bloß sie einen Schritt weiter setzen, wornach man sie eben dieselbe, wie zuvor, wiederfindet.

Das nothwendige Wesen verhält sich also zur Welt, wie die Ursache zur Wirkung. Dieses setzt in dem nothwendigen Wesen eine Kraft voraus, etwas zur Wirklichkeit zu bringen, das vorher nur möglich war.

Diese Kraft des nothwendigen Wesens muß sich nicht auf die Gestalt des Weltgebäudes, sondern {37} auch auf die Materie erstrecken. Die Zufälligkeit herrschet in einer und der andern gleich stark. Was wäre es sonst für ein Unding, die Materie nothwendig, und dennoch von der ganzen Natur entblößet anzunehmen, die sie wirklich hat.

Das ist, die Kraft des nothwendigen Wesens begreift sowohl das Vermögen zu schaffen in sich, als das Vermögen zu verändern und zu organisiren.

Weil das schaffende Vermögen des nothwendigen Wesens das gegenwärtige Weltgebäude aus dem bloß möglichen Zustande zum wirklichen Daseyn [hat] bringen können: so würde dieses schaffende Vermögen, an und vor sich selbst betrachtet, im Stande gewesen seyn, wenn noch mehr Welten möglich sind, ihnen ihr Daseyn

---

(u) Unserer Meynung nach kann dieses so schlechthin nicht geleugnet werden. Denn wenn ich gleich ein zufälliges Wesen durch ein anderes zufälliges erkläre, und damit bis ins unendliche fortgehe; so würde ich dennoch dieses dadurch erhalten, daß ich überführt würde, es sey nicht möglich, in der itzigen Verknüpfung der Dinge eine erste Ursache anzutreffen, sondern man müsse auf ein Wesen gehen, daß [sic!] von den Dingen in der Welt, und überhaupt von allen zufälligen Dingen unterschieden, ja vielmehr ihnen entgegen gesetzet, das ist, nothwendig ist. Und hierauf gründen sich einige Beweise des göttlichen Daseyns, die unsere neuesten Philosophen gegeben, und die nicht schlechterdings ungültig sind.

[Keine Anmerkungen (v) oder (w).]

zu verleihen. Würde es wohl von Seiten einer jeglichen unter ihnen mehr Wieder-
stand gefunden haben, als es in gegenwärtiger angetroffen?

Nun sind unendlich viele Welten möglich, als deren Daseyn keinen Wiederspruch in sich fasset. Denn ob gleich alle Theile des Weltgebäudes ein Ganzes ausmachen, so haben sie doch ein abgesondert Daseyn. Das Nichtdaseyn des einen
würde in dem Daseyn der andern keinen Wiederspruch erregen. Ein Ding mehr
in der Welt würde drum nicht alle schon vorhandene zernichten[x]. Das {38} Hin-
zuthun, das Wegnehmen, das Unterscheiden, die Versetzung, alles sind fruchtbare
Quellen von neuen Welten, die alle unter sich verschieden, und doch auch alle so
möglich sind, als die gegenwärtige.

Da also die Kraft des nothwendigen Wesens, ohne die andern Eigenschaften
desselben, besonders betrachtet, in allen unendlich möglichen Dingen jederzeit
zureichend ist, so muß diese Kraft selbst unendlich seyn.

Was hat aber die unendliche Kraft, da sie sich wirklich äußerte, zu einem besondern System schlüssig gemacht? Es ist keineswegs das Verhältniß, welches dieses
gegenwärtige System mit der Kraft ganz allein hat, und das die andern möglichen Systeme nicht haben. Es muß also das Verhältniß der Systeme unter sich, den
Vorzug des einen, und die Ausschließung aller andern zuwege gebracht haben. Was
eine Wirkung hervorbringt, ist wirklich vorhanden; folglich muß dieses Verhältniß derer verschiedenen Systeme mit einander wirklich eines Theils da seyn. Aber
außer dem nothwendigen Wesen hat noch nichts ein Daseyn. Daher muß dieses
Verhältniß in dem nothwendigen Wesen durch die Vorstellung enthalten seyn, und
eben dadurch wird es ein verständiges Wesen.

Der göttliche Verstand kann dieses Verhältniß der möglichen Dinge nicht ausdrücken, ohne sie sich zugleich mit aller ihrer Aehnlichkeit und Verschiedenheit
vorzustellen. Welche Klarheit, welche Deutlichkeit, welches Licht ist hier in den
ewigen Wahrheiten! Gleichwie in der Natur des selbstständigen Wesens nichts aufeinander folgen kann, {39} so müssen alle Wirkungen seines Verstandes zugleich
geschehen. Grundsätze und Folgerungen, alles ist vor seinen Augen gleich gegenwärtig, und er übersiehet das Unendliche der möglichen Dinge auf einmal.

Der höchste Verstand hat also unter allen verschiedenen Welten diejenige
erwählet, welche hervor gebracht zu werden verdiente: die Kraft hat sie ausgeführet und ihr das Daseyn ertheilet. Aber warum ist sie andern vorgezogen worden?
Gewiß deswegen, weil die gegenwärtige die beste oder die schlechteste unter allen
war. Denn ist Gott ein gutes Wesen, so muß er unendlich gut seyn; ist er übel, so

---

(x)   Mit unsern Philosophen zu reden, würde dieses nicht die gegenwärtige, sondern eine andere
        Welt seyn, wenn darinn mehrere Dinge vorhanden wären, und eine andere Verbindung, als
        die gegenwärtige, unter sich hätten.

muß er unendlich übel seyn. Man hat gar keine Ursache, bey dem mittleren Grade des Guten und des Bösen zu bleiben. Ist aber Gott ein unendlich gutes Wesen, so kann ihm nur das beste System ein Vergnügen schaffen; gleichergestalt wenn Gott unendlich übel ist, so kann er sich nicht bloß mit einem mittelmäßigen U[e] bel beschäftigen, sondern es wird dazu der Abgrund von Frevel und Verwirrung erfodert[(y)].

Nun ist die gegenwärtige Welt gewiß nicht die schlimmste von allen. Ich will es folgendergestalt erweisen.

{40} Man richte sein Augenmerk auf die materialische Welt. Ich sage nicht, daß man sich mit schnellem Fluge zu dem unermeßlichen Raume erheben müsse, den die Planeten durchstreichen, und sich überzeugen, daß diese bewunderns- werte Ordnung der Bewegung und der periodischen Zeiten bloß von dem einzi- gen Gesetze der Anziehung herrühre. Hier unten betrachten wir nicht so große Gegenstände. Nur ein Vogelnest, eine Honigtafel, und der geringste *Mechanismus*, ich will nicht sagen des menschlichen Körpers, sondern des kleinsten Ungeziefers, der schlechtesten und verworfensten Pflanzen, alles hat die offenbarsten Spuren des Besten an sich. Diese Vollkommenheit der materialischen Welt ist nicht die Ursache von den Unordnungen der geistischen, die ihrer Natur nach zufällig ist, und sowohl da, als auch nicht da seyn kann. Man lasse also alle Unordnung der vernünftigen Wesen bestehen; man setze an die Stelle der Schönheit, der Ord- nung, der Uebereinstimmung aller natürlichen Theile, eine allgemeine Verwirrung und eine gänzliche Unordnung. Man würde dadurch das gegenwärtige System ungezweifelt verschlimmern, welches außer dem noch ungestalter hätte können gemacht werden, indem man eben die Verwirrungen der geistischen Welt, die uns so stark rühren, verstärket. Wir wollen nicht an unser Uebel gedenken, ohne uns den Zuwachs desselben vorzustellen. Wir wollen aus unserm Gedächtnisse alles Gute, das uns der Urheber der Natur so häufig dargebothen, alles sinnliche Ver- gnügen, die Zärtlichkeiten der Freundschaft, die Reizungen der Vernunft, und die liebenswürdige Zufriedenheit, {41} die der Schooß der Tugend gebieret, vertilgen. Wir wollen von unserer Jugend an eine beständige Beute des Schmerzes seyn, und selbst diese Schmerzen sollen, statt sich zu vermindern, täglich neue Kräfte erlan- gen. Ist es nicht genug, so machet den Auftritt noch ärger. Häufet den Schrecken und die Verzweifelung; überschüttet die ganze Menschheit mit Lastern. Alles sey Nero, Caligula und Heliogabalus. Durch dergleichen Veränderungen, wie diese

---

(y) Dieser Beweis ist einer von den schönsten, den man für das Beste=Welt=System erdenken kann. Wir wissen nicht, was diejenigen dabey sagen werden, die die beste Welt leugnen, ohne eine andere Ursache zu haben, als weil sie vielleicht eine bessere erdenken wollen. Man merke übrigens, daß wir zuweilen *Systême* durch Welt übersetzet haben.

sind, wird man sich leicht den Begriff von einem System machen können, welches, wiewohl es sehr möglich ist, weit übler, als das gegenwärtige, seyn würde.

Weil demnach die gegenwärtige Welt unter den möglichen nicht die schlimmste ist, so muß sie unter ihnen die beste seyn. Dieses ist, mit den Mathematikverständigen zu reden, ein *Maximum*.

Der Entschluß zum Besten erfodert eine allgemeine Neigung zum Guten, zur Vollkommenheit, zur Schönheit, Ordnung, Richtigkeit und Uebereinstimmung. In dieser Neigung bestehet der Wille GOttes.

Wir fühlen in uns selbst einerley Triebe. Wir suchen, unerachtet des verschiedenen Geschmacks, das Gute, und wünschen glücklich zu seyn. Aber wir folgen dem schwachen Lichte eines unvollkommenen und umschränkten Verstandes, entfernen uns öfters vom Zwecke, und ergreifen den Schatten, statt der Sache selbst.

Das höchste Wesen stellet sich alle Dinge nach ihrer wahrhaften Beschaffenheit vor. Alle mögliche einzele Dinge stellen nebst ihren verschiedenen {42} Verknüpfungen in dem göttlichen Verstande stärkere oder schwächere Abrisse von allen Graden der Schönheit und Vollkommenheit vor. Sein Wille ist zu allem diesem, jedoch auf verschiedene Art und ungleich geneigt. Er ziehet das Ganze dem Theile vor, und das Beste erhält nur allein die Wirklichkeit.

Ich wiederhole es nochmals. Man kann das göttliche Wesen keiner Veränderung unterwerfen, ohne den Unterschied zwischen den nothwendigen und zufälligen Dingen aufzuheben. Es ist also nicht genug, den göttlichen Verstand von aller Folge freyzusprechen; man muß auch in seinem Willen nichts auf einander folgendes annehmen. Dadurch wird durch den endlichen Entschluß zum Besten die Möglichkeit eines jeglichen nachfolgenden Wollens ausgeschlossen.

Ich will noch als einen Beweis hinzusetzen, daß obgleich durch die Abwechselung des vergangenen, gegenwärtigen und zukünftigen, das beste mögliche System, wenn es als wirklich vorhanden betrachtet wird, an und vor sich selbst nicht stets einerley ist, so ist dennoch gewiß, daß in dem göttlichen Verstande das vorgestellte Daseyn dieses Systems allemal eben dasselbe Ganze ausmachet. Das Verhältnis eines jeglichen gegenwärtigen Augenblicks mit dem vorhergegangenen und folgenden, machet in einem Verstande, der alle geheime Wirkungen und Ursachen erkennet, nur verschiedene Abbildungen eben desselben Gegenstandes. Alle Gesichtspuncte sind gegeben. Sie sind alle in dem ursprünglichen Begriffe des ganzen Weltbaues, ehe er noch zum Vorschein kam, {43} enthalten. Deswegen bleibt die Welt, unerachtet ihrer auf einander folgenden Existenz, in den Augen Gottes allemal einerley. Das Vergangene stellet sich ihm beständig aufs neue dar, und das Zukünftige lieget vor ihm eben so gewiß, wie das Gegenwärtige, entwickelt. Weil also die endliche Entschließung seines Willens nur einen einzigen und beständigen Gegenstand hat, so muß auch dieselbe jederzeit wesentlich einerley bleiben.

Die Wirkung ist im Grunde allemal einerley, Gott mag entweder alles auf einmal zum Besten eingerichtet haben, oder diesen Endzweck durch eine Reihe wiederholter Handlungen zu erfüllen suchen. Der Unterschied herrschet bloß unter diesen beyden gegeneinander gehaltenen Lehrmeynungen. Die erste ist der Weltweisheit weit gemäßer, als die andere, welche ungegründet ist, und den Anthropomorphismus zum Grunde hat.

Nehmet eine allgemeine Formel an, die alle mögliche Systeme, alle Einrichtungen, worinn sich nichts wiedersprechendes findet, darstellet, und worinn das Daseyn des einen Theils das Daseyn des andern keinesweges hindert. Ist nun die Kraft des nothwendigen Wesens an und vor sich selbst betrachtet, eines Theils für alle diese Systeme zureichend, so spricht sie andern Theils nicht für ein jegliches derselben ins besondere. Die Kraft allein genommen, ist also kein Datum, das unsere allgemeine Formel von dem unbestimmten befreyet. Mit der Zeit ereignet sich eine Wahl; und weil dieselbe nicht vom blinden Ungefähr herrühren kann, so muß sie in einem mit Verstande begabten Wesen hervorgebracht {44} seyn. Die Unveränderlichkeit dieses Wesens ist das erste, welches die allgemeine Formel der möglichen Dinge einschränket. Jedwede Einrichtung, die durch das auf einander folgende Wollen Gottes zur Wirklichkeit gelangen könnte, wird durch eben dasselbe zum Gebrauch unfähig, und der Natur der Dinge zuwieder. Die verschiedenen Theile dieses Systems können sich zwar selbst nicht entgegenstehen, allein ihr Daseyn würde mit dem Daseyn des obersten Wesens streiten. Es würden daher in der allgemeinen Formel nur diejenigen übrig bleiben, deren Daseyn nur ein einziges göttliches Wollen erfodert. Zweytens würde auch diese Formel durch das Verhältniß eingeschränkt, welches die Lehrgebäude entweder unter sich, oder mit demjenigen Verstande hätten, der allen Dingen vorstehet. Ein geringeres Gut ist in Betrachtung eines größeren ein Uebel; folglich muß ein vollkommeneres System machen, daß alle übrige, deren Vollkommenheit geringer ist, ausgeschlossen werden, das ist, das vollkommene System kann allein zu einem Gegenstande des göttlichen Rathschlusses werden. Man muß also einen unendlichen Verstand zugeben, wenn man diese Formel für die möglichen Systeme bis auf dasjenige einschränken will, welches ein wirkliches Daseyn erhalten hat. Alsdann wird dieses nur allein vorhanden seyn, weil alle übrige Einrichtungen verschwinden, und dergestalt vergehen, wie die Glieder einer sich dem warmen Werte nähernden Reihe alle auf das erste Glied zurücklaufen, wenn die fließende Größe entweder unendlich groß, oder unendlich klein angenommen ist.

{45} Noch eins. Ich habe bisher vor ausgemacht gehalten, daß unter dem Guten und Bösen, unter der Ordnung und Verwirrung, zwischen dem schönen und ungestalten, ein Unterschied obwalte. Die Natur ist recht bemühet, diesen Unterschied außer Zweifel zu setzen. Wir spüren bey uns selbst eine rührende Verschiedenheit der sinnlichen Empfindungen, und wir müssen die Ursachen dieser so

verschiedenen Wirkungen nothwendig als entgegengesetzte betrachten. Keine
Folge ist richtiger und natürlicher, als diese. Wenn man also, eine erste Ursache
aller Dinge festzustellen, sich des Unterschiedes zwischen dem Guten und Bösen
bedienet, so heißt dieses nicht eben dasjenige voraussetzen, wovon die Rede ist. Es
heißt nur bloß ein Mittel im Schlüßen zu gebrauchen, um andere von der Wirklichkeit dieser einfachen Begriffe, die zusammen eben so viele wahrhafte Erscheinungen der Natur ausmachen, zu überreden wissen. Wenn aber die Einfachheit
unsers Begriffes, den wir vom Vollkommenen und Unvollkommenen haben, die
Gewißheit desselben darlegen, so ist andern Theils diese Einfachheit desselben,
als der Grund dieser Begriffe, fast unmöglich zu entdecken. Ich kann mir noch
lange nicht schmeicheln, das Ziel getroffen zu haben, und vermag Ihnen hierüber
nichts als eine bloße Muthmaßung anzugeben, die eben aus der hier entworfenen
Theorie herfließet.

In der allgemeinen Formel derer möglichen Systemen, bleiben nach der ersten
Ausschließung nur diejenigen übrig, die ein einziges Wollen des göttlichen Wesens
erfodern. Nun müssen diese Systeme {46} aus Dingen bestehen, die entweder
beständig einerley bleiben, oder der Veränderung unterworfen sind. Gesetzt also,
jeder Theil eines Systems behalte eben denselben Zustand. Diese vollkommene
Ruhe bringt schon in diesem Falle einen Grund der Einförmigkeit zuwege, der auch
in den Systemen anzutreffen wäre, deren Theile nicht einerley bleiben. Denn diese
Theile sind freylich geschickt, abzuwechseln, und die aus ihnen bestehende Systeme könnten nicht anders in ihrem Daseyn erhalten werden, als durch ein einziges
Wollen des obern Wesens. Also muß für ein solches ganzes System eine allgemeine
Formel vorhanden seyn, die auf alle Arten der Existenz desselben zuträfe, das ist,
in allen Systemen, die nebst ihren veränderlichen Theilen der Unveränderlichkeit
Gottes nicht wiedersprechen, muß ein gewisses allgemeines Gesetz obwalten, Kraft
dessen der folgende Zustand jederzeit aus dem vorigen ordentlicher Weise herfließet. Dieses rückläufige Verhältniß von der Ursache zur Wirkung verursachet in jeglichem System nothwendig eine Einförmigkeit, die mit mehr oder weniger Veränderung verknüpfet, größere oder geringere Schönheit hervorbringet. Folglich kann
in allen Systemen, die der Unveränderlichkeit, oder dem nothwendigen Daseyn
des obersten Wesens nicht zuwieder sind, die Vollkommenheit niemals gänzlich
mangeln. Daher kommt es einiger maßen, daß alles dasjenige nothwendig vollkommen seyn muß, welches einen Gegenstand des göttlichen Willens abgeben kann.

Dieses scheinet zu bestätigen, daß die Begriffe des Schönen und des Vollkommenen aus dem noth={47}wendigen Daseyn herkommen. Mir bedünket dieses
deswegen ziemlich deutlich zu seyn, weil umgekehrt das nothwendige Daseyn aus
den Begriffen der Schönheit und Vollkommenheit herfließt. Diese kleine Aus-
schweifung wird Ihnen um desto weniger misfallen, weil sie mich ganz natürlich
zur Hauptsache bringet.

Sie erinnern sich ohne Zweifel des sehr bekannten Cartesischen Satzes, den man auch dem alten Schulweisen zuschreibet[z]: Alles, was in dem {48} Begriffe eines Dinges offenbar enthalten ist, muß dem Dinge nothwendig zukommen. Nun ist das nothwendige Daseyn in dem Begriffe des ganz vollkommenen Wesens enthalten. Folglich muß das nothwendige Daseyn dem ganz vollkommenen Wesen zukommen, das ist, dieses Wesen muß nothwendig wirklich vorhanden seyn. Sie wissen, wie viele Streitigkeiten dieser Satz erreget. Man ist endlich, ohne eins zu werden, darüber müde geworden.

Ich will die Richtigkeit dieses Schlusses nicht behaupten. Es befindet sich eine Einschränkung in den Vördersätzen, die einen bedingten Schlußsatz giebt. Allein eben dieser Einschränkung halber muß ich zeigen, daß wenn man die Begriffe der

---

(z) Man findet die cartesischen Worte in seinen *meditat. de prima philos. medit. V. p. 28.* Sie heißen: „Si ex eo solo, quod alicuius rei ideam possum ex cogitatione mea depromere sequitur, ea omnia, quæ ad illam rem pertinere clare et distincte percipio, revera ad illam pertinere, num quid inde haberi etiam potest argumentum quo Dei existentia probetur? Certe ejus ideam nempe entis summe perfecti non minus apud me invenio, quam ideam cujusvis figuræ aut numeri. Nec minus clare et distincte intelligo, ad ejus naturam pertinere ut semper existat, quam id quod de aliqua figura aut numero demonstro, ad ejus figuræ aut numeri etiam naturam pertinere." [Wenn nun daraus allein, daß ich die Vorstellung eines Dinges aus meinem Denken entnehmen kann, folgt, daß alles, was ich klar und deutlich als zu dem Dinge gehörig erkenne, auch wirklich dazu gehört, läßt sich dann nicht hieraus auch ein Beweis für das Dasein Gottes gewinnen? Sicherlich finde ich die Vorstellung Gottes als des vollkommensten Wesens ganz ebenso bei mir vor, wie die Vorstellung irgend einer Figur oder Zahl. Ich erkenne aber ebenso klar und deutlich, daß zu Gottes Wesen die ewige Existenz gehört, wie ich eine Eigentümlichkeit, die ich von einer Figur oder Zahl nachweise, als zum Wesen dieser Figur oder Zahl gehörig, erkenne.] Und weiter hin sagt Cartesius: "Quoties de ente primo et summo libet cogitare, atque ejus ideam tanquam ex mentis meæ thesauro depromere, necesse est, ut illi omnes perfectiones attribuam, etsi nec omnes tunc enumerem, nec ad singulas attendam; quæ necessitas plane sufficit, ut postea cum animadverto existentiam esse perfectionem, recte concludam ens primum et summum existere." [So muß ich doch dem ersten und höchsten Wesen, sobald ich an es denke und seine Vorstellung gleichsam aus dem Schatze meines Geistes hervorhole, notwendig alle Vollkommenheiten zuschreiben, wenn ich sie auch nicht gleich alle aufzähle und einzeln ins Auge fasse. Diese Notwendigkeit aber genügt völlig, um nachher, wenn ich das Sein als eine Vollkommenheit erkenne, richtig zu schließen, daß das erste und höchste Wesen existiert.] Eben dieser Beweis findet sich in forma syllogistica in der Antwort auf die ersten objectiones p. mh. 48 f. Cartesii Satz ist von vielen angegriffen worden. Noch itzo hat ihn ein Gelehrter unserer Zeit für falsch erkläret. Man hat ihm in den Hamb.[urgischen] Fr.[eyen] U.[rteilen] und Nachrichten 1751. N. 63. und in des berühmten Herrn Prof. Windheims Philos. Bibl. B. 3 geantwortet. Herr Hofmann hat schon ehedem in seiner Vernunftlehre Th. I. §. 455 ebenermaßen diesen Cartesischen Schluß für unrichtig gehalten. Was unser Herr Verfasser für denselben gethan, wird ein jeder leicht einsehen. Leibnitz und Wolff haben ihn zu ergänzen gesucht.

Vollkommenheit, und die Möglichkeit eines ganz vollkommenen Wesens annimmt, aus denselben das nothwendige Daseyn dieses Wesens seinen Ursprung habe.

Alles, was in dem Begriffe eines Dinges offenbar enthalten ist, muß demselben zukommen. Ein Ding ist in metaphysischem Ver={49}stande alles dasjenige, welches keinen Wiederspruch in sich fasset. Durch Hülfe der Begriffe, die wir durch die Erfahrung überkommen, können wir Worterklärungen machen. Allein die Möglichkeit oder die Unmöglichkeit dieser dergestalt bekannt gewordenen Dinge ist nicht in unserer Gewalt. Unser Verstand kann diese Möglichkeit oder Unmöglichkeit bloß entdecken. Wenn wir ein gleichseitiges Dreyeck einen durch drey gerade und gleiche Linien eingeschlossenen Raum nennen, so ist dieses eine Worterklärung. Wenn aber die Möglichkeit dieser Figur durch die Euklidischen Heischsätze gefunden wird, so ist die Möglichkeit eines gleichseitigen Dreyecks eine ewige und nothwendige Wahrheit. Gleichergestalt wenn man ein geradelinigtes Zweyeck eine Figur nennet, die in zwey geraden Linien eingeschlossen wäre, so ist dieses wiederum eine Worterklärung, wodurch aber nichts desto weniger eine geradlinigte zweylinigte Figur nothwendig und in Ewigkeit unmöglich bleibet. Weil demnach die Möglichkeit eines jeglichen Dinges nicht von uns abhänget, sondern ungezweifelt aus der Natur der Dinge herkömmt; so muß alles, was in dem Begriffe oder der Erklärung eines Dinges enthalten ist, von demselben behauptet werden, es sey nun in der Erklärung entweder namentlich ausgedrücket, oder es sey durch einen richtigen Beweis aus derselben gefolgert: denn von einem Dinge diese in der Erklärung entweder ausdrücklich genannte, oder daraus nothwendig hergeleitete wesentliche Eigenschaften zu behaupten, heißet nichts anders, als vorgeben, das Ding sey dasjenige, was es ist, und das ist einerley gesaget. Wie nun die Möglichkeit eines je={50}den Dinges wirklich außerhalb unserm Begriffe ist, so ist dasjenige, was wir in dem Begriffe eines Dinges finden, nicht nur wirklich in unsern Gedanken vorhanden, sondern es ist auch [k]eine[1] andere Einschränkung, als die Möglichkeit dieses Dinges.

Das nothwendige Daseyn ist in dem Begriffe eines ganz vollkommenen Wesens enthalten. Ganz vollkommen heißt eine Sache, die alle Vollkommenheiten nothwendig und unumschränkt in sich fasset. Gesetzt also, dieses Wesen sey möglich, so sage ich ist das nothwendige Daseyn in dem Begriffe enthalten, den wir von demselben haben. Denn die nothwendige Existenz ist schlechterdings eine unumschränkte Vollkommenheit. Wie der Mangel des Daseyns der Vollkommenheit etwas abnehmen würde, so würde auch eine abhängige Vollkommenheit in der That eine Unvollkommenheit seyn. Beydes streitet mit der Erklärung eines ganz vollkommenen Dinges. Folglich ist das nothwendige Daseyn in dem Begriffe eines ganz vollkommenen Wesens augenscheinlich enthalten. Ist dieses Wesen möglich,

---

[1] *Lettre d'un philosophe:* „sans aucune autre limitation que la possibilité de cet Etre".

so wird das in Ansehung der übrigen Dinge zufällige Daseyn allhier eine Eigenschaft, die aus der Natur der Sache selbst herzuleiten ist.

Folglich muß das nothwendige Daseyn dem ganz vollkommenen Wesen zukommen, oder das ganz vollkommene Wesen muß wirklich vorhanden seyn. In einem richtigen Vernunftschlusse kann der Schlußsatz nicht enger seyn, als es die Vördersätze erheischen. Es wäre {51} also wieder alle Regeln der Vernunftlehre, sich hier eine eingebildete Wahrheit vorzustellen, die von der wirklichen unterschieden wäre. Denn anfänglich liegt diese Einschränkung in keinem derer Vördersätze. Denn was heißt sonst eine bloße Verstandes=Wahrheit? woran ist solche zu erkennen? oder wenn sie gar nicht zu erkennen ist, was haben die Zweifler hiebey zu hoffen? Ich halte mich bloß an die itzt angegebenen Einschränkung. Nachdem die Möglichkeit eines Wesens trifftig erwiesen worden, so können wir von demselben alles behaupten, was in dem Begriffe liegt, den wir davon haben. Wenn demnach das ganz vollkommene Wesen möglich ist, so ist es auch wirklich vorhanden. Der Grund dieses Satzes beruhet auf der schon erwiesenen Möglichkeit dieses Wesens.

Man setze also die Möglichkeit, die außer allem Zweifel seyn muß, weil man von dem wirklichen auf das mögliche schließen kann, und wir das wirkliche Daseyn eines ganz vollkommenen Wesens schon dargeleget haben. Man setze, sage ich, diese Möglichkeit zum voraus, so ist zufolge des Cartesischen Satzes ausgemacht, daß der Begriff einer unendlichen Vollkommenheit die Quelle eines Daseyns seyn müßte.

Ich will, dieses zu bestätigen, noch hinzufügen, daß der von der Zufälligkeit der Welt hergenommene Beweis, so gründlich er auch ist, das Daseyn eines nothwendigen Wesens nicht anders, als durch eine obgleich wirklich vorhandene, dennoch aber zufällige Wirkung darthue. Eben darum, weil die Welt den Grund ihres Daseyns nicht in sich hat, {52} muß solcher in einem Wesen außerhalb ihr zu suchen seyn. Die Welt begreift nach der schärfsten Vernunft nicht den Grund in sich, warum dieses Wesen vorhanden ist. Gesetzt, die Welt wäre nicht vorhanden. Diese Lehrmeynung ist nicht ungereimt; denn die Welt hat alle Merkmaale der Zufälligkeit an sich. Ihr Nichtdaseyn würde das Daseyn des nothwendigen Wesens keinesweges verändern. Die Welt ist, wie die Erfahrung lehret, nur ein Mittelbegriff; er gleicht denen Linien, die die Meßkünstler zum Behuf ihrer Beweise in ihren Figuren ziehen, aber nachgehends können ausgelöschet werden, wenn die Wahrheit einmal herausgebracht ist. Aber worinn könnte wohl das Daseyn des nothwendigen Wesens, wenn die Welt nicht vorhanden seyn sollte, seinen Grund haben, wenn er nicht in demselben selbst ist.

Man gehe mit der Einbildung noch weiter. Man stelle sich auf einen Augenblick vor, das ganz vollkommene Wesen sey bloß möglich. Alsdann muß ein Grund zugegen seyn, wodurch dasselbe die Wirklichkeit, als eine Eigenschaft überkömmt. Dieser letzte Grund muß sich in der Möglichkeit des ganz vollkommenen Wesens finden.

In der That macht die Möglichkeit der Dinge ihr wahres Wesen aus[2]. Hieraus müssen alle übrige Eigenschaften kommen. Wir gelangen zu dem Wesen der uns bekannten Dinge nicht anders, als durch die Erfahrung[3], weil alles, was uns diese davon an die Hand giebt, auf einige besondere, und von einander unterschiedene Eigenschaften ankömmt. {53}[4] Vielleicht könnten wir durch mehr gegebene Theile dasjenige ausfündig machen, was die Verknüpfung zuwege bringt, und den Knoten der Möglichkeit auflösen. Aber was die Dinge betrifft, die wir so zu reden in unserm Verstande entdecken, indem wir verschiedenes mit einander verbinden, und wiederum absondern[5], so kommt alles darauf an, sich von ihrer Möglichkeit durch einen Beweis zu überzeugen. Die Möglichkeit der wirklichen Dinge ist außer Streit, ob wir sie gleich nicht gänzlich einsehen. Die metaphysischen können gegentheils nicht bestehen, als bis man ihre Möglichkeit herausgebracht hat. Eben so verhält es sich, wenn man z. E. die Natur einer krummen Linie durch eine Gleichung ausgedrücket, oder durch eine von ihren Eigenschaften erkläret hat. Dieses heißet nichts gethan haben. Man muß in dieser Gleichung erst die wahren Wurzeln erfinden, und eine krumme Linie beschreiben, die die gehörigen Eigenschaften hat.

In dieser ganzen Abhandlung habe ich die Möglichkeit eines ganz vollkommenen Wesens, gleichsam als durch die Erfahrung ausgemacht, angenommen[6]. Das Daseyn desselben ist anderswo erwiesen worden. Und ich habe gezeigt, diese Möglichkeit sey der Grund, warum dieses ganz vollkommene Wesen wirklich vorhanden sey. Vielleicht fragen Sie mich, ob diese Möglichkeit sich nicht von selbst, und ohne vorhergegangenen Beweis, den die Existenz darbeuth, kenntlich machen könnte? Ich muß gestehen, ich habe die Gedanken eines neuen Weltweisen hierüber nicht allein als sehr artig, sondern auch als sehr scheinbar angesehen. Sie werden mir vielleicht ei={54}nen Einwurf machen, wenn ich Ihnen solche anführe. Aber nein! Andere würden es thun, wenn sie an dero Stelle wären. Gegenwärtige Frage gehöret am allerwenigsten für den gemeinen Mann, und in solcher Sache, wie diese von dem Daseyn Gottes, würde man etwas für wahr ausgeben können, das nicht gleich in jedermanns Augen fällt. Es ist zu unsern Zeiten gleichsam eingeführt, jegliche Sache nach dem Begriffe aller Leute einzurichten. Ja es wird so gar schon alles,

---

[2]   Siehe Wolff, Met. § 35.

[3]   Stimmt die Titius'sche Übersetzung? Im Original: „Nous ne parvenons pas à l'essence des êtres qui ne nous sont connus que par l'expérience".

[4]   Zu pp. {53}–{55}: s. Reinhard 1753, pp. {62} ff.!

[5]   Thourneyser, *Lettre* 1751, p. {38}: „en joignant et combinant".

[6]   Bacon in seiner Naturlehre (physica specialis) nimmt *Erfahrung* als einzige Erkenntnisquelle an, forderte in der Metaphysik aber eine auf Empirie gegründete induktive Form des Denkens (De Augmentis Scientiarum, III., 4; V, 2 (zitiert nach Alexander Altmann: *Moses Mendelssohns Frühschriften zur Metaphysik*, Tübingen, 1969, p. 301).

bis auf die Anfangsgründe des Euklides, durch Maschinen und Erfahrungen recht handgreiflich erwiesen. Allein ist denn auch jegliches wirklich nach dem Begriffe aller Leute? Ist der Reichtum, die Ehre, das Vergnügen, für einige, warum können nicht viele daran Theil haben? Warum könnte nicht ins besondere der gemeldete Weltweise etwas neues in einer Sache antreffen, das vielleicht von andern seines gleichen noch nicht gründlich abgehandelt worden[7].

Ich setze diesen Zweifel beyseite, und will, um Ihnen einen Begriff von diesem Weltweisen zu machen, anfangs bemerken, daß ein Ding einen Wiederspruch in sich fasset, wenn eine von seinen Eigenschaften zugleich bejahet und verneinet wird, oder wenn einige wesentliche Stücke, die in der Worterklärung ausdrücklich stehen, oder daraus herkommen, sich unter einander selbst aufheben. So oft nun ein Wiederspruch vorhanden ist, so wird man befinden, er komme von einer Verneinung her, die entweder in der Erklärung namentlich ausgedruckt ist, oder unter einer Bedingung verborgen liegt, die bejahend scheinet, in der That aber verneinend ist. Wenn {55} ich von einem Körper ohne Ausdehnung rede, so ist die verneinende Bedingung, worinn die Unmöglichkeit der erklärten Sache liegt, namentlich ausgedrückt. Wenn ich hergegen eines unendlichen Quadrates gedenke, so beruhet die Unmöglichkeit einer solchen Figur auf einer verneinenden Bedingung, die im Anfange bejahend scheinet. Ein Quadrat ist eine Figur, die aus vier Gleichen besteht, die gegen einander rechte Winkel machen, und die jederzeit kleiner ist, als der darum beschriebene Zirkel. Allein vermöge einer allgemeinen Folge scheinen die dem Ansehen nach bejahende Bedingungen, durch die Einschränkung einiger in der Worterklärung angeführten Eigenschaften, in verneinende verwandelt zu seyn. Dieses zum voraus gesetzt, so erhellet anfangs, daß in dem Begriffe des ganz vollkommenen Wesens keine verneinende Bedingung zugegen ist. Denn weit gefehlt, daß man die Verneinung aller Unvollkommenheiten dafür ansehen sollte. Es ist nichts bejahender und wirklicher. Andern Theils sind auch die wesentlichen Stücke, welche den Begriff des ganz vollkommenen Wesens ausmachen, alle nothwendig und sonder Schranken angenommen. Also kann keins derselben eine verneinende Bedingung in sich enthalten. Folglich können sie nicht mit einander streiten, das ist, das Wesen, dem sie zukommen, oder das ganz vollkommene Wesen ist möglich.

Ich komme wieder zur Unveränderlichkeit (Identité) der endlichen Entschließung zu einem System, das, wie das gegenwärtige, ein nach und nach verändertes Daseyn empfangen hat. Eben diese Unveränderlichkeit ist es, wodurch alle Theile der Welt {56} in ihrem Daseyn verharren, und nicht wieder in ihr voriges Nichts zurückfallen können; sie ist es, die unter ihnen die Ordnung, die Verbindung und den Zusammenhang erhält; sie ist es, die ihnen das Vermögen zu wirken ertheilet;

---

[7]   Siehe Altmann, *Frühschriften* 1969, pp. 310, 311.

und sie ist es endlich, die diese bewegenden Kräfte beständigen und einförmigen Gesetzen unterwürfig macht.

Man nehme an, Gott sey nicht das, was er ist. Man mache ihn zu einem unbeständigen Wesen, das alle Tage neue Entschließungen ergreift, und nach denselben wirket. Jegliches neue Thun des Schöpfers würde die Thätigkeit der erschaffenen mitwirkenden Kräfte unterbrechen. Daher würden die Gesetze der Natur desto unwahrscheinlicher werden, je öfter diese Unterbrechungen geschehen möchten. Dieß ist nicht genug. Gibt man diese Unterbrechungen einmal zu, so ist ihre Zahl nicht ferner zu bestimmen. Die Neigung ist gar zu geschwinde. Niemals kann man auf etwas beharren, sondern man ist genöthiget, weiter zu gehn. Denn wird die Welt nicht allemal durch eben dasselbe Thun des höchsten Wesens, welches sie hervorgebracht hat, regieret, so muß sich die Einheit der Ausführung in dieser Vermischung von natürlichen und übernatürlichen Wirkungen gewiß verlieren, unerachtet die Einheit des Entwurfes unter der Bedingung noch etwas bestehen kann, daß das folgende Wollen gleich anfangs Theil daran habe. Die Einheit der Ausführung also zu erhalten, so verbannet die Thätigkeit der natürlichen Ursachen, und machet bloß Gott zu dem einzigen wirkenden Wesen in der Natur.

{57} Wie ausschweifend ist aber dieses. Wir wollen von der Wirkung derer Körper in einander nichts erwähnen. Werden wir durch das innere Gefühl von etwas deutlich überzeugt, so ist dieses ohne Zweifel von dem wirklichen Daseyn des thätigen Wesens, das sich in uns befindet, unsere meisten Veränderungen hervorbringet, und uns durch seine Vollkommenheiten zu erkennen giebt, daß zwischen ihm und dem höchsten Wesen eine unendliche Kluft vorhanden seyn müsse.

Alles ist daher schöner miteinander verknüpfet, wenn man die Identität der endlichen Entschließung behauptet. Denn diese folgt unmittelbar aus der Unveränderlichkeit, die der ersten Ursache aller Dinge eigen ist.

Ich habe schon erinnert, daß ein auf einander folgendes System nicht ein Gegenstand von eben derselben fortgesetzten Wirkung des göttlichen Willens seyn könne, es sey denn, daß in diesem System ein allgemeines Gesetz vorhanden wäre, vermöge dessen der folgende Zustand ordentlicher Weise allemal aus dem vorhergehenden herkömmt. Das heißt: eine und eben dieselbe Entschließung der Gottheit kann nicht eine Reihe von aufeinander folgenden Wirkungen hervorbringen, wenn das System, worauf sich diese Wirkungen beziehen, nicht mit einer Kraft und besondern Wirksamkeit begabet wäre. Folglich muß ein jegliches System, das der Unveränderlichkeit des göttlichen Wesens nicht wiederspricht, wenigstens zum Theil aus wirkenden Wesen bestehen.

{58}[8] Daß sich nun dergleichen Wesen unter der unendlichen Menge von möglichen Dingen, die der göttliche Verstand allezeit gegenwärtig vor sich siehet,

---

[8] Siehe Reinhard, S. 66 ff.

finden, beweiset die Erfahrung[9] zur Gnüge. Ich habe gesaget, das gegenwärtige System enthält dergleichen. Sich davon zu überzeugen, darf man nur auf dasjenige acht haben, was in uns selbst vorgehet.

Unterdessen sey es mir erlaubt, die Natur der wirkenden Wesen, mehrerer Gewißheit halber, etwas genauer zu untersuchen.

Stellet euch anfänglich viele Bedingungen vor, die einander nicht wiedersprechen. Diese Bedingungen(*) machen also ein mögliches Ding aus, und sind das Wesen[10] desselben.

Dieses will weiter nichts sagen, als nur daß es nichts unmögliches sey, daß ein Wesen[11] mit solchen und solchen Bedingungen vorhanden sey. Daraus ist aber nicht zu schlüßen, daß ein Wesen vorhanden seyn könne, das nur eben diese Bedingungen ganz allein, und dasjenige, was daraus nothwendig herfließt, an sich hätte. Denn ein Ding[12] muß nothwendig bestimmt seyn, wenn sein Daseyn möglich sein soll. So oft daher die wesentlichen Bedingungen noch viele andere, von einander abgesonderte Bestimmungen neben sich leiden, so muß man eine Bestimmung hinzusetzen, um die Möglichkeit desselben vollständig zu machen.

{59} Sie wissen es besser, als ich, mein Herr, daß, wenn man die fließende Größe einer Flußgleichung(**) suchet, man bey jeglicher neuen Integration beständig unbestimmte Größen hinzusetzet, damit die fließende Größe alle mögliche Fälle ausdrücket, von welchen die Flußgleichung gilt. Setzen Sie also, daß hier die mit andern beständigen unbestimmten Größen vermischte fließende Größe das Wesen oder die Möglichkeit eines Dinges vorstelle; so wird die Flußgleichung, die sich in ihrem ganzen Umfange auf die fließende Größe genau bezieht, eine von den besondern Eigenschaften dieses Wesens, und zugleich etwas von demjenigen, wodurch dasselbe besonders kenntlich wird, ausdrücken, eben so, wie eine Flußgleichung vom höhern Grade eine Eigenschaft ausdrücken könnte, die der ganzen Art, zu der dieses Ding gehöret, zukäme; und die Bestimmung der beständigen Größen der fließenden Größe, die jederzeit der Natur der Aufgabe gemäß seyn muß, wird denen hinzugethanen Bestimmungen ähnlich seyn, die, ob sie gleich nicht selbst

---

[9]   Frz.: „le fait" (Tatsache)
(*)   Wir hätten uns, wenn es der Grundschrift nicht ausdrücklich zuwieder wäre, lieber des Worts Eigenschaft bedienet. [Anmerkung des Übersetzers. Im Original: „Conditions"].
[10] Frz.: „l'essence".
[11] Frz.: „Etre".
[12] Frz.: „Etre".
(**) Ich bin einmal so kühn gewesen, diese Wörter deutsch zu geben. Wer die Sache versteht, dem wird durch die Verdolmetschung keine Hexerey vorgemacht. Den *methodum fluxionum* der Engländer nicht zu schimpfen, habe ich lieber eine ganze Zeile voll machen, als das gleichviel geltende Wort *integrieren* gebrauchen, oder auch statt der fließenden die veränderliche Größe setzen wollen.

aus dem Wesen des Dinges herkommen, dennoch vor seinem Daseyn nothwendig vorhergehen.

{60} Ferner da der Werth dieser beständigen unbestimmten Größen, nach denen verschiedenen Aufgaben, davon die fließende Größe die Auflösung ausmacht, unterschieden ist; so müssen auch die hinzugethanen Bestimmungen eines Dinges nach dem verschiedenen Gebrauche, wozu dieses Wesen bestimmt ist, abwechseln.

Man nehme daher an, daß z. E. A, B, C, D die wesentlichen Bestimmungen eines Dinges M andeuten, da unterdessen a, b, c, d, e u. s. w. eine Reihe von hinzugethanen Bestimmungen ausdrücken, die alle von der Beschaffenheit sind, daß wenn einer von ihnen a vorhanden ist, sie alle übrigen b, c, d, e u. s. w. ausschließen, unerachtet, jegliche von diesen letztern eben so wohl, als die erstern, mit den Bedingungen A, B, C, D bestehen[13] kann. Man setze, das Ding M habe anfänglich die Bestimmung a, und in diesem Zustande wollen wir es Ma nennen. Weil aber die Bestimmung a nicht von den Bedingungen A, B, C, D herkömmt, die das Wesen des Dinges M ausmachen, so kann sie von diesen Bedingungen, oder welches einerley ist, von dem Dinge selbst getrennet seyn. Folglich hindert das Daseyn von Ma keinesweges die Möglichkeit von Mb, Mc, Md u. s. w. Das Ding M ist seiner Natur nach gegen die ganze Reihe a, b, c, d u. s. w. gleichgültig. Man kann aus seinen wesentlichen Bedingungen A, B, C, D keinen Grund herleiten, der es vielmehr zu dem Zustande Ma, als zu einem jeglichen andern Mb, Mc, Md u. s. w. bestimmen sollte. Es muß also ein Grund P außer dem Wesen des Dinges M vorhanden seyn, der es viel={61}mehr zu dem Zustande Ma, als zu einem jeglichen andern, bestimmt, den die Bedingungen A, B, C, D leiden. Der Grund P sey z. E. aus einem System hergenommen, davon das Ding M einen Theil abgiebt, und mache nebst den übrigen Gründen Q, R, S eine Reihe derer in diesem System aufeinander folgenden Dinge. Ich setze zum Voraus, daß wie in dieser letztern Reihe der Grund P die Bestimmung a erheischet, eben auch jeglicher von den andern Gründen Q, R, S sich auf die Bestimmung b, c, d u. s. w. beziehet, und ihr Daseyn erfordert. Ferner daß die Gründe P, Q, R, S u. s. w. ihrer Natur nach alle unbeständig sind, dergestalt, daß der Grund P durch das Daseyn der Bestimmung a aufhöret, und dem Grunde Q Platz machet, auf dem, nachdem er die Bestimmung b bekommen, wieder der Grund R folgt, und so ferner. Daher muß vermöge der Gründe P, Q, R, S u. s. w. dasselbe Wesen M nach und nach durch die Zustände Ma, Mb, Mc, Md und so weiter fortschreiten.

Ist das Vermögen überhaupt dasjenige, das den blos möglichen Dingen die Wirklichkeit giebet, so heißt ein Vermögen von dieser Art besonders eine Kraft, wenn es nicht die wesentliche Bedingungen einer Sache, sondern nur seine hinzugethanen Bestimmungen verändert. Setzet, das Ding M habe von Gott den Zustand

---

[13] *Im Druck: „bestchen".*

Ma wirklich empfangen; so sind die übrigen Zustände *Mb, Mc* u. s. w. nur bloß möglich, und können nach und nach erst durch eine Kraft wirklich werden. Diese Kraft kann nicht unmittelbar das Vermögen des höchsten Wesens seyn. Denn damit dieses Vermögen angewandt {62} werden könnte, eine Kette von aufeinander folgenden Wirkungen hervorzubringen, so müßte es selbst, wieder das vorher erwiesene, durch eine Folge von Wollen bestimmt seyn. Folglich muß die Kraft, die die fortgehenden Veränderungen eines Dinges, wie *M*, zuwege bringet, entweder in einer Reihe von Dingen, wie *N, O*, u. s. w. die aber alle vom höchsten Wesen unterschieden sind, oder in dem Dinge *M* selbst, liegen.

Diese Kraft, die denen erschaffenen Dingen wie *N, O*, u. s. w. oder auch selbst dem Dinge *M* eigen ist, macht das Geschöpf bey weitem nicht seinem Schöpfer gleich.

Weit gefehlt. Bildet euch ein System ein, worinn eine Kraft von dieser Art nicht nothwendig wäre, ein System, darinn alle Theile beständig, und in vollkommener Ruhe bleiben; so müßte man doch wenigstens von dem Wesen dieser Theile einen deutlichen Begriff haben, um versichert zu seyn, daß ihre wesentlichen Bestimmungen von einander getrennt werden können, und durch dieses Mittel sowohl ihre Zufälligkeit, als auch des Systems seine, das aus ihnen bestehet, zu erkennen.

Zudem so fallen die Merkmaale der Zufälligkeit in einem System, worinn sich das Ding *M* mit seinen auf einander folgenden Veränderungen, *Mb, Mc, Md*, u. s. w. und die Dinge *N, O* u. s. w. finden, gar wohl in die Augen, es sey nun, daß die Kraft, die diese Veränderungen hervorbringet, entweder dem Dinge *M*, oder dem Dinge *N* ganz allein zukomme, oder daß man sie zuletzt, als unter {63} die ganze Reihe der Dinge *N, O* u. s. w. zertheilt annimmt[(aa)].

I. Man setze die Kraft *F*, wovon die Veränderungen *Mb, Mc, Md* u. s. w. herrühren, liege anfänglich in dem Dinge *M* selbst, und sey eben so wohl, als *A, B, C, D*, eine von seinen wesentlichen Bedingungen; das heißt, daß man durch Hülfe der ursprünglichen Bestimmung *a*, welche die Kraft *F* modificirt, erklären könne, wie das Ding *M* von dem Zustande *Ma* in den Zustand *Mb* übergehet; daß man ferner vermöge der Bestimmung *b*, die diese Kraft *F* ebenfalls modificirt, sagen könne, wie dasselbe Ding *M* aus dem Zustande *Mb* in den Zustand *Mc* kömmt, und so ferner. Man erkläret daher die Bestimmungen *b, c, d, e* u. s. w. durch Hülfe der Kraft *F*, und der ursprünglichen Bestimmung *a*. Allein die Kraft *F* erkläret nicht die Bestimmung *a*. Daher giebt die Kraft *F* ganz allein genommen keinen Grund

---

(aa) Folgende drey Fälle gehen dahin, daß der Herr Verfasser zeigen will, wie ein succeßives System dennoch zufällig seyn kann, wenn gleich einige Theile desselben in ihrer Succeßion mit einer Kraft ausgerüstet sind, vermöge der sie jederzeit aus einem in den andern Zustand herüber gehen können. Wer die Sache mit Aufmerksamkeit überlegt, wird sehen, wie viel Scharfsinnigkeit der Herr Verfasser dabey angewandt hat.

von der ganzen Reihe *a, b, c, d, e* u. s. w. an. Das Ding *M*, dem diese Kraft zukömmt, ist also dadurch nicht weniger zufällig.

II. Man setze ferner, daß die Veränderungen *Mb, Mc, Md* u. s. w. des Dinges *M* durch die {64} Kraft *G* eines einzigen Dinges *N* hervorgebracht sind. Damit nun diese Kraft *G* eine Reihe verschiedener Wirkungen hervorbringen könne, so muß sie selbst verschiedentlich modificirt seyn: Daher muß das Ding *N*, dem die Kraft *G* als eine wesentliche Bedingung zukömmt, selbst eine Reihe von aufeinander folgenden Veränderungen *Nβ, Nγ, Nδ* u. s. w. durchgehen, deren jegliche mit denen Veränderungen *Mb, Mc, Md* u. s. w. übereinstimmet; ferner: der ursprüngliche Zustand von *N* sey *Nα*, der sich auf *Ma*, den ursprünglichen Zustand von *M* bezieht; und der Zustand *Nα* lasse sich nicht weiter durch die wesentlichen Bedingungen von *N*, aber der Zustand *Ma* lasse sich durch die wesentlichen Bedingungen von *M* bestimmen. Wenn also 1) die aufeinander folgende Zustände von *N*, nämlich *Nβ, Nγ* u. s. w. oder die ursprünglichen Zustände der Dinge *M* und *N*, nämlich *Ma* und *Nα*, Wirkungen von einer den Dingen *M* und *N* nicht eigenthümlichen Kraft *E* sind; so ist klar, daß alsdann weder das eine noch das andere den Grund seines Daseyns in sich selbst hat; alle beyde sind zufällige Dinge. 2) Gesetzt aber, es sey nur einer von den beyden ursprünglichen Zuständen, wie z. E. *Nα* die Wirkung einer fremden Kraft *E*, der andere aber *Ma* werde durch die Kraft *G* und den Zustand *Nα* bestimmet; so haben die Dinge *M* und *N* annoch nicht den Grund ihres Daseyns in sich selbst, sondern sind zufällig. 3) Es komme weder einer noch der andere derer beyden ursprünglichen Zustände *Ma* und *Nα*, von einer fremden Ursache her, und da der Zustand *Ma* nicht durch die wesentlichen Be={65}dingungen von *M* nach *Nα* durch die wesentlichen Bedingungen von *N* bestimmt seyn kann, so setze man, das Daseyn des ursprünglichen Zustandes *Ma* entstehe von der Kraft *G* des Dinges *N*, und das Daseyn des ursprünglichen Zustandes *Nα* von der Kraft *F* des Dinges *M*; die Dinge *M* und *N* werden nichts desto weniger zufällig seyn, und weder eins noch das andere wird den Grund seines Seyns in sich selbst haben. Es ist aber offenbar ungereimt dieses also anzunehmen. Denn dieses hieße zum voraus setzen, daß der Grund der Existenz z. E. von *Ma* in *N* läge, ehe noch *N* eine hinzugethane Bestimmung hätte, oder welches einerley ist, nicht allein ehe noch *N* selbst vorhanden, sondern auch ehe es noch zu irgend einer Existenz geschickt gemacht wäre; welches ungereimt.

III. Man setze daß die Kraft, wodurch die aufeinander folgenden Veränderungen *Mb, Mc, Md* entstehen, unter einer Reihe von Dingen *N, O* u. s. w. zertheilet sey, dergestalt, daß die Veränderung *Mb* von der Kraft *G* des Dinges *N*, die Veränderung *Mc* von der Kraft *H* des Dinges *O* u. s. w. herkomme. Es würde beständig folgen, daß so lange die ursprüngliche Bestimmung *a* währete, das Ding *N* noch nicht auf das Ding *M* wirkete, und daß es aufgehöret hat zu wirken, so bald nur einmal die Bestimmung *b* zum Vorschein kömmt. Gleichergestalt würde während der Bestimmungen *a* und *b* das Ding *O* noch nicht auf das Ding *M* wirken, und so bald die Bestimmung *c* einmal da ist, wirket es nicht ferner. Folglich gehet jegliches von diesen Dingen *N*, *O* u. s. w. aus der Unwirk={66}samkeit zur Wirksamkeit über, um nachgehends aufs neue in die Unwirksamkeit zu fallen. Die Dinge *N*, *O* u. s. w. sind also an sich selbst veränderlich, und weil dieser dritte allgemeine Fall mit dem andern übereintrifft, so müssen auch diese hier benannten Dinge zufällig seyn.

Wie derowegen die Kraft, womit wenigstens einige Theile des ganzen aufeinander folgenden Systems ausgerüstet seyn müssen, ihnen in allen möglichen Fällen nichts von ihrer Zufälligkeit nimmt; so läßt diese Kraft den Unterschied zwischen dem Schöpfer und dem Geschöpfe allemal bestehen. Folglich streitet sie nicht mit der Natur eines nothwendigen Wesens, und ist in dieser Absicht möglich.

Die Möglichkeit dieser Kraft ferner *a priori* zu erweisen, so würde noch zu zeigen übrig seyn, daß es ebenfalls nichts wiedersprechendes wäre, sie in einem und eben demselben Dinge, mit solchen oder solchen wesentlichen Bedingungen verknüpft anzunehmen. Ich habe aber bereits erinnert: die wesentlichen Bedingungen derer wirklichen Dinge sind uns sowohl ihrer Anzahl nach, als auch in Ansehung der Begriffe, die sie bey uns erwecken, nicht sehr bekannt. Wir kennen sie nicht allein nicht alle; sondern wir können uns auch auf keine Weise überzeugen, ob dieses, was wir an den erschaffenen Dingen als beständig und unwandelbar erblicken, ihre ursprünglichen Bedingungen, oder nur bloße entfernte Folgen sind, die aus den Bedingungen herfließen. Laßt euch die allgemeine Gleichung für die Linien vom zweyten Grade, nebst aller möglichen {67} Veränderung der Zeichen und der Coefficienten geben, wie weit seyd ihr nicht noch davon entfernt, diese Linien, die doch nur bloße Kegelschnitte sind, zu beschreiben? Eben so sind wir unerachtet aller Eigenschaften, die wir an den erschaffenen Dingen gewahr werden, von ihren ursprünglichen Bedingungen vielleicht noch sehr weit entfernt. Wir würden uns noch die Bahn, die dahin führet, brechen können, wenn wir hier zu zergliedern, oder analytisch zu verfahren im Stande wären. Allein eben dieses läßt sich nicht ins Werk richten. Die Begriffe, welche wir von den beständigen Eigenschaften überkommen, sind so beschaffen, daß sie, ob sie gleich klar sind, und zu Erkenntniß der Sache, die sie andeuten, etwas beytragen, dennoch einige Undeutlichkeit mit sich führen; das heißt, sie geben uns die Kennzeichen, wodurch diese Eigenschaften von einander unterschieden sind, nur dunkel an. Es ist wahr, wir haben deutliche Begriffe; aber diese beziehen sich alle auf die, eben diesen beständigen Eigenschaften der wirklichen Dinge beygefügten Bestimmungen, und eben hiedurch können sie nicht zum Beweise dienen, daß die Kraft mit den wesentlichen Bedingungen weder in diesem gegenwärtigen, noch in jeglichem andern möglichen Falle, bestehen könnte.

Sollten unsere Begriffe von den beständigen Eigenschaften, die ihnen fehlende Deutlichkeit erlangen, so könnte man alsdann zu den wesentlichen Bedingungen

der Dinge hinansteigen[(bb)]; man wür={68}de entdecken können, wie dergleichen
Bedingungen die Kraft einschränken, und auf einen gewissen Grad, oder auf eine
gewisse Art herunter setzen; man würde wissen, warum es Dinge gäbe, die nur
außer sich wirken, und warum andere in sich selbst wirken. Man würde die Eintheilung der Kräfte fast nach ihrer ganzen Mannigfaltigkeit einsehen, und die Wirkungen davon weit öfter aus ihren Ursachen zum voraus erkennen. Allein ob gleich
unser Gesicht nicht scharf genug ist, und obgleich die ausführliche Erkenntniß
der Möglichkeit dieser Kräfte gänzlich über unsern Verstand gehet, so kann doch
wenigstens ihr wirkliches Daseyn nicht zweifelhaft seyn. Denn anfangs finden wir
in uns selbst ein Merkmal der Thätigkeit: über dieses folgen alle Dinge auf einander, und ein jedes System ist dergestalt beschaffen, daß vermöge der Unveränderlichkeit Gottes, darinn auch nothwendig wirkende Kräfte müssen vorhanden seyn.
Endlich wenn man denen erschaffenen Dingen eine Thätigkeit beymisset, so bleibet die Creatur deswegen nichts desto weniger zufäl[lig] und wird dem Schöpfer
nicht entgegen gesetzet.

Ich nehme die drey oben angegebenen allgemeinen Fälle nochmals vor die Hand.
In dem ersten lassen sich die Veränderungen Mb, Mc, Md, u.s.w. des Dinges M
durch seine Kraft F und durch seine ursprüngliche Bestimmung a erklären. Das
Ding {69} M hat also die Kraft F, als die Quelle aller seiner aufeinander folgenden Bestimmungen, in sich selbst. Es ist in seinem Innern wirksam. Die Wirkung der Kraft F wird durch die Mannigfaltigkeit der Umstände Ma, Mb, Mc,
Md u.s.w. jederzeit verschiedentlich eingerichtet; das heißt, der Gegenstand der
Thätigkeit wechselt. Denn die Kraft F selbst verändert sich niemals. Sie wird für
eine der beständigen und fortdaurenden Bedingungen des Wesens M angenommen. Im andern Falle haben die Veränderungen Mb, Mc, Md u.s.w. von der Kraft
G des Dinges N ihren Ursprung. Daher ist hier das Ding M nur leidend, da es in
sich selbst keinen Grund der Veränderung hat. Das Ding N ist wirkend. Allein
das Ding N tritt, während es auf M wirket, nach und nach aus dem ursprünglichen Zustande $N\alpha$ in $N\beta$, $N\gamma$ u.s.w. Lässet sich der Grund dieser Abwechselung
$N\beta$, $N\gamma$ u.s.w. durch die Kraft G des Dinges N erklären, so wirket das Ding N
sowohl nach innen als nach aussen. Die Gegenstände der Thätigkeit der Kraft G,
als Ma und $N\alpha$, Mb und $N\beta$, Mc und $N\gamma$ u.s.w. verändern sich allmälig. Die Kraft
G ist an sich selbst als beständig und als eine wesentliche Bedingung des Dinges
N angenommen worden. Allein wenn der Grund der Veränderungen $N\beta$, $N\gamma$, $N\delta$
u.s.w. des Wesens N, von der Kraft F des Dinges M abhänget, so wirket das Ding

---

(bb) Man würde folglich die Bedingungen verstehen, unter welchen die Dinge möglich sind. Es
    ist nicht zu leugnen, daß wir auch itzo von einigen sehr leichten Dingen die Möglichkeit
    einsehen; aber in den verdeckten und abstracten wird es uns gar bald an gehöriger Einsicht
    gebrechen.

M auch zugleich gegen das Ding *N*. Und obgleich die Gegenstände der Thätigkeit der beyden Kräfte abwechseln, so sind sie, die Kräfte, dennoch alle beyde beständig, weil *F* als eine unwandelbare Bedingung {70} von *M*, und *G*, als eben dieses von *N* angenommen wird. Im dritten Falle kommen die Veränderungen *Mb*, *Mc* u. s. w. des Dinges *M*, jegliche besonders von den Kräften *G*, *H*, u. s. w. der Dinge *N*, *O* u. s. w. her. Hier ist das Ding *M* ebenfalls leidend, und auch die Dinge *N*, *O* u. s. w. sind wirkend. Die Kraft *G* verlieret den Gegenstand ihrer Thätigkeit, nachdem sie die Veränderung *Mb* hervorgebracht, so wie die Kraft *H*, nach der Hervorbringung der Veränderung *Mc*, die ihrige verlieret, und so ferner. Die Kräfte *G*, *H* u. s. w. werden aber dennoch als beständig angesehen. In diesem letzten Falle kann sich noch eine Gegenwirkung von Seiten des Dinges *M* finden, wenn die Kräfte *G*, *H* u. s. w. vermöge seiner Kraft *F* den Gegenstand ihrer Thätigkeit verlieren.

Ich habe die Nothwendigkeit der Kräfte für jegliches System überhaupt erwiesen. Aber ich habe bisher blos angenommen, daß sie wesentliche Bedingungen derer Dinge seyn können, denen sie zukommen. Eben dieses muß ich nunmehr auseinander setzen.

Im ersten Falle, wenn die Kraft *F* die ähnlichen Veränderungen *Mb*, *Mc*, *Md* u. s. w. vermittelst der Bestimmungen *a*, *b*, *c*, *d* u. s. w. hervorbringet, wenn die Reihe *Mb*, *Mc*, *Md* u. s. w. niemals zu Ende geht, und in ihrem ganzen Umfange beständig von der Wirkung der Kraft *F* entspringet, so ist ausgemacht, daß diese Kraft *F* stets dem Dinge *M* gehöret. Sie muß also eine wesentliche Bedingung seyn, oder, welches einerley ist, von einer wesentlichen Bedingung herkommen. Höret {71} aber die Reihe von Veränderungen *Mb*, *Mc*, *Md* in *Mf* auf, so ist die Kraft des Dinges *M* nicht dasjenige, welches die Veränderungen *Mb*, *Mc*, *Md* wirklich hervorbringet, sondern sie ist bloß geschickt sie unter solchen und solchen Umständen hervor zu bringen. Und da dieses geschicktseyn beständig ist, so hat es entweder von den wesentlichen Bedingungen des Dinges *M* seinen Ursprung, oder kann selbst eine derselben seyn.

Eben so verhält es sich im zweyten Falle. Höret die Reihe derer Veränderungen *Mb*, *Mc*, *Md* u. s. w. niemals auf; entstehet sie einförmig durch die Kraft *G* des Dinges *N*, so ist klar, daß, weil die Kraft *G* beständig dem Dinge *N* zukömmt, sie selbst eine wesentliche Bedingung seyn, oder von einer derselben herfließen muß. Bleibt aber die Reihe der Veränderungen *Mb*, *Mc*, *Md* in *Mf* stehen, so ist die Kraft *G* nicht dasjenige, wodurch die Veränderungen *Mb*, *Mc*, *Md* zum Vorschein kommen, sondern sie ist eine bloße Geschicklichkeit[14], dieselben unter solchen oder solchen Umständen hervor zu bringen, und da diese Geschicklichkeit beständig ist, so kommt sie entweder aus wesentlichen Bedingungen des Dinges *M* her, oder kann selbst eine davon seyn.

---

[14] frz. „aptitude" (*Lettre* 1751, S. 59, untere Mitte).

Endlich im dritten Falle höret die Wirkung von *N* auf das Ding *M* mit *Mb* auf, so wie die Wirkung von *O* mit *Mc*. Folglich bestehen die Kräfte *G, H* u. s. w. der Dinge *N, O* u. s. w. nicht in der wirklichen Hervorbringung der Wirkungen *Mb, Mc* u. s. w. sondern einzig und allein in der Geschicklichkeit, sie unter solchen und solchen Umständen her={72}vor zu bringen. Und da diese Geschicklichkeiten hier ebenfalls beständig sind, so kommen sie entweder von den wesentlichen Bedingungen der Dinge *N, O* u. s. w. her, oder sie können selbst wesentliche Bedingungen dieser Dinge abgeben.

Was kann daher für ein Gegenstand in einem aufeinander folgenden System vorhanden seyn, auf welchen diese endliche Bestimmung, die an sich selbst allemal einerley ist, abzielet?

Ohne Zweifel muß dieser Gegenstand in solchen Bedingungen eines jeglichen einzelen Dinges bestehen, deren Dauer für das gegenwärtige wirkliche System nothwendig ist.

Die Nothwendigkeit der Kräfte in einem aufeinander folgenden System ist schon von mir gezeiget worden; ich will also noch die Möglichkeit ihrer Dauer erweisen. Ich sage voritzt nur, daß in einem aufeinander folgenden System nothwendig Kräfte vorhanden seyn müssen, die in einigen Theilen dieses Systems wirklich beständig sind. Wenn es Anfangs Kräfte giebt, die aus wesentlichen Bedingungen eines Dinges herfließen, oder selbst wesentliche Bedingungen dieses Dinges ausmachen, so sind diese unstreitig beständig. Gesetzt aber, daß die Kraft eines Dinges *M* weder selbst eine wesentliche Bedingung sey, noch aus wesentlichen Bedingungen dieses Dinges herfließe; so wird sie dahero eine hinzugethane und vergängliche Bestimmung seyn, die von der Kraft eines andern Dinges *N* abhienge. Man sage mir; ob die Kraft des Dinges *N* eine wesentliche Bedingung dieses Dinges seyn, oder nur {73} von einer dieser Bedingungen abhängen soll. Ist keines von beyden, so wird die Kraft des Dinges *N* an sich selbst eine hinzugefügte und vergängliche Bestimmung seyn, und von der Kraft eines dritten Dinges *O* abhängen, und so ferner, bis ich auf ein Ding *X* gelange, dessen Kraft beständig ist. Man lasse aber in dem ganzen System kein solch Ding *X* zugegen seyn, dessen Kraft beständig ist, und man lasse das Ding *Z*, dessen Kraft an sich veränderlich ist, die Quelle von den Kräften der Dinge *Q, N, M* ausmachen. Der Grund der veränderlichen Kraft des Dinges *Z* lieget nicht in dem System der Dinge *M, N, O* u. s. w. Er muß also unmittelbar in dem höchsten Wesen liegen. Daher müste sich das höchste Wesen damit beschäftigen, nach und nach eine veränderte Wirkung hervor zu bringen, welches aber, wie ich erwiesen, mit der Unveränderlichkeit der ersten Ursache aller Dinge streitet. Folglich muß in dem System der Dinge *M, N, O* u. s. w. zum allerwenigsten ein Ding *Y* vorhanden seyn, dessen Kraft beständig fortdauret, und eine wesentliche Bedingung des Dinges selbst ist.

Im andern Falle bringt die Kraft *G* des Dinges *N* in *M* die Veränderungen *Mb, Mc, Md* u. s. w. zum Vorschein. Gesetzt daß in den Dingen *L* die Veränderungen

Lb, Lc, Ld u. s. w. die den Veränderungen des Dinges *M* ähnlich sind, auch noch durch das Ding *N* hervor gebracht sind; so wird alsdann die Kraft von *N*, wodurch die Veränderungen von *L* entstehen, eben dieselbe seyn, die die Veränderungen von *M* erzeuget. Es wird beständig die Kraft *G* seyn. Wenn aber die Verän={74} derungen von *L* durch *Lm, Ln, Lo* u. s. w. ausgedrücket werden; wenn sie, obgleich unter verschiedenen Umständen der Veränderungen *Mb, Mc, Md*, ebenfalls von der Wirkung des Dinges *N* herkommen: so wird man in dem Dinge *N* eine von der Kraft *G* unterschiedene Kraft *g* zugeben müssen. Diese beiden Kräfte *G* und *g* werden in dem Dinge *N* entweder beyde zugleich von einer allgemeinen Ursache *A* abhängen können, oder jegliche von ihnen wird eine wesentliche Bedingung seyn können, wenn sie nur niemals unter sich, oder mit andern wesentlichen Bedingungen des Dinges *N* streiten.

Ich schließe aus allen diesem, daß das allgemeine Gesetz eines jeglichen veränderlichen Systems nichts anders ist, als diese Bestimmung[15], die ihm das Daseyn ertheilet, und die, allezeit unverändert, die wesentlichen Bedingungen derer Dinge, die dieses System ausmachen, erhält, und ins besondere ihre Kräfte und ihre wirkenden Ursachen unterstützet.

Ich habe gesagt, daß jegliches veränderliches System wenigstens einige wirkende Wesen in sich enthalten müßte. Und ich habe dargethan, daß unter diesen Wesen einige vorhanden seyn müßten, davon die Ursachen der Wirksamkeit beständig und unverändert wären. Die Erfahrung, die wir in der gegenwärtigen Welt machen, bestätiget diese zwey Stücke auf eine vortreffliche Weise. Es erhellet nicht allein, daß kein schlechterdings und in allen Absichten leidendes Ding vorhanden ist[cc],

---

[15] frz. „détermination".

(cc) Wenn man denenjenigen, die sich eine leidende Natur erdichten wollen, gründlich entgegen gehen will, darf man wieder sie nur dieses gebrauchen: daß 1) ihr Beweis, den sie von den Sinnen hernehmen, nicht gültig sey, weil den Sinnen jederzeit die größte Dunkelheit anklebet, 2) daß, wenn dem Anscheine nach einige Dinge leidend sind, solche nichts desto weniger in einer beständigen Thätigkeit begriffen sind. Denn das Leiden eines Körpers ist selbst eine thätige Kraft, dieweil dem Körper, der in einen andern wirket, eben so viel von seiner Kraft abgehet, als die Kraft beträgt, womit ihm der andere wiederstehet. Kein bloßes Leiden aber kann die Kraft eines andern wirkenden Körpers schwächen. Daher ist das Leiden selbst eine Kraft. Ist dieses, so ist kein bloß leidendes Ding in der Welt; das heißt, es ist kein solches Ding, daß [sic] nicht, indem es litte, selbst einige Kraft anwenden sollte, dem andern Dinge zu wiederstehen, und seine Kraft zu schwächen, folglich selbst thätig wäre. Wir glauben die letzten Streitigkeiten, welche sich bey dem Zwiste über die Monaden auch von der leidenden Natur entsponnen, und die Herr Justi besonders durch die Gründe eines großen Meßkünstlers zu behaupten gesuchet, werden sich hinlänglich entscheiden lassen, wenn man die Gedanken des Herrn Hanovs in der *diss. dilucidatæ Rerum vires* am oben angezogenen Orte darüber in Erwägung ziehet.

son={75}dern es findet sich auch in der That kein einziges, in dessen Wesen nicht die Ursache[16] seiner Wirksamkeit liegen sollte.

Wenn auf der einen Seite die Bewegung und die Ruhe die Trägheit oder die Unwirksamkeit der Körper auf sich selbst zeigen, so beweisen eben diese zwey wiedrigen Zustände auf der andern Seite die Wirksamkeit gedachter Körper auf einander. Die Körper verharren in dem Zustande ihrer Ruhe, oder in {76} ihrer geradelinigten Bewegung, wofern sie nichts aus demselben bringet. Man hat noch kein Anzeigen der Kraft, so lange sich noch keine Veränderung ereignet. Kömmt aber die Bewegung eines Körpers mit der Ruhe eines andern zusammen, so wirket die erste so stark auf die Ruhe des andern, als der andere die Bewegung des ersten schwächet. In dieser Wirkung und Gegenwirkung sind zwey jederzeit gleiche Wirkungen vorhanden. Daher muß sich in jeglichem Körper, er mag in Ruhe oder in Bewegung seyn, eine beständige und unveränderliche Kraft finden. Und dieses nennet man die Kraft der Trägheit.

Vermöge dieser Kraft wirken zwey Körper nicht anders auf einander, als sofern sie sich unmittelbar berühren, und einer von ihnen sich nach dem andern zu beweget. Allein die Anziehung äußert auch in der Entfernung und in der relativen Ruhe der Körper ihren Einfluß, der sich nach beständigen und ordentlichen Verhältnissen, und unter andern nach der Gleichheit der Wirkung und Gegenwirkung richtet.

Der Umstand von der unmittelbaren Berührung bleibt jederzeit derselbe. Daher verändert sich die Kraft der Trägheit eines Körpers in ihrer Wirkung bloß nach dem Verhältniß der Menge der erlangten oder verlohrnen Bewegung. Allein der Umstand von der Entfernung leidet unendlich viele Abwechselungen. Daher kann die anziehende Kraft in ihrer Wirkung für jegliche Weite verschieden seyn, und es findet sich auch wirklich, daß sie sich umgekehrt wie die Quadrate der Weiten ver={77}ändert. Die Wirkung der Kraft der Trägheit ist also in der That nicht so verändert, als die Wirkung der anziehenden Kraft. Sie ist es aber dennoch. Denn giebt man zu, daß die Kraft der Trägheit eine wesentliche und beständige Bedingung der Materie sey, so sehe ich nicht, warum man die anziehende Kraft nicht als eben eine solche Eigenschaft annehmen sollte.

Daß die Kraft der Trägheit und die anziehende Kraft beständig fortdauren, kommt daher, weil sie jederzeit eben dieselben Wirkungen unter eben denselben Umständen hervorbringen. Sobald zwey Körper unter sich in Ruhe kommen, so haben ihre Kräfte der Trägheit auf einen Augenblick die Gegenstände ihrer Thätigkeit verlohren. Zeigen sich aber andere Gegenstände, so machen sich diese Kräfte durch ihre Wirkungen aufs neue merklich. Gleichergestalt kann die Anziehung der Körper wegen des großen Abstandes beynahe verschwinden. Man setze aber

---

[16] frz. „principes" (*Lettre*, S. 63).

nur den einen in die Sphäre, darinn der andere noch thätig ist, so wird man eben dieselben Wirkungen, wie zuvor, bemerken.

Vielleicht sind außer der Kraft der Trägheit und der anziehenden, noch andere allgemeine Kräfte mit der Materie verknüpfet. Es ist an dem, sie sind uns durch keine in die Sinnen fallende Wirkung bekannt. Aber dieses berechtiget uns nicht, ihr Daseyn zu leugnen. Wie viele Dinge gehen nicht vor, ohne daß wir davon etwas wissen?

Ohne Zweifel können einige Theile der Materie mit besonderm Vermögen begabt seyn, die sich durch {78} die anziehende Kraft, durch die Kraft der Trägheit, oder auch durch die allgemeinen uns noch unbekannten Kräfte nicht erklären lassen. Ich will es nicht ausmachen, ob das Zurückstoßen, das sich bey vielen Gelegenheiten äußert[dd], nicht eine von die={79}sen besondern Kräften ist, allein das Vermögen unsers Körpers, der Seele von dem, was in ihm vorgehet, eine Erkenntniß zu ertheilen[ee], will ich ohne Bedenken als eine solche Kraft ansehen. Es ist

---

(dd) Dergleichen wäre z. E. das Zurückstoßen der feindlichen Pole des Magneten. Es ist aber nicht leicht glaublich, daß dieses eine solche Kraft wäre, die so etwas besonders hätte, daß es nicht möglich seyn sollte, sie wahrscheinlicher Weise zu erklären. Wem bekannt ist, was nach dem P. Malebranche *de inquir. verit.* p. 477. dem Cartesius, noch ganz neulich der große Euler *Opusc. T. III.* in der *nova magnetis Theoria* hievon für Erklärungen gegeben, wird selbst urtheilen können, ob sich das Zurückstoßen der Magneten auf keine Art erklären lasse. Selbst Muschenbroek hat in seiner größern Physik Th. I. die Grade des Fortstoßens der magnetischen Kraft angegeben. Ja, die Engländer, z. E. Herr Savery, haben uns schon sogar künstliche Magnete geliefert, und der jüngere Herr de la Hire hat Versuche mit Eisen gemacht, das sich, was die Kraft betrift, in Magnet verwandeln lassen. S. *Memoires de l'Académie des Sciences. Année 1705.* Eine gleiche Bewandniß hat es mit dem Zurückstoßen, das die elektrischen Körper an andern leichten Körpern bewerkstelligen. Auch dieses gehet nicht so wunderbar zu, daß deswegen eine heimliche und wundersame Kraft in der Natur nöthig wäre. Herr Jallabert hat davon in seinen *Expériences sur l'Eléctricité* p. 179. et 278. gute Ursachen angegeben. Und vielleicht erhalten wir mit der Zeit auch ein vollständiges Elektrometer, wodurch man die Fortstoßung besser bestimmen, und die Ursachen derselben genauer wird entwickeln können, wie Hr. Gralath in den Versuchen der Danz. Gesellsch. Th. I. S. 525. dazu einen sehr geschickten Grund geleget hat. Sowohl von der elektrischen als magnetischen Zurückstoßung, und von den darüber angestellten Versuchen, besonders der Engländer, giebt Herr Martin einige Nachricht in seinem *new and comprehensive system of the Newtonian Philosophy* T. I. p. 32 ff.

(ee) So viel wir hier absehen können, scheinet es uns, der Herr Verfasser trete dem System vom Einflusse der Seele in den Körper bey. Aber in diesem System lassen sich die Kräfte dieser beyden wesentlichen Theile des Menschen noch wohl so erklären, daß man nicht nöthig hat, eine neue Kraft in die Natur der Dinge einzuführen, außer derjenigen, die man der Seele sowohl als dem Leibe beyleget. Ins besondere haben dieses die Herren Proff. Gottsched und Hollmann in ihren Dissertationen, und Herr Knuzen in dem *Commercio inter animam et corpus* ausführlich gewiesen.

unmöglich in diesem gegenwärtigen Falle zu bestimmen, ob von Seiten der Seele eine Gegenwirkung geschehe. Geschieht sie aber auch, so kann doch unter zwey so verschiedenen Dingen, als die Wirkung des Körpers und die Gegenwirkung der Seele, keine Gleichheit statt haben.

Die wirkende Ursache, die sich in dem Innersten der verständigen Wesen findet, theilet sich in viele Aeste, nach der verschiedenen Art ihrer Verrichtungen (*operations*). Bald heißt sie Gedächt={80}niß und Einbildung; bald Urtheil, Verstand, Wille. Jederzeit ist sie dieselbe. Es gefällt ihr nur, sich unter hundert verschiedenen Nahmen zu verbergen.

Diese wirkende Ursache ist in allen Fällen nichts anders, als das Vermögen, wodurch die verständigen Wesen sich selbst verändern, (modifient), und aus dem vorhergehenden Zustande in den folgenden übergehen, wenn sie nicht dem unmittelbaren Einflusse der äußerlichen Gegenstände unterworfen sind.

Die Natur[17] dieser wirkenden Ursache ist im Grunde bey allen einzelen Dingen einerley. Jederzeit hat sie Stufen, die mehr oder weniger lebhaft, mehr oder weniger geschwinde sind, nachdem nämlich die Kette selbst (wenigstens auf eine Zeit lang) mehr oder weniger ausgedehnt ist. Die wirkende Ursache, die den Geist Neutons zu den äußersten Welttheilen erhob, und die, welche die Blitze der Beredsamkeit des Demosthenes erzeugte, hatten eben dieselbe Natur, als diejenige, wodurch so viele träge Menschen in den Beschäfftigungen eines verdrüßlichen Lebens geleitet werden.

Allem Ansehen nach ist diese thätige Kraft die Quelle des Vermögens der Seele, in den Körper zu wirken. Dieses Vermögen kann keinesweges der Wille selbst seyn, weil wir oft Dinge wollen, die in Ansehung des Körpers unmöglich sind. Denn der Körper ist unserm Verlangen entgegen, oder erfüllet doch nur unvollkommener Weise dasselbe. Die Einschränkung dieses Vermögens muß von den Umständen herkommen, in denen sich die Seele befindet, keinesweges aber von der Gegenwirkung des {81} Körpers. Denn giebt man diese Gegenwirkung zu, wovon man noch nicht den geringsten Beweis hat, so kann unter so ungleichartigen Dingen, als die Wirkung der Seele und die Gegenwirkung des Körpers sind, keine Proportion und folglich keine Gleichheit statt haben, und die Gegenwirkung des Körpers kann der Ueberwucht der Wirkung der Seele nicht wiederstehen. Kommt aber die Einschränkung nicht von außen her, so muß sie von innen kommen.

 Da wir wegen der Unvollkommenheiten unsers Verstandes und Willens glauben müssen, daß es verständige Wesen giebt, die eben dieselben Fähigkeiten in einem höhern Grade, als wir, besitzen; so lehret uns auch die Einschränkung des Vermögens, das die Seele auf den Körper hat, daß wahrscheinlicher Weise in der Welt verständige Wesen seyn können, die ein weit größeres Vermögen über den

[17] frz. „la marche".

Körper, als wir haben, diese verständigen Wesen, wo sie anders vorhanden sind, gehören unter die Zahl der natürlichen Ursachen, ihr Vermögen mag so groß seyn, als es immer wolle.

Alle wirkende Kräfte der bekannten oder unbekannten Dinge, alle ihre beständige Bedingungen haben keinen andern Grund ihrer Dauer, als den Willen Gottes. Nehmet einmal die fortwährende Wirkung der ersten Ursache weg: weder diese Bedingungen, noch diese Kräfte haben einen Grund ihres Daseyns. Sie werden in ihr Nichts zurückkehren. Lasset diese erste Ursache blindlings wirken: es wird kein Grund mehr übrig seyn, warum unter so vielen von einander abgesonderten Bedingungen {82} einige beständig und wesentlich, andere vergänglich und zufällig seyn würden. Mit einem Worte, ohne einen verständigen Gott ist die Welt ein Chaos, wo in Ewigkeit alles unvernünftig zugehen muß. Da hingegen sich mit der Gottheit alles zulänglich aufkläret:

> Hinter einer Schattendecke, die gleichwohl die Sinnen rührt,
> Wird von ihr mit mächtgem Arme aller Welten Lauf regiert.

Sind die Umstände nicht sehr verwickelt, so können wir manchmal die Ursachen aus ihren Wirkungen mit Gewißheit herleiten. Daher zeigen uns die Elliptischen Laufbahnen der Planeten, (wenn sich die Sonne in einem derer Brennpuncte befindet, wenn die Räume mit den Zeiten ein Verhältniß haben), die zusammengesetzte Wirkung aus der Kraft der Trägheit, und der anziehenden, sey in einem verkehrten Verhältnisse der Quadrate der Weiten und der ursprünglichen Bestimmung der Wurfbewegung(*). Wäre statt der Ellipse eine Schne={83}ckenlinie vorhanden, so würde die Anziehung sich verkehrt wie die Cubi der Weiten verhalten müssen. Dieses sind die besondern Fälle. Was für ein Grad der Erfindung ist aber demjenigen nöthig gewesen, der diese Geheimnisse der Natur zu allererst entdecket?

Man bleibe aber nicht bey der Ellipse und den Spirallinien. Alle Dinge, daraus die Welt bestehet, sind in ihren beständigen Bedingungen, und in den zufälligen Bestimmungen gegeben, welche sie nach und nach annehmen müssen, um dem Entwurfe des besten möglichen Systems ein Gnüge zu thun. Man suche also die Natur und die Eintheilung der beständigen Kräfte zu entdecken, die alle diese Dinge in die, jeglichem von ihnen angewiesenen Reihe von Bestimmungen versetzen können.

(*) Da ein Körper, der sich in einer krummen Linie bewegen soll, von mehr als einer Kraft getrieben werden muß; so stelle man sich vor, daß derselbe mit einer gewissen Geschwindigkeit nach einer gewissen Richtung in die Höhe geworfen wird, alle Augenblicke aber von einer Kraft nach einem gewissen Puncte, der nicht in eben der Richtungslinie lieget, angezogen wird, so heißt die Bewegung, welche der Körper, vermöge der ihm durch den Wurf gegebenen Geschwindigkeit hat, die Wurfbewegung (*mouvement projectif*).

Ob gleich diese Aufgabe viel leichter, als die Entdeckung des besten möglichen Systems ist, so muß doch die Auflösung derselben dem göttlichen Verstande offenbar zugeeignet werden.

Eben dieß läßt sich von der umgekehrten Aufgabe sagen, man mag sie entweder in ihrer Allgemeinheit annehmen, oder bloß auf einen gewissen Fall einschränken. Vielleicht giebt es in der Welt vollständige Wesen[18], die es durch eine Reihe von Bemerkungen[19] so weit gebracht haben, von den Kräften und den wesentlichen Bedingungen aller vorhandenen Dinge Gewißheit zu erlangen. Allein dieses reicht noch nicht zu, einen einzigen Zustand der Welt, er mag seyn welcher er wolle, zu erkennen. Man muß sich noch über dieses alle zufällige {84} Bestimmungen, die in einem gegebenen Augenblicke zum Vorschein kommen, in Gedanken vorstellen. Nun ist die Verbindung von allen diesen zugleich vorhandenen Umständen unendlich weitläuftiger, als die von den Kräften und den wesentlichen Bedingungen. Der Grad der Erkenntniß, der zu einer zureichet, ist zu der andern unzulänglich, und ohne eine deutliche Einsicht in die ganz Ordnung dieser zugleich vorhandenen Umstände, ist es unmöglich, von der allgemeinen Wirkung der Kräfte zu urtheilen, oder zu verstehen, wie ein jeglicher vorhergehender Zustand der Welt zu seinem folgenden leitet.

Das heißt, der erhabene Künstler hat sich vorbehalten, die Verwunderung durch das Unerwartete zu vergrößern, und sie durch die mannichfaltigen Mittel zu erwecken, die zwar selbst aus dem innersten seiner Werke hergenommen sind, dennoch aber auch den aufgeklärtesten Zuschauern unvermuthet vorkommen. Er allein erkennet alles, das Vergangene, das Gegenwärtige, und das Zukünftige. Er erblicket auf einmal die Wirkungen in den Ursachen, und umgekehrt, die Ursachen in den Wirkungen.

Was soll ich dahero von denen sagen, die die Mängel des Geschöpfes dem Schöpfer beymessen, die dem höchsten Wesen die Kenntniß des Zukünftigen absprechen, und ihm also die Einsicht in den wesentlichsten Theil seines Werkes rauben?

Wenn der Wille des Menschen in seiner Art zu handeln sich nicht jederzeit nach gewissen Gründen regieren muß, das ist, wenn es Fälle giebt, wo kein {85} Grund vorhanden ist, einer Sache den Vorzug zu geben, und die andere auszuschließen, so wäre es wirklich an dem, daß weder dieser Vorzug noch dieses Ausschließen von dem göttlichen Verstande wären vorhergesehen worden, weil beyde keinen wahren Grund hätten.

Siehet man aber auch wohl, was daraus folgt, wenn man behauptet, daß dergleichen natürliche Erscheinungen, als der Vorzug und das Ausschließen sind, ohne

---

[18] frz. „Intelligences".
[19] frz. „observations".

eine einzige Ursache vorhanden seyn können[(ff)]? Merket man nicht, daß die ganze Natur eben so wohl ohne Ursache würde seyn können? Welcher Damm wäre alsdenn dem Ungefähr, dem Abweichen der Atomen, und allen Ungereimtheiten entgegen zu setzen?

Es folgt also, daß, so oft Vorzug und Ausschließen vorhanden, diese wiedrige Wirkungen von verschiedenen Ursachen herrühren müssen[(gg)]. Diese {86} Ursachen bleiben eben so wirklich, wenn gleich ihr Einfluß unmerklich wird.

Ich lasse es gar wohl zu, daß man der wirkenden Ursache, die in uns ist, einen verschiedenen Nahmen beylege, nachdem sie nämlich nach der Erkenntniß handelt, die sie von der Sache hat, oder bloß vermöge dieser dunkeln Begriffe, die dem Bewußtseyn entwischen. Sie mag in dem ersten Falle der Wille, in dem andern aber etwas anders seyn; so richtet die wirkende Ursache sich dennoch jederzeit nach Gründen, die, wenn sie vom Bewußtseyn und Erkenntniß begleitet werden, nur bloß in dem System der Fatalität dringend, hergegen in dem System der Freyheit nur schlechtweg bestimmend sind.

Setzet daher einst, das höchste Wesen habe bey Erschaffung der Welt die ganze Reihe von Ursachen, die das aufeinander folgende Daseyn eines jeglichen verständigen Wesens bestimmen müsse, nicht übersehen können. Diese Dinge würden also die wirkenden Kräfte, womit sie versehen sind, von ungefehr und ohne eine reife und wohl überlegte Absicht bekommen haben. Die Welt, davon diese Wesen einen so ansehnlichen Theil ausmachen, würde in dem Augenblicke der Schöpfung nicht anders, als im Dunkeln seyn betrachtet worden. Wenn aber die Dinge in diesem Zustande wären, wo käme wohl die erste Ursache her? Würde sie nicht ganz blind seyn müssen, da sie es in so vielen Absichten wäre?

Ich will nur noch ein Wort von der Immaterialität Gottes sagen. Die Körper, die in unsre {87} Sinne fallen, sind nicht nur beständigen Abwechselungen unterworfen, sondern auch selbst die Veränderlichkeit der äußern Gestalt und der Bewegung, scheinet von dem Begriffe der Materie unzertrennlich zu seyn. Daher kann das unveränderliche Wesen nicht materiell seyn.

(ff) Insbesondere würde dieses daraus folgen, daß denenjenigen Dingen, welche eine Kraft besitzen sollen, etwas andern vorzuziehen, oder etwas auszuschließen, alle Ueberlegung, und die gänzliche Neigung zum Besten abgesprochen wird; sintemal die Ueberlegung die vornehmste Ursache, die uns in den Stand setzet, ein Ding andern vorzuziehen.

(gg) Wir wissen nicht, ob diese Folge richtig sey. Das Vorziehen sowohl als das Ausschließen können einerley Ursache haben. Es kömmt uns eben so vor, als wenn jemand das Wollen und Nichtwollen von zwey verschiedenen Kräften oder Ursachen herleiten, oder der Seele einen wirkenden und einen leidenden Verstand zueignen wollte; wie noch zu Anfang dieses Jahrhunderts einige Philosophen gethan haben.

Ich darf die Einigkeit dieses Wesens[hh] nur im Vorbeygehen berühren, so sehr deutlich ist dieselbe. Wir haben alle nur ersinnliche Beweisgründe, um nur ein einziges höchstes Wesen zu behaupten. Es ist auch nicht ein einziger, der ihrer mehrere darleget. Man erlaube mir aber anzumerken, daß gleichergestalt niemals ein Grund hat vorhanden seyn können, warum mehr als ein Wesen nach einerley Muster sollten erschaffen seyn. Denn bildet euch ein, es gäbe ihrer zwey, die wegen ihrer vollkommenen Aehnlichkeit nicht von einander zu unterscheiden wären. Sie würden sich in verschiedenen Theilen des Raums, oder in verschiedenen Theilen der Zeit finden. Nun fehlte aber aller Grund, warum sie dergestalt verschieden getheilt wären; daher können die nicht zu unterscheidende {88} Dinge unmöglich vorhanden seyn. Weil es nur ein einziges höchstes Wesen giebt, so ist auch eben hiedurch jegliches von seinen Geschöpfen nur eins. Dieses ist der Ursprung der unendlichen Mannichfaltigkeit, die in den Werken der Gottheit herrschet; eine Mannichfaltigkeit, daran wir keinesweges zweifeln dürfen, ob wir sie gleich nicht mit den Gedanken fassen können. Alle erschaffene Dinge sind, um mich der Worte des Plato zu bedienen, nichts als Abrisse[20] der Begriffe der ewigen Weisheit. Und wie in dem göttlichen Verstande nicht zwey Begriffe genau einerley sind, so trift man auch in der Welt keine Vielheit von solchen Abrissen an, die eben dasselbe Original ausdrücken.

Ich will aber die Güte und die Weisheit des höchsten Wesens noch etwas genauer betrachten.

Die Ursachen, die zusammengenommen die endliche Entschließung für das beste mögliche System zuwege bringen, können entweder die Haupt- oder Nebenursachen seyn, nachdem nämlich gewisse Theile dieses Systems die Hauptabsicht Gottes ausmachen, und andere nur gleichsam Mittel sind, diesen Zweck zu erlangen.

Ich sage, daß die materielle Welt besonders betrachtet, niemals der Hauptgegenstand der Schöpfung hat können gewesen seyn. Denn die Vollkommenheit, die aus einer Verbindung der Dinge, die nicht mit Empfindung begabt sind, herkömmt, ist einerley, sie mag entweder in dem göttlichen Verstande, oder außerhalb demselben betrachtet werden. Folglich hat die materielle Welt allein {89} nichts, das die Gottheit vermögen könnte, ihr das Daseyn zu ertheilen.

(hh) Wenn man zwar von den Alten bemerket, daß sie viele Götter geglaubet, so hat Cudworth schon angemerket, daß dieses nur von den untern Göttern zu verstehen sey, die einem einzigen Obern untergeordnet gewesen. *Systema Intellectuale I. 4. §. 14.* Selbst Pythagoras, der gewiß vor andern viele Götter glaubte, hielte dennoch ein einziges Wesen für die Quelle aller andern. Noch vor einigen Jahren haben wir auch in unserer Muttersprache einen besondern Beweis von der Einigkeit Gottes erhalten.

[20] frz. „copies".

Ganz anders ist es in der Geisterwelt beschaffen. Man lasse die verständigen Wesen aus dem Zustande der bloßen Möglichkeit hervorgezogen und zu einem wirklichen Daseyn erhoben seyn; wenn diese Wesen dergestalt beschaffen sind, daß sie vermöge ihrer wirkenden Ursachen eine Reihe von Empfindungen durchwandern, darinn das Gute herrschet, so wird das wirkliche Daseyn in Ansehung dieser Wesen zu einer Vollkommenheit, die sie noch nicht hatten, so lange ihr Daseyn im Verstande lag, und zu der Reihe ewiger Wahrheiten gehörete.

Eben diese Vollkommenheit, die die verständigen Wesen durch die Existenz erhalten, muß die Gottheit dahin gebracht haben, das beste mögliche System wirklich zu machen. Die Geisterwelt ist also der Hauptgegenstand, warum die Welt erschaffen wurde; die materialische Welt hat das Daseyn um keiner andern Ursache willen empfangen, als weil sie der Geisterwelt untergeordnet ist, und nothwendig dazu erfodert wurde.

Damit aber die Geisterwelt den Hauptgegenstand der Schöpfung ausmachen könnte, so muste das Gute einigermaßen darinn herrschen, das ist, es muste entweder bey allen einzelen Dingen, oder bloß in einem Theile von ihnen, über das Böse die Oberhand behalten. Das Daseyn muste entweder für alle verständige Wesen, oder doch für einen Theil derselben, etwas gutes seyn.

{90} Laßt uns voritzo diese Bemühung oder den Eifer, den wir haben andern gutes zu thun, die moralische Güte nennen. Daher ist das höchste Wesen aus lauter Güte in den beyden angenommenen Fällen dahin gebracht worden, dem besten möglichen System das Daseyn zu gewähren.

Die Güte ist bey Gott nichts anders, als ein Zweig seiner allgemeinen Neigung zur Vollkommenheit. Allein es ist eben der wirkende, der vornehmste Zweig.

Weil die Geisterwelt den vortrefflichsten Theil des besten Systems ausmachet, so muß die beste Geisterwelt mit in das beste mögliche System kommen.

Nun ist die Vollkommenheit einer Anzahl verständiger Wesen in einem zusammengesetzten Verhältnisse der Zahl der Glücklichen und der Größe ihres Glücks.

Folglich muß die beste Geisterwelt, oder welches einerley ist, das beste mögliche, und mit einem Wort das gegenwärtige System, diese zwey Bedingungen, die Anzahl der Glücklichen und die Größe ihres Glücks, im höchsten Grad vereinigt in sich begreifen.

Dasjenige, was der schaffenden Kraft diesen Gegenstand, mit allem was von ihm abhänget, darstellet, ist der göttliche Verstand, und dasjenige was man die Weisheit Gottes nennet. Man muß sich nur hüten, die Wirkungen des höchsten Wesens nicht aufeinander folgend zu machen. Unter sich haben sie ihrer Natur nach eine Ordnung; die Gütigkeit will das beste, die Weisheit entdeckt {91} es, und die Kraft bringt es zum Vorschein: sie haben ihn aber nicht der Zeit nach, weil in dem nothwendigen Wesen alles auf einmal geschiehet.

Bis hieher bin ich bemühet gewesen, das Daseyn eines Gottes dergestalt zu entwickeln, wie es mir am bündigsten geschienen. Den gegebenen Beweis kürzlich zu
wiederholen, so habe ich die Existenz eines nothwendigen Wesens aus der Zufälligkeit der Welt[*] dargethan, welches mir gleichfalls dazu gedienet, die Kraft dieses
Wesens festzusetzen. Ich habe den Verstand desselben durch die Vielheit der verschiedenen möglichen Systeme erwiesen, und ich habe seine allgemeine Neigung
zum Guten und zur Vollkommenheit aus den sichtlichen Spuren, die man in der
gegenwärtigen Welt davon antrifft, hergeleitet.

Es giebt Leute, die die Insecten aufsuchen; es giebt Münzen= und Gemähld-
kenner[**]; sie sind wißbegierig, mein Herr, und in dem, was die Vernunftschlüsse
anbetrift, scharf. Sie werden mich {92} also vielleicht fragen, warum ich mich von
der gewöhnlichen Art entfernet, und mich nicht der Vollkommenheit der ganzen
Welt als eines nächsten Beweises bedienet habe, daß die erste Ursache ein verständiges Wesen sey? Ich will ihrer Frage mit meiner Antwort zuvorkommen.

Die Vollkommenheit der Welt beweiset den Verstand Gottes auf das bündigste
gegen die Epikurischen Gottesleugner, die unendlich viele mögliche und von dem
wirklichen Laufe der Natur verschiedene Fälle annehmen. Auf diese Weise äußert
sich eine unendliche Wahrscheinlichkeit wieder die ordentliche Verknüpfung der
Ursachen und Wirkungen, wo die Welt nicht durch eine verständige Kraft regieret
wird. Wer eine unendliche Wahrscheinlichkeit nennet, der sagt etwas, das eben so
viel ist, als eine vollkommene Gewißheit.

Jedoch die Spinosistischen Ohngötter[(ii)] halten nichts für möglich, außer dem,
was da ist. Daher muß nach ihrer Meynung entweder die Welt selbst das nothwendige
Wesen seyn, oder die Ursache der Welt muß ihrer Natur nach weni[g]stens blind seyn.

{93} Der Irrthum, worein man gemeiniglich mit diesen Leuten zu fallen pfle-
get, bestehet darinn, daß man die bedingte moralische oder physische Unmöglichkeit leugnet, die sich wirklich in der Natur findet, da man vielmehr die absolute

(*) Wenn aber die Zufälligkeit der Welt, wie heute zu Tage geschiehet, daraus erwiesen wird,
     daß alle Theile darinn zufällig angenommen werden, so läßt sich dawieder noch verschie-
     denes einwenden, das man vielleicht künftig besonders anzeigen kann.
(**) Es wird nicht leicht jemanden in die Augen fallen, wie dieses mit dem nächst folgenden
     zusammenhängt. Doch wird der Zusammenhang noch leichter hier als anderswo zu ent-
     decken seyn, da jemand auf Rechnung des Mersennus schlösse: weil zu Cartesius Zeiten
     etliche 80 000 Freygeister in Frankreich gewesen, so sey die Cartesische Philosophie dran
     Schuld.
(ii) Im genauen Verstande werden die Spinosisten nicht Atheisten genennet. Allein unser Herr
     Verfasser hat völlig recht, wenn er ihnen diesen Nahmen beyleget. Denn was heist es, einen
     Gott glauben, und ihm die Weisheit, die Freyheit, die Regierung der Welt, und viele andere
     Eigenschaften absprechen, ohne die er als Gott nicht seyn kann? Daher ist nach den Grund-
     sätzen der neuern Weltweisen der Spinosismus vom Atheismo nur einen Schritt entfernt.

Unmöglichkeit außerhalb der wirklichen Verknüpfung der Dinge zum Augenmerke haben sollte.

Die Spinosisten beweisen die bedingte Unmöglichkeit, und sie beweisen sie gut. Ich gestehe, daß wir bloß durch unsre Unwissenheit, die wir von den Ursachen der natürlichen Erscheinungen haben, viele Wirkungen als möglich betrachten, da es doch nur in der That eine einzige ist, diejenige nämlich, die durch ihre vorhergehende Ursachen bestimmt ist. In den Glücksspielen z. E. sehen wir die sechs Seiten eines Würfels für alle Fälle als gleich möglich an, welches doch nicht ist. Denn in Ansehung der Würfel, der ihr ertheilten Kraft, und der Lage, die der Tisch hat, konte keine andere Seite zum Vorschein kommen, als die, welche sich wirklich gezeiget.

Allein die bedingte Unmöglichkeit hilft den Spinosisten nicht das geringste. Was liegt daran, daß in der gegenwärtigen Ordnung der Dinge keine andere Wirkungen möglich sind, als die durch die wirklich vorhandenen Ursachen ihre Bestimmungen haben, wenn es anders an dem ist, daß in andern möglichen Ordnungen verschiedene Kräfte verschiedene Wirkungen hervorbringen würden. Von der bedingten Unmöglichkeit kann man nicht auf die unbedingte den Schluß machen. Auf diese Art fällt der Spinosismus über den Haufen. Es ist aber {94} nicht genug, daß er einen schlechten Grund hat. Man muß auch die Wahrheit des Gegentheils beweisen. Sie sehen daher, daß die größte Schwierigkeit darinn bestehe, die Vielheit verschiedener möglicher Systeme zu behaupten. Hiedurch kann man gerade, ohne zur Vollkommenheit der ganzen Welt seine Zuflucht zu nehmen, die Nothwendigkeit dieses verständigen Wesens herleiten, welches alle Dinge regieret.

Ich habe gedacht, man müsse insbesondere darauf bestehen, daß der endliche Entschluß für das mögliche beste System beständig einerley sey. Ich schmeichle mir, daß Sie vermöge der Folgen, die ich alsbald daraus ziehen will, dasjenige, was ich davon beygebracht habe, nicht als ein Nebenwerk ansehen werden.

Die Sache ist im Grunde an und für sich selbst von Wichtigkeit. Denn wenn man sich anstatt eines einzigen jederzeit bestehenden Entschlusses eine Reihe von Entschließungen vorstellet, deren jegliche nur einen Augenblick währet, so würde die einer beständigen Veränderung unterworfene Gottheit, in der Art zu seyn, von seinen Geschöpfen gar nicht unterschieden bleiben. Wäre dieses, was würde auf die Gegeneinwendung zu antworten, seyn, die Herr Bayle dem Strato in den Mund legt[*]: „Aus was für Grunde verwerfet ihr unsere erste Ursache aller Dinge, unter dem Vorwande, daß sie eine leblose Ursache ist? Wenn es unmöglich ist, daß die Welt von einer solchen Ursache herrüh={95}re, so wird es noch unmöglicher seyn, daß euer Jupiter, ein Gott, der alles weis, der für alles sorget, alles nach seiner unumschränkten Güte und unendlichen Weisheit einrichtet, so viel Vollkommenheiten

---

[*] Continuat. des Pens. Div. §. CVI.

ohne ein anderes verständiges Wesen sollte erlanget, und die ganze Ordnung und Bewegung der kleinsten Theile, aus welcher sie bestehet, eingerichtet haben. Er selbst hat sie keinesweges eingerichtet, in so fern er mit Verstand und Willen begabt ist. Denn sein Verstand und sein Wille sind nicht eher als er selbst. Er ist eben so bald ein Feuer, als ein Gott gewesen. Die Ordnung und die bestimmte Bewegung der Theile dieses Feuers waren nicht eher, auch nicht später, als die Verstandesvollkommenheiten des Jupiters. Sie haben also zu ihrer Ursache bloß die Nothwendigkeit der Natur. Wollet ihr uns zwingen euch zu erklären, wie eine Ordnung in der Natur seyn kann, ohne die Regierung eines verständigen Wesens: so wollen wir euch zwingen uns zu erklären, wie eine Ordnung in den Feuertheilchen Gottes seyn könne, ohne daß eine verständige Ursache dieselben regieret."

Ich sage, daß ich nicht absehe, was man dieser vermeynten Einwendung des Strato entgegen setzen könne, wenn man Gott zu einem veränderlichen Wesen machet. Dieses deutlich zu machen, so will ich anfangs bemerken, daß die Nothwendigkeit oder die Natur der Dinge nicht schlechterdings eine Erdichtung ist, weil sie von Ewigkeit her das mögliche von dem unmöglichen absondert. Gott hat den Grund seines Daseyns in sich selbst; aber dasjeni={96}ge, was diesem Grunde seine Kraft ertheilet, ist die Natur oder Nothwendigkeit der Dinge. Allein die Nothwendigkeit der Dinge ist keine verständige Ursache. Daher kann sie unter den verschiedenen Arten zu seyn, die alle gleich möglich sind, keine Wahl anstellen. Die Natur der Dinge vermag also von dem Daseyn der Dinge keinen Grund anzugeben. Denn weil die Welt unter verschiedentlichen Gestalten vorhanden ist, so sind diese Gestalten alle gleich möglich. Daher muß die Welt mit einer von denselben zum Vorschein gekommen seyn, und wenn die Nothwendigkeit der Dinge unmöglich eine Wahl anstellen kann, so muß diese Wahl nothwendig ein Werk einer verständigen Ursache seyn. Allein wenn diese verständige Ursache eben so wie die Welt verschiedene Gestalten annimmt, so müste sie selbst wiederum ein Werk einer verständigen Ursache seyn. Hiedurch würde man eine Folge von verständlichen Ursachen bis ins unendliche zuwege bringen, welches aber ungereimt ist. Lasset ihr sie aber nicht ins unendliche fortgehen, sondern lasset eine von diesen verständigen Ursachen, so veränderlich wie sie auch immer ist, die erste Ursache seyn, und ihr Daseyn von der Nothwendigkeit der Dinge herleiten, so scheinet mir Strato recht zu haben, daß man nicht nothwendig so weit zurück gehen dürfe, und daß die Welt selbst eben so wohl von der Natur oder der Nothwendigkeit der Dinge herkommen könnte.

Aber eben hiedurch werdet ihr gewahr, daß, wenn Gott keiner Veränderung unterworfen ist, wenn er alles, was er seyn kann, auf einmal ist, {97} wenn für ihn nur eine einzige Form, oder eine einzige Art zu seyn vorhanden ist, alsdann verlieret die Gegeneinwendung Stratons ihre ganze Kraft, weil sich alsdann gleich ein wesentlicher Unterschied zwischen dem Schöpfer und der Creatur findet. Die Nothwendigkeit der Dinge, die von dem Daseyn der Welt keinen Grund angeben kann, weil eine Wahl nötig wäre, diese selbige Nothwendigkeit der Dinge kann von dem Daseyn des höchsten Wesens den Grund angeben, weil es hier keiner Wahl bedarf(kk), wenn diesem Wesen nur eine einzige Art zu seyn zukömmt.

Ich verliere dasjenige nicht aus dem Gesichte, was mich dahin gebracht, das Daseyn eines Gottes genauer zu untersuchen. Ich habe mich anheischig gemacht, Ihnen zu zeigen, daß dasjenige, welches diese wichtige Wahrheit am meisten beweiset, von der Lehrmeynung der Freyheit gänzlich unabhängig ist, und mit seiner ganzen Kraft in dem Lehrgebäude der Fatalität bestehet, wenn man es nur jederzeit so annimmt, wie ich es Ihnen anfangs vor Augen gelegt.

Sie haben den Beweis vor sich, der wenigstens, wie mich dünkt, der stärkste ist. Dieser Beweis {98} gründet sich einzig auf die Zufälligkeit der Welt(ll). Der Freyheit wird darinn nicht einmal gedacht. Der Mensch mag in seiner Art zu handeln, vermöge der Bewegungsgründe die seinen Willen bestimmen, nothwendig seyn oder nicht, so gehört er beständig zu einem System, das nicht anders als zufällig seyn kann, und in dieser Absicht ein nothwendiges Wesen außerhalb sich erfodert.

Indem wir die Lehrmeynung der Fatalität annehmen, so ist es doch eine ausgemachte Sache, daß, ob gleich der Mensch nicht frey ist, er dennoch mit Verstand und Willen begabt ist(mm). Aus was {99} für Ursache würden wohl die Anhänger dieser Lehrmeynung Schwierigkeit machen, wenn sie nur ein wenig vernünftig urtheilen wollen, auch in dem nothwendigen Wesen Verstand und Willen anzunehmen. Dieses ist alles, was die Vertheidiger der menschlichen Freyheit fordern können. Denn man siehet aus ihren Begriffen von dieser Sache sattsam, daß die

---

(kk) Eben hieraus erhellet, daß der Herr Verfasser von der Ursache des göttlichen Daseyns wie ein Wolfianer redet, doch nur mit etwas veränderten Worten. Gott ist nämlich in seinem Daseyn nothwendig. Denn soll er da seyn, so muß es einen Grund haben, warum er da ist; Eben dieser Grund ist die Nothwendigkeit, oder, welches einerley ist, die Unmöglichkeit seines Nicht=Daseyns.

(ll) Wir haben zwar wohl gemerkt, daß der Herr Verfasser den Beweis aus der Zufälligkeit der Welt hergenommen. Allein dieses war bloß aus der Zufälligkeit der Existenz, und in derselben dürfte freylich nicht der Freyheit gedacht werden. Betrachtet man aber die Zufälligkeit der Dauer, oder suchet das Daseyn Gottes aus der absoluten Nothwendigkeit einiger Theile der Welt, und ihrer Verbindungen, z. E. der menschlichen Handlungen, zu erweisen, so wird man, glaube ich, bald gewahr werden, wie wenig es von statten gehe. Denn wenn wir eine bedingte Nothwendigkeit in den Handlungen der verständigen Wesen annehmen, so heben wir dadurch die Freyheit nicht auf. Allein wir haben schon erinnert, daß der Herr Verfasser die Fatalität nicht so streng annehme.

(mm) Wir leugnen dieses mit Recht. Denn wer die Freyheit aufhebet, der benimmt dem verständigen Wesen allen Verstand und allen Willen; und wer das letzte zugestehet, muß nothwendig die Freyheit zugeben, wenn er sich nicht des Nahmens bedienet, wie wir oben schon erinnert haben.

Freyheit, wie sie solche bey uns antreffen, bey Gott keine statt haben kann[*]. Ihrer
Meynung nach sind wir nicht frey, in dem was die Deutlichkeit und das Gute überhaupt angehet; sondern die Ausübung der Freyheit erstrecket sich nur auf undeut-
liche Wahrheiten und auf besondere Güter. So schwach wir auch immer sind, so
dürften wir uns doch nicht bey dem ersten Eindrucke beruhigen, und auf den
ersten Anschein nachgeben, der uns hinters Licht führen könnte. Was hätte also
die Freyheit bey einem Wesen für Nutzen, welches alles aufs deutlichste übersiehet,
und den Sachen jedesmal ihren wahren Werth ertheilet[nn].

{100} Sie würden denjenigen in Wahrheit nicht für gottlos schelten, welcher
behauptete, daß es in Betrachtung der unumschränkten Vollkommenheit des göttlichen Verstandes und Willens, etwas wiedersprechendes sey, daß dieses Wesen
etwas anders als das Beste wolle[oo].

Die unbedingte Nothwendigkeit ist es, warum man dem gegenwärtigen System
ein nothwendiges und unabhängiges Daseyn zuschreibet, das die Existenz Gottes
übern Haufen wirft. Die äußerliche Nothwendigkeit, oder der Zwang in Betrachtung der menschlichen Handlungen, hebet die Sittenlehre auf. Aber eine bedingte
und innere Nothwendigkeit ficht weder die Sittenlehre noch das Daseyn des {101}
höchsten Wesens an[pp]. Der Unterschied zwischen dieser Art der Nothwendigkeit und der Freyheit, die mit bestimmenden Ursachen vergesellschaftet ist, ist sehr
seichte. Was die Freyheit der Gleichgültigkeit (la liberté d'indifference) betrifft, so
ist mir dieselbe verdächtig. Ich weis daß viele sie aus guter Absicht behaupten. Ich

---

(*) Burlamaqui *Princ. du Dr. Nat. Part. I. Ch. II.* (Anmerkung des Verfassers).

(nn) Eben deswegen kömmt Gott die allergrößte Freyheit zu. Denn der Verstand Gottes ist
     unendlich, folglich ist auch der Wille desselben unendlich gut. Gott hat aber, nach des
     Herrn Verfassers Beweisen, das beste System hervorgebracht, folglich hat es ihm gefallen,
     dieses und kein anderes zu schaffen. Er hat es also allen andern vorgezogen. Ist dieses, so
     hat er ein Vermögen gehabt, aus allen möglichen Systemen dasjenige zu erwählen, welches
     ihm sein Verstand, als allen andern vorzüglich, dargebothen, und wozu sich sein Wille, als
     zu dem Besten, entschlossen. Ist Gott also mit unendlichem Vermögen zu wählen bega-
     bet, so ist er unendlich frey. Man könnte einen andern Beweis hinzusetzen: Findet sich in
     Gott nicht das allergeringste, welches seiner Freyheit entgegen seyn könnte, oder jemals
     entgegen gewesen wäre, so kann man nicht erdenken, wovon Gott jemals wäre gezwungen
     worden, so und nicht anders zu handeln. Folglich kann sich in seinen Handlungen nicht
     die geringste Nothwendigkeit sowohl äußerlich als innerlich äußern. Folglich da die größte
     Vollkommenheit auch die Freyheit einschließet, so muß man, da man ihr nichts entgegen
     stehendes in Gott erdenken kann, ihm allerdings die größte Freyheit zugestehen. Was wir
     oben erwähnet, warum einige Gott die Freyheit abgesprochen haben, ist in der Anmer-
     kung (g) zu ersehen.

(oo) Hierauf haben wir schon oben in der Anmerkung (g) geantwortet.

(pp) Wer wollte nunmehr zweifeln, daß der Herr Thourneyser bloß die bedingte Nothwendig-
     keit behaupte, und nicht die Fatalität für die Spinosistische Nothwendigkeit halte.

kann aber dennoch nicht aus der Acht lassen, daß dieses nicht zu erklärende Vergnügen der Abweichung der Atomen vollkommen gleichet, und daß diese selbst eine der Hauptbeweise davon war, wie Lucrez bezeuget:

Unde est hæc (inquam) fatis avolsa voluntas,
Per quam progredimur quo ducit quemque voluptas.
DECLINAMUS item motus, nec tempore certo
Nec regione loci certa, sed ubi ipsa tulit Mens.[21]

Dieweil also das Daseyn eines verständigen Schöpfers in der Lehrmeynung der Fatalität eben so wenig, als in der von der Freyheit, zu leugnen ist, so lässet sich diese Wahrheit in beyden entgegen gesetzten Meynungen gleichmäßig als ein Heischsatz gebrauchen, von dem Zustande der Dinge Grund anzugeben. Voritzo wollen wir nur eine Auflösung erfinden, die weder von einer noch der andern Hypothese abhänget, die Erscheinungen in der Welt wahrscheinlich und zulänglich erkläret, und die Gottheit außer Schuld setzet.

{102} Was ist anfänglich wohl für ein Grund gewesen, daß das beste mögliche System nicht eins von denen seyn müssen, deren Theile alle bestimmt, und beständig einerley sind? Es ist dieser, daß ein System, dessen Existenz nach und nach verändert wird, unendlich viele Systeme vorstellet, deren Daseyn nicht veränderlich wäre. Die Vollkommenheit, die aus einer veränderten Existenz herkömmt, ist gleichsam die Summe aller Vollkommenheiten von jeglicher Ordnung, die nur einen Augenblick währet; da hergegen die Vollkommenheit, die aus einer beständigen Existenz herfließt, in einem zusammengesetzten Verhältniß der beständigen Vollkommenheit und der Dauer ist. Die Vollkommenheit einer jeglichen Ordnung heißt bey mir diejenige, welche übrig bleibet, wenn man die Unvollkommenheit abziehet. Wenn nun in dem aufeinander folgenden System dergleichen Wesen vorhanden sind, die ohne Aufhören zur Vollkommenheit fortgehen, während daß in dem beständigen System die Vollkommenheit dieser Wesen beständig und eingeschränkt ist; Wenn außer dem eben diese Wesen den vornehmsten Theil des einen und des andern Systems ausmachen, so sage ich, daß eine endliche Dauer aus dem aufeinander folgenden System mehr Vollkommenheit wird herleiten können, als sie aus dem beständigen ziehen wird. Man vergleiche die Vollkommenheit des einen und des andern Systems mit der Vollkommenheit der Dinge, die daran den vornehmsten Theil ausmachen; man setze zum voraus, daß in dem aufeinander folgenden System die Vollkommenheit, die aus jeglicher Ordnung, worinn diese Dinge ei={103}nen einzigen Augenblick sind, herfließt, allezeit durch ein Glied der sich vom wahren Werthe

---

[21] *Woher, sage ich, kommt dieser dem Schicksal entrissene Wille, durch den wir voranschreiten, wohin jeden die Begierde führt. Wir beugen auch die Bewegungen ab, weder in fest bestimmter Zeit, noch fest bestimmter Gegend, sondern wo der Geist hinführt.* (Titus Lucretius Carus, *De rerum natura*, Liber II, v. 257–260.)

entfernenden Reihe a, b, c, d u. s. w. ausgedrücket sey, da unterdessen P die unveränderliche Vollkommenheit dieser Dinge in dem beständigen System andeutet. Jegliches von diesen Gliedern a, b, c, d u. s. w. sey bis auf m mitgerechnet, geringer als P, hergegen n sey P gleich, alle folgende Glieder aber o, p u. s. w. mögen größer als P seyn. Nennen wir nun D die Dauer, die von a bis m mitgerechnet verflossen ist, so erhellet, daß die Summe $(a+b+c+d \ldots +m)$ geringer ist, als DP, das heißt, daß in der endlichen Dauer D die Vollkommenheit, die aus dem aufeinander folgenden System herkommt, geringer gewesen, als die, welche aus dem beständigen ihren Ursprung gehabt hat. Da aber DP und $(a+b+c+d \ldots +m)$ endliche Größen sind, so muß ihr Unterschied Q unstreitig auch eine endliche Größe seyn. Nun wird in der divergirenden Reihe n, o, p u. s. w. deren Glieder insgesammt, außer dem erstern, größer sind als P, wenn die Glieder in einer endlichen Anzahl E genommen werden, die Summe $(n+o+p \ldots +t)$ die Größe EP um mehr als um den Unterschied Q übertreffen; das heißt $(n+o+p \ldots +t)$ wird größer seyn als $EP+Q$, oder als $(EP+DP) - (a+b+c \ldots +m)$; thut man nun auf beyden Seiten $(a+b+c \ldots +m)$ hinzu, so wird die ganze Summe $(a+b+c \ldots +m+n \ldots +t)$ größer seyn als $DP+EP$, oder als $(D+E)P$. In einer endlichen Dauer $D+E$ übertrifft also die Vollkommenheit, die aus dem aufeinander folgenden System herkömmt, die={104}jenige, die ihren Ursprung dem beständigen System zu danken hat.

Da sich die Reihe a, b, c, d u. s. w. vom wahren Werthe entfernet, so kann sie allezeit bis auf eine Anzahl von Gliedern F dergestalt fortgeführet werden, daß der Unterschied $(a+b+c+d \ldots +z) - FP$ größer sey, als eine jegliche gegebene Größe R. Folglich wird in einer unendlichen Dauer ein aufeinander folgendes System unter den angenommenen Bedingungen unendlich mehr Vollkommenheit, als ein beständiges System hervorbringen.

Nimmt man an, daß das aufeinander folgende System sowohl, als das beständige von Ewigkeit her geschaffen wären, dergestalt, daß, von dem endlichen Gliede $n=P$ anzufangen, die Reihe $m+l+k+$ u. s. w. eben so wohl unendlich wäre, als die Reihe $n+o+p+$ u. s. w. so würde es allemal möglich seyn, daß aus dem aufeinander folgenden System unendlich mehr Vollkommenheit, als aus dem beständigen herkäme. Denn wir wollen den allernachtheiligsten Fall annehmen, denjenigen nämlich, da die abnehmende Reihe $m+l+k$ u. s. w. die z. E. durch die abnehmende Fläche der logarithmischen Linie ausgedrückt werden könnte, einer endlichen Größe gleich ist. Und obgleich alsdann die Summe $(m+l+k+$ u. s. w.$)$ sich zu DP der Vollkommenheit, die aus dem beständigen System in der unendlichen Dauer D herkömmt, verhält, wie die Einheit zum unendlichen; so wird sich doch andern Theils eben diese Vollkommenheit DP zu der Summe der aufsteigenden Reihe $(n+o+p+\{105\}$ u. s. w.$)$ nicht anders verhalten können, als das unendliche zum Quadrat, oder zu einer höhern Potenz des unendlichen. Nun ist das Quadrat, oder eine höhere Potenz des unendlichen, unendlichmal größer als das unendliche doppelt genommen. Daher wird die Vollkommenheit, die aus dem veränderlichen System in Ewigkeit herkömmt, unendlichmal größer seyn, als diejenige, die in Ewigkeit aus dem beständigen System herkommen würde.

Eben dieser Beweis wird in den beyden Fällen statt finden, da die Dauer entweder von beyden Seiten, oder nur bloß von einer Seite unendlich ist, sintemal nicht eine jegliche augenblicklich vorübergehende Ordnung des aufeinander folgenden Systems mehr Vollkommenheit in sich begreift, als die vorhergehende und hier nur von Perioden, die eine gewisse Zeit dauern, und selbst aus Ordnungen bestehen, die den Augenblick verschwinden, die Rede ist; wenn nur diese Perioden alsdann von der Beschaffenheit sind, daß, so oft einer von ihnen aufhöret, die Dinge die den vornehmsten Theil desselben ausmachen, auch einen neuen Schritt zu ihrer Vollkommmenheit gethan haben.

Ich habe überhaupt bewiesen, daß die Geisterwelt der Hauptgegenstand gewesen, den sich Gott bey Schaffung der Welt vorgesetzet. Genauer zu reden würde ich haben sagen müssen, daß die Geisterwelt ganz und gar den vornehmsten Theil des Weltgebäudes ausmachet, wenn die Existenz des Weltgebäudes für alle wirklich vorhandene verständige Wesen etwas Gutes ist. Wenn nun aber die Existenz nur bloß {106} für einen Theil dieser verständigen Wesen etwas gutes ist, so macht auch nur bloß dieser Theil der Geisterwelt den Hauptgegenstand der Schöpfung aus; der andere Theil, für den die Existenz ein Uebel ist[qq], gehöret zu der materiellen Welt. Er ist also nur ein bloßes nothwendiges Zubehör, und ein Mittel den Hauptzweck zu erfüllen.

Ueberhaupt ist die Existenz für verständige Dinge, deren Natur aufeinander folgend ist, etwas gutes, wenn während ihrer Dauer das Gute bey ihnen das Uebel übertrifft. Die Existenz wird ihnen sogar zu einem unendlichen Gute, wenn in einer unendlichen Dauer das Gute das Böse unendlichmal übertrifft; wenn das Gute einer divergirenden Reihe gleichet, das Böse aber wie eine convergirende Reihe ist, oder wie eine Reihe, die sich nach einer gewissen Anzahl Glieder endiget, und ein Integrale giebt.

{107} Jedoch können wohl verständige Wesen dergestalt erschaffen seyn, daß sie eines unendlichen Fortganges zur Vollkommenheit fähig wären?

(qq) Wir lassen es dahin gestellet seyn, ob der Herr Verfasser erweisen kann, ob das Daseyn für die materielle Welt ein Uebel sey, und ob der Hauptendzweck, oder die einzige Absicht der Schöpfung, die Existenz der Geisterwelt sey. Wir glauben vielmehr, der Hauptgegenstand des Schöpfers sey so etwas gewesen, das nicht bloß in der Geisterwelt, oder auch in der materiellen Welt ins besondere lieget; sondern wozu diese beyden Stücke das ihre gemeinschaftlich beytragen, wie z. E. die Verherrlichung der göttlichen Eigenschaften. Doch es giebt noch heute einige deutsche Weltweise, die die freyen und vernünftigen Geschöpfe zum Hauptgegenstand der Schöpfung machen.((wen meint Titius?))

Lasset uns die Erfahrung hierum befragen: diese lehret uns, daß es eine Zeit giebt, da wir nach und nach Erkenntniß auf Erkenntniß häufen, und da unser Geschmack um so viel vollkommener wird, und unsere Neigungen auf desto erhabnere Gegenstände gerichtet sind, je mehr sich unsere Einsicht erweitert.

Wir lassen uns, es ist wahr, von einigen eher, von einigen später einnehmen. Aber weder die Trägheit des Verstandes, noch die Abneigung des Willens, können wesentliche und unzertrennliche Eigenschaften der einen oder der andern von diesen beyden Vermögen seyn.

Was den Verstand betrifft, so ist es ausgemacht, daß die Wahrheiten, welche er begreift, ihm statt der Mittel dienen, neue Entdeckungen zu machen. Je mehr er erkennet, desto mehr ist er zu erkennen fähig. Es ist also kein Fehler, der seiner Natur anhänget, daß er nicht über einen gewissen festen Punct hinausreichet.

Dieses ist noch deutlicher von dem Willen, dieweil wir die Ursachen entdecken, die ihn in seinem Fortgange zur Vollkommenheit hindern. Dieses Vermögen unserer Seele suchet allemal das Gute, oder das Glück; ergreift es das Böse, so kömmt es daher, weil dieses sich unter der gegenseitigen Gestalt darstellet. Das, was der Wille einmal besitzet, siehet er nur als Mittel an, zu etwas beträcht={108}licherm zu gelangen. Doch verläßt ihn, im erforderlichen Falle, der Verstand. Er biethet ihm keine neue Gegenstände dar. Selbst diejenigen, welche er fassen kann, setzt er nicht allemal in ihr gehöriges Licht.

Derowegen kommen die Irrthümer und die Abneigung des Willens von den Schranken des Verstandes her, und da diese nicht die Natur des Verstandes zum Grunde haben, so müssen sie aus einigen fremden Ursachen entspringen. Räumet diese Ursachen aus dem Wege, so wird dem fernern Wachsthume des Verstandes und Willens nichts mehr im Wege stehen.

Nun bestehet in diesen beyden Vermögen, nämlich dem Verstande und dem Willen, die Aehnlichkeit, die die erschaffenen verständigen Wesen mit dem höchsten Wesen haben. Die Immaterialität dieses Wesens erreget also eine sehr starke Muthmaßung für die Immaterialität, und folglich auch für die Unsterblichkeit aller verständigen Substanzen.

Andern Theils lässet sich die unendliche Kluft, die sich zwischen dem Schöpfer und der Creatur findet, niemals erschöpfen. Folglich ist es nicht etwas widersprechendes, daß verständige Wesen vorhanden seyn sollten, deren Fortgang zur Vollkommenheit in einer unumschränkten Dauer nicht ohne Aufhören fortwähren, ja sogar bey jedem Schritte schneller werden könnte, ohne jedoch Schranken anzutreffen[rr].

(rr) Die Schranken des Verstandes haben verschiedene Ursachen; eine ist z. E. die umschränkte Verbindung der Seele mit andern Dingen in der Welt, und der Stand, den ihr Körper in derselben hat. Daher folget denn, daß es unmöglich ist, die Seele von diesen Schranken

{109} Aber das Weltgebäude ist ein aufeinander folgendes System, dessen vornehmster Theil die Geisterwelt, entweder ganz oder doch zum Theil seyn muß; und die einzige Ursache, die die ewige Weisheit hat dazu bringen können, ein aufeinander folgendes System dem beständigen vorzuziehen, bestand in der Betrachtung des unumschränkten Wachsthums des herrschenden Theils. Unter unendlich vielen möglichen Dingen giebt es verständige, in Ansehung derer dieses Wachsthum nichts wiedersprechendes ist. Daher müssen diese verständige Dinge wirklich vorhanden seyn⁽ˢˢ⁾, und ihr Da={110}seyn muß in der That diesen Fortgang in der Vollkommenheit in sich fassen.

Sollte ich mich auch wohl irren? Sollte es wohl an dem seyn, daß alle verständige erschaffene Wesen an dieser so unendlich verschiedentlich eingerichteten Art des Fortganges zur Vollkommenheit Theil haben sollten, und daß für jegliches von ihnen das Daseyn ein wirkliches, ja gar ein unendliches Gut, und ein würdiges Geschenk ihres Urhebers wäre? Wäre es wohl möglich, daß die ganze Geisterwelt ein Gegenstand von der wirkenden Vorsorge einer unendlichen Güte wäre, die sich sowohl ihrem Vermögen nach, als auch wirklich, äußert? Würde wohl alles dasjenige, was darinn vorhanden ist, bey dem Schöpfer das vornehmste seyn? Würde darinn nichts schlechterdings subordinirtes, nichts verlohrenes, nichts aufgeopfertes seyn?

Allein Sie befürchten, daß ich mich allezeit gar zu zuversichtlich dem Strome der Vernunft überlassen. Entledigen Sie sich dieser Furcht. Es ist kein reißender Strom. Es ist ein sanfter Fluß, in dessen lauterem Gewässer keine unvermeidliche Klippen anzutreffen sind.

Man lasse mich statt der Vollkommenheit der verständigen Geschöpfe einen Augenblick dasjenige, was den wesentlichen Theil derselben ausmacht, die bloße Glückseligkeit annehmen, die sie durch gewisse Handlungen überkommen, die sie mit gründlicher Einsicht unternommen haben. Man nennet dieses das sittliche

---

glücklich zu befreyen, weil die Meynung der Weltweisen sehr gegründet ist, daß die Seele in Ewigkeit eine Art von Körper um sich haben werde, dadurch sie immerhin umschränkt bleibt, wie Herr Canz((siehe MM an Bonnet, 1770!!!)) von der *Unsterblichkeit der Seelen* §. 153. S. 240. unwiedersprechlich behauptet hat. Die Schranken unsers Verstandes äußern sich aber sowohl in Ansehung der Anzahl der Dinge, die wir uns vorstellen, als auch in Betrachtung der Art und Weise, wie wir sie uns vorstellen.

(ss) Ob es eben folgt, weil unter vielen verständigen Dingen einige vorhanden sind, denen dieses Wachsthum nicht wiederspricht, so müssen dergleichen Wesen seyn, die wirklich im beständigen Fortgange und Wachsthume der Vollkommenheit stehen, lassen wir andern zur Entscheidung über. Mich bedünkt, dieses heißet nichts weiter gesagt, als es giebt Wesen, deren Daseyn ein solch Wachstum zur Vollkommenheit in sich haben kann, ohngeachtet diese Folge aus dem vorhergehenden zu fließen scheinet.

Gute. Das sittliche Uebel ist die Unvollkommenheit, die ihm entgegen stehet, und die ebenfalls aus überlegten Handlungen entspringet.

{111} Auf eben die Weise, wie die Natur in allen Krankheiten des Körpers merkliche Kraft anwendet, sich desjenigen zu entledigen, was die Quellen des Lebens angreifet; wie die Geschwüre eitern, und die Wunden zum Zuheilen abzielen; eben so ist auch in den sittlichen Krankheiten die Seele nicht von allen Mitteln entblößt. Sie fühlet in sich selbst eine Kraft, die bemühet ist, sie vom Verbrechen und vom Laster zu befreyen. Die Gewissensbisse sind über kurz oder lang die unvermeidliche Folge des sittlichen Uebels, und es ist ausgemacht, daß, wenn sie eine Zeitlang gedauret haben, sie den Zustand desjenigen besser machen, der sie erduldet hat.

Der Körper liegt am Ende allezeit unter, unerachtet der Ursachen, die ihn zu erhalten wirken. Daher kömmt es, daß die Wirkung dieser Ursachen nach dem Maße abnimmt, nach welchem die Wirkung derjenigen Ursachen wächset, die ihn zernichten. Daher kömmt es, daß der Entwurf des Schöpfers nicht dahin gieng, diese zerbrechliche Maschine ewig zu machen. Aber die Seele ist ihrer Natur nach unsterblich. Diese Bewegungen, diese Unruhen, diese Schrecken, die sich eine Zeitlang ihrem Wohl wiedersetzen, müssen mit der Zeit gewisser massen Werkzeuge desselben werden. Je schmerzhafter die Operation ist, desto schneller ist der Erfolg. Und zwar allezeit ganz gewiß, denn das einzele Ding kann nicht zu Grunde gehen.

Gleichwie aber das sittliche Uebel sich natürlicher Weise zu verringern und zu zernichten trachtet, so suchet sich gegentheils das sittliche Gute zu erwei={112}tern, zu erneuren und zu vermehren. Die Gemüthsruhe und das innerliche Vergnügen, welches Früchte der Tugend sind, bringen zum besten desselben eine beständige Reihe von Bewegungsgründen hervor, deren einige immer stärker als die andern sind.

Die Erfahrung zeigt uns kein verständiges Wesen, das einzig und allein zum Bösen geneigt wäre, und die Vernunft lässet uns muthmaßen, daß auch keines davon vorhanden seyn müsse. Wir finden dieses an uns selbst. Wir können es uns als zwey entgegen gesetzte Tendenzen vorstellen. Die erste als diejenige, welche uns zum Bösen verleitet. Diese, nachdem sie zu dem beständigen Puncte gekommen, wo das sittliche Gefühl in seiner ganzen Stärke erwachet, verändert ihre Richtung, und bringet eine Reihe von ganz verschiedenen Wirkungen zum Vorscheine, und vermindert beständig diejenigen, welche anfangs daraus entstanden. Dies ist wie eine krumme Linie, die sich von der Achse entfernet, aber sich ihr nachgehends wiederumm [sic] nähert, nachdem sie durch den Punct gegangen, wo das *Maximum* ist. Die zweyte Tendenz, nämlich die, welche uns zum Guten treibet, ist von der Art, daß sie bis ins unendliche immer wächset. Wenn sie in ihrer Wirkung mit der ersten, zu der Zeit, da man sie in ihrem Fortgange zu dem festen Puncte zu betrachten hat, verknüpfet ist, und man verbindet damit alle die mannichfaltigen Umstände, in denen wir uns befinden, so muß dieses eine unordentliche Existenz, viele Hin- und Herwendungen, Ausschweifungen und Wiedersprüche hervorbringen. Jedoch {113} eben diese zweyte Tendenz, wenn sie mit der ersten, indem dieselbe von dem festen Puncte wieder zurück kehrt, verknüpft ist, muß einen jederzeit beständigen Fortgang zur Vollkommenheit erzeugen, die keine Hinderung aufzuhalten vermag.

Dieser Schluß wird noch deutlicher, wenn man dasjenige betrachtet, worinn diese Tendenz zum Bösen wirklich bestehet. Sie ist nichts anders als eine Bestimmung der Tendenz zum Guten, die von einem falschen Scheine geblendet wird. Ich habe oben die Abweichungen des Willens aus den Irrthümern des Urtheils hergeleitet. Wir rechnen übel; wir breiten über das Zukünftige die Wolke der Ungewißheit; das Gegenwärtige behält die Oberhand. Wenn wir nur noch allemal vernünftig davon urtheilten! Allein wir ziehen ein flüchtiges Gut, das uns einige Augenblicke betäubet, andern bessern Gütern vor, deren Besitz dem ersten Anscheine nach nicht eben das glänzende, eben die Annehmlichkeit hat. Hätte man einmal wieder das Laster so viele Gewißheit, als man hat, daß das Feuer in einer gewissen Nähe brennet, so würde die Tugend von dem Augenblick an unsern natürlichen Zustand ausmachen(tt), und ihr Wieder={114}spiel würde der Gegenstand unseres Abscheues seyn. Aber für diejenigen, welche am meisten blind und verstockt sind, wird diese Gewisheit unfehlbar einmal die Frucht so vieler traurigen Erfahrungen seyn. Also müssen sich alsdann die Irrthümer des Willens, wenn wir mehr Erkenntniß vom Zukünftigen, und größere Einsicht ins Gegenwärtige erlangen, von selbst bessern. Das heißt so viel, die Tendenz zum Bösen ist nur etwas zufälliges, oder eine gelegentliche Anziehung, die sich in ein Zurückstoßen verwandeln muß.

Man würde ganz vergebens einwenden, daß es einzelne Dinge gäbe, bey denen das sinnliche Gefühl ziemlich schwach ist; und auch andere, bey denen es ganz stumpf wird, und sich auf wenige Dinge erstrecket.

Der Urheber der Natur hat uns dergestalt gebildet, daß wir nothwendig den Begriff der sittlichen Schönheit haben. Glücklich sind diejenigen, die ihn Niemandem anders, als der Ausübung der Tugend zu danken haben; doch die unangenehme Vollführung des Bösen zielet zu eben dem Zwecke ab, wenn sie durch eine endliche Dauer verlängert worden.

(tt) Denn wir würden nämlich nichts anders als die Tugend ausüben. Es würde unmöglich seyn, nur ein einzigmal etwas lasterhaftes zu unternehmen, da wir voraussetzen, daß wir überall das Laster erkennen, und davon Gewisheit haben möchten. Unser Wille ist so beschaffen, daß er das Laster verabscheuen muß, sobald es der Verstand als Laster ansiehet. Es würde aber die Ausübung der Tugend unsern natürlichen Zustand ausmachen; denn itzo besteht er darinn, daß wir dasjenige wollen und unternehmen, was uns gut und recht scheint, es mag in der That recht seyn oder nicht.

Da übrigens die Uebel, welche aus der lasterhaften Beschaffenheit der Seele entspringen, weit schmerzlicher sind, als die, welche aus der Zerstörung {115} der sinnlichen Werkzeuge herkommen, so müssen, wenn anders nach diesem Leben Strafen zu erwarten sind, die Martern des Geistes davon den größren Theil ausmachen. Nun setzen diese Martern, wenn sie aufs höchste getrieben werden, den Begriff der sittlichen Schönheit in seiner ganzen Lebhaftigkeit zum voraus.

Magne Pater Divum; sævos punire tyrannos
Haud alia ratione velis, — — — — — —
— — — — — — — — — — — —
Virtutem videant, intabescantque relicta.[22]

Ich sehe ferner nicht, was die Stärke der Gewohnheit hier für eine große Schwierigkeit machen könne. Es ist wahr, die guten Angewohnheiten können ins unendliche zunehmen. Aber die bösen verbergen in ihrem Schooße den Saamen zur Zernichtung, der sie zuletzt selbst endigen und in nichts verkehren wird.

Ich werde die Hinderungen, die unserm Fortgange zur Vollkommenheit oder zum Glück im Wege stehen, noch unter einer andern Gestalt betrachten. Ich habe oben gesaget, „daß sich das Gesetz der Natur auf Strafen und Belohnungen gründe; daß die Natur es dermaßen eingerichtet, daß jegliche gute Handlung ihre Belohnung mit sich führe, da sie hergegen auf das Verbrechen und das Laster Schande, Verwirrung und Gewissensbisse folgen lässet". Wir wollen nun nicht mehr die Natur betrachten. Wir wollen den ansehen, der der Urheber derselben ist. Dieser ist ein verständiges Wesen, das dem besten möglichen System aus {116} lauter Güte das Daseyn ertheilet. Die Belohnungen, die von der Tugend unzertrennlich sind, geben eine ziemlich offenbare Folge von dieser wohlthätigen Aufmerksamkeit des höchsten Wesens ab. Aber man muß auch aus dieser Quelle die Strafen selbst herleiten, sowohl diejenigen, welche natürlicher Weise aus dem Laster herfließen, als auch diese, so darauf willkührlich können gesetzet werden. Ich erweise dieses.

Die Vollkommenheit, die man sich bey jeglicher Art von Züchtigung vorstellen kann, bestehet darinn, daß man wirkliche Strafen austheilet, die nicht nur zum Besten der Gesellschaft, sondern auch zum Vortheile und zur Besserung des Schuldigen etwas beytragen. In unsern bürgerlichen Regierungen können diese beyden Endursachen der Strafen nur selten zusammen kommen, weil die Gesetze nur von Menschen gemacht, und von Menschen in Erfüllung gebracht werden, das heißt, durch Wesen, die nicht weit voraus zu sehen im Stande sind; und weil überdies das gegenwärtige Leben gar zu kurz ist, als daß es zu hoffen stünde, allemal aus dem Schuldigen ein nützliches Mitglied der Gesellschaft zu machen; daher ist man oft

[22] Grosser Vater der Götter! Mögest du die wilden Tyrannen nicht anders strafen wollen — — —
Sie sollen die Tugend sehen und dahinwelken, wenn sie sie verlassen.

genöthiget, ihn der öffentlichen Wohlfahrt und Sicherheit aufzuopfern. Aber wenn die Gerechtigkeit der Menschen unvollkommen ist, so kann es die Gerechtigkeit Gottes nicht seyn. Sie muß in den Strafen und Züchtigungen den höchsten Punct der Vollkommenheit erreichen, den man sich nur immer vorstellen kann. Unter einer solchen Regierung muß der Vortheil des Schuldigen sich jederzeit in der Wohlfahrt des Ganzen wie={117}derfinden. Das höchste Wesen straft dannenhero wie ein zärtlicher und weiser Vater, der sich die Besserung seiner Kinder vorgesetzet, und sie gewiß zu erlangen weiß. Seine Gerechtigkeit kann also nichts anders, als seine durch die Weisheit belebte und eingerichtete Güte seyn(uu). Derowegen ist diese Gerechtigkeit befriediget, wenn der Zweck, den sie sich vorgesetzet hatte, erreichet ist. Die natürlichen Strafen könnten ihm schon allein genug thun, aber ihn noch mehr zu beschleunigen, kann man muthmaßen, daß das höchste Wesen ihnen noch willkührliche Strafen beygefüget, die aus den Umständen hergenommen sind, die am geschicktesten waren, die Hartnäckigkeit zu beugen, und die Blindheit zu vertreiben. Ich könnte noch vieles von der Unnützlichkeit der ewigen Strafen sowohl in Ansehung Gottes, als in Ansehung des gegenwärtigen Systems hinzusetzen. Ich könnte auch noch vieles von der unübersteiglichen Schwierigkeit beybringen, die sich alsdann findet, wenn man die unendlichen und in alle Ewigkeit unglücklichen Wesen mit der Güte und der Vorhersehung des Schöpfers vergleichen {118} will(xx). Ich könnte den beständigen Punct oder das *Maximum* der Gewissensbisse ausführlich abhandeln, und zeigen, daß, wenn er in dieses Leben fiele, auf denselben ein ungehemmter Fortgang zum Glücke unmittelbar folgen müsse; und daß, wenn er nicht in dieses Leben fiele, man noch erst neue Proben auszustehen habe:

Donec longa dies, perfecto temporis orbe
Concretam exemit labem, purumque reliquit
Aetherium sensum atque aurai simplicis ignem.[23]

(uu) Dieses ist der völlige Begriff, den der Herr von Leibnitz von der Gerechtigkeit Gottes gegeben, wie aus seiner *Theodicee* hin und wieder, und aus *Hanschii Principiis Philos. demonstr. Def. 245. S. 58.* erhellet. Oben haben wir schon den Begriff des Zufälligen, der Welt, des Möglichen u. s. w. gehabt, die alle fast mit eben denselben Worten vorgetragen wurden, wie sie in den Schriften des Herrn Barons von Wolf erscheinen.

(xx) Hievon ist besonders nachzusehen des großen Gottesgelehrten, Herrn Kanzlers von M o s - h e i m Schrift, von der Ewigkeit der Höllenstrafen, die sich auch beym ersten Bande seiner heiligen Reden findet. Er beweiset, daß die Höllenstrafen unumgänglich nothwendig ewig seyn müssen, und hebet alle Schwierigkeiten auf das gründlichste.((ogottogott! und dann „korrigiert" er Thournyser, einfach so! Siehe nächste Anm.))

[23] bis dass der lange Tag den Kreis der Zeit vollendet | seine wirkliche Bahn durchmessen | und den reinen Sinn des Aethers und das Feuer der einfachen Luft zurückgelassen hat.

Aber ich begnüge mich anzumerken, daß weil unser Fortgang zur Vollkommenheit durch das sittliche Uebel nur auf einige Zeit gehemmet ist, so kann das psychische Uebel oder der Schmerz ihm gewiß noch vielmehr[24] ein dauerndes Hinderniß in den Weg legen. Die physischen Uebel sind in allen Fällen nichts anders, als Bestrafungen des Lasters, und Proben für die Tugend.

Alles bringt uns also dazu, daß wir uns betrachten, als wären wir zu einem immerwährenden Fortgange zur Vollkommenheit, oder zum Glücke, bestimmet. Alles lässet uns urtheilen, daß dasjenige, was in Betrachtung unser gewiß ist, bey al={119}len gegenwärtig verständigen Wesen statt haben müsse. Daher bestehet die Welt, so wie sie itzo da ist, aus Wesen, für die das Daseyn etwas gutes, und zwar etwas unendlich gutes ist. Jedoch da die beste Geisterwelt, als ein wesentlicher Theil des besten möglichen Systems, die zwey Bedingungen von der Anzahl der Glückseligen, und von der Größe ihres Glücks, aufs vollkommenste mit einander vereinbaren muß; so ist es nicht genug, daß die Größe des Glücks für jegliches verständige Wesen, das unter den gegenwärtigen Dingen vorhanden ist, unendlich sey, es muß auch noch die Anzahl der verständigen Wesen von dieser Art daselbst aufs höchste steigen. Das heißt, es sind unter allen möglichen verständigen Wesen, denen die Existenz ein unendliches Gut würde gewesen seyn, keine vorhanden, die von dem gegenwärtigen System ausgeschlossen sind, ausgenommen diejenigen, deren Glück dem Glücke anderer beständig würde entgegen gewesen seyn.

Wenn dieses festgesetzet ist, so ist es nicht schwer die Erscheinungen aufzulösen.

Woher kömmt es, daß nicht alle erschaffene verständige Wesen an Vollkommenheit gleich sind? Daher, weil sie alle nach verschiedenen Arten gebildet seyn müssen, weil Dinge, die nicht zu unterscheiden sind, nicht vorhanden seyn können. Nun müssen verschiedene Dinge verschiedene Wirkungen hervorbringen.

Ich gehe weiter. Weil alle erschaffene verständige Wesen nothwendig verschieden sind; so muß eins unter denselben vorhanden seyn, dessen {120} beständige Bedingungen, denen göttlichen am nächsten kommen, und dessen Reihe von hinzugethanen Bestimmungen unter den möglichen die beste ist. Ich sage, es kann weder ein verständiges Wesen da seyn, welches mit einer verschiedenen Reihe von hinzugethanen Bestimmungen ganz genau eben dieselben beständigen Bedingungen haben kann, noch auch ein verständiges Wesen, welches nebst verschiedenen beständigen Bedingungen eben dieselbe Reihe von hinzu gethanen Bestimmungen haben kann.

---

[24] Viel weniger! Siehe Lettre, S. {104}: „puisque notre progrès vers la perfection n'est seulement que suspendu par le mal moral, à plus forte raison le mal physique ou la douleur ne sauroit y apporter d'obstacle durable". Titius übersetzt hier (bewußt oder unbewußt) nicht, was Thourneyser geschrieben hat, der gegen die Ewigkeit der Höllenstrafen ist, sondern seine eigene Ansicht, die er auf Mosheim gründet! Siehe oben, Anm. (xx).

Man nehme erstlich ein zweytes verständiges Wesen an, dessen hinzugethane Bestimmungen von denen hinzugethanen Bestimmungen des ersten unterschieden sind. Da diejenigen Bestimmungen derer verständigen Wesen, die zu ihrer Vollkommenheit das meiste beytragen, von einer ihnen eigentlich zugehörigen Wirksamkeit herkömmen, so wird die Wirksamkeit des zweyten verständigen Wesens von des ersten seiner verschieden seyn. Denn wo die Wirkungen verschieden sind, da ist auch unter den Ursachen ein Unterschied.

Weil aber die Reihe der Bestimmungen des ersten Wesens unter den möglichen die beste seyn soll, so müssen die Reihen der Bestimmungen der zweyten wenigstens um einen Grad geringer sein. Folglich übertrifft die Wirksamkeit des ersten verständigen Wesens die Wirksamkeit des zweyten. Nun sind die thätigen Kräfte beständige Bedingungen von denen Dingen, welchen sie zugehören. Folglich sind die beständigen Bedingungen des zweyten beständigen Wesens nicht gänzlich mit {121} denen beständigen Bedingungen des ersten einerley.

Hernach nehme man ein drittes verständiges Wesen an, dessen beständige Bedingungen geringer als des ersten seine sind. Weil die thätigen Kräfte beständige Bedingungen sind, so muß die Wirksamkeit des dritten verständigen Wesens geringer seyn, als die Wirksamkeit des ersten. Wenn nun aber das dritte verständige Wesen eben dieselbe Reihe von Bestimmungen, als das erste durchgehen sollte, so müßte es eine größere Wirksamkeit als das erste haben. Es müßte also die Wirksamkeit des dritten verständigen Wesens zugleich kleiner und auch größer seyn, als die Wirksamkeit des ersten; welches ungereimt ist.

Eben derselbe Schluß kann nach und nach auf jegliche Verknüpfung der verständigen Wesen angewandt werden, und beweiset in der Geisterwelt eine unendliche Mannichfaltigkeit. Der Unterschied in den beständigen Bedingungen führet jederzeit einen Unterschied in den hinzugethanen Bestimmungen mit sich. Unterdessen will ich doch gar wohl glauben, daß bey den verschiedentlichen erschaffenen verständigen Wesen die beständigen Bedingungen der Anzahl nach einerley sind[(yy)], und nur ihrer Beschaffenheit nach von einander abgehen.

(yy) Und eben dieses ist es, wodurch man noch wohl behaupten kann, die beständigen Bedingungen, wie sie der Herr Verfasser nennet, oder nach unserer Art zu reden, die Bestimmungen (*determinationes primæ*) könnten in allen erschaffenen Wesen einerley seyn, und es würde nichts desto weniger ein Unterschied unter ihnen bleiben. Denn kurz vorher hatte der Herr Verfasser behauptet, weil alle verständige Wesen von einander unterschieden seyn müsten, so müsten ihre beständige Bedingungen und ihre Wirksamkeiten von einander unterschieden seyn. Nun ist die Vorstellung ohnstreitig eine beständige Bedingung oder eine Wirksamkeit des verständigen Wesens. Sie ist aber bey allen zugegen, und nur in ihnen nach dem Grade ihrer Vollkommenheit unterschieden. Folglich könnten die verständigen Wesen unterschieden seyn, unerachtet ihre beständige Bedingungen einerley sind.

{122} Aber warum befinden sich das sittliche und das physische Uebel unter denen zufälligen Bestimmungen der erschaffenen verständigen Wesen? Darum, weil es unmöglich war, sie in der besten Geisterwelt zu vermeiden.

Ohne Zweifel enthält die beste Geisterwelt verständige Wesen in sich, die dem sittlichen so wenig als dem physischen Uebel unterworfen sind. Es enthält aber auch andere, die wenigstens eine Zeit lang denen natürlichen Beschwerden ausgesetzet, und doch vom Verbrechen frey sind. Diese zwey Klassen der Dinge machten aber noch nicht den ganzen Entwurf der besten Geisterwelt aus. Die göttliche Güte erstreckte sich noch weiter. Sie mußte Wesen das Daseyn verleihen, die zwar eine Zeit lang unglücklich und strafbar, dennoch aber ihre erste Fehltritte durch einen beständigen Fortgang zur Vollkommenheit und zum Glück ersetzen musten.

Gott macht nichts möglich[25]. Daher sind die Wesen der verständigen Dinge von seinem Willen {123} unabhängig. Sie befinden sich in seinem Verstande mit ihren Vollkommenheiten und Unvollkommenheiten. Er bringt diese zur Wirklichkeit, in denen das Gute überhaupt betrachtet unendlichmal das Böse übertrifft. Folglich will das höchste Wesen nichts anders, und kennt auch nichts anders, als das Gute. Das Böse entspringet einzig und allein von der wesentlichen Unvollkommenheit der Dinge, bey denen es sich findet.

Eben dieselben Ursachen, welche in denen Körpern das *Maximum* ihrer Einrichtung hervorbringen, richten, wenn sie einige Zeit gedauret, in denselben beständig Verwirrung und Unordnung an. Dieses hat schon Hippocrates(*) nach seiner gewöhnlichen Scharfsinnigkeit in Ansehung des menschlichen Körpers, bey der Gesundheit derer Fechter bemerket. Die verständigen Wesen, wenigstens diejenigen, welche Gegenstände des göttlichen Willens seyn können, sind nicht eines gänzlichen Hinfalls, wie der Körper, fähig. *Igneus est illis vigor et cœlestis origo*[26]. Doch trägt es sich bey ihnen zu, daß eben dieselbe Ursache, die sie eine Zeitlang schnell zur Vollkommenheit treibet, machet, daß sie sich von der entgegen gesetzten Seite entfernen, um sie zuletzt wiederum zu ihrem ersten Ziele zu bringen.

---

[25]„Dieu ne fait pas les possibles. Ainsi les Essences des Etres intelligens sont indépendantes de sa volonté" (Lettre, S. {108}).

(*)   Εν τοισι γυμναστικοισιν αι επ ακρον ευεξιαι σφαλεραι, ην εν τω εσχατω εωσιν ου γαρ δυνανται μενειν εν τω αυτεω, ουδ ατρεμεειν. Επει δ ουκ ατρεμεουσιν, ουδε τι δυνανται επι το βελτιον επιδιδοναι, λειπεται επι το χειρον. Αφορ. (Anmerkung des Verfassers). [Bei den Athleten sind die Zustände des höchsten Wohlbefindens trügerisch, wenn sie im äussersten Zustand sind. Sie können nämlich nicht im selben Zustand verharren und nicht ruhig bleiben. Wenn sie nicht ruhig sind, können sie auch nichts zum Besseren hin hinzufügen; es bleibt (die Hinzufügung) zum Schlechteren hin (Aphorismen I, 3).]

[26] Sie sind von feuriger Kraft und himmlischem Ursprung.

{124} Dieses aus einander zu setzen, so lasset uns ein verständiges Wesen *M* annehmen, dessen Fortgang zur Vollkommenheit durch die Reihe *A, B, C, D, E* u. s. w. ausgedrückt ist. Die thätige Kraft des Dinges *M* macht, daß es nach und nach aus dem Zustande *A* in den Zustand *B*, aus dem Zustande *B* in den folgenden *C* herüber tritt; allein eben diese thätige Kraft kann das Ding *M* wegen der Umstände, worinn es sich befindet, nicht in den Zustand *D* versetzen, ohne es vorhero eine endliche Reihe von mittleren Bestimmungen *a, b, c, d, e* zurücklegen zu lassen, darinn die ersten, *a, b, c*, es von dem Puncte *D* entfernen, die folgenden aber, *d, e*, es allmälich demselben nähern. Wofern nun nicht in den Umständen, worinn sich das Ding *M* befindet, wenn es in *C* ist, eine Veränderung vorgeht, oder wofern es nicht in *C* eine Kraft empfängt, die von der, welche es in *A* und *B* hatte, unterschieden ist, so ist klar, daß das Ding *M* durch die Reihe von Bestimmungen *a, b, c, d, e* durchgehen muß. Es kann aber in den Umständen, worinn sich das Ding *M* befindet, keine Aenderung vorfallen, wenn es einmal in *C* angelanget ist, ohne daß die äußerlichen Gegenstände wirkende Kräfte bekommen sollten, die von denenjenigen unterschieden sind, welche sie zuvor hatten. Das heißt, es müste entweder in den wirkenden Kräften derer äußerlichen Gegenstände eine Aenderung vorgehen, oder in der wirkenden Kraft des Dinges *M*. Beydes ist der Beständigkeit der Kräfte zuwieder, die ich oben als eine nothwendige Folge aus der Identität des endlichen Entschlusses festgestellet. Daher macht dieselbe wirkende Ursa={125}che, die eine Zeitlang das Ding *M* zur Vollkommenheit schnell forttreibet, daß es sich von der entgegen gesetzten Seite entfernet, um es endlich zu seinem ersten Ziele zu bringen; eben so, wie sich die krummen Linien, welche Asymptoten haben, oft von ihren Asymptoten entfernen, um sich ihnen nachgehends wieder zu nähern.

Gott setzet sich nur die bloßen Bestimmungen *A, B, C, D, E* u. s. w. als einen Zweck vor; und an statt sie hervor zu bringen, lässet er lieber die Bestimmungen *a, b, c, d, e* zu[zz]. Er kann dieses unbeschadet seiner Güte thun, weil das Uebel, welches aus diesem letztern herkömmt, in Vergleichung des Guten, das aus denen ersten fließt, unendlich klein ist.

Daher wirket der Wille Gottes das Wohl aller seiner vernünftigen Geschöpfe. Sind unter ihnen einige, die sich von dieser Richtung entfernen, und ihr Glück auf etwas bauen, das ihren Bemühungen unanständig ist, so wird sie die Natur durch unangenehme Empfindungen davon zurück rufen. Sind andere unter ihnen, die ihr Glück dergestalt suchen, daß es der Wohlfahrt anderer zuwieder ist, so wird sie die Natur durch Gewissensbisse und heftige Gemüthsbewegungen annoch auf

(zz) Wer von dieser Zulassung des Bösen in der Welt etwas mehreres wissen will, kann sowohl des Herrn von Leibnitzens T h e o d i c e e, als auch nachgehends die Streitigkeiten nachsehen, die über Herrn Böldikens *Theodicee* entstanden sind.

den rechten Weg zurückbringen. Im Gegentheil, ist man so={126}wohl für sein eigenes, als für das Wohl eines andern bemüht, so ist alles Friede, Ruhe und Vergnügen. Der wahrhafte Grund der Sittenlehre ist daher ein Gott, der das Wohl seiner Geschöpfe mit Ernste will.

Es würde nichts wiedersprechendes in sich enthalten, werden Sie mir einwenden, daß uns das höchste Wesen dieser verdrießlichen Umwege, die uns anfangs zum Bösen bringen, überheben könnte. Er dürfte uns ja nur bey dem Wiederkehrungspuncte selbst, oder in einem folgenden Zustande das Daseyn verleihen.

Ich antworte, eben dasjenige, was unsern unumschränkten Fortgang zur Vollkommenheit möglich macht, ist der unendliche Abstand, der zwischen dem Schöpfer und der Kreatur obwaltet; ein Abstand, der jederzeit seine ganze Unendlichkeit behält. Wir können daher nicht gleich beym ersten Anfange in die allerkleinste mögliche Entfernung vom Schöpfer gesetzt seyn. Es giebt gar keine so geringe Entfernung. Die Natur der Sache schließt alles *Minimum* aus. Daher müsten wir entweder in den tiefsten Punct von allen denjenigen gesetzt seyn, die mit unsern beständigen Bedingungen bestehen können, oder in einen von den höhern Zuständen. Nun konnte kein Grund vorhanden seyn, einen von diesen höhern Zuständen zu wählen, weil, wenn diese Wahl auf einen von ihnen fiele, ich fragen würde, woher kommts, daß sie eben auf diesen, und nicht auf einen noch höhern gefallen ist? und so immer fort. Daher hat uns Gott nicht anders, als bey dem Puncte anfangen lassen können, der unter allen, {127} die mit unsern beständigen Bedingungen bestehen können, der niedrigste war. Eben dieses muß man von andern erschaffenen verständigen Wesen sagen. Sie sind in ihrem Daseyn alle vollständig. Es sind nicht Theile von krummen Linien, sondern ganze krumme Linien, deren Anfang ein besonderer und bestimmter Punct ist. In Ansehung unserer ist der niedrigste Punct unsers Daseyns nicht der Wiederkehrungspunct. Wir fangen durch eine Art von Vegetation an. Hierauf kommen wir zu einem thierischen Leben, um eine Vernunft zu erlangen, die von den Wolken des Irrthums verdunkelt, und von Stürmen der Leidenschaft verunruhigt ist. Endlich werden heitere und stillere Tage folgen.

Was ich von dem *Maximum* der Einrichtung in den Körpern beygebracht habe, gilt nicht nur in Ansehung der Theile, sondern auch in Ansehung des Ganzen. Neuton[aaa] hat angemerkt, daß die Anziehungskräfte, die das Planetensystem in seiner gegenwärtigen Ordnung erhalten, mit der Zeit die Ursachen der Unordnung und

(aaa) Neutons Gedanken trifft man hievon in seiner Optik an B. 3. Ov. 31. S. 378. Sie heißen: While Comets move in very excentrick Orbs in all manner of Positions, blind Fate could never make all the Planets move one and the same way in Orbs concentrick some inconsiderable irregularities recepted which may have risen from the mutual actions of Comets and Planets upon one another and *which will be apt to increase, till this System wants a reformation.*

der Verwirrung seyn {128} müssen. Wenn es sich mit andern besondern Systemen eben so verhält, wie daran wohl nicht zu zweifeln ist, so ist die ganze materielle Welt einem Zeitpuncte unterworfen, nach dessen Verfließung keine fernere Spur von dieser Schönheit und von dieser Uebereinstimmung übrig seyn wird, die in den Werken der Natur hervorleuchten.

Welche Ursache sollte wohl der Materie eine neue Ordnung in ihrer Einrichtung ertheilen? Diese Ursache kann nicht die Materie selbst seyn. Ein beständiger Mechanismus ist eine vollkommene Unmöglichkeit. Sollte es daher etwan eine Wirkung der ersten Ursache aller Dinge seyn. Jedoch die Identität [sic] des endlichen Entschlusses machet einen unüberwindlichen Einwurf dawieder. Folglich kann diese neue Einrichtung der Materie von nichts anders, als von einer oder mehrern verständigen Ursachen herkommen. Ungezweifelt giebt es einige darunter, bey denen sich das Vermögen, welches wir über den Körper haben, noch in einem höhern Grade findet. Inzwischen dünkt mir, man könne mit ziemlicher Wahrscheinlichkeit behaupten, daß ein Vermögen, welches hinreichend wäre, denen Unordnungen der ganzen materiellen Welt abzuhelfen, sich nur bloß in einem verständigen Wesen finden müste, und daß man der Aehnlichkeit nach würde muthmaßen können, daß es dasjenige seyn müßte, welches nebst der besten Reihe von zufälligen Bestimmungen, solche beständige Bedingungen hat, die denen beständigen Bestimmungen der Gottheit die ähnlichsten sind.

{129} Es sey mir erlaubt, aus der Wahrscheinlichkeit dieses verständigen Wesens, welches bestimmt ist, die Verwirrungen der materiellen Welt wieder zurecht zu bringen, zwey oder drey Folgen zu ziehen.

Anfänglich dünkt mir, das wirkliche *Maximum* in der Einrichtung der Materie komme niemals mit dem idealen *Maximum* überein, und könne auch niemals mit ihm übereinkommen. Vielleicht ist eine unendliche Näherung möglich. Daraus stünde zu muthmaßen, daß unter den neuen Einrichtungen, die in der materiellen Welt durch die Wirkung dieses verständigen Wesens gemacht worden, einige immer vollkommener als andere seyn könnten, und daß endlich die materielle Welt in dem Fortgange seines Daseyns der Geisterwelt gleichen würde.

Warum sollte ein verständiges Wesen, welches bestimmt wäre, die Unordnungen der Geisterwelt wieder zurechte zu bringen, auch nicht bestimmt seyn, durch seine Wirkung die Fortgänge der Geisterwelt zu beschleunigen. Hieraus würde die Möglichkeit und sogar die Wahrscheinlichkeit der Wunderwerke erwachsen.

Ich will noch zuletzt hinzufügen, daß dasjenige, welches das Daseyn dieses der Gottheit untergeordneten verständigen Wesens besonders wahrscheinlich macht, darinn bestehet, daß man hiedurch eine der verworrensten Schwierigkeiten zu heben vermag. Die Welt ist sonder Zweifel ein zufälliges Ding, welches außerhalb sich eine nothwendige Ursache zum voraus setzet. Allein ist die Welt in einer Zeit geschaffen worden, oder von Ewigkeit her? Ist sie in einer Zeit geschaffen worden, so würden in Gott {130} zwey verschiedene Zeitpuncte anzutreffen seyn. Der eine, während welchem er das schaffende Vermögen noch nicht ins Werk würde gestellet haben. Der andere, während dem er es ausgeübet hätte. Aber in Gott Veränderungen anzunehmen, heißt seine Natur zernichten. Andern Theils scheint die Welt, so wie sie itzo ist, nicht von Ewigkeit da gewesen zu seyn. Vielleicht ist es gar wahrscheinlich, daß das Werk der Schöpfung noch nicht gänzlich zu Ende gebracht ist[(bbb)], sondern daß es noch immer neue Zusätze erhält. Ich sehe nur ein einziges Mittel, dieser Verwirrung abzuhelfen. Man kann nämlich annehmen, Gott habe schon von Ewigkeit dieses erste verständige Wesen geschaffen oder hervorgebracht, und ihm das schaffende Vermögen beygeleget, um sich dessen in der Zeit zu bedienen. Dieses ists, worauf ich oben in dem zweyten Falle des andern allgemeinen Satzes mein Absehen gerichtet hatte, allwo ich die Möglichkeit dieser Mittheilung ziemlich deutlich zu erblicken glaubte. Plato scheinet eben dieselbe Idee gehabt zu haben. Denn nach seiner Meynung war {131} das äußerliche Wort, welches der höchste Gott ausgesprochen, der Diener seines Willens und der Schöpfer der Welt. Allein die Offenbarung giebt hier von demjenigen eine zulängliche Gewisheit, welches ohne ihr eine bloße Muthmaßung seyn würde. Der Sohn Gottes war, ehe die Welt wurde. Er ist der Erstgebohrne unter allen Creaturen. Durch ihn sind alle Dinge gemacht.

Doch ich merke, daß, indem ich schlüßen sollte, ich meine Abhandlung über ihre Gränzen hinaussetze.

Die Freyheit sey entweder wirklich oder nur scheinbar[(ccc)]. Ist es an dem, daß die Existenz {132} obgleich mit einigen Beschwerden begleitet, dennoch für jeglichen unter uns ein unendliches Gut ist, so müssen uns diese Beschwerden nicht

---

(bbb) Es ist allerdings zu behaupten, daß die *Actio* der Schöpfung noch nicht aufgehöret habe. Denn die Action der Schöpfung ist mit der Action der Erhaltung in Ansehung Gottes einerley. Gott gab nämlich denen Dingen bey der Schöpfung das Daseyn, das sie zuvor nicht hatten. In der Erhaltung macht er sie vermögend, das Daseyn zu behalten, welches so viel ist, er giebt ihnen ohne Aufhören von neuem das Daseyn. Daher haben die neuern Weltweisen die *actionem conservationis* mit Recht *continuatam creationem* genennet. S. Freyh. von Wolfs *Theol. nat. P. I. §. 845.*

(ccc) Niemand wird nunmehr zweifeln, daß es dem Herrn Verfasser mit seiner Fatalität kein solcher Ernst sey, als man sich wohl bey dem Anfange dieser Schrift eingebildet. Zum Beschlusse will ich nur noch anmerken, daß der oben berührte Cartesische Beweis mit mehrerm Rechte der Anselmische könnte genannt werden, da er sich, wie Leibnitz im *otio Han. p. 63.* meldet, in Anselmi *libro pro insipiente* findet, und ich ihn auch wirklich daselbst in den *opusculis* dieses gelehrten Erzbischofs und Benedictiners angetroffen habe. Zu gleicher Zeit hätten wir aus Herrn Collins *Recherches Philosophiques sur la Liberté de*

hindern, unser Glück zu empfinden, und es demjenigen zuzueignen, der davon die Ursache ist.

Die Güte des Schöpfers wird nicht im geringsten verletzet, wenn das Gute das Uebel unendlichmal übersteiget.

Nehmet das Weltgebäude ganz. Es ist das beste unter allen möglichen Systemen. Alles ist gut. Nehmet die geringsten von den vernünftigen Geschöpfen in ihrer unendlichen Dauer. Die Glückseligkeit her[r]schet unter denselben. Alles ist noch gut. Die Unordnung, welche sich in einen endlichen Theil ihres Daseyns flicht, ist niemals etwas anders, als die Wirkung ihrer Freyheit, oder die Nothwendigkeit der Dinge. Und die Gottheit hat, statt etwas dazu beyzutragen, schon zum voraus heilsame Maaßregeln ergriffen, dem Fortgange des Uebels zu steuren.

Ich habe die Ehre zu seyn u. s. w.

---

l'Homme, der die Freyheit der menschlichen Handlungen ebenfalls leugnet, und doch in den übrigen Theilen der Weltweisheit mit den Philosophen eins seyn will, imgleichen aus Hrn. Clarkens Wiederlegung der Collinischen Schrift vieles in die Anmerkungen einrücken können, wenn wir nicht den Vorsatz gefaßt hätten, dieselbe nicht ohne Noth weitläuftig zu machen. Beyde Schriften sind in dem *Recueil de diverses Pièces, par Mrs. Leibniz, Clarke, Neuton, et autres auteurs célèbres T. I. p. 225 et suiv.* anzutreffen.

Sendschreiben von A. F. Reinhard
an Johann Ernst Freyherrn von Hardenberg

Hochwohlgebohrner Herr Baron,
Hochgebiethender Herr Kammer=Junker!

Als ich vor einiger Zeit die von dem Herrn M. Titius in Leipzig übersetzte Schrift von der Fatalisterey durchlas, so konnte ich mir das Vergnügen nicht versagen, einen Theil der mir hiebey in den Sinn kommenden Betrachtungen zu Papier zu bringen. Ich weiß nicht, ob es der natürlichen Zärtlichkeit, womit ein Verfasser die Früchte seines {4} Geistes ansiehet, zu zuschreiben war, daß ich den Entschluß faßte, meine Gedancken das Licht erblicken zu lassen. Das aber weiß ich, daß mein Vertrauen zu Ewr. Hochwolgebohrnen Liebe zur Wahrheit, und Gewogenheit gegen mich, so groß seyn mußte als es wirklich ist, um mich dahin zu bewegen, meinen Aufsatz an dieselben zu richten. Wie viele Besorgnisse hätten mich sonst nicht davon abhalten können? Nur eine Ursache anzuführen, so schien eine Sammlung abstrakter metaphysischer Betrachtungen, die zumal das Ansehen einer Streitschrift erhält, nicht von der Beschaffenheit zu seyn, Personen wie Ew. Hochwolgebohrn. damit zu unterhalten. Es ist gewiß, Ew. Hochwolgeb. müssen Augen, die nur am äußerlichen zu haften gewohnt sind, von nichts weiter als von diesen Beschäfftigungen entfernt zu seyn scheinen. Ich verdamme auch dieses Urtheil nicht gar zu sehr. Denn wer wird wohl so leichte glauben können, bey demjenigen, den die Erhabenheit des Standes, der Glanz der Ehrenstellen und Glücksgüter, und die Zerstreuungen eines prächtigen Hofes, weit über gelehrte Bemühungen zu erheben scheinen, eine bewunderswürdige Einsicht in die tiefsinnigsten Wahrheiten, einen Verstand der das {5} Schwerste der Wissenschaften durchdringet, und in den verwickelsten Streitigkeiten das Wahre von dem Falschen zu unterscheiden weiß, und einen Geist der selbst den größten Haufen dererjenigen die

Sendschreiben | an den | Hochwohlgebohrnen Herrn, | Herrn | Johann Ernst | Freyherrn | von Hardenberg, | Sr. Königl. Großbritt. Maj. und Churfl. Durchl. zu | Hanover, hochbestalten Kammer – Junker, Erbherrn zu Har-/denberg, Geismar, Lindau, Widerstedt, u. s. w. | über den | vor einiger Zeit aus dem Französischen ins | Deutsche übersetzten Traktat: | Ob die Gottesleugnung und | verkehrten Sitten aus dem System der | Fatalität herkommen &.&. | entworfen von | Adolf Friedrich Reinhard | H. M. St. J. S. und D. K. D. G. z. G. M. | Leipzig, | bey Johann Christian Langenheim, | 1753.

ihr ganzes Leben diesen Bemühungen widmen, hierin weit hinter sich zurücke
läßt, anzutreffen; wenn er nicht so glücklich gewesen ist, Ew. Hochwohlgeb.
kennen zu lernen? Setze ich zu diesem Bildnisse noch die Gewogenheit, welche
Ew. Hochwohlgeb. gegen meine Ausarbeitungen bezeiget, und den Beyfall, womit
sie mich in dem Eifer, die Wahrheit gegen herrschende Vorurtheile zu vertheydi-
gen, aufgemuntert haben: So glaube ich, Gründe genug zur Rechtfertigung meiner
genommenen Freyheit, zu sehen. Was kann bey einer guten Sache mehr Vertrauen
erwecken, als einen erleuchteten und dabey gewogenen Richter zu haben? Diesen
finde ich in Ew. Hochwohlgeb. Aber darf ich mir schmeicheln viele dergleichen
zufinden? Ich dürfte nur sagen, Ew. Hochwohlgeb. Beyfall sey mir allein genug.
In einem gewissen Verstande ließe sich diese schon sehr oft gebrauchte Formel,
hier gar wohl vertheidigen; allein ich muß es nur aufrichtig gestehen, daß ich mir
zugleich den Beyfall aller Vernünftigen innigst wünsche. {6} Ich müßte gar keine
Liebe zu der von mir erkannten Wahrheit haben, wenn ich dieses nicht wünschen
sollte. Ich gestehe aber auch, daß ich diesen Beyfall auch nicht einmal bey dem
besten Theile der vernünftig denkenden, durchgängig hoffe. Ich schreibe gegen
Meynungen die die größten Namen, eine unzählige Menge Anhänger, und tausend andere vortheilhafte Vorurtheile auf ihrer Seite haben. Ich sehe Männer,
deren Verstand und Verdienste ich verehre, diesen Meynungen zugethan; ich bin
überzeugt daß sie solche mit dem besten Herzen und in der redlichsten Absicht
vertheidigen; ich sehe auch, daß es unmöglich seyn wird, sie von dem Ungrunde
derselben zu überzeugen. Die ersten Triebfedern unsers Beyfalles sind so subtil,
die Folgen der geringsten Unrichtigkeit in den ersten Begriffen sind so groß, die
Erkenntniß der Wahrheit hänget von so vielen, oft unmerklichen Beschaffenhei-
ten des Verstandes und Willens ab; daß es sehr oft menschlichen Kräften ganz
unmöglich ist, andern die Ueberführung, die man bey sich selbst noch so deutlich
empfindet, mit zutheilen. Bey diesen mit der menschlichen Schwachheit verknüpf-
ten Umständen, ist freylich nichts übrig, als daß wir einander in Gedult und Liebe
ertragen, und ein {7} jeder aufrichtig nach dem Maaße seiner Erkenntniß, an dem
gemeinen Besten arbeiten, bis daß einmal die Wahrheit frey und unverhüllt vor
unsern Augen liegen wird. Ich wünschte daß ich, und diejenigen, die so wie ich
gedenken, mit lauter Widersachern solcher Art zu thun hätten. Allein das Unglück
ist, daß man bey den itzigen philosophischen Streitigkeiten mehr mit dem Willen
als dem Verstande der Gegner zu kämpfen hat; und so leichte es ist, diesen zu überführen, wenn er sich selbst gelassen ist, so schwer, ja so unnützlich wird der Streit,
wenn jener die Herrschaft führet. Ew. Hochwohlgeb. kennen die Art des größten
Haufens dererjenigen, die sich eine philosophische Einsicht zuschreiben, vollkommen. Sie haben über das jetzo übliche Lehrgebäude ihre Collegia gehöret. Es ist
ihnen dabey nicht eingefallen, daß dawider noch etwas eingewandt werden könne:
und woher hätten sie dieses wissen sollen? Denn ihre Lehrer erwehnen der

gegenseitigen Sätze nicht, woferne es nicht zuweilen geschiehet, um den Zuhörern eine Verachtung dagegen beyzubringen. Der neue Weltweise erlanget mit einmal eine fast unermeßliche Erkenntniß. Alle Wesen siehet er mit ihren Eigenschaften unter gewisse allge={8}meine Begriffe geordnet. Einige kurze Erklärungen und Grundsätze dienen ihm das ganze Feld der Wahrheiten zu übersehen. Er siehet nichts als Verknüpfung, nichts als Gewißheit, und er glaubt dieses, nach dem Ausdrucke eines großen Dichters, um desto kräftiger je weniger er weiß. Mit was für Augen muß ein solcher wohl die Schriften ansehen, deren Absicht ist, seine unleugbaren Wahrheiten anzufechten? Es wird viel seyn, woferne er nicht dem Verfasser alle gesunde Vernunft abspricht. Wenigstens hat er mehr Verachtung oder Mittleiden gegen ihn, als ein Vorhaben die Schrift bedachtsam durch zulesen, und die Gründe zu erwegen. Er blättert dieselbe ein wenig durch; nimmt einige Sätze heraus, die ihm am ungereimtesten vorkommen, und widerleget sie so dann durch einen einzigen Machtspruch, der gemeiniglich dahin ausläufet, daß es der Verfasser nicht verstehe, oder bey der so vielfältig erwiesenen Wahrheit, keiner Widerlegung würdig sey. Will man gütig seyn, und ihn nicht ganz verdammen, so bedauert man ihn, daß er dasjenige auf eine schlechtere Weise durch Umwege suche, was man nach der Wolfischen Weltweisheit viel kürzer und vollkommener haben {9} könne. So sehen fast alle Urtheile aus, die bisher über die Widersacher der Leibnitz=Wolfischen Philosophie gefället worden. Die gemeinsten und abgedroschensten Dinge werden bey solchen Gelegenheiten in einem großsprecherischen Tone, als solche Wahrheiten vorgebracht, welche dem Gegner zu hoch seyn, wodurch aber alle seine Einwürfe mit einmal zu Boden geschlagen würden. Einige ungesalzene Spöttereyen müssen zuweilen noch der Sache das völlige Gewicht geben. Man müßte in der neuern gelehrten Geschichte sehr schlecht bewandert seyn, wenn man hievon nicht sehr viele Exempel wissen sollte. Ich dürfte sonst, woferne es erlaubt ist bey dieser Gelegenheit von mir selbst zu reden nur die in verschiedenen gelehrten Zeitungen enthaltenen Recensionen meines Tractats von der Unendlichkeit der Welt, anführen. Ew. Hochwohlgeb. wissen die Triebfedern des Grolles, welchen man verschiedentlich gegen diese Schrift bezeigt hat; und die ich, weil mir mit keinen persönlichen Streitigkeiten gedient ist, zu Beschämung gewisser Gelehrten nicht anführen mag. Allein so viel ist gewiß, daß die Angriffe nicht seichter und schlechter hätten gerathen können, wenn sie mit Fleiß so wären eingerichtet worden. Der eine füh={10}ret mit einer hämischen Sanftmuth solche Einwendungen auf, die offenbar schon durch die Schrift selbst gehoben sind, und nimmt, meine Entwickelung einiger ersten Begriffe zu zernichten, seine Zuflucht zu dem Wortspiel, da man die Wirkungen des reinen Verstandes, mit dem Namen der Einbildungskraft beleget. Wie viel tausendmal soll man solche Dinge beantworten, und diese Herren ersuchen, uns doch die Gründe und Kennzeichen gütigst mitzutheilen, weswegen diese Wirkungen derjenigen Kraft zuzuschreiben sind, die alle Menschen unter dem Namen der Imagination verstehen? Ein anderer gröberer Recensent spricht mir mit einmal kurz und gut den Verstand desjenigen, was ich geschrieben, ab, und belehret mich noch endlich zum Ueberflusse, daß, wenn ich von der Infinitesimalrechnung und den Seriebus infinitis etwas verstünde, ich bald einsehen würde, daß das Unendliche, seiner Natur unbeschadet, vermehrt und vermindert werden könne. Er hat mich hiedurch wirklich etwas neues gelehret (denn was wider die gesunde Vernunft ist, ist ohnstreitig neuer als dieselbe) ich meyne dieses: Daß man aus einer Fiction, dergleichen die mathematischen Infinita sind, die Natur des Infiniti realis erklären und beur={11}theilen könne! So gehet es! Die geschwornen Verehrer der so genannten gereinigten Philosophie glauben, daß man die Mathematik nicht verstehe, wenn man sie nicht auf eine ungereimte Art in der Weltweisheit anzubringen suchet, und daß einem diejenigen Antworten zu hoch sind, die man, um nicht alte Sachen wieder aufzuwärmen, vorbey gelassen hat. Meines Erachtens wird eben kein gar zu großer Verstand erfordert, diese neue Weltweisheit einzusehen. Ein Systema kann unmöglich schwer seyn, welches wenige, im höchsten Grad unbestimmte, Grundsätze und Erklärungen hat, die eben deßwegen so allgemein sind, weil die eigentlichen in der Natur gegründeten Determinationen, fehlen; welches kurze und leichte Definitionen ohne Beweiß annehmen kann; welches nur eine, und zwar die allerleichteste Art der Abstraction und Subordination der Ideen, gebrauchet, und die Natur der übrigen aus der Acht lässet; welches die gründlichsten aber auch schwersten Kennzeichen der Wahrheit und Arten zu schließen, hindan setzet, um sich nur einer zu bedienen, und dasjenige, was darunter nicht passen will, wenn man die Unmöglichkeit es vorbey zugehen, siehet, so gut man kann, dahin zuziehen. Alle diese Vor={12}würfe sind denen meisten Herrn Wolfianern ganz unerhörte Dinge. Was zeigen sie hiedurch? Ohnstreitig dieses, daß sie die gegenseitigen Schriften nicht, wenigstens nicht mit Aufmerksamkeit, gelesen haben; und mich dünkt, es lieget auch diese Folge offenbar am Tage: Daß etwas mehr Schwierigkeit dabey seyn, und etwas mehr Anwendung der Gemüthskräfte dazu gehören müsse, ein den Mängeln der Wolfischen Philosophie entgegengesetztes System auszuarbeiten, als jene zu lehren, und bedürfenden Falls, nach gewöhnlicher Art zu vertheidigen.

Ich habe die Schicksale und die Urtheile, welche diese Sammlung meiner Anmerkungen zu gewarten haben wird, erwogen, und sehe also wohl, daß ich mir auf die Menge der Stimmen für selbige keine Rechnung machen darf. Indessen hoffe ich auch des Beyfalles bey vernünftigen und unpartheyischen Männern nicht durchgängig zu verfehlen. Wenigstens thue ich mir auf den, welchen von Ew. Hochwohlgeb. ich mir verspreche, schon zum voraus etwas zu gute. Ich will daher keinen längern Anstand nehmen, Denenselben diejenigen Anmerkungen zu entwerfen, welche Sie, falls es Ihre Zeit erlaubet hat, die Uebersetzung des Herrn Titius zu lesen, {13} ohne Zweifel selbst schon viel vollkommener gedacht haben.

Wer die übersetzte Schrift selbst gelesen hat, wird ohne Mühe gestehen, daß der Verfasser darinn seinen Satz: Daß aus der Fatalität keine der Moral schädliche Folgen fließen, mit grosser Scharfsinnigkeit und Gelehrsamkeit ausgeführet habe. Es ist zu forderst sowol eine Probe seines richtig denkenden Verstandes als seiner Aufrichtigkeit, daß er die Nothwendigkeit, welche sein System einführet, gehörig eingesehen und ausgedruckt hat. Er zeiget dadurch, daß er keiner von den Geistern sey, die sich an Worten begnügen lassen, und vermeynen, daß sie die Sache haben, wenn man ihnen den Namen überlässet. Er denket viel zu gründlich, als daß er nicht einsehen sollte, daß die Nothwendigkeit gleich groß bleibe, man mag ihr den Namen der Bedingten oder Unbedingten beylegen. Er glaubet nicht, wie ein großer Haufe Deutscher Weltweisen, deßwegen ein Vertheidiger der Freyheit zu seyn, weil er dieses Wort, nach einer voraus gesetzten Erklärung, auch bey seinem Lehrgebäude brauchen könnte. Nachdem der Verfasser das System der Fatalität nach seiner wahren Gestalt voraus gesetzet, so führet er seine Meynung, {14} daß selbiges der Sittenlehre und natürlichen Theologie nicht schädlich sey, dergestalt aus, daß man mit recht sagen kann: Er habe eine schlimme Sache aufs beste als möglich gewesen vertheidigt. Der Herr Mag. Titius, welcher uns diesen Tractat im Deutschen geliefert, (wofür man ihm aus der Ursache allerdings zu dancken hat, weil die Französische Monatsschrift, woraus solcher genommen, in Deutschland wenig bekannt ist) hat zugleich die Absicht gehabt, in seinen hinzugefügten Anmerkungen den Verfasser zu rechte zu weisen, und vornämlich ihm zu zeigen, daß dasjenige System, welches Er die Fatalisterey nennet, in der That eben dasjenige sey, welches die Vertheidiger der Freyheit behaupten, und also der Verfasser gar nicht nöthig habe, sich so viele Mühe zu geben, um es mit der Moral in eine Uebereinstimmung zu bringen. Zu diesem Ende lehret er den Verfasser, daß es eine gedoppelte näml[ich] eine absolute und hypothetische Notwendigkeit gebe. Die Letztere behaupte der Verfasser selbst nur, weil er ja zugebe, daß das Gegentheil seiner nothwendigen Eventuum an sich möglich sey. Von der hypothetischen Nothwendigkeit aber sey es längst ausgemacht, daß selbige mit der Freyheit bestehen könne, weil {15} ja diese nichts anderes sey, als ein Vermögen unter verschiedenen Dingen dasjenige zu erwählen, was der Verstand uns als das beste vorstellet. Auf diesem Grunde beruhet fast die ganze Widerlegung. Was dünket Ew. Hochwohlgeb. von dieser Art zu beweisen? Ich fürchte, Dero Urthe[y]l wird hier wider mich selbst ausfallen; Denn Sie werden gedenken daß ich eine theils vergebliche theils überflüßige Arbeit übernehme, da ich mich in eine Widerlegung solcher Dinge einlasse. Sie werden sagen, man habe diese Verwirrungen schon so oft aufs gründlichste entdecket, daß es den Gegnern nur am Willen, dieses einzusehen fehlen müsse, und bey solchen Umständen sey alles disputiren vergeblich. Ich gebe dieses gerne zu, und verspreche mir auch in dieser Absicht keinen großen Nutzen von meiner Arbeit. Ich bin aber zufrieden, wenn man sie nur für untadelhaft erkennen, und unter das entbehrliche Gute rechnen will. Warum sollte die Wahrheit nicht eben das Recht haben was der Irrthum hat; nämlich sich wenigstens eben so oft hören zu lassen, als dieser seine Stimme erhebet?

Ich übergehe die Vorrede des Herrn Uebersetzers, worinnen derselbe theils sein Vergnügen darüber bezeiget, daß in dem ganz New={16}tonischen Engellande endlich auch ein mal ein Wolfianer aufgetreten, theils seine angeführte Beantwortung schon vorläufig anzeiget, sowol als den Eingang des Verfassers, und merke nur an, daß der Autor auf der 13ten und 14ten Seite einen gründlich[en] Beweis aus der innerlichen Empfindung beybringet, daß die Seele sich bey ihrem Wollen selbst bestimme. Es ist schade, daß er nicht beständig auf diesem Wege der Natur gefolgt ist.

Was die von dem Herrn Uebersezer hier beygefügte Anmerkung b) betrifft: So erinnere ich nur, daß die Zufälligkeit des Wollens und nicht Wollens fälschlich daraus geschlossen werde, weil solche von den Vorstellungen des Guten und Bösen abhangen. Was ist dieses für eine Folge? Könnten nicht die Vorstellungen nothwendig, und die Wirkungen des Willens auch nothwendig damit verknüpft seyn? wie sie es nach dem Wolfischen Lehrgebäude auch wirklich sind. Was am Ende dieser Note stehet: Wäre das Wollen und Nicht=Wollen der Seele wesentlich, so brauchte sie keiner Bewegungs=Gründe, ist eben so unrichtig. Es könnten ja die Motiven, und vermittelst derselben auch das Wollen, der Seele wesentlich seyn; und dieses ist eben die Leibnitzische Hypothesis.

{17} Auf der 15ten Seite beschreibet der Verfasser das Kennzeichen der Freyheit sehr richtig, und bestärket dadurch was ich vorher von ihm geurtheilet, daß er den Punkt worauf es bey dieser Sache ankommt, genau eingesehen habe. Eben so zeiget Er auf der 16. 17. u. 18. Seite sehr schön, worinnen die Nothwendigkeit bestehe, die er der Freyheit entgegen setzet, und die er zu vertheidigen willens ist. Der Herr Uebersetzer begleitet diese Absätze mit verschiedenen Anmerkungen. In der Note c) will Er uns darüber Licht geben, wie die Worte Freyheit und Willkühr zu unterscheiden sind, welches man bisher, seiner Meynung nach, noch nicht recht gewußt habe. Ich könnte den von ihm angegebenen Unterscheid, als willkührliche Nominal=Definitionen gelten lassen, wenn ich nicht folgendes daran auszusetzen hätte. 1) Giebet die Eintheilung der so genannten deutlichen und undeutlichen Vorstellungen keinen richtigen Grund zur Unterscheidung der Seelenkräfte ab; mithin kann sich auch, in der Bedeutung, wie man diese Wörter gemeiniglich nimmt, keine richtige Eintheilung der Wirkungen des Willens darauf gründen. 2) Scheinet es mir, daß der Herr Uebersetzer den Sinn des Verfassers, welchen er hier als sehr scharfsinnig erhebet, {18} gar nicht getroffen habe. Daß der Verfasser die Willkühr (*Spontanietatem*) dem äusserlichen Zwange entgegen setzet, ist richtig. Daß er aber mit dem Uebersetzer die Willkühr für das Vermögen sich nach sogenannten undeutlichen Vorstellungen zu bestimmen, halten sollte, folgt hieraus gar nicht, und ist aus des Verfassers Worten im Geringsten nicht zu ersehen. Nach seiner Erklärung ist vielmehr die Spontaneität ein *Latius*, welche nun ferner entweder mit einer innerlichen Nothwendigkeit nach gewissen Vorstellungen zu handeln (wie bey den Thieren) verbunden ist, oder nicht. Im letzten Fall entstehet die Freyheit daraus. Gleichwohl glaubet der Herr Uebersetzer, daß des Verfassers Meynung mit der Seinigen übereinkomme. Vermuthlich verleitet ihn hiezu das falsche Præsuppositum, daß zur Freyheit nichts weiter als die sogenannten deutlichen Ideen erfordert werde. 3) Dünket mich, daß der Herr Uebersetzer am Ende dieser Nota, eine Zweydeutigkeit des Ausdruckes: äusserliche Nothwendigkeit, nicht eingesehen habe. Wenn man die äusserliche Nothwendigkeit der Spontaneität entgegen setzet: So verstehet man dadurch eine solche, welche ein Ding zum wollen und handeln *physice* determinirte, {19} und dessen Actionen dergestalt bestimmte, wie z. E. der Wind die Richtung eines Wetterhahnes. Diese äusserliche Nothwendigkeit ist sowol der Spontaneität als der Freyheit entgegen gesetzet. Nimmt man aber die äusserliche Nothwendigkeit nur für einen Zwang, der aber keinen physischen Einfluß in den Willen hat: So hebet derselbe so wenig die Spontaneität als die Freyheit auf. Herr Titius scheinet die letztere Bedeutung ganz allein im Sinne zu haben; diese ist aber nicht diejenige, worauf es bey der Lehre von der Spontaneität und Freyheit ankommt, sondern die Erstere. Nach Herr Titii Meynung könnte die äusserliche Nothwendigkeit wol bey der Freyheit, nicht aber bey der Spontaneität statt haben; welches, wenn man die Worte nach der gewöhnlichen Bedeutung nimmt, eine Ungereimtheit enthält; weil keine Freyheit ohne Spontaneität gedacht werden kann; was aber einem *Essentiali* eines Dinges widerspricht, kann bey dem Dinge niemals statt haben.

In der Note d) worinn der Herr Uebersetzer des Verfassers Beschreibung der innerlichen Nothwendigkeit erläutern will, spricht er seiner und der übrigen Wolfianer Lehre, selbst das Verdammungs=Urtheil. Denn eben {20} das, was in dieser Note enthalten, sind ihre eignen Sätze. Sie müssen zugeben, daß nach ihrem Systeme, die Seele sich in einem jeden Individualfalle unmöglich anders entschliessen könne, als sie wirklich thut. Sie müssen zugeben, daß die Handlungen der Seele sich nach den vorhergehenden dergestalt richten, daß sie nicht anders geschehen können. Der letzte Zusatz den der Herr Titius hier machet: Daß sie ihr Vermögen bey demselben nicht brauchen könnte; unterscheidet diese Beschreibung der Nothwendigkeit gar nicht von der Wolfischen Lehre. Denn dieser Zusatz heißt entweder gar nichts, oder es verstehet sich auch von selbst, daß der, der innerlichen Nothwendigkeit unterworfene Wille, dasjenige Vermögen brauchet, was er hat. Es fragt sich nur: Worinn dieses bestehe?

In der Anmerkung e) hat der Herr Uebersetzer die Einwürfe, die man nach dem System der Nothwendigkeit gegen die Freyheit machen kann und muß, eben so schlecht vorgetragen als die Beantwortung ungegründet ist. Ew. Hochwohlgeb.

erlauben mir, daß ich mich bey diesem Punkte etwas weitläuftiger aufhalte, als ich bey den übrigen thun werde. Ich habe in dieser wichtigen Materie meinem Nachdenken mit Fleiß einen {21} freyern Lauf gelassen, um wo möglich, die Verwirrungen, wodurch die Gegner sich hier verleiten lassen, deutlich aus einander zu setzen. Ich weiß, daß solches Ew. Hochwolgebohrnen nicht mißfallen wird. Wer diese Wahrheiten so tief, wie Sie einsiehet, wird hier mit Vergnügen die Aehnlichkeit wahrnehmen, welche zwischen dem Willen des Vollkommensten, und der endlichen Geister ist, vermöge deren zwar einige Endzwecke vermöge der wesentlichen Vollkommenheit des Geistes nothwendig da seyn müssen; andere Handlungen aber seiner Freyheit, als der edelsten unter seinen Kräften, lediglich unterworfen bleiben; und daher ein jeder Geist in seiner Sphäre, nach dem Bilde des Unendlichen, gewisser maßen sowol moralisch als physisch ein freyer Oberherr seiner Handlungen ist.

Der Einwurf gegen die Freyheit lautet nach dem System der Fatalität, in seiner gehörigen Form so: Wenn es wahr ist, daß die Wirkungen des Willens lediglich von den Vorstellungen des Verstandes abhangen, so daß der Wille sich zu nichts bestimmen kann, als zu demjenigen was der Verstand sich in gegenwärtigem Falle als das einzige Beste vorstellet: So ist in jedem Falle nur eine einzige Art zu agiren in dem Willen möglich, {22} und kann also keine Freyheit statt haben; als welche ohnstreitig in einer Möglichkeit mehrerer Handlungen bestehet. Das Antecedens ist der eigene Satz der Wolfianer; die Wahrheit des Consequentis und seines Zusatzes aber, ist bey jenes Voraussetzung leicht zu erweisen. Denn der Wille kann unmöglich anders als sich lediglich nach den Vorstellungen des Verstandes richten. Nun aber ist der Verstand eine Kraft die nach einer nothwendigen Regel wirket, und deren Anwendung durch den vorhergehenden innerlichen und äusserlichen Zustand der Seele bereits völlig bestimmet ist. Es ist auch nicht möglich, daß der Verstand seine Attention in einem Individualfalle anders anwenden könne, als geschiehet; Denn entweder müßte diese Möglichkeit im Verstande oder im Willen liegen. In dem Verstande kann sie nicht seyn; denn dieser wirket nach lauter nothwendigen Regeln, vermöge deren er von einer Idee auf die andre kommt. Auch die Grade der Lebhaftigkeit, Klarheit und Gewißheit der Ideen dependiren, wenn ich auf den Verstand allein sehe, bloß von den äusserlichen Eindrücken oder von der Beschaffenheit der vorhergehenden Vorstellungen, und der natürlichen oder habituellen Vollkommenheit der Denkungs={23}kräfte; alles vermittelst der ihnen wesentlichen Gesetze. In dem Willen kann diese Möglichkeit auch nicht liegen; denn es ist keine Bestimmung desselben möglich, als diejenige, welche in einer Vorstellung des Verstandes ihren determinirenden Grund hat. So lange also noch keine Vorstellung da ist, welche zur Bestimmung des Willens hinreicht, so lange ist auch die Action des Letzern unmöglich. Wenn aber eine solche Vorstellung einmal gesetzt wird, so kann die Action des Willens auch im geringsten nicht anders als nach derselben geschehen; weil durch Setzung des *Determinantis* das *Determinatum* zugleich nothwendig mit gesetzet wird. Es kann also in dem Willen keine Möglichkeit zur einer gewissen Action *in Individuo*, seyn, als die in de[n] Vorstellungen des Verstandes gegründet ist. Ich mag so weit in Untersuchung der Ursachen zurück gehen, als ich will, so bleibet das *primum determinans*, allemal einzig und allein im Verstande. Da aber die Vorstellungen des Verstandes, an sich betrachtet, lediglich theils durch nothwendige, nicht in unserer Gewalt stehende Umstände, theils durch nothwendige Regeln, bestimmet werden; So ist weder in dem Verstande noch im Willen eine Möglichkeit andrer Actionen, als {24} derer die wirklich geschehen, befindlich; mithin ist die wirklich geschehende allemal die einzige mögliche. Dieser Beweiß ist allgemein; man mag daher gleich zu einer Anwendung oder Nichtanwendung der Attention seine Zuflucht nehmen; So muß solche doch entweder eine Wirkung des Verstandes oder des Willens seyn, und hat also immer dieselbe Antwort dabey statt. Wenn man daher in einem gewissen Falle mehrere Bestimmungen des Willens sich als möglich gedenket; so ist dieses eben so viel, als wenn ich durch eine Fiction mir vorstelle, daß an statt der itzo in meinem Verstande vorhandenen Ideen, andere, und zwar unendlich viel andere da seyn könnten; in so weit ich nämlich das Wesen des Verstandes *in abstracto* zu allen diesen Ideen als gleichgültig betrachte. So wenig aber der Verstand in einem gesetzten Falle vermögend ist, andere Ideen, als diejenigen, welche nach den Gesetzen seiner Wirkungen, und den Umständen, nothwendig erfolgen müssen, in sich hervorzubringen; eben so wenig ist auch der Wille in einem gegebenen Falle vermögend, sich anders zuu determiniren, wenn ich mir gleich *in abstracto* unzählige andre mögliche Handlungen desselben gedenken kann. So lautet der aus dem Wolfischen Lehrgebäude selbst hergenommene {25} Einwurf gegen die Freyheit. Man suchet solchem auf mancherley Art zu begegnen. Die listigste Antwort aber ist diese, welche ich verschiedentlich gelesen: daß eine ganz besondre Feinheit und Subtilität des Verstandes dazu gehöre, den Unterscheid, vermöge dessen die Freyheit bey dem allgemeinen determinirenden Grunde, doch noch bestehen könne, wahrzunehmen; solche aber nicht einem jeden gegeben sey. Es muß freylich wol eine grosse Subtilität dazu gehören, dasjenige wahrzunehmen, was Nichts ist!

Wir wollen aber nun sehen, was unser Herr Titius auf diesen Einwurf, den er selbst für stark erkennet, antworte? Es bestehet kürzlich darinn: Daß es ein ganz falscher Begriff von der Freyheit sey, wenn man meyne, daß dieselbe sich auch zu dem geringern Guten determiniren könne; und die Freyheit bestehe eben darinn, daß man dasjenige erwähle, was der Verstand sich als das Beste vorstellet. Ew. Hochwohlgeb. sehen, daß dieses die gemeine Antwort unserer Gegner ist. Dieselben sehen aber auch ohne mein Erinnern, daß sie ganz und gar auf der unvermeidlichen Nothwendigkeit unserer Handlungen beruhet. Denn der Wille kann nicht anders, als der Vorstellung des Besten gemäß handeln. Diese {26} Vorstellung aber ist nothwendig, weil sie nach dem Wesen des Verstandes, und seinen unveränderlichen Regeln erfolget ist. Es hat auch gar nicht in unserm Vermögen gestanden, dieselbe zu ändern, weil, wenn dieses hätte geschehen sollen, in unserm Verstande wieder eine andere Vorstellung des Besten hätte da seyn müssen, welche den Willen zu dieser Veränderung determiniret hätte; Eine solche Vorstellung aber ist unmöglich gewesen. Denn wie könnte der Verstand andre Ideen hervorbringen, als seine natürliche Einrichtung und sein Zustand, es erfordern? Auf den Willen selbst kann man sich nicht berufen; denn dieser dependiret, nach der Gegner Lehre, in seinen Wirkungen lediglich von dem Verstande und dessen Gesetzen; es sey nun *positive*, daß eine Idee im Verstande den Willen determinirt, oder *negative*, daß die Abwesenheit gewisser Ideen des ersteren, die Wirkung des letztern unmöglich macht. Allenthalben muß man bey dem Verstande und seinen Regeln, als dem ersten *Principio*, stehen bleiben; woferne man nicht entweder *in infinitum* fortgehen, oder ein Wollen annehmen will, das vom Verstande nicht determiniret wird. Das erste wäre ungereimt; das letztere aber dem System der Gegner offenbar zuwider.

{27} Ich will hier nicht die Wahrheit, daß wir eine Freyheit haben, erweisen. Ich nehme solches als bekannt an. Die Erfahrung beweiset dieselbe zur Genüge. Es ist nicht nur offenbar, daß wir meistentheils eben so wol nicht oder anders handeln könnten, sondern auch daß wir unzählige Sachen thun, wovon wir keinen andern Grund angeben können, als weil es uns so gefällt; und da es wider alle Empfindung wäre, zu sagen, dieses geschehe deswegen, weil wir uns eine Handlung, als die beste, d. i. die vollkommenste, vorstellten. Jedoch was brauche ich hievon vieles anzuführen? Die Gegner gestehen uns ja selbst die Freyheit zu. Es kommt nur darauf an, ob sie mit ihre[m] Lehrgebäude bestehen könne?

So viel ist gewiß: entweder die Freyheit ist nichts als ein leerer Name, oder sie muß auch in ihren Wirkungen nicht durch die Vorstellungen des Verstandes zu etwas gewissem vielmehr als zu allem andern, determinirt werden. Es müssen, wo ihr Gebrauch statt haben soll, mehrere *Modi agendi* gleich möglich seyn. Dieses ist dasjenige *Requisitum*, welches Herr Titius leugnet, und dieses thut er aus dem Grunde: Weil GOtt und ein jedes vernünftiges Wesen ohnmöglich das Schlechtere dem als besser erkannten, vorziehen kön={28}ne. Ein Weiser erwähle allezeit das Beste; dieses schade aber seiner Freyheit nicht; mithin müsse die Freyheit auch da statt haben, wo nur ein *Modus agendi* möglich ist.

Es stecket in diesem Satze etwas wahres. Es ist gewiß, daß es einem freyen Wesen nicht allemal und bey allen Umständen möglich ist, etwas so wol zu thun, als zu laßen; ein Object zu erwählen und nicht zu erwählen; so oder anders zu handeln. Alleine, was folget hieraus? Weiter nichts als dieses: daß nicht alle Handlungen eines Geistes seiner Freyheit unterworfen bleiben. Die Anhänger der Wolfischen Philosophie hingegen begehen hier zwey handgreifliche Fehler wider die Vernunftlehre. 1) Sie dehnen, wieder die Erfahrung, und mit Hülfe ganz verwirrter und unbestimmter

Begriffe z. E. des Besten; die Fälle, wo nur ein einziger *Modus agendi* übrig bleibet, viel zu weit aus; und 2) aus eben diesen Fällen, wo der Gebrauch der Freyheit nicht statt hat, oder doch in einem sehr hohen Grade gehindert wird, schliessen sie: Daß man auch da frey handele, wo nur ein einziger *Modus agendi* möglich ist.

Ich will zuförderst die Umstände festsetzen: Wie ein Geist, der sonst frey handelt, zu gewissen Handlungen dergestalt bestimmet {29} seyn könne, daß es ihm nicht möglich ist, anders zu handeln? Es ist nicht alles Wollen frey. Es giebt bey allen Geistern gewisse Triebe, die denenselben entweder wesentlich, oder angebohren, oder habituell sind. Die beyden letztern Arten können nicht nur zum Guten, sondern auch zum Bösen seyn. Alles Begehren und Verabscheuen, welches unmittelbar durch einen solchen Trieb entstehet, ist in so weit nicht frey. Nun kann ein Trieb, entweder wegen der unendlichen Vollkommenheit des Geistes, oder sonst wegen seiner Stärke und hohen Grades, von der Beschaffenheit seyn, daß es dem Geiste nicht möglich ist, ihm wissentlich zuwider zu handeln. Ich will dieses, der Kürze wegen, einen unüberwindlichen Trieb nennen. Die Natur eines Triebes ist, daß er rege wird und sich äussert, sobald ihm der Verstand etwas, welches unter seine Objecte gehöret, vorstellet. Wenn also der Verstand einem Geiste ein Object eines in ihm befindlichen und unüberwindlichen Triebes solchergestalt vorstellet, daß die Vorstellung ihren zureichenden Grad der Lebhaftigkeit und Gewißheit hat, und es dabey, nach dem Zustande des Geistes unmöglich ist, daß derselbe entgegen gesetzte Bewegungsgründe in sich hervorbringen und solchen die {30} gehörige Stärke geben könne: So ist es alsdenn nothwendig, daß der Wille der gegenwärtigen Vorstellung des Guten folgen müsse. In einem solchen Falle hat, entweder wegen der unendlichen Vollkommenheit des Geistes, oder wegen der überwiegenden Stärke des Triebes, kein Gebrauch der Freyheit statt. Ich leugne nicht, daß es der Freyheit zuzuschreiben seyn könne, daß die Bewegungsgründe zum Guten, oder die Neigung zum Bösen, oder überhaupt ein gewißer Trieb so groß und stark geworden; nur, wenn sie zu dieser Stärke gelanget; so ist alsdenn die Freyheit nicht mehr vermögend, den Willen anders zu bestimmen. Ich will die Fälle, wo der Wille nach einer Nothwendigkeit wirket, und keinen Gebrauch der Freyheit zulässet, noch etwas deutlicher aus einander setzen.

a) Wenn einem Geiste von unendlicher Vollkommenheit gewisse Begehrungen wesentlich sind, oder er, bey seinen Wirkungen ausser sich, gewissen, in seiner wesentlichen Vollkommenheit gegründeten Regeln gemäß handeln muß.

b) Wenn bey einem Geiste die Neigung zu gewissen Vollkommenheiten so überwiegend stark ist, daß er derselben nicht zuwieder handeln kann, im Fall der Verstand {31} zureichend erkennet, daß eine gewisse Handlung dieser Vollkommenheit gemäß, und die Unterlassung derselben ihr zuwider sey; der Verstand aber so erleuchtet und vollkommen ist, daß keine entgegengesetzte irrige Bewegungsgründe entstehen können.

c) Wenn im Gegentheil eine Neigung zum Bösen so stark, und der Verstand so verderbt, oder wenigstens den Trieben dergestalt unterworfen ist, daß unmöglich Begierden oder kräftige Motiven zum Guten entstehen können.

d) Wenn überhaupt in einem gewissen Falle ein Trieb oder eine Begierde so stark ist; daß die Freyheit solche zu hemmen, oder entgegen gesetzte Begierden hervorzubringen, nicht vermögend ist, auch in dem Geiste keine Bewegungsgründe von genugsamer Stärke, vorhanden sind, deren sie sich hiezu bedienen könnte.

Wir wollen im Gegentheil uns einmal vorstellen, welche Handlungen des Willens der Freyheit unterworfen sind. Ueberhaupt hat solche in allen den Fällen statt, wo die vorher angeführten Bedingungen nicht gesetzet werden. Ein jeder wird leicht sehen, daß es hier auch Grade geben müsse, wie der Gebrauch der Freyheit grösser oder geringer, {32} leichter oder schwerer werde, nachdem nämlich die Stärcke der Triebe und Begierden, und die Beschaffenheit der übrigen Umstände, mehr oder weniger von obigen Bedingungen in sich halten.

Mit Ew. Hochwohlgeb. Erlaubniß, will ich die Fälle, wo die Freyheit eines Geistes durch die Stärke der Triebe, und die Vorstellungen des Verstandes, nicht gehindert wird, unter vielen gleich möglichen Handlungen sich mit völliger Zufälligkeit zu bestimmen, gleichfals etwas weiter aus einandersetzen.

1) Bey GOtt ist die Hervorbringung und nicht=Hervorbringung der endlichen Dinge überhaupt, die Wahl unter den möglichen determinirten Hauptzwecken einer Welt sowol, als unter unendlich vielen möglichen besondern, Mittlern und Neben=Zwecken, Mitteln und Graden, den unendlich mannigfaltigen Umständen in Ansehung der Zeit, des Ortes, der Zahl, der Grösse, der Verschiedenheit u. s. w. der Dinge in der Welt, gleichgültig, und wird dessen Wille durch seine Vollkommenheit zu keinen von diesen Dingen mehr als zu den übrigen bestimmet. Ich kan dieses hier nicht weitläuftiger ausführen, und habe es um Ew. Hochwohlgeb. willen um desto weniger nöthig, da Dieselben die wahre {33} Lehre von dem göttlichen nothwendigen und freyen Willen selbst aufs gründlichste einsehen.

2) Was übrigens alle diejenigen Geister betrifft, von welchen ich oben gesetzet, daß bey denenselben gewisse Begehrungen und Verabscheuungen seyn könnten, die nach einer Nothwendigkeit erfolgten, und der Freyheit nicht unterworfen wären: So ist augenscheinlich, daß sich ein Geist nicht allemal in solchen Umständen befinde, daß ein gewisser, die Freyheit überwiegender Trieb bey ihm wirksam sey. Vielmehr lehret die Erfahrung, daß wir uns in den meisten Fällen so zu unsern Handlungen bestimmen, daß wir innerlich empfinden, daß wir uns eben sowol auch nicht so oder anders bestimmen könnten. Alleine wir wollen auch den Fall nehmen, daß gewisse unüberwindliche Triebe, denen der Geist wissentlich nicht zuwieder handeln könnte, bey demselben vorhanden seyn: So würden dem ohngeachtet doch viele andre Objekte und Zwecke bleiben, die mit den Objekten des

gesezten Triebes keinen Zusammenhang hätten, und dessen ohngeachtet sowol da, als auch nicht da seyn könnten. Ferner können vielerley Arten und Mittel seyn, wie ein solcher Trieb erfüllet werden kann, und kann es also in Ansehung des Triebes selbst gleichgültig {34} seyn, zu welchem *modo agendi* der Wille sich determinire. Es kann in Ansehung des Grades, der Zeit, des Ortes, der Art und Weise der Ausführung u. s. w. sehr viel gleichgültiges vorkommen. Es können zu verschiedenen gleich möglichen Handlungen gleiche Bewegungsgründe seyn, u. s. w.

3) Man ersiehet aus dem Vorhergehenden, wie sowol GOtt, als ein endlicher Geist, wenn ich auch bey diesem unüberwindliche Triebe zu gewissen Vollkommenheiten, und einen Verstand, der hiebey in Beurtheilung der Objekte nicht irren könnte, oder überhaupt gewisse Triebe, denen er wissentlich nicht zuwider handeln kann, voraussetze; dennoch auf unendliche Art den völlgen Gebrauch der Freyheit behalten. Bey sehr vielen Geistern, z. E. den Menschen aber kommt noch dieses hinzu, daß sie der Vollkommenheit, der sie gemäß handeln sollten, entweder durch Vollbringung oder Unterlassung zuwider handeln können. Saget man gleich: Dieses sey ein Misbrauch der Freyheit; so thut die Veränderung des Wortes zur Sache nichts. Ein Misbrauch bleibet doch allemal ein Gebrauch, ob er gleich den wahren Regeln zuwider ist. Dieser unrechte Gebrauch der Freyheit geschiehet nun ursprünglich entweder durch die Unterlassung {35} der Ueberlegung und der Hervorbringung solcher Bewegungsgründe die den Willen zum guten oder bessern hätten reizen können; indem man einer Vorstellung, einem Eindrucke, und einem Triebe lediglich den Zügel läßt; oder aber auf solche Art, daß die Freyheit einer Begierde gegen andere, die sonst gleich stark, oder vielleicht noch stärker wären, und gegen die Vorstellungen einer größern Vollkommenheit, ein solches Uebergewicht giebet, daß der Wille dadurch zu einer gewissen Handlung bestimmet wird.

Ich habe dieses alles zu dem Ende angeführt, um den Ungrund des Schlusses zu zeigen, wenn man saget: Ein vernünftiges Wesen kann unmöglich das Schlechtere dem als besser erkannten, vorziehen; Es handelt aber deßwegen doch frey; folglich ist auch da eine freye Handlung, wo es nicht möglich gewesen, anders zu handeln. Ich antworte: In dem Falle, wo es nicht möglich ist, daß ein Geist der Vorstellung eines gewissen Guten nicht gemäß handeln sollte, und wo also der Geist nothwendig auf eine gewisse Weise agiren muß; in diesem Falle handelt ein Geist nicht frey. Also hat GOtt keine Freyheit zu dem, was seiner Vollkommenheit zuwider ist; einige Geister haben keine Freyheit zum {36} Bösen, einige keine Freyheit zum Guten; es können gewisse Triebe und Bewegungsgründe so stark seyn, daß, unter gehörigen Umständen, in solchem Falle kein Gebrauch der Freyheit statt hat. In so weit keine Möglichkeit eben so wol anders zu handeln da ist, in so weit ist auch keine Freyheit; und diese äußert sich nur in den Umständen, wo der Geist sich unter verschiedenem so ihm gleich möglich ist (ob gleich eines schwerer als das andre seyn kann) willkührlich bestimmet. Wäre es also an dem, daß unser

Verstand sich bey jeder Handlung eines als das Beste vorstellte; und daß hiernächst der Wille nicht anders könnte, als dieses Beste erwählen: So hätten wir in der That gar keine Freyheit. Alleine es ist dieser Ausdruck von dem Besten nicht nur ganz unbestimmt, und unrichtig; sondern es ist auch falsch und unmöglich, daß ein solches *unicum* allezeit da sey, durch dessen Vorstellung, als des Besten, der Wille zu einer Handlung determinirt werde. Es ist zuförderst gewiß, daß das Beste nur allezeit in Absicht auf einen gewissen Endzweck, gedacht werden könne. Es kommet dabey nicht auf die Realität überhaupt an, die an einem Objekte befindlich ist, sondern auf diejenige, die es dem Endzwecke nach haben soll. Das {37} Beste kann also, bey einer Handlung in nichts anders bestehen, als in der Art und Weise, und in dem Grade, wie ein gewisser Zweck durch dieselbe erhalten wird; daß also diejenige Handlung die beste wäre, wodurch der Zweck im höchsten Grade, und auf die vollkommenste Art erhalten würde, und das beste Objekt dasjenige, welches die meiste, dem Endzwecke gemäße, Vollkommenheit an sich hätte. Es setzen also die Zwecke selbst erst einen Willen voraus, der solche begehret. Nun sind unendlich viel Endzwecke möglich. Es sind unendlich viel Grade, und unendlich viel Arten der Ausführung unserer Absichten möglich. Es sind bey einem vorausgesetzten Endzwecke wiederum viel verschiedene Mittel, Nebenzwecke, und andre Umstände möglich, die öfters in Ansehung des Hauptzweckes unter sich völlig gleichgültig sind. Es muß also erst vorausgesetzt werden daß der Wille gewisse Zwecke, oder gewisse Arten von Objekten, begehre, ehe er ein Objekt seiner Güte wegen dem andern vorziehen kann; und ein Geist kann etwas nicht anders als das Beste ansehen und erwählen als in Absicht auf einen gewissen Zweck oder eine Begierde so dadurch erfüllet werden soll. Nun können in dieser Absicht viele {38} *modi agendi* unter sich gleichgültig, und von gleicher Vollkommenheit seyn. Wir wollen aber annehmen, eine Art zu handeln sey in Absicht auf einen Zweck den wir begehren, die beste, d. i. derselbe könne, in der Maaße wie wir ihn intendiren, nur allein auf diese Art erhalten werden. So ist freylich an dem, daß wenn wir dieses mit gehöriger Gewißheit erkennen, der Wille so lange zu dieser Handlung bestimmet bleibet, als er den Endzweck begehret; und es ist nicht möglich, daß er, so lange das Urtheil des Verstandes von der Handlung dasselbe bleibet, sich hierinn selbst zu wider handeln könne. Allein so lange ich nicht voraussetze, daß der Wille zu gewissen Zwecken und Objekten dergestalt bestimmet sey, daß er denselben nothwendig gemäß handeln müsse; ich meyne, so lange wir nicht diejenigen Umstände und Bedingungen annehmen, unter welchen, wie ich oben gezeiget habe, der Wille so determinirt wird, daß kein Gebrauch der Freyheit dabey statt hat: So lange ist es ganz und gar nicht nothwendig, daß der Wille ein Objekt um seiner Vollkommenheit willen dem andern vorziehen müsse. Ich meyne: Wenn es in der Gewalt des Geistes stehet, die Begierde, um derentwillen er ein Objekt verlanget, zu hemmen, {39} zu verändern, und aufzuheben: So stehet es auch völlig in seiner Gewalt, dasjenige, was er vorher als das Beste begehret, nicht mehr zu wollen. Denn er darf nur seine Begierde auf etwas anders richten; er darf nur den vorigen Zweck fahren lassen, oder sich einen andern vorsetzen; er darf nur beschließen, seine Zwecke auf andere Art, oder in anderm Grade zu erhalten; wie dergleichen, vermöge der täglichen Erfahrung, unendlich vieles möglich ist; er darf nur anfangen sein voriges Urtheil von der Beschaffenheit eines Objektes zu ändern: So höret der Wille gleich auf, dasjenige, was er vorher als das Beste begehret hatte, ferner so zu begehren. Kurz! es ist entweder bey den Handlungen nichts welches das Beste genannt werden könnte; oder es bringet doch diese Qualität an und für sich, so lange noch die Begierde, worauf diese Qualität sich beziehet, der Freyheit unterworfen bleibet, keine Nothwendigkeit, mit sich, weßwegen der Wille ein solches Objekt allen übrigen vorziehen müsse.

Ich habe bey diesem Punkte Ew. Hochwohlgeb. vielleicht durch meine Weitläuftigkeit ermüdet; ich weiß aber auch, daß Dieselben mir dieses leicht verzeihen werden, woferne Sie nur finden, daß ich die Sache so entwickelt habe, wie es die Wahrheit und ihre {40} Würdigkeit, erfordert. Ich hoffe indessen genugsam gezeigt zu haben: daß es zwar Fälle gebe, wo kein Gebrauch der Freyheit statt hat, weil nämlich nur ein *modus agendi* dem Willen möglich ist; daß aber im Gegentheil der Geist da wo er frey handelt, eben so wohl nicht, oder anders agiren könnte; mithin auch der Wille durch die Vorstellung des Besten nicht so bestimmet werde, daß er sich nicht dem ohngeachtet anders bestimmen könnte.

Hieraus ist nun so viel offenbar, daß die Antwort, womit der Herr Titius die Freyheit bey dem System der Nothwendigkeit vertheiden will, nämlich: daß die Freyheit auch da statt habe, wo der Geist wirklich nicht anders als auf die Art, wie er agiret, handeln könnte; ganz ohne Grund sey. Vielmehr bleibt der Einwurf fest, und kann aus dem Wolfiischen Lehrgebäude unmöglich gehoben werden.

Ew. Hochwohlgeb. erlauben mir nur noch eines hinzuzusetzen. Herr Titius saget: Die Natur des Willens bestehe darinn, dasjenige zu begehren was der Verstand uns als das Beste vorstellet. Dieses läufet wider die allgemeinste Erfahrung. Vermöge dieser begehren wir ein Objekt, weil es uns ge={41}fällt, und unter verschiedenen dasjenige, was uns am besten gefällt. Warum gefällt es uns aber? Nicht wegen der Idee der Vollkommenheit, oder der größten Vollkommenheit, an sich, sondern wegen unserer Neigungen, Triebe, und Begierden, denen ein Ding gemäß ist; und um dieses Verhältnisses willen geschiehet es auch erst, daß wir ein Objekt seiner Vollkommenheit wegen dem andern vorziehen. Die Empfindung aller Menschen ist mein Zeuge, daß das Wohlgefallen und Vergnügen die Triebfedern unserer Handlungen sind; dabey gedenken wir entweder gar an keine Vollkommenheit, oder wenn wir ein Ding um seiner Vollkommenheit will begehren, so geschiehet dieses wegen der Neigung und des Triebes, den wir zu gewissen Vollkommenheiten haben. So lange dieser fehlet, oder nicht in genugsamen Grade da ist, werden

wir allemal ein angenehmeres Objekt der noch so gewiß erkannten Vollkommenheit, vorziehen. Die Stärke des Wohlgefallens an einem Objekte aber entstehet aus
der Stärke des Triebes und dem Grade, wie wir uns die Verknüpfung eines Objekts
mit demselben vorstellen. Beydes kann auf unendliche Art vermehrt oder vermindert werden, entweder durch Ursachen, {42} dabey die Freyheit sich unwirksam
verhält, oder durch eine thätige Mitwirkung der Freyheit. Was meynen nun Ew.
Hochwohlgeb. Sollten die Weltweisen, welche die Natur des Willens auf die vor
angeführte Art beschreiben, bey solcher Erklärung wohl wirklich etwas gedenken?

Ich komme zu dem Turneyserschen Traktate zurück, und finde, daß der scharfsinnige Verfasser auf der 19ten und 20ten Seite den Beweis, welchen man für die
Freyheit aus der innerlichen Empfindung hernimmt, zweifelhaft zu machen suchet.
Er meynet, man könne von der Freyheit, als einem Vermögen, nicht auf solche
Art überzeugt werden, wie von den Wirkungen unsrer übrigen Kräfte. Nun ist
es wahr, daß wir ein Vermögen, dergleichen die Freyheit ist, so deutlich nicht
empfinden als eine Wirkung z. E. unsers Verstandes. Hier ist nämlich gleich die
unmittelbare Folge von den Wirkungen auf eine Kraft. Die Möglichkeit anders zu
handeln hingegen scheinet etwas zu seyn, welches sich nicht durch empfindbare
Wirkungen äußert. Allein es scheinet nur so; Denn in der That empfinden wir die
Wirkungen der Freyheit ebenfalls; nur daß wir sie nicht anders empfinden können,
als es die Natur der Sa={43}che zulässet. Wir empfinden, daß wir anders handeln
könnten, als wir wirklich thun? Wodurch? Dadurch, daß wir allemal, wenn wir
wollen, die Probe damit machen können, und daß uns nichts hindert, dieses zu
thun. Diese Möglichkeit anders zu handeln ist eine wesentliche Beschaffenheit
der Wirkungen der Freyheit; wenn wir also die Wirksamkeit der letztern empfinden, so müssen wir uns auch der völligen Möglichkeit nicht so, oder anders zu
handeln, bewußt seyn. Wenn auch die Freyheit wirklich keine Veränderung in
dem Zustande unserer Begierden, und unsers wollens, hervorbringet; so ist doch
die Empfindung, daß wir dieses thun könnten, schon einer gewissen Wirksamkeit der Freyheit zuzuschreiben; gleichsam so, wie es schon eine Action von mir
ist, wenn ich mit der Hand zeige, daß ich ein Gewicht sowohl auf diese als auf jene
Waageschale legen könnte. Jedoch was braucht es viel? Eben daher, woher ich weiß,
daß meinen Kräften viele Wirkungen möglich wären, die sie itzo nicht verrichten,
muß ich auch wissen können, daß mein Wille sich itzo anders bestimmen könnte,
als er wirklich thut. Wollte aber jemand sagen, daß wir uns vielleicht nur in dieser
Empfindung betrögen, und daß solche etwa {44} durch innerliche Ursachen, die
aber zugleich mit der Nothwendigkeit eines einzigen *modi agendi* verknüpft wären,
entstünde: So würde er ohne Ursache etwas annehmen, und wider die Regeln des
vernünftigen Denkens handeln, welche nicht erlauben, bey Erklärungen der Cau-
salverknüpfungen, verborgene Qualitäten, wozu in den Erfahrungen kein Grund
ist, vorauszusetzen.

Bey der Anmerkung g) des Herrn Uebersetzers erinnere ich nur, daß wir freylich die Freyheit *a priori* erweisen können, und zwar die Freyheit GOttes aus seiner
höchsten Vollkommenheit; die Freyheit der erschaffnen Geister aber aus den göttlichen Vollkommenheiten. Was aber den Beweiß des Herrn Titius anlanget, so
werde ich davon unten bey der Note s) ein Mehreres sagen.

Auf der 23sten Seite fänget der Verfasser an, seinen Satz auszuführen, daß die
moralischen Wahrheiten bey dem System der Fatalität bestehen bleiben. Ich hätte
hier ein weites Feld zu nützlichen Betrachtungen vor mir; ich erinnere mich aber
der Grenzen, die ich diesen Anmerkungen gesetzt habe. Und in der That brauche ich auch nicht, dasjenige, was der Verfasser von hier bis zur 34sten Seite beybringet, stückweise zu widerlegen; {45} Denn es ist Ew. Hochwohlgeb. ohnedem
bekannt, und ein jeder, der die Begriffe nur mit einiger Aufmerksamkeit betrachten will, muß es sogleich einsehen, daß das *formale* aller moralischen Dinge weg-
fällt, und nur bloß das *materiale* übrig bleibet, mithin die natürlichen Begriffe
ganz verändert werden, wenn man solche bey dem System der Fatalität anwenden
will. Wer des Verfassers Ausführung nur ansiehet, findet so gleich, daß alles in
bloße physikalische Mittel, ein denkendes aber der Freyheit beraubtes Wesen, zu
gewissen Actionen zu determiniren, oder in bloße natürliche Folgen einer Begebenheit, verwandelt werde. Das moralische des Gesetzes, der Strafen, der Verbindlichkeit, des Gewissens, der Tugend, des Lasters, der Zurechnung, des Lobes, des
Tadels &c. &c. fällt gänzlich hinweg; so wie dieses alles bey den Thieren keine statt
hat. Weil eine solche Lehre der Natur unsers Verstandes und dessen ersten Begriffen widerspricht; so ist sie zur Genüge widerlegt, wenn man sie nur anführet. Der
Herr Uebersetzer zeiget hiebey in der Anmerkung i) sehr wohl an, daß das sittliche Gute und Böse ohne Freyheit sich nicht denken lasse, sondern in ein bloßes
metaphysisches verwan={46}delt werde. Ich habe hiebey nichts zu erinnern, als daß
er eben hiedurch sich und alle Vertheidiger der hypothetischen Nothwendigkeit
selbst widerleget; weil nach ihrem System der Mensch unmöglich anders handeln
kann, als er thut, wie ich oben gezeigt habe. Was Herr Titius am Ende dieser Note
saget: daß nach aufgehobner Freyheit auch das physikalische Uebel mit der Empfindung desselben, verschwinden müßte; kann ich nicht weiter untersuchen, weil
er sich nicht näher darüber erkläret hat. Ohne Zweifel ist es nur eine Folge seiner
angenommenen Meynungen.

In der Note k) weiß der Herr Uebersetzer nicht, was der Autor sich für einen
Begriff von der Willkühr mache; ich glaube aber Ew. Hochwohlg. werden meiner
Me[y]nung seyn, wenn ich sage, es sey deutlich genug zu sehen, daß er dadurch die
sogenannte *spontaneitatem* oder die Kraft sich selbst innerlich zu determiniren,
verstehe. Auch wird dem Verfasser hier etwas ohne Grund beygemessen. Er saget
nirgends, daß die Willkühr mit der innerlichen Nothwendigkeit nicht bestehen
könne, und daß diese der Seele alle und jede Kraft nach einigen Bewegungsgründen

zu handeln, benehme. Er saget nur, und zwar {47} mit Recht: daß die innerliche Nothwendigkeit der Seele das Vermögen benehme, sich den Motiven die den Willen bestimmen, zu widersetzen.

In der Note l) trifft es der Herr Titius, aus einer seinem Systeme eigenen Verwirrung, wiederum nicht recht. Der Fatalist leugnet gar nicht, daß sich die Seele nach deutlich erkannten Bewegungsgründen entschließen könne. Der Verfasser zeiget vielmehr p. 28 und 29. daß die Ueberlegungen vor der Entschließung, mit der innerlichen Nothwendigkeit gar wohl bestehen können. Denn die Ueberlegung könnte ja auch aus einer Nothwendigkeit geschehen, und in einem Falle unausbleiblich, in andern aber hinwiederum unmöglich seyn. Es ist also weit gefehlet, daß aus dem Vermögen Ueberlegungen anzustellen, die Freyheit fließen sollte. Dieses ist aber Herr Titii Meynung. Der Autor behauptet, der Trieb zur Glückseligkeit habe in dem System der Nothwendigkeit auch statt. Herr Titius giebt dieses zwar zu, vermeinet aber, daß alsdenn die Anwendung der dienlichen Mittel unmöglich seyn würde, weil man keine Freyheit, d. i. keine Kraft nach Ueberlegungen zu handeln, hätte. Er irret hierinn sehr. Die Kraft zu überlegen kann {48} ohne die Freyheit seyn, wenn nämlich die Ueberlegungen nothwendig so, und nicht anders, erfolgen; und so könnte es ja vermöge des *Nexus rerum* nothwendig seyn, daß die Seele die besten Mittel eben so oft erkennete und durch diese Vorstellung zu deren Anwendung determinirt würde, als sie solche itzo vermöge der Freyheit erwählet und gebrauchet. Es wäre alsdenn eine gewisse vernünftige Vorstellung gerade dasjenige *Determinans*, welches im gegenwärtigen Falle nothwendig erfordert ward, damit die Action geschehen könnte, und bey dessen Setzung sie nothwendig erfolgen mußte. Ueberhaupt ist es ein sehr wunderliches *praesuppositum,* welches wider die gemeinen Begriffe aller Menschen anläuft, daß der Gebrauch der Freyheit nur in so genannten deutlichen, d. i. solchen Vorstellungen, da wir die Merkmale der Dinge unterscheiden, bestehe. Diese Deutlichkeit ist bey den Ideen aller und jeder Kräfte des Verstandes etwas zufälliges, ob sie gleich auch sich in den Wirkungen aller Vorstellungskräfte finden kann. Eine Handlung ist deswegen eben sowohl der Freyheit zuzuschreiben, wenn die Seele gleich nach Vorstellungen die diese Deutlichkeit nicht haben, agiret. Die Unterlassung der Ueberlegung selbst (welche Handlung des Ueberlegens doch {49} ohnedem nicht eben von dieser Deutlichkeit, die in Unterscheidung der Theile der Ideen bestehet, sondern überhaupt von der Wahrnehmung der Verknüpfung oder Nichtverknüpfung der Ideen, dependiret.) Diese Unterlassung selbst, sage ich, ist ja der Freyheit zuzuschreiben, und kann uns daher zugerechnet werden. Die Freyheit kann vernünftige Ueberlegungen hervorbringen und sich darnach bestimmen; allein es wäre ungereimt, ihre Wirkungen allein auf diese Bestimmung einzuschränken.

In der Note n) wird dem Fatalisten wieder auf eine ganz unzureichende Art geantwortet. Er wird sogleich sagen: Er spreche ja der Seele die Kraft sich nach den

Bewegungsgründen zu richten, gar nicht ab; vielmehr müßte sie sich in vorkommenden Fällen nothwendig darnach richten. Jedoch ich will Ew. Hochwohlgeb. mit keiner weitläuftigen Darlegung der Nichtigkeit dieser und anderer ähnlichen Gründe unsers Herrn Uebersetzers, aufhalten. Es ist seine Schuld nicht, daß sie in seinem Lehrgebäude nicht besser zu finden sind, und Ew. Hochwohlg. möchten zuletzt von mir glauben, daß ich ein Vergnügen daran fände an dergleichen Fantomen zum Ritter zu werden.

{50} Ich zeige daher auch nur kürzlich an, daß dasjenige, was Herr Titius im Anfange der Note o) saget, gegen einen Fatalisten nichts beweise. Denn dieser siehet die Gewissensbisse als physikalische Folgen gewisser Handlungen, und als unangenehme Empfindungen an, welche natürliche Mittel abgeben, den Willen zu gewissen Actionen zu determiniren oder davon abzuhalten. Man muß erst die Wahrheit der innerlichen Empfindung, daß wir anders handeln können, festsetzen, ehe aus den Gewissensbissen etwas zum Nutzen der Moral geschlossen werden kann.

In der Note r) behauptet der Herr Uebersetzer sehr wohl, daß in dem System der Fatalität keine Sittlichkeit der Handlungen, und also kein Urtheil von dieser Sittlichkeit, statt haben könne. Denn alle Begriffe, die auf die Sittlichkeit der Handlungen gehen, schließen den Begriff der Freyheit in sich. Nehme ich diesen weg, so behalte ich nichts als physikalische Dinge, Ursachen, Mittel und Wirkungen, die zwar in ihrer Art vollkommen oder unvollkommen seyn können, wo es aber thöricht wäre sich dasjenige denken zu wollen, was wir gedenken wenn wir uns sittliche Begriffe vorstellen. Und eben dieses giebt ein sichres Argument, daß weil diese {51} Begriffe unmöglich falsch seyn und uns etwas eingebildetes, das keine Realität hätte, vorstellen können; es nothwendig freye Handlungen geben müsse. Nur mögen Herr Titius und die so wie er denken, zusehen, wie sie damit auskommen, wenn sie hiebey solche Lehrsätze behaupten, bey denen keine Freyheit als nur dem Namen nach, übrig bleibet.

Auf der 32sten Seite giebet der Verfasser dasjenige deutlich zu erkennen, was er schon vorher so wahr als scharfsinnig voraus gesetzt; nämlich daß die Spontaneität, wie er sie nimmt, der Wille an sich, und der Verstand der sich die Motiven vorstellet, noch nicht zur Freyheit hinreichen, sondern auch bey der Nothwendigkeit der Handlungen alle zusammen bestehen könnten. Der Herr Uebersetzer aber ist in der Note s) dieser Meynung gar nicht, sondern glaubet, daß, wo man Verstand und Willen setzet, auch die Freyheit zugleich mit gesetzet werde. Sein Beweiß aber gründet sich auf eine willkührliche Erklärung der Freyheit, die ihm ein jeder Fatalist zugeben kann. Hier hingegen ist von der wahren Freyheit die Rede, nämlich von dem Vermögen, unter eben denselben Umständen eben sowol agiren als nicht agiren, sowol so als anders agiren zu können. Ein solches Vermögen {52} fließet weder aus der Kraft sich innerlich zu bestimmen, welche auch die Thiere haben; noch aus dem Willen überhaupt, welchen man sich so gedenken kann, daß er durch die Vorstellungen des Verstandes völlig und nothwendig bestimmet werde; noch aus dem Verstande, weil derselbe eine nothwendig wirkende Kraft ist; mithin auch nicht aus der Erkenntniß verschiedener an sich möglichen Arten zu handeln, weil auch diß ein nothwendiger Erfolg seyn kann, daß eine Vorstellung und keine andre diejenige Stärke erhält, welche erforderlich ist, um den Willen zu bestimmen, und bey deren Daseyn keine andre Bestimmung desselben möglich ist. Also muß zu allen diesen Kräften noch eine andre ganz besondre Thätigkeit hinzu kommen, wenn ein Geist frey, und keiner unvermeidlichen Nothwendigkeit unterworfen seyn soll. Die Note t) hat ihre vollkommene Richtigkeit. Das sittliche Böse und Gute würde ohne die Freyheit gänzlich wegfallen, und bloß eine Vollkommenheit oder Unvollkommenheit im allgemeinen Verstande übrig bleiben, deren Regeln aber auch ohnedem nicht einmal zureichend seyn würden, die Handlungen durchgängig zu unterscheiden. Bey der Anmerkung u) auf der 36. Seite will ich nur dieses {53} erinnern, daß der *Progressus in Infinitum* so etwas ungereimtes sey, daß er nicht κατ᾽ανθρώπον angenommen, sondern gleich aus dem Wege geräumet werden müsse. Nehme ich erst die unendliche Reihe von Wirkungen und Ursachen *a parte ante*, an, so kann ich niemals erweisen, daß diese unendliche Reihe eine andre Ursache ausser sich brauche. Denn weil ich immer eines Dinges zureichende Ursache in dem Vorhergehenden finde, und damit niemals zu Ende komme; so habe ich auch niemals nöthig, auf eine Ursache ausser der *Serie* zukommen.

Was der Herr Uebersetzer auf der folgenden Seite in der Note x) anführet, zeiget, daß er mit vielen andern Weltweisen, von dem Wesen der Dinge, dem Individual-Wesen und der Identität, sehr irrige Begriffe habe. Die Sache ist hier zu weitläuftig auszuführen, da sie zum Hauptzwecke nicht gehöret; und warum sollte ich Ew. Hochwohlgeb. bey so bewandten Umständen, mit einer ihnen längst bekannten Theorie unterhalten? Dieselben wissen, daß der Begriff von dem Wesen eines Dinges sich lediglich darnach richtet, unter welchen und wie vielen Determinationen ich das Ding betrachte. In diesem Verstande bleibet das Wesen, als {54} ein angenommener Begriff betrachtet, bey Hinzusetzung oder Wegnehmung des geringsten Umstandes, nicht mehr dasselbe. Bey reellen Dingen aber siehet man auf diejenigen *Constitutiva* welche an dem Dinge beständig bleiben, wenn es sonst viele Veränderungen erleidet, deren ohngeachtet wir das Ding doch beständig für dasselbe halten. Dieses beständige, wodurch das Ding das ist, was es ist, sind nun entweder gewisse Eigenschaften d. i. das logische Wesen, oder es ist das Subjekt des Dinges selbst. Wenn man setzet, daß entweder jene oder dieses dieselben bleiben, so entstehet hieraus die Identität des Wesens oder des Subjekts. Unter jenen ersten Eigenschaften sind nun wiederum einige so beschaffen, daß bey deren Wegnehmung das Subjekt selbst nicht mehr existiren noch ein mögliches Ding bleiben könnte (weil alles was möglich ist, es durch gewisse Eigenschaften seyn muß) andere aber von der Beschaffenheit, daß das Subjekt bliebe, wenn selbige weggenommen, oder andre an deren Stelle gesetzt würden. Aus diesen Gründen ist die Lehre von der Unveränderlichkeit der Wesen zu beurtheilen. Jedoch ich vergesse beynahe, daß ich hierüber nicht vieles sagen wollen, und eile dahero nur, das Angeführ={55}te auf die Welt anzuwenden. Es ist klar, daß die Identität des Subjekts bleibe, wenn auch einige Dinge in der Welt weggenommen würden, oder hinzukämen. Was aber die Identität des Wesens anlanget, so ist offenbar, daß man auf das Grundwesen einer Welt *in individuo,* d. i. auf diejenigen letzten Endzwecke, und die determinirte Art solche zu erhalten, welche in dieser Welt etwas beständiges sind, und wodurch sie dasjenige wird was sie hat seyn sollen, sehen müsse. So lange diese bleiben, bleibt das Wesen der Welt dasselbige. So lange man also nicht erweisen kann, daß das Daseyn oder Nichtdaseyn eines gewissen Dinges in der Welt zu demjenigen Haupt-plane oder Grundrisse (wenn ich so sagen darf) welcher diese Welt *in individuo* charakterisiret, gehöre, so lange kann man auch mit keinem Grunde sagen, daß durch das hinzukommen oder wegnehmen eines solchen Dinges eine andre Welt entstünde. Warum will man das von der ganzen Welt leugnen, was man von einem jeden Dinge in der Welt zugeben muß, wenn man nicht wider allen *sensum communem* streiten will, nämlich daß unzähliches an einem Dinge verändert werden könne, ohne daß deßwegen ein andres Ding daraus werde?

{56} Der Verfasser fängt auf der 38 Seite an darthun zu wollen, daß diese Welt unter allen möglichen die beste seyn müsse, weil etwas vorhanden seyn müsse, wel-ches GOtt bewogen, dieselbe allen andern möglichen vorzuziehen. Ew. Hochwohl-geb. aber sollen auch hier keine weitläuftige Wiederholung längst bekannter Dinge zu lesen bekommen. Der ganze Beweiß fällt sogleich über den Haufen, wenn ich leugne, daß etwas gewesen seyn müsse, welches den göttlichen Willen, mittelst der Vorstellungen seines Verstandes, bewogen, vielmehr diese als irgend eine andre Welt zu schaffen. Die Gegner werden dieses nimmermehr erweisen können. Indessen hält der Herr Titius in der Note y) diesen Beweiß für sehr bündig, und füget noch diesen schönen Zusatz bey: daß diejenigen welche die beste Welt leugnen, dazu keine andre Ursache hätten, als weil sie vielleicht eine bessere erdenken wollten. Dieser Ausspruch gereichet ihm gewiß nicht zur Ehre. Denn er zeiget dadurch, daß er die hievon handelnden Schriften entweder nicht müsse gelesen oder nicht ver-standen haben, oder nicht haben verstehen wollen. Jedoch was ist daran gelegen? Es ist ja die Mode heutiges Tages desto dreister von Dingen zu urtheilen, je weniger man sie {57} einsiehet. Eine gründliche Erkenntniß abstracter Dinge, die der Natur gemäß seyn soll, erfordert Mühe, und etwas mehr, als sich mit einem a + b breit zu machen, oder eine Muschel und bunten Stein zu beschreiben. Es sey ferne, daß ich hiermit rechtschaffenen Mathematik-Verständigen und Naturkündigern zu nahe treten wollte! Aber daß einige von der Oberfläche dieser Wissenschaften zusam-mengeraffte Erkenntniß dazu dienen muß, vieler Schwäche in andern Dingen zu bedecken; ist etwas das ich niemals ohne Unwillen ansehen können. Sonst kann ich den Herrn Titius versichern, daß man seine guten Gründe habe, weßwegen man die beste Welt bestreitet. Nämlich 1) weil ein solches einziges bestes eine Chimäre ist und nicht seyn kann; indem durch determinirte Endzwecke von verschiedener Art, auch Vollkommenheiten von verschiedener Art entstehen, die sich nicht gegen einander vergleichen lassen, und weil bey Verknüpfungen endlicher Dinge bey der einen immer gewisse Vollkommenheiten ausgeschlossen werden, welche die andre haben kann. 2) Weil das Seyn und Nichtseyn der endlichen Dinge, also auch ihrer Verknüpfungen, GOtt in Ansehung seiner Vollkommenheit gleichgültig, d. i. in allen seinen {58} Vollkommenheiten nur der Grund zu ihrer Möglichkeit, nicht aber dazu, daß sie vielmehr existiren als nicht existiren, ist; mithin auch in der Vollkommenheit GOttes so wenig Grund ist, mehrere, als weniger Realitäten wirklich zu machen; folglich, da die Realität, welche in einer Welt statt haben soll, durch die Zwecke determinirt werden muß, in der Vollkommenheit GOttes kein Grund ist, einen Endzweck dem andern deßwegen vorzuziehen, weil durch jenen mehrere Realität gesetzt wird; und also die Erwählung der determinirten Zwecke einer Welt lediglich von der freyen göttlichen Willkühr dependiret, davon sich unmöglich *a priori* etwas festsetzen läßt.

Was den Beweiß des Verfassers anlanget, so beruhet solcher noch dazu auf einem nichts heissenden *Dilemmate:* Gott muß entweder unendlich gut oder unendlich böse seyn, u. s. f. Das letzte sind Worte, wobey sich gar nichts denken läßt. Der Autor hätte also dieses nur weglassen, und seinen vermeintlichen Beweiß sogleich aus der unendlichen Vollkommenheit GOttes führen dürfen. So wenig ich also auch meiner Einsicht zutraue, so glaube ich doch gewiß, daß Ew. Hochwohlgeb. die von Herrn Titio ge={59}rühmte Vortreflichkeit dieser Erfindung eben so unbegreiflich seyn wird als mir. Daß unsere Welt nicht die schlimmste von allen ist, wird dem *Autori* ein jeder zugeben, und er hätte es auf der 40 und 41sten Seite nicht so weitläuftig erweisen dürfen. Aber daß wir aus der Betrachtung der Dinge in der Welt, die Qualität des Besten erkennen können, solches ist falsch. Wornach wollen wir dieses beurtheilen? Wir lernen ja die Zwecke, auf welche es bey der Vollkommenheit lediglich ankommt, erst *a posteriori* kennen. Wir sehen, daß diese durch die Dinge erreichet werden. Den Grad der Realität, welcher zu erhalten möglich gewesen wäre, können wir nicht ausmachen; wir erkennen nur den, welcher hat erreicht werden sollen. Wodurch aber wollen wir die Vollkommenheit der Zwecke, durch welche die Realität, die an den Dingen statt finden soll, determinirt wird, beurtheilen? Wir können nichts weiter sagen, als daß die Dinge einen Urheber von unendlichem Verstande und Weisheit anzeigen, und nach ihren Endzwecken sehr vollkommen sind.

Den Ausspruch des Verfassers p. 42. daß man in dem Verstande und Willen GOttes keine Folgen und *Successionen;* also auch {60} nicht einmal in Absicht auf seine Wirkungen ausser ihm; zugeben könne, schränke ich mit recht so ein: In so weit aus solcher *Succession* etwas fließen würde, das der unendlichen Vollkommenheit GOttes zuwider wäre. GOtt kann sich unmöglich dasjenige was *successive* wirklich wird, mit einmal als itzo existirend vorstellen; und die Actionen seines Willens, wodurch etwas ausser ihm gewirkt wird, können unmöglich anders als in gewissen Punkten der Zeit geschehen.

Daß die ganze Welt mit allen ihren Folgen in dem göttlichen Verstande ein einziges Ganzes ausmacht, gebe ich dem Verfasser gerne zu. Wenn es aber auf der 44sten Seite scheinet, daß er unter Einmischung vieler unnöthigen mathematischen Ausdrücke, alle Folge in den Wirkungen des göttlichen Willens leugnen wolle: so kann ich dieses nur in so weit zugeben, als es aus der göttlichen Unendlichkeit und Unveränderlichkeit seines Wesens fließet. Ew. Hochwohlgeb. wissen, in was für Ungereimtheiten diejenigen Weltweisen verfallen, die aus der gantzen Dauer der göttlichen Existenz und allen seinen Wirkungen, die bereits geschehen sind, oder in Ewigkeit noch geschehen sollen, einen einzigen Augenblick machen wollen.

{61} Bey der 47sten Seite kann ich nicht umhin den Cartesianischen Grundsatz *de Cogitabili,* unsern Herrn Philosophen anzupreisen. Vielleicht ist er ihnen unter Cartesii Namen angenehmer, als wenn ihnen ein oder der andre heutige Weltweise denselben zur bessern Erkenntniß der ersten Gründe unsers Denkens, einschärfet. Den Cartesianischen Beweiß, in so weit er *ex idea entis perfectissimi, tanquam abstracto reflexo,* geführt wird, verlange ich übrigens nicht zu vertheidigen; nur glaube ich, daß wenn dieser Beweis aus der angebohrnen, oder, welches auf eins hinaus läufet, der natürlichen und allen Menschen gemeinen, Idee eines höchsten Wesens und Oberherrn, welche letztere sich sonderlich in den Wirkungen des Gewissens sehr deutlich äussert, geführet wird; solcher sehr bündig sey, und keinem Beweise der göttlichen Existens an überzeugender Kraft etwas nachgebe. Ich glaube daß Ew. Hochwohlgeb. hierinn meiner Meynung seyn werden.

Der Beweis den der Verfasser auf der 48. 49. 50. und 51sten Seite, aus der Möglichkeit eines vollkommensten Wesens führet, beweiset freylich die reale Wahrheit und Existenz desselben nicht; indessen ist dasjenige, was der Autor auf der 49sten Seite von dem {62} Unterscheide realer Wahrheiten und bloßer Worterklärungen beybringet, sehr schön und merkwürdig.

Auf der 52. 53. 54. und 55sten Seite behauptet der Verfasser mit den Wolfianern, daß die Existenz GOttes aus seiner Möglichkeit fließe. Meines Erachtens ist dieses nicht allein unerweislich, sondern es muß auch vielmehr umgekehrt heißen: Die Möglichkeit des göttlichen Wesens fließet aus seiner Existenz. Wer die Sache genau überlegt, wird bald einsehen, daß der erste Grund aller Möglichkeit in einer Existenz bestehe. Gesetzt, die Existenz GOttes gründete sich in seiner Möglichkeit, so wäre diese wenigstens *ratione prior* als jene. Man müßte also, auch ehe man die Existenz GOttes voraussetzte, sich etwas als möglich gedenken können. Dieses aber ist höchst ungereimt. Der Irrthum kommt daher, daß die Herren Wolfianer von der Möglichkeit eine bloß negative Definition geben, und sich daher einbilden, die Möglichkeit sey etwas bloß negatives, welches grundfalsch ist. Die Möglichkeit muß, ihrem Wesen nach, nothwendig etwas positives seyn. Das bloß negative ist nichts; und vor der Setzung der Existenz GOttes, ist alles ein bloßes Nichts, davon sich auch nichts {63} denken läßt. Ein ewiges Nichts, eine so zu reden ewige und allgemeine Unmöglichkeit, ist dasjenige was übrig bleibet, wenn ich von der Existenz GOtt abstrahire, und mit meinen Gedanken über dieselbe hinaus gehen will. Alle Möglichkeit entstehet erst dadurch, daß GOtt existiret; wie will man denn aus einer Möglichkeit, (von der allein ohnedem auf die Wirklichkeit niemals zu schließen ist) die Existenz GOttes folgern? Man hat sich, dieses zu versuchen durch den angenommenen Satz des determinirenden Grundes, verleiten lassen, vermöge dessen man vermeynet, die Existenz GOttes müsse auch einen determinirenden Grund haben, warum sie vielmehr sey als nicht sey. Der Wahrheit nach ist kein anderer Grund warum GOtt existiret, als weil er von Ewigkeit her existiret; und nirgends eine Möglichkeit ist, daß er nicht existire. Denn wie sollte dieses möglich seyn, da alle Möglichkeit erst aus der Existenz GOttes herkommt? Ich möchte die Gegner, die einen Grund der Existenz GOttes verlangen, wohl fragen: Welches denn der Grund der Möglichkeit seines Wesens sey, wenn ich dasselbe in Gedanken vor der Existenz vorhergehen lasse? So gut diese ein *Antecedens* haben soll, warum sie vielmehr ist als nicht {64} ist, so gut verlange ich auch einen zureichenden Grund, warum das Wesen vielmehr möglich als nicht möglich ist? Sagen sie: Es habe den Grund seiner Möglichkeit in sich selbst? So heißt dieses eben so viel, als: Es ist möglich weil es möglich ist. Geben sie nun zu, daß etwas bloß deßwegen seyn könne, weil es ist, so daß die Frage nach einem fernern Grunde dabey ganz aufhöre: Warum soll denn die Existenz GOttes nicht bloß deßwegen seyn können, weil sie ist?

Ich will, mit Ew. Hochwolgebohrnen Erlaubniß, noch eine Anmerkung hinzufügen, die vielleicht nicht nach dem Geschmacke aller Weltweisen ist. Die Nothwendigkeit der Existenz eines Dinges ist mit der Ewigkeit derselben unzertrennlich verbunden. Wenn wir setzen, ein Ding sey von Ewigkeit, so höret alle Frage, warum es vielmehr sey, als nicht sey? auf, und das Ding ist nothwendig. Denn wäre ein Ding nicht deswegen nothwendig, weil es ewig ist, so bliebe auch bey GOtt noch immer die Frage übrig: Warum er vielmehr existire als nicht existire? Die erste Eigenschaft des Zufälligen hingegen, ist diese: Daß es einmal nicht gewesen sey; sonsten hörte aller Unterscheid des Nothwendigen und Zufälligen auf. Ich rede hier von dem {65} innern Unterscheide in den Dingen selbst; denn das Kennzeichen der Zufälligkeit der Dinge, in unserm Verstande, ist dieses: daß ihr Nichtseyn sich denken lasse. Dieses Kennzeichen ist der Natur unsers Verstandes von dem Schöpfer eingepräget; und es ist auch kein anderes möglich gewesen. Denn da wir nicht selbst von Ewigkeit gewesen, so könnten wir auch nicht wissen, ob andere

Dinge von Ewigkeit gewesen seyn oder nicht, d. i. ob ihre Existenz nothwendig oder zufällig sey, wenn nicht in unserm Verstande das Kennzeichen wäre: Ob ihr Nichtseyn sich denken lasse, oder nicht? Aus diesem Kennzeichen urtheilen wir nun: Ob die Dinge von Ewigkeit, oder ob sie einmal nicht gewesen? mithin ob sie von einer Ursache hervorgebracht seyn müssen? da hingegen der Natur nach das von Ewigkeit seyn, oder nicht von Ewigkeit seyn, der erste Grund der Nothwendigkeit oder Zufälligkeit sind.

Wenn der Autor auf der 56 und 57sten Seite die Einheit eines allgemeinen göttlichen *Decreti* wegen eines Weltsystematis behauptet, so gebe ich ihm hierinn vollkommen Beyfall. Aber daß die Ausführung dieses ganzen Rathschlusses mit eins und in einem einzigen Nun geschehen müsse, und keine nach und nach aufeinander folgende göttliche Wirkun={66}gen zulaße, ist etwas das mit den ersten Grundbegriffen unsers Verstandes streitet.

Auf der 58. und folgenden Seiten fängt der Verfasser an zu erweisen, daß in einer Welt fortdaurende, wirkende und mit einer Kraft begabte Wesen seyn müssen; weil allezeit in der Welt etwas seyn muß, das beständig bleibet, wenn das andere verändert wird; und es der göttlichen Vollkommenheit unanständig seyn würde, wenn alle und jede Veränderungen in der Welt durch die unmittelbare Wirkung der göttlichen Kraft hervorgebracht werden müßten; daß aber die eigenthümlichen Kräfte der endlichen Dinge dem ohngeachtet in ihren Wirkungen beständig von GOtt dependirten, und die Nothwendigkeit der höchsten Ursache dadurch gar nicht ausgeschlossen werde.

Es hat mir hiebey besonders wolgefallen, was der Autor auf der 66, 67 und 68sten Seite, von unserm Unvermögen, die wesentlichen Bestimmungen, oder die ursprünglichen Kräfte der fortdaurenden Dinge, zu ergründen, beygebracht hat. Mochten doch viele Weltweisen dieses bedenken, wenn sie sich einbilden wollen, das Wesen eines Dinges in einer Definition von ein paar Worten gefaßt zu haben!

{67} Von der 68 bis 74sten Seite fähret der Verfasser fort, zu zeigen, daß es fortdaurende Kräfte an den Dingen geben müsse, und daß dieselben das Wesentliche der fortdaurenden Dinge ausmachen. Endlich wird auf der 74 Seite der Satz behauptet, daß es keine bloß leidende Dinge geben könne. Wenn man ein bloß leidendes Ding für dasjenige nimmt, welches gar keine Kraft im weiten Verstande (d. i. gar keinen in ihm selbst und in seinem *Perdurabili* befindlichen Grund desjenigen, was in und an ihm existiret) hätte: So muß man dem Verfasser ohnstreitig recht geben. Wenn aber von einer thätigen Kraft die Rede ist, so kann man nicht erweisen, daß ein jedes Ding eine solche haben müsse. Es könnte ja ein Ding wol nur bloß geschickt seyn, Bestimmungen von andern Dingen anzunehmen, und auch zu behalten; nicht aber dergleichen durch ein innerliches *Principium* hervorzubringen.

Was Herr Titius in der Note cc) gegen die Möglichkeit der bloß leidenden Natur, beybringet, ist leicht zu widerlegen. Denn *quoad* 1) behauptet man sie nicht bloß

wegen der Empfindung der äusserlichen Sinne, *quoad* 2) aber kann der Herr Uebersetzer seinen Ausspruch niemals erweisen. Daß das {68} Leiden eines Körpers selbst
eine thätige Kraft sey, ist ein blosses Wortspiel. Es kommt hier nicht darauf an, was
wir uns für willkührliche Begriffe machen, sondern was wir gedenken können, oder
nicht. Jedoch der Herr Titius will seinen Satz beweisen; und zwar daraus, weil ein
Ding der Wirkung des andern widerstehe, folglich eine widerstehende Kraft haben
müsse, welches ohne Streit eine thätige wäre. Alleine dieses beruhet wiederum auf
willkührlich angenommenen Sätzen. Womit will man beweisen, daß alles Hinderniß, welches ein Ding durch sein Daseyn, der Wirkung eines andern Dinges
machet, von einer gegen dasselbe agirenden thätigen Kraft herkomme? Kann die
Hinderniß nicht durch das Daseyn selbst, vermöge der allgemeinen Gründe der
Wahrheit, geschehen? Was für Recht haben die Weltweisen thätige Kräfte ohne
Noth und Grund anzunehmen? Es kommt mir dieses eben so vor, als wenn jemand
behaupten wollte, daß das Grundwesen eines Dinges die übrigen nothwendigen
Eigenschaften desselben durch eine wirkende Kraft hervorbrächte. Wenn ein kleiner Stein an einer dicken Mauer lieget, und ich stoße mit einer Kraft von 100 000
Pfunden (vorausgesetzt, daß nur seine Härte groß genug {69} sey) auf den Stein: So
widerstehet er dieser meiner ganzen Kraft, weil der Stein, vermöge der Festigkeit der
Mauer und der Impenetrabilität, nicht ausweichen, noch sich nach der Direction
meiner wirkenden Kraft bewegen kann. Was haben wir aber für einen vernünftigen Grund, zu sagen, der Stein agire mit einer thätigen Kraft von 100 000 Pfunden gegen mich zurück, das ist, er sey in einem Bestreben, sich mit einer Kraft von
100 000 Pfunden in der meiner Action entgegen gesetzten Directionslinie zu bewegen; welches seyn müßte, wenn aller Widerstand von einer thätigen Kraft herkäme?
Nichts weniger! Er lieget ganz still und geruhig, und hat so wenig eine Tendenz,
sich nach einer als nach der andern Seite zu bewegen. Kurz! aus dem Widerstande,
(wenn man solchen auch in weitem Verstande eine Reaction nennet,) folget keine
thätige Kraft. Das Leiden selbst supponiret zwar eine Kraft im weiten Verstande
in dem leidenden Dinge, aber keine thätige. Das Leiden selbst schwächet auch die
Kraft des andern Dinges nicht, sondern die Hinderniß, welche diese, vermittelst
der Gesetze der Wahrheit, durch das Daseyn des leidenden Dinges, erhält.

{70} Bey p. 76. merke ich an, daß man nur die Kraft der Trägheit nicht für eine
thätige Kraft, die nach allen Seiten tendire, halten müsse. Sie soll dasjenige seyn,
vermöge dessen der Körper in seinem Zustande verbleibet. Dieses ist eine Eigenschaft; man darf aber dazu keine thätige Kraft erdenken.

Daß die sogenannte Trägheitskraft nicht mit der bewegenden Kraft einerley
seyn könne, erhellet daraus, weil ihnen ganz entgegen gesetzte Eigenschaften beygeleget werden. Dieses ist offenbar, da die Trägheitskraft ein Bemühen seyn soll, sich
der Direction der einwirkenden Kraft entgegen zu bewegen, das Grundgesetz der
bewegenden Kraft aber darinn bestehet, daß sie sich nach der Direction derjenigen,

wodurch sie zur Bewegung bestimmet wird, richte; welches beydes sich niemals eines aus dem andern begreifen lässet; und es ist vielmehr ganz widersinnig, daß bey dem Zusammenstossen der Körper, aus einer und derselben Kraft ein Zusammenhängen und eine Bewegung nach der Direction des Stärkern, d. i. eine wirkliche Direction nach 2 entgegen gesetzten Seiten zugleich entstehen soll. Eine Kraft muß aus einem allgemeinen *principio actionum* handeln, hier aber sind 2 widrige. Denn, welches wol zu merken, es soll {71} nicht etwa die eine Tendenz entstehen, nachdem die andre abnimmt und aufhöret; sondern beyde sollen zugleich daseyn, und sich, nach Proportion der Stärke der anstoßenden Kraft, beyde auch vermehren. Noch eins! Ein Körper soll vermöge der *vis inertiæ* nach allen Seiten eine gleiche Tendenz haben. Wenn er aber in Bewegung geräth, so erlanget die Tendenz nach einer Seite ein Uebergewicht über die andere. Folglich müßte aller Vernunft nach, wenn dieses wäre, die Tendenz nach der entgegen gesetzten Seite dadurch vermindert werden. Alleine diese Tendenz bleibet auch nichts destoweniger beständig, wenn der Körper nach jener in Bewegung ist; denn er behält, seinen Widerstand immer nach allen Seiten. Wo soll denn nun das *Superpondium* herkommen? Muß nicht nothwendig eine neue Kraft hinzukommen, die sich aus der angenommenen Tendenz nach allen Seiten gar nicht begreifen läßt?

Ew. Hochwolgebohrnen belieben auch noch einmal folgende Ungereimtheit, die in der Gegner Lehre von den Kräften stecket, zu erwegen. Die Impenetrabilität soll gleichfalls von der widerstehenden Kraft oder *vi inertiæ*, herkommen; und sie muß es nach ihren *Principiis* thun, woferne sie uns nicht zugeben {72} wollen, daß es bloße Existentialeffecte der Körper in einander, gebe. Die widerstehende Kraft, woraus die Undurchdringlichkeit entstünde, müßte also bey jeder Substanz unendlich groß seyn, weil keine Substanz, von welcher Kraft sie auch sey, in eine andre hineindringen kann. Die Kraft der allerschwächsten Substanz ist also nicht nur der Kraft der allerstärksten gleich, weil sie dieser zureichend widerstehet; sondern es könnte auch keine Substanz jemals aus ihrem Orte vertrieben werden, d. i. es wäre gar keine Bewegung möglich, weil die widerstehende Kraft unendlich groß wäre.

Daß die anziehende Kraft keine eigentliche wahre Kraft in der Natur seyn könne, haben schon andre zur Genüge erwiesen; und wenn Herr Turneyser p. 78. der zurückstoßenden Kraft erwehnet, so ist solches eben so wenig eine besondre Grundkraft; sondern ebenfalls nur ein allgemeiner Begriff, der von gewissen *phænomenis causaliter* abstrahiret wird. Zu der Erklärung des natürlichen Einflusses zwischen Seele und Leib, haben wir, wie Herr Titius in der Note ee), gegen den Verfasser gar wohl erinnert, nicht nöthig, eine neue, verborgene und ganz unbegreifliche Kraft, anzunehmen.

{73} Auf der 80 Seite kann man nicht recht sehen, ob der Autor den einfachen Dingen nur eine einzige Grundkraft zukommen lasse, oder mehrere. Das Erste ist mir wahrscheinlicher. Wenn er aber der thätigen Kraft der Seele, und nicht dem

Willen, das Vermögen den Körper zu bewegen, zugestehen will: so kann ich dieses nicht anders verstehen, als daß er etwa nur den Willen für eine gewisse besondre Art zu wirken, der angenommenen einzigen Kraft, hält.

Auf der 85 Seite behauptet der Verfasser, daß die Vorhersehung GOttes wegfalle, wenn man Wesen annehme, die ohne determinirenden Grund agirten. Ich weiß hier zu demjenigen, was der grosse Weltweise, den Ew. Hochwolgebohrn. eben so hoch schätzen, als ich ihn verehre, in seinen nothwendigen Vernunftwahrheiten p. 500 et sequ. der neuen Ausgabe, hievon gesagt hat, nichts hinzu zusetzen, noch auf den Einwurf besser zu antworten, alls wenn ich mich auf die angeführte Stelle selbst berufe. Woferne Ew. Hochwolgebohrn. das 3te Stück der philosophischen Nebenstunden des Herrn Darjes gelesen, so wird ihnen dessen Abhandlung von dieser Materie, auf der 106. und folgenden Seiten, gleichfalls gefallen haben.

{74} Daß aber der Verfasser und mit ihm sein Uebersetzer in der Anmerkung ff) dafür halten, daß durch solche Kräfte, die sich ohne determinirenden Grund bestimmen, ein Ungefähr eingeführt würde, und sodann auch wol die ganze Entstehung der Welt aus einem Ohngefähr, wie z. E. aus der ohngefähren Abweichung der Atomen, hergeleitet werden könnte; ist eine Beschuldigung, die ich nicht unterlassen kann, hier kürzlich zu beantworten und ihre Nichtigkeit darzulegen. Ich will daher 1) die Herren, welche die Vertheidiger der Freyheit hiedurch anzuschwärzen suchen, befragen: Was sie unter ihrem Ohngefähr verstehen? Ich kann mir von dem blossen Ohngefähr keinen andern Begriff machen, als wenn etwas entstünde, ohne daß eine Ursache da wäre, welche es hervorzubringen vermögend gewesen. Eine Kraft aber, die sich ohne determinirende Gründe bestimmet, ist eine vollkommen zureichende Ursache ihrer Actionen. Will man aber das ein Ungefähr nennen, was ohne vorhergegangenen determinirenden Grund geschiehet: So begeht man ohnstreitig einen Wortstreit, oder aber eine *petitionem principii,* weil es erst zu erweisen wäre, daß eine jede wirkende Kraft nothwendig nach determinirenden Gründen agiren {75} müsse. Dieses aber werden sie in Ewigkeit aus richtigen Gründen nicht thun können. Denn zum Uebergange eines Dinges von der Möglichkeit zur Wirklichkeit wird nichts weiter erfordert, als eine zureichende Kraft und deren Anwendung. Daß aber diese Kraft allezeit zu einer gewissen Action, durch in und an ihr befindliche Determinationen, völlig bestimmet seyn müsse; dieses zu glauben findet sich gar keine Nothwendigkeit; als welche wir uns hier nur deswegen einzubilden geneigt sind, weil wir bey unserer Erkenntniß, unsern Urtheilen und Schlüssen, allemal Gründe voraussetzen müssen, warum etwas für wahr zu halten oder nicht; und wir uns dannenhero gewöhnen, die reale Entstehung der Dinge in der Natur eben so anzusehen, und zu glauben, als wenn dieselbe immer vorhergehende Gründe erfordere, weswegen sie vielmehr geschehen als nicht geschehen müsse. 2) Wenn man solche Atomen, die ohne determinirenden Grund ihre Direction verändern könnten, (welches aber eine blinde Kraft und keine Freyheit wäre) annähme, so gewönnen die Atheisten doch dadurch nichts. Denn die Atomen blieben dem ohngeachtet zufällige Dinge, die nicht von sich selbst seyn können, sondern von einer nothwendig existi={76}renden Ursache hervorgebracht seyn müssen. 3) Was die Entstehung einer Welt, oder auch nur überhaupt eines Dinges woran Kunst und Ordnung befindlich ist, aus einer ohngefähren Zusammenkunft der Atomen betrift: so ist eine solche Entstehung, wenn ich auch Atomen die ihre Direction selbst ohne determinirenden Grund verändern könnten, annähme, doch etwas unmögliches und ungereimtes, wegen der unermeßlichen Wahrscheinlichkeit, die einer solchen Zusammenkunft entgegen stehet, und die der stärksten Demonstration an überzeugender Kraft gleich gilt, wo nicht vorzuziehen ist. 4) Wenn Herr Titius noch dazu in der Note ff) den Vertheidigern der wahren Freyheit vorwirft, daß sie der Seele alle Ueberlegung und die gänzliche Neigung zum Besten absprächen: So ist das erste eine offenbare Unwahrheit, in dem man nicht nur die Bestimmung des Willens nach vernünftigen Ueberlegungen, für die edelste Wirkung der Freyheit hält, sondern auch die Vorstellung des Objects im Verstande allemal zu einem unzertrennlichen *Correlato* der Wirkung der Freyheit setzet; das letztere aber ist sowol falsch als großentheils unverständlich. Denn da die Güte der Dinge erst aus der Uebereinstimmung mit {77} den Trieben, Neigungen und Begierden der Geister, entstehet; so wird niemand leugnen, daß der Wille das was er begehret, allemal als gut begehre. Es ist ja offenbar, daß wir allemal das für gut halten, was uns vergnüget, und was uns vergnüget, begehren wir. Das Gute aber schliesset das Beste mit in sich; denn das Beste, in Absicht auf einen Willen, ist das, was die meiste, dem Willen gemäße, Güte in sich hat. Nämlich in so weit der Wille einen Endzweck begehret, muß er auch dasjenige begehren, wodurch der Zweck, in dem Maaße wie er ihn begehret, am besten erhalten wird; doch verstehet es sich, daß auch oft vielerley mögliche Objekte und Handlungen in dieser Absicht unter sich gleichgültig seyn können. Anders, als in Absicht auf einen gewissen Zweck, lässet sich gar nicht denken, daß der Wille etwas als das Beste begehren könne. Da aber nicht nur die Zwecke und der Grad wie sie erhalten werden sollen, unendlich oft von dem Geiste erst willkührlich gesetzt werden müssen; sondern auch, wie gesagt, viele Mittel zu einem Zwecke, oder viele mittlere Zwecke in Ansehung eines höhern, wenigstens nach der Absicht und Vorstellung des Geistes, unter sich gleichgültig seyn können: So ist klar, daß man kein Bestes *absolute* annehmen könne, {78} zu welchem der Wille überhaupt geneigt seyn sollte.

Wenn Ew. Hochwolgebohrn. den Beweiß für die Immaterialität GOttes, den Herr Turneyser auf der 87 Seite, und den von der Einigkeit GOttes, den er aus dem Satze des nicht zu unterscheidenden führet, lesen; So werden Sie sich mit mir freuen, daß wir bessere Beweise für diese Wahrheiten haben, mit denen es sonst, wenn sie bloß auf diesen Gründen beruhen sollten, sehr schlecht aussehen würde.

Auf der 88sten und folgenden Seiten vertheidigt der scharfsinnige Verfasser die Wahrheit: daß die vernünftigen Geister nothwendig den letzten Endzweck der Schöpfung ausmachen müssen; die Körperwelt aber niemals um ihrer selbst willen, von GOtt hätte hervorgebracht werden können. Ich gebe diesem Satze mit Vergnügen Beyfall; nur wünschte ich, daß der Autor den Grund, warum die vernünftigen Geister allein, der göttlichen Weisheit anständige letzte Zwecke ausmachen, in ihrer Freyheit gesucht hätte. Denn der von ihm angeführte Grund aus dem den Geistern zukommenden Genusse des Guten, ist nicht hinreichend. Er beweiset zu viel. Denn es würde daraus folgen, daß {79} alle Wesen, die nur mit Empfindung begabt wären, wenn sie auch keine Vernunft hätten, würdige *fines ultimi obiectivi creationis* seyn könnten.

Wenn der Autor p. 90. die Güte GOttes aus seiner allgemeinen Neigung zur Vollkommenheit herleitet, so ist dieses nicht accurat. Die Güte GOttes ist die Neigung seinen Geschöpfen Gutes zu erweisen. Denen Geschöpfen ist dasjenige Gut, was mit ihren Trieben und Begierden übereinstimmet; und dasjenige, was den Zustand derselben Vollkommener macht, ist in Ansehung ihrer nur deswegen gut, weil sie einen Trieb zur Vollkommenheit haben. Die Glückseligkeit der Geister entstehet aus dem Genuße des Guten. Sie ist dem Begriffe nach *(idealiter)* von der Vollkommenheit wesentlich unterschieden, ob gleich durch die von dem Schöpfer gemachte Einrichtung der Dinge, beyde unzertrennlich mit einander verbunden sind. Da also die Güte GOttes die Glückseligkeit der Geister zum nächsten Objekt hat, und aus dem Grunde agiret, weil denenselben gewisse Dinge gut d. i. ihren Begierden gemäß sind; so fliesset die Güte GOttes nicht aus seinem Wollen der Vollkommenheit, als einem ganz andern *Principio;* obgleich GOtt vermöge seiner {80} Vollkommenheit, denen Geistern solche Triebe hat geben müssen, welche auf ihre und anderer Dinge wesentliche Vollkommenheit gerichtet sind, ja durch die Erfüllung der Grundtriebe der Geister, zugleich ihre Vollkommenheit entstehet.

Bey der Note (*) p. 91. verstehe ich die Meynung des Herrn Titius nicht recht. Es ist freylich an dem, daß nicht nur die Zufälligkeit der Substanzen, sondern auch ihrer Verknüpfung erwiesen werden müsse. Ich weiß aber nicht, was Herr Titius sich hier noch weiter für eine Schwierigkeit vorstellet, und wir müssen erwarten, wenn es ihm gefallen wird, uns hierüber die nähere Erläuterung zu geben, wozu er hier Hoffnung macht.

Auf der 93. Seite meynet der Verfasser, es sey genug, die Spinosisten zu widerlegen, wenn man ihnen zeiget, daß sich das Gegentheil dessen was wirklich geschiehet, und an statt der gegenwärtigen, andere Verknüpfungen der Dinge denken lassen. Allein man richtet damit nichts aus. Denn der Spinosist wird dieses nicht leugnen, er wird aber sagen: Die ganze *Series* der Veränderungen sey in dem Wesen der einzigen existirenden Substanz gegründet. Weil es also nothwendig Ver={81} änderungen geben müsse; so sey es auch nothwendig, daß sich andere Reihen und Ordnungen von Veränderungen müßten erdenken lassen; die aber doch ausser unserm Verstande keine wahre Möglichkeit hätten.

Die 96. Seite enthält etwas sehr ungereimtes. Die absolute Nothwendigkeit bestehet, nach dem Verfasser, in den Wesen der Dinge, d. i. in ihrer ersten Möglichkeit. Die Existenz GOttes soll aus dieser seiner Möglichkeit fliessen. Die Existenz der endlichen Dinge aber soll deswegen nicht aus ihrer Möglichkeit fliessen, weil dieser Dinge unendlich viele möglich sind; die in den Wesen liegende Nothwendigkeit aber, als eine blinde Ursache, keine Wahl anstellen kann, welche die Existenz erhalten sollen. Allein da ein jedes *Individuum*, weil es völlig determinirt ist, nur einmal, und nur auf einerley Art existiren kann; so braucht es hier keiner Wahl, und könnte also die Möglichkeit, oder die Nothwendigkeit des Wesens, welche der *Autor* bey jedem Dinge statuiret, so gut sie bey GOtt die Existenz mit sich bringet, auch die Existenz eines jeden endlichen Dinges hervor bringen; oder aber der *Autor* muß zugeben, daß die blinde Nothwendigkeit eine {82} Wahl angestellet habe, vermöge deren sie zwar GOtt, nicht aber den übrigen möglichen Dingen, die wirkliche Existenz geben wollen. Ich bitte Ew. Hochwolgebohrn. um Vergebung, daß ich Sie mit diesen Dingen, die man mit Recht *difficiles nugas* nennen kann, unterhalte. Ich habe Dieselben einmal auf dieses wüste Feld einer chimärischen Philosophie geführt; wir werden uns also auch durch diese Dornen mit Gedult durcharbeiten müssen. Aber ich verlange nur noch eine ganz kleine Gedult, weil ich mit Vergnügen den Ausgang nicht weit mehr entfernet sehe!

Was der Herr Uebersetzer in der Note kk) anführet, habe ich schon oben widerleget. Die Nichtigkeit davon offenbaret sich auch von selbst. Die Existenz GOttes ist nothwendig? Warum? weil sie einen nothwendigen Grund hat. Worinnen besteht dieser? In der Unmöglichkeit des Nichtdaseyns; das ist: in der Nothwendigkeit des Daseyns. Ich gebe Ew. Hochwolgebohrn. und allen vernünftig Denkenden, zu überlegen; ob dieses nicht eben so viel heisse, als: das Daseyn GOttes ist deswegen nothwendig, weil es nothwendig ist? Es kann ferner die Unmöglichkeit des Nichtseyns eines Dinges wol mit {83} seinem Seyn zugleich gesetzt werden; es kann auch die Unmöglichkeit des Gegentheils bey uns der Erkenntnißgrund eines Dinges seyn. Daß aber in der Natur die Unmöglichkeit des Nichtseyns einen Realgrund des Seyns eines Dinges abgeben sollte, ist wider alle Vernunft. Gleichwol wird solches hier behauptet.

In der Note ll) führet Herr Titius mit dem Verfasser einen artigen Wortstreit. Herr Titius setzt zum Voraus. Die menschlichen Handlungen wären absolut nothwendig, wenn wir keine Freyheit hätten: (Denn die hypothetische Nothwendigkeit hebe die Freyheit nicht auf:) Also könnten sodann die menschlichen Handlungen unmöglich unter die zufälligen Dinge gehören. Der Verfasser aber verstehet unter dem Zufälligen dasjenige, dessen Gegentheil sich denken lässet, und behauptet also mit recht, daß in dem System der Fatalität die Handlungen dennoch innerlich zufällig blieben.

In der Note mm) behauptet Herr Titius abermal den vorhin schon widerlegten Satz: Daß wo Verstand und Wille sey, auch dadurch zugleich die Freyheit mit gesetzt werde. Herr Thurneyser hat die Sache viel besser eingesehen.

{84} Bey p. 99. erinnere ich, daß die Freyheit, so wie sie bey uns ist, nämlich mit der Möglichkeit, unserer und der Dinge wesentlichen Vollkommenheit zuwider zu handeln, zu irren und zu fehlen, freylich bey GOtt nicht statt haben könne. Man muß aber deswegen nicht die Freyheit überhaupt für ein Vermögen in der Wahl zu fehlen, halten, oder GOtt deswegen die Freyheit absprechen, weil er alle Dinge aufs deutlichste einsiehet. Es ist nämlich keine Verknüpfung der Dinge *absolute* von der Beschaffenheit, daß GOtt solche vermöge seiner Vollkommenheit allen übrigen möglichen vorziehen müsse. Dieses gilt nicht nur von einem ganzen Weltsystemate, sondern es gilt auch von allen besondern Dingen, Mitteln, Mittlern= und Nebenzwecken, Graden und andern Umständen; in so weit man nicht annimmt, daß ein gewisses Mittel mit einem von GOtt gesetzten höhern Zwecke dergestalt zusammen hänge, daß derselbe auf keine andre Art, in dem Maaße, wie GOtt denselben intendiret, erhalten werden könne; welcher Fall doch, bey der unendlichen Menge möglicher Arten zu handeln, die GOtt sich in seinem Verstande vorstellet, schwerlich jemals statt finden kann. Jedoch wenn wir {85} ihn auch annehmen, so muß doch der determinirte Zweck selbst erst willkührlich von GOtt gesetzet seyn, und so ist es immer fort, wenn wir auch mit unsern Gedanken bis zu dem letzten determinirten Endzwecke einer Welt *in individuo* hinaufsteigen, als der gleichfalls von GOtt willkührlich gesetzt seyn muß. Hieraus ist klar, daß auch die deutlichste und richtigste Erkenntniß der Dinge in dem göttlichen Verstande, den göttlichen Willen nicht hindere, sich unter unendlich viel möglichen Handlungen mit vollkommener Zufälligkeit und Willkühr zu bestimmen; mithin thut es auch die Erkenntniß des Besten nicht; weil das Beste, wenn man auch ein solches einziges Bestes setzen will, nur erst aus der Vergleichung mit den göttlichen Endzwecken entstehet, von denenselben aber das gilt, was vorher gesagt worden. Wäre es aber so wie der Herr Thurneyser, und dessen Uebersetzer sich vorstellet, daß unter allen möglichen Aktionen GOttes, immer eine absolute die Beste wäre, welche also von ihm, vermöge seiner Vollkommenheit allen andern vorgezogen werden müßte; So hätte GOtt gar keine Freyheit. Aus eben diesem Grunde aber, leget Herr Titius in der Note nn) GOtt die höchste {86} Freyheit bey. Seine Beweise aber, die er hier aus dem unendlichen Verstande Gottes für die Freyheit hernehmen will, heissen nichts, denn sie gründen sich bloß auf einen willkührlichen angenommenen Begriff der Freyheit, von dessen Richtigkeit erst die Frage ist. Der letzte Beweiß gründet sich vollends darauf, weil GOtt nicht könne gezwungen werden, was hilft dieses aber zur Freyheit, wenn die Nothwendigkeit auf eine gewisse Weise zu handeln, in ihm selbst lieget?

In der Note pp) merket Herr Titius noch einmal dasjenige an, was ohnedem einem jeden deutlich in die Augen leuchtet, daß der Verfasser nicht eine unbedingte, sondern eine sogenannte bedingte Nothwendigkeit, vertheidige. Er irret aber sehr, wenn er meynet, daß durch diese Entdeckung der Streit gehoben, und die Freyheit gerettet ist. Die bedingte Nothwendigkeit ist eben so stark und unvermeidlich als diejenige, welche die Wolfianer eine *absolute* nennen. Wenn eine Begebenheit A zwar nur unter der Bedingung einer vorhergesetzten Begebenheit B, nothwendig ist; sie ist aber dergestalt darinn gegründet, daß sie, sobald B gesetzt wird, nothwendig erfolgen muß, und nicht anders erfol={87}gen kann; die Begebenheit B aber wieder eine andere C voraus setzet, worinnen sie auf eben die Art, wie A in B, gegründet ist; C fliesset wiederum eben so nothwendig aus D, und so immer fort zurück, bis auf den Augenblick, da das erste Glied dieser Reihe, X, entstanden ist: So haben wir eine Verknüpfung von Ursachen und Wirkungen, wodurch die allerunvermeidlichste Nothwendigkeit entstehet, und eine jede Begebenheit unmöglich ausbleiben, oder im geringsten anders geschehen können; obgleich eine jede, nach dem Wolfischen Ausdrucke, nur bedingt nothwendig ist. Und dieses ist eben die Nothwendigkeit, welche durch den Satz des allgemeinen determinirenden Grundes eingeführt wird, und die Freyheit aufhebet.

Auf der 102ten Seite fänget der Verfasser an, die Vollkommenheit der Welt weiter zu erläutern. Ich übergehe dasjenige, was er hier von dem Vorzuge eines solchen Systems, worinn die Wesen immer stuffenweise zu größern Vollkommenheiten fortgehen, beybringet, und wende mich zu der auf der 106. Seite befindlichen Anmerkung. qq) Der Herr Uebersetzer ziehet darin den Satz in Zweifel, daß die vernünftigen freyen Geister die {88} letzten *fines obiectivi creationis* seyn. Er meynet vielmehr, der letzte Endzweck sey die Verherrlichung der göttlichen Eigenschaften, und derselbe habe eben so wohl in der Körperwelt statt. Allein zu geschweigen, daß dieses nur ein allgemeiner, von allen Endzwecken einer jeden möglichen Welt abstrahirter Begrif ist, und nicht ein determinirter Endzweck einer Welt in *individuo* seyn kann: So ist diese Offenbarung der göttlichen Vollkommenheiten, oder Wirklichmachung desjenigen, was durch die Vollkommenheiten GOttes außer ihm möglich ist, nur alsdenn etwas der göttlichen Weisheit anständiges, wenn dadurch ein wahrer Endzweck erhalten wird. Ich meyne: Es muß der Endzweck eines vernünftig handelnden Wesens so beschaffen seyn, daß durch die Action ein solcher Effect intendiret werde, dadurch eine Relation des Objektes zu dem agirenden Geiste, entstehet, die von der Action selbst und dem *Materiali* des Objektes unterschieden ist. Kein Vernünftiger thut etwas bloß damit er es thue, und, wie man saget, für die lange Weile d. i. daß dadurch keine neue Relation des *Agentis* gegen irgend etwas intendiret werde. Solches wäre thöricht und un={89}gereimt, und stimmet also noch viel weniger mit der Weisheit GOttes überein. Durch die Existenz der Körperwelt an und für sich, aber entstehet keine Relation derselben gegen GOtt, die das formale des Endzweckes ausmachen könnte. Es findet sich hier nichts als die göttliche Action, und das Objekt, so dadurch hervorgebracht wird; alle Relation gegen GOtt aber, die sich hier gedenken läßt, ist schon da, wenn diese Dinge als Ideen in dem göttlichen Verstande befindlich sind. Eben dasselbe gilt auch von allem was durch die blosse Körperwelt möglich ist und gesetzt wird; Denn dieses alles ist nichts weiter als ein Effect der göttlichen Action. Die Hervorbringung der Körperwelt für sich, wäre also etwas ganz vergebliches, und von GOtt ohne einen wahren Endzweck unternommen. Da nun dieses ungereimt ist, so kann auch die Körperwelt niemals den letzten objektivischen Zweck der Schöpfung ausmachen; sondern muß sich nothwendig als ein mittlerer Zweck auf die Geisterwelt beziehen, bey der sich allein ein wahrer letzter Zweck gedenken läßt.

Ob Canz, wie Herr Titius in der Note rr) saget, unwidersprechlich behauptet ha={90}be, daß ein endlicher Geist allemal einen gewissen Körper um sich habe, dadurch er eingeschränkt werde, ist eine große Frage. So viel ich mich aus Canzens Schriften, die ich vor diesem alle mit großem Fleiße gelesen, und itzo nicht nachschlagen mag, erinnere, gründete sich dieser Beweis darauf, daß ein Geist durch den Körper seine Einschränkung, oder determinirte Art sich die Welt vorzustellen, erhalten, auch einen gewissen Körper sich unmittelbar vorstellen müßte. Ew. Hochwohlgeb. sehen genugsam ein, daß hieraus auf einen beständig um sich habenden Körper keine richtige Folge sey; und die Beweise der Leibnitzianer hieran größtentheils auf ihren vorgefaßten Meynungen beruhen, wenn sie solches auch nicht deutlich an den Tag geben; z. E. Weil sie einem ganz ohne Körper bestehenden Geiste, kein eigentliches *Ubi*, keine Bewegung, keine Kraft in die ihn umgebenden Körper zu wirken, beylegen.

Wenn der Verfasser und dessen Uebersetzer p. 113. die Laster allemal aus den Irrthümern des Verstandes herleiten wollen, so siehet man wohl, daß dieses eine Folge ihrer Grundsätze ist. Der Satz aber ist falsch, weil er den Willen lediglich von einer noth={91}wendig wirkenden Kraft, als der Verstand ist, dependent machet. Ein Irrthum des Verstandes ist nicht weiter moralisch und einer Zurechnung fähig, als in so weit er von dem freyen Willen seinen Ursprung hat; wenn aber der Wille allemal durch die Vorstellungen des Verstandes völlig determinirt wird, so ist auch kein Irrthum möglich, der nicht dem Verstande einzig und allein zuzuschreiben wäre. Dadurch aber fiele alle Moralität über den Haufen; denn wer kann dafür, daß sein Verstand, entweder wegen seiner Schwäche, oder wegen der Umstände, und des *nexus* seiner Vorstellungen, worinn er sich befindet, nicht fähig ist, dieses oder jenes einzusehen? Wenn wir die Schädlichkeit des moralischen Bösen allemal so gewiß erkennten, als daß das Feuer brennt, und der Abscheu davor so stark wäre als vor dem Schmerze des Verbrennens; so würden wir freylich das Böse eben so wenig jemahls erwählen können, als es uns bey gesunden Verstande möglich ist, freywillig, und ohne einen den Schmertzen noch überwiegenden Bewegungsgrund, die Hand ins Feuer zu stecken. Ich habe schon oben weitläuftig gezeiget, daß es ungereimt sey, die {92} Freyheit da suchen, und ihre Natur aus solchen Fällen erklären zu wollen, wo dieselbe wirklich von der Stärke der Triebe und Vorstellungen überwogen wird, und kein Gebrauch derselben statt findet. Wenn man saget, der Wille könne das Böse, als Böse, niemals begehren; so ist dieses nur wahr, wenn man das Böse für das Unangenehme oder das was unsern Begierden zuwider ist, nimmt; und gilt von dem moralischen Bösen nicht weiter als in so weit dasselbe durch unsern natürlichen und freyen Willen zugleich die Natur eines physikalischen Bösen erhält.

Bey p. 115. könnte ich den Satz, daß alle Tugend= und Lasterhafte Handlungen NB. hier in diesem Leben, ihre natürlichen Belohnungen und Strafen haben, nicht ohne Einschränkung zugeben; ich würde auch erinnern, daß der natürliche Begriff der Strafen und Belohnungen, so lange man nicht auf einen Gesetzgeber siehet, mit einem willkührlichen verwechselt werde; ich will aber Ew. Hochwohlgeb. mit diesen Sachen, die hier nicht zum Hauptwerke gehören, nicht aufhalten.

Auf der 117sten Seite kann ich zwar dem Herrn Uebersetzer sein Vergnügen darüber {93} gönnen, daß der Verfasser die Leibnitz-Wolfische Definition der göttlichen Gerechtigkeit, wie viele andre, angenommen habe; sie bleibt aber deßwegen nicht weniger verwerflich. Der gemeine Begriff der Gerechtigkeit, den wir von menschlichen Handlungen abstrahiren, wird hier ohne Grund ganz aus den Augen gesetzt. Im allgemeinen Verstande nennen wir die Gerechtigkeit, die Bereitwilligkeit, den Rechten anderer gemäß zu handeln. Wenn wir aber die Gerechtigkeit in dem Verhältnisse eines Obern gegen die Unterworfenen betrachten; so ist sie die Tugend, theils solche Gesetze, die dem Gesetze der Natur (oder allgemeiner, um auch auf GOtt angewandt zu werden: der wesentlichen Vollkommenheit der Dinge) gemäß sind, zu geben, theils mit den Untern so zu handeln, wie es diese Gesetze erfordern. Die erste Bedeutung fällt bey GOtt weg, weil die Creaturen keine Rechte gegen ihn haben, sondern in dieser Betrachtung, seine eigene Vollkommenheit ihm die einzige Regel ist. Die andre Art der Gerechtigkeit aber müssen wir GOtt nothwendig zuschreiben, weil er unser höchster Gesetz={94}geber ist; und warum sollten wir diese menschliche Vollkommenheit nicht per *viam eminentiæ* auf GOtt anwenden? Die Leibnitzische Erklärung aber ist deßwegen so seltsam eingerichtet worden, weil man GOtt nicht für einen Gesetzgeber im eigentlichen Verstande halten wollen, der einen eigentlichen Gehorsam erfordere; also auch nicht dieserwegen strafe und belohne, sondern nur den Geschöpfen um ihres eigenen Besten willen zuweilen einige Güter entziehe. So vielen unerweislichen Sätzen zu gefallen, hat diese Definition also gerathen müssen!

Wenn der Autor mit Leibnitzen das Böse aus der Einschränkung der endlichen Dinge herleitet; so bemerke ich nur, daß zuförderst dieses doch nicht zureichen könnte, weil aus den Schranken nur die Möglichkeit der *defectuum*, nicht aber ihre Wirklichkeit, entstehen kann; und weil diese, nach dem Leibnitzischen System, von den determinirenden Gründen abhänget, die in der Einrichtung dieser Welt enthalten sind; so kommet die Ursache des Bösen auf GOtt der die Verknüpfung der Dinge solchergestalt eingerichtet hat. Zu dem aber gehet {95} es auch nicht an, alles Böse in einer blossen Privation oder Negation zu setzen. Das physikalische Böse überhaupt, und das metaphysische und moralische großentheils, bestehet in einer *Contrarietate*, oder darinn, daß etwas, welches für sich betrachtet, positiv, und, wenn ich auf das *materiale* desselben sehe, nicht böse ist, einem andern Positiven, welches da seyn sollte, zu wider ist. Dieses ist etwas anders als eine bloße Negation, und kann also nicht in der blossen Einschränkung bestehen. Um, nach dem Geschmacke des Herrn Thurneysers, der in dieser Schrift herrschet, ein Exempel zu geben, so macht die Einschränkung von a, a + o oder a − o; Das Böse aber, welches in einer *Contrarietate* bestehet, ist a − b, da beyde Grössen an und für sich betrachtet, positiv sind, ihre Verbindung *sub determinatione contraria* aber ein *minus* macht, welches etwas anders als eine bloße *privation* oder o ist. Also wenn der Parameter eines Kegelschnittes = a ist, so wird derselbe, dadurch, wenn er auf der entgegen gesetzten Seite, als wo er seyn sollte, gesetzt wird, = −a; welches nicht eine bloße *Negation* der Linie a, sondern die Bestimmung derselben, welche {96} derjenigen, die da seyn sollte, entgegen gesetzt ist, andeutet; dabey der Parameter, wenn ich von dieser Relation abstrahire, ich mag ihn setzen auf welche Seite ich will, an und für sich etwas positives bleibet.

Ad. pag. 125: Um die Heiligkeit GOttes bey der Zulassung des Bösen zu retten, ist nicht genug, daß man mit Leibnitzen sage: Er intendire das Böse nicht, sondern lasse die Bestimmungen a, b, c, d, e, etc. zu, weil sie mit den Zwecken A, B, C, D, E, etc. welche er intendiret, verknüpft sind, und bey deren Setzung erfolgen. Man muß noch ferner zeigen, daß die Bestimmungen a, b, c, d, e , etc. nicht auf solche Art erfolgen, daß sie bey Setzung der Zwecke A, B, C, D, E, etc. zugleich nothwendig mit gesetzt werden, und nicht ausbleiben können. Denn wenn dieses ist, so ist GOtt eben sowol der Urheber davon, als wenn er sie directe intendiret hätte.

Auf der 129 Seite scheinet der Verfasser die Möglichkeit der durch eine unmittelbare göttliche Wirkung geschehenden Wunderwerke, zu leugnen, und dazu lieber ein endliches aber sehr vollkommenes Wesen, annehmen zu wollen. Die Gründe, womit man die wahren Wunderwerke bestrei={97}ten will, oder weßwegen man wenigstens, solche zu zugeben, abgeneigt wird, sind sehr schlecht, und beruhen auf irrigen Begriffen, die man sich von den göttlichen Eigenschaften und der Vollkommenheit einer Welt, machet. Die von Herrn Thurneysern so genannte Identität des endlichen Entschlußes, thut zur Sache nichts. Denn daraus folget nicht, daß GOtt alles dasjenige in einem einzigen *Instanti* vollziehen müße, was er jemals bey der Welt zuthun beschlossen hat.

In der Anmerkung bbb), p. 130. leget Herr Titius die Meynung des Verfassers, daß vielleicht die Schöpfung noch nicht ganz geendigt sey, wider dessen Sinn aus, wenn er solches auf die Erhaltung der Dinge ziehet. Des Verfassers Meynung enthält an sich nichts unmögliches, nur ist es ungereimt, daß er glaubet, GOtt könne diese neue Schöpfung durch ein endliches Wesen, dem er die Kraft dazu beyleget, vollziehen lassen. Diese Meynung hebet alles Kennzeichen des wesentlichen Unterscheides einer endlichen und unendlichen Kraft auf; und wenn wir dergleichen einmal annehmen, so hinderte uns auch nichts, zu glauben, daß aus einer endlichen Substanz, durch Mit={98}theilung der dem unendlichen Wesen zukommenden Eigenschaften, eine unendliche werden könnte.

Ob die Meynung, welche der Autor auf der 131 Seite von der zweyten Person in der Gottheit vorbringet, der christlichen Lehre gemäß sey, mag er selbst verantworten.

Ich sehe nicht anders, als daß hier der Sohn GOttes zu einer Creatur gemachet wird, und er muß es nothwendig seyn, wenn durch Ihn diejenigen Wirkungen geschehen sollen, welche von GOtt selbst, vermöge seiner Vollkommenheit, nicht verrichtet werden können. Ich muß mich über das Stillschweigen wundern, womit Herr Titius diese Stelle hingehen lassen, da er sonst bey Orten von weit geringerer Erheblichkeit, Anmerkungen machet!

Der Herr Uebersetzer schließet seine Anmerkungen damit, daß er sich nochmals über die Entdeckung freuet, daß der Verfasser keine Fatalität vertheidige, weil er nur eine hypothetische Nothwendigkeit statuire. Mich dünkt, dasjenige, worauf es hier ankommt, ist so handgreiflich, daß es ohnfehlbar nur an dem Willen liegen muß, wenn solches nicht wahrgenommen wird. Desto weniger aber {99} glaube ich, daß solches von vielen Weltweisen geschehen werde; und wer will sie dazu nöthigen, da sie in ihren Worterklärungen, und in ihrer hertzhaften Verläugnung alles dessen, was man ihnen nicht aus Definitionen erweisen kann, mithin der ersten wichtigsten Grundwahrheiten, allemal eine sichre Zuflucht finden? Wenn indessen diese meine Gedancken, womit ich Ew. Hochwohlgeb. vielleicht schon allzu lange unterhalten habe, auch diesen Endzweck gar nicht erreichen, so werde ich meine Bemühung doch im geringsten nicht für verloren achten, wenn diese Betrachtungen nur den Beyfall Ew. Hochwohlgeb. und anderer aufrichtigen Freunde der Wahrheit, erhalten; und Sie mir das Zeugniß beylegen, daß meine Bemühung, der unverfälschten Natur im philosophiren zu folgen, nicht gäntzlich umsonst gewesen. Den besten Nutzen dieser Art zu denken, ich meyne die innerliche Beruhigung, den unschätzbaren Besitz der edelsten Wahrheiten, dem gemeiniglich die wenigste Aufmerksamkeit gewidmet wird, die zunehmende Ueberzeugung in sittlichen und Religionswahrheiten, die wachsende Ehrfurcht gegen das höchste Wesen, welches

der Anfang und das Ende unseres {100} Wissens seyn muß; diesen vornehmsten
Nutzen, sage ich, muß ohnedem ein jeder nur allein bey sich selbst empfinden;
gleichwie ich von Ew. Hochwohlgeb. gewiß überzeugt bin, daß Dieselben solchen
aus der Erfahrung kennen. Ich empfehle mich zu Ew. Hochwohlgeb. beständigen
Gewogenheit, und werde mit derjenigen Verehrung, die sich auf etwas mehreres
als äusserliche Vorzüge, ich meyne, auf Dero Verdienste und preiswürdige Eigenschaften gründet, jederzeit seyn

Ew. Hochwohlgebohrnen

ganz gehorsamster Diener
A. F. Reinhard.

Rezensionen der Übersetzung von Thourneysers „Lettre d'un philosophe" (Neue Untersuchung .../ Sendschreiben)

Le Nouveau Magasin François und Thourneysers *Lettre d'un philosophe* | Neue Untersuchung im Spiegel der Zeitschriften des 18. Jahrhunderts

Göttingische Zeitungen von Gelehrten Sachen, 52. Stück, May 1750, S. 413–414: Changuyon Griffiths Newbury und Henry haben mit dem Januarius 1750. eine neue Monatschrift angefangen, die zum Titel führt *le Nouveau Magazin françois ou bibliotheque instructive & amusante* und alle Monate 2 Octavbogen von feiner Schrift stark ist. Der Zwek ist eine Sammlung kleiner neuer diesseits und jenseits der See gedrukter Schriften, die in die Naturgeschichte und die schönen Wissenschaften einschlagen, mit einer kurzen Nachricht von den neuesten englischen Büchern. In dem ersten Stücke findet man I. eine Rede des Hrn. Lecat über die Süßwasservielfüsse, worin hauptsächlich die Erfahrungen des Hrn. Trembley vorgetragen {414} sind. 2. Des Hrn. v. Hallers und Wachendorfs neu entdecktes Häutchen im Auge, das den Stern in ungebohrnen Kindern zuschließt. 3. Ein Auszug des neuen Trauerspiels Aristomenes, dessen Verfasser der Hr. Marmontel ist. 4. Eine traurige Geschichte zweyer wahrer Freunde, worinn die erschreklichen Folgen der willkührlichen Macht der Französischen Intendanten lebhaft abgemahlet sind. 5. Ein klein Gedichte über die Mittel allen zu gefallen. 6. Des Hrn. des Guignes Nachricht vom Ursprung der Türken und Hunnen aus den alten Chinesischen Schriftstellern hergenommen. 7. Vermischte Neuigkeiten. Das Magazin de Londres scheint indessen ausgestorben zu sein (1749. S. 621.) und das neue Journal, wobey die Madame de Beaumont einen grossen Antheil haben soll, wird alle Monate fortgesezt. Im Merzmonat ist ein Brief eingerükt, der von der Großmuth, der Billigkeit und der Bescheidenheit des Hrn. v. Voltaire – – – – kein Zeuge ist. Man kan diese Monatschrift bey Vandenhoeck haben.

Göttingische Zeitungen von Gelehrten Sachen,
19. Stück, den 25. Februarius 1751, S. 146–147.

L O N D O N. Das *Nouveau Magazin françois,* dessen wir im vorigen Jahre gedacht haben, ist mit dem ersten Bande geschlossen. Es ist sonst eine wichtige Abhandlung von der sogenannten Fatalität, nebst verschiedenen Auszügen aus des Hrn. Le Cat in Rouen gehaltenen Reden, eine Nachricht aus der Hrn. Noreen und Zinn Probeschriften, eine Uebersezung der Schrift des Hrn. D. Papen (1750. S. 826.) von des Hrn. v. Haller Beschreibung der Haut, die den Stern im ungebohrnen Kinde verschließt, von der Art und Weise, wie die unnatürlichen Verhärtungen im menschlichen Körper entstehen, und andre ernsthafte Aufsätze darinn enthalten. Ist in groß 8. 476 S. stark.

Nouvelle Bibliothèque Germanique[1], **Avril, Mai, & Juin 1751, p. 448**

„G E N È V E". „On a réimprimé ici deux petits Ouvrages: le *Système du vrai Bonheur,* qui avoit paru à Berlin l'année passée; & la Lettre d'un Philosophe dans laquelle on prouve que l'Athéisme & le déréglement des Mœurs ne sauroient s'établir dans le Système de la Nécessité; tirée des Mois de Mars & suivans du Magasin François qui s'imprime à Londres".

Jenaische gelehrte Zeitungen, **hg. v. Kraft, Jena: Cröcker,**
77. Stück, (Okt. 1752), S. 614–616.

L E I P Z I G. Langenheim hat verlegt: Neue Untersuchung des Satzes: ob die Gottesleugnung und die verkehrten Sitten aus dem System der Fatalität herkommen? aus dem französischen übersetzt, und mit Anmerkungen herausgegeben von Johann Daniel Titius. A. M. 8t. 8. u. ein halb. Bog[en]. Es ist diese Abhandlung aus dem nouveau Magazin françois à Londres hergenommen. Ihr Verfasser nennt sich am Ende Thourneiser. Dieser ist ein Vertaidiger der Fatalität; und will doch dabey die Religion und guten Sitten aufrecht erhalten: es klingt dieses aber nur so fürchterlich; indem er mit allen vernünftigen Gelehrten eins ist, und nur für die bedingte Nothwendigkeit streitet, die er unter dem verhaßten Wort der Fatalität denkt. Es

---

1   *Nouvelle Bibliothèque Germanique, ou histoire littéraire de l'Allemagne, de la Suisse et des Pays du Nord* (Amsterdam 1746–1759). Zur Geschichte dieser Vierteljahresschrift siehe Eugène H A T I N: *Bibliographie Historique et Critique de la Presse Périodique Française,* Paris 1866, pp. 39 f.; Jürgen K Ä M M E R E R: „Bibliothèque Germanique (1720–1759)", in: *Dictionnaire de la Presse 1600–1789,* I: Dictionnaire des Journaux 1600–1789, sous la direction de Jean Sgard, Paris: Universitas 1991, No. 163, pp. 188 f.; *Dictionnaire des Journalistes (1600–1789),* sous la direction de Jean Sgard, Presses Universitaires de Grenoble 1976, Art. F O R M E Y.

hat auch dieses der geschikt[e] Hr. Uebersetzer, in seinen beygefügten gelehrten
Anmerkungen, ihm dargethan; welcher zugleich als was besonders anmerkt, daß
derselbe, da sonst in Engelland alles Neutonisch ist, auf Leibnitz-wolfische Lehrsätze seine Abhandlung meistentheils gegründet habe. Aus dem gelehrt geschriebenen Vorbericht des Hrn. Uebersetzers, entlehnen wir den Entwurf des Systems
dieses Schriftstellers, um unsern Lesern einen desto vollständigern Begriff von
dieser Schrift zu machen. Er hebt an, an der Freyheit zu zweifeln; er sichert seine
Ungewißheit; bemühet sich die Gründe für die Freyheit zu entkräften, und setzet
endlich: die Handlungen der Menschen mögen einmal alle nothwendig seyn. In
diesem Zustand betrachtet er sich als einen Freund der Religion und Sittenlehre.
Er spricht: kann ich erweisen, daß dasienige, welches das Wesen Gottes am meisten
erweiset, mit der Freyheit nichts gemein hat; kann ich ferner darthun, daß in dem
System der Nothwendigkeit das Daseyn des bösen sich keinesweges auf die moralischen Eigenschaften des höchsten Wesens erstrecke: so glaube ich, die Religion
und Sittenlehre bestehe, wenn gleich die Freyheit geleugnet, und eine Nothwendigkeit der Handlungen angenommen wird. Hierauf behauptet er das Daseyn Gottes,
aus der Zufälligkeit der Welt; weil er sich eben hierdurch den Spinozisten entgegen
stellen will. Er untersuchet die Kräfte der Welt, auf eine neue und ganz abstracte
Weise. Eben so verfährt er mit den Eigenschaften Gottes, mit dem Verstande und
mit dem Willen desselben; und endlich zeiget er, wie Gott an dem Uebel in der
Welt keinen Antheil habe.

Freymüthige Nachrichten von Neuen Büchern, und andern
zur Gelehrtheit gehörigen Sachen. XLII. Stück.
Mittwochs, am 17. Weinmonat[2]. 1753. [S. 340].

Leipzig. Bey Langenheimen ist nunmehro herausgekommen: „Neue Untersuchung des Satzes, ob die Gottesleugnung und die verkehrten Sitten aus dem System
der Fatalität herkommen? Aus dem Französischen übersetzt, und mit Anmerkungen heraus gegeben von Johann Daniel Titius. A. M." acht und einen halben
Bogen in 8vo. Je mehr die philosophischen Zänkereyen und die Uebersetzungen
einreissen, desto mehr hat man wohl unter den Schriften, die man vor die Hand
nimmt, eine gute Wahl anzustellen. Von gegenwärtiger Schrift wird man unparth-
eyisch gestehen können, daß sie wichtig ist, und wohl verdienet hat, daß sie den
Liebhabern gründlicher Schriften unter den Deutschen bekannt gemacht wurde.
Sie ist aus dem Nouveau Mag[a]zin François à Londres genommen, welches wegen
seiner Güte auch mehr als zu bekannt ist. Die Absicht des Verfassers gehet dahin,
zu zeigen, wenn keine Freyheit bey dem Menschen Statt fände, dennoch die guten

---

2   Oktober.

Sitten und die Religion würden aufrecht stehen bleiben. Zu diesem Ende zweifelt
er zuerst an der Freyheit, er sichert seine Ungewißheit, bemühet sich die Gründe
für die Freyheit zu entkräften, und setzet endlich, die Handlungen der Menschen
mögen einmal alle nothwendig seyn. Er will aber gleichwol ein Freund der Sittenlehre und der Religion seyn. Er spricht: kan ich erweisen, daß dasjenige, welches
das Wesen GOttes am meisten darthut, mit der Freyheit des Menschen nichts
gemein hat; daß ferner in dem System der Nothwendigkeit das Daseyn des Bösen
sich keinesweges auf die moralischen Eigenschaften des höchsten Wesens erstrecke;
so glaube ich, die Religion und die Sittenlehre bestehe, wenn gleich die Freyheit
geleugnet, und eine Nothwendigkeit der Handlungen angenommen wird. Hierauf kömmt der Innhalt gegenwärtiger Schrift an. Allein Herr M.[agister] Titius
hat in den Anmerkungen gezeiget, daß der Herr Verfasser nur von der bedingten
Nothwendigkeit rede, und sie nur unter den Namen der Fatalität zu verstecken
gesucht. Er hat häufige Zusätze hinzu gefüget, und die vornehmsten Stellen, die es
verdienten, entweder erläutert oder bescheiden eingeschränket; und da die Schrift
an sich tiefsinnig und mit grossem Urtheile abgefaßt ist, so gereichen ihr auch die
Anmerkungen des Herrn Uebersetzers zur Ehre. Wir zweifeln nicht, daß alle, die
die philosophischen Streitschriften, besonders die einen so wichtigen Satz betreffen, den außer dem Engelländer Collins noch niemand gründlicher berühret, und
die zugleich mit Klugheit abgefasset sind, gerne lesen, begierig seyn müssen, diese
Blätter selbst mit Bedacht durchzugehen, zumal da sie in einer guten und reinen
Deutschen Schreibart hervorgetreten. Der Herr Magister hat sie zwey grossen
Gelehrten in Leipzig, nemlich Herrn Doctor Jöchern und Herrn Professor Käst-
nern zugeeignet. à 15 kr[euzer].

Frankfurtische gelehrte Zeitung.

Der Text deckt sich mit demjenigen der „Freymüthigen Nachrichten".

Berlinische privilegirte Staats- und gelehrte Zeitung. 39. Stück, Sonnabend, den 31. März 1753.

In: *Gotthold Ephraim Lessings sämtliche Schriften.* Herausgegeben von Karl Lachmann. Dritte, aufs neue durchgesehene und vermehrte Auflage, besorgt durch
Franz Muncker. Fünfter Band. Stuttgart: G. J. Göschen'sche Verlagshandlung.
1890. S. 161–162. Dort irrtümlich nur *Berlinische privilegirte Zeitung.* Der Herausgeber, Christian Friedrich Voß, hat die Zeitung 40 Jahre lang unter dem von
Lachmann und Muncker angegebenen Namen geleitet – mit Ausnahme der Zeit
vom 18. März bis 31. Dezember 1753. (Siehe A. Buchholtz: *Die Vossische Zeitung.
Geschichtliche Rückblicke auf drei Jahrhunderte.* Berlin 1904, S. 53).

*Neue Untersuchung des Satzes ob die Gottesleugnung und die verkehrten
Sitten aus dem System der Fatalität herkommen?* Aus dem Französischen
übersetzt und mit Anmerkungen herausgegeben von Johann Daniel
Titius A. M. Leipzig bey Joh. Chr. Langenheim in 8. auf 9 Bogen.

Das Original dieser Schrift, welche in Form eines Briefes abgefaßt ist, befindet
sich in dem neuen Französischen Magazine, welches zu London herauskömmt.
Ihr Verfasser, der sich Thourneyser unterschrieben, hat in der That neue Gedanken darinne vorgetragen, und eine nicht geringe Stärke in der Weltweisheit und
Größenlehre gezeigt. Nichts ist gewöhnlicher, als daß man bey dem Namen eines
Fatalisten sich einen Menschen vorstellet, dessen Grundsätze alle Sitten und Religion über den Hauffen werffen, und es scheint, als ob man die Freyheit nur deßwegen als eine ausgemachte Wahrheit annehme, weil man glaubt, daß nur sie das,
was unter den Menschen das Heiligste ist, aufrecht erhalte. Die Feinde der Religion haben daher ihren heftigsten Sturm meistentheils auf die Lehre von der Freyheit gerichtet, und haben sich die Dunkelheit und Schwierigkeit dieser Materie so
zu Nutze gemacht, daß ihre Gründe bey einem flüchtigen Nachdenken leider die
stärksten zu seyn scheinen. Wir sagen bey einem flüchtigen Nachdenken, weil sie
allerdings noch zu heben sind, obgleich auf eine Art, die mehr Aufmerksamkeit
erfordert, als die meisten Menschen bey einem solchen Gegenstande anwenden
wollen. Wäre es also nicht eine vortrefliche Sache, wenn man den Gottesleugnern
ihre einzige Ausflucht beschneiden und zeigen könnte, daß ein unvermeidliches
Schicksal im weiten Verstande die Sittenlehre und Religion in sich fasse? Dieses
wenigstens hat Herr Thourneyser zu tun gewagt, und man muß gestehen, daß er
auf eine sehr gründliche Art zu Werke gehet. Nachdem er seine Zweifel wider die
Freyheit vorgetragen und die Gründe für dieselbe zu entkräften gesucht, so nimmt
er alle Handlungen der Menschen als nothwendig an; denn nur auf diese schränkt
er seine Fatalität ein, ohne den Dingen in der Welt ihre Zufälligkeit abzusprechen.
In diesem Zustande betrachtet er sich als einen Freund der Religion und Sittenlehre,
und spricht: kan ich darthun, daß dasjenige welches das Wesen Gottes am meisten
erweiset, mit der Freyheit nichts gemein hat; kann ich ferner darthun, daß in dem
System der Nothwendigkeit das Daseyn des Bösen sich keinesweges auf die moralischen Eigenschaften des höchsten Wesens erstreckt, so glaube ich meinem Satze
genug gethan zu haben. Hierauf behauptet er das Daseyn Gottes aus der Zufälligkeit der Welt, und zeigt aus den Kräften der Welt und den Eigenschaften Gottes,
die er auf eine ganz neue Art betrachtet, daß Gott an dem Uebel in der Welt keinen
Antheil haben könne. Dieses System nennt der Verfasser das System der Fatalität,
allein der Herr Uebersetzer zeigt ihm in seinen Anmerkungen, daß diese seine
Fatalität nichts als eine bedingte Nothwendigkeit sey. Man wird bey Lesung dieser
Schrift sowohl des einen als des andern Scharfsinnigkeit loben, obschon vielleicht

ohne sich weder für diesen noch für jenen zu erklären. Die Uebersetzung ist zwei berühmten Männern dem Hrn. D. Jöcher und Hrn. Prof. Kästner zugeeignet worden. Kostet in den Voßischen Buchläden 3 Gr[oschen][3].

Rezensionen zweier anonymer Werke aus der „Genfer Schule", erschienen vier Jahre nach der Editio princeps der Thourneyserschen *Lettre d'un philosophe: Essai de Psychologie*, Londres 1755 [recte: Luzac: Leyden 1754] und die *Principes de Philosophie morale*, Genève 1754.

Bibliothèque des Sciences, Octob., Novemb., Dec., 1755. S. 515:

S U I S S E . On attribue à M. de *Beaumont* un petit ouvrage bien écrit qui donne à penser & qui est intitulé *Principes de Philosophie morale*, chez les Frères Cramer 8. pagg. 84. L'Auteur veut y prouver que toutes les actions morales ont leur cause dans l'amour propre bien ou mal entendu, ou pour ôter, dit-il, toute equivoque, dans le désir de la félicité. Peut-être cette manière d'ôter toute équivoque en laisse-t'elle beaucoup. Le nouveau Moraliste célébre les *Principes du Droit Naturel* de feu Mr. *Burlamaqui* & parle souvent le langage de l'*Essai de Psychologie*, ouvrage d'un goût bien différent du premier. Si le public juge que le tour systématique qu'il a pris, soit de quelque utilité, il s'enhardira peut-être à lui présenter le développement des principes renfermés dans ces élémens.

Bibliothèque des Sciences, Tome 25, 2ème Partie, Table des Matières:

Pierre Gosse Jun. & Daniel Pinet, La Haye 1766.
[...] [Principes] de Philosophie Morale, Ouvr[age] de Mad. de Beaumont IV. 515.

Göttingische Anzeigen von Gelehrten Sachen, unter der Aufsicht der Königl. Gesellschaft der Wissenschaften.
100. Stück den 22. August 1754. S. 871–872.

G E N F . Die Gebrüder Cramer haben des Hrn Beaumont P[r]incipes de philosophie morale kürzlich auf 84 Seiten ohne des Nahmens des Verfassers zu gedenken abdrucken lassen, die wir mit ganz besonderm Vergnügen gelesen haben. Sie sind kurz, gründlich, und von der besten Absicht. Bey den Kräften des Menschen fängt der Verfasser an, unter denen die Freyheit eine der vornemsten ist. Der Verfasser erklärt sie durch ein Vermögen das uns eigen ist, und durch keinen äussern Zwang gebogen wird, vermittelst dessen wir unsere Glükseligkeit suchen. Eine solche

---

3   Die Rezension ist von Gotthold Ephraim Lessing; siehe Lachmann / Muncker.

Freyheit, sagt er, ist es eben so wiedersinnig zu leugnen, als in Abrede zu seyn, daß
wir selber ein Wesen sind. Diese Freyheit, die blindling unser bestes suchen würde,
wird durch die Verbindung der Begriffe zur Tugend angeführt. Wir lernen die Vorzüge der Güte und der Gerechtigkeit, weil die, so uns auferziehn, und die Bücher,
die wir mit Hochachtung lesen, allemahl mit diesen Tugenden ein Lob und eine
Belohnung verbinden. Die Wiederholung gleicher Ursachen macht unsern Hang
zu diesen Tugenden immer stärker, wir geben uns endlich selbst, weil es andre
Menschen thun, Beyfall, wann wir die Tugend ausüben, und sie wird ein Werk-
zeug unsrer Glükseligkeit. Die bewegliche Empfindlichkeit unsers Gemüthes macht
ihre Würkung lebhafter, und die Liebe zu unsrer Vollkommenheit wird endlich
eine Leidenschaft, der wir alles aufopfern. Unsre Eigenliebe wird zur Quelle aller
guten Triebe, und die Unsterblichkeit unsrer Seele giebt ihnen ihre völlige Kraft,
weil sie uns ins unendliche glüklich machen. Diese wichtige Wahrheit giebt dem
Verfasser Anlas, die geistige Natur unsrer Seele zu erweisen.

[Rezensent: A. v. Haller].

Göttingische Anzeigen von Gelehrten Sachen,
84. Stück. Den 15. Julius 1773. S. 719–720.

L E M G O. Die MeyerscheBuchhandlung verlegt des Hrn. Karl Bonnets psycho-
logischen Versuch, als eine Einleitung zu seinen philosophischen Schriften. Aus
dem Französischen übersetzt und mit einigen Anmerkungen begleitet von C. W.
Dohm. 272 Seiten in 8. Der ohne Nahmen des V. vor 18 Jahren heraus gekommene
Essay de psychologie ist als eines der ersten und gründlichsten Werke in der Art von
Psychologie, die die Gesetze der Veränderungen in der Seele nach den bekanntern
Gesetzen der entsprechenden Veränderungen im Körper bestimmt, nicht weniger
aber auch als eine der entschlossensten Vertheidigungen des Fatalismus unter den
Philosophen schon lange bekannt. Die Vermuthung, daß Herr Bonnet der Verfasser
dieses Versuchs sey, ist wohl schon eher manchem beygekommen. Aber ihn öffentlich und auf dem Titel dafür zu erklären, scheint uns bey dem Beweisgrunde, der in
der Vorrede der Uebersetzung angegeben wird, noch etwas zu kühn. Diese Uebersetzung wird man um so viel lieber sehen, da das Original ziemlich selten geworden zu seyn scheint. Sie ist in einer guten Schreibart abgefasset, und auch mehrent-
heils, so weit wir sie untersucht haben, richtig. Der Ausdruck: Empfindungen, die
uns sehr oft berührt (*affecté*) haben, S. 33. möchte wohl nicht so gut seyn, als der
gewöhnlichere, die wir sehr oft gehabt haben. *Le sujet de la force* ist S. 144 unrichtig durch Gegenstand der Kraft übersetzt; es müßte heißen: Subjekt der Kraft, oder
Wesen, worinne die Kraft sich befindet; desgleichen S. 180. *generation* durch Fortpflanzung, statt Geburt, wie es hier im Gegensatze auf Erziehung heissen muß. Und
S. 181. kann *elever au sein de la lumiere* wohl schwerlich im Schoosse des Lichts

erziehen, sondern zum Schoosse des Lichts erheben, übersetzt werden. Sollte auch
wohl *Essay de psychologie* durch psychologischer Versuch gut ausgedruckt seyn?
die Anmerkungen verrathen Nachdenken, und enthalten zum Theil nützliche
Erläuterungen des Textes. Etliche der Einwendungen, die der Uebersetzer seinem
Verfasser machet S. 239. 242, treffen in der That mehr den Ausdruck der Uebersetzung, als die Idee des Originals. Nur in einer gewissen Bedeutung ist es richtig,
daß Neigung zu etwas den Begriff davon voraussetzet; aber in dieser Bedeutung
entspricht alsdenn der Ausdruck Neigung dem Worte des Grundtextes nicht. Eine
Tendenz, wenn man nicht sagen will ein Bestreben, zu wirken, giebt es ja bey blos
mechanischen Kräften; und setzt wohl der thierische Instinkt einen Begriff vom
Handeln voraus? Der Uebersetzer erklärt sich auch nachdrücklich für das System
des Fatalismus, oder wenn man lieber will, Determinismus. Herr Professor *Garve*,
dessen Schrift er dabey empfiehlt,[4] spricht nicht so entscheidend. Und wäre es
nicht immer besser, wenn man den ungegründeten moralischen Folgerungen aus
diesem System widerspräche, ohne es so sehr zu empfehlen, und für so ausgemacht
auszugeben? Die Untersuchungen, auf die es hier ankömmt, grenzen auf mehr als
einer Seite an solche Tiefen der Erkenntniß, bey welchen das επεχειν[5] doch wohl
die Frucht des längern Nachdenkens seyn könnte. [A. v. Haller].

---

4   [Psychol. Versuch, Lemgo 1773, S. 246–248:] Dieser Abschnitt enthält einen kurzen Abriß
     des Systems von dem wahren Determinismus, das für den, der es recht durchdacht hat, und
     recht versteht, so einleuchtend wahr, und so enge und so wesentlich mit den wichtigsten
     Wahrheiten zusammenhängend ist. Wer die Ausdrücke des V[erfassers] hier für zu hart oder
     gefährlich halten sollte, der glaube nur gewiß, daß er sie nicht recht verstehe. Dies Verstehen
     zu erleichtern würde mehr als eine Anmerkung erfordern. Es ist zu schwer in Materien der
     Art zugleich kurz und deutlich zu schreiben. Und wozu auch die beständige Wiederholung?
     Jeder, dem diese Dinge wichtig sind, hat das nicht ungelesen gelassen, was noch neuerlich
     zwey vortreffliche Männer, Hr. Basedow und Garve, über diese Lehre geschrieben haben.
     Aber einen dritten Mann, der es gewiß verdient, neben diesen beiden großen Philosophen
     genannt zu werden, kann ich mich nicht enthalten hier zu nennen, da er noch nicht sehr
     bekannt zu seyn scheint. Er ist Hr. Pistorius, der Uebersetzer von Hartleys Betrachtun-
     gen über den Menschen, seine Natur, seine Pflicht und Erwartungen, welches Werk schon
     1771 herausgekommen ist, und das, vorzüglich durch die Zusätze des Herrn Pistorius, ver-
     dient den gründlichsten philosophischen Schriften, die wir in den neuesten Zeiten erhalten
     haben, beygezählt zu werden. In dem 15ten und 16ten Lehrsatze des ersten Hauptstücks hat
     er, nach meiner Empfindung, die Lehre des Determinismus mit einer ungemein einleuch-
     tenden Klarheit, und mit einer sehr richtigen Entwickelung aller Begriffe, die in derselben
     liegen, vorgetragen, und die Ungereimtheit des entgegengesetzten Systems der sogenannten
     Freyheit der Gleichgültigkeit, die in sich selbst widersprechend, und allen Begriffen von
     Moralität, sowohl als den Eigenschaften GOttes, zuwider ist, ganz überzeugend bewiesen.
     Anm. des Uebers[etzers C. W. Dohm].
5   Sich-Zurückhalten.

Zwei Nachrufe auf Thourneysers Lehrer Gabriel Cramer
(*Genf, 31. Juli 1704 – †Bagnols-sur Cèze, 4. Januar 1752)

Nouvelle Bibliothèque Germanique, ou Histoire Litteraire de l'Allemagne, de la Suisse et des Pays du Nord.

Par Mr. Samuel Formey. Amsterdam. Tom. X. P. 2., Avril, May & Juin 1752, pp. 359–392.
Prof. Jacob Vernets *Nachruf auf den Genfer Mathematik- und Philosophieprofessor* Gabriel Cramer († 4. Januar 1752). Thourneysers Dissertation (*De Inductione*) erwähnt (S. {371}), ohne Nennung seines Namens.
Standort: UB Basel, Sign. A. e. VI.

Eloge Historique de Monsieur Cramer,
Professeur de Philosophie & de Mathématiques à Genève.[*]

L'Académie vient de perdre un de ses plus grands ornemens, & l'*Europe* {360} un de ses plus beaux génies, par la mort prématurée de Mr. *Gabriel Cramer.*

Il nâquit à *Genéve* le 31 Juillet 1704. Son Pére étoit un Médecin de grande expérience; son Frére aîné, ci-devant Professeur en Droit, est aujourd'hui l'un des premiers & des plus habiles Magistrats de cette République. Son Frére puîné se distingua aussi dans la profession de son Pére.

S'il trouva dans sa famille tous les soins & les exemples qui font la bonne éducation, il y apporta de son côté les dispositions les plus heureuses: un cœur droit & bon, une humeur douce & gaye, cette aimable retenuë que les *Latins* nommoient *verecundia*, & qu'ils regardoient comme le caractére des enfans bien-nés; une mémoire fidéle, une conception nette & prompte, une riche imagination, & autant de cette vivacité d'esprit qui fait saisir les rapports, que de cette finesse de jugement qui fait sentir les différences. La nature lui avoit tout accordé du côté de l'esprit; & (ce qui

---

[*] Cet Eloge mérite d'être distingué de ceux qui ont paru, ou paroîtront encore; & pour mettre la chose hors de contestation, il suffit de dire, que Mr. *Vernet* a bien voulu céder aux instances qui lui ont été faites, de payer à la mémoire de son illustre Ami & Compatriote ce tribut si honorable pour l'un & pour l'autre.

est rare) elle ne lui faisoit point acheter ces dons aux dépens du corps. Elle l'avoit également pourvu d'une santé ferme, d'une taille avantageuse, d'une voix agréable, & d'une belle physionomie. L'organe étoit bien assorti à l'ame pour laquelle il étoit fait.

A tant de talens naturels Mr. *Cramer* joignoit l'application nécessaire pour les {361} cultiver, & les mettre en œuvre: beaucoup d'ardeur pour le travail, de l'exactitude en tout ce qu'il faisoit, de la curiosité & des vuës jusques dans ses jeux; nulle passion que pour l'étude.

Ainsi sa jeunesse fut courte. Il l'abrégeoit par la sagesse de son caractére, & par la rapidité de ses études tant Classiques qu'Académiques. Bientôt l'Ecolier annonça le grand-homme. A dix-huit ans, c'étoit déjà un élégant Orateur, soit en *Latin*, soit en *François*; c'étoit un bon juge en Poësie, une tête enrichie de Connoissances Historiques & de la plus belle Littérature *Grecque, Latine, Françoise & Italienne*. C'étoit déjà un Géométre, un Philosophe. Il lisoit les Ouvrages les plus difficiles, & en faisoit de savans Extraits, déjà il voloit jusqu'à *Newton*.

Les Théses de Physique de *Sono*, qu'il soutint en 1722, lorqu'il n'étoit qu'Etudiant en Philosophie, préparérent le Public à voir sans étonnement qu'il disputât la Chaire de Philosophie deux ans après, n'ayant encore que vingt ans. Ce qu'il y eut de rare & d'heureux pour l'Académie de *Genève*, c'est que Mr. *Cramer* ne fut pas le seul de son âge qui se montrât capable de postuler cette place. On vit courir la même lice à Mr. *Calandrini*, son égal en talens, son émule en science, & toujours son intime ami. Chacun des Aspirans avoit à faire deux Dissertations, & {362} à soutenir une Thése sur des sujets donnés, tant de Logique que de Physique, quoique le choix ne tombât sur aucun des deux que nous venons de nommer, mais sur Mr. *de la Rive*, habile & digne homme, d'un âge plus mûr, qui dès-lors s'est fait un plaisir d'entrer dans la plus étroite liaison avec ses deux concurrens. Cette dispute ne laissa pas d'être utile à ceux-ci. Outre l'honneur qu'ils y acquirent, le Grand-Conseil de la République jugea à propos d'ériger en leur faveur une Chaire de Mathématiques, avec un appointement modique, mais suffisant dans une Ville assez heureuse pour que l'honneur y fasse encore la principale récompense de ceux qui servent le Public. La condition attachée à ce nouvel Etablissement, fut que les deux Professeurs partageant la charge & le salaire, pourroient voyager tour à tour, en suppléant à l'absence l'un de l'autre, pour donner réguliérement un Cours de Géométrie, d'Algébre, de Méchanique & d'Optique. Les deux Amis se partagérent entr'eux jusqu'au sujet de leur Harangue inaugurale, qui fut l'Eloge des Mathématiques. Le premier (c'étoit Mr. *Calandrini*) montra l'utilité de cette étude pour toutes les autres Sciences, & le second pour la pratique des Arts. Je ne sçai pourquoi ces deux Harangues, faites pour aller ensemble, n'ont pas été imprimées.

{363} Mr. *Calandrini* ayant le premier profité de la permission de voyager, son Collégue resta seul chargé des fonctions du Professorat pendant plus de deux ans.

Il commença dès-lors à composer des cahiers sur diverses branches des Mathématiques, & ne tarda pas à se montrer un grand Maître dans l'Art d'enseigner; assidu, régulier, affable, simplifiant les principes, observant la gradation des idées, ayant l'expression juste, ne disant ni trop ni trop peu, mettant de l'évidence dans tout ce qui en est susceptible, avertissant du point où l'évidence cesse, & des sujets où l'on ne doit pas la chercher; pesant alors & combinant les degrés de vraisemblance & les diverses probabilités avec une précision singulière, ramenant au calcul des choses mêmes qui semblent n'y être pas sujettes; ingénieux à présenter le même objet sous diverses faces, à tout éclaircir par des exemples, & à trouver des tours nouveaux pour faire entrer la lumiére dans les esprits.

Son but en donnant des méthodes si lumineuses étoit pourtant moins d'alléger le travail de ses Disciples, que de mettre la vérité dans un plus grand jour. Car d'ailleurs il n'aimoit pas ces abrégés par où l'on prétend enseigner les choses en si peu de tems. « Cela n'est propre, disoit-il, qu'à faire des gens superficiels; & il est bon que les Etudians trouvent des difficultés qui les exercent. Il en {364} est de l'esprit comme du corps. Veut-on le rendre vigoureux? il faut le rompre au travail, & le durcir à la fatigue ».

Réduit dans ses Leçons publiques à s'en tenir aux Elémens, il s'en dédommageoit bien dans le Cabinet, ou dans quelques Leçons particuliéres. C'est-là qu'il s'enfonçoit dans la plus profonde Géométrie. Il poussoit même toutes ses études au point de devenir un Savant universel. Rhétorique, Critique, Histoire, Chronologie, Antiquités, Théologie, Morale, Jurisprudence, tout entroit dans sa tête sans confusion, & rien n'en sortoit. Non content d'être Philosophe, il sçavoit l'Histoire de la Philosophie ancienne & moderne. S'il eût fallu choisir entre les Anciens, quoiqu'il trouvât beaucoup de sçavoir & d'esprit à *Aristote*, je crois qu'il auroit panché vers la Secte *Platonique*, non seulement parce qu'il avoit le goût de *Platon* pour l'éloquence, mais parce que la même sublimité de génie le portoit à allier le Systéme du Monde Intellectuel avec le Matériel, le Moral avec le Physique. Entre les Modernes il exaltoit *Descartes* pour les bonnes Méthodes & pour les Principes du Raisonnement; mais à l'égard de la Physique & de l'Astronomie, il suivoit plus volontiers *Newton*. Sans se passionner pour aucun Chef, il prenoit de toutes parts le vrai & l'utile.

{365} Ce brillant génie étoit en même tems modeste; non de cette modestie assez commune, qui se borne à prendre un ton de bienséance sur ce qui nous concerne. La sienne étoit une vraie défiance de soi-même & de ses productions. Il écoutoit plus volontiers qu'il ne parloit; il aimoit qu'on l'avertît, qu'on le corrigeât. C'est que ses idées de perfection alloient encore au-delà de ses forces, & qu'entre autres connoissances il avoit celle des bornes de l'esprit humain, & des erreurs où sont tombés tant de grands-hommes par des jugemens précipités.

Dès que Mr. *Calandrini* fut de retour de ses voyages, son Ami commença les siens. C'étoit au mois de Mai 1727. Les plus habiles gens sont ceux qui croyent avoir le plus besoin d'apprendre. La premiére sortie de Mr. *Cramer* fut donc pour aller travailler cinq mois à *Basle* auprès de Mr. *Jean Bernoulli*, duquel il gagna si bien la confiance, de-même que de Mr. *Nicolas Bernouilli*, que ces deux Sçavans n'ont pas cessé d'entretenir avec lui la plus étroite correspondance.

Initié depuis long-tems dans les mystéres des *Infiniment petits*, & dans les grandes Questions qui partageoient alors les premiers Mathématiciens de l'*Europe*, Mr. *Cramer* acquit encore à *Basle* des lumiéres qui l'auroit mis en état de bien figurer dans cette dispute, s'il l'eût voulu. {366} Mr. *Bernoulli* lui proposoit bien de prendre la plume pour défendre son sentiment sur les *Forces vives*. Mais il s'en excusa, en disant qu'il ne lui convenoit pas de commencer sa carriére littéraire par un Ouvrage polémique.

Son dessein étant de passer d'abord en *Angleterre*, il partit de *Basle* au mois d'Octobre 1727, & prit sa route par *Paris*, où ne trouvant point Mr. *de Mairan* à qui il étoit adressé, il ne s'y arrêta que quinze jours, réservant à son retour d'y séjourner d'avantage. Il ne s'arrêta pas même à *Londres*, voulant aller passer les trois premiers mois de l'Hiver à *Cambridge*. Là il se lia surtout avec Mrs. *Sanderson* & *Midleton*; il acheva d'apprendre la langue du Païs, il poussa encore ses études d'Astronomie & de Mathématiques, & il acquit une assez grande connoissance de la Littérature *Angloise*. Revenu à *Londres* vers la fin de Février, qui est la saison des affaires, & du plus grand concours de monde dans cette Capitale, il ne se borna pas à voir ce que voyent la plupart des Etrangers, mais il s'instruisit encore des loix & des usages du Païs; & cherchant surtout à se rendre habile dans sa Profession, il visita Mrs. *Halley* & *Sloane*; il entra en liaison avec Mrs. *de Moivre, Jurin, Stirling, Desaguliers*, & *Beaupré-Bell*. Il proposa quelques expériences pour éclaircir la fameuse Ques={367}tion des *Forces vives*, & s'acquitta de la commission qu'il avoit reçuë pour l'Université de *Basle* d'acquérir du Sieur *Hauksbée* un Théatre, ou Assortiment de Machines. Vers le Printems il fit une course à *Oxford*, & dans les Maisons Royales; puis en Juillet 1728 il s'embarqua pour la *Hollande*.

Son plus long séjour fut à *Leide*, pour profiter des grandes lumiéres & de l'amitié de l'illustre Mr. *'s Gravesande*. Il ne laissa pas de parcourir aussi les autres Villes de ce Païs-là, après quoi il partit pour *Paris* au commencement de Décembre.

Pour bien profiter de ses voyages, il faut être déjà assez formé, assez instruit. C'est alors qu'on peut encore recevoir ce dernier degré d'instruction que donne la bonne compagnie, & la vuë de cent nouveaux objets, propres à étendre les idées & à faire faire des comparaisons. Un homme tel que Mr. *Cramer*, qui se trouvoit déjà si près des plus habiles, n'eut donc qu'à les voir pour les égaler. Ceux qu'il fréquenta le plus à *Paris*, sont Mrs. *de Fontenelle, de Mairan, de Réaumur, de Boze, de Maupertuis, Clairaut*, &c. Il n'avoit alors que vingt-quatre-ans; & Mr. *de Mairan* voyoit déjà en lui un des premiers Géométres de l'*Europe*. La liaison de ces deux Messieurs est allée si loin, qu'ils ne faisoient presque rien sans se le communiquer.

{368} Revenu à *Genève* au mois de Mai 1729; Mr. *Cramer* reprit ses fonctions avec le même zéle qu'auparavant, mais avec un nouvel éclat de réputation & un nouveau degré de capacité; d'autant plus estimable, qu'il joignoit à tant de talens ce qui seul en reléve le prix, un excellent caractére.

Le Chancelier *Bacon* dit quelque part: *Un peu de Philosophie tourne l'esprit du côté de l'Athéisme; y devient-on profond? elle nous raméne à la Religion.* Mr. *Cramer*, qui n'avoit point passé par la Classe des Philosophes superficiels, n'a jamais donné dans cet écueil des demi beaux-esprits. Il sentoit toute l'importance de la Religion pour l'ordre & le bien de l'Humanité, & toute la beauté d'une Théologie épurée, raisonnable & tolérante comme la nôtre. Il s'en montroit le défenseur en toute rencontre. Il exerçoit volontiers sa fine critique à découvrir le sens de plusieurs passages de l'*Ecriture Sainte*. Et ce n'étoit pas seulement en Docteur qu'il la lisoit, c'étoit aussi en simple Chrétien qui y cherche son édification. On le voyoit assidu au Service Divin, jugeant bien des Sermons, aimant le Ministére Evangélique, prenant part aux Etablissemen[s] pieux, s'intéressant à tout ce qui touche les Mœurs, croyant que leur plus pure source est une piété éclairée, & vivant lui-même conformément à ces principes: sim={369}ple & réglé dans son genre de vie, sincére, charitable, ne parlant mal de personne, scrupuleux sur ses devoirs, regulier dans les procédés, homme d'ordre jusques dans les moindres choses, ennemi de l'*Epicurisme*, qui méne à l'indolence, ou qui rapporte tout à soi, subordonnant toujours l'intérêt particulier à l'intérêt général, & ayant ce juste degré d'amour pour le Bien public & pour la Gloire, qui sert à former le bon citoyen, & à animer les talens sans dégénérer en ambition.

Ce n'étoit pas seulement son rare mérite qui lui a fait tant d'amis: un mérite rude ou superbe excite plutôt l'envie. Mais il joignoit aux qualités essentielles toutes les vertus sociables. Civil, doux, communicatif, aimable dans la conversation, la tournant au gré des autres, & se gardant bien d'y prendre le ton dominant: sensible à l'amitié, il avoit lui-même ce caractére liant qui l'entretient & l'attire. Egalement bon parent, il a eu le bonheur de trouver dans sa famille des personnes dignes de toute sa tendresse, & qui en avoient infiniment pour lui. Je lui ai souvent ouï dire, qu'un des plus mauvais effets du luxe des grandes Villes, c'est d'affoiblir les liaisons du sang, en donnant trop de prix aux richesses. Un homme dont la cupidité dévore déjà tout un héritage, n'aime ni ceux qui le lui font {370} attendre, ni ceux qui doivent le partager avec lui. Et que n'y a-t-il pas à perdre pour le cœur, en laissant ainsi éteindre les affections naturelles?

Mr. *Cramer* trouvoit tant de douceur dans la maison paternelle & fraternelle, qu'il ne pensa ni à s'en séparer, ni à se marier. Sans fuir le commerce des Dames, il n'a voulu faire sa cour qu'aux Muses. Jamais Courtisan ne fut plus assidu. Il ne quittoit presque son Cabinet que pour ses Leçons, pour des visites de bienséance, pour des sociétés littéraires dont il faisoit ses délices, & pour la promenade qui étoit sa plus grande recréation.

Outre ses Leçons publiques, il en donnoit de particuliéres à quelques personnes de distinction. Dans la suite pourtant il s'en abstint, trouvant que cela prenoit trop sur son tems & sur sa santé. Ce qui l'occupoit beaucoup, c'étoit son commerce épistolaire, qui alla toujours en croissant, & qui rouloit quelquefois sur des matiéres si difficiles, qu'une Lettre valoit une Dissertation.

De si fortes études, qui donnent à d'autres l'air sourcilleux, ne faisoient point cet effet sur lui. Il sortoit d'un abîme de calculs avec un front serein; & qui auroit vu l'air aisé, & même enjoué qu'il apportoit à la conversation, n'eût jamais deviné que ce fût un *Newton* ou un *Archiméde*.

L'Académie Royale des Sciences de Pa-{371}*ris* ayant proposé pour l'année 1731 une Question sur l'orbite des Planétes, Mr. *Cramer* y envoya une Dissertation qui remporta l'honneur du *proximè accessit*, & ne céda le prix qu'à Mr. *Jean Bernouilli*. Encore celui-ci, qui voulut voir sa piéce, eut-il l'honnêteté de lui écrire qu'il croyoit ne devoir sa victoire qu'au ménagement qu'il avoit mieux su garder que lui pour les tourbillons de *Descartes*, encore révérés de ses Juges.

La même année Mr. *Jallabert*, son Disciple, & depuis son Ami & son Collégue, soutint sous lui des Théses sur la Pesanteur. Un autre en soutint l'an 1733. sur l'Argument qu'on nomme *Inductio*[1]. Et pour ne pas interrompre la liste, je dirai tout de suite que Mr. *Cramer* en a donné d'autres en 1735[2], sous le titre de *Specimen* &c. ou *Essai physique sur la structure présente de la Terre* , & en 1740 *des Erreurs qui naissent des passions*. Il n'est pas besoin de dire que ce sont autant de Dissertations excellentes.

Une autre espéce d'Ouvrage Académique, ce sont les Harangues ou Dissertations, aussi *Latines*, qu'il prononçoit à son tour dans nos Promotions ou Solennités annuelles de l'Académie. On lui en a entendu faire six, en réponse à autant de Questions proposées en public par des Etudians. En voici le sujet en *François*.

En 1725. « Combien un Juge doit ajoû={372}ter plus de foi à deux ou trois témoins qui affirment le même fait, qu'au simple témoignage d'un seul? »

En 1731. « S'il est vrai qu'*Archiméde* ait mis le feux à des Vaisseaux ennemis avec des Miroirs concaves, & si une telle façon de défendre les Places pourroit être mise en usage à présent? »

---

[1] *Verfasser dieser Dissertation ist Gabriel Cramers Glanzschüler* Etienne (Stephanus) Thourneyser: *Theses Logicæ de Inductione*. Genevæ, 1733. Sie gilt in Fachkreisen als frühes Beispiel einer vollständigen Induktion (Freundliche Auskunft von Herrn Dr. Fritz Nagel, Bernoulli Edition, Basel).

[2] Vermutlich ist die Dissertation des Cramerschülers Robert-Guillaume Rilliet gemeint: *Specimen physicum de hodierna terræ structura, quod annuente Deo Opt. Max. Præside D. D. Gabriele Cramer, Matheseos & Philosophiæ Professore, Publico examini subjicit Robert. Guil. Rilliet, Genev. Auctor. Die Mercurii proximâ Septemb. 28, hora locoque solitis*. Genevæ, Typis Marci-Michaelis Bousquet, & Sociorum. 1735. Standort: Genève, BPU: Cd 152 (8). Freundliche Auskunft von Herrn J. D. Candaux, BPU Genf.

En 1734. « S'il y a un Art réel pour juger de l'esprit & du caractére d'un homme par son visage, ou si la Science nommée *Physiognomique* a quelque fondement? »

En 1739. « A qui est duë l'invention des Chifres *Arabes*, ou petits Caractéres *Arithmétiques*? »

En 1744. « Pourquoi les *Réformés* ne s'accordent pas avec les *Catholiques-Romains* dans la maniére de régler le tems de la Pâque; & s'il ne seroit pas à propos dans un point de cette nature, de se conformer à eux pour l'uniformité & la concorde? »

En 1750. « Si l'yvraie vient toujours de sa propre semence, & s'il n'arrive pas quelquefois que c'est le grain de froment qui dégénére en yvraie? »

De tous ces Discours, qui étoit composés & prononcés avec toutes les graces de l'Orateur, il n'y a que le dernier qui ait vu le jour. Je l'arrachai de ses mains pour l'envoyer à *Zürich* au savant Mr. *Zimmerman*, qui vient de lui donner place dans le *Musæum Helveticum*, Artic. {373} XXIII. Il est tourné comme un récit de Dialogue entre deux Interlocuteurs, dont l'un croyoit avec le Vulgaire que le blé se change en yvraie, & l'autre combattoit cette opinion en Philosophe. Les raisons pour & contre sont alléguées historiquement dans le cours de la Dispute, sans que l'Auteur semble se décider; mais il n'est pas difficile de voir de quel côté il panche [sic]. Quant au goût & à la tournure de la Piéce, je ne crains pas de dire qu'elle peut bien être mise à côté des Dialogues Philosophiques de *Ciceron*.

La nouvelle vacance d'une Chaire de Philosophie en 1734, fournit au Public un spectacle bien intéressant par la qualité des Compétiteurs.

Et certamen erat, Corydon cum Thyrside magnum.
Ambo florentes ætatibus, Arcades ambo,
Et cantare pares & respondere parati[*]

A ce portrait on reconnoît d'abord nos deux Professeurs de Mathématiques. Ce qu'il eut de plus agréable, c'est qu'on ne vit pas seulement entr'eux un combat d'esprit & de science; ce fut encore (chose bien plus rare) un combat de politesse & d'amitié.

Mr. *Calandrini* ayant été élu au gré même de son Concurrent, celui-ci ne partagea plus avec personne la Chaire de Ma={374}thématiques, & de plus le Conseil, par l'avis & la requisition de la Compagnie des Ministres, lui conféra le titre de Professeur en Philosophie, afin que selon nos usages il pût en cette qualité devenir Membre ordinaire du Corps Ecclésiastique; & cela, dit le Régître, *considération faite de son mérite personel.*

Il est aisé que les Philosophes soient amis des Théologiens, là où les Théologiens sont eux-mêmes Philosophes. Mr. *Cramer,* déjà lié de la plus étroite amitié avec

(*) VIRG. Eclog. VII. [Es fand ein grosser Wettstreit statt zwischen Corydon und Thyrsis. | Beide in blühendem Alter, beide aus Arkadien, | ebenbürtig im Singen und zum Antworten bereit.]

plusieurs personnes de cet ordre, se rendit encore agréable & recommandable à tout le Corps, soit par l'exemple que nous avons vu qu'il donnoit d'une piété édifiante, soit par les judicieux avis qu'il portoit en toute occasion, soit par les services qu'il rendoit à la Compagnie. Car lorsqu'il en fut Sécretaire à son tour, il employa volontiers pour elle son habileté & sa patience singuliére à déchifrer de vieilles écritures, & à mettre tout en ordre, jusqu'à transcrire de sa main plusieurs Régîtres avec une grande propreté, à dresser des Indices, & à recueillir bien des Notes; ensorte que personne n'étoit mieux instruit que lui de toutes nos Affaires Ecclésiastiques, ou Académiques. Faloit-il faire quelque recherche, ou dresser un Mémoire? on le trouvoit toujours prêt; & la moindre information donnée de sa main, se res={375} sentoit toujours de l'exactitude & de la précision qui lui étoit propre.

Il ne se rendoit pas moins utile, ni moins recommandable, dans le grand Conseil des *Deux-cent* où on l'admit la même année 1734, & dans celui *des Soixante* où il entra l'an 1749. On n'étoit pas peu surpris de voir cet homme docte être en même tems un homme d'Affaires, un homme d'Etat, qui connoissoit jusqu'aux plus grands détails de notre Histoire & nos Loix, qui entendoit la Politique, les Coutumes du Monde, les Règles des Tribunaux, la Police, les Finances, les Arts, le Commerce, & toutes les branches du Gouvernement. Bon Républicain, mais encore plus ami de l'ordre, on l'a vu, dans les tems les plus critiques, allier à la modération d'un Philosophe la fermeté d'un Sénateur. Personne n'étoit plus écouté que lui dans ce Grand Conseil, parce qu'à l'intelligence des matiéres il joignoit non seulement une élocution aisée & agréable, mais, ce qui fait le nerf de l'Eloquence, de beaux sentimens, une bonne Logique, une admirable netteté d'esprit.

Il ne contribua pas peu par ses avis à procurer un nouveau lustre à notre Académie, par l'érection qui se fit en 1737 d'une Chaire de Physique expérimentale en faveur de Mr. *Jallabert*; qui, pourvu d'un bel assortiment de Machines, a fait {376} dès-lors avec tant de distinction des Cours d'Expériences en tout genre; particuliérement sur l'Electricité, dont il a rendu compte au Public par un Ouvrage non moins solide que curieux.

Mr. *Cramer* se faisant un amusement de l'Art de déchifrer, trouva une occasion singuliére d'exercer son habileté en ce genre. Mr. *Lullin*, notre illustre Professeur en Histoire Ecclésiastique, avoit donné à la Bibliothéque publique en 1741 de beaux Manuscrits, entre lesquels sont des Tablettes de la grandeur d'un petit *folio*, composées de six feuillets, c'est-à-dire, six planchettes, enduites de chaque côté d'une couche de cire noire, chargées de menus caractéres qui y ont été tracés avec un stile, non sans beaucoup d'abréviations; ce qui joint aux écaillures que le tems y a formées, en rend la lecture fort difficile. Mr. *Alexandre Petau*, Conseiller au Parlement de *Paris*, à qui ce Manuscrit avoit appartenu, s'étoit contenté de marquer qu'on trouvoit-là *des Comptes de la Maison de* PHILIPPE *le Bel*. Que fait là-dessus Mr. *Cramer*?

Avec ses yeux de Lynx, & avec l'œil de l'esprit encore plus perçant, il déchifre tout, il fait une Copie figurée de tous les mots lisibles, il trace avec des ombres la place des mots effacés, prenant pour cela autant de feuillets de papier de même grandeur que ceux des Tablettes, ensor={377}te que c'est une copie ressemblante ligne pour ligne à l'original. Il fait plus. Il dresse une autre copie en plus gros caractéres, & remplit par conjecture tous les vuides ou lacunes, mais en lettres rouges, afin de distinguer par la couleur ce qui est certainement de l'original d'avec ce qu'y ajoûte l'Interpréte: moyennant quoi l'on trouve d'un bout à l'autre un sens complet, où le supplément conjectural a toute la vraisemblance possible. Noms propres, mots abrégés, usages du tems, tout est deviné avec une érudition & une sagacité merveilleuse. Et qui l'auroit crû? Tout ce travail fut achevé par l'Auteur en huit jours, sans préjudice de ses occupations ordinaires.

Il paroît par ce déchifrement que Mr. *Petau* avoit bien jugé du contenu de ces Tablettes; puisqu'en effet ce sont les Comptes de la dépense journaliére d'un Roi de *France* pendant six mois, & qu'encore que ce Roi ne soit désigné que par le titre de *Dominus noster*, on voit qu'il ne peut être autre que PHILIPPE IV. dit *le Bel*, puisqu'il y est fait mention de son Pére PHILIPPE, de son Frère CHARLES, & de deux de ses Fils, l'un PHILIPPE & l'autre CHARLES; tous caractéres qui ne conviennent qu'au Roi déjà nommé. Mais à quelle année ces Comptes appartiennent-ils? Il a falu encore le deviner. Car ces Tablettes ne marquent {378} ni l'année, ni le jour du mois, mais seulement les fêtes & le jour de la semaine, selon l'usage de ce tems-là. Mais outre qu'il y est parlé du *Roi de Navarre*, titre qui fut donné à LOUIS *Hutin*, Fils de PHILIPPE *le Bel* en 1307, Mr. *Cramer* a observé d'un côté que les Fêtes mobiles & les autres caractéres de Calendrier indiquent ici l'an 1308, & de l'autre que les allées & venuës du Roi rapportées dans ces Tablettes, s'accordent fort bien avec ce que l'Histoire nous apprend des voyages & des projets de ce Prince dans cette même année. Il est donc indubitable que ce sont ici les Comptes de la Maison & de la dépense journaliére de PHILIPPE *le Bel*, pour les six derniers mois de l'année 1308. C'est pourquoi Mr. *Cramer* intitule sa copie: *Fragmentum Rationarii Regiæ Domûs* PHILIPPI Quarti, *cognomine* Pulchri, *Francorum Regis, ad posteriores sex menses anni* 1308.

Pour dire ici quelque chose de plus de ce Manuscrit, puisque c'est une curiosité littéraire encore peu connuë, je remarquerai que ces Comptes, écrits en mauvais *Latin*, ne sont point à mépriser. Les Amateurs de l'Histoire & de la Géographie du moyen âge y apprendroient bien des particularités sur les usages de ce tems-là, sur la valeur de plusieurs choses, sur les monnoies, sur le nom de certains lieux, sur les Charges de la Cour, & sur la principale Noblesse de *France*.

{379} Au reste, quoique nos Tablettes soient un original unique pour le sémestre qu'elles contiennent, elles ont pourtant leurs pareilles pour d'autres portions de la vie du même Roi. J'ai ouï dire à Mr. l'Abbé *le Bœuf*, qu'on en garde de semblables à l'Abbaïe de *St. Victor* à *Paris*; & je vois par une Brochure imprimée à *Florence*[a] trois ans après le travail de Mr. *Cramer*, que Mr. *Cocchi* y rend compte d'une Piéce toute semblable en 14 feuilles, dont le *P[ére] Mabillon* avoit dit un mot dans son *Musæum Italicum*, comme l'ayant vu à *Pistoia* en 1686 chez le Chevalier *Vincent Maria*. Mr. *Cocchi* rend compte de la forme du Manuscrit, il transcrit deux feuillets pour servir d'échantillon, & il les accompagne de quelques notes Historiques & Critiques; d'où il paroît que ces Comptes se rapportent aux voyages que faisoit le Roi PHILIPPE *le Bel* en 1301, depuis le 29 Avril jusqu'au 29 Octobre. Enfin Mr. *Cocchi* trouvant dans une de ces feuilles *Ego J. de scô Justo*, & peu de lignes après, *Summarius Scriptorum*, il conjecture que l'Ecrivain de ces Tablettes étoit *Jean de Saint Just*, qui pourroit bien avoir été le Maître-d'Hôtel du Roi. Du reste ces Tablettes sont toutes semblables aux nôtres. Peut-être trouveroit-on les autres Tomes, ou Fragmens, à la Chambre des Comptes de *Paris*, ou ailleurs.

{380} Pour en revenir à Mr. *Cramer*, quoique sa capacité s'étendit, comme l'on voit, à tout genre de Littérature, c'étoit pourtant à sa profession que se fixoit son travail essentiel. Il écrivit à Mr. *de Mairan*, une Lettre sur *le Son*, que celui-ci fit mettre dans le *Journal des Sçavans de l'an* 1741. Cette belle Lettre n'est qu'une partie du travail de notre Professeur sur cette matiére. Il s'occupoit aussi à diriger l'édition des *Elementa Matheseos universæ* de Mr. *Wolff*, faite à *Genève* en 1732–1741; & il eût le plaisir de s'acquitter de ce qu'il devoit à Mrs. *Bernouilli*, en mettant au jour les trois Ouvrages suivans, d'après les papiers originaux qui avoient été remis à sa disposition.

JOHANNIS BERNOULLI *Opera*, Genevæ in 4°. 1742.
JACOBI BERNOULLI *Opera*, in 4°. 1744.
LEIBNITZII & BERNOULLI *Commercium Epistolicum* in 4°. 1745.

Mr. *Cramer* ne refusa pas à un de ses Amis, qui avoit une fille de beaucoup d'esprit, de composer pour elle en *François* un Essai de Logique, qu'il lui expliquoit ensuite de vive voix. Quoique ce ne soit-là qu'une esquisse faite rapidement & de jour à jour, elle fourniroit bien de quoi faire une Logique complette, & d'un goût nouveau, non moins belle par l'or={381}dre des matières, par l'étenduë des principes, & par la justesse des règles, que par le choix ingénieux des exemples qui égalent une étude si séche, & qui font voir comment la Logique est applicable à tout dans la Vie commune.

On trouve aussi dans ses papiers des *Elémens d'Arithmétique* en *François*, dont il n'y a que la moitié d'achevée. Il remonte en Philosophe aux principes de cette Science, il les développe en Logicien, il tourne ses exemples en homme d'esprit.

(a)   *Lettera critica soprà un Manoscritto in cera*, 4to, Firenze 1746.

C'étoit son talent propre que de répandre de la clarté sur tout ce qu'il traitoit. Ces Elémens d'Arithmétique, de même que d'autres de Géométrie, furent composés pour l'usage du jeune Prince FREDRIC, Duc héréditaire de *Saxe-Gotha*, qui étant venu passer quelques années à *Genéve*, prenoit des leçons de lui, & recherchoit encore plus sa conversation.

Mais de simples *Elémens*, quoique rendus nouveaux, & en quelque sorte originaux, par la lumière que Mr. *Cramer* savoit y mettre, ne suffisoient pas pour exercer un esprit aussi vaste que le sien. Sentant depuis long-tems de quel usage pourroit être pour toutes les parties des Mathématiques la *Théorie des Lignes courbes*, & trouvant qu'il restoit beaucoup à découvrir dans cette vaste contrée, il saisit une ouverture seulement indiquée par {382} *Newton*; & poussant sa marche de ce côté-là, il parvint par le moyen des *Suites infinies* à réduire à un ordre général ce nombre infini de *Lignes courbes*, dont la division & la subdivision en Classes, Genres & Espéces, dépend des branches infinies & des points singuliers de chaque ligne. Par-là il réussit à ce qu'il souhaitoit, qui étoit de donner une méthode générale, aussi sure que nouvelle, pour déterminer toutes ces lignes, & en même tems leurs équations. C'est Mr. *'s Gravesande* qui l'excita le plus à ce grand travail, & qui informé de ses découvertes, l'assura qu'il avoit trouvé la clé de toute cette Théorie.

Cet Ouvrage étoit fini, & l'Auteur pensoit déjà à le publier, quand une agréable occasion le fit retourner à *Paris*. Le Prince de Saxe-Gotha vouloit y aller passer deux années, & le prioit de l'y accompagner. Les Supérieurs lui en ayant accordé la permission, en chargeant Mr. *Jallabert* de remplir son emploi en son absence, il partit avec le Prince à la fin de Mars 1747, portant avec lui son Manuscrit pour le faire imprimer à *Paris*. Mais n'y ayant pas assez de loisir, & jugeant que cette impression le méneroit trop loin pour être achevée sous ses yeux, il se contenta de communiquer son Ouvrage à deux ou trois personnes, & en {383} réserva la publication à son retour parmi nous.

Mr. *Cramer* ne se trouva point étranger dans *Paris*. Outre les personnes qu'il y avoit déjà vües, comme Mrs. *de Fontenelle, de Mairan, de Boze*, &c. il eut le plaisir d'y rencontrer Mr. *Le Clerc de Buffon*, qu'il connoissoit dans le tems que celui-ci étoit encore en *Bourgogne*. Invité à assister aux Assemblées ordinaires de l'Académie des Sciences, il entra aussi en liaison avec Mr. *Cassini, Bouguer, La Condamine, d'Alembert de Fouchi, Nolet* &c. & comme son savoir ne se bornoit point à la Philosophie, il se lia également avec d'autres beaux Esprits, comme Mrs. *de Montesquieu, d'Aube, Trublet, Mabli, Condillac*, & *de Burigny*, frére de Mr. *de Champeaux*, alors Résident pour la *France* à *Genéve*, & aujourd'hui à *Hambourg*; homme fort éclairé, & par-là fort ami de notre Professeur. Mr. le Chancelier *Daguesseau*, Mr. *de Trudaine*, Mr. le Baron de *Bernsdorf*, Ambassadeur du Roi de *Dannemarc*, & d'autres personnes de distinction l'honorérent aussi d'une estime particuliére. Il trouva même un accueil fort agréable chez des Dames de mérite & de qualité, qui n'étoient pas peu surprises de trouver dans un Savant étranger toute l'urbanité *Parisienne*, & de l'entendre juger d'un Tableau, d'une {384} Tragédie, d'un Ouvrage du tems, comme si c'eût été son unique étude.

Quoique le séjour de *Paris* eût pour lui de grands attraits, son panchant dominant le ramena au bout d'un an dans le sein de sa patrie & de sa famille. Si d'un côté il rapporta de ce voyage un accroissement de réputation, & une certaine fleur d'esprit qui se cueille dans un monde choisi, de l'autre nous eûmes le chagrin de remarquer que sa constitution avoit été altérée, peut-être par un trop grand changement dans le genre de vie. Le vrai remède eût été une cessation de travail & beaucoup d'exercice. Mais il aimoit son Cabinet, & il y étoit fixé plus que jamais, tant par l'impression de son grand Ouvrage, que par son commerce littéraire qui alloit toujours en croissant. Car à tant d'illustres personnes déjà nommées, je dois ajouter Mr. le Président *de Bon*, Mme. la Marquise *du Châtelet*, Mrs. *de Bochat*, *de Maupertuis*, *Euler*, *Formey*, *Zanotti*, *Algarotti*, *de Joncourt*, *de Sauvage*, &c. Si l'on est surpris du nombre de ces correspondances qui s'étendoit à plus de cinquante personnes de tout ordre & de tout Païs, on ne le seroit pas moins du contenu de ses Lettres, si elles étoient publiées. On y verroit plusieurs points épineux de *Géométrie*, d'*Astronomie*, de *Physique*, & même de *Métaphysique* & de *Pneumatologie*, éclaircis avec autant de {385} solidité que de pénétration. On y verroit en même tems cette élégance & cette politesse qui rend la Science aimable. Faloit-il contredire, avertir, corriger? Il s'y prenoit d'une façon délicate & modeste, qui faisoit goûter sa franchise, en ôtant toute l'amertume de la correction.

L'Académie Royale de *Berlin* lui fit l'honneur alors de se l'associer. Il étoit déjà Membre de plusieurs Académies, comme de celle de *Lyon* & de *Montpellier*, de la Société Royale de *Londres*, & de l'Institut de *Boulogne*. J'ignore s'il a envoyé quelques Mémoires à ces diverses Académies, mais on en voit du-moins un fort curieux dans les *Mémoires de Berlin* sur le Philosophe *Hippocrate de Chios*. L'Académie des Sciences de *Paris* proposa pour remplir la place d'Associé étranger, vacante par la mort de Mr. *de Crouzas*: indication d'autant plus honorable, qu'il ne le céda qu'à un homme du premier mérite, Mr. *Van Swieten*, premier Médecin de *Sa Majesté Impériale*.

Au mois de Mai 1750 une Chaire de Philosophie étant encore venuë à vaquer par l'élection de Mr. *Calandrini* pour Conseiller d'Etat, la Vénérable Compagnie crut devoir renoncer pour cette fois à la coutume d'établir une concurrence & des disputes publiques. Mr. *Cramer* y fut élu par acclamation. Il fut très sensible à cette marque d'estime. Sa Harangue inau={385}gurale, qui est imprimée, a pour titre, *de Utilitate Philosophiæ in Civitatibus regendis*, ou *de l'Usage de la Philosophie pour le gouvernement des Etats*. Le sujet ne pouvoit être mieux choisi pour faire honneur à son Ami élevé à la Magistrature. Et heureusement l'expérience a bien vérifié ce qu'il auguroit des services qu'un tel Philosophe pouvoit rendre à l'Etat. Un beau génie exercé au travail est un instrument propre à tout. Appliquez-le aux Sciences ou aux Affaires, il y réussira également. On voit même qu'aujourd'hui plus que jamais, la Politique est presque inséparable de la connoissance des Arts & des Sciences aussi-bien que du Commerce.

Mr. *Cramer* avoit montré lui-même plus d'une fois combien sa Science étoit utile à la République, soit par les services qu'il rendoit dans la Chambre de l'Artillerie & des Fortifications, soit par les avis qu'il donnoit pour la construction de certains ouvrages dans nos Riviéres. Une fois, en dressant sur les Régîtres mortuaires une espéce de Table ou de Tarif pour établir des Rentes viagéres; une autre fois en débrouillant de vieux Titres dans nos Archives, & en composant certains Indices pour trouver plus aisément ce que l'on y cherche. En dernier lieu il a beaucoup travaillé dans la Commission nommée pour examiner la construction {387} intérieure de notre Cathédrale, qui est en partie caduque, & les moyens de la réparer. On admiroit dans ces diverses commissions à quel point sa théorie étoit d'usage dans la pratique, & combien elle étoit juste & pénétrante pour éclairer & redresser la simple routine des Ouvriers.

Le goût que nous lui avons vu pour tout genre de Littérature, trouva encore à s'exercer dans ses derniers jours sur un sujet édifiant. Il prit quelque part à la révision de notre Version de la *Bible*, en retouchant en homme de goût le stile des *Pseaumes*, & en éclaircissant comme Géométre la description qui est faite du Temple de *Jerusalem* au I. Livre *des Rois* chap. XVII. comparée à celle d'*Ezéchiel* Chap. XL.

Mais ce qui l'occupa le plus cette année 1750, c'est la correction de son grand Ouvrage, qui vit enfin le jour à *Genève* in-4. sous le titre d'*Introduction à l'Analyse des Lignes courbes Algébriques.* Il observe dans une Préface fort bien écrite, combien l'étude des *Lignes courbes* & de leurs propriétés est utile dans toutes les Sciences qui dépendent des Mathématiques; & même combien elle devient agréable dès qu'on trouve le moyen de les soumettre à des règles générales, & de ramener à l'unité des variétés perpétuelles. Il touche en deux mots ce qu'ont fait à {388} cet égard les anciens Géométres, pour en venir bientôt à *Descartes*, à qui l'on est redevable d'avoir introduit la maniére d'exprimer la nature des *Courbes* par des Equations Algébriques. Il ne rend pas moins de justice à *Newton*, qui par son *Enumération des Lignes du troisiéme ordre*, a ouvert le chemin à la distribution des *Courbes* en ordres, classes, genres & espéces. Il raporte enfin quelles furent ses propres tentatives pour suivre cette idée, & en quoi son travail différe de celui de quelques autres qui semblent avoir eu de pareilles vuës. Son Ouvrage développe toute la théorie que le titre annonce, toujours en démontrant ses principes, & en éclaircissant sa méthode par cent examples bien choisis. Il ne m'appartient pas de faire l'extrait d'un pareil Livre: mais je vois par les éloges qu'il a reçus du peu de Lecteurs capables d'en juger, que c'est un de ces Ouvrages profonds & originaux, qui placent tout d'un coup un Auteur dans la première classe.

Que ne pouvoit-on pas attendre d'un tel Maître pour former de bons esprits en tout genre, & pour donner les vrais principes des diverses branches de la Philosophie, s'il eût pu suivre longtems la belle carriére qui lui étoit ouverte? Mais à peine y étoit-il entré, que sa santé déjà usée soufrit une nouvelle atteinte par un accident qui lui arriva en carosse. Quoi={389}que la chute ne parût pas dangereuse, elle ne laissa pas d'agraver sensiblement son mal, par l'ébranlement qu'elle lui causa, & par une meurtrissure qui le retint deux mois dans la chambre. Ce fut dès-lors une petite toux presque continuë, provenant de l'estomac, avec insomnie, pâleur, enflure aux jambes, & même des vomissemens. Tout cela indiquoit une mauvaise digestion, & quelques obstruction dans le foye. On lui conseilloit le repos d'esprit & le mouvement de corps. Mais peu enclin à suivre de tels conseils, il se contenta d'user de légers remédes, & de supprimer presque toute sa correspondance, qui, à dire vrai, étoit excessive. A cela près il vécut comme auparavant; parlant peu de son état, quoiqu'il n'en augurât rien de bon, rangeant ses Papiers, faisant ses Leçons, voyant ses Amis; les veilles, la maladie, avoient plutôt ruïné son tempérament, qu'altéré son humeur.

Quand on le vit toujours plus languissant, un Ami distingué (Mr. *Tronchin*) le détermina enfin à faire un voyage, en lui offrant d'être de la partie. Une autre personne de considération, qui avoit quelque besoin de voyager pour sa santé, se joignit à eux, & Mr. le Sindic *Cramer* voulut que son fils, chéri de son Oncle, ne le quittât point. Le dessein de ces Messieurs étoit d'aller pendant {390} l'hiver se promener sous un climat plus doux. Malheureusement n'ayant pu partir que le 22 Décembre 1751, ils furent surpris par les neiges & par un froid rigoureux; ce qui ne les empêcha pas d'arriver en assez bon état à *Lyon*. Ils y dinérent chez Mr. le Cardinal *de Tencin*, & partirent bientôt après pour *Valence*. Là Mr. *Cramer* eut des retours de diarrhée & de vomissement, qui engagérent nos Voyageurs à laisser la *Provence*, où ils vouloient d'abord aller, pour gagner au plus vite *Montpellier*, où ils auroient trouvé plus de secours. Mais en arrivant à *Bagnols*, Bourg à quatre lieuës en-deçà de *Nismes*, le Malade se trouva si foible qu'il ne fut pas possible de le mener plus loin. On le mit au lit, on appella un Médecin, on lui donna divers secours. Il avoit toute sa connoissance, mais les forces manquoient absolument. Il sentit une grande ardeur dans la poitrine; & tombant dans une sorte d'assoupissement & de défaillance générale, il expira au bout de quelques heures le 4 Janvier 1752, âgé de 47 ans & demi. Un Bourgeois du lieu offrit sa maison de campagne à une demie lieuë de-là, pour l'y enterrer comme *Protestant*, avec la permission des Supérieurs. Cette charité lui a valu l'honneur de renfermer dans son caveau, les cendres d'un homme qui ailleurs auroit mérité une tombe.

{391} Cette triste nouvelle apportée à *Genève* le samedi 8. Janvier, y causa une consternation générale. On n'entendoit de toutes parts qu'éloges du Défunt, & que doléances sur la perte que faisoit l'Académie, l'Etat, l'Eglise, la Société humaine. Ses regrets furent plus expressément répétés dans tous les Corps dont il étoit membre. Voici en quels termes le Prince de *Saxe-Gotha* a bien voulu aussi expliquer les siens, dans une réponse dont il m'a honoré. « La perte de Mr. *Cramer* est commune, non seulement à ceux qui le connoissoient, mais aussi au Genre-humain. Les premiers perdent en lui un fidéle Ami; le Genre-humain un Homme de bien, & un Homme qui l'auroit pu éclairer par ses grandes connoissances. Je l'aimois, l'estimois comme Ami, & l'admirois, le respectois comme Grand-homme. »

Son Testament fait honneur à sa mémoire, puisqu'à des dispositions également équitables & honnêtes pour sa famille, il joint plusieurs legs charitables & pieux; quelques présens de Livres pour ses Collégues, & un don considérable de Livres précieux pour la Bibliothéque publique.

On peut dire de sa vie, que si elle a été courte, elle a pourtant été heureuse. C'est une carriére bien remplie, & parsemée d'autant d'honneurs & agrémens que l'on puisse raisonnablement désirer. Excepté la longueur des jours, il a {392} recueilli sur la Terre tous les fruits de la sagesse. Vient-il ensuite à quitter cette scène? sa mémoire est chère à ses Amis & à sa Patrie, ses Ouvrages immortalisent son nom, & sa Vertu lui assure une immortalité plus réelle.

Il a eu pour Successeur celui qu'il auroit choisi lui-même, Mr. *Jallabert*, qui le suit de près en capacité & en réputation.

Des Neuen Gelehrten Europa
Vierter Theil, herausgegeben von Johann Christoph Strodtmann. Wolfenbüttel, bey Johann Christoph Meißner, 1754. S. 970–983.

Nachruf auf den Genfer Mathematik- und Philosophieprofessor Gabriel Cramer († 4. Januar 1752); übersetzt aus dem Französischen, mit Ergänzungen aus der *Bibliothèque Raisonnée*, Tom. XLVIII. P. 1. S. 225 und folgende.

> Thourneysers Dissertation (*De Inductione*) erwähnt (S.{977}), ohne Namensnennung. Standort: Forschungszentrum Europäische Aufklärung e. V., Gregor-Mendel-Straße 21/22, D-14469 Potsdam.

Geschichte des Hrn. Gabriel Cramer, weiland der Mathematik und der Philosophie ordentlichen Lehrers zu Genf, auch der königlichen londenschen und berlinischen Akademie der Wissenschaften, ingleichen der zu Montpellier und Lyon, wie auch des bolognesischen Instituti, Mitgliedes zu Genf.

Dieser Gelehrte ist unstreitig unter die größesten Geister unserer Zeit zu rechnen. Sein Andenken verdienet daher in diesem Werke rühmlichst erhalten zu werden. Wir giengen schon damit um, die Nachrichten von seinem verdienstvollen Leben zu sammeln, da wir zugleich sein überall tief betrauertes frühzeitiges Absterben vernahmen. Nunmehro wollen wir uns dasjenige, so in verschiedenen gelehrten Monatschriften von ihm neulich gemeldet worden, mit zu Nutze machen, um etwas desto vollständigeres zu liefern.

Der Hr. Professor Cramer ist aus einem wohlangesehenen Hause zu Genf entsprossen, allwo er den ein und dreyßigsten Julius 1704 auf die Welt gebracht worden. Sein Hr. Vater war ein geschickter Doctor der Arztneywissenschaft und wohlberühmter Practicus. Je mehr er selbst auf die Gelehrsamkeit hielt, mit desto größerem Vergnügen nahm {971} er die Gaben, den Nacheifer, und die gewünschten Früchte des Fleißes seiner Söhne wahr. Der älteste, welcher ehedem Lehrer der Rechten gewesen, ist itzt ein Mitglied des Raths; und der jüngste ein berühmter Arzt. Unser Gelehrte war der zweyte. Seine Neigung gieng hauptsächlich auf die Mathematik und Weltweisheit, deren Gründe er in gar früher Jugend unter den Lehrern der dortigen Universität erlernete. Doch sein eigener Geschmack, Verstand und Ernst waren seine besten Lehrer. Diesen folgete er, und seine Erkenntniß wuchs schleunig. Die herrschende Neigung zu den mathematischen Wissenschaften verhinderte nicht, daß er sich auch in anderen ordentlich und fleißig übete. Er war noch sehr jung, als er in eine gelehrte Gesellschaft aufgenommen wurde, deren Mitglieder Leute von gutem Geschmacke waren, die sich mit den schönen Wissenschaften beschäfftigten. Er erklärte in derselben den Horaz, und erklärte ihn nicht als ein Schüler. Nicht weniger wohnete er denen Versammlungen einer andern gelehrten Gesellschaft bey, worinn ein jeder ein Hauptstück aus 's Gravesandes elementis Physicæ erläuterte. Ein Buch, welches vor etwan dreißig Jahren weit schwerer zu verstehen war, als es itzt ist. Unser Gelehrte erklärte dasjenige bündig, so ihm in der Ordnung zufiel. Seine Sätze vom Schall, welche er im achtzehnten Jahre seines Alters 1722 öffentlich vertheidigte, verkündigten schon damals seinem Vaterlande einen großen Weltweisen. Nichts war im übrigen edler und ungemeiner, als alle seine Jugendbeschäfftigungen. Sein Herz war von den Lüsten und Tändeleyen dieses Alters gänzlich {972} entfernet, und alle Arten des Zeitvertreibes, so er sich machte, waren ernsthaft, nützlich, und so viele Zeugen eines ausnehmenden Geistes. Seine Spielkarten waren astronomische Karten, und seine Belustigungsstunden brachte er mit der tiefsinnigen Schrift des Stirlings über die lineas tertii ordinis zu. So that er in der Mathematik und Weltweisheit starke Schritte, erwies sich schon damals als einen zierlichen Redner sowohl im Lateinischen als Französischen, besaß einen Schatz von Kenntniß der Geschichten, der griechischen, lateinischen, französischen und italienischen Literatur, und bahnte sich einen gewissen Weg zu der erhabensten Gelehrsamkeit.

In einem Alter von neunzehn bis zwanzig Jahren stieg er unter denenjenigen auf, welche sich um das offen gefallene Lehramt der Weltweisheit in seiner Vaterstadt bewarben. Er und sein beständiger Mitschüler und Freund, Hr. Calendrini, itziger Staatsrath, welcher mit ihm gleiches Alters war, trugen ein ungemeines Lob davon[*]; obschon keinem von beyden, sondern dem noch itzt lehrenden würdigen Herrn de la Rive, die Profession zu Theil ward. Beyde junge Gelehrten wurden indessen auch nicht gänzlich vorbey gegangen, sondern die weise Vorsorge der Obrigkeit schätzte es vor ein Glück ihres Musensitzes, ein neues Lehramt der Mathematik aufzurichten, und solches unter beyde theilen zu kön={973}nen. Beyde theilten auch sogleich den Stoff ihrer Antrittsreden. Jener redete de utilitate matheseos in scientiis; dieser in praxi artium.

So groß auch die Geschicklichkeit und der Beyfall waren, die Hr. Cramer durch seine Vorlesungen und Unterricht in der Geometrie, Algebra, Mechanik und Optik erwarb: so wenig blähete ihn solches auf. Weit entfernet von der Art dererjenigen, welche sich zugleich mit Erhaltung eines akademischen Titels vor vollkommene Meister ansehen, war er vielmehr von einer Gesinnung, wovon uns viele der größten Gelehrten Beyspiele gegeben haben. Er machte sich die ihm und

---

(*) Ein jeder von denen, so sich um ein Lehramt bewerben, ist daselbst gehalten, zwo gelehrte Abhandlun[g]en zu übergeben, und über aufgegebene Sätze (dießmal aus der Vernunft= und Naturlehre) zu disputiren.

dem Hrn. Calendrini gegebene Erlaubniß wechselweise zu reisen, nach zween Jahren zu Nutze, und da er die preißwürdigen Vorzüge derer Herren Bernouilli zu Basel kannte, hielt er es vor zuträglich, sich unter ihnen noch in denen mathematischen Wissenschaften zu üben. Dieses geschahe 1727 im Monat May. Doch einige Monate waren genug vor einen Verstand, dem nichts schwer fiel; und er theilete nicht nur die Schätze seiner großen Lehrer, sondern auch ihren Ruhm mit ihnen. Hr. Bernoulli that ihm den Vorschlag, eine Vertheidigung seiner Meynung von denen lebendigen Kräften an das Licht zu stellen. Allein er lehnete solches mit der Entschuldigung von sich, daß er nicht gerne mit einer Streitschrift den Anfang machen wollte. Hierauf that er nach fünf Monaten im October desselben Jahres eine Reise über Paris nach Engelland, im Julius 1728 nach Holland, und im October nach Frankreich. Er erwarb sich überall, wo er hin kam, gar leicht die Freundschaft und {974} Hochachtung der Gelehrten, als zu Cambridge eines Sanderson, und Midleton, zu London Halley, Sloane, de Moivre, Jurin, Stirling, Desaguliers, Beaupre-Bell, zu Paris insbesondere Fontenelle, de Mairan, de Reaumur, de Boze, de Maupertuis, Clairaut. Der Herr de Mairan und Herr Cramer, haben seit dem bey nahe nichts unternommen, ohne sich einander darüber zu befragen. In Holland gerieth er vornehmlich mit dem berühmten 's Gravesande in eine besondere Freundschaft, welche auch hernach durch einen beständigen Briefwechsel unterhalten worden; und ein vornehmer Gelehrter zu Paris urtheilet von ihm, daß man bereits denjenigen in seiner Person sehen könne, welcher einmal der Lehrmeister derer könnte werden, von welchen er itzt Unterricht annähme. Nach Verlauf zweener Jahre kehrete er im May 1729 in sein Vaterland zurück, legte sich mit äußerstem Fleiße auf die Unterweisung der Jugend, und als seinem geschätzten Amtsgenossen, dem Hrn. Calendrini, welcher sich zugleich mit ihm auf die gewöhnliche Weise darum beworben hatte, das philosophische Lehramt aufgetragen wurde, behielt er das mathematische allein, und bekam noch zugleich auf Ersuchen des Ministerii den Titel eines Professors der Philosophie; damit er, nach dortiger Gewohnheit, ein Mitglied des Kirchenraths werden könnte.

Im Jahr 1731 sandte er der parisischen Societät eine Abhandlung de orbita planetarum, welche die Ehre des proxime accessit davon trug, und allein dem Hrn. Joh. Bernouilli den Preiß überließ, welcher gleichwohl an ihn schrieb, daß er seinen Sieg {975} bloß einer sanfteren Beurtheilung der cartesianischen Wirbel meynete schuldig zu seyn; als welche bey seinen Richtern noch galten.

Den achten December 1746 wurde er in einer Versammlung der königlichen Akademie der Wissenschaften zu Berlin, einmüthig zu ihrem Mitgliede erwählet. Verschiedene andere berühmte Societäten, die zu London, zu Montpellier, zu Lyon und zu Bologna, bewarben sich nicht weniger gleich als um die Wette um ein so würdiges Mitglied. Im März des Jahres 1747 hatte er die Ehre den durchlauchtigen Erbprinzen Friedrich von Sachsengotha, welcher sich ins dritte Jahr zu Genf aufgehalten hatte, mit Erlaubniß seiner Obrigkeit, welche unterdessen dem Hrn. Jallabert die Verwaltung seines Amtes auftrug, nach Paris zu begleiten; allwo er über ein Jahr lang zubrachte, und sich eine allgemeine Hochachtung erwarb; auch die Ehre hatte, daß die königliche Akademie der Wissenschaften ihn zu ihrem auswärtigen Mitgliede vorschlug; und, wiewohl dieser Vorschlag, auf höhere Anbefehlung, nicht ins Werk gestellet, sondern der kaiserliche Leibarzt, Hr. von Swieten erwählet wurde, so geschahe doch diese Zurücksetzung auf eine solche Weise, daß das wahre Verdienst und die Ehre des Hrn. Cramers nicht das geringste darunter litten. Da er indessen, Zeit seines dießmaligen Aufenthaltes, war eingeladen worden, denen ordentlichen Versammlungen der Akademie beyzuwohnen, so gab ihm dieses Gelegenheit, auch mit denen Herren Cassini, Bouguer, La Condamine, d'Alambert de Fouchi, Nolet und anderen, in nähere Bekanntschaft zu treten. {976} Und da seine Gelehrsamkeit sich nicht bloß in die Gränzen der Weltweisheit eingeschlossen hielt, so gerieth er auch mit verschiedenen anderen schönen und großen Geistern in Freundschaft, als mit dem Hrn. Präsidenten von Montesquieu, d'Aube, Trublet, Mabli, Condillac und de Burigny. Der Herr Kanzler Daguesseau, Herr du Trudaine, und der königliche dänische Abgesandte, Herr von Bernsdorf, beehrten ihn gleichfalls mit einer ausnehmenden Achtung. Er wurde selbst von dem schönen Geschlechte sehr wohl empfangen, welches sich nicht wenig wunderte, an einem fremden Gelehrten alle parisische Höflichkeit wahrzunehmen und ihn über Schauspiele, über Gemälde und zeitvertreibende Schriften urtheilen zu hören, als ob dergleichen Dinge seine Hauptbeschäfftigung wären.

Nicht gar lange nach seiner abermaligen Wiederkunft wurde ihm erst in dem Rathe der Sechziger, da er seit 1734 in dem der Zweyhundert gesessen, eine Stelle gegeben, und denn auch die ordentliche Profession der Weltweisheit zugeleget, welche Herr Calendrini, der zur Würde eines Staatsraths erhoben worden, verlassen hatte. Man hob vor dieses mal, aus besonderer Achtung vor ihn, die Gewohnheit verschiedene Mitdinger zur Probe zu lassen, auf. Er trat dieses neue Amt 1750 an mit einer öffentlichen und bald darauf gedruckten Rede de utilitate philosophiæ in civitatibus regendis. Sie ist kurz, aber voller Beredsamkeit. Er gab darinn eine schöne Schilderey des philosophischen Staatsmannes. Man urtheilete davon, daß er, ohne es zu denken, sein eigenes Bild mit lebendigen Farben gemalet hätte.

{977} Während seiner Lehrämter sind verschiedene akademische Streitschriften über auserlesene Materien unter ihm vertheidiget worden, als de gravitate, 1731. Der Respondent war der itzige Herr Prof. Jallabert, de inductione, 1733 [1]. de systemate globi terrestris, 1735 [2]. de adfectibus, 1740. Nicht weniger hat er bey öffentlichen akademischen Feyerlichkeiten verschiedene Reden gehalten. Man hat ihn sechs mal hören auf so viel öffentlich von Studenten vorgelegte Fragen die Antwortsreden thun. 1725. Wie viel mehr Glauben ein Richter zweyen oder dreyen Zeugen, welche dasselbe aussagen, beyzumessen habe, als dem Zeugnisse eines einzigen. 1731. Ob es wahr sey, daß Archimedes die Schiffe der Feinde mit hohl geschliffenen Spiegeln in den Brand gestecket habe? Und ob eine solche Art Plätze zu vertheidigen heut zu Tage könne in Uebung gebracht werden. 1734. Ob man eine wirkliche Kunst habe, von dem Verstande und Gemüthe des Menschen aus dem Gesichte zu urtheilen, oder ob die Wissenschaft, so man die Physiognomie nennet, einigen Grund habe. 1739. Wem man die Erfindung der arabischen Ziffern oder kleinen Rechnungszeichen zu danken habe. 1744. Warum die Reformirten in der Bestimmung der Zeit des Osterfestes mit denen Römischkatholischen nicht übereinkommen? und ob es nicht in einer Sache von dieser Art rathsam wäre, sich mit ihnen, der Einförmigkeit und Eintracht halber, zu vergleichen? 1750. Ob das Windkorn allezeit aus seinem eigenen Saamen entstehe? und ob es nicht zuweilen geschehe, daß das gute Korn in Windkorn entarte. Allein die Entscheidung dieser letzten Frage ist gedruckt, und {978} zwar in dem Musæo Helvetico Partic. XXIII. dem sie Hr. Vernet durch den Hrn. Prof. Zimmermann hat einrücken lassen. Er hat die Ausgabe der mathematischen Werke des Freyherrn von Wolf, und insbesondere die zweyte Auflage des ersten Theils zu Genf 1732 bis 1741 besorget. Nicht weniger hat man ihm die daselbst in sechs Quartbänden 1742 bis 1744 veranstaltete Ausgabe der Werke derer Herren Jacob und Johann Bernouilli zu danken, wie auch das Commercium epistolicum des Hrn. von Leibnitz und Joh. Bernouilli 1745. In der Histoire de l'academie Royale des sciences et belles lettres 1748. findet man in der Classe de belles lettres Num. 6. von ihm eine Dissertation sur Hippocrate de Chio, worinn er vornehmlich die Meynung des Hrn. Doctors Heinius, daß Hippocrates von Chio und Oenopidas dieselbe Person sey, prüfet, und das Gegentheil zeiget. Man kann davon nachsehen Nouvelle Bibliotheque Germanique Tom. VII. Part. 2. p. 259. Als die französische Uebersetzung der Bibel aufs neue zu Genf übersehen wurde, hatte er seinen Theil an dieser Arbeit. Als ein Mann von Geschmack verbesserte er hie und da in denen Psalmen die Schreibart, und als ein Mathematicus gab er Erläuterungen über die Beschreibung des Tempels zu Jerusalem 1 Kön. XVII. verglichen mit Hesek. XL. Vornehmlich aber hat er sich ein unvergängliches Andenken hinterlassen durch folgendes Werk von einer seltenen Wissenschaft. Introduction à l'Analyse des Lignes courbes Algebriques. Genf, 1750. 680 S. in Quart; wovon wiederum eben gemeldete Bibliotheque p. 364. kann nachgesehen werden. {979} Eine große Mannigfaltigkeit von Vorwürfen, denen er seine Aufmerksamkeit widmete, und öfters ganz überhäufte Geschäffte, verursachten übrigens, daß er von einer Menge gelehrter Werke nichts anders, als einen Anfang oder Entwurf machen konnte. Sein gelehrter Briefwechsel in viele Länder war stark und weitläuftig. Mit mehr als funfzig Personen unterhielt er ihn ordentlich. Was man von seinen Briefen vorgefunden hat, beweiset, daß dieselben eben so viel gründliche Ausarbeitungen waren, und daß dem Reiche der Wissenschaften durch deren Herausgabe ein gewünschter Nutzen erwachsen würde. Man würde insbesondere

gar seltene Gedanken von dem Schalle und der Forttreibung desselben, wie auch
über andere wichtige Materien aus der Geometrie, Astronomie, Physik und Metaphysik, und über allerley Werke, so zu seiner Zeit ans Licht getreten, darinn antreffen; wie man sich aus einem Briefe an den Hrn. de Mairan, über den Schall, so in
dem Journal des Savans, Mars 1741. befindlich ist, gnugsam überzeugen kann. Eine
ganze Reihe von solchen Briefen, auch über verschiedene metaphysische Fragen, an
die Herren Bernouilli, an die berühmtesten Akademisten und andere Gelehrten
zu Paris, unter denen auch die Frau Marquisinn du Chatelet war, an die Herren
Stirling, Jurin und Maclaurin in Engelland, und an den Hrn. Präsident von Maupertuis, Hrn. Euler und Hrn. Formey zu Berlin, würden unsern Gelehrten noch
der Nachwelt in seiner rechten Stärke und Größe darstellen können. Unter seinen
Handschriften hat sich ein Versuch einer Vernunftlehre in französischer Sprache
{980} gefunden; wie auch etwan die Hälfte der Elemens d'Arithmetique. Diese
hat er zum Gebrauch des durchlauchtigen Prinzen von Gotha, und jenen vor die
Tochter eines Freundes, welcher er denselben erklärete, aufgesetzt.

Er starb den fünften [recte: vierten] Jenner 1752 im acht und vierzigsten Jahre
seines Alters. Eine durch einen Fall aus der Kutsche verursachte Krankheit, welche
er anfänglich nicht viel achtete, welche aber sehr schleunig zunahm, nöthigte ihn
auf eine Veränderung der Luft bedacht zu seyn. Er begab sich daher den 22. December 1752 [recte: 1751], in Gesellschaft eines vornehmen Freundes seines jungen Vet-
ters, auf die Reise nach Lyon, und von da nach Montpellier. Allein dreyzehn Tage
hernach, nämlich den 4. Jenner 1752, übereilete ihn der letzte Feind zu Bagnols
in Languedoc, nachdem er sein Alter auf sieben und vierzig und ein halbes Jahr
gebracht hatte. Ein Bürger des Ortes bot sein Landgut, so eine halbe Meile davon
gelegen, an, um ihn, mit Erlaubniß der Obrigkeit, als einen Protestanten zu begraben. Sein Tod war sanfte. Er gieng aus, wie eine Lampe, welcher es an Oel gebricht.
Das Reich der Wissenschaften hat in ihm eine seiner größesten Zierden, aber auch
die Religion einen christlichen Philosophen verloren, dessen ganzer Wandel von
einer erleuchteten Vernunft und gesunden Erkenntniß Gottes regieret wurde, und
der durch sein redendes Exempel den falschen Witz der Freygeisterey am besten
widerlegte. Er war aus Ueberzeugung und aus eigener Wahl ein Christ. Die mathematische Wissenschaften sind zwar jederzeit sein Hauptwerk gewesen; allein er
war {981} auch nicht weniger in alle Tiefen der Weltweisheit hineingedrungen; ja
es war so leicht keine Wissenschaft, in welcher man ihn nicht zu Hause fand. Die
freyen Künste, die Geschichte, die Alterthümer, die gelehrte und lebende Sprachen, die Rednerkunst, die Gottesgelahrtheit und selbst die Rechtsgelehrsam-
keit hatten an ihm einen gründlichen Kenner und Liebhaber. In der Geschichte
seines Vaterlandes war ihm auch das kleineste nicht unbekannt. Wie manche Probe
seiner Scharfsichtigkeit hat er nicht gegeben in Erklärung dunkeler Ueberbleib-
sel des Alterthums und Entzifferung der unlesbarsten Schriften, woraus er sich

nur einen Zeitvertreib machte? Mit was für Einsicht erläuterte er nicht die wichtigsten Fragen aus der Gottesgelahrtheit, und die schwersten Stellen der heiligen Schrift? Auch war ihm keine Arbeit, wobey er Nutzen sahe, zu mühsam. Um den öffentlichen Büchersaal hat er sich verschiedentlich verdient gemacht. Dem Kirchenrathe machte er sich durch verschiedene Mühwaltungen ungemein brauchbar. Selbst die Archiven haben ihm Einrichtungen zu danken, wodurch sie nutzbarer geworden. Sein Umgang war dabey weit von allem Stolze entfernet, und überaus angenehm und liebenswürdig. Doch, wer kann einen Cramer und seine Verdienste nach Würden beschreiben? Wir berufen uns indessen auf denjenigen Aufsatz, welcher in der Bibliotheque raisonnée Tom. XLVIII. P. 1. S. 225 u. f. befindlich ist, und woraus wir unsere Nachrichten großentheils ergänzet haben. Es heißt daselbst S. 228. Man fürchtet nicht es zu sagen, noch zu viel zu sagen. Vielleicht sind wenig Männer {982} gewesen, welche man mit größerem Rechte eine lebendige Encyclopedie hat nennen können. Die in der Nouv. Bibliotheque Germanique Tom. X. P. 2. p. 359–392 abgedruckte Lobrede des Hrn. Prof. Vernet gereichet unserm Gelehrten nicht weniger zu einem herrlichen Nachruhme, je berühmter und größer der Verfasser derselben selbst ist. Wir wollen außer dem, so wir bereits an seinem Orte eingerückt haben, noch folgendes hinzufügen.

Hr. Cramer fand in seinem väterlichen und brüderlichen Hause so viel Vergnügen, daß er nicht daran dachte, sich davon zu scheiden, noch sich zu verheirathen. Ohne den Umgang mit dem Frauenzimmer zu meiden, hat er nur allein den Musen sich beliebt zu machen gesucht.

Seinem Rath und seinen Vorstellungen hat die Akademie zu Genf einen neuen Glanz nicht wenig zu danken, durch die Aufrichtung eines Lehrstuhls der Experimentalphysik, welcher 1737 dem geschickten Hrn. Professor Jallabert eröffnet wurde, der seit dem, vornehmlich durch die electrischen Versuche, sich einen großen Ruhm erworben hat.

Des Prinzen von Sachsengotha Durchlauchtigkeit drückten sich, über den Verlust desselben, in einem Antwortsschreiben an den Hrn. Professor Vernet folgendergestalt aus. Der Verlust des Hrn. Cramer ist nicht nur denen, so ihn kannten, sondern dem menschlichen Geschlechte gemein. Die ersten verlieren einen getreuen Freund an ihm; das menschliche Geschlecht einen ehrlichen Mann; und einen Mann, welcher dasselbe durch seine große Wissenschaft hätte {983} erleuchten können. Ich liebte ihn, schätzte ihn hoch als einen Freund, bewunderte ihn, und verehrte ihn als einen großen Mann.

Sein Testament macht seinem Nachgedächtniß Ehre. Seine Familie ist darinn billiger und anständiger weise bedacht, und verschiedene christliche Liebesvermächtnisse ausgesetzet worden; wie auch einige Geschenke an Büchern vor seine Amtsgenossen; und ein beträchtliches Geschenk kostbarer Bücher vor die öffentliche Bibliothek.

Etienne Thourneyser, Lebensdaten und Werke

1715
26. Oktober. In Genf geboren als erstes Kind und einziger Sohn des Joh. Rudolf Thurneisen (*1671, † Genf, 4. Juli 1745) aus Basel, Pfarrer an der von Friedrich Spanheim gegründeten deutschreformierten Gemeinde in der Eglise de la Madelaine in Genf, und seiner Ehefrau Jeanne-Marie, geb. Colladon (Genf *10. Mai 1677, Genf †12. März 1764).

3. November. getauft in der Madelaine-Kirche zu Genf auf den Vornamen seines Großvaters mütterlicherseits „Etienne" (Stephan).

7. Februar. Geburt der Schwester Jeanne-Susanne († 6. Okt. 1798), 28. Sept. 1755 oo Isaac Felix (1707–1767), Mitglied des Grossen Rats.

1718
Geburt der Schwester Anne Magdeleine (getauft in Genf, 24. Nov. 1718).

1720
Tod der Schwester Anne Magdeleine.

13. März. Geburt des Genfer Naturforschers (Entomologie und Pflanzenphysiologie) Charles Bonnet (Genf † 20. Mai 1793).

1721–1727
Etienne Thourneysen wird vom 6. Lebensjahr an in die von Calvin gegründete Lateinschule (Collège) aufgenommen worden sein, der Vorstufe für die Akademie, wo die künftigen Führungskräfte der Genfer Gesellschaft als Theologen oder Juristen ausgebildet wurden. Das Abschlusszeugnis erhielten die Absolventen gewöhnlich im 15. oder 16. Lebensjahr. Der mehrsprachige Pfarrerssohn Etienne Thourneyser hingegen verläßt das Collège de Calvin mit 12 Jahren und reist in Begleitung des 24jährigen Genfer Mathematikprofessors Gabriel Cramer, seinem späteren Lehrer und Doktorvater, zum Studium nach Basel.

1727
Mai bis Oktober. Prof. Cramer bleibt von Mai bis Oktober in Basel, anschließend Studienreise über Paris nach London und Cambridge; am 20. Mai 1728 in Oxford, seit Juli in Holland; längere Zeit in Leyden; im Dezember 1728 in Paris; im Mai 1729 zurück in Genf.

27. Juni, 21. Juli. Th. ist seit dem 27. Juni in Basel immatrikuliert („Thourneyser, Stephanus, Genevensis, inscriptus in matric. philos. peregrinorum, d. 27. Junij 1727" – AN II 11 pag. 166: UBB Hs. Abtlg. Katalog) und wiederum am 21. Juli („Thurneyser, 1727, 21. Juli Stephanus, Basil. Genevensis. Cornua deposuit privatim et in Matric. Philos. inscriptus est", AN II 9 pag. 121). Er hört Logik, Philosophie und Mathematik bei Niklaus I Bernoulli.

1729–1731

3. Mai 1729 bis 1731. Prof. Cramer seit Mai 1729 wieder in Genf; Th. ist dort seit dem 3. Mai immatrikuliert; am 17. Mai wird er als Bibliotheksbenutzer unter den *Humaniorum Literarum Studiosi* aufgeführt (eigenhändige Unterschrift: „Stephanus Thurneisen Genevensis"). Studium der Logik, 1731 der Philosophie. Er hört bei Prof. Cramer und dem Rechtsphilosophen Jean-Jaques Burlamaqui.

1733

29. September. Diss. *Theses Logicæ de Inductione*, præses Gabriel Cramer.

1734–1738

Beginn der Genfer Bürgerwirren (erster bewaffneter Volksaufstand). Der zweite, drei Jahre später, endete in Blutvergiessen; die Stände Zürich und Bern griffen als Vermittler ein, Frankreich folgte, Lukas Schaub vermittelte. Die Unruhen fanden 1738 in der „Illustre Médiation" ihren vorläufigen Abschluß. (Massini, *Allianzverhandlungen*, p. 85).

1736

2. Juni. Th. beschließt seine juristischen Studien unter Prof. Burlamaqui mit einer Dissertation, die er am 2. Juni 1736 verteidigt. Damit ist er berechtigt, den Titel eines Dr. iur. und Anwalts zu führen. (Die gedruckte Diss. war bisher nicht aufzufinden. Th. sandte ein Exemplar – „Some Law Theses" – an „Mylord Chief Justice Ryder". Siehe Brief Nr. 19 vom 8. Juli 1762).
Anschließend Reise nach Paris, „se proposant de passer delà en Angleterre" (Gabriel Cramer an Niklaus I Bernoulli, 28. August 1736).

1739

Th. in Bern: mehrere Gespräche mit Albrecht Haller, Professor für Anatomie, Physiologie, Zoologie und Botanik in Göttingen, der sich besuchsweise in seiner Heimatstadt aufhält (zweite Eheschließung des verwitweten Haller, verschiedene Alpentouren).

1739–1740

Okt.1739–Febr. 1740. Zwischen Oktober und Februar Gespräche mit dem Mathematiker Samuel Kœnig in Bern.

1740

Februar–März. Ankunft in London, als Reisebegleiter und „Hofmeister zweyer junger Engelländischer Lords" (Stiefkinder des Basler Diplomaten Sir Luke Schaub?).

1741/42

Haller vermittelt Th. einen Lehrstuhl für Mathematik an der Universität Göttingen. Th. erfährt von der Berufung erst 1746.

1745

Th. Lehrer für Mathematik und Französisch an „Mrs. Johnson's French Boarding School in Clapton in Hackney near London". Er vermittelt Briefe zweier junger Offiziere des Basler Regiments Linder, Wettstein und Werdmüller, an deren Verwandte in London und an den dortigen Berner Niklaus Emanuel von Diesbach, Verwalter der Bernischen Auslandskapitalien.

1745

4. Juli. † Pfarrer Johann Rudolf Thurneisen.

1746/47

Th.s Briefadresse im Sommer 1746 lautet: „Monsieur l'Avocat Thourneyser chez Mr. Mestrezat Marchand en Old Broad Street derrière la Bourse à Londres". Möglicherweise bezieht sich die Angabe auch auf Th.s Wohnadresse; der erwähnte Kaufmann, Samuel Mestrezat, Ältester und Sekretär des Konsistoriums der Französischen Kirche in Soho, ist Genfer. – Th. arbeitet für einen (bisher unbekannten) Herrn von Schmirkfeldt, den Haller kennt. – Haller vermittelt Th. eine Professur für Mathematik an der Universität Heilbronn; Th. ist jedoch entschlossen, in England zu bleiben, falls bei der nächsten Gelegenheit keine Berufung nach Genf erfolgt. – Da Th. Haller noch nichts Eigenes ankünden kann, bietet er ihm auf dem Korrespondenzweg Nachrichten über literarische Neuerscheinungen aus England an. Der Briefwechsel unterbleibt, weil Th. bald darauf aus der Stadt „aufs Land" zieht, wo er fast ununterbrochen bis Ende 1748/Anfang 1749 wohnt.

1748

3. April. Th.s Lehrer, der Naturrechtler und Rechtsphilosoph Jean-Jacques Bur-
lamaqui stirbt in Genf, „Cour de St. Pierre" (*Genf, 13. Juli 1694). Freundschaft mit dem englischen Arzt und Philosophen David Hartley, Verfasser der
Observations on Man, die Th. auszugsweise vor dem Druck zu lesen bekommt. –
Die französische Schriftstellerin, Pädagogin und künftige Herausgeberin des
Nouveau Magasin François (*NMF*), Marie Le Prince de Beaumont, trifft in
London ein, wo sie sich während fünzehn Jahren (bis 1761) erfolgreich, wenn
auch immer in Geldnöten wegen zu hoher Druckkosten, als Schriftstellerin
und Erzieherin etablierte.

1749

Seit Anfang 1749 ist Th. wieder in London, wo er sich definitiv niederlassen will.
Er ist unter der früheren Adresse („Mestrezat") zu erreichen. Er sendet Haller
detaillierte Nachrichten über Börsenkurse, politische Intrigien und Ereignisse
am Königshof, über literarische Neuerscheinungen aus den Bereichen Theologie, Philosophie, Mathematik und Physik (bezeugt durch drei von vermutlich
mehr Briefen an Albrecht von Haller, geschrieben zwischen Juni 1746, März
1749 und September 1750. Ein vierter ist nur als „Leere Nummer" überliefert). –
Th. wartet auf das unmittelbar bevorstehende Erscheinen der *Observations on
Man*. Das Ganze stelle, so Th., eine Ethik dar, woran die Freiheit nicht beteiligt
sei.

1750

März – AugustZwischen März und August 1750 erscheint in London, im *Nouveau
Magasin François* (*NMF*), fortsetzungsweise Th.s „Lettre de Mr. N. E. écrite à la
Campagne à Mr. C. P. à Londres" unter dem Titel „Que l'Athéisme & le Déré-
glement des Mœurs ne sauroient s'établir dans le Systéme de la Necessité". In
der Nummer vom Mai 1750 wendet sich die Herausgeberin der Monatsschrift,
Marie Leprince de Beaumont, an den bis dahin anonymen Verfasser mit der
Bitte, dem begeisterten Publikum seinen Namen zu nennen. Das geschieht am
Schluß des Schreibens, in der Nummer vom August 1750. Am 18. September
informiert Th. Haller in Göttingen, daß er ihm demnächst die letzte Folge des
Schreibens senden werde. Es handle sich dabei um einen Entwurf zu einem
größeren Werk, das er auszuarbeiten beabsichtige, sofern dieser erste Versuch
günstige Aufnahme finde bei jemand, der, wie Haller, durch sein Urteil das Pub-
likum günstig beeinflussen könne. – Wo ist das größere Werk? Wer ist dieser
Jemand? – Im gleichen Brief bittet er Haller um Empfehlung bei Hofe für seine
Bewerbung als Erzieher der Söhne des Prinzen von Wales.

15. Oktober. Thourneyser antwortet Marie Le Prince de Beaumont im *Nouveau Magasin François* zustimmend auf deren Vorschlag, die Monatsschrift jeweils durch eine eigene Nummer mit Buchbesprechungen zu erweitern: Réponse de Mons. T[hourneyser] D[octeur] E[s] D[roits] à l'Auteur du *Magasin François* Sur l'invitation qui lui avoit été faite de se charger d'une partie de ce *Magasin*, sous le titre de *Journal Litéraire*.

November. Die erste Nummer des JOURNAL LITERAIRE de LONDRES, pour le Mois de NOVEMBRE 1750. Par Mons. T. D. E. D. beschließt das *Nouveau Magasin* (pp. 425–436). – Motto: „Rara temporum felicitate, ubi sentire quæ velis, & quæ sentias dicere licet. Tac. Hist. I".

Dezember. Die zweite (und, soweit ersichtlich, letzte) Nummer des JOURNAL LITERAIRE de LONDRES, pour le Mois de DECEMBRE 1750 beschließt den ersten Jahrgang des *Nouveau Magasin François* (pp. 468–476), diesmal mit vollem Namen des Verfassers und Rezensenten: „Par M. Thourneyser, Docteur ès Droits".

1751

Februar. Haller bespricht den 1. Band des *NMF* und erwähnt an erster Stelle „eine wichtige Abhandlung von der sogenannten Fatalität", ohne Angabe des Verfassers (*Göttingische Zeitungen von gelehrten Sachen*, 19. Stück, Febrarius 1751, p. 146).

In Genf erscheint als Separatdruck, mit leicht verändertem Titel,sonst konform mit dem forsetzungsweisen Erstdruck aus dem *NMF* , bei Antoine Philibert, Libraire au Perron, Thourneysers *Lettre d'un Philosophe, dans laquelle on prouve que l'Athéisme & le déréglement des Moeurs ne sauroient s'établir dans le système de la Necessité*, angekündigt von J. H. S. Formey in der *Nouvelle Bibliothèque Germanique*, Avril, May & Juin 1751, p. 448.

1752

4. Januar. Th.s Lehrer Gabriel Cramer stirbt in Bagnols (Südfrankreich) im Alter von 47 Jahren. Sein Nachfolger auf dem vakanten Lehrstuhl für Mathematik wird nicht Thourneyser, sondern Jean Jallabert, „celui qu'il auroit choisi lui-même, [...], qui le suit de près en capacité & en réputation" (Vernet: „Eloge Historique de Monsieur Cramer, Professeur de Philosophie & de Mathématiques à Genève", in: *Nouvelle Bibliothèque Germanique*, Avril, May & Juin 1752, pp. 359–392).

Beginn des Akademiestreits in Berlin

März. Der mit Th. befreundete, in Holland lehrende Exilberner, Mathematiker und Jurist Samuel Koenig veröffentlicht (nach vorheriger Unterredung mit dem Akademiepräsidenten Maupertuis und mit dessen Einverständnis) in den

Leipziger *Acta eruditorum* das Fragment eines unveröffentlichen Leibnizbriefes, worin das von Maupertuis als eigene Entdeckung beanspruchte „Prinzip der kleinsten Action" erkennbar und weitergeführt worden sei. Maupertuis bezweifelt die Echtheit des Fragments, das nur in der Abschrift des 1749 in Bern wegen Staatsverrats hingerichteten Samuel Henzi vorliegt: Beginn des Streits zwischen Leibnizianern und Antileibnizianern an der Académie Royale Prusse des Sciences et Belle Lettres unter Friedrich II.

13. April. Maupertuis erklärt die von Samuel Kœnig vorgelegte fragmentarische Kopie eines Leibnizbriefes als Fälschung und veranlaßt die Akademie zur Bestätigung seines Urteils.

6. Juli. Samuel Kœnig verzichtet auf seine Mitgliedschaft und schickt der *Academie Royale Prusse des Sciences et Belles Lettres* sein Diplom zurück.

August. In der Augustnummer des Londoner *Nouveau Magasin François* erscheint Th.s vehemente Verteidigung seines Freundes und Kollegen Samuel Kœnig contra Maupertuis: „Lettre de Mr. T." à Mr. S." (Sulzer?)."

22. August. Titius hat die deutsche Übersetzung der *Neue[n] Untersuchung des Satzes: Ob die Gottesleugnung und die verkehrten Sitten aus dem System der Fatalität herkommen?* beendet (Datum des Vorworts). Das Werk erscheint 1752 bei Johann Christian Langenheim in Leipzig.

26. August. Der Genfer Kleine Rat (Petit Conseil) ernennt Pfarrer Jacques André Trembley zum Mathematikprofessor an der Akademie. Zwei Tage später wird Professor Trembley wie seine akademischen Amtsvorgänger in die Reihe der Stadtpfarrer des Pfarrvereins (Compagnie des Pasteurs) aufgenommen. (In der Forschung des 19. Jahrhunderts wird diese Besetzung als „Kalamität" bezeichnet). Als Mitbewerber sind zwei Jüngere dokumentiert: Louis Necker und Louis Bertrand, die sukzessive (1757–1760 und 1761–1795) J. A. Trembley ablösen werden.

September. Th.s zweiter Brief gegen Maupertuis erscheint im *Nouveau Magasin François*: „Seconde Lettre de Mr. T.** à Mr. J.**" (de Jariges? Jortin?); fortgesetzt in der Oktobernummer unter dem Titel „Seconde Lettre de Mr. T.** à Mr. J.**" (für Samuel Kœnig und Leibniz, gegen Maupertuis und Euler). – Th.s *Neue Untersuchung* wird im 77. Stück der *Jenaische[n] gelehrte[n] Zeitungen* (Oct. 1752, pp. 614–616) rezensiert; der Autor („Thourneiser") wird lobend genannt.

12./13. September. Samuel Kœnigs *Appel au public* kommt mit der Post in Berlin an. Darin enthalten ist die Darstellung des vorausgegangenen wissenschaftlichen Streits, sein Briefwechsel mit Maupertuis und Formey und Abschriften von Leibniz-Briefen in seinem Besitz (Goldenbaum, pp. 642 f.).

November. Th.s *Neue Untersuchung* wird in den *Frankfurtische[n] Gelehrte[n] Zeitungen* (Dienstags den 7. Nov. 1752, pp. 493–494) besprochen, der Verfasser wird nicht mit Namen genannt.

Dezember. Die letzte Nummer des *Nouveau Magasin François* erscheint. Im Schlußwort dankt die Herausgeberin dem Publikum und entschuldigt sich dafür, daß
sie krankheitshalber nicht alles, was in ihrem Magazin erschienen sei, prüfen
konnte. (Es geht besonders um die Schriften zum Berliner Akademiestreit.).

1753

Im Frühjahr verläßt Pierre-Louis Moreau de Maupertuis aus gesundheitlichen
Gründen Berlin. Fast gleichzeitig muß Voltaire Berlin verlassen, weil er bei
Friedrich II. in Ungnade gefallen ist. Leonhard Euler führt interimistisch die
Geschäfte der Akademie weiter (mit Ausnahme der Ernennungen).

15. März. Albrecht von Haller verläßt „aus familiären Gründen" überraschend
Göttingen und kehrt für immer nach Bern zurück. Die Redaktion der „Göttingischen Gelehrten Anzeigen" behält er bei.

31. März. Lessings Besprechung der *Neuen Untersuchung* erscheint im 39. Stück
der *Berlinische[n] privilegirte[n] Staats- und gelehrte Zeitung*. Großes Lob für
den Autor, „Thourneyser".

April bis 20. Juli. Auf der geplanten Forschungsreise nach Surinam legt Christlob
Mylius einen Zwischenhalt bei Prof. Kœnig in Holland (Den Haag) ein.

22. August. Mylius ist in London. Er übersetzt Hogarths *Analysis of Beauty* (*Zer-
gliederung der Schönheit*, London 1754).

17. September. Bei Heidegger und Co., Zürich, erscheint eine weitere Rezension
der *Neuen Untersuchung* (*Freymüthige Nachrichten von Neuen Büchern und
andern zur Gelehrtheit gehörigen Sachen*, XLII. Stück, 10. Jahrgang, Mittwochs,
am 17. Weinmonat 1753, p. 340). Der Text ist der gleiche wie in den *Frankfurtische[n] Gelehrte[n] Zeitungen*. Thourneyser wird nicht genannt.

Bei J. Christian Langenheim, erscheint eine hundertseitige, kritische Besprechung der *Neue[n] Untersuchung*, mit höchstem Lob für den wiederholt namentlich genannten Verfasser, der „mit großer Scharfsinnigkeit und Gelehrsamkeit"
darin seinen Satz ausgeführt habe, „daß aus der Fatalität keine die Moral schädlichen Folgen fließen". Rezensent ist der Strelitzsche Jurist Adolf Friedrich Reinhard, Sekretär an der Herzoglichen Justizkanzlei.

1754

6. auf den 7. März. In der Nacht stirbt Christlob Mylius in London.

Juli. Maupertuis kehrt nach Berlin zurück; sein Lungenleiden hat sich gebessert.

Bei Elie Luzac in Leyden erscheint der anonyme *Essai de Psychologie* unter falschen Angaben zum Erscheinungsort („London") und -jahr („1755").

1755

A. F. Reinhard wird Preisträger der Berliner Akademie. Lessings und Mendelssohns Gegenschrift „hors concours": *Pope, ein Metaphysiker?*

1. November. Erdbeben von Lissabon, mehr als 30 000 Menschen „lebendig begraben".

1756

Januar. *Konvention von Westminster* zum Schutz von Hannover: Bündnis zwischen England und Preußen gegen den Einmarsch fremder Truppen in Norddeutschland.

17. Mai. Islington: erster überlieferter Brief Th.s an Sir Charles Yorke, Parlamentsmitglied (seit 1756 Kronanwalt in der Regierung des Herzogs von Devonshire). Th. dankt für Yorkes Großzügigkeit (ermöglichte Th. den Kuraufenthalt „auf dem Lande"?). Th. leidet an nervlicher Zerrüttung („nervous distemper") mit völliger Schreibunfähigkeit, ist aber langsam auf dem Weg zur Besserung.

7. Juni. Kurz vor Ausbruch des siebenjährigen Krieges verläßt Maupertuis in schlechtem Gesundheitszustand erneut Berlin. Wechselnde Kriegsereignisse verhindern mehrmals seine Rückkehr.

30. November. Th.s Quittung zuhanden des Londoner Verlegers John Nourse, für den er französische Grammatiken schreibt und revidiert .

1756–1763

Siebenjähriger Krieg: Friedrich II. (und England) gegen Oesterreich, das Reich, Frankreich, Schweden und Rußland.

1757

21. August. Th.s Freund und Kollege Samuel Kœnig stirbt auf Schloß Zuilenstein bei Amerongen (NL).

1758

12. Juni. Hoxton: Th. ist immer noch krank, arbeitsunfähig und deprimiert: er habe sich gewissermassen selbst überlebt (an Sir Charles Yorke).

1759

27. Juli. Maupertuis stirbt im Engelhof in Basel als Gast von Johann II Bernoulli. Wunschgemäß wird der Katholik außerhalb der Basler Stadtmauern in der Kirche von Dornach beerdigt.

1761

15. August.Etienne Thourneyser und Jane Robinson werden in St. James's Piccadilly, der Pfarrkirche der Braut, getraut. Trauzeugen waren Peter Gorjon und
Judith Robinson.

1762

8. Juli. Th.s Bericht an Sir Charles Yorke über das verunglückte Vorstellungsge-
spräch mit einem Notablen, an den ihn Yorke empfohlen hatte; die Büroluft
sei ihm wohl nicht bekömmlich. Er habe aber anschliessend an den Lord zur
Entschuldigung geschrieben, es sei das typische Pech von Leuten, die mehr Zeit
mit Büchern als mit Menschen verbrächten, bei einem ersten Vorstellungsge-
spräch zu versagen, besonders gegenüber Personen von Rang. Aufzählung seiner
drei Veröffentlichungen seit seiner Studienzeit: einer mathematischen Dissertation, einer juristischen (heute unauffindbar) und des Genfer Separatdrucks
der „Lettre d'un philosophe".

1. Oktober. Dank an Sir Charles Yorke für fortwährende Unterstützung und
Ankündigung, daß er nun seit zwei Jahren und acht Monaten von jeglichen
nervösen Beschwerden befreit sei und wieder in der Stadt zu unterrichten vor-
habe. Da er immer an ein aktives Leben gewöhnt war, sei es schwer, so früh im
Leben nur noch eine unnütze Last auf Erden zu sein. (Neun Monate später
wird sein Kind geboren).

1763

15. Januar. Etienne Thourneyser, Mathematiker, Philosoph und Jurist, wird auf
dem Friedhof von St. James's, Paddington, beerdigt.

8. März. Drei junge Zürcher, Bodmer- und Breitinger-Schüler, Johann Kaspar Lavater, Heinrich Füßli und Felix Heß, reisen, begleitet von J. G. Sulzer, von Zürich
nach Berlin. Ziel dieser Studienreise ist der Aufklärungstheologe Johann Joachim Spalding, Verfasser der *Bestimmung des Menschen* (1748), zu dieser Zeit
Erster Prediger und Präpositus der Synode in Barth (Schwedisch Pommern).
Unter Spaldings Anleitung lesen die jungen Leute zwischen Mai 1763 und
Januar 1764 unter vielen anderen zwei Bücher aus der Genfer Schule, die Lavaters Theologie entscheidend prägen. Es handelt sich um die deutsche Übersetzung von Thourneysers *Lettre d'un philosophe* und den anonymen *Essai de Psychologie*, den Spalding Thourneyser zuschreibt.

11. Juli. Im Juni wird Thourneysers Tochter Sarah geboren und am 11. Juli in der
Kirche von St. James's, Paddington, getauft.

1764

21. Dezember. Charles Bonnet verneint gegenüber Albrecht von Haller Autor des *Essai de Psychologie* zu sein.

1769

28. Juli. In einem Brief Bonnets an Johann Kaspar Lavater verneint Bonnet Verfasser des *Essai de Psychologie* zu sein („l'Auteur de l'*Essai Analytique*, que Mr Thourneyser n'est point l'Auteur de l'*Essai de Psychologie*."). Der Brief ist in Bennelles Handschrift geschrieben.

1770

5. Mai. Bonnet verneint gegenüber Abbé Lazzaro Spallanzani, Autor des *Essai de Psychologie* zu sein.

Christian Gottfried Schütz übersetzt Bonnets *Versuch über die Seelenkräfte* aus dem Französischen. Hierbei werden alle aufgezählt, die Bonnet des Plagiats beschuldigen. Der Übersetzer verteidigt Bonnet gegenüber Herrn Sigorgne, Verfasser der *Institutions Leibnitiennes*, und Moses Mendelssohn.

1773

C. W. Dohm übersetzt den bis dahin anonymen *Essai de Psychologie* ins Deutsche und schreibt ihn Bonnet zu.

15 Juli. Haller rügt den Übersetzer C. W. Dohm: „Die Vermuthung, daß Herr Bonnet der Verfasser dieses Versuchs sey, ist wohl schon eher manchem beygekommen. Aber ihn öffentlich und auf dem Titel dafür zu erklären, scheint uns bey dem Beweisgrunde, der in der Vorrede der Uebersetzung angegeben wird, noch etwas zu kühn."

1783

Im vorletzten, 17. Band seiner *Œuvres Complètes* bekennt sich Bonnet zum *Essay de Psychologie*.

Juli, September, Oktober. In der *Berlinische[n] Monatsschrift* wird das Problem „Freiheit und Notwendigkeit" aufgegriffen. Moses Mendelssohn beginnt seinen Beitrag mit der Feststellung, Etienne Thourneyser, „ein Freund und – wo ich nicht irre – Lehrer Bonnets", habe schon vor über dreißig Jahren das Nötige darüber gesagt.

1792

Joh. Gebh. Ehrenreich Maaß, Professor der Philosophie zu Halle, schreibt im *Versuch über die Einbildungskraft*, dass Bonnet nicht Verfasser des *Essay de psychologie* sei. „Essay de psychologie, ou consideration sur les operations de l'ame sur l'habitude et sur l'éducation. A Londres 1755." (richtig: Leyden, 1754).

1797

In der zweiten verbesserten Auflage vom *Versuch über die Einbildungskraft* von Joh. Gebh. Ehrenreich Maaß wird Bonnet wiederum ausdrücklich nicht als Verfasser des *Essay de psychologie* dargestellt.

Abkürzungen

ADB	Allgemeine deutsche Biographie
Akad.Berl.Index	Deutsche Akademie der Wissenschaften zu Berlin: Biographischer Index der Mitglieder
BB Bern	Bibliothèque de la Bourgeoisie de Berne (Burgerbibliothek Bern)
GS-JubA	Moses Mendelssohn, Gesammelte Schriften, Jubiläumsausgabe
Bern. Biogr.	Sammlung Bernischer Biographien
Bibl. Germ.	Bibliothèque Germanique
Bibl. Rais.	Bibliothèque Raisonnable
BIHR	Bulletin of the Institute of Historical Research
BPU	Bibliothèque Publique et Universitaire (Gèneve)
Brit.Chron.	Handbook of British Chronology
BZGA	Basler Zeitschrift für Geschichte und Altertumskunde
DBI	Deutscher Biographischer Index
DHI	Dictionary of the History of Ideas
DSB	Dictionary of Scientific Biography
Enc.d'Yv	Encyclopédie ou Dictionnaire Universel Raisonné des connoissances humaines. De Felice. Yverdon 1770–1780
Fr.Gr.Ms.	Handschriften im Frey-Grynäischen Institut, UB Basel
GGS	Göttingische Anzeigen von gelehrten Sachen
GV	Gesamtverzeichnis des deutschsprachigen Schrifttums 1700–1910
HBLS	Historisch-Biographisches Lexikon der Schweiz
HLS	Historisches Lexikon der Schweiz
IGI	International Genealogical Index
Sav.Genev.	Les Savants Genevois dans l'Europe Intellectuelle du XVIIᵉ au milieu du XIXᵉ siècle
NBG	Nouvelle biographie générale
NMF	Nouveau Magasin François
NUC	National Union Catalogue Washington D.C.
PUF	Presses Universitaires de France
Sgard 1976	Dictionnaire des Journalistes Français (1600–1789)
Sgard 1984	Bibliographie de la Presse Classique, 1600–1789

Sgard 1991	Dictionnaire des journaux 1600–1789
Sgard 1999	Dictionnaire des journalistes 1600–1789
SGB	Schweizerisches Geschlechterbuch
St. A. BE	Staatsarchiv des Kantons Bern
StA Basel	Staatsarchiv Basel
TRE	Theologische Realenzyklopädie
UB Basel	Universitätsbibliothek Basel
UB Tübingen	Universitätsbibliothek Tübingen
ZBZ	Zentralbibliothek Zürich

Bibliographie

Archive und Bibliotheken

Archives de l'Etat de Berne (Staatsarchiv des Kantons Bern)
Archives d'Etat, Genève (Staatsarchiv Genf)
Bibliothèque de la Bourgeoisie de Berne (Burgerbibliothek Bern)
Bibliothèque Publique et Universitaire, Genève
The British Library London
Eglise de l'Artillerie London
Eglise Protestante Francaise de Londres
French Protestant Church of London Incorporated by Royal Charter Edward VI
Frey-Grynäisches Institut, Basel
Guildhall Library, Aldermanbury, London
Hackney Archives Department and Local Studies Library
London Metropolitan Archives
Staatsarchiv Basel-Stadt
Universitätsbibliothek Basel
Victoria Library, Archives and Local Studies, London
Zentralbibliothek Zürich

Handbücher/Nachschlagewerke

Allgemeine deutsche Biographie. Auf Veranlassung Seiner Majestät des Königs von Bayern herausgegeben durch die historische Commission bei der Königl. Akademie der Wissenschaften. Leipzig: Duncker & Humblot, 1875–1900 (Bd. 1–45). Nachträge: 1902–1910 (Bd. 46–55). Generalregister: 1912 (Bd. 56). Neudruck der ersten Auflage: Berlin 1967 ff.

Allgemeines Register über die Göttingischen gelehrten Anzeigen von 1753 bis 1782, verfertiget von Friedrich Ekkard, D. d. W. Königl. Dänischem bestalltem Bibliothek=Schreiber bei der grössern Bibliothek zu Kopenhagen. Zweiten Theils erste Hälfte A–K. Schriften Verzeichniß aller hier vorkommenden Schriftsteller; nebst Anzeigen von hohen Beförderern der Gelehrsamkeit, und von einigen Künstlern. Göttingen, gedrukt bey Johann Christian Dieterich. 1784.

Allgemeines Register über die Göttingischen gelehrten Anzeigen von 1753 bis 1782, verfertiget von Friedrich Ekkard, D. d. W. Königl. Dänischem bestalltem Bibliothek=Schreiber bei der grössern Bibliothek zu Kopenhagen. Zweiten Theils zweite Hälfte L–Z. Schriften

Amburger, *Die Mitglieder der Deutschen Akademie der Wissenschaften zu Berlin 1700–1950*, bearbeitet v. Erik Amburger, Berlin 1950.

Asimov, Isaac, 1973: *Biographische Enzyklopädie der Naturwissenschaften*, Herder: Freiburg, Basel, Wien 1973.

Barbier, Olivier / Billard, René et Paul, *Dictionnaire des Ouvrages Anonymes*, Paris 1873

Basler Matrikel, = Die Matrikel der Universität Basel. Im Auftrag der Universität Basel herausgegeben von Hans Georg Wackernagel (Bd. IV/V fortgesetzt von Max Triet, Pius Marrer, Hans Rindlisbacher). Bd. I: 1460–1529 (1951), Bd. II: 1532/33–1600/01 (1956), Bd. III: 1601/02–1665/66 (1962), Bd. IV: 1666/67–1725/26 (1975), Bd. V: 1726/27–1817/18 (1980), Basel.

Basler Stadtgeschichte, Vom Brückenschlag 1225 bis zur Gegenwart, hg. v. Martin Alioth, Ulrich Barth und Dorothee Huber, Basel 1981.

Basler Zeitschrift für Geschichte und Altertumskunde (BZGA), hg. v. der Historischen und Antiquarischen Gesellschaft zu Basel, Verlag der Universitätsbibliothek Basel.

Biographie Universelle

British Museum, Catalogue

Bulletin of the Institute of Historical Research

Campbell, J., 1896: *The Lives of the Chief Justices of England till the death of Lord Mansfield; The Records of the Honourable Society of Lincoln's Inn: Admissions 1420*

Catalogue de la Correspondence de Charles Bonnet, Genève Bibliotheque publique et Universitaire, 1993

Catalogus Professorum Göttingensium 1734–1962, hg. v. W. Ebel, Göttingen 1962.

Choisy, Albert, [Hg.], 1904: *La Matricule des Avocats de Genève 1712–1904*, Genève, 1904, p. 29.

Choisy, Albert, 1947: *Généalogies Genevoises. Familles Admises à la Bourgeoisie avant la Réformation*, Genève 1947.

Codex der Genfer Studenten

Conférences du Palais de la Découverte

Deutsche Akademie der Wissenschaften zu Berlin: Biographischer Index der Mitglieder, bearbeitet von K. R. Biermann und G. Duncken, Berlin 1960.

Deutscher Biographischer Index, hg. v. Willi Gorzny, bearbeitet v. Hans-Albrecht Koch, Uta Koch und Angelika Koller. K. G. Saur, München, London, New York, Oxford, Paris 1986. (Register zu: Deutsches biographisches Archiv).

Dictionary of Scientific Biography, 1970–1976, 14 Bde., Suppl. Bd. 15 (1978), Index Bd. 16 (1980), hg. v. Charles Coulston Gillispie, New York.

Dictionnaire de Spiritualité Ascétique et Mystique Doctrine et Histoire. Fondé par M. Viller, F. Cavallera, J. de Guibert, S. J. Continué par A. Rayez, A. Derville et A. Solignac, S. J. avec le concours d'un grand nombre de Collaborateurs. Fascicules LXXII

Encyclopédie ou Dictionnaire Universel raisonné des connoissances humaines. 58 vol. Yverdon, 1770–1780.

Galiffe = J[acques]-A[ugustin] Galiffe: *Notices Généalogiques sur les Familles Genevoises depuis les premiers temps jusqu'à nos jours.* 7 Vol., Genève: Barbezat, 1829–1895; Reprint: Ed. Slatkine, Genève 1976. [Im Genfer Staatsarchiv mit hss. Zusätzen und Korrekturen?]

Genfer Matrikel = Le Livre du Recteur de l'Académie de Genève (1559–1878), publié sous la direction de S[ven] Stelling-Michaud. Notices biographiques des étudiants, réd. par Suzanne Stelling-Michaud. Genève: Droz, 1959–1980. 6 vol., 4o. (Travaux d'humanisme et renaissance).

Gesamtverzeichnis des deutschsprachigen Schrifttums 1700–1910, bearbeitet unter der Leitung von Peter Geils, Willy Gorzny. Bibliogr. u. red. Beratung: Hans Propst u. Rainer Schöller, 160 Bde. und 1 Bd. Nachträge (1979

Hamberger/Meusel = *Das Gelehrte Teutschland oder Lexikon der jetzt lebenden teutschen Schriftsteller,* angefangen von Georg Christoph Hamberger, fortgeführt von Johann Georg Meusel, 23 Bde., (Bd. 23 mit einem Nachtrag von Paul Raabe), Reprografischer Nachdruck der 5. Auflage Lemgo 1797: Georg Olms Verlagsbuchhandlung Hildesheim 1965–1966.

Handbook of British Chronology, hg. v. E. B. Fryde, D. E. Greenway, S. Porter, I. Roy, London [3]1986.

Hatin = Eugène Hatin: *Bibliographie Historique et Critique de la Presse Périodique Française,* Paris 1866.

Historisch-Biographisches Lexikon der Schweiz, 7 Bde. (1921–1934), Neuenburg.

Historisches Lexikon der Schweiz, Schwabe Verlag Basel. Bisher erschienen: Bde 1–10 von 13.

Index of Manuscripts in the British Library, Vol. 9, Cambridge 1985.

International Archives of the History of Ideas, Vol. 28

International Genealogical Index, London

Jöcher = Christian Gottlieb Jöcher: *Allgemeines Gelehrtenlexikon,* Darinne die Gelehrten aller Stände sowohl männ= als weiblichen Geschlechts, welche vom Anfange der Welt bis auf ietzige Zeit gelebt, und sich der gelehrten Welt bekannt gemacht, Nach ihrer Geburt, Leben, merckwürdigen Geschichten, Absterben und Schrifften aus den glaubwürdigsten Scribenten in alphabetischer Ordnung beschrieben werden, Theil 1–4 (1750–1751), Fortsetzungen und Ergänzungen von Johann Christoph Adelung, Heinrich Wilhelm Rotermund und Otto Guenther, I (1784), II (1787), III (1810), IV (1813), Leipzig. Reprint 1961: Georg Olms, Hildesheim.

Kirchner = *Bibliographie der Zeitschriften des deutschen Sprachgebietes bis 1900*, hg. v. Joachim Kirchner, 4 Bde., 1969–1989, Stuttgart, Band I: Die Zeitschriften des deutschen Sprachgebietes von den Anfängen bis 1830, bearbeitet von Joachim Kirchner, Titelregister von Edith Chorherr.

Leu = Hans Jakob Leu, *Allgemeines Helvetisches, Eydgenössisches oder Schweitzerisches Lexikon*, 20 Bde., Zürich (1747–1765, mit Fortsetzung von J. J. HOLZHALB in 6 Suppl.-Bänden (1786–1795), Zürich.

Lexicon Spinozanum = Emilia Giancotti Boscherini, [Hg.]: Lexicon Spinozanum, 2 Bde., Den Haag 1970. (Archives Internationales d'Histoire des Idées / International Archives of the History of Ideas, Vol. 28).

Meusel = *Lexikon der vom Jahr 1750 bis 1800 verstorbenen teutschen Schriftsteller*. Ausgearbeitet von Johann Georg Meusel. Bd. 1–15 (1802–1816), Leipzig.

Meyers Konversationslexikon

Montet, *DictBiogr*

Nouvelle biographie générale, publiée par Firmin Didot frères sous la direction de Dr. Hoefer, 46 Bde., Paris 1852

Plan Billon 1726, Notices et Liste des Proprietaires, I (Planches) + II (Textes) publiés par Bernard Lescaze, Daniel Aquillon, Jean-Daniel Candaux, Georges Curtet, Eugène-Louis Dumont, Christiane Genequand, Liliane Mottu, Barbara Roth-Lochner, Marc Neuenschwander, Corinne Walker. Genève 1987. (Société Auxiliaire des Archives d'Etat).

Poggendorff = *Biographisch-Literarisches Handwörterbuch zur Geschichte der exacten Wissenschaften*, enthaltend Nachweisungen über Lebensverhältnisse und Leistungen von Mathematikern, Astronomen, Physikern, Chemikern, Mineralogen, Geologen u. s. w. aller Völker und Zeiten gesammelt von J[ohann] C[hristian] Poggendorff, 4 Bde. (1863–1904), Leipzig.

Quérard, J[oseph] M[arie], [Hg.]: *La France Littéraire, ou Dictionnaire bibliographique des savants, historiens & gens de lettres de la France ainsi que des littérateurs étrangers qui ont écrit en français, plus particulièrement pendant les XVIII* et XIX* siècles*, (1700–1827), 10 Bde., T. 11: Corrections. Additions. Auteurs pseudonymes et anonymes dévoilés, T. 1. (1854–1857), T. 12: Corrections. Additions. Auteurs pseudonymes et anonymes dévoilés. T. 2. (1859–1864), Paris.

Raven-Hart, H., 1931: *Bibliography of the registers (printed) of the Universities, Inns of Court* etc., *BIHR*, Bd. 9.

Recueil Généalogique Suisse, Genève, I (1902), II (1907), publié par A. Choisy, L. Dufour-Vernes, archiviste d'Etat, et quelques collaborateurs, Genève.

Repertorium zu Albrecht von Hallers Korrespondenz 1724–1777, hg. v. Urs Boschung et al. Basel : Schwabe 2002. 2 Bde. + 1 CD-ROM. (Studia Halleriana ; 7).

Joachim Ritter / Karlfried Gründer, [Hg.]: *Historisches Wörterbuch der Philosophie*. Völlig neubearb. Ausgabe des *Wörterbuchs der Philosophischen Begriffe* von Rudolf Eisler, Bd. 1–9 (1971–1995). Wird fortgesetzt. Basel, Stuttgart.

Sammlung Bernischer Biographien, herausgegeben vom Historischen Verein des Kantons Bern. Bern, Francke, 1906.

Schweizerisches Geschlechterbuch, Bd. 6 (1936), pp. 701–708, Basel.

Schweizer Lexikon, in 6 Bänden, Luzern 1993. (im letzten Band, p. 248, ist Thourneyser zum erstenmal seit über 200 Jahren wieder präsent).

Histoire Littéraire de Genève. Par Jean Senebier, Ministre du St. Evangile et Bibliothécaire de la République, 3 Vol., Genève 1786.

Dictionnaire des Journalistes Français (1600–1789), sous la direction de Jean Sgard, avec la collaboration de Michel Gilot et Françoise Weil. Presses Universitaires de Grenoble 1976.

Bibliographie de la Presse Classique, 1600–1789, sous la direction de Jean Sgard, Ed. Slatkine, Genève 1984.

Dictionnaire des journaux 1600–1789, sous la direction de Jean Sgard. [Comité de rédaction: Jean-Daniel Candaux . et al.] Paris: Universitas 1991. 2 Bde. (*Dictionnaire de la Presse, 1600–1789*; 1).

Dictionnaire des journalistes 1600–1789. Sous la direction de Jean Sgard. [Comité de rédaction: Jean-Daniel Candaux et al.] Oxford: Voltaire Foundation, 1999. (Dictionnaire de la Presse, 1600–1789; 2).

The National Union Catalog Pre-1956 Imprints. A cumulative author list representing Library of Congress printed cards and titles reported by other American libraries, compiled and edited with the cooperation of the Library of Congress and the National Union Catalog Subcommittee of the Resources, Committee of the Resources and Technical Services Division, American Library Association, Bd. 1 (1968)–685 (1980), Suppl. Bde. 686 (1980)–754 (1981), Mansell: London, Chicago.

Gerhard Müller, Horst Balz, Gerhard Krause (Herausgeber): *Theologische Realenzyklopädie*. 36 Bände. De Gruyter, Berlin 1976–2004. Hauptherausgeber war der ehemalige braunschweigische Landesbischof und Kirchenhistoriker Gerhard Müller aus Erlangen, bis Band 12 (1984)

Les Savants Genevois dans l'Europe Intellectuelle du XVIIᵉ au milieu du XIXᵉ siècle. Edité par Jacques Trembley. Association pour le Musée d'Histoire des Sciences de Genève, Editions du Journal de Genève, Okt. 1987, Reprint März 1988, Genève.

Verbesserter Julianischer Schreib-Calender auf das Jahr MDCCXLII, Bern.

Verzeichnis der Hochschulen, hg. v. Karlheinz Goldmann. Neustadt a. d. Aischi, 1967.

Neues theologisches Wörterbuch: mit CD-ROM. Herbert Vorgrimler. – Freiburg : Herder, 2000.

Wiener, Philip P. [Hg.]: *Dictionary of the History of Ideas. Studies of Selected Pivotal Ideas*, 4 Bde. (1968/73), Index (1974), Bibliographical Introduction Vol. I + II (1975), Charles Skribner's Sons, New York.

Wolf, Rudolf: *Biographien zur Kulturgeschichte der Schweiz*, 1.–4. Cyclus (Zürich 1858–1862). Band I

Wolf, Rudolf: Notizen zur Geschichte der Mathematik und Physik in der Schweiz, in: *Mittheilungen der Naturforschenden Gesellschaft in Bern* aus dem Jahre 1850, Nr. 167–194.

Zedler, Johann Heinrich: *Großes vollständiges Universal-Lexikon aller Wissenschaften und Künste, welche bishero durch menschlichen Verstand und Witz erfunden und verbessert worden*, Leipzig und Halle, 1739. Reprint: Akad. Druck- und Verlagsanstalt, 1961–1964, 64 Bde. und 4 Suppl. Nachdruck d. Ausg. v. [o. O.]: [o. N.], 1733–1750, [Graz].

Periodika

Acta Eruditorum (Leipzig)
Nova Acta Eruditorum
Annales (Formey)
Archives Internationales d'Histoire des Sciences
Berlinische Monatsschrift
Bibliothèque des Sciences
Bibliothèque Impériale
Bibliothèque Raisonnée
Choix Littéraire
Correspondance Littéraire, Philosophique et Critique
Gesnerus siehe *Starobinski* 32/1 (1975)
Göttingische Anzeigen von gelehrten Sachen
Jenaische Gelehrte Zeitungen
Journal Britannique
Journal des Sçavants
Journal Helvetique
Mémoires de l'Académie Royale Prusse
Mitteilungen der Naturforschenden Gesellschaft in Bern (Monographie Anm. 177), siehe Wolf, Rudolf: „Notizen zur Geschichte der Mathematik und Physik in

der Schweiz", in: *Mittheilungen der Naturforschenden Gesellschaft in Bern aus dem Jahre 1850*, Nr. 167–194.

Museum Helveticum

Neue Zürcher Zeitung (NZZ), gegründet 1780

Notes and Records of the Royal Society

Nouveau Magasin Français

Nouvelle Bibliothèque Germanique

Revue d'Histoire des Sciences

Vossische Zeitung

Berlinische privilegirte Zeitung

Berlinische ordinäre Zeitung

Berlinische privilegirte Zeitung von Staats- und gelehrten Sachen

A. Quellentexte

I. Handschriften

Bibliothèque Publique et Universitaire de Genève (zitiert: BPU Genève): *Codex | In quo continentur nomina | eorum ex studiosis in Academia | Genevensi qui ad utilitatem | Bibliothecæ publicæ contulerunt. In hoc codice scribi cœptum est | anno 1718 die sexta mensis Aprilis.* Ms., Arch. BPU, Ba 3.

Burgerbibliothek Bern / Bibliothèque de la Bourgeoisie de Berne (zitiert: BB Bern), Münstergasse 63, Postfach 3000 Bern 7: Haller-Archiv.

Eglise de l'Artillerie, Actes 1709–1762, Seiten 213, 215, 224. Manuskript, Eglise Protestante Française de Londres, 8 & 9 Soho Square, London, W1 V 5DD

Guildhall Library, Aldermanbury (London EC2P 2EJ) [Kirchenregister zu Jane Bentham, verw. Thourneyser, geb. Robinson].

London Metropolitan Archives, 40 Northampton Road (London EC1R OHB). – Ref. P 87/JS/004 p101 [Kirchenregister zu †Stephen Thourneyser] und p105 [Taufe der Tochter Sarah Thourneyser].

Öffentliche und Universitätsbibliothek Basel (zitiert: UB Basel), Handschriften-abteilung: Bernoulli-Archiv.

Staatsarchiv Basel (zitiert: StAB), Priv.-Arch. 132 Nr. 1917, 1: „Copia der *Notizen über das Geschlecht Wettstein* welche von Herrn Obrist L^t. Rudolf Emanuel Wettstein gesammelt und zusammengetragen worden im Monat März 1834". Handschrift (zitiert: Hs.).

Staatsarchiv Basel, Ms. LA 1801 März 3: *Leichenreden.*

Staatsarchiv Basel, Privat-Archive 373: LINDER, Hieronymus, 1736: *Memorial von General Hieronymus Linder betreffend Schweizer Truppen in portugiesischen Diensten vom 20. Juni 1736*, 15 Seiten, unpaginiert. Ms.

Staatsarchiv Genf, L. D., « Généalogie Mestrezat, établie d'après les Registres de baptêmes, mariages et décès, déposés à la Chancellerie et aux Archives, et d'après les notaires de 1701 à 1800 », Ms., Sammlung « Archives de Famille Ière Série, LE FORT, nouveau fonds 32 ».

Staatsarchiv Genf, SORDET, Louis: *Dictionnaire des familles genevoises*. Alphabetisches Namensregister. Handschrift.

The British Library, Reproductions Customer Services, Boston Spa, Wetherby, West Yorkshire LS23 7BQ, United Kingdom, www.bl.uk

II. Drucke

THOURNEYSER, Stephanus, *Theses Logicae De Inductione*, Marc-Michel Bousquet & Comp., Genevae 1733.

THOURNEYSER, [Etienne], 1750: « Que l'Athéisme et le Déréglement des Moeurs ne sauroient s'établir dans le Système de la Necessité. Lettre de Mr. N. E. écrite de la Campagne à Mr. C. P. à Londres », in: *Le Nouveau Magasin François, ou Bibliothèque Instructive et Amusante*, [zitiert *NMF*], hg. v. Mme Le Prince de Beaumont, London, März-August 1750 (Erstauflage).

Lettre THOURNEYSER, [Etienne], 1751: *Lettre d'un Philosophe, dans laquelle on prouve que l'Athéisme et le déréglement des Moeurs ne sauroient s'établir dans le système de la Necessité*, Genève: Antoine Philibert, Libraire au Perron ²1751. Erste Auflage 1750 in: *Le Nouveau Magasin François*, März – August 1750, London.

Neue Unters. THOURNEYSER, [Etienne], 1752: *Neue Untersuchung des Satzes: Ob die Gottesleugnung und die verkehrten Sitten aus dem System der Fatalität herkommen?*, Leipzig: Christian Langenheim, 1752. – Rezension von G. E. Lessing, in: *Berlinische privilegirte Staats- und gelehrte Zeitung [Vossische Zeitung]*, 39. Stück, 31. März 1753. Reprint in: *Gotthold Ephraim Lessings sämtliche Schriften*, hg. v. Karl Lachmann. Dritte, aufs neue durchgesehene und vermehrte Auflage, besorgt durch Franz Muncker. 5. Bd. Stuttgart: G. J. Göschen'sche Verlagshandlung. 1890, S. 161–162.

ANONYM: *Essai de Psychologie ou considérations sur les opérations de l'âme, sur l'habitude et sur l'éducation, auxquelles on a ajouté des principes philosophiques sur la cause première et sur son effet*, Londres 1755 [recte: Leiden E. Luzac, 1754]. Reprint: Georg Olms, Hildesheim 1978. – Dt.: *Des Herrn Karl Bonnet psychologischer Versuch als eine Einleitung zu seinen philosophischen Schriften*. Aus dem

Französischen übersetzt und mit einigen Anmerkungen begleitet von C. W. Dohm. Lemgo, in der Meyerschen Buchhandlung, 1773.

ANGLIVIEL, Maurice [Hg.] 1856: *Laurent Angliviel de la Beaumelle, Ouvrage posthume: Vie de Maupertuis, suivie de Lettres Inédites*, hg. v. Maurice Angliviel avec des Notes et un Appendice, Paris 1856, S. 139–193.

ARNOUX, Claude, 1761: *New and Familiar Phrases and Dialogues in French and English [...] to which are added Idiomatical Expressions extracted from Gil Blas*, J. Nourse: London 1761.

BASEDOW, Joh. Bernhard, 1764: *Philalethie; Neue Aussichten in die Wahrheiten der Religion der Vernunft bis an die Gränzen der Offenbarung*, Teil I (2 Teile). Altona 1764.

BASEDOW, Joh. Bernhard, 1765: *Theoretisches System der gesunden Vernunft. Ein akademisches Lehrbuch*, Teil III. Altona und Leipzig 1765.

BAYLE, Pierre, 1704–1707: « Réponse aux Questions d'un Provincial ». In: *Oeuvres Diverses* de M^r. Pierre Bayle, Professeur en Philosophie, et en Histoire, A Rotterdam: Contenant tout ce que cet Auteur a publié sur des matières de Théologie, de Philosophie, de Critique, d'Histoire, & de Littérature; excepté son Dictionnaire Historique et Critique. Tome Troisième, Seconde Partie. A La Haye, chez P. Husson, T. Johnson, P. Gosse, J. Swart, H. Scheurleer, J. van Duren, R. Alberts, C. Le Vier, F. Boucquet. 1727. Avec Privilège des Etats de Hollande & de Westfrise. Reprint, Avec une introduction par Elisabeth Labrousse, Docteur ès Lettres, Georg Olms Verlagsbuchhandlung, Hildesheim 1966.

BAYLE, Pierre, 2003: *Historisches und kritisches Wörterbuch. Eine Auswahl*. Übersetzt und herausgegeben von Günter Gawlick und Lothar Kreimendahl. Hamburg: Felix Meiner Verlag, 2003. (Philosophische Bibliothek Band 542).

BERNOULLI, Niklaus I, 1709: *De usu artis conjectandi in jure*, (Inaugural-Dissertation), Basel 1709.

BERNOULLI, Johann, 1787: *Archiv zur neuern Geschichte, Geographie, Natur- und Menschenkenntniß*, 7. Theil, Leipzig 1787.

BERTRAND, Louis, 1778: *Développements nouveaux de la partie élémentaire des mathématiques prise dans toute son étendue*, 2 vol. Genève 1778.

BONNET, Charles, 1760: *Essai analytique sur les facultés de l'âme*, par Charles Bonnet, De la Société Royale d'Angleterre, de l'Academie Royale des Sciences de Suède, de l'Academie de l'Institut de Bologne, Correspondant de l'Academie Royale des Sciences, & des Sociétés Royales de Montpellier, & de Göttingue. A Copenhague, Chez les Frères Cl[aude] & Ant[oine] Philibert. MDCCLX. – Faksimiledruck Genève : Slatkine 1970; Georg Olms: Hildesheim, 1973.

BONNET, Charles, 1770: *Herrn Karl Bonnets verschiedener Akademieen Mitgliedes Analytischer Versuch über die Seelenkräfte*. Aus dem Französischen übersetzt und mit einigen Zusätzen vermehrt von M. Christian Gottfried Schütz, 2 Bde., Bremen und Leipzig, bey Johann Henrich Cramer, 1770.

BONNET, Charles, 1770 f.: *La Palingénésie Philosophique ou Idées sur l'Etat passé et l'Etat Futur des Etres Vivans. Ouvrage destiné à servir de Supplement aux derniers Ecrits de l'Auteur, et qui contient principalement le Précis de ses Recherches sur le Christianisme*, 2 Bde., Genève: Claude Philibert & Barthélémy Chirol 1769. 2., leicht veränd. Aufl. 1770, 2 Bde. – Teildruck: *Recherches philosophiques sur les preuves du christianisme*, Genève 1770, 2. vermehrte Aufl. 1771.

BONNET, Charles, 1948: « Extrait des Mémoires sur ma vie et sur mes Ecrits en forme de Lettres à Mrs. de Haller, Trembley et de Saussure », hg. v. Raymond Savioz: *Mémoires autobiographiques de Charles Bonnet de Genève*, Paris: Librairie Philosophique J. Vrin 1948.

CARLANCAS, Juvenel de, 1749: « Histoire des Journeaux ». In: *Essais sur l'histoire des Belles Lettres, des Sciences et des Arts*, Tome IV (pp. 140–149). Nouvelle Edition augmentée. A Lyon, chez les Frères Duplain, rue Mercière. 1749. Avec Approbation & Privilège du Roi.

CHÂTELET [-LOMONT], Gabrielle Emilie Le Tonnelier de Breteuil, Marquise du: *Les lettres de la marquise du Châtelet*, éd. par Theodore Besterman, 2 vols., Genève 1958.

CHÂTELET [-LOMONT, Gabrielle] Emilie Le Tonnelier de Breteuil, Marquise du, 1961: *Discours sur le bonheur* [1747/1779], éd. critique par R. Mauzi. Paris, Société d'édition « Les Belles Lettres », 1961.

CHÂTELET [-LOMONT, Gabrielle Emilie Le Tonnelier de Breteuil, Marquise du] Madame du, 1997: *Discours sur le bonheur* [1779]. Préface d'Elisabeth Badinter. Rivages poche, Petite Bibliothèque, Collection dirigée par Lidia Breda. Editions Payot & Rivages, 106, bd. Saint-Germain – 75006 Paris.

CLAIRAUT, Alexis-Claude, 1743: *Théorie de la lune déduite d'un seul principe de l'attraction*, Paris 1743.

CLAIRAUT-CRAMER: « Une correspondance inédite entre Clairaut et Cramer », éd. par Pierre Speziali, in: *Revue d'Histoire des Sciences et de leurs applications*, (Direction Suzanne Delorme et René Taton). Tome VIII, No. 3 (Juilliet-Septembre 1955), pp. 193–237.

COLLINS, Anthony, 1713/1965: *A Discourse of Free-Thinking*. Faksimile-Neudruck der Ausgabe London 1713 mit deutschem Paralleltext, hg., übersetzt und eingeleitet von Günter Gawlick. Mit einem Geleitwort von Julius Ebbinghaus. Stuttgart-Bad Cannstatt: Frommann, 1965.

COLLINS, Anthony, 1717: *Discours sur la liberté de penser et de raisonner sur les matières les plus importantes. Ecrit à l'occasion de l'accroissement d'une nouvelle secte d'esprits forts ou de gens qui pensent librement*, Londres ²1717.

COLLINS, Anthony, 1717/1976: *A Philosophical Inquiry concerning Human Liberty*. The second Edition corrected. London: Printed for R. Robinson, at the Golden Lion in St. Paul's Churchyard. MDCCXVII. In: *Determinism and Freewill. Anthony Collins' A Philosophical Inquiry concerning Human Liberty,* edited and annotated with a discussion of the opinions of Hobbes, Locke, Pierre Bayle, William King and Leibniz, by J[ames] O'Higgins S.J. The Hague: Martinus Nijhoff, 1976. (AIHI/International Archives of the History of Ideas, Series Minor 18).

CONDILLAC, Etienne Bonnot de, 1953: *Condillac. Lettres inédites à Gabriel Cramer.* Texte établi, présenté et annoté par Georges Le Roy, Presses Universitaires Françaises, Paris 1953.

CRAMER, Gabriel [Hg.], 1744: *Jacobi Bernoulli Opera*, 2 Vol., Genevae, Sumptibus Haeredum Cramer & Fratrum Philibert 1744. 1141 p., in-4, 48 Tab.

CROUSAZ, (Jean-Pierre de), 1718: *Examen du Traité de la liberté de penser*, Amsterdam: L'Honoré et Châtelain, 1718, in-12. (1. Aufl. 1712).

CROUSAZ, (Jean-Pierre de), 1733: *Examen du pyrrhonisme ancien et moderne*, La Haye: P. de Hondt, 1733, in-folio, 776 p.

DOHM, C.W., 1781: *Ueber die bürgerliche Verbesserung der Juden*, Berlin & Stettin: Nicolai 1781. – C.W. Dohm 1782: *De la réforme politique des Juifs*, Dessau 1782. Ins Französische übersetzt von Joh. III Bernouilli.

[EGMONT, John Perceval, Earl of], 1749: *An Examination of the Principles and an Enquiry into the Conduct of the two B...rs in regard to the Establishment of their Power and their Prosecution of the War 'till the Signing of the Preliminaries*, etc., London 1749.

[EGMONT, John Perceval, Earl of], 1749: *A second series of Facts & Arguments; tending to Prove that the Abilities of the two B...rs are not more extraordinary than their Virtues*, etc., London 1749.

[FORMEY, J.H.S.], 1751: *Prüfung der Secte die an allem zweifelt.* Mit einer Vorrede des Herrn von Haller [dem Übersetzer!]. Goettingen, Verlegts Abram Vandenhoecks seel. Wittwe, 1751.

[FORMEY, J.H.S.], 1779: *Éloge de Mr. Sulzer.* Lu dans l'Assemblée Publique de L'Académie Royale des Sciences et Belles-Lettres du Jeudi 3 Juin, par le Sécretaire Perpétuel. A Berlin, chez G.J. Decker, Imprimeur du Roi. 1779.

HARTLEY, David, 1749: *Observations on Man, His Frame, his Duty, and his Expectations.* By David Hartley, M.A., London: S. Richardson 1749. Reprint: Hildesheim: Georg Olms Verlagsbuchhandlung, 1967. – Fr.: *Explication physique des sens des idées et des mouvemens, tant volontaires qu'involontaires, traduite de l'Anglais de M. Hartley* par l'Abbé Jurain, 2 Bde., Reims 1755. – Dt.: *David Hartleys Betrachtungen über den Menschen, seine Natur, seine Pflicht und Erwartungen*, aus dem Englischen übersetzet und mit Anmerkungen und

Zusätzen begleitet von Hermann Andreas Pistorius. J.J. Spalding gewidmet. Rostock/Leipzig 1772/73. – Fr.: David Hartley, 1755: *Explication Physique des sens, des idées et des mouvemens, tant volontaires qu'involontaires,* traduite de l'Anglois de M. Hartley [...] par l'Abbé Jurain. 2 Vol. Reims 1755. In Savioz, *Philos.,* (1948), S. 41 f.

HILL, John, 1748: *History of Fossils,* London 1748.

HILL, John, 1751: *A Review of the Works of the Royal Society,* 1751.

HIRZEL, Ludwig [Hg.] 1891: *Wieland und Martin und Regula Künzli. Ungedruckte Briefe und wiederaufgefundene Actenstücke,* Leipzig 1891.

JARIGES, Philipp Joseph Pandin de: « Examen du Spinozisme et des Objections de Mr. Bayle contre ce Système », in: *Mémoires de l'Académie Royale Prusse des Sciences et Belles-Lettres* (1745), S. 121–142; 2. Teil (1746), S. 295–316.

JURIN, James, 1718: *An inquiry into the cause of the ascent and suspension of water in capillary tubes* Wo??? (1718).

JURIN, James, 1719: *New experiments on the action of glass tubes on water and quicksilver* Wo???(1719).

JURIN, James, 1739: *On the mesure and motion of effluent water* (1739, 2 Abhandlungen). Wo???

JURIN, James, 1744: *On the action of springs,* Wo???(1744).

KÄSTNER, Abraham Gotthelf, 1754/1971: „Lebensbeschreibung Herrn Christlob Mylius", in: *Gesammelte poetische und prosaische schönwissenschaftliche Werke,* Bd. I, 1. und 2. Teil (1841). Reprint: Athenäum: Frankfurt a. M., 1971, S. [156]–161.

KÄSTNER, Abraham Gotthelf, 1841/1971: *Gesammelte poetische und prosaische schönwissenschaftliche Werke,* Bd. I, 1. und 2. Teil (1841). Reprint: Athenäum: Frankfurt/M., 1971.

KŒNIG, Samuel, 1749: *De optimis Wolfianae et Newtonianae philosophiae methodis earumque consensu.* Franeker 1749, Zürich 1752.

KŒNIG, Samuel, 1751/1957: „De Universali Principio Aequilibrii et Motus in Vi Viva Reperto, Deque Nexu Inter Vim Vivam et Actionem, Utriusque Minimo, Dissertatio, Autore Sam. Kœnigio Profess. Franequer", in: *Nova Acta Eruditorum* Martius (März) 1751. Reprint in: *Leonhard Euleri Opera Omnia, Commentationes Mechanicae,* Series 2, Vol. 5, S. 303–324. Lausanne & Zürich: Orell Füßli, 1957.

KŒNIG, Samuel, 1752: *Appel au Public, du Jugement de l'Académie de Berlin,* Elie Luzac Jr.: Leiden, 1752 (2. erweiterte Aufl. 1753).

KÖRTE, Wilhelm, [Hg.], 1804: *Briefe der Schweizer Bodmer, Sulzer, Geßner.* Aus Gleims literarischem Nachlasse, hg. v. Wilhelm Körte. Zürich: Heinrich Geßner, 1804.

LA HIRE, Philippe de, 1690: *Traité du Mouvement des Eaux et des autres corps fluides*, Paris 1690.

LAVATER, Johann Kaspar: *Aussichten in die Ewigkeit 1768–1773/78*. (Johann Caspar Lavater, Ausgewählte Werke, historisch-kritische Ausgabe Bd. II, hg. v. Ursula Caflisch-Schnetzler). Zürich 2001.

LAVATER, Johann Kaspar: *Tagebuch von der Studien- und Bildungsreise nach Deutschland 1763 und 1764*, Teil I, hg. von Horst Weigelt, in Zusammenarbeit mit Tatjana Flache-Neumann und Roland Deinzer, Göttingen: Vandenhoeck und Ruprecht, 1997. (Texte zur Geschichte des Pietismus; VIII. 3).

LEIBNIZ, G. W.: *Discours de Métaphysique et Correspondance avec Arnauld*, éd. par Georges le Roy. Vrin: Paris 1957.

LEIBNIZ, Gottfried Wilhelm, 1969: *Essais de Théodicée sur la Bonté de Dieu, la Liberté de l'Homme et l'Origine du Mal [1710]*, hg. von J. Brunschwig, Paris: Garnier-Flammarion.

LEIBNIZ, Gottfried Wilhelm, 1996: [Theodicee] Herrn Gottfried Wilhelms Freiherrn von Leibnitz Theodicee: das ist, Versuch von der Güte Gottes, Freiheit des Menschen, und vom Ursprunge des Bösen nach der 1744 erschienenen, mit Zusätzen und Anm. von Johann Christoph Gottsched erg[änzten], vierten Ausg[abe] hrg., kommentiert und mit einem Anh[ang] vers[ehen] von Hubert Horstmann. – Berlin: Akad. Verl., 1996. NE: Horstmann, Hubert [Hersg.]

LEIBNIZ, Gottfried Wilhelm, 1962: *Sämtliche Schriften und Briefe*. Kritische Gesamtausgabe, Sechste Reihe, Bd. 6, hg. von der deutschen Akademie der Wissenschaften zu Berlin, Berlin 1962. (= Nouveaux essais sur l'entendement humain?)

LEIBNIZ, Gottfried Wilhelm, 1986: *Principes de la nature et de la grâce fondés en raison. – Principes de la philosophie ou Monadologie [1720]*. Publiés intégralement d'après les manuscrits d'Hanovre, Vienne et Paris et présentés d'après des Lettres inédites, hg. von André Robinet. Collection « Epiméthée », Paris: P[resses] U[niversitaires] de F[rance]. Erstdruck: Paris 1954.

LEIBNIZ, Gottfried Wilhelm, 1965: „Die Prinzipien der Philosophie oder die Monadologie", in: DERS: *Kleine Schriften zur Metaphysik/Opuscules métaphysiques*, hg. und übers. v. Hans Heinz Holz, Frankfurt a. Main.

LESSING, Gotthold Ephraim: *Gotthold Ephraim Lessings sämtliche Schriften*, hg. v. Karl Lachmann. Dritte, auf's neue durchgesehene und vermehrte Auflage besorgt durch Franz Muncker. Leipzig: G. J. Göschen'sche Verlagshandlung, 1890–1904.

[LESSING, Gotthold Ephraim / MENDELSSOHN, Moses], 1755: *Pope ein Metaphysiker*, Danzig: Schuster. Reprint in: Lachmann/Muncker, [Hg.]: *Gotthold Ephraim Lessings sämtliche Schriften*, Bd. 6, 1890, S. [409]–445, Stuttgart.

L'HÔPITAL, Guillaume-François-Antoine de (Marquis de Sainte Mesme, Comte d'Entremont): *Analyse des infiniment petits pour l'intelligence des lignes courbes*, Paris 1696; [2]1715.

L'HUILLIER, Simon-Antoine, 1781: « Sur le minimum de cire des alvéoles des abeilles, et en particulier un minimum minimorum relatif à cette matière », in: *Mémoires de l'Académie de Berlin*, 1781.

[LIGNAC, Joseph Adrien Lelarge de], 1751: *Lettres à un Américain, sur l'Histoire naturelle de Buffon*, 1751.

LIGNAC, Joseph Adrien Lelarge de, 1760: *Le témoignage du sens intime et de l'Expérience, opposé à la Foi profane et ridicule des Fatalistes Modernes*, Auxerre 1760.

MAASS, Johann Gebhard Ehrenreich, 1797 (Erste Aufl.: 1792): *Versuch über die Einbildungskraft*. Verbesserte Ausgabe. Halle und Leipzig: Johann Gottfried Ruff, 1797. Fotomechan. Nachdr. Bruxelles: Culture et Civilisation, 1969. (Aetas Kantiana; 167).

MACHIN, John, 1729: *The mathematical principles of natural philosophy by Sir Isaac Newton translated into English*, 2 Bde., London 1729.

MACLAURIN, Colin, 1742: *A complete System of fluxions*, 2 Bde., Edinburgh 1742.

MARIOTTE, Edmé, 1733: « Observations sur la résistance des tuyaux de conduite d'eau », in: *Histoire et Mémoires de l'Académie de Paris depuis 1666–1699*, Vol. I, Paris 1733.

MARIOTTE, Edmé, 1733: « Sur la dépense, que font les jets d'eau et sur la quantité d'eau nécessaire pour y fournir », in: *Histoire et Mémoires de l'Académie de Paris depuis 1666–1699*, Vol. I, Paris 1733.

MEINERS, Chr., [1786]: *Grundriß der Seelen-Lehre*. Lemgo: Meyer, [1786].

MENDELSSOHN, Moses: *Gesammelte Schriften*, Jubiläumsausgabe, Friedrich Frommann Verlag (Günther Holzboog), Stuttgart-Bad Cannstatt 1972.

MERIAN, Joh. Bernhard, 1752: « Dissertation ontologique sur l'action, la puissance et la liberté », in: *Histoire de l'Académie Royale*, Année 1750, Berlin 1752, S. 459–485, S. 486–516.

MIDDLETON, Conyers, 1747: *An Introductory Discourse to a larger Work … concerning the Miraculous Powers which are supposed to have subsisted in the Christian Church from the earliest ages … with a Postscript … on an Archidiaconal Charge … by the Rev. Dr. Chapman …*, 1747.

MIDDLETON, Conyers, 1749: *A Vindication of the free Inquiry into the Miraculous Powers which are supposed*, etc., 1749.

MYLIUS, Christlob, 1753/1787: „Christlob's Mylius Tagebuch seiner Reise nach England. 1753 (Aus der Handschrift, 3. und letzter Abschnitt)", in: *Johann Bernoulli's Archiv zur neuern Geschichte, Geographie, Natur- und Menschenkenntniß*, 7. Theil, Leipzig 1787.

NEIDHARDT, Johann Friedrich, 1778: *Briefe über die Freiheit der menschlichen Seele*, Weimar: Hoffmann, 1778.

NICHOLS, John Bowyer, 1858: *Illustrations of the Literary History of the 18th Century. Consisting of Authentic Memoirs and Original Letters of Eminent Persons. To which are appended Additions to the Literary Anecdotes and Literary Illustrations*, Vol. 8, London: J. B. Nichols & Sons, 1858.

PAPPUS V. ALEXANDRIEN, 1588: *Collectiones Mathematicae*, Glasgow 1588.

[PLUQUET, Abbé François], 1757: *Examen du Fatalisme, ou Exposition & Refutation des différens Systêmes de Fatalisme qui ont partagé les Philosophes sur l'origine du Monde, sur la nature de l'Ame, & sur le Principe des Actions humaines.* 3 Tomes, Paris 1757. Abbé

[POUILLY, Louis-Jean Levesque de], 1747: *Théorie des Sentimens agréables*, éd. par Jacob Vernet, Genève: Barillot & Fils, 1747. (Erste Auflage: *Réflexions sur les sentimens agréables & sur le plaisir attaché à la vertu*, Paris: Pissot 1736.

PÜTTER, Johann Stephan, 1765: *Versuch einer academischen Gelehrten-Geschichte von der Georg-Augustus Universität zu Göttingen*, Bd. I, 1765.

RÉAUMUR, René Antoine Ferchault de: *Correspondance inédite entre Réaumur et Abraham Trembley comprenant 113 lettres*, recueillies et annotées par Maurice Trembley; introd. par Emile Guyénot. Genève: Georg, 1943.

RÉAUMUR, René Antoine Ferchault de: « Réaumur et les savants genevois. Lettres inédites », éd. par Pierre Speziali, in: *Revue d'Histoire des Sciences*, XI:I, pp. 68–80, Paris 1958.

REINHARD, Adolf Friedrich (1753): *Sendschreiben* an den Hochwohlgebohrnen Herrn, Herrn Johann Ernst Freyherrn von Hardenberg, Sr. Königl. Großbritt. Maj. und Churfl. Durchl. zu Hanover, hochbestalten Kammer-Junker, Erbherrn zu Hardenberg, Geismar, Lindau, Widerstedt, u. s. w. über den vor einiger Zeit aus dem Französischen ins Deutsche übersetzten Traktat: *Ob die Gottesleugnung und verkehrten Sitten aus dem System der Fatalität herkommen* &c. &c. entworfen von Adolf Friedrich Reinhard, H. M. St. J. S. und D. K. D. G. z. G. M. – Leipzig, bey Johann Christian Langenheim, 1753.

SACK, August Friedrich Wilhelm: *August Friedrich Wilhelm Sack's gewesenen Königl. Preußischen ersten Hofpredigers, Oberkonsistorial- und Kirchenrathes, auch Mitgliedes der Königl. Akademie der Wissenschaften, Lebensbeschreibung, nebst einigen von ihm hinterlassenen Briefen und Schriften.* Herausgegeben von dessen Sohne Friedrich Samuel Gottfried Sack, Königl. Hofprediger, Oberkonsistorialrath und Kirchenrath. 2 Bde., bei Christian Friedrich Voß und Sohn, Berlin, 1789.

[SALADIN, Michel-Jean-Louis], 1790: *Mémoire historique sur la vie et les ouvrages de Mr. J. Vernet, Professeur en Théologie et Ministre de l'Eglise de Genève*, Paris et Genève 1790.

SAUSSURE, César de, 1902: *A Foreign View of England in the Reigns of George I and George II. The Letters of Monsieur César de Saussure To his Family*, translated and edited by Madame van Muyden, London 1902.

SELLE, Christian Gottlieb, 1776: *Urbegriffe von der Beschaffenheit, dem Ursprung und Endzwecke der Natur*, Ort??? 1776.

SELLE, Christian Gottlieb, 1783: „Von der Freiheit und Nothwendigkeit menschlicher Handlungen", in: *Berlinische Monatsschrift*, Okt. 1783, S. 294–306.

SIGORGNE, Abbé Pierre, 1767: *Institutions Leibnitiennes ou Précis de la Monadologie*, Lyon: Frères Périsse, 1767.

SIGORGNE, Abbé Pierre, 1769: *Institutions Newtoniennes*, Paris: Guillyn, 1769.

SIMSON, Robert: *Sectionum Conicarum Libri V*, Edinburgh 1735, erw. Aufl. 1750.

SIMSON, Robert: „De Porismatibus Tractatus; quo doctrinam porismatum satis explicatam, et in posterum ab oblivione tutam fore sperat auctor", in: *Opera Quaedam reliqua R. Simson*. James Clow, ed. Glasgow, 1776.

SIMPSON, Thomas: *The Doctrin and Application of Fluxions*, London: J. Nourse 1750 (^{2}1776).

SIMPSON, Thomas: *A New Treatise of Fluxions*, 1737.

SONNTAG Otto: *The correspondence between Albrecht von Haller and Charles Bonnet*, ed. by Otto Sonntag, Bern; Stuttgart; Vienna: H. Huber, 1983.

[SPALDING, Johann Joachim], 1908: *Die Betrachtung über die Bestimmung des Menschen*, Greifswald: Hieronymus Joh. Struck 1748. Reprint in: *Studien zur Geschichte des neueren Protestantismus*, Gießen 1908. Mit einer Einleitung von Horst Stephan.

STORCH, (Pelargus), Johann, 1752: D. Johann Storchs, alias Pelargi, Comitis Palatini Caesarei, Hochfürstl. Sächß. Gothaischen, wie auch Schwartzburgisch Rudolstädtischen Hof=Raths und Leib=Medici, Gothaischen Stadt=Garnison und Land=Physici, Membri Collegii Naturae Curiosorum Erotiani secundi Leitung und Vorsorge des Höchsten Gottes, Das ist: Dessen Lebens=Lauf, Schicksale, fatale Kranckheit und seeliger Abschied, nebst dem Sections=Schein; Theils aus dessen Autographo aufgezeichnet, theils auch mit nöthigen Anmerckungen erkläret, und auf Begehren zum Druck befördert von Jacob Storchen, alias Pelargo, Medicinae Licentiato, wie auch Hochfürstl. Sächs. Gothaischem Stadt= und Land=Physico zu Waltershausen. Eisenach, Verlegt von Michael Gottlieb Griesbach, 1752.

SULZER, Johann Georg, 1809: *Joh. George Sulzer's ehedem Professors zu Berlin und Mitgliedes der Königlichen Akademie der Wissenschaften Lebensbeschreibung, von ihm selbst aufgesetzt*. Aus der Hs. abgedruckt, mit Anmerkungen von Johann Bernhard Merian und Friedrich Nicolai, Berlin und Stettin, 1809.

SWAINSTON, Allan, 1752: De purpura, Göttingen, 1752.

TELLER, Wilhelm Abraham, 1786: „Zum Andenken A. F. W. Sacks", in: *Berlinische Monatsschrift*, hg. v. F. Gedike und J. E. Biester. Haude und Spener, Berlin, Julius 1786, S. 19–34.

TREMBLEY, Abraham: *Correspondance inédite entre Réaumur et Abraham Trembley comprenant 113 lettres*, recueillies et annotées par Maurice Trembley. Introduction par Emile Guyénot, Genève 1943.

TURRETTINI, Jean-Alphonse, 1734: *Sermon sur la loi de la liberté*, 1734.

TURRETTINI, Jean-Alphonse, 1774: *Demonstratio Spinozae pro una tantum substantia miseris equivocationibus nititur Opera* [1774].

TURRETTINI, Jean-Alphonse, 1774: *Opera omnia theologica, philosophica et philologica*, Leovardiae et Franequerae, apud H. A. de Chalmot et D. Romar, 1774–1776, 3 Bde.

TURRETTINI, Jean-Alphonse, 1702: *In Obitum Optimi, Sapientissimi, ac Fortissimi Principis, Gulielmi III magnae Britanniae Regis, Oratio Panegyrica*, Genève 1702.

VERNET, Jacob, 1737: « Eloge historique de M. Jean-Alphonse Turrettini, décédé en mai 1737 », in: *Bibliothèque Raisonnée*, tome XXI, part. 1 et 2, 1737.

VERNET, Jacob, 1752: « Eloge Historique de Monsieur Cramer », in: *Nouvelle Bibliothèque Germanique*, Tom. X. P. 2. Avril, May & Juin 1752, p. 359–392.

[VOLTAIRE] [François-Marie Arouet], 1752: « Réponse d'un Académicien de Berlin à un Académicien de Paris », in: *Bibliothèque raisonnée*, Amsterdam, T. 49, 1, pp. 227 f.

[VOLTAIRE] [François-Marie Arouet], 1753/1967: *Histoire du Docteur Akakia et du Natif de Saint-Malo*. Édition critique avec une introduction et un commentaire par Jacques Tuffet, Paris: A. G. Nizet, 1967.

ZIMMERMANN, Johann Georg, 1755: *Das Leben des Herrn von Haller* von D. Johann Georg Zimmermann, Stadt-Physikus in Brugg, Zürich: Heidegger & Comp., 1755.

B. Forschungsliteratur

ALBRECHT VON HALLER 1708–1777. Ausstellungskatalog der Burgerbibliothek Bern, 1977.

ALTMANN, Alexander, 1969: *Moses Mendelssohns Frühschriften zur Metaphysik*. Tübingen: J. C. B. Mohr (Paul Siebeck) 1969. (Zitiert: Altmann, *Frühschriften*).

ALTMANN, Alexander, 1969: *Moses Mendelssohns Frühschriften zur Metaphysik*, 3. Kap.: „Die Lessing-Mendelssohnsche Streitschrift ‚Pope ein Metaphysiker!'" Tübingen: J. C. B. Mohr (Paul Siebeck) 1969, S. 184–208.

ALTMANN, Alexander, 1973: *Moses Mendelssohn. A Biographical Study*. London: Routledge & Kegan Paul 1973. (Zitiert: Altmann 1973, *MM*).

BAEBLER, J. J., 1879: *Samuel Henzis Leben und Schriften*. Aarau: Sauerländer, 1879.

BAEBLER, J. J.: „Samuel Henzi". In: *Allgemeine Deutsche Biographie*. Bd. 12, S. 12–14.

BERNOULLI-SUTTER, René, 1972: *Die Familie Bernoulli*. Basel: in Kommission bei Helbing und Lichtenhahn, 1972.

BLÖSCH, 1896: „Isaak Steiger", in: *Sammlung Bernischer Biographien*. 2. Bd. (1896), S. 521–524. und *ADB*, Bd. 35.

BLÖSCH, 1971: „Isaak Steiger", in: *Allgemeine Deutsche Biographie*. Bd. 35 (1893); Reprint Berlin: Duncker & Humblot 1971, S. 582–584.

BONNET, Georges, 1929: *Charles Bonnet (1720–1793)*. Thèse, Paris 1929.

BOOS, Ernst, 1966: *Die Schweizerkolonie in England nach Berufsgruppen*. Diss. Fribourg, Einsiedeln 1966.

BORGEAUD, C., 1900: *Histoire de l'Université de Genève*. Georg: Genève 1900.

BOSCHUNG, Urs, 1992: „Haller, Albrecht von * Bern 16. 10. 1708, † ebd. 12. 12. 1777, Arzt, Dichter, Naturforscher, Staatsmann". In: *Schweizer Lexikon*, Bd. 3. Luzern: Mengis + Ziehr, 1992, S. 308–310.

BOUREL, Dominique, 1978: *La Vie de Johann Joachim Spalding. Problèmes de la Théologie Allemande au XVIIIe Siècle*. Diplôme de l'Ecole Pratique des Hautes Etudes Sciences Religieuses sous la direction du Prof. Richard Stauffer. November 1978, 2 Bde. (Microfiches), Paris.

BOUREL, Dominique, 2000: „Spalding, Johann Joachim (1714–1804)". In: *TRE* 31 (2000), S. 607–610. Berlin, New-York: Walter de Gruyter, 2000.

BREIDERT, Wolfgang (Hg.), 1994: *Die Erschütterung der vollkommenen Welt: Die Wirkung des Erdbebens von Lissabon im Spiegel europäischer Zeitgenossen*. Darmstadt: Wissenschaftliche Buchgesellschaft, 1994.

BUCHHOLTZ, Arend,1904: *Die Vossische Zeitung. Geschichtliche Rückblicke auf drei Jahrhunderte. Zum 29. Oktober 1904*. Berlin: Reichsdruckerei, 1904. (Festschrift).

BUDÉ, E[ugène] de, 1880: *La Vie de J.-A. Turrettini, Théologien Genevois 1671–1737*. Lausanne 1880.

BUDÉ, E[ugène] de, 1887: *Lettres inédites adressées de 1686 à 1737 à J.-A. Turrettini*. 3 vol., Paris et Genève 1887.

BUDÉ, E[ugène] de, 1893: *Vie de J. Vernet, théologien Genevois 1698–1789*. Lausanne 1893.

BURCKHARDT, Carl, 1941: „Jaques Barthélémy Micheli du Crest". In: *Gestalten und Mächte. Reden und Aufsätze*. Zürich: Fretz & Wasmuth, 1941, S. 97–131.

BUSCHMANN, Cornelia, 1996: „Schweizer in den Diskussionen über die Preisaufgaben der Berliner Akademie im 18. Jahrhundert". In: *Schweizer im Berlin des*

18. Jahrhunderts, hg. v. Martin Fontius und Helmut Holzhey. Berlin: Akademie Verlag, 1996, S. [305]–323.

CANDAUX, Jean-Daniel, 1976: « Clément, Pierre (1707–1767) ». In: *Dictionnaire des Journalistes (1600–1789)*, sous la direction de Jean Sgard, avec la collaboration de Michel Gilot et Françoise Weil. Presses Universitaires de Grenoble (1976).

CANDAUX, Jean-Daniel, 1991: « Journal Helvétique (1738–1769) ». In: *Dictionnaire de la Presse 1600–1789 I: Dictionnaire des Journaux 1600–1789*, sous la direction de Jean Sgard, Paris: Universitas 1991, No. 743, pp. 682–683.

CANDAUX, Jean-Daniel, 1991: « Bibliothèque raisonnée (1728–1753) ». In: *Dictionnaire de la Presse 1600–1789 I: Dictionnaire des Journaux 1600–1789*, sous la direction de Jean Sgard, Paris: Universitas 1991, No. 169, pp. 193–200.

CASSIRER, Ernst, *Freiheit und Form. Studien zur deutschen Geistesgeschichte.* Darmstadt: Wissenschaftliche Buchgesellschaft ³1961 (1916).

CHANDLER, David, 1965: *A Traveller's Guide to the Battlefields of Europe*. Vol. I. London 1965.

CLANCY, Patricia, 1976: « Beaumont Marie Leprince de (1711–1780) ». In: *Dictionnaire des Journalistes Français (1600–1789)*, sous la direction de Jean Sgard, Presses Universitaires de Grenoble 1976, pp. 29–30.

CLANCY, Patricia, 1991: « Le Nouveau Magasin Français (1750–1752) ». In: *Dictionnaire de la Presse 1600–1789 I: Dictionnaire des Journaux 1600–1789*, sous la direction de Jean Sgard, Paris: Universitas 1991, No. 985, pp. 914–915.

CONSENTIUS, Ernst, 1903: „Briefe eines Berliner Journalisten aus dem 18. Jahrhundert". In: *Euphorion*, Zeitschrift für Literaturgeschichte, hg. v. August Sauer. C. Fromme: Leipzig, Wien. Bd. 10 (1903), S. 518–549, Fortsetzung S. 776–787. – *Euphorion* Bd. 11 (1904), S. 65–81 (Schluß).

CONSENTIUS, Ernst, 1901: *Lessing und die Vossische Zeitung.* Inaugural-Dissertation, Bern 1901.

CONSENTIUS, Ernst, 1902: *Lessing und die Vossische Zeitung*, Leipzig 1902, S. 39, S. 65 ff.

COSTABEL, Pierre, 1979: « L'Affaire Maupertuis-Kœnig et les ‹ Questions de Fait › ». In: *Arithmos-Arrythmos: Skizzen aus der Wissenschaftsgeschichte.* Festschrift für Joachim Otto Fleckenstein zum 65. Geburtstag, hg. v. Karin Figala, Ernst H. Berninger, München 1979, S. 29–48.

CROUZEL, Henri, 1981: « Origène, théologien grec (vers 185–vers 254) ». In: *Dictionnaire de Spiritualité Ascétique et Mystique Doctrine et Histoire.* Vol. XI (Nabinal – Ochino), p. 933–961, Paris 1981.

DE LA HARPE, Jacqueline E., 1955: *Jean-Pierre de Crousaz et le conflit des Idées au siècle des Lumières*. Genève: Librairie Droz, Lille: Librairie Giard, 1955.

DETERING, Heinrich, 1988: *Christian Wilhelm von Dohm. Ausgewählte Schriften.* Lemgoer Ausgabe. Lemgo, 1988. (Lippische Geschichtsquellen. Veröffentlichungen des Naturwissenschaftlichen und Historischen Vereins für das Land Lippe e. V. und des Lippischen Heimatbundes e. V.; Bd. 16).

EBEL, Wilhelm, 1962: *Catalogus Professorum Göttingensium 1734–1962.* Göttingen 1962.

EGGENBERGER, David, 1967: *A Dictionary of Battles from 1479 B. C. to the Present.* London 1967.

FABRE, Madeleine, 1991: « Cinq Années littéraires (1748–1752) ». In: *Dictionnaire de la Presse 1600–1789 I: Dictionnaire des Journaux 1600–1789,* sous la direction de Jean Sgard, Paris: Universitas 1991, No. 211, pp. 231–232.

FAMBACH, Oscar (Hg.), 1976: *Die Mitarbeiter der Göttingischen Gelehrten Anzeigen 1769–1836.* Nach dem mit den Beischriften des Jeremias David Reuss versehenen Exemplar der UB Tübingen bearbeitet und herausgegeben. Tübingen: Universitätsbibliothek 1976.

FELLMANN, E. A., 1973: Art. „Koenig, Samuel". In: *Dictionary of Scientific Biography,* Vol. 7 (1973), S. 442–444.

FLECKENSTEIN, J[oachim] O[tto], 1949: „Wissenschaftliche Kosmologie und christlicher Glaube". In: *Schweizer Rundschau. Monatsschrift für Geistesleben und Kultur.* Einsiedeln, Zürich, Köln: Benziger Verlag, 1949/50 Heft 4, S. 225–236.

FLECKENSTEIN, J[oachim] O[tto], 1956: „Der Prioritätsstreit zwischen Leibniz und Newton". In: *Beihefte zur Zeitschrift „Elemente der Mathematik".* Beiheft Nr. 12, Juni 1956.

FLECKENSTEIN, Joachim Otto, 1957, (Hg.): *Leonhardi Euleri Opera Omnia, Commentationes Mechanicae,* Series 2, vol. 5. Zürich & Lausanne: Orell Füßli, 1957 [Über das Prinzip der kleinsten Aktion].

FLECKENSTEIN, Joachim Otto, 1975: „Die Mathematikerfamilie Bernoulli". In: *Die Großen der Weltgeschichte.* Bd. 6. Zürich: Kindler Verlag, 1975, S. [314]–333.

FIGALA, Karin/PETZOLD, Ulrich, 1987: "Physics and Poetry: Fatio de Duillier's Ecloga on Newton's Principia". In: *Archives Internationales d'Histoire des Sciences,* Istituto della Enciclopedia Italiana, fondata da Giovanni Treccani, Roma. Estratto dal n. 119, Vol. 37 (1987), pp.[316]–349.

FISCHER, Beat de, 1967: "Swiss in Great Britain in the Eighteenth Century". In: *The Age of Enlightenment. Studies presented to Theodore Besterman,* hg. v. W. H. Barber, J. H. Brumfitt, R. A. Leigh, R. Shackleton und S. S. B. Taylor, Edinburgh / London 1967.

FISCHER, Beat de, 1980: *2000 Ans de Présence Suisse en Angleterre. L'Étonnante Épopée des Suisses d'Outre-Manche. De l'Époque Romaine à la Communauté Européenne.* Vevey 1980.

FONTIUS, Martin, 1996: „Der Akademiesekretär und die Schweizer". In: *Schweizer im Berlin des 18. Jahrhunderts*, hg. v. Martin Fontius und Helmut Holzhey, Berlin: Akademie Verlag, 1996, S. [285]–303. (Aufklärung und Europa: Beiträge zum 18. Jahrhundert).

FRÉMONT, H., 1965: « Gabrielle Emilie Le Tonnelier de Breteuil, Marquise du Châtelet-Lomont (1706–1749) ». In: *Dictionnaire de Biographie Française*, Bd. XI (1965), S. 1191–1197.

FREUDENTHAL, J[akob], 1927: *Spinoza. Leben und Lehre.* Erster Teil: Das Leben Spinozas. Zweiter Teil: Die Lehre Spinozas. Auf Grund des Nachlasses von J. Freudental bearbeitet von Carl Gebhardt. Curis Societatis Spinozanæ, Heidelberg, 'sGravenhage, London, Paris 1927.

GABAUDÉ, Jean-Marc: *Liberté et raison. La liberté cartésienne et sa réfraction chez Spinoza et chez Leibniz. Philosophie réflexive de la volonté.* (Diss.) Toulouse 1970.

GAGNEBIN, Bernard, 1944: *Burlamaqui et le droit naturel*, Thèse [...] pour obtenir le grade de Docteur en droit. Genève: Editions de la Frégate, 1944.

GHELLINCK VAERNEWYCK, le Vicomte de, 1921: *La Généalogie de la Maison de Diesbach.* Gand 1921.

Goldenbaum, Ursula et alii: Appell an das Publikum. Die öffentliche Debatte in der deutschen Aufklärung, 1687–1796. 2 Bde, Berlin (Akademie Verlag) 2004.

GRAF, J. H., 1889: *Der Mathematiker Johann Samuel Kœnig und das Princip der kleinsten Aktion. Ein akademischer Vortrag.* Mit Portrait. Bern 1889.

GRAF, J. H., 1889: „Niklaus Blauner (1713–1791)". In: *Bernische Biographien* III, 1889, S. 67–89.

GÜNTHER, Horst, 1994: *Das Erdbeben von Lissabon erschüttert die Meinungen und setzt das Denken in Bewegung.* WAT 235, Verlag Klaus Wagenbach: Berlin 1994.

HAEBERLI, Hans/BOSCHUNG, Urs, 1977: *Albrecht von Haller 1708–1777.* Ausstellungskatalog der Burgerbibliothek Bern, 1977.

HÄSELER, Jens, 1996: „Johann Bernhard Merian – ein Schweizer Philosoph an der Berliner Akademie". In: *Schweizer im Berlin des 18. Jahrhunderts*, hg. v. Martin Fontius und Helmut Holzhey, Berlin: Akademie Verlag, 1996, S. [217]–230.

HAGENBACH, Carl Rudolph, 1839: *Johann Jacob Wettstein, der Kritiker, und seine Gegner. Ein Beitrag zur Geschichte des theologischen Geistes in der ersten Hälfte des 18ten Jahrhunderts.* Abdruck aus Illgens Zeitschrift für histor. Theologie. Verlag von C. Cnobloch, Leipzig 1839.

HARNACK, Adolf, 1900: *Geschichte der Königlich Preussischen Akademie der Wissenschaften zu Berlin.* 3 Bde., Bd. I.1, Berlin 1900.

HARNACK, Adolf v., 1923: „Die Berliner Akademie der Wissenschaften im Zeitalter Friedrichs des Grossen und die Schweiz". In: *Festschrift* Freie Vereinigung Gleichgesinnter Luzern, Zürich 1923, S. [209]–214.

HARTKOPF, Werner, 1992: *Die Berliner Akademie der Wissenschaften, ihre Mitglieder und Preisträger 1700–1900*. Akademieverlag: Berlin 1992.

HOCHSTRASSER, T. J., 2000: *Natural law theories in the early Enlightenment*. Cambridge University Press, 2000. (Ideas in Context; 58).

HORNIG, Gottfried, 1991: „Lessing, Gotthold Ephraim (1729–1781)". In: *Theologische Realenzyklopädie* 21 (1991), S. 20–33.

HUNTER, Ian, 2001: *Rival Enlightenments. Civil and Metaphysical Philosophy in early modern Germany*. Cambridge University Press, 2001. (Ideas in Context).

ITARD, Jean, 1971: "Clairaut, Alexis-Claude". In: *Dictionary of Scientific Biography*, Vol. 3 (1971), pp. 281–286.

JAQUEL, Roger, 1976: « Bernoulli Jean (Johann) III (1744–1807) ». In: *Dictionnaire des Journalistes (1600–1789)*, sous la direction de Jean Sgard, avec la collaboration de Michel Gilot et Françoise Weil. Presses Universitaires de Grenoble (1976). Supplement I, pp. 10–19. Grenoble 1980.

JAUCH, Ursula Pia, 1992: „Emilie, ‚Marquisin von Chastellet'. Aufklärung als gelebte Geschichte". In: *Neue Zürcher Zeitung*, Samstag/Sonntag, 25./26. April 1992, Nr. 96, S. 66.

JAUCH, Ursula Pia, 1996: „La Mettrie, die Suisses und die Toleranz. Oder: Aufklärung mit angezogenen Bremsen". In: *Schweizer im Berlin des 18. Jahrhunderts*, hg. von Martin Fontius und Helmut Holzhey. Akademie Verlag, Berlin: 1996, S. 249–259.

JOVY, Ernest, 1916: *Quelques Lettres de M. Emery au physicien G.-L. Le Sage*, 1916.

KÄMMERER, Jürgen, 1991: « Bibliothèque Germanique (1720–1759) ». In: *Dictionnaire de la Presse 1600–1789 I: Dictionnaire des Journaux 1600–1789*, sous la direction de Jean Sgard, Paris: Universitas 1991, No. 163, pp. 188 f.

KAULFUSS-DIESCH, Carl, 1922: „Maupertuisiana". In: *Zentralblatt für Bibliothekswesen* Jg. 39: 11./12. Heft (Nov. – Dez. 1922), S. 525–546.

KIRSCHER, Roger, 2001: Théologie et Lumières. Les théologiens « éclairés » autour de la revue de Friedrich Nicolai *Allgemeine deutsche Bibliothek* (1765–1792). Villeneuve-d'Ascq (Nord): Presses Universitaires du Septentrion 2001. (Histoire et civilisations).

KLEMM, Otto, 1911: *Geschichte der Psychologie*. Leipzig und Berlin: B. G. Teubner, 1911.

KŒNIG, Emil, 1967: „Johann Samuel Kœnig, Mathematiker und Jurist". In: *Berner Zeitschrift für Geschichte und Heimatkunde*. Heft 4 (1967). Bern: Paul Haupt.

KŒNIG, Emil, 1972: *Gestalten und Geschichten der Bernburger König*. Reinach: Kœnig, 1972.

KÖRTE, Wilhelm, [Hg.] 1804: *Briefe der Schweizer Bodmer, Sulzer, Geßner. Aus Gleims litterarischem Nachlasse herausgegeben von Wilhelm Körte*. Zürich, bei Heinrich Geßner. 1804

KOHLER, X[avier], 1871: « Les Œuvres poétiques de Samuel Henzi, Etude suivie de quelques notes relatives à la Conspiration Bernoise de 1749 ». In: *Actes de la Société jurassienne d'émulation*, Août 1871, Porrentruy: Victor Michel (71 Seiten).

KLUXEN, Kurt, [4]1991: *Geschichte Englands*. Von den Anfängen bis zur Gegenwart. 4. Auflage, Stuttgart: Alfred Kröner Verlag, 1991. (Kröners Taschenausgabe; Bd. 374).

KONDYLIS, Panajotis, *Die Aufklärung im Rahmen des neuzeitlichen Rationalismus.* München: dtv 4450, 1986. Unveränd., nach der ersten Aufl., Stuttgart 1981.

KRAUSS, Werner, 1963: „Ein Akademiesekretär vor 200 Jahren: Samuel Formey". In: Werner Krauss, *Studien zur deutschen und französischen Aufklärung*. Rütten & Loening: Berlin 1963, S. 53–62. (Neue Beiträge zur Literaturwissenschaft, hg. v. Prof. Dr. Werner Krauss und Prof. Dr. Hans Mayer; Bd. 16).

KRAUSS, Werner, 1963: « L'Etude des écrivains obscurs du siècle des lumières » (Studies on Voltaire and the 18th Century (SVEC) 26), pp. 1019–1024, Oxford.

LACHMANN, Karl / MUNCKER, Franz [Hg.]: *Gotthold Ephraim Lessings sämtliche Schriften*. 3. Aufl., Stuttgart 1890–1904. Bd. 5 (1890), Bd. 19 (1904).

LANDMANN, Julius: *Die auswärtigen Kapitalanlagen aus dem Berner Staatsschatz … .* Zürich 1903.

LAURSEN, John Christian, 1996: "Swiss Anti-Skeptics in Berlin". In: *Schweizer im Berlin des 18. Jahrhunderts*, hg. v. Martin Fontius und Helmut Holzhey, Berlin: Akademie Verlag, 1996, S. [261]–281.

LE SUEUR, A., 1896: *Maupertuis et ses correspondants*. Montreuil-sur-Mer 1896.

LUGINBÜHL-WEBER, Gisela, 1993: „Johann Kaspar Lavaters physiko-theologische Sicht des animalischen Magnetismus". In: *Gesundheit und Krankheit im 18. Jahrhundert*. Referate der Tagung zur Erforschung des 18. Jahrhunderts, Bern, 1. und 2. Oktober 1993. Hg. v. Helmut Holzhey und Urs Boschung, in Zusammenarbeit mit Stefan Hächler und Martin Stuber. – *Santé et maladie au XVIIIe siècle*. Communications présentées à l'occasion de la réunion de la Société suisse pour l'étude du XVIIIe siècle, Bern, 1–2 octobre 1993. Volume publié sous la direction de Helmut Holzhey et Urs Boschung, avec la collaboration de Stefan Hächler et Martin Stuber. Editions Rodopi B. V., Amsterdam – Atlanta, GA 1995, S. 205–212. (CLIO MEDICA; 31).

LUGINBÜHL-WEBER, Gisela, 1994: „,… zu thun, … was Sokrates gethan hätte': Lavater, Mendelssohn und Bonnet über die Unsterblichkeit". In: *Das Antlitz Gottes im Antlitz des Menschen. Zugänge zu Johann Kaspar Lavater*, hg. v. Karl Pestalozzi und Horst Weigelt, Göttingen: Vandenhoeck und Ruprecht, 1994, S. 114–148. (Arbeiten zur Geschichte des Pietismus; Bd. 31).

LUGINBÜHL-WEBER, Gisela, 1994: « L'inventaire d'une correspondance érudite au siècle des Lumières: Jean-Gaspard Lavater, Charles Bonnet et Jacob

Bennelle ». In: *Charles Bonnet, savant et philosophe (1720–1793)*, Actes du Colloque international de Genève, 25–27 novembre 1993. Ed. Passé Présent, Genève 1994, pp. 225–240. (Mémoires de la Société de Physique et d'Histoire Naturelle de Genève 1994; Vol. 47).

LUGINBÜHL-WEBER, Gisela, 1995: „Johann Kaspar Lavaters physiko-theologische Sicht des animalischen Magnetismus". In: *Gesundheit und Krankheit im 18. Jahrhundert/Santé et maladie au XVIIIᵉ siècle*, hg. v./publié par H. Holzhey und/et U. Boschung, Amsterdam – Atlanta, GA 1995, S. 205–212. (Clio Medica; Bd. 31).

LUGINBÜHL-WEBER, Gisela, 1997: *Johann Kaspar Lavater – Charles Bonnet – Jacob Bennelle. Briefe 1768–1790. Ein Forschungsbeitrag zur Aufklärung in der Schweiz.* 1. Halbband Briefe; 2. Halbband Kommentar. Bern, Berlin, Frankfurt/M., New York, Paris, Wien, 1997. 263 S. + 556 S.

MARX, Jacques, 1968: « Une revue oublié du XVIIIᵉ siècle: la Bibliothèque impartiale ». In: *Romanische Forschungen* 80 (1968), S. 281–291.

MARX, Jacques, 1973: « La Bibliothèque Impartiale: Etude de contenu (janvier 1750 – juin 1754) ». In: Marianne Couperus (Hg.), *L'étude des périodiques anciens. Colloque d'Utrecht (9 et 10 janvier 1970)*, Editions A.-G. Nizet, 3bis, place de la Sorbonne, Paris 1973.

Marx, Jacques, 1976: *Charles Bonnet contre les Lumières 1738–1850*, Oxford 1976. (Studies on Voltaire and the 18ᵗʰ Century, ed. by Theodore Besterman; Vol. 156).

MARX, Jacques, 1969: « Une liaison dangereuse au XVIIIᵉ siècle: Voltaire et Jean-Henri Samuel Formey ». In: *Neophilologus*, 53. Vol. (1969), S. 138–146.

MARX, Jacques, 1991: « Bibliothèque Impartiale (1750–1758) ». In: *Dictionnaire de la Presse 1600–1789 I: Dictionnaire des Journaux 1600–1789*, sous la direction de Jean Sgard, Paris: Universitas 1991, No. 164, pp. 189–191.

MASSINI, Rudolf, 1953: *Sir Luke Schaub (1690–1758). Ein Basler im diplomatischen Dienste Englands.* Basel 1953. (132. Neujahrsblatt, hg. v. d. Gesellschaft für das Gute und Gemeinnützige).

MASSINI, Rudolf, „Sir Luke Schaub und die schweizerisch-französischen Allianzverhandlungen von 1738/39". Sonderdruck. In: *Basler Zeitschrift*, Bd. 52, 1953.

MAUZI, Robert, 1960: *L'idée du bonheur au XVIIIᵉ siècle.* Paris: Armand Colin, 1960.

MEIER, Markus, 1952: *Die diplomatische Vertretung Englands in der Schweiz im 18. Jahrhundert (1689–1789).* Inaugural-Dissertation Basel 1952: Helbing & Lichtenhahn.

MEIER, Pirmin, 1999: *Die Einsamkeit des Staatsgefangenen Micheli du Crest. Eine Geschichte von Freiheit, Physik und Demokratie.* Zürich u. München: Pendo Verlag, 1999.

METZGER, Gustave, 1887: *Marie Huber, sa vie, ses œuvres, sa théologie.* Genève 1887.

MICHAEL, Reuven, 1987: „Die antijudaistische Tendenz in Christian Wilhelm Dohms Buch über die bürgerliche Verbesserung der Juden". In: *Bulletin des Leo Baeck Instituts* 77 (1987), S. 11–48.

MÜLLER, Wolfgang Erich [Hg.], 1997: *Die Bestimmung des Menschen*. Die Erstausgabe von 1748 und die letzte Auflage von 1794 hg. von Wolfgang Erich Müller, Waltrop 1997. (Theologische Studien-Texte; 1).

NAGEL, Fritz, 1996: „Die Mathematiker Bernoulli und Berlin". In: *Schweizer im Berlin des 18. Jahrhunderts*, hg. v. Martin Fontius und Helmut Holzhey. Berlin: Akademie Verlag, 1996, S. [355]–372.

OFFNER, Max, 1893: *Die Psychologie Charles Bonnet's. Eine Studie zur Geschichte der Psychologie*. Leipzig: Ambr. Abel Verlag (Arthur Meiner) 1893. (Schriften der Gesellschaft für psychologische Forschung Heft 5).

OTHMER, Sieglinde C., 1970: *Berlin und die Verbreitung des Naturrechts in Europa*. Berlin: Walter de Gruyter & Co., 1970.

PITASSI, Maria Christina, 1991: « L'apologétique raisonnable de Jean-Alphonse Turrettini ». In: DIES. [Hg.]: *Apologétique 1680–1740*. Genève 1991, pp. 99–118.

PITASSI, Maria Christina, 1995: « Marie Huber ». In: *De l'humanisme aux Lumières – Mélanges offerts à Elisabeth Labrousse*. Voltaire Foundation, Oxford 1995.

POPKIN, Richard H., 2003: *The History of Scepticism. From Savonarola to Bayle*. Revised and extended edition. Oxford University Press, 2003.

PULTE, Helmut, 1989: *Das Prinzip der kleinsten Wirkung und die Kraftkonzeptionen der rationalen Mechanik: eine Untersuchung zur Grundlegungsproblematik bei Leonhard Euler, Pierre Louis Moreau de Maupertuis und Joseph Louis Lagrange* Stuttgart : Steiner, 1989 (Studia Leibnitiana : Sonderheft; 19).

PRÉVOST, Pierre, 1805: *Notice de la vie et des écrits de G. L. Le Sage*. Genève 1805.

RADEMACHER, Hans, 1977: „Das Principium Identitatis Indiscernibilium des Leibniz". In: *Perspektiven der Philosophie*, Neues Jahrbuch, hg. v. R. Berlinger, E. Fink †, F. Kaulbach, Wiebke Schrader. Hildesheim und Amsterdam 1978, Bd. 3 (1977), S. [239]–250.

RÉTAT, Pierre, 1971: *Le Dictionnaire de Bayle et la lutte philosophique au XVIIIᵉ siècle*. Bibliothèque de la Faculté des Lettres de Lyon, Bd. XXVIII, Société d'Édition « Les Belles Lettres », Paris 1971.

SAYOUS, A., 1861: *Le 18ᵉ siècle à l'Etranger, Histoire de la Littérature française*, Paris 1861.

SAVIOZ, Raymond, 1948: *La philosophie de Charles Bonnet de Genève*. Paris: Librairie Philosophique J. Vrin, 1948.

SAVIOZ, Raymond, 1948: *Mémoires autobiographiques de Charles Bonnet de Genève*. Paris: Librairie Philosophique J. Vrin, 1948.

SCHMIDT, Erich, 1909: *Lessing. Geschichte seines Lebens und seiner Schriften.* 2 Bde. Berlin: Weidmann 1909 (3. durchgesehene Aufl.). Erstdruck: Berlin 1884–1892.

SCHOLLMEIER, J. J., 1967: *Johann Joachim Spalding. Ein Beitrag zur Theologie der Aufklärung.* Gütersloh.

SCOTT, J. F., 1973: "Maclaurin, Colin". In: *Dictionary of Scientific Biography*, Vol. 8 (1973), pp. 609–612.

SNEDDON, Ian N., 1975: "Simson, Robert". In: *Dictionary of Scientific Biography*, Vol. 12 (1975), pp. 445–447.

SPEZIALI, Pierre, 1959: « Gabriel Cramer (1704–1757 [recte: 1752]) et ses correspondants ». Conférence faite au Palais de la Découverte le 6 décembre 1958. In: *Les Conférences du Palais de la Découverte*, série D: Histoire des Sciences 59, Paris 1959.

SPEZIALI, Pierre, 1988: « Les mathématiques / La physique ». In: *Les Savants genevois dans l'Europe intellectuelle du XVIIe au milieu du XIXe siècle.* Ed. par Jacques Trembley. Éditions du Journal de Genève, [2]1988. ([1]1987). S. [89]–112/ [113]–157.

SPEZIALI, Pierre, 1988: « Simon-Antoine L'Huillier (1750–1840) ». In: *Les Savants Genevois dans l'Europe intellectuelle du XVIIe au milieu du XIXe siècle.* Ed. par Jacques Trembley. Éditions du Journal de Genève, [2]1988. S. 103–106.

STAEHELIN, Andreas, 1958: „Der Englandbasler Caspar Wettstein. Eine Skizze seines Lebenslaufs". In: *Basler Zeitschrift*, Bd. 57 (1958), S. [171]–180.

STAROBINSKI, Jean, 1975: « L'‹ Essai de Psychologie › de Charles Bonnet: une version corrigée inédite ». In: Gesnerus 32/1 (1975), S. 1–15.

STAROBINSKI, Jean, 1988: « L'essor de la science genevoise ». In: *Les Savants genevois dans l'Europe intellectuelle du XVIIe au milieu du XIXe siècle.* Ed. par Jacques Trembley. Éditions du Journal de Genève, [2]1988. S. [7]–22

STEINBERG, S[igfrid] H[einrich], [Hg.], 1964: *A New Dictionary of British History.* London, [2]1964.

STREMINGER, Gerhard: *Gottes Güte und die Übel der Welt: Das Theodizeeproblem.* Tübingen: J. C. B. Mohr (Paul Siebeck), 1992.

STRICKER, Nicola, 2001: « La théologie masquée de Pierre Bayle ». In: *Libertinage et philosophie au XVIIe siècle – 5 – Les libertins et le masque: simulation et représentation.* Journée d'étude organisée par l'Institut d'Histoire de la pensée classique (UMR 5037): Antony McKenna (Institut Claude Longeon, Saint-Etienne) et Pierre-Francois Moreau (CERPHI, ENS Lettres, Lyon). Publications de l'Université de Saint-Etienne, 2001.

SZABÒ, Istvàn, 1979: „Der Prioritätsstreit um das Prinzip der kleinsten Aktion an der Berliner Akademie im 18. Jahrhundert". In: DERS.: *Geschichte der mechanischen Prinzipien und ihrer wichtigsten Anwendungen.* 2. neubearb. & erweiterte Aufl. Basel, Boston, Stuttgart: Birkhäuser, 1979. S. 86–107.

TATON, René, 1971: "Châtelet, Gabrielle-Emilie Le Tonnelier de Breteuil, Marquise du". In: *Dictionary of Scientific Biography*, Vol. 3 (1971), pp. 215–217.

TATON, René, 1973: "Philippe La Hire (Paris 1640–1718)". In: *Dictionary of Scientific Biography*, Vol. 7 (1973), pp. 576–579.

THIELE, Rüdiger, 1996: „Euler und Maupertuis vor dem Horizont des teleologischen Denkens. Über die Begründung des Prinzips der kleinsten Aktion". In: *Schweizer im Berlin des 18. Jahrhunderts*, hg. v. Martin Fontius und Helmut Holzhey, Berlin: Akademie Verlag, 1996, S. [373]–390.

THOMSON, Ann, 1980: « Formey Jean Henri Samuel (1711–1797) ». In: *Dictionnaire des Journalistes (1600–1789)*, sous la direction de Jean Sgard, avec la collaboration de Michel Gilot et Françoise Weil, Presses Universitaires de Grenoble (1976). – Supplement I, préparé par Anne-Marie Chouillet et François Moureau et. al. Centre d'Étude des Sensibilités, Université des Langues et Lettres de Grenoble, (1980), pp. [73]–79.

UNGER, Jörg-Manfred, 1986: Der „*Choix Littéraire*" *(1755–1760). Eine Genfer Zeitschrift des 18. Jahrhunderts.* Diss. Köln 1985, Köln: dme-verlag, 1986. (Kölner Schriften zur Romanischen Kultur; Bd. 8).

VALKHOFF, P., 1919: *Neophilologus* Bd. IV (1919), S. 10–21, S. 106–113.

VALLIÈRE, P. de, 1940: *Treue und Ehre. Geschichte der Schweizer in Fremden Diensten.* Lausanne 1940.

VERNIÈRE, Paul, *Spinoza et la Pensée Francaise avant la Révolution.* Bd. II. P[resses] U[niversitaires] F[rançaises], Paris 1954.

WALLIS, P. J., 1975: "Simpson, Thomas". In: *Dictionary of Scientific Biography*, Vol. 12 (1975), pp. 443–445.

WEISZ, Leo, (Hg.), 1949: *Die Werdmüller. Schicksale eines alten Zürcher Geschlechts.* Im Auftrag der Otto Werdmüllerschen Familienstiftung erforscht und dargestellt von Prof. h. c. Dr. Leo Weisz, mit Beiträgen von Dr. phil. J. O. Werdmüller-Zollikofer und Dr. h. c. Hans Schulthess-Hünerwadel. 3 Bde., Zürich 1949.

WERNLE, Paul, 1922: *Der schweizerische Protestantismus im 18. Jahrhundert.* Tübingen: Mohr, I. Bd.(1922), S. 150–151.

WOLF, Rudolf, *Biographien zur Kulturgeschichte der Schweiz.* 4 Bde., I (1858), II (1859), III (1860), IV (1862), Zürich.

WOLF, R., 1850: „Notizen zur Geschichte der Mathematik und Physik in der Schweiz: Samuel König aus Bern, (vorgelegt am 16. November 1850)". In: *Mittheilungen der naturforschenden Gesellschaft in Bern.* Bern 1850, S. 136–139.

Lexika, und Reihen

ADB = Allgemeine Deutsche Biographie. Auf Veranlassung Seiner Majestät des Königs von Bayern herausgegeben durch die historische Commission bei der Königl. Akademie der Wissenschaften. Leipzig: Duncker & Humblot, 1875–1900 (Bd. 1–45). Nachträge: 1902–1910 (Bd. 46–55). Generalregister: 1912 (Bd. 56). Neudruck der ersten Auflage: Berlin 1967 ff.

Akad.Berl.Index = Deutsche Akademie der Wissenschaften zu Berlin: Biographischer Index der Mitglieder, bearbeitet von K. R. Biermann und G. Duncken, Berlin 1960.

Allgemeines Register über die Göttingischen gelehrten Anzeigen von 1735 bis 1782, verfertigt von Friedrich Ekkard, D. d. W. berufnem Königl. Dänischen Bibliothek=Schreiber. Zweiten Theils erste Hälfte A–K. Schriften Verzeichniß aller hier vorkommenden Schriftsteller; nebst Anzeigen von hohen Beförderern der Gelehrsamkeit, und von einigen Künstlern. Göttingen, gedrukt bey Johann Christian Dieterich. 1784. [S. 192–193 kommentierte Liste der Werke des Genfer Philosophen und Naturforschers Charles Bonnet (1720–1793)].

AMBURGER = *Die Mitglieder der Deutschen Akademie der Wissenschaften zu Berlin 1700–1950*, bearbeitet v. E. Amburger, Berlin 1950.

ASIMOV, Isaac, 1973: *Biographische Enzyklopädie der Naturwissenschaften*. Herder: Freiburg, Basel, Wien 1973.

Basler Matrikel = Die Matrikel der Universität Basel. Im Auftrag der Universität Basel herausgegeben von Hans Georg Wackernagel (Bd. IV/V fortgesetzt von Max Triet, Pius Marrer, Hans Rindlisbacher). Bd. I: 1460–1529 (1951), Bd. II: 1532/33–1600/01 (1956), Bd. III: 1601/02–1665/66 (1962), Bd. IV: 1666/67–1725/26 (1975), Bd. V: 1726/27–1817/18 (1980), Basel.

Basler Stadtgeschichte = Basler Stadtgeschichte 2. Vom Brückenschlag 1225 bis zur Gegenwart, hg. v. Martin Alioth, Ulrich Barth und Dorothee Huber, Basel 1981.

BERN. BIOGR. = *Sammlung Bernischer Biographien*, herausgegeben vom Historischen Verein des Kantons Bern. Bern: Francke, 1906.

BIHR = Bulletin of the Institute of Historical Research

Brit.Chron. = Handbook of British Chronology, hg. v. E. B. Fryde, D. E. Greenway, S. Porter, I. Roy, London ³1986.

CAMPBELL, J., 1896: *The Lives of the Chief Justices of England till the death of Lord Mansfield; The Records of the Honourable Society of Lincoln's Inn: Admissions 1420–1893*, 2 Bde., 1896.

CHOISY, Albert, 1947: *Généalogies Genevoises. Familles Admises à la Bourgeoisie avant la Réformation*, Genève 1947.

CHOISY, Albert, [Hg.], 1904: *La Matricule des Avocats de Genève 1712–1904*, Genève.

Catalogus Professorum Göttingensium 1734–1962, hg. v. W. Ebel, Göttingen 1962.

DBI = Deutscher Biographischer Index, hg. v. Willi Gorzny, bearbeitet v. Hans-Albrecht Koch, Uta Koch und Angelika Koller. K. G. Saur, München, London, New York, Oxford, Paris 1986. (Register zu: Deutsches biographisches Archiv).

DHI = Philip P. Wiener, [Hg.]: *Dictionary of the History of Ideas. Studies of Selected Pivotal Ideas*, 4 Bde. (1968/73), *Index* (1974), *Bibliographical Introduction* Vol. I + II (1975), Charles Skribner's Sons, New York.

Dictionnaire de Spiritualité Ascétique et Mystique Doctrine et Histoire. Fondé par M. Viller, F. Cavallera, J. de Guibert, S. J. Continué par A. Rayez, A. Derville et A. Solignac, S. J. avec le concours d'un grand nombre de Collaborateurs. Fascicules LXXII–LXXIII (Nabinal – Ochino). Beauchesne, Paris 1981.

DSB = Dictionary of Scientific Biography, 1970–1976, 14 Bde., Suppl. Bd. 15 (1978), Index Bd. 16 (1980), hg. v. Charles Coulston Gillispie, New York.

Enc. d'Yv. = Encyclopédie ou Dictionnaire Universel raisonné des connoissances humaines. 58 vol. Yverdon, 1770–1780.

GALIFFE = J[acques]-A[ugustin] Galiffe: *Notices Généalogiques sur les Familles Genevoises depuis les premiers temps jusqu'à nos jours*. 7 Vol., Genève: Barbezat, 1829–1895; Reprint: Ed. Slatkine, Genève 1976.

Genfer Matrikel = *Le Livre du Recteur de l'Académie de Genève (1559–1878)*, publié sous la direction de S[ven] Stelling-Michaud. Notices biographiques des étudiants, réd. par Suzanne Stelling-Michaud. Genève: Droz, 1959–1980. 6 vol., 4°. (Travaux d'humanisme et renaissance).

GV = Gesamtverzeichnis des deutschsprachigen Schrifttums 1700–1910, bearbeitet unter der Leitung von Peter Geils, Willy Gorzny. Bibliogr. u. red. Beratung: Hans Propst u. Rainer Schöller, 160 Bde. und 1 Bd. Nachträge (1979–1987), München, New York, London, Paris.

HAMBERGER/MEUSEL = *Das Gelehrte Teutschland oder Lexikon der jetzt lebenden teutschen Schriftsteller*, angefangen von Georg Christoph Hamberger, fortgeführt von Johann Georg Meusel, 23 Bde., (Bd. 23 mit einem Nachtrag von Paul Raabe), Reprografischer Nachdruck der 5. Auflage Lemgo 1797: Georg Olms Verlagsbuchhandlung Hildesheim 1965–1966.

HATIN = Eugène HATIN: *Bibliographie Historique et Critique de la Presse Périodique Française*, Paris 1866.

HBLS = Historisch-Biographisches Lexikon der Schweiz, 7 Bde. (1921–1934), Neuenburg.

HLS = Historisches Lexikon der Schweiz, Schwabe Verlag Basel. Bisher erschienen: Bde 1–8 von 13.

Index of Manuscripts in the British Library, Vol. 9, Cambridge 1985.

JÖCHER = Christian Gottlieb Jöcher: *Allgemeines Gelehrtenlexikon*, Darinne die Gelehrten aller Stände sowohl männ= als weiblichen Geschlechts, welche vom

Anfange der Welt bis auf ietzige Zeit gelebt, und sich der gelehrten Welt bekannt gemacht, Nach ihrer Geburt, Leben, merckwürdigen Geschichten, Absterben und Schrifften aus den glaubwürdigsten Scribenten in alphabetischer Ordnung beschrieben werden, Theil 1–4 (1750–1751), Fortsetzungen und Ergänzungen von Johann Christoph Adelung, Heinrich Wilhelm Rotermund und Otto Guenther, I (1784), II (1787), III (1810), IV (1813), Leipzig. Reprint 1961: Georg Olms, Hildesheim.

KIRCHNER = *Bibliographie der Zeitschriften des deutschen Sprachgebietes bis 1900*, hg. v. Joachim Kirchner, 4 Bde., 1969–1989, Stuttgart, Band I: Die Zeitschriften des deutschen Sprachgebietes von den Anfängen bis 1830, bearbeitet von Joachim Kirchner, Titelregister von Edith Chorherr.

LEU = Hans Jakob Leu, *Allgemeines Helvetisches, Eydgenössisches oder Schweitzerisches Lexikon*, 20 Bde., Zürich (1747–1765, mit Fortsetzung von J. J. HOLZHALB in 6 Suppl.-Bänden (1786–1795), Zürich.

LEXICON SPINOZANUM = Emilia Giancotti Boscherini, [Hg.]: *Lexicon Spinozanum*, 2 Bde., Den Haag 1970. (Archives Internationales d'Histoire des Idées / International Archives of the History of Ideas, Vol. 28).

MEUSEL = *Lexikon der vom Jahr 1750 bis 1800 verstorbenen teutschen Schriftsteller*. Ausgearbeitet von Johann Georg Meusel. Bd. 1–15 (1802–1816), Leipzig.

NBG = *Nouvelle biographie générale*, publiée par Firmin Didot frères sous la direction de Dr. Hoefer, 46 Bde., Paris 1852–1866 (Bd. 1–10: *Nouvelle biographie générale*, dann: *Nouvelle biographie universelle*).

NUC = *The National Union Catalog Pre-1956 Imprints.* A cumulative author list representing Library of Congress printed cards and titles reported by other American libraries, compiled and edited with the cooperation of the Library of Congress and the National Union Catalog Subcommittee of the Resources, Committee of the Resources and Technical Services Division, American Library Association, Bd. 1 (1968)–685 (1980), Suppl. Bde. 686 (1980)–754 (1981), Mansell: London, Chicago.

PLAN BILLON = *Plan Billon 1726, Notices et Liste des Proprietaires*, I. + II, hg. v. Bernard Lescaze, Daniel Aquillon, Jean-Daniel Candaux, Georges Curtet, Eugène-Louis Dumont, Christiane Genequand, Liliane Mottu, Barbara Roth-Lochner, Marc Neuenschwander, Corinne Walker, Genève 1987. (Société Auxiliaire des Archives d'Etat).

POGGENDORFF = *Biographisch-Literarisches Handwörterbuch zur Geschichte der exacten Wissenschaften*, enthaltend Nachweisungen über Lebensverhältnisse und Leistungen von Mathematikern, Astronomen, Physikern, Chemikern, Mineralogen, Geologen u. s. w. aller Völker und Zeiten gesammelt von J[ohann] C[hristian] Poggendorff, 4 Bde. (1863–1904), Leipzig.

QUÉRARD = Quérard, J[oseph] M[arie], [Hg.]: *La France Littéraire, ou Diction-naire bibliographique des savants, historiens & gens de lettres de la France ainsi que des littérateurs étrangers qui ont écrit en français, plus particulièrement pendant les XVIIIe et XIXe siècles* (1700–1827), 10 Bde., T. 11: Corrections. Additions. Auteurs pseudonymes et anonymes dévoilés, T. 1. (1854–1857), T. 12: Correcti-ons. Additions. Auteurs pseudonymes et anonymes dévoilés. T. 2. (1859–1864), Paris.

RAVEN-HART, H., 1931: *Bibliography of the registers (printed) of the Universities, Inns of Court* etc., *BIHR*, Bd. 9.

Recueil Généalogique Suisse, Genève, I (1902), II (1907), publié par A. Choisy, L. Dufour-Vernes, archiviste d'Etat, et quelques collaborateurs, Genève.

Repertorium zu Albrecht von Hallers Korrespondenz 1724–1777, mit CD-Rom. Basel: Schwabe & Co. Verlag + Druckerei AG, 2002. („Studia Halleriana VII").

RITTER/GRÜNDER = Joachim Ritter / Karlfried Gründer, [Hg.]: *Historisches Wörterbuch der Philosophie*. Völlig neubearb. Ausgabe des *Wörterbuchs der Phi-losophischen Begriffe* von Rudolf Eisler, Bd. 1–9 (1971–1995), wird fortgesetzt, Basel und Stuttgart.

Sav.Genev. = Jacques TREMBLEY, [Hg.]: *Les Savants Genevois dans l'Europe Intel-lectuelle du XVIIe au milieu du XIXe siècle*. Association pour le Musée d'His-toire des Sciences de Genève, Editions du Journal de Genève, Okt. 1987, Reprint März 1988, Genève.

SENEBIER = *Histoire Littéraire de Genève*. Par Jean Senebier, Ministre du St. Evan-gile et Bibliothécaire de la République, 3 Vol., Genève 1786.

SGARD 1976 = *Dictionnaire des Journalistes Français (1600–1789)*, sous la direction de Jean Sgard, avec la collaboration de Michel Gilot et Françoise Weil. Presses Universitaires de Grenoble 1976.

SGARD 1984 = *Bibliographie de la Presse Classique, 1600–1789*, sous la direction de Jean Sgard, Ed. Slatkine, Genève 1984.

SGARD 1991 = *Dictionnaire des journaux 1600–1789*, sous la direction de Jean Sgard. [Comité de rédaction: Jean-Daniel Candaux ... et al.] Paris: Universitas 1991. 2 Bde. (Dictionnaire de la Presse, 1600–1789; 1).

SGARD 1999 = *Dictionnaire des journalistes 1600–1789*. Sous la direction de Jean Sgard. [Comité de rédaction: Jean-Daniel Candaux et al.] Oxford: Voltaire Foundation, 1999. (Dictionnaire de la Presse, 1600–1789; 2).

SGB = *Schweizerisches Geschlechterbuch*, Bd. 6 (1936), S. 701–708, Basel.

TRE = *Theologische Realenzyklopädie*, in Gemeinschaft mit Horst Robert Balz u. a. hg. v. Gerhard Krause und Gerhard Müller, 1 (1977)–25 (1995), 1 Bd. Abkür-zungsverzeichnis, 1 Bd. Register zu 1–17, wird fortgesetzt, Berlin, New York.

Verbesserter Julianischer Schreib-Calender auf das Jahr MDCCXLII, Bern.

Verzeichnis der Hochschulen, hg. v. Karlheinz Goldmann. Neustadt a. d. Aischi,1967.

VORGRIMMLER [2]2000 = *Neues theologisches Wörterbuch*: mit CD-ROM. Herbert Vorgrimmler. Freiburg im Breisgau: Herder, 2000.

Zedler = Johann Heinrich ZEDLER: *Großes vollständiges Universal-Lexikon aller Wissenschaften und Künste, welche bishero durch menschlichen Verstand und Witz erfunden und verbessert worden*, Leipzig und Halle, 1739. Reprint: Akad. Druck- und Verlagsanstalt, 1961–1964, 64 Bde. und 4 Suppl. Nachdruck d. Ausg. v. [o. O.]: [o. N.], 1733–1750, [Graz].

Zeitschriften und Periodika

Choix Littéraire, 1755–1760, hg. v. Jacob Vernes, Genève. 8^0.

Critische Nachrichten aus dem Reiche der Gelehrsamkeit, hg. v. Joh. Georg Sulzer, Karl Wilhelm Ramler u. a. (ab 1751 Mylius, auf Empfehlung Eulers!). Mit Genehmhaltung der Königl. Academie der Wissenschaften. Berlin: Haude und Spener, Königl. Academie der Wissenschaften privilegirten Buchhändlern. 3 Bde. (1750, 1751, 1752). 4^0.

Freymüthige Nachrichten von neuen Büchern und anderen zur Gelehrtheit gehörigen Sachen, hg. v. J. J. Bodmer, J. J. Breitinger, Martin Künzli [Winterthur, Freund Wielands], Joh. Heinr. Waser [Übers. Swifts und Lukians], Zürich: Heidegger, 1744–1763.

GGS = *Göttingische Anzeigen von gelehrten Sachen*, unter der Aufsicht der Königl. Gesellschaft der Wissenschaften, 1753–1832, 214 Bde., Göttingen.

Les cinq années littéraires, ou Lettres de M. Clément, sur les ouvrages de littérature qui ont paru dans les années 1748, 1749, 1750, 1751 & 1752. Tome Premier. Imprimées à Berlin sous le bon plaisir des Souscripteurs et se distribuent chez les Libraires les plus consciencieux & les plus désintéressés. M.D.CC.LV.

PIERRE CLÉMENT: *Les Cinq Années Littéraires ou Lettres de M. Clément sur les Ouvrages de Littérature qui ont paru dans les Années 1748–1752*. Slatkine Reprints Genève 1967.

Journal Brittanique, 24 Bde., hg. v. Mathieu Maty, Den Haag 1750–1757.

Journal Literaire de Londres, par M. Thourneyser, D[octeur] E[s] D[roits]. [Motto:] „Rara temporum felicitate, ubi sentire quae velis, & quæ sentias dicere licet. Tac. Hist. I“.

Journal des Sçavans, Paris, 1665–1792 (1665–1783 de la nouvelle édition), 4. Paris 1723–1792.

Darin folgende Rezensionen: « *Systeme du vrai Bonheur, par M. Formey*, Utrecht, chez Sorly, Libraire 1751, de 94 pages; se vend à Paris, chez Briasson, rue S. Jacques » (*Journ. Sçav.*, Mars 1752, pp. 171–176) und des ebenfalls Formey zugeschriebenen, im gleichen Jahr beim gleichen Verlagsbuchhändler erschienenen

« *Essai sur la Perfection pour servir de suite au systême du vrai Bonheur*, 90 pages » (*Journ. Sçav.*, Julliet 1752, pp. 488–493).

Mittheilungen der naturforschenden Gesellschaft in Bern aus dem Jahre 1850. Nr. 167–194. Bern 1850.

NMF = Nouveau Magasin François, ou Bibliothèque Instructive et Amusante, hg. v. Marie-Jeanne Leprince de Beaumont, 3 Bde., London 1750–1752.

Namensregister